日本経済史

武田晴人 著
Takeda Haruhito

有斐閣 yuhikaku

はしがき

　本書は，大学での日本経済史の講義を念頭において，19世紀の半ばから150年余りの日本における経済構造の変化を中心に概説したものである。日本経済史の講義が対象とする範囲をどのように設定するかについては，さまざまな考え方があるが，ここでは，日本における資本主義経済社会の生成・発展過程に絞り込んでいる。その理由は，現代の日本を理解するためには，近代的な経済制度の形成期である幕末開港前後までは少なくともさかのぼる必要があると考えているからである。

　詳しくは序章を読んでいただきたいが，近代の経済制度は，アダム・スミスが注目したような「分業と協業」を基盤とした生産組織を包摂した「営利企業」とそれらの企業活動を結びつける市場取引の仕組みに特徴がある。たとえば，1冊の書物というささやかな成果である本書も，著者一人の力だけでは読者のもとにはたどり着けない。わがままな著者に寄り添って方向を見失わずに背中を押す編集者がいて，原稿の細部にまでわたってチェックする校正者がいる。そして，その向こうに印刷などの製作に関わる人たちも，出版社の営業担当者，目利きの書店員もいる。そうした人たちが力を合わせて初めて一つの書物が読者の手に届く。これらの関係は，出版社という企業組織のなかの分業と協業もあり，出版社と印刷会社，書店など複数の企業の取引によって形作られている。近代社会が創り出した経済制度の発展によって現代の私たちが享受している豊かさは，こうした仕組みが社会の隅々，さまざまな領域にまで浸透してきた結果である。

　この浸透の過程は，さまざまな要因が絡み合ってそれぞれの地域や国民経済のもとで多様で特徴的な姿をとった。その因果的な連鎖をたどることは簡単ではないが，興味深い物語を紡ぎ出す。多様で個性的な変化は，理論的に割り切って理解することには不向きであるが故に，対象を限定しながら実証的に接近することが必要になる。だから，読者には本書が描く日本経済の発展を手がかりに，そこから知ることのできる歴史の大きな流れや，変化の骨格を読み取っていただければと思う。

　本書では，読者の理解に資するために，本文で記述する時代状況を示すようなエピソードを紹介したり，研究史を彩った論争などについてコラムで解説を試みている。実証的であることが歴史研究の本旨だから，研究史上の論争とはいっても議論で決着がつけられるものではない。しかし，論争史は，それぞれの時代の

研究者がどのような問題意識をもち，何を明らかにしようとしたのかを示している。そこには考えるためのたくさんのヒントがある。十分な解説というわけではないが，より進んだ勉学の手がかりになるだろう。だから，とりあえずコラムは読まずに先に進むということもできる。

また，すべての章ではないが，章尾の「復習課題」は，理解の程度を自己点検する一助になればと考えて添えたものである。解答例と問題の解説に同意する必要はまったくないし，日本経済史を専門にする研究者でも意見が割れる論点にふれているものもある。しかし，解説などを参考にしながら，自らの考えをまとめてみると新しい発見があるのではないかと思う。もちろん，これは大学での期末試験などの予想問題ではないから，試験の対策になることは約束されていない。大事なことは，自分で考えることである。

本書をきっかけに日本経済史という研究領域に関心をもつ人たちが一人でも増え，考えるためのヒントの引き出しが増えることになればと思う。そして，より専門的な研究課題へと挑戦する若い人たちが出てくることを願っている。その一助になれば著者としてこれ以上の幸いはない。

本書がまとまるまでにずいぶんと長い時間がかかった。何度かの書き換えを経た後に，ようやく形が見えたところで，大学院の講義の教材などにも供して意見を聞いて修正を重ねた。コメントを寄せてくれたたくさんの若い友人たちには心より感謝したい。その間に，私の研究領域が第二次大戦後も含み込むようになった。若い仲間たちとの共同研究によって戦後復興期から高度成長期の研究に関わり，高度成長期や現状についての小さな書物を書く機会もあって，とりわけ第二次大戦後の日本経済の捉え方がより明確になった気がしている。そうした経過のなかで，当初の目次案とはだいぶん異なった内容が本書には盛り込まれることになった。

実は，日本経済史の教科書をまとめるという出版企画の発端は，25年以上前にさかのぼる。40歳代の半ばのことだったから，何でもできる，直ぐにでも書ける，という気分で引き受けた記憶がある。ところがさまざまな理由を言い訳にして先延ばしにすることになった。その理由は，単に私が怠け者だったからである。この間，「辛抱強く」というありきたりの言葉が不適切なほど，怠け者を見捨てなかった有斐閣編集部の藤田裕子さんには，お礼を申し上げる言葉が見つからない。藤田さんの力添えなくしては本書は完成しなかった。心からの謝意を記しておきたい。

最後に，本書を 2002 年 1 月に急逝された故橋本寿朗さんに捧げたい。大学院時代から，橋本さんの仕事，橋本さんとの議論は，私の研究の指針となり，17 年も過ぎた今も生き続けている。「成長の経済史」に取り組んでいた橋本さんの志には遠く及ばないが，本書はその問いかけに私がようやく書くことのできた答案だからである。

　　2019 年 1 月

　　　　　　　　　　　　　　　　　　　　　　　　　　　　武田　晴人

目　次

序章　日本経済史入門 ———————————————— 1

1. 歴史を学ぶことの意味は何か ……………………………… 1
2. 対象と方法 ……………………………………………………… 4
    道しるべとしての「理論」(6)
3. 経済成長の長期的観察 ………………………………………… 10
    経済成長と豊かさへの前進 (10)　経済成長と景気循環 (経済変動) (12)
    日本経済の長期変動 (15)

第Ⅰ部　資本主義経済社会の形成

第1章　幕末開港の歴史的意義 ———————————————— 23

1. 幕末の国内経済発展 …………………………………………… 23
    幕藩制社会の成立 (23)　幕藩制社会の基本構造 (25)　幕藩制社会の
    二重性 (26)　誰が拡大再生産の原資を握っているのか (27)　幕藩制
    社会の内生的な矛盾 (28)　17世紀と18世紀 (30)　農民的な経営発
    展の可能性とその制約要因 (33)　農民的小経営発展の現実 (35)
2. 開港の経済的影響 ……………………………………………… 38
    「西欧の衝撃」の背景 (38)　不平等条約の内実 (40)　貿易の開始は何
    をもたらしたか (40)　貿易の開始と物価騰貴 (41)
3. 明治維新の基盤 ………………………………………………… 45
    政治変革の推進力と対外政策上の対立 (46)　基盤としての経済混乱, 世
    直し状況 (47)　経済的危機とその特徴 (49)　政治的支配層の対応
    (51)　維新政権の性格 (52)

第2章　明治維新と原始的蓄積 ———————————————— 55

1. 地租改正と秩禄処分——中央集権国家の基盤 …………… 55
    土地の所有権と領有制度の解体 (55)　地租改正の意味 (57)　地租改
    正の影響 (61)　秩禄処分の実施 (63)　秩禄処分の結果 (64)
2. 殖産興業政策と政商たち ……………………………………… 67
    殖産興業政策とは (67)　「殖産興業・富国強兵」の意味 (68)　政策内

　　　　容の段階的な重点移動（70）　殖産興業政策の意義（72）　政商たちの
　　　　資本蓄積（74）　政商の地位（77）

　　3　松方デフレ下の構造変化 ··· 79
　　　　明治14年政変と松方デフレ（79）　寄生地主制度の形成（80）　綿工業
　　　　の再編成（83）　製糸業の発展（85）

　　4　天皇制国家の成立 ·· 86
　　復習課題　　89

第3章　日本資本主義の確立 ──────────── 93

　　1　産業革命の意義と類型 ·· 93
　　　　産業革命の定義（93）　日本の産業革命をめぐる論争史（93）　産業革
　　　　命の分析視角（95）

　　2　産業・貿易構造と景気循環 ··· 99
　　　　低い経済成長率（99）　産業発展の特質（100）　世紀転換期の世界経済
　　　　と日本（107）　日本の貿易構造（110）

　　3　紡績業の発展 ·· 112
　　　　産業発展の軌跡（112）　国際競争力獲得の条件（114）　基軸産業とし
　　　　ての綿糸紡績業（118）

　　4　製糸業の発展 ·· 119
　　　　産業発展の経過（119）　産業成長の条件（119）

　　5　鉱山業の展開──財閥資本の形成 ··· 122
　　　　近代経営の成立と鉱業条例の制定（122）　輸出中心の市場拡大（123）
　　　　機械の導入（124）　飯場制度と納屋制度の成立（126）　鉱害問題の激
　　　　化（127）　鉱業資本の蓄積と財閥（129）

　　6　重工業の形成 ·· 131
　　　　機械工業の展開（131）　一貫製鉄所の建設による鉄鋼業の発展（135）
　　　　重工業経営と内部請負労働（138）

　　7　在来産業の展開 ·· 139
　　　　織物業の展開（139）　食品工業の展開（142）　在来産業の位置（143）
　　　　産業革命期の各種生産形態と賃労働（145）

　　8　農業と寄生地主制 ·· 146
　　　　米と繭の経済構造──農業生産の動向（146）　耕地の所有規模と経営規
　　　　模（148）　地主制の成立（149）　寄生地主制と資本主義との関係（151）

9 経済構造 ……………………………………………………… 153

　　金本位制の確立（153）　財政の軍事的な性格（155）　政策的な産業金融体制（156）　金融構造と資本類型（158）　諸階層の利害状況（160）　国民統合のあり方（165）

10 朝鮮・台湾の植民地化 …………………………………… 166

　　侵略の経済的意味（166）　朝鮮侵略の開始（167）　日清戦争と台湾の植民地化（170）　中国本土への進出（171）

復習課題　174

第Ⅱ部　軍事大国への道　1910～45年

第4章　帝国主義的経済構造の形成 ———————— 179

1 経済発展を捉える方法的視点 ……………………………… 179

段階的な変化を捉える視点（179）　帝国主義段階論の論理と限界（180）　現代経済社会の形成（182）

2 日露戦後不況 ……………………………………………… 187

日露戦後の経済構造と外貨危機（187）　桂園内閣期の財政危機と軍備拡張（188）

3 第一次大戦ブームと産業構造の変化 …………………… 189

対外収支の好転と重工業の発展（189）　投機的な拡大と投資制約（191）　株式ブームと持株会社の設立（195）　「自前」の資本輸出（196）

4 1920年恐慌と慢性不況 …………………………………… 197

戦後ブームへの転換（197）　賃金上昇と労働組合運動（197）　物価対策と金融引締（199）　1920年恐慌と救済（201）　不況の「慢性化」と都市化（202）

5 国際環境と貿易構造 ……………………………………… 203

再建金本位制下の世界（203）　強い輸入圧力下の貿易構造（204）

6 財政の拡張的な性格 ……………………………………… 207

軍縮下の財政拡大（207）　金融市場の混乱（209）

7 産業構造の変化と産業の組織化 ………………………… 210

産業の不均衡成長（210）　産業の組織化（210）　1920年代の資本蓄積メカニズム（212）

8　労働者と農民 ··· 214
　　労働運動の高揚（214）　労働運動の展開（214）　二重構造の形成と労働政策（216）　農業生産の動向と農家経営（217）　小作争議の展開（219）

9　資本輸出と植民地支配 ··· 221
　　朝鮮における産米増殖計画（221）　満鉄と在華紡（224）

復習課題　　227

第5章　昭和恐慌と景気回復 ——————————————— 229

1　金融恐慌 ··· 229
　　争点を失った経済政策（229）　片岡失言——金融恐慌の発端（230）　台湾銀行と鈴木商店（232）　モラトリアムの実施（234）　金融恐慌の帰結（234）

2　浜口内閣の金解禁政策 ··· 236
　　金解禁政策の背景（236）　金解禁政策の体系性（238）　金解禁の実施（239）

3　昭和恐慌 ··· 240
　　世界恐慌の発生（240）　昭和恐慌——世界恐慌の波及（241）　企業収益の悪化と大量失業（243）　カルテル価格と原価低下（244）　金解禁政策の破綻（245）

4　高橋財政と景気回復 ··· 245
　　高橋財政と拡張的財政政策（245）　軍需支出中心の財政拡大（246）　円安の放任と輸出拡大（249）　設備投資の拡大（250）　雇用回復の遅れ（252）　景気回復政策の国際比較（253）

5　産業構造の重化学工業化と財閥の転向 ··························· 254
　　重工業の内部循環的な拡大（254）　産業諸部門の変化（256）　労賃の低下と労使関係（258）　財閥の転向（259）　トラスト化とカルテル化（262）　恐慌下の都市勤労者家計（263）

6　農業恐慌と中国侵略 ··· 265
　　深刻化する農業恐慌（265）　裏切られた資源開発への期待（268）　満州移民（270）

復習課題　　271

第6章 戦時経済体制とその破綻 ——— 273

1 日中戦争と円ブロック ——— 273
世界経済のブロック化 (273)　日中戦争と円ブロックの実態 (275)

2 生産力拡充と総動員 ——— 277
貿易収支の悪化と経済統制 (277)　重要産業5カ年計画と生産力拡充計画 (278)　国家総動員法の制定 (280)　統制の悪循環 (280)

3 経済新体制 ——— 282
経済体制の新しい考え方 (282)　「革新官僚」と経済新体制運動 (283)　企業体制の改革と軍需会社法 (285)

4 戦時経済の実態と崩壊 ——— 286
戦時統制の成果 (286)　戦時下の財閥 (287)　動員された民衆 (289)　民衆生活の窮乏 (290)

第Ⅲ部　経済大国への道

第7章 戦後改革と経済復興 ——— 295

1 現代資本主義経済への視点 ——— 295
「20世紀システム」論の問題提起 (295)　成長政策の背景 (297)　新しい時代への転換 (298)

2 民主化と非軍事化 ——— 300
敗戦による国富の被害 (300)　非軍事化と民主化の進展 (302)　アメリカの対日占領政策の形成 (303)

3 経済民主化政策の展開 ——— 305
経済民主化の目的 (305)　財閥解体指令 (305)　財閥解体の具体的措置 (306)　農地改革 (310)　労働改革 (312)

4 経済統制の解除と経済復興 ——— 315
復興の条件 (315)　需要構造の変化 (318)　傾斜生産方式 (320)　ドッジラインの実施 (321)　安定恐慌の展開 (322)　朝鮮特需 (323)

5 国際収支不安と貿易立国 ——— 325
独立回復と占領政策の見直し (325)　通商条約締結と対外関係 (326)　国際収支不安と輸出振興 (327)　産業合理化の課題 (329)　資金不足と投資制約 (333)　設備投資の効果と限界 (336)

復習課題　338

第8章　高成長経済の時代 ——————————————— 341

1　高成長の開始——神武景気から岩戸景気 ……………………… 341

1956年の『経済白書』(341)　鳩山内閣の総合経済6カ年計画案(341)　「投資が投資を呼ぶ」経済拡大(343)　景気調整と産業政策(345)　安定した労資関係と二重構造(350)　世界貿易の順調な拡大(352)　貿易・為替自由化の推進(354)　賠償問題と経済協力(356)　高成長のメカニズム(357)

2　65年不況 ……………………………………………………… 359

消費ブームと家計(359)　流通革命の開始(361)　投信ブーム(362)　証券恐慌(364)　不況対策と赤字国債(366)

3　大型合併と資本自由化 ………………………………………… 367

産業構造の高度化(367)　対外収支の恒常的黒字化(369)　資本自由化の実施(371)　株式持合の拡大と大型合併の進展(373)　大衆消費社会の実現(376)　物価高と福祉政策を欠いた財政運営(376)　環境破壊と公害紛争(379)　人手不足経済と労資関係(381)　米の過剰化と農業基本法(383)

4　ニクソンショックと石油危機 ………………………………… 385

ニクソンショックと過剰流動性(385)　物価上昇の要因(388)　第一次石油危機(390)

復習課題　391

第9章　安定成長への転換 ——————————————— 395

1　安定成長への転換 ……………………………………………… 395

成長率の低下(395)　減量経営の展開(396)　構造不況業種対策(397)　円高の進行と第二次石油危機の発生(398)　産業構造の機械工業化の深化(399)

2　経済大国日本の実態 …………………………………………… 400

行財政改革と財政再建(400)　市場開放と前川レポート(402)　安定成長下の輸出大国化(404)　円高と平成景気(405)　日本的経営への称賛とその内実(407)

3　バブル経済への道 ……………………………………………… 410

内需主導経済への転換(410)　貿易摩擦の深刻化(412)　資産バブル

の発生(413)　バブルの崩壊と不況の長期化(415)　長期化する不況
の要因(418)　国民生活の実態(420)

復習課題　422

終章　最先進国日本の経験 ———————————————— 425

1　経済発展のメカニズムの変化 …………………………………… 425

経済成長の限界(425)　時代を見誤った経済政策(427)

2　経済発展に対する制約 …………………………………………… 429

地球環境と資源の制約(429)　求められる生産性上昇とその期待すべき
効果(430)

3　経済社会の「未来予想図」 ……………………………………… 432

「最先進国」日本という認識(432)

復習課題　433

索　引 ——————————————— 437

本書のコピー，スキャン，デジタル化等の無断複製は著作権法上での例外を
除き禁じられています。本書を代行業者等の第三者に依頼してスキャンや
デジタル化することは，たとえ個人や家庭内での利用でも著作権法違反です。

序章　日本経済史入門

　本書が対象とする日本経済史という研究分野は，主として日本における資本主義的な経済制度の生成・発展過程を，経済学で培われた分析ツールを援用しながら，資料に基づいた実証を通して歴史的に分析するものである。そこで，まずはじめに，歴史研究の意味や，それに用いられる方法を明らかにしながら，近代以降の経済社会に焦点を絞って叙述する理由を経済発展の長期的な観察を通して明らかにしよう。

1　歴史を学ぶことの意味は何か

　歴史を学ぶことの意味を難しく考える必要はない。いろいろな事実を知り，それを理解することを通して，多様な考え方を知り，自らが直面することになる問題について考える際の「引出し」が多くなることは，実際的にも大きな意味をもつし，誰でも実感することができる。しかし，もうすこし「学ぶ」ことの意味を考えてみると，歴史研究が見出す事実の多様性に，そうした実用性の基盤があることに気がつく。そして，歴史研究によって明らかになる歴史的な事実が，論理的な思考を育むもっとも適切な場所の一つであることもわかるだろう。
　事実のもつ重みが科学的な認識にとっていかに重要であるかは，経済史とは距離がある分野にみえるかもしれないが，天動説と地動説という論争を思い出すとよいだろう。
　単純な観察からは天空の星たちが動いているようにみえることが，天動説の根拠であった。しかし，宗教的な背景や権威づけを無視すれば，そうした観察から導き出された仮説は，より詳細な観察事実によって惑星の運行などを説明できないことから修正を迫られる。そして地動説が提唱されるが，当初のそれは円軌道を描いているという仮定に基づいた体系的な説明の試みであった。しかし，この仮説では観察される事実との齟齬が大きかった。そこで，より説得的な説明として楕円軌道が想定されるようになる。このように理論的な認識の枠組みは，観察

される事実に即して帰納的に見直され，修正を施されていく。そうしてできあがった新しい枠組みに基づいて，今度はなぜ楕円軌道を描くのか，そこに横たわっている一般的な原理は何かという問いかけが理論家たちに投げかけられ，近代物理学の基礎となるニュートン力学の体系が築かれていく。このような科学的認識の発展のなかで貫かれているのは，「観察された事実が理論的な認識と合わない場合には，修正されなければならないのは理論の方だ」ということであろう。その逆ではない。

　もちろん，尊重されるべき観察の結果も常に修正される。なぜなら，天体の観測では望遠鏡などの観察道具の進歩が，より適切な観察結果をもたらすからだ。そして歴史研究の場合には，資料の発掘などによって新しい事実が発見されたりすることを通して，検討すべき問題の性質や範囲も変わってくる可能性がある。経済学などの理論的な研究が新しい分析ツールを提供することもある。人々の個性的な営みだからというだけでなく，残されている情報が限定されているからという理由でも，歴史家にとって対象とする事実は多様な姿をとって目の前に立ち現れる。

　歴史的な分析に取り組むことは，現在を理解することと対の関係にある。それ故に，歴史は現在のあり方に規定されて，常に書き換えられる運命にあるということも重要なポイントになる。しかも，認識手段としての社会科学の発展は，これまで理解不可能であった事柄について，新しい分析ツールをもたらし，より分かりやすく説明する力を与えてくれる。つまり観察の道具が豊かになる。それによっても，歴史は書き換えられる。真実は一つではなく，真実は移り変わるといってもよい。したがって，学ぶことの最も重要な意味は，ある事象を歴史的な現実として記憶にとどめること，覚えることではない。覚えたところで，そこで語られていた物語は書き換えられてしまうかもしれないからだ。

　だからこそ，その出来事をどのようなやり方で理解しようとしたか，考えたかが大事であり，その考え方や捉え方に多様性があることを知ることが大切になる。それを通して，現代の私たちのいる社会も変化する歴史的現実の一部であり，その現実に対して多面的な捉え方を身につけることが歴史を学ぶ意味ということになる。

　「現在を理解することと対の関係にある」ということについて，少し説明を追加しておこう。たとえば，日本の経済発展を研究するという場合にも，その研究はその時代の要請に沿って課題が設定される，あるいは研究する主体の関心に即して分析視角を定めるということがある。具体例でみると，1960年代には発展途上国に対する開発援助の参考となるモデルケースとして「日本近代化論」とい

うかたちで日本の経済発展が論じられたことがあった。また，1980年代には，「先進国日本」「経済大国日本」という視点で，スタグフレーションを克服して先進工業国のなかで唯一安定的な成長軌道にある日本経済が，先進工業国の構造改革のモデルとなり，そのような視点から日本の経済発展がモデルとして取り上げられた。あるいは，日本経済史研究の黎明期である1930年代には，明治以来の経済発展を理解することを通して社会主義革命への展望をえたいという問題意識からの研究が重ねられたこともあった。

　こうした問題意識の違いは，歴史的な研究に新しい認識を付け加えることもある。それぞれの課題設定に対応した異なる経済学のツールやパラダイムが採用されていくという側面もある。たとえば，「日本近代化論」では，マクロ経済学的なアプローチと，経済思想・理念にかかわる問題に多くの研究が重ねられた。「経済大国日本」の研究では，マイクロなレベルで日本企業の強い国際競争力が問題となった。そして，戦前の資本主義論争の時代には，マルクス経済学の受容に伴い，史的唯物論に基盤をおくような研究が展開された。

　しかし，こうしたアプローチは，多くの場合に，問題意識先行型であるが故に，結果的に偏った歴史像を生み出してしまう。また，特定の分析視角を設定することが，歴史的な事実の持つ多面性を捨象した単画像にしてしまうこともある。ちょうど円錐形が，横から見れば三角形にしかみえず，上からみれば円にしかみえないように。それぞれの視角からすれば，観察結果は間違ってはいないが，それでは対象の本当の姿を十分には表していない。単画像であることを自覚しないま

> **考えてみよう**　社会科学的な認識における理論と実証
> 　社会科学が対象とするさまざまな研究分野のなかで，歴史研究は経験的に観察された事実から，そこに見出されるような「法則性」，何らかの繰り返される性質・特徴をつかもうとしてきた。たとえば経済発展の研究を通して，人々の経済的な行動の背後に横たわる何らかの原理を理解するための枠組みが明らかになると考えられてきた。経済学的な認識もその意味では，そうした経験的な事実に即して，抽象化・一般化のために一定の仮定をおき，それに基づいて論理的な説明モデルを構築することになる。ただし，理論的な研究においては，構築された分析モデルの体系のもとでの精緻化の道を歩んでいるのに対して，歴史研究は，理論体系の制約を受けずに，現実に発生している経済現象に関して観察された事実に照らして理論的研究が妥当であるかをテストするという役割を担うと同時に，その独自の事実発見によって，理論的な枠組みの再構築を求めることになる。このことは，本文中の「観察」と「理論」の関係に示されている帰納的方法に基づく科学的な認識の発展に適うものであろう。
> 　理論的なモデルを用いて歴史的な事象を「合理的に説明する」という試みが歴史研究のなかにもしばしば見受けられるようになった。しかし，それだけでは理論的なモデルのテストをしているという以上の意味をもたない。少なくとも，理論へのフィードバックが可能となるようなテストが設計される必要があるが，そうした意図もなく，経済理論の練習問題を解いているような研究は経済史研究の学術的な進歩とは無縁の知的な遊戯にしかすぎない。

まに，そこから得られる情報を記述することは，対象の姿をゆがめて伝えてしまう危険があることは分かるだろう。しかも，歴史像は三次元ではなく，四次元で捉える必要がある。特定の方向からの単画像もいってみれば瞬間の投影に過ぎない。時間という次元を加えることに歴史のおもしろさも，難しさもある。

　歴史は，どのような形容詞を付け加えたとしても，それが「人間の活動の記録」であることは間違いない。経済史という研究領域が対象とする経済的な現象は，それだけが独立して行われることはほとんどない。人間の活動は，ある面からみれば経済的な意味をもっているが，それは同時に政治的な行動でもあり，文化的思想的な領域でも意味をもち，それぞれ固有の歴史研究の対象となりうる。そうした複合的な現象を経済史の研究では，帰納的な接近方法，つまり実証によって確かめられる事実を基礎にしながら明らかにしていくことになる。だから，本書のなかでも，しばしば経済学を基礎とする理論的な枠組みを参照することになるが，それを機械的に適用して説明することはない。それは適切なアプローチではない。その意味で，史的唯物論のように社会構造全体を経済過程から説明できるというような経済決定論的な接近も，それだけでは十分ではない。また，経済理論が扱えるような現象の範囲にしか関心を示さない経済学的分析も不十分である。むしろ，そうしたさまざまな研究を相対化しながら，歴史像を豊かにしていく必要がある。

2　対象と方法

　資本主義経済の生成発展の歴史過程を明らかにすることが本書の主たるテーマとなる。そのため，おおむね幕末維新期からの近代的な工業発展の過程について，第一に，日本における産業革命の展開を中心に「工業化に基礎をおく資本主義経済社会」の形成を論じる。第二に，第一次大戦前後から昭和戦前期にかけての資本主義経済構造の段階的な変化を追い，「軍事大国」日本の経済実態を明らかにする。第三に，第二次大戦の敗戦後に行われた戦後改革の影響を踏まえて，経済の復興，そして高成長経済の実現，さらには安定成長への転換という「経済大国日本」への歩みを跡づける。大きな三つの時期区分のもとで，それぞれの時期の特徴とともに，その間の移行のプロセスに注目しながら論じていきたい。

　近代以後に対象を限定し，そこでの資本主義経済制度を対象とするのにはそれなりの理由がある。もちろんそれ以前が全く省みられなくてよいというわけではないし，近代の経済社会にはさまざまなかたちで前近代社会の遺産が受け継がれているから，そうした側面での連続性は十分に考慮されなければならない。しか

し，序-1 図が示すように，19 世紀後半以降の日本の人口動態は，それまでの 150 年あまり（江戸幕藩体制の後半期）の停滞を打ち破っただけでなく，歴史上前例のない増加を記録している。なぜこれだけの人口増加が可能になったのかを説明する要素は，いくつかある。衛生状態の改善による乳児死亡率の低下などの要因がまずは考えられなければならない。しかし，それ以上に重要なことは，これだけの人口増加に比例して必要となる食糧などの生活資材の供給増加である。その条件が満たされなければ増加する人口は支えられなかったであろう。

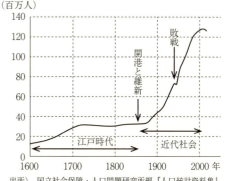

序-1 図　人口成長の推移

出所）国立社会保障・人口問題研究所編『人口統計資料集』より作成。

　この簡明な事実は，供給側にダイナミックな変化が生じたことを示唆している。この供給側の主要因を本書では資本主義的な経済制度が定着したことにあると考えている。これから続く各章の記述のなかに詳しい説明は委ねることにするが，経済社会の発展を，そこに暮らす人々のより豊かな生活の実現に向かう歩みと捉えることができるとすれば，人口増加の背後にある経済規模の拡張がなぜどのようにもたらされたのかに関心を寄せることは，それほど的外れのことではないだ

考えてみよう　『インボリューション』

　経済学を学び始めると「マルサスの人口法則」という捉え方を学ぶ。この考え方は，分かりやすいが，他面で経済発展の経路からみると，悲観的な未来予想図になる。人口の増加を十分に養うに足る食糧の供給は，耕地の外延的な拡大に限界があり，拡大の余地がある耕地それ自体も土地生産性は低下するであろうし，集約的に働いても収穫の増加には限界がある。近代の産業発展は，このような限界を突破するような供給の増加をもたらすことで，人口の増加とともに，個々人の生活の豊かさをも実現する方向へと導いてきた。そこに「産業革命」以降の近代の経済発展が，それまでの時代とは異次元の経済社会を作ったことが示されている。

　このことを前近代社会の側から検証すると，近世社会の慣行として伝えられる「姨捨て」「間引き」などの人為的人口調節は，それぞれの社会が抱えていた自然的な限界に，社会の規模を合わせるためのものであったことが理解できる。食糧の増加が望めない以上，授かった命をあきらめ，あるいは労働能力がなくなった高齢者を棄民することによって，村落社会の存続が図られていた。そうでなければ，飢餓による破滅が避けられなかったからである。

　ジャワの農村社会を観察した人類学者クリフォード・ギアーツが著した『インボリューション』（池本幸生訳，NTT 出版，2001 年）は，工業化以前のこのような社会の維持機能を活写した興味深い文献である。

ろう。

　もちろん，このような捉え方に対しては，前近代社会からの連続性をもっと重視すべきだという考え方もありうる。とくに経済学では「市場のはたらき」を重視することから，「そのような市場のはたらきが日本の経済社会のなかでいつごろから，どのようなかたちで有用な制度として定着し始めたのか」という問いが経済史研究者の間でも話題となっている。それ自体は正当な問題設定であることは間違いないが，そのような連続性と市場のはたらきの有用性からだけでは，前記の序-1図のような近代への大きな屈折を伴う，その意味では不連続な変化（人口成長率の急上昇）を説明できないと思われる。これが，近代に対象を絞り込む主たる理由となる。

道しるべとしての「理論」

　それでは，資本主義経済社会の形成と発展という対象に対して，どのような方法で接近し，分析すればいいのだろうか。経済学や経営学などの理論的な研究が重要な道具を提供してくれるのではないか，というアイディアは誰でも考えつく。しかし，すでにふれた理論と実証との関係からも明らかなように，経済的な現象を理解する助けになる範囲で理論的な成果を利用することはあるとしても，それは夜道に迷いそうなときの天空の星のような道しるべになるというほどのものにすぎない。自らを新古典派ラディカルという安場保吉は，歴史制度分析による数量経済史研究に対する批判に応答するかたちで，「経済史を経済発展論モデルの僕（しもべ）扱いにするのがおかしい」と理論と歴史の関係に言及している[*1]。このような安場の主張は傾聴に値する。しかし，数量経済史研究では，「発展途上国22ヵ国の一人あたりGDP成長の89％は資本蓄積，労働参加率の変化，労働力に体化された教育投資によって説明される」と主張される。それは経済発展という事象を一般的なモデルからどの程度説明できるかという関心で論じているようにみえる。この指摘それ自体に異論を申し立てるつもりはないが，それでは経済史の研究は完結しないと考えている。仮に，そうした要素が重要だとして，それぞれの途上国では，それらの要素がどのよう整備され，経済発展を実現しつつあるのか，あるいはどのような困難に直面しているのかが説明されなければならない。その意味で，上記の説明は経済史研究の入口，つまりそこから分析すべき課題を見出して研究を進めるための手掛かりを与える以上のものではない。同時に，89％を説明できるという，統計的なデータ処理からでてくる説明につい

　[*1]　安場保吉「『歴史制度分析』の挑戦」『社会経済史学』66巻6号，2001年，74頁。

ても，歴史研究者は慎重な態度で受け止めるべきだろう。なぜなら，経済発展の単純なモデルによって多くの国々の経済成長について9割程度を「説明している」ことは「第一次接近」として尊重されるべきだが，説明すべきことがらは残りの1割にあるかもしれないからだ。比喩的にいえば，90％以上が水である液体は残りの1割以下の成分いかんによってビールのような酒にもジュースにもなりうる。ほとんど説明できているという指摘も，ことがらの表面をなでているだけかもしれないのである。

このように理論は対象となっている経済発展の現実を説明し尽くすことはできないので，経済史の分析方法の中心は**事実発見に基礎をおく実証研究**となる。この実証研究では，歴史研究としての特性がとりわけ重視される。それは，因果的な関係を時間的な順序に従って説明するということである。経済社会に起こっているさまざまな現象について，そうした時間軸をできるだけ捨象しようとするアプローチもありうる。たとえば社会学の研究のなかには，ある社会を構成する諸要素間の関係が，かなりの時間を経過しても変わらないと考えて，その社会の構造を捉えようとするアプローチもある。経済学の「理論」も，人の行動を「経済人」という原理に従うという限りで，時代を超えた特質を保持しているものと考えて論じているという意味では，時間軸は捨象される傾向にある。

これに対して，経済史ではそれらの学問では捨象されることもある時間軸がクローズアップされる。そうした分析視角をもつからこそ，他の学問分野とは相互に補完的な関係に立つ研究分野として，経済史研究に独自の意義が与えられている。

時間的な経過のなかで観察される事実についての因果的な説明が説得的であるためには，**論理的でなければならない**。理論がこれをサポートしてくれる場合もあるが，理論的な認識に反する場合もある。だから理論に寄りかかった説明には慎重でなければならない。

論理的な説明をすることは容易ではないが，経済史研究では，以下の四つの点を重視した論理的な説明が求められている。

まず第一は，全体像に対する関心を常にもちつづけることとである。経済学の理論的分析が，典型的には問題を単純化し，限定的な状況のなかで考えるとすれば，歴史研究では，できるだけ多くの要素を考慮に入れて，歴史的な現実を説明することが求められる。したがって，経済現象を主たる対象としながらも，経済的に意味のある要素だけで閉じた説明をすることでは不十分であり，非経済的（と思われる）要素も含めた説明が望ましい。つまり，政治，社会，イデオロギーなどにかかわると考えられるさまざまな要素の作用を認めたうえで，歴史的な全

体像を描くこと，叙述することに経済史固有の領域がある。たとえば，なぜ日本は太平洋戦争への道を歩んだのか，という問いに対して経済的な問題の解明から必然的な過程であったと決定論的に説明することはできない。

経済理論家として著名なヒックスが著した『経済史の理論』は，「経済史の一つの大きな役割は，経済学者，政治学者，法律学者，社会学者および歴史家——一般史家，思想史家，技術史家——が一堂に介して互いに話し合える公開討論の場を作り上げることである」と述べている[*2]。これも経済史の領域が経済学の対象領域を超えた広い説明を求めるものであることを指摘したものであろう。

このようにいっても，他面では，経済史が経済学と歴史学との学際的な領域にある以上，可能な限り対象とする経済的な現象については内生的な因果関係を経済学的な論理によって説明することに努めることも必要だろう。その際に大事なことは，経済理論がもつ均衡論的な思考への傾斜から距離をおくことであろう。シュンペータが経済理論の均衡論のドグマから脱するために「企業家」を想定したような[*3]，外生的な変化に変動の起動因を求めるのではなく，たとえば，技術進歩などの変化の要因が内生的な経済プロセスのなかから生まれると捉えることができるようなパラダイムが必要と考えている。

第二は，時間軸を単に事態が経過していく時間の流れとだけみなすのではなく，何よりも，経済の構造的なあり方が変化するダイナミックなプロセスを描くうえで必要な座標軸と考えることである。

段階的な経済構造の変化をどのような期間を設定して把握しうるかは，対象の性質によって異なるが，一つの特徴的な構造が，時間的な経過とともに生成・定着し，そして，それが新たな構造に遷移していくプロセスを経済発展の特徴と考えることが目標となる。そして，このような見方が，歴史研究として必要となる時代区分の基礎も与える。

経済構造を段階的な変化として捉えることは，構造の全体像をその定着期に即して描くことの重要性を示唆すると同時に，その構造と構造とをつなぐ，過渡期の描き方にも歴史認識の特徴が現れる。構造の描き方は，安定的な経済システムとして叙述することである。これは，戦前の講座派の捉え方を典型として，歴史制度分析などにも類似の捉え方が見出されるものである。ただし，それらは共通の弱点をもっている。それは，かつて講座派の代表的な著作である山田盛太郎『日本資本主義分析』（岩波文庫，1977年）が，向坂逸郎によって「発展がない」と

[*2] J.R.ヒックス（新保博訳）『経済史の理論』日本経済新聞社，1970年，12頁。
[*3] シュンペータの議論については，とりあえず『経済発展の理論』（塩野谷祐一ほか訳）岩波文庫，1977年参照。

批判されたような，ダイナミズムの欠如である。しかし，段階的な変化を捉える際に，定着した構造を頑健なものとして描こうとする必要はない。むしろ，そこに抱え込まれている不安定な要素とともに総合的に描くことによって，特定の構造がいずれは新しいものに置き換えられるというダイナミックな過程が展望できるような捉え方が求められている。

　第三は，この構造的な捉え方の基礎において大切なことは，それを構成するさまざまな経済主体がどのような機能的役割を演じているかを明確にすることである。その具体的分析に際して中心となる対象は，いうまでもなく「企業」である。資本といってもよいがやや抽象的な概念なので，歴史的分析の対象としてはより具体的な存在として「企業」と表現しておこう。この場合，企業の経済的な機能とは，ペンローズが指摘したように*4，市場に財やサービスを提供するために，人的およびその他の資源を獲得し，組織化するものであり，一つの管理的な組織のもとで，「権威主義的なコミュニケーション」によって計画的に生産活動に従事することである。

　このことは，企業が，組織としての特徴をもち，これが成長することによって，経済発展に必要な資源の適切な配分と利用を「非市場的な枠組み」によって遂行していることを意味している。したがって，その内部をいかに捉えるかは，資本主義的な経済制度の特徴を捉えるうえで，決定的な重要性をもつ。営利原則に即して機能する組織として「営利企業」を「発明」したことこそが資本主義経済制度の基本的な特徴だからである。市場の発展だけに関心をもつことは，この経済制度を表面的にしか理解できないことになろう。

　第四は，国民経済，ないしは資本主義国という単位で資本主義経済制度の形成と発展とを考えることである。その理由は，一つには，経済発展や経済成長にかかわって前提となる諸制度が整備され，それが慣習法であれ，実定法であれ一定の意義を果たすのは，何らかの形態の政治制度のもとでの立法と司法の作用によるものであり，これらを国家の統治機構と切り離して議論することはできないからである。そして，そうであるが故に，少なくとも形成期からかなりの期間，それぞれの制度的な枠組みは，国民経済ごとに異質性を伴うものであった。したがって，そのような異質性をも前提として叙述するためには，ひとまずは「国民国家」として切り取られた空間を対象として設定せざるをえない。そして，それによってはじめて，そのような統治機構の不十分な地域に対する植民地支配などの暴力的な侵略の問題も視野に入れうる。さらに二つには，このようにして国民経

---

*4　ペンローズ（日高千景訳）『会社成長の理論　第3版』ダイヤモンド社，2010年。

済を想定することによってはじめて，経済成長を国民経済計算によって測定し，異なる時期間での比較，異なる国民経済間での比較が可能となる。

　しかし，一国を単位として捉えることの理由としてより重要なことは，次の三つめの理由である。それは，経済成果の分配のあり方を最終的に特徴づけるのは，その国民経済の「政治的決定」の特徴に依存するからである。「経済成長」という量的な指標の極大化は，経済学の目的でもなく，まして経済史研究が関心を払うべき主要な問題ではない。もちろん，それらの現象は，われわれが「真に」経済発展と呼ぶべきものに接近するうえで，関心を払うべき経済現象であるが，それだけであれば，その研究は，資本主義経済制度に対する，繰り返されてきた批判に応えうるものではない。貧困や格差と不安定性は，発生期以来のこの経済制度のもつ問題点であった。それを着実に克服してきた「政治的決定」を含んだ資本主義経済制度の歴史的変容を正当に評価することが，経済史の研究では必要である。そうした視点をもつことによって，現在までの経済発展の到達点を正確に認識するとともに，それが抱える問題点も明らかにしうる視点をえられると考える。

3　経済成長の長期的観察

経済成長と豊かさへの前進

　前節で述べた最後の問題，つまり「経済成長」の意味を考え直すために，定量的な指標から観察してみよう。経済発展の質的な内容こそが重視されるべきだという本書の立場からすれば，逆の方向からの接近にみえるかもしれないが，定量的な観察それ自体からも重要な示唆はえられる。

　経済統計の国際比較ではもっとも信頼されているアンガス・マディソン『経済統計で見る世界経済2000年史』によると，1700年から1998年にかけて国別の実質GDPは序-1表のように推移している。

　この表から明らかなことは，1700年から1870年まで，インドと中国が18世紀後半には産業革命が進行中であったイギリスよりもGDPでは上回る「経済大国」であったこと，そして19世紀末から20世紀にかけて，工業化が進展した欧米諸国が，さらにこれを追いかけるように日本が経済大国化したということである。工業化が遅れているアジアの二国が大国の地位にいたのは，同じ表の下半分に掲出されている「一人あたり実質GDP」がいずれも下位にランクされていることから明らかなように，インドと中国が広大な地域に人口が集中する国だったからにすぎない。

3 経済成長の長期的観察

序-1表 実質GDPの国別推移

1700年		1820年	1870年	1913年	1950年	1973年	1998年	
① インド	90,750	中　国	中　国	米　国	米　国	米　国	① 米　国	7,394,598
② 中　国	82,800	インド	インド	中　国	旧ソ連	旧ソ連	② 中　国	3,873,352
③ フランス	21,180	フランス	イギリス	ドイツ	イギリス	日　本	③ 日　本	2,581,576
④ 旧ソ連	16,222	旧ソ連	米　国	旧ソ連	ドイツ	ドイツ	④ インド	1,702,712
⑤ 日　本	15,390	イギリス	日　本	イギリス	中　国	中　国	⑤ ドイツ	1,460,069
⑥ イタリア	14,630	ドイツ	フランス	フランス	インド	フランス	⑥ フランス	1,150,080
⑦ ドイツ	13,410	イタリア	ドイツ	フランス	フランス	イギリス	⑦ 旧ソ連	1,132,434
⑧ イギリス	10,709	日　本	イタリア	イタリア	イタリア	イタリア	⑧ イギリス	1,108,568
⑨ スペイン	7,893	スペイン	日　本	日　本	日　本	インド	⑨ イタリア	1,022,776
⑩ オランダ	4,009	米　国	スペイン	スペイン	メキシコ	スペイン	⑩ メキシコ	655,910
⑪ メキシコ	2,558	メキシコ	ベルギー	ベルギー	スペイン	メキシコ	⑪ スペイン	560,138
⑫ オーストリア	2,483	ベルギー	オランダ	メキシコ	オランダ	オランダ	⑫ オランダ	317,517
⑬ ベルギー	2,288	オランダ	オーストリア	オランダ	スウェーデン	ベルギー	⑬ ベルギー	198,249
⑭ ポルトガル	1,708	オーストリア	スウェーデン	オーストリア	ベルギー	スイス	⑭ スウェーデン	165,385
⑮ スイス	1,253	ポルトガル	メキシコ	スウェーデン	スイス	スウェーデン	⑮ オーストリア	152,712
⑯ スウェーデン	1,231	スウェーデン	スイス	スイス	デンマーク	オーストリア	⑯ スイス	152,345
⑰ デンマーク	727	スイス	ポルトガル	デンマーク	オーストリア	デンマーク	⑰ ポルトガル	128,877
⑱ 米　国	527	デンマーク	デンマーク	ポルトガル	ノルウェー	ポルトガル	⑱ デンマーク	117,319
⑲ ノルウェー	450	ノルウェー	ノルウェー	フィンランド	ポルトガル	フィンランド	⑲ ノルウェー	104,860
⑳ フィンランド	255	フィンランド	フィンランド	ノルウェー	フィンランド	ノルウェー	⑳ フィンランド	94,421
世界総計	371,369						世界総計	33,725,635

1人あたりGDP

1700年		1820年	1870年	1913年	1950年	1973年	1998年	
① オランダ	2,110	オランダ	イギリス	米　国	米　国	スイス	① 米　国	27,331
② イギリス	1,250	イギリス	オランダ	イギリス	スイス	米　国	② ノルウェー	23,660
③ ベルギー	1,144	ベルギー	ベルギー	スイス	デンマーク	デンマーク	③ デンマーク	22,123
④ イタリア	1,100	スイス	米　国	ベルギー	イギリス	スウェーデン	④ スイス	21,367
⑤ スイス	1,044	デンマーク	スイス	オランダ	スウェーデン	フランス	⑤ 日　本	20,413
⑥ デンマーク	1,039	米　国	デンマーク	デンマーク	オランダ	オランダ	⑥ オランダ	20,224
⑦ オーストリア	993	フランス	オーストリア	ドイツ	ノルウェー	ベルギー	⑦ フランス	19,558
⑧ フランス	986	オーストリア	オーストリア	フランス	ベルギー	イギリス	⑧ ベルギー	19,442
⑨ スウェーデン	977	スウェーデン	ドイツ	オーストリア	フランス	ドイツ	⑨ オーストリア	18,905
⑩ ノルウェー	900	イタリア	スウェーデン	スウェーデン	フィンランド	日　本	⑩ イギリス	18,714
⑪ スペイン	900	ノルウェー	イタリア	イタリア	ドイツ	ノルウェー	⑪ スウェーデン	18,685
⑫ ドイツ	894	スペイン	ノルウェー	ノルウェー	オーストリア	オーストリア	⑫ フィンランド	18,324
⑬ ポルトガル	854	ドイツ	スペイン	スペイン	イタリア	フィンランド	⑬ ドイツ	17,799
⑭ フィンランド	638	ポルトガル	フィンランド	フィンランド	旧ソ連	イタリア	⑭ イタリア	17,759
⑮ 旧ソ連	611	フィンランド	ポルトガル	メキシコ	スペイン	スペイン	⑮ スペイン	14,227
⑯ 中　国	600	メキシコ	旧ソ連	旧ソ連	メキシコ	ポルトガル	⑯ ポルトガル	12,929
⑰ 日　本	570	旧ソ連	日　本	日　本	ポルトガル	旧ソ連	⑰ メキシコ	6,655
⑱ メキシコ	568	日　本	メキシコ	ポルトガル	日　本	メキシコ	⑱ 旧ソ連	3,893
⑲ インド	550	中　国	インド	インド	インド	インド	⑲ 中　国	3,117
⑳ 米　国	537	インド	中　国	中　国	中　国	中　国	⑳ インド	1,746
世界総計	615						世界総計	5,709

出所）アンガス・マディソン『経済統計で見る世界経済2000年史』柏書房，2004年，308-31頁。
　　丸数字は順位，実質GDPの単位は，100万1990年国際ドル，一人あたりGDPの単位は，1990年国際ドル表示。

序-2表 GDP成長率　　　　　　　　　　（単位：％）

総額	1820-1870	1870-1913	1913-1950	1950-1973	1973-1998
イギリス	2.05	1.90	1.19	2.93	2.00
フランス	1.27	1.63	1.15	5.05	2.10
ドイツ	2.01	2.83	0.30	5.68	1.76
西ヨーロッパ平均	1.65	2.10	1.19	4.81	2.11
旧ソ連	1.61	2.40	2.15	4.84	△1.15
米国	4.20	3.94	2.84	3.93	2.99
日本	0.41	2.44	2.21	9.29	2.97
中国	△0.37	0.56	0.02	5.02	6.84
インド	0.38	0.97	0.23	3.54	5.07
世界平均	0.93	2.11	1.85	4.91	3.01

一人あたり	1820-1870	1870-1913	1913-1950	1950-1973	1973-1998
イギリス	1.26	1.01	0.92	2.44	1.79
フランス	0.76	1.44	1.91	4.25	2.03
ドイツ	0.85	1.45	1.12	4.05	1.61
西ヨーロッパ平均	0.95	1.32	0.76	4.08	1.78
旧ソ連	0.63	1.06	1.76	3.36	△1.75
米国	1.34	1.82	1.61	2.45	1.99
日本	0.19	1.48	0.89	8.05	2.34
中国	△0.25	0.10	△0.62	2.86	5.39
インド	0.00	0.54	△0.22	1.40	2.91
世界平均	0.53	1.30	0.91	2.93	1.33

(出所）序-1表に同じ。

このような視点からみると，国ごとのGDP総額を比較することの意味はかなり限定される。それ以上に重要なのは，その一人あたりの数値の動きだということも分かる。平均値という限界はあるが，その指標でみたとき，20カ国のうちの下から3～4番目に位置していた日本が，第二次世界大戦後に急速に地位を上げた。先進工業国並みの生活水準が実現するのはこの時期のことであり，第二次世界大戦前には，そうした基準での改善は目立たなかった。もちろん，順位だけでの判定は公正ではない。第二次大戦前にも工業化が進むことによって経済成長が本格化し，それによって絶対的な水準は確実に改善された。表示していないが，日本の一人あたりのGDP（実質）は，1870年の737ドルから1913年には1387ドル，1950年には1926ドルに増加している。

この点は，成長率という指標によって確かめられる（序-2表参照）。日本は，1870年までは西欧諸国と比較して極度の低成長下にあり，1870～1913年には欧米並みないしはその上位に位置するようになるとともに，第二次大戦後の1950～73年には他に抜きん出た高成長国となった。第二次世界大戦の敗戦の影響があるため，1913～50年のデータはそれほど高成長を示していないが，それでもGDP（総額）成長率では米国に次いでいる。特徴的なのは，この時期は一人あたりGDP成長率との乖離が大きくなっていたことであり，戦争に至る軍事大国化と敗戦を通して生活水準の改善が犠牲になったと推測できることであろう。

経済成長と景気循環（経済変動）

国民一人ひとりの生活の豊かさが経済発展にとって求められるゴールだとして

も，人間の経済活動について「発展」を論じるポイントは，量的な意味での消費水準の増大だけにとどまらない。序-2図は，英独米日の4カ国の名目成長率と物価の変動を示しているが，19世紀半ばから20世紀の終わりまでの100年以上にわたる経済活動において年々の変動はかなり激しかった。とくに第二次世界大戦前まで，物価はしばしば大きくマイナス方向に落ち込み，それに伴い成長率もマイナスとなることも珍しくなかった。かなり不安定な経済状態であった。

ところが，同じ図で第二次世界大戦後に注目してみると，経済成長率が4カ国ともほとんどがプラス側での小幅の変動になり，しかも，それまでの時期に比べると平均的には高い水準での成長が持続するようになった。この間に物価の変動も小さくなった。見方を変えればマイルドなインフレーションが続くようになったということもできる。しかし，経済全体のあり方を特徴づけるのは，第二次世界大戦後には高成長であり，その成長率のプラス側での変動で好不況が測られるようになった。経済システムは，安定性を高めることによって人びとの生活という視点でみれば予測可能な安心できる世界に一歩近づいたという印象を与える方向へと変化してきた。この安定性の増大が，生活水準の量的な改善とともに「経済発展」を評価するうえで重要な要素となる。

安定性の増大は，このように景気循環のあり方の変化に現れてくるが，さらにいえば，序-3表のように，「恐慌」のような激しい景気後退が発生する前後の時期の経済諸指標からも知ることができる。表示されているのは，日本で発生した激しい景気後退期について，前後の時期に物価や資産価格，賃金が示した変化の幅であるが，少なくとも卸売物価・消費者物価，そして賃金は，恐慌の前後の時期の変動幅は時代が下るにつれて小さくなっている。昭和恐慌までは激しい上昇と暴落を記録していた物価は，列島改造ブームとその崩壊，平成バブルとその崩壊の時期には，そのような動きは記録していない。株価や地価の変動は確かに大きいが，その範囲内に激しい変化は抑え込まれているとみることもできる。これらは，金融政策などを含めた政府等の政策的な介入によって，市場での累積的な悪循環を回避することができるようになってきたことを反映している。経済発展は，そのような意味で経済システム全体の安定性を高めている。

このように長期データの観察によって，考えるべきさまざまな論点があることが示唆されているが，そのなかで，明治維新以降の日本がトータルでは欧米諸国に比べて一貫して高い成長を実現してきたこと，したがって，それを可能にした要因がどのようなものであったのかを検討することが日本経済史研究の検討課題の一つであるということには異論はないだろう。

そのうえで，その経済発展の経路は欧米諸国とどのような点で類似し，どのよ

序-2図　主要国の経済成長と物価変動

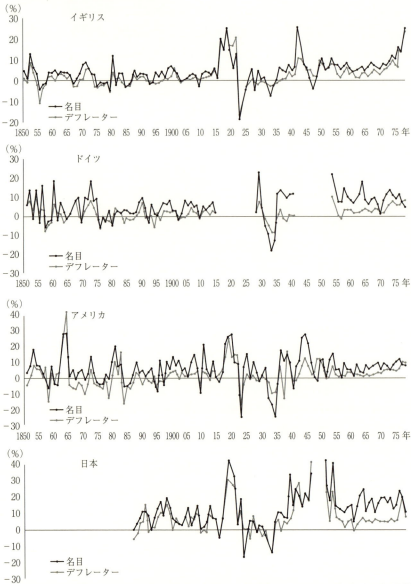

出所）英独は『マクミラン世界歴史統計』Ⅰヨーロッパ篇，米国は同書Ⅲ南北アメリカ・大洋州篇，日本は同書Ⅱ日本・アジア・アフリカ篇（1983～85年，原書房）による。

序-3表 経済発展の意味（投機の崩壊期の経済指標の変化率）

(単位：%)

		1920年恐慌	昭和恐慌	列島改造ブーム	平成バブル
		1915-20年	1926-29年	1968-73年	1985-90年
上昇局面	卸売物価	268.5	95.5	122.6	90.6
	消費者物価	248.3	92.5	140.5	107.0
	株価	305.7	68.4	362.2	271.0
	地価	278.0		322.0	297.6
	名目賃金	306.7	104.0	194.4	118.2
		1920-22年	1929-31年	1973-75年	1990-92年
下降局面	卸売物価	75.5	70.9	135.3	97.8
	消費者物価	90.3	79.5	139.1	104.9
	株価	59.6	62.7	86.1	53.4
	地価	87.8		92.5	87.0
	名目賃金	108.5	87.3	154.8	105.3

出所）武田晴人『脱・成長神話』朝日新書，2014年，44頁。

うな点で差異があったのかを考察することによって，日本の経験を相対化することができるように思われる。そして，このような問題点を明らかにするために，記述的な文書を読み解き，数量データの意味を考えていくことが，以下，本書で繰り返されることになる。

日本経済の長期変動

　以上のように19世紀の半ば以降に産業化が本格化したことによって規模拡大が進む日本経済についてどのような具体的な変化が生じたのかを，さらにいくつかの統計的な指標でみておくことにしよう。具体的には，①産業別人口構成，②

考えてみよう　長期の歴史統計・経済統計

　経済発展を論じるうえで欠かすことのできない，長期間にわたる時系列の統計数値は，次の二つの代表的な統計から得ることができる。一つは，Brian Redman Mitchell の編集による *International Historical Statistics* で，これはヨーロッパ篇，日本・アジア・アフリカ篇，南北アメリカ・大洋州篇の3冊に分かれて刊行されている。もう一つは，Angus Maddison の *The World Economy: A Millennial Perspective* である。ともに翻訳もあり，後者の邦題は『経済統計で見る世界経済2000年史』として刊行されている。前者は公式統計を収集し編集したものを主とするが，後者は国民経済計算の推計を行うことなどを通して，国際比較が可能なかたちで，2000年にわたる経済発展の概観を与えている。経済統計の推計値は，推計であることに留意した取り扱いが必要だが，貴重な研究資産ということができる。なお，日本についての長期統計は，一橋大学経済研究所が作成した『長期経済統計』があり，これも有用である。

序-4表　産業別人口構成　　　　　　　　　　　　　　　（単位：％）

年	1870年	1900	1920	1940	1950	1970	1990
日　本	[1872]	[1897]		[1936]			
第一次産業	85	72	55	45	49	20	7
第二次産業	5	13	22	24	24	35	34
第三次産業	10	15	23	31	28	46	59
アメリカ							
第一次産業	50	37	27	17	12	4	3
第二次産業	25	30	34	31	37	33	26
第三次産業	25	33	39	52	51	63	71
イギリス	[1881]	[1901]	[1921]	[1938]			
第一次産業	13	9	7	6	5	3	2
第二次産業	50	47	50	46	49	45	29
第三次産業	37	44	43	48	45	52	69
ドイツ	[1882]	[1907]	[1925]	[1939]			
第一次産業	42	34	30	27	23	9	4
第二次産業	36	40	42	41	44	49	38
第三次産業	22	26	28	32	33	43	58

注）　分断期のドイツは西ドイツ。以下同じ。
出所）　安藤良雄編『近代日本経済史要覧　第2版』東京大学出版会，1979年，および三和良一・原朗編『近現代日本経済史要覧　補訂版』同，2010年より作成。以下，序-8表まで同じ。

国内総生産の構成，③製造業の構成，④輸出入の構成について比較史的な観点から，先進国と似たような姿になるのはいつかを確認しよう。

　まず，産業別の人口構成を第一次から第三次産業というもっともラフな分類に即して比較すると，日本では1920年代まで半数以上の人口が第一次産業に従事していた。この比率が2割になるのは1970年のことであり，これから物語る時代のおおよそ4分の3を超える時期の日本は農業人口が圧倒的に大きい。その限りでは「農業国」であった。人口の2割程度が農業人口であるという状態は，アメリカやドイツでは日本より半世紀早い1920年代であり，イギリスでは90年前の1881年ですでに13％に過ぎなかった。

　もちろん，生産額という指標で見れば（序-5表），1925年の国内生産の構成は，農林水産業が28％と人口構成に比べれば小さくなるが，それでも製造業は20％に達しなかったから，農林水産業生産が首位にあった。これに対して，アメリカでもイギリスでも1890年代にはすでに製造業生産が大きく農林水産業生産を上回っていた。

　産業構成上の鉱工業部門の比率の増加が，工業化の進展を示す指標の一つだとすれば，その工業化の質的な面を捉える指標が，重化学工業部門の比率とされて

序-5表 国内生産 (単位:%)

年/期間	農林水産 ①	鉱業 ②	製造業 ③	建設業 ④	電気ガス水道 ⑤	運輸通信 ⑥	小計 ②～⑥	商業サービス ⑦
日本								
1895年	42.7	1.3	13.2	3.6	0.1	2.8	21	36.3
1925	28.1	1.9	19.5	5.7	2.9	7.7	37.7	34.2
1963-67	9.7	1.0	31.3	6.7	1.8	7.1	47.9	42.4
1980	3.0	2.9	26.6	9.5	②←	5.9	44.9	52.1
2000	1.5	2.8	24.7	6.4	②←	6.8	40.7	57.9
アメリカ								
1889-99	17.9	2.2	25.4	7.0	9.5	⑤←	44.1	38.0
1919-29	11.2	2.4	23.8	4.1	11.0	⑤←	41.3	47.5
1963-67	3.3	2.0	28.3	4.5	2.4	6.3	43.5	53.2
1980	2.4	5.2	19.0	4.9	②←	5.8	34.9	62.7
2000	1.9	3.7	18.6	4.0	②←	7.4	33.7	64.4
イギリス								
1907	6.4	6.3	27.1	3.9	1.6	10.0	48.9	44.7
1963-67	3.4	2.3	33.8	7.0	3.2	8.3	54.6	42.0
1980	2.1	9.1	25.5	6.1	②←	6.9	47.6	50.3
2000	1.0	4.7	17.5	5.0	②←	7.9	35.1	63.9
ドイツ								
1850-59	44.8	1.0	18.5	2.5	0	0.8	22.8	32.4
1935-38	16.2	3.1	39.9	5.0	2.3	6.0	56.3	27.5
1963	5	5	41	8	②←	6	60	35
1980	1.7	3.4	30.4	7.7	②←	5.6	47.0	51.3
2000	1.5	2.6	23.1	4.8	②←	8.4	39.0	59.5

いる。つまり工業化の過程は，一般的に繊維産業などの軽工業部門から鉄鋼や機械，化学肥料などの重化学工業部門の増加へと展開することが経験的に知られている。この指標でみると（序-6表），金属・機械と化学・石油製品を合わせた重化学工業部門の比率は，日本では1929年に36％弱で，これはアメリカの48％弱，ドイツの43％強に比べて立ち後れており，先進国並みの重化学工業化率は第二次大戦後になってから達成されることになる。ただし，最初の工業国家となったイギリスとの比較では，1929年時点で繊維や食料品の比率が高いという点で共通する特徴があった。イギリスが国際的にみて世界の工場となったのは綿製品を中心とする産業革命の成果であったが，その成功の故に，後発のアメリカやドイツは重化学工業部門の成長によってイギリスの工業力を追いかけ追い抜こうとしていた。日本は，それらの後発国よりさらに遅れたランナーで，いわば周回遅れであるが故に，トップランナーと似たポジションにみえたということであろう。

序-6表 製造業の構成　　　　　　　　　　　　　　　　　　　　（単位：％）

		金属・機械	化学・石油製品	紙・印刷	窯業	食料品	繊維	その他
日本	1907年	14.3	11.3	1.1	2.8	36.7	24.8	9.0
	1929年	24.0	11.8	3.0	3.3	23.8	27.0	7.1
	1965年	44.6	11.7	8.4	4.8	10.0	9.6	10.9
	1992年	50.1	13.4	7.6	3.9	11.2	4.5	9.3
	2002年	53.7	15.5	8.2	3.1	11.2	2.5	5.8
アメリカ	1879年	25.1	5.2	8.5	3.8	15.2	20.4	21.8
	1929年	38.4	9.4	9.8	3.5	11.0	13.7	14.2
	1965年	52.4	10.1	8.5	3.3	9.1	7.2	9.4
	1992年	43.2	19.0	12.4	2.7	10.7	5.0	7.0
	2002年	64.3	12.8	7.2	1.9	6.4	2.6	4.8
イギリス	1907年	32.0	4.1	6.4	→その他	16.7	31.1	9.7
	1924年	27.1	6.3	7.8	→その他	22.5	25.4	10.9
	1963年	46.7	10.4	8.0	3.9	11.6	10.7	8.7
	1992年	41.1	17.1	12.7	3.9	14.1	6.2	4.9
	2002年	43.7	19.0	12.3	3.4	13.5	3.6	4.5
ドイツ	1870年	16.3	3.3	1.9	7.0	24.3	34.8	12.1
	1907年	27.5	6.9	2.9	7.5	21.7	24.4	9.1
	1929年	34.7	8.6	2.4	7.1	24.1	15.1	8.0
	1959年	44.5	17.9	1.8	5.0	14.2	12.3	4.3
	1992年	56.5	15.1	7.4	4.4	8.2	3.6	4.8
	2002年	60.0	16.5	6.8	3.5	7.8	1.7	3.7

　輸出入貿易構成は（序-7表），その国の産業発展を示すもう一つの指標になる。工業国は工業製品の輸出競争力が強く，輸出面で製品輸出の比率が高い傾向にある。このような視点からみると，日本は，第二次世界大戦前は「原料用製品」（主として生糸と綿糸などの織物原料）の輸出が大きく，完成品（全製品）を輸入していたから，工業化という点での未熟さが現れていた。これに対して，イギリスは産業構成上は日本に近いとはいえ，完成品が輸出の大半を占め，原料品や食料品を輸入する加工貿易型の構成をもっており，これに近い構成に日本がなるのは，第二次世界大戦後の高度経済成長期のことである。ドイツも工業国としての強みが貿易構成に表現されているが，やや特異なのが，国際的にみると重化学工業化が進展し，その生産数量などで世界を圧倒しつつあったアメリカが第二次世界大戦前には食料品輸出の比率が高く，貿易面からみると「農業国」的な姿をしていたことであった。こうしてみると，日本は第二次世界大戦前には，経済発展という点ではまだ立ち後れた国であり，本格的に先進国と肩を並べるのは第二次大戦後のことだったといってよい。

　最後に，日本についてだけではあるが，序-8表によって国民総支出の推移を

序-7表 輸出入構成 (単位:%)

		輸出			輸入				輸出			輸入		
		1880-84年	1900-04年	1925-29年	1880-84年	1900-04年	1925-29年		1960年	1980年	2000年	1960年	1980年	2000年
日本	食料品	32.5	11.8	7.3	17.4	24.7	14.2	食料	6.6	1.2	0.4	12.2	10.5	12.1
	原料品	12.5	10.2	5.9	3.8	17.6	55.7	原料	4.2	1.2	0.7	49.1	17.7	6.5
	原料用製品	44.1	46.7	43.9	30.0	20.7	15.4	燃料		0.4	0.3	16.5	50.1	20.3
	全製品	8.2	28.8	41.2	46.3	35.3	14.2	工業品	66.0	37.5	29.6	13.0	15.0	32.3
	雑品	2.7	2.6	1.6	2.5	1.9	0.6	機械	22.9	58.6	68.9	9.0	6.0	28.8
アメリカ	生食料品	22.0	12.8	6.7	16.3	13.2	10.8	食料	15.5	14.2	6.0	23.3	8.0	3.8
	加工食料品	24.6	22.2	10.2	18.0	12.8	8.8	原料	19.3	12.1	3.9	20.0	4.8	2.0
	原料品	35.2	30.7	25.8	17.9	31.8	45.9	燃料		3.8	1.7	10.8	32.9	11.0
	中間製品	4.9	11.9	14.1	17.9	19.1	16.3	工業品	28.7	28.9	35.5	33.0	27.2	37.8
	全製品	13.2	22.4	43.2	29.9	23.1	18.3	機械	34.3	38.9	52.8	10.1	25.5	45.5
イギリス	食料品	5.1	5.8	6.6	44.0	41.9	42.1	食料	5.7	6.6	5.3	34.1	12.2	7.6
	原料品	10.8	17.4	14.7	41.6	37.8	37.9	原料	7.3	2.9	1.4	23.3	7.6	3.1
	完成品	84.2	76.8	78.7	14.4	20.3	20.0	燃料		13.0	8.4	10.6	13.6	4.4
								工業品	41.0	40.6	37.8	24.2	39.7	39.2
								機械	43.1	34.6	47.0	7.5	25.7	45.7
ドイツ	食料品	18.3	9.6	4.8	25.8	28.8	28.8	食料	2.0	4.8	4.0	23.1	10.9	6.1
	嗜好品	2.6	1.1	0.5	7.6	6.1	5.6	原料	8.8	2.5	1.7	24.0	8.3	3.5
	原料品	13.9	16.0	14.7	35.4	40.0	38.8	燃料		3.8	1.4	7.8	22.6	8.6
	半製品	15.3	17.8	20.6	19.3	14.7	17.4	工業品	45.3	42.5	41.7	34.6	37.0	44.8
	全製品	49.9	55.4	59.1	11.9	10.5	9.2	機械	43.4	44.6	51.2	9.5	18.8	37.0

見ると——データが戦前と戦後では連続していないが——,民間固定資本形成は,第二次世界大戦前には10%台にとどまり,高度成長期の20%を超える水準とはかなりの差がある。他方で固定資本形成にかかわる政府部門の地位は,後発工業国として政策的な工業化が推進されていたといわれるものの,それほど大きくはない。政府経常支出を含めても第二次世界大戦期の総力戦に際して異常な高率を記録している以外は,政府の地位は大きくない。1990年まで政府経常支出の比率は10%を超えることはなく,この計数からみる限り日本は「小さな政府」というべき状況が続いていたと推測される。これに対して,第二次世界大戦前と戦後との際だった差異は,民間設備投資比率の変化と対になって,戦前期には貿易依存度が高く,戦後にはその比率が大きく低下することであった。一般に第二次大戦後も加工貿易型の貿易立国をめざしていたといわれる日本であるが,戦後の経済発展は内需主導型のそれであったことは見逃すべきではない。

以上のように後進国として工業化が進んだ日本は,時間の経過とともにその内実を変え,先進工業国の仲間入りを果たした。

序-8表　国民総支出の推移　　　　　　　　　　　　　　　　　　　　（単位：百万円，％）

年	1885	1890	1900	1910	1920	1930	1940
合　計	806	1,056	2,414	3,925	15,896	14,671	36,851
個人消費支出	652	869	1,914	2,967	11,326	10,850	20,290
政府経常支出	60	66	183	338	1,085	1,452	4,821
粗固定資本　小計	97	153	391	691	3,601	2,339	11,735
民間	74	128	248	447	2,566	1,329	6,367
政府	23	25	143	244	1,035	1,010	5,368
輸出及び海外からの所得	42	65	259	587	2,984	2,486	7,192
輸入及び海外への所得	45	97	333	656	3,095	2,439	7,150
合　計（％）	100.0	100.0	100.0	100.0	100.0	100.0	100.0
個人消費支出	80.9	82.3	79.3	75.6	71.3	74.0	55.1
政府経常支出	7.4	6.3	7.6	8.6	6.8	9.9	13.1
粗固定資本　小計	12.0	14.5	16.2	17.6	22.7	15.9	31.8
民間	9.2	12.1	10.3	11.4	16.1	9.1	17.3
政府	2.9	2.4	5.9	6.2	6.5	6.9	14.6
輸出及び海外からの所得	5.2	6.2	10.7	15.0	18.8	16.9	19.5
輸入及び海外への所得	5.6	9.2	13.8	16.7	19.5	16.6	19.4

（1950年以降単位：10億円，％）

年	1930	1940	1944	1950	1960	1970	1980	1990
合　計	13,850	39,396	74,503	3,946	15,487	70,674	245,357	436,927
個人消費支出	10,572	19,155	26,554	2,397	8,823	36,287	143,612	247,586
政府経常支出	1,624	9,646	27,672	437	1,382	5,827	24,122	39,530
粗固定資本　小計	1,186	8,557	17,390	639	4,669	24,771	77,096	140,487
民間	694	7,085	13,766	450	3,526	18,995	53,671	111,908
政府	492	1,472	3,624	189	1,143	5,776	23,425	28,579
在庫品の増加	269	1,989	3,265	368	551	3,041	1,775	2,731
輸出及び海外からの所得	2,701	7,275	3,950	469	1,774	8,237	36,447	64,975
輸入及び海外への所得	2,502	7,226	4,328	364	1,713	7,489	37,695	58,382
合　計（％）	100.0	100.0	100.0	100.0	100.0	100.0	100.0	100.0
個人消費支出	76.3	48.6	35.6	60.7	57.0	51.3	58.5	56.7
政府経常支出	11.7	24.5	37.1	11.1	8.9	8.2	9.8	9.0
粗固定資本　小計	8.6	21.7	23.3	16.2	30.1	35.0	31.4	32.2
民間	5.0	18.0	18.5	11.4	22.8	26.9	21.9	25.6
政府	3.6	3.7	4.9	4.8	7.4	8.2	9.5	6.5
在庫品の増加	1.9	5.0	4.4	9.3	3.6	4.3	0.7	0.6
輸出及び海外からの所得	19.5	18.5	5.3	11.9	11.5	11.7	14.9	14.9
輸入及び海外への所得	18.1	18.3	5.8	9.2	11.1	10.6	15.4	13.4

注）　1885〜1940年（上段）は大川一司他『長期経済統計1　国民所得』，1930〜90年（下段）は在庫の増減を含む経済企画庁による推計値。

第 I 部

資本主義経済社会の形成

　　第1章　幕末開港の歴史的意義

　　第2章　明治維新と原始的蓄積

　　第3章　日本資本主義の確立

開港から産業革命までの構図

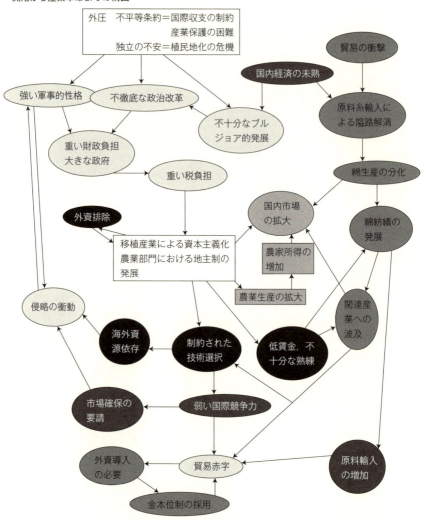

第1章　幕末開港の歴史的意義

1　幕末の国内経済発展

　第1章では，近代日本の経済発展を歴史的に理解するために，その前史となる幕藩制社会の基本的な構造についておおまかに説明する。この時代をどのように理解するかについては，さまざまな視点から議論することができる。2世紀半を超える長期間を一つの時代として，それが基本的には「農業に基礎をおく封建社会であった」と捉えるとしても，その間に都市の市場経済の発展や農村で進展する商品経済の影響の深化によって，「近代の可能性を懐胎する社会」となったことも間違いない[*1]。したがって，その変化のプロセスを論じることも一つの重要な経済史の課題である。しかし本書では，近現代史に重点をおきたいという意図に沿って必要と思われる範囲の記述にとどめたい[*2]。

幕藩制社会の成立
　17世紀初頭の江戸幕府の成立によって，織豊政権以来積み上げられてきた統一的な権力機構樹立の試みは，「幕藩制社会」と名付けられるような特徴をもって一段落する。
　その経済的な基盤は，太閤検地・刀狩りを通して実現される兵農分離に基づいて農業生産の担い手として小農民の自立が促されたことであり，これらの生産者が負担すべき年貢の基準として，田畑も屋敷地も一様に米の収穫地とみなして土地の収穫高を計り，この収穫高（石高）を基準に年貢が徴収されることとなった[*3]。こうして太閤検地は，自立しつつあった小農民が耕作者として年貢納入の

[*1] この表現は，杉山伸也『日本経済史：近世─現代』岩波書店，2012年による。
[*2] 幕藩制社会に関心をもつ読者には，入門書として上記の杉山伸也『日本経済史』が比較的詳しく近世社会の全体像を描いているので，これを参考にするとよいだろう。
[*3] 安良城盛昭『太閤検地と石高制』日本放送出版協会，1969年。なお，石高制など通説を構成する諸要素については，太閤検地以前の時期からの連続性，部分的に先行する類似事例の存在が最近の研究では指摘されるようになっている。たとえば石高制については，木越隆三『織豊期検地と石

責任を負うとともに、百姓身分に固定される代わりに一定の耕作地を割り当てられて小農家族としての生存基盤を保障される体制を作り出した。この場合、年貢の納入は村請制のもとにあるという意味では、村落共同体のもつ共同性によって支えられていたことに時代の制約が反映されている。耕地の耕作権は個々の小農に個別的に分配されているが、それは土地の所有権を制度的には意味しなかった。そのことは田畑売買の禁止などによって、所有権の基本的な構成要素である処分の自由がないことに現われていた。

他方、石高制は、大名領国支配の自立性という分権的な統治機構のもとで、領主に領域内での年貢徴収の権限、軍事・治安の義務を負わせるとともに、幕府の求めに応じて全国的な軍事動員や土木建設などの負担を分配する基準を提供した。納税主体の合意抜きの課税の権限が領主に与えられているという限りで、領主の領有地はその支配下にある。ただし、日本では、西欧社会と比べると、大名領主層が封建領主として取り結ぶ土地との関係は希薄化しており、転封・改易が可能であるなど幕府の権限が大きいことに特徴があった。

考えてみよう 「鎖国」と対外経済関係

　江戸時代は、それまでの活発な海外交易に強い制限が加えられた時代とされている。鎖国令とキリシタン教禁令とが幕藩体制の特徴であった。ただし、鎖国令は海外交易の全面禁止を意味したわけではなく、幕末開港までの期間を通して、長崎・対馬・薩摩・松前の「四つの口」で海外との貿易が行われていた。長崎ではオランダ・中国との貿易が、対馬では対馬藩を通じた日朝貿易が、薩摩では琉球を経由した薩摩藩の中国貿易が行われ、いずれも中国や東南アジアの交易圏とつながっていた。また、当初はアイヌとの交易を行っていた松前では後にはロシアとの交流も始められた。

　幕府の管理のもとにあった貿易の実態は、17世紀には日本からは銀の輸出を主とし、時代が下るに従って銅の輸出に変わった。いずれも日本の豊富な鉱産資源の輸出によって中国産の絹製品などの輸入が可能となるものであった。17世紀（1601〜95）に幕府によって鋳造された金銀貨のうち金貨1500万両の1割強、銀貨120万貫の8割以上が海外に流出したと推計されている。幕藩体制の後半期になると国内の鉱産物資源が枯渇し輸出力が失われるようになったため、海産物などの俵物の輸出などで補われたとはいえ、輸入の拡大を制約するようになった。

　海外との交易の実態は、貴金属の輸出が国内の貨幣制度への影響を不可避としたこと一つをとっても、対外関係が遮断されていたという評価はできないことは明白であろう。他方で、輸入が制限されることによって絹などの製品では輸入代替が進む一方で、国内の長い平和によって鉄の加工などの武器製造関連の技術進歩では内外の進展に大きな差が生じた。その意味では封鎖された経済体制による独自の経済発展という側面も見逃しえないものであった。

参考文献　杉山伸也、前掲『日本経済史　近世―現代』。

高の研究』桂書房、2000年がある。

幕藩制社会の基本構造

このような特徴をもつ幕藩制社会が、経済史的な観点でみるとどのような位置づけを与えられるかを、経済社会が持続し再生産されるメカニズムの原理的な特質に即して考えてみよう。

まず、前提として、経済社会の存立に必要な一般的な条件を考えてみると、少なくとも次の条件が満たされる必要がある。

第一に、その社会の成員が生活を維持し生存し続けるための生活資料（衣食など）が提供されること（生活資料＝C）、第二に、その社会が存続するために必要となる生産を続けるための資源が留保されていること（再生産原資＝I）、第三に、その社会の安全と安定のための費用が支弁しうること（統治費用＝G）である。

具体的には米穀を中心とした農業社会が毎年同じ規模で持続することを想定すると、生産に必要なものは種籾と労働となるが*4、種籾の量は前年に再生産原資として留保された収穫量であり、労働の投入量は、その年に得られる生活資料の総量（家族による世代的な再生産を含めた費用を支える生活資料によって次年度に投入できる労働力の総量が決定される）となる。言い換えると生産される米穀は、農民の自家食料（C）と次年度の種籾（I）が確保され、さらに残りが年貢（G）として領主に納められることになる。大事なことは、農家を一つの生産の単位とみなすと、それを維持できる（単純再生産できる）ように、農家にも種籾を留保する必要があり、それによって生産組織の持続性が保障されていることである。「百姓は生かさぬように、殺さぬように」といわれた由縁であった。字義通りであれば、小農経営には拡大再生産を可能とするような剰余は原理的には発生しなかった。もちろん後から述べるように、現実には土地の生産性が上昇して農家の収穫物が増加することはありうるが、それが拡大再生産につながるかどうかは自明ではない。他方で農家を家計という視点からみると、労働者家計とは明確に異なっていた。なぜなら、労働者家計では収入の最低限度額は、生存を保障されるような生活資料（C）だけであるのに対して、農家のような小経営では、年々の収入の最低限度は翌年度の生産原資となる留保分（I）が加えられ手元に残されている。

小農経営の維持に必要な部分を超える余剰の生産物は年貢として納められ、領主層の生活資料と統治費用に充当される。年貢を受領する領主層は、小農の安全を保障する軍事や治安に責任を負っていた。年貢米は換金され、その支出が都市の商工業者が稼ぎを得ることができるような需要を作り出すことになる。領主層の生活に必要な手工業製品――「身分にふさわしい」生活＝消費――あるいは社

---

*4 正確には、このほかに肥料や農具の損耗を補塡する費用なども必要であるが、説明を簡明にするために省略されている。

第1-1表　領主の領有地　　　　　　　　（単位：人，千石）

	享保年間	1720年代	天保年間	
	知行者数	石高	総高	拝領高
幕府直轄領		4,197	4,197	4,197
大名（万石以上）	264	17,550	22,517	17,875
旗本（万石未満）	5,204	2,642	3,040	1,060
計		24,389	29,754	23,132

出所）三和良一・原朗編『近現代日本経済史要覧　補訂版』東京大学出版会, 2007年, 43頁.

会の維持に必要な治水や道路などの社会的なインフラの整備が必要となり，それらは都市の商工業者に活躍の場を与えるからであった。領主層が年貢として取得する社会的剰余部分は，このように経済社会の維持に必要な費用を支弁するだけでなく，潜在的には拡大再生産の原資となるようなプラスアルファを含む可能性をもっている。戦国大名が富国策を行って軍備の増強を果たしえたことや，幕藩体制の前半期に活発な新田開発が行われたことなどは，拡大を可能にするような原資が領主の手に委ねられていることを示唆している。

　実際，幕藩制社会の後半期のデータであるが，第1-1表によれば，1720年代に2439万石であった領有地は天保年間（1830～44年）には2975万石に増加し，経済的基盤強化が図られていた。1720年代には全体の6分の1強にあたる領地が幕府直轄領であり，これに対して大名領は1755万石が264人に分与されていた。1領主あたり7万石に満たない平均規模が領有地の自立性を保障しえたかは疑問が残るが，加賀藩をはじめとする有力大名と1万石程度の小大名という階層内の格差が大きい構成であった。

　以上のように，この経済社会の特徴は，第一に，生計の単位でもあり生産の単位組織でもある農家が，単純再生産のための原資を保持していること，第二に，領主層は現物納の年貢を受け取り，これを換金しつつ，統治の費用（インフラや治安を維持するための費用）を支弁し，その社会の維持に必要な投資に責任を負いつつ，可能であれば拡大再生産のための投資を行うことにある。

幕藩制社会の二重性

　封建的身分制に基づく以上のような幕藩体制の特徴的な経済構造について，年貢を基礎とする領主と農民の関係と，それぞれの経済生活の特徴に注目すると，現物の年貢であることによって，①農民たちが貨幣経済に接する局面が小さくされ，自足的な側面の強い生活に閉じこめられるとともに，他方で，②領主層は独自に商品経済関係を展開する必要があることが指摘できる。前者を農民的な自足的経済，後者を領主的な商品経済と呼ぶとすれば，幕藩制社会は，その原理からみて，その二つが共存し，補完し合っていることが基本的な骨格となる。

　幕藩制社会については，たとえば速水融などの人口史・数量経済史などの分野

を中心に，かなり高度に発達した市場経済であったことを指摘する議論がある[*5]。この議論は，封建社会を共同体的な秩序のもとで営まれる自給自足的な経済と見なす通説の一面性を批判するという意味では，一定の意義がある。しかし，その一方で，通説的な捉え方を批判して「経済社会」の形成や「市場経済」の展開に注目する見解についても，幕藩制社会に対する理解としては一面的である。なぜなら，上述のように，幕藩制社会は，市場経済的な関係を原理的に内包した社会だからである。領主的な商品経済を不可欠の一環とする限り，農民的な自足経済が商品経済と接触することを実態としては排除できないものである。したがって，市場経済的な発展があることは，この社会の構造的特徴の一面を表すものであり，だからとって「封建制ではない」と主張することになれば，それは何をもって封建制というか，という問題を見誤っていることになる。

誰が拡大再生産の原資を握っているのか

何をもって「封建制」と規定するか，という問題に答えるために，成立した幕藩制社会を前後の時期の経済社会の特徴，つまり，先行する荘園制の時代のそれや，後続する資本主義経済と対比して示すことにしよう。その際に注目するのは，社会的な剰余，とりわけ拡大再生産のための原資が誰の手元に握られ，誰がその配分について権限を有するかである。

荘園制社会では，荘園を形成する社会集団は，そのなかに支配層と奴隷などの被支配層を含みながらも，かなり大きな一つの集団としてその集団の再生産が維持されている。個々の耕作者たちの生存は，自らの生産物を獲得することによって保障されるのではなく，その集団に属していることによって保障されている。上記の経済社会の存立条件からみれば，C＋I＋Gのすべてが，いったんは支配層の手に渡り，その判断に基づいて再配分されていく。その一部は，より上級の権力に対して貢納され，荘園の安全が保障されることもある。この場合，共同性をもった再生産の組織としての荘園の外部には，物々交換や貨幣を介した取引など市場経済的な関係が補完的に形成される余地があるが，他方で共同性をもつ集団の内部での交換は，しばしば「贈与」のような形態をとるなど，封建社会に比べて市場の役割は限定される。

これに対して，幕藩制社会では，生産の単位として小農が独立して農業経営を

[*5] 速水融『日本における経済社会の展開』慶応通信，1973年，宮本又郎『近世日本の市場経済』有斐閣，1988年，高槻泰郎『近世米市場の形成と展開』名古屋大学出版会，2012年などを参照。また岡崎哲二『江戸の市場経済』講談社，1999年などもある。最近の『岩波講座　日本経済の歴史』（2017〜18年）も同様。

担うことになり、同時に生存の責任も自らのものとなる。図式的にいえば、C＋Iは農家の取り分となる。「小農が自立したこと」が、この新しい社会の生産のあり方に大きな変化をもたらしている。他方で**小農の自立**と経営の持続性の保障を超える剰余部分が貢納され、それによって領主的な商品経済が展開する。したがってGと表示された年貢の部分は、領主層の消費（生活資料と統治のための経費 G_c）と投資的な費用 G_i とを含み、これらの領主層の支出を起点に都市的な商品経済が展開することになる。小農経営が単純再生産を原理とし、余剰部分が領主に貢納されることは、幕藩制社会では、拡大再生産の可能性を手元に保持しうるのが、原理的には領主階層であったことを意味する。それが投資的に使われるとすれば、新田開発や水利などの改善によって農業生産の拡大に資することになる。

　他方で、この生産の単位のあり方は、資本主義社会とはまったく異なる。資本主義経済社会において市場経済が全般化するのは、その生産の組織のされ方が、企業というかたちで家計から分離されたことに基づいている（CとIの分離により、労働の提供者にCが支払われる）。幕藩制社会とは異なって、統治に必要な費用以上には納税の義務はないから、余剰部分を確保し拡大再生産の可能性を手元に保持しうるのは、資本主義経済社会では企業であり、その活用は経営者・資本家の手に委ねられている。生存に必要な生活資料は、賃金・報酬のかたちで家計に支払われるが、単純再生産のために手元に留保されていた利潤部分も拡大再生産の原資とともに企業に残される。それは、労働力という経済資源が、生活資料を得ることによって再生産可能であるという特徴に基づいている。こうして資本主義社会では、経済社会の拡大のための原資の配分の権限が、政治権力にではなく、企業に与えられる。この社会が資本主義といわれるのは、このような特徴によるものである。そして、このような分配の構造があるために、かつて領主たちが商品経済的な市場関係を必要とした以上に、一般の賃金労働者たちは、商品経済の発展を通した生活資料の購入を生存の不可欠の条件とするようになる。商品経済が全般化するのは、このように人口の大多数を占める人たちの生存を維持するための条件が、市場を介した取引を基盤とするものへと変化したからなのである。

幕藩制社会の内生的な矛盾

　おおよそ、原理的に以上のような特徴と構造をもつ幕藩制社会は、その特徴の故に、安定性をもちうる条件を備えているとともに、他方で自らの基盤を掘り崩すような条件を作り出していく。

　自立した小農たちは、速水融が指摘したような意味での「勤勉革命」、つまり集約的な労働投入を介して、自発的に収穫の増加に取り組むようになる。それは、

人口成長を可能とするような食糧生産の拡大をもたらしたということができる。そして人口成長による労働供給の増加は，さらに一層の生産の拡大の可能性を開く。もちろん好循環だけではなく，人口の増加が飢餓の危険を招くこともありうるし，疫病などの流行がこの変化を抑止することもありうる。また，個別経営に着目すれば，家族の主要な労働力が疾病等で失われれば，小経営としての再生産の維持が難しくなることもあるだろう。

　そのような制約のなかでも，農家経営による生産力の上昇は，それが領主層による継続的なチェックによって管理されない限り，前述の経済社会の原理的な構造を壊す要因となる。もともと，天候などの自然的な条件によって不作の時には毛見などによる年貢の減免が必要とされる一方で，増収に対応した追加的な年貢徴収は難しかったと考えられる*6。そうした自然的な条件によって発生する偶発的な増収だけでなく，農法の進歩や農具や品種の改良があれば，農家の側の拡大再生産を可能とするような原資が手元に残りうる。しかも，生計費そのものは，多分に可変的であるから，生活費を切り詰めて剰余を生み出すというような経営的努力も，この制度の範囲内では，制御することはできない。

　つまり，農民たちのなかに次第に経営的に拡大しうる農家経営が発生することは，その制度の成立期から不可避の可能性として開かれていた。そして，それ故に幕藩制社会は，その内側から崩されていくことになった。もちろん，それによって直ちに，資本主義的な経済社会への移行が可能になるというわけではないが，

> **考えてみよう　再生産の単位としての小経営**
> 　経済の発展段階論として再生産の原資を誰が握り，責任を負っているかという視点で経済社会の変化を論じることは，他方で人びとの生活を保障する単位がどのように変わるかという視点でも説明できる。荘園制社会ではそれは共同性をもつ地縁的な社会集団であり，封建制では基本的には農家という「小経営」である。この「小経営」は近代社会における「企業」と「家計」とが未分離の状態にあることに特徴がある。経営発展などを論ずる研究では近代への移行期に「家計と経営の分離」が論じられることがあるが，それは企業という経済主体が小経営から分離して小経営の生産的な機能に純化したものと捉える考え方を反映している。そして小経営の特徴は，それ自体が単純再生産を実現できるような余剰部分を手元に残すことであり，そうした制度的な枠組みによって経営的な発展も，あるいは没落も個々の経済主体としては起こりうるものだということである。この点について，たとえば物価の上昇は，この小経営にどのような影響を与えるかを考えてみるとよいだろう。

---

*6 谷本雅之によれば，年貢の賦課率は長期にわたり安定し，17世紀から18世紀にかけて低下した（谷本雅之・沢井実『日本経済史』有斐閣，2016年，44-45頁）。したがって，農民が土地生産性の上昇に力を尽くし，手元に残る余剰の増加に努めることが動機づけられていた可能性があった。ただし，偶発的にせよ増収が農民の手元に残ったとしても，一般的には「備荒貯蓄」のようなかたちで将来の不作に備えることが慣習化されていたから，そのような慣行を前提とする限り，農民側に余剰が発生することが直ちに社会の基本的な構造を突き崩す契機とはならなかったと考えてよい。

その前提となる経済制度の動揺は進展することになる。封建社会における農家小経営に対する支配のあり方はそのような内生的な矛盾をはらんでいた。

しかも、領主的な商品経済の展開は、農民的な自足経済に近接していることから、両者の接触と自足経済への商品経済の浸透を避けることは難しい。また、上述のような余剰の発生分の販売に加えて、商品性の高い特産物販売なども可能となる。これに対して、特産物販売の組織化などが領主層の新たな増収手段として視野に入ってくると、ますます、商品経済関係との切断の努力は、形骸化することになるだろう。この面でも支配の原理を維持することの限界は明白であった。

17世紀と18世紀

さて、そうした視点でみると、第1-2表は大変興味深い事実を示している。

問題は17世紀と18世紀の差異をどうみるかにあるが、それに立ち入る前に、史実を要約しておこう。第一に目立つのは1600年代の人口急増である（ 考えてみよう 「17世紀の人口推計」参照）。これは耕地の拡張による増産とともに、土地の生産性の上昇（Y/R）に支えられている。結果的には一人あたりの米実収高（Y/N）は減少しているが、17世紀が人口の急増期であったことは間違いないだろう。付け加えれば、戦国時代からの戦乱によって人口増加が抑制され、長期の平和の訪れがこの抑制を解いた影響も考慮すべきだろう。

これに対して、18世紀に入ると土地の生産性の上昇傾向は持続し、むしろ以前よりも速いテンポで改善が進んでいるにもかかわらず、他方で人口増加のテンポは明らかに鈍化した。土地生産性の上昇によって人口増加をある程度支えることのできる収穫の増加が実現し、一人あたりの米の収穫量（消費量）の増加がみられるにもかかわらず、人口増加が鈍化した。

考えてみよう　17世紀の人口推計

17世紀の国内人口の推計値には第1-2表とは異なるものがある。1600年の人口については、速水融が1200〜1300万人としているのに対して、鬼頭宏は1500万人（鬼頭『図説人口で見る日本史』PHP研究所、2007年）、斎藤修は1700万人（斎藤『江戸と大阪』NTT出版、2002年）としている。これに連動して1650年の人口推計にも差異がある。

斎藤推計に従うと、17世紀の人口増加は1000万人となり、速水推計を基礎とする第1-2表の1500万人の増加とは大きな開きがある。それでも1700〜1800年の1世紀の人口増加は300万人であったから17世紀が前後の時期に比べて際立った人口急増期であったことは変わらない。諸推計で人口以外の耕地面積や実収石高などに差はないので、他の推計では、1600年や1650年の一人あたり石高（Y/N）は当然小さくなり、17世紀に若干低下した程度となる。したがって、どのような推計に依拠するかによって17世紀の姿は異なってみえるが、人口急増期であることは異論はないようである。

第1-2表　人口・耕地・実収石高の推移

	人口 N (万人)	耕地 R (千町)	実収石高 Y (千石)	Y/N (石／人)	Y/R (石／反)
1600	1,200	2,065	19,731	1.644	0.955
1650	1,718	2,354	23,133	1.346	0.983
1700	2,769	2,841	30,630	1.106	1.078
1750	3,110	2,991	34,140	1.098	1.141
1800	3,065	3,032	37,650	1.228	1.242
1850	3,228	3,170	41,160	1.275	1.298

出所）石井寛治『日本経済史　第2版』東京大学出版会，1991年，68頁。原資料は，速水融・宮本又郎「概説 17-18世紀」『日本経済史 1　経済社会の成立』岩波書店，1988年。

　以上の事実は，17世紀には，自立した小農たちが農業の生産性上昇を実現させ，これを外延的に拡大するように領主層が新田の開発や水利の改善など領地の開発に取り組んだことによって，比較的順調な経済拡大が持続していたと解釈することができる。一人あたりの米の収穫量の減少は，このような状況を勘案すると，副食的な食糧生産の増加によって，必要なカロリー量が確保されたためとみるのがもっとも整合性が高いと考えられる。この場合，経済制度の安定性は，人口増加が生産拡大に基づく余剰の発生を吸収することによって，つまり農民的な

> **考えてみよう　なぜ幕藩体制後半期に飢饉が多発したのか**
>
> 　18世紀に入ってから人口の増加率が低下した理由の一つとして，飢饉の多発が指摘されることがある。なぜ，飢饉が多発したのだろうか。
> 　江戸「四大飢饉」のうち享保の飢饉（1732年，西日本の冷夏），天明の飢饉（1782年，浅間山の爆発，冷害），天保の飢饉（1833年，冷夏）は自然災害の側面があることは確かだろう。しかし同時に考慮すべきなのは，商品経済的な関係が拡大していくなかで生じた社会的な基盤の動揺という側面である。農業社会はその持続性のために余剰農産物を不作などの収穫の変動に対処するために「備荒貯蓄」を慣行としていた。領主の側でも村落の側でもそうしたセーフティネットをもつことが経験的な知恵であった。しかし，領主的な商品経済の発展のなかで進展する藩財政の窮乏化や，農民的な商品生産の発展はそうした社会的余剰の備蓄を先細らせた可能性がある。経営的な拡張に向かうような投資が進展することは，飢饉への備えを先送りする。それは，新しい経済社会への胎動を意味すると同時に，それによる生産の拡大が十分でなければ，その社会の持続可能性を支えてきた基盤を掘り崩すことになる。
> 　飢饉や流行病に弱いことは，その社会が人びとの生存を安定的に維持できるような生活の改善を実現できていないこと，したがって経済発展が制約されていることを意味する。逆説的ではあるが，人口の安定的な増加が実現することを経済発展の指標とすることもできる。もちろん，安定的な人口増加のなかで，たとえば平均余命が長寿化し，それに伴って結婚年齢が上昇するなどの結果，人口増加率が低下することもある。したがって，人口増加率の高さが問題なのではなく，その安定性を欠く状態が生じることが発展にとって制約となることを示唆している。飢饉発生により人口増加が突然停止する原因には，自然条件だけでなく，拡張的投資のために伝統的な備蓄を費消するような取り組みが進められた場合にも生じやすくなる。つまり，飢饉の発生は，幕藩制社会において近代社会への動きが内包されることによっても起こりうることであった。

第1-1図　百姓一揆件数の推移（年平均）

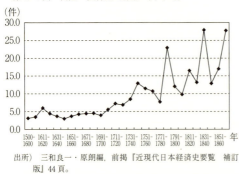

出所）三和良一・原朗編、前掲『近現代日本経済史要覧　補訂版』44頁。

自足性の高い経済では、消費の拡大が投資の抑制に働いているということもできる。他面で耕地の拡大が続いていた基盤には、領主的な商品経済の余剰分の一部が経済社会の拡大のために積極的に投下されたことも示唆している。

しかも、第1-1図が示す百姓一揆の発生件数のデータは、余剰の発生をめぐる領主と農民の間の紛争が、18世紀以降と比較して17世紀には相対的に抑制されていたことを示している。

これに対して、18世紀に入ると、耕地の拡大に限界が生じたために、労働集約的な生産性の向上が試みられた可能性が高く、その影響もあって収穫量は増加した。しかし、これらの生産の増加は、耕地の自然的な限界があって17世紀のような耕地拡大のための投資に向かうことは少なかった。その理由としては、領主層の統治費用の増大（藩財政の逼迫）が投資のための原資をむしばんでいたこと、農民的な自足性の高い経済のなかでも、生産性の上昇が引き続き農民たちの1人あたりの消費の拡大、つまり、全般的には生活水準の改善をもたらすことに費やされたことなどが考えられる。

幕藩制社会は以上の事実からみる限り、単純再生産が繰り返される停滞経済ではなく、非常にゆっくりとはしているが、着実な発展のあとを見出すことができるものであり、それを耕地の外延的な拡大の限界が制約していた。この制約とともに見逃すべきではないのが、18世紀以降になると、生活水準の着実な上昇が（前掲第1-2表のY/N）経営的な余剰の発生を抑制したことである。それに加えて「百姓の休日」が増加していたこと[*7]などの史実を想起すれば、経済成長は生活の「改善」に費やされたとみることができる。生産性の上昇という経済発展の基本的な要素がもたらした恩恵を、人びとは自らの生活水準の上昇につながる自給的な食糧の消費拡大や労働投入時間の減少というかたちで享受した[*8]。

[*7] 古川貞雄『増補　村の遊び日』農山漁村文化協会、2003年。これによると、村人たちの遊び日（休日）は、18世紀後半から19世紀中に日数が増加に転じ、30日程度だった遊び日は「多くて五、六〇日程度」に増加した。しかも、「気儘遊び日」「内証遊び日」と呼ばれた農業暦とは直接関係のない休業日も登場し、全体として年間休日数は増加する傾向あったことが指摘されている。

[*8] 18世紀の経済状態に関する理解については、谷本雅之・沢井実、前掲『日本経済史』65頁以下参照。

農民的な経営発展の可能性とその制約要因

これらの変化のなかで，米などの主要食糧の実収石高の増加に加えて，各地の特産物生産が増大し，それらが米とともに全国的な商品流通網にのって領主的な商品経済の拡大を促した。商品流通の拡大は沿岸海運の発展などの遠隔地との輸送手段や金融決済手段の仕組みを作り出した。大坂を中心とする商品の流通は，領主的な商品経済の拡張にとどまらず，都市商人層や職人層の経済活動の活発化が都市の消費市場の発展を加速させたこと[*9]，さらには，農民たち自身の消費の水準が上昇するなかで都市で生産された消費財が農村地域に流出していくことによっても進展したと考えられる。

このように米以外の商品作物が拡大してくると，幕藩体制の基礎となっている「米を基軸する経済構造」＝領主的商品経済と自給的農民経済の補完的な経済構造が崩されていくことになる。ここに近代的な経済制度への移行の契機があった。

しかし，幕藩制社会における，このような農民的な経営発展の可能性は，順風満帆のなかで展開しえたのだろうか。それは，資本主義的な経済発展，資本主義的な経済制度の形成を確実にもたらしうるものであったのだろうか。

この問題に答えるためには，第一に農業を基礎とする経営体が耕地を拡大し，さらには労働者を雇い入れるなどの変化が歴史的にどのような条件のもとで可能となるかが検討されなければならない。

まず，理念的な検討の前提として，①農家経営は原則として家族労働力を基盤とする，②雇用労働力の供給は十分ではない，③耕地が零細で狭小な土地の寄せ集めであるため，経営規模拡大が効率性を高めるとはいえない，の三点を仮定して考えてみよう[*10]。

土地の借入が可能であるとすると，初年度に得られた剰余 M 部分で翌年度の

第1-2図　農家経営

	年貢 G	種子・ 肥料 I	生活資料（賃金） C	剰余 M	
初年度					
翌年度			C	剰余 M	｝既存の経営規模
	追加投資		C_m	M_m	拡張部分
			Q	P	

[*9]　都市の発展を過度に強調することには慎重でなければならない。農村と都市の人口動態に関する研究によると，農村人口の増加の方が概して高率であったことが知られているからである。

[*10]　この仮定は，かなり理念的なものであるが，小農が自立した農業経営を行っている状態を想定すると，それが家族労働に依存していること，それが安定的であれば賃稼ぎを必要とするような過剰労働力は生じにくいことは，無理な前提ではない。また，耕地の拡大が都合よく隣接地の拡張につながることがまれであるとすれば，耕作面積の拡大が耕作の効率性を高めることを前提にするのは現実的ではないという判断に基づいている。

追加投資をまかなうことができる規模まで経営拡大が可能になる。この場合，拡張を可能にする条件は，家族労働に余裕があって C_m にあたる部分の労働の支出が可能であることになる。これが満たされれば，この経営の生産は拡大しうる。ただし，家族労働に余裕がないと，P 点に示される土地単位あたりの生産量は減少し，$M+M_m$ は減少し，場合によっては，労働の希釈化によって Q 点をも下回るかもしれない。Q 点に単位あたりの収穫が下落したところで，この経営の拡大は止まる。もちろん，Q 点以下となっても，$C+M<C+C_m$ である限りは，一人あたりの収穫量が増加するために拡張の意味はある。また，その経営が，M_m を拡張には用いずに，消費に費やすことはありうる。

　家族労働力の供給量を超えて経営拡大を持続的に可能にするためには，不足する労働力を市場からの雇用によって補う必要がある。しかし，不十分な労働供給は，賃金の高騰によってしばしば C_m を超えるような支払を必要とする。それによって，経営に残る $M+M_m$ の部分は減少する。

　加えて，経営拡大を求める小経営の登場は，土地の貸し手に対して地代（小作料）取得の基盤を与える。土地の保有者は制度的に年貢の支払義務を負っているから，G に相当する年貢を超えるようなプラスアルファを小作料の実質収入として要求することになる。これは，M_m の分配を求めることと同じことになる*11。したがって，経営の規模拡大は，家族労働が使い尽くされたところで，雇用労働と地代の支払とによって制限されることになると考えてよい。

　このような限界は，P 点が大きく右に移動するような生産性の拡大が実現すれば解消するが，その条件が満たされない限り，土地の保有は，小作に出す方に有利に，経営規模拡大に不利に働くことになり，経営拡大を目指す「豪農」（経営の拡大をめざすような小経営を日本の歴史学ではこのように名付けている）にとっては，剰余部分を経営規模拡大に費やすよりは，蓄積資金によって土地の保有量を拡大し，小作に出す方が有利となる状況が続くことになる。

　このように，労賃の水準が低下せず，土地の生産性が上昇しないと，大規模経営のメリットが少ないために，経営拡大は抑制されがちになる。革新的な技術進歩が農業経営で行われるか，あるいは，農家経営の他の部分，つまり手工業的生産の拡大が可能となるか，などの条件がない限り，簡単には封建的な経済構造を脱却することはできない。経営に行き詰まる農民の提供しうる土地の生産性は相対的に低いなどの事情も，これらの限界を一層強める方向に働く。小農形態をも

---

　*11　土地の購入は制度的には認められていないが，仮にこのようなケースを考慮したとしても，土地の取得費用は年々の収益から償却されることになるから，賃料を支払うという条件と大きな差はないと考えてよい。

つ家計という生産単位の制約要因は，家族労働を超える雇用労働にあることが，ここには示唆されている*12。

農民的小経営発展の現実

農業生産の拡大に基づく経営発展の限界は，農業における資本主義的経営発展やその副業的な農村手工業の拡大を否定するわけではない。たとえば，農民的な小経営の発展によって，共同体的な秩序に基づいた農民的自足経済の解体と，資本主義的な発展の可能性を，大塚久雄は「局地的市場圏」として論じた。これに関連して，日本経済史研究では，服部之総が提起した「厳密な意味でのマニュファクチュア段階論」とそれをめぐる論争がある（後掲コラム参照）。

結果的には服部の想定とは異なって，幕末期の経済発展に関する実証研究によると，農村内での経営的な発展の可能性は，織物生産などの手工業生産や，藍や茶などの商品作物の生産などに求めることができること，ただし，それらは大塚の想定は異なって，問屋制的な手工業生産であり，農民的な小商品生産と商人資本との結合に実体的には見出されており，小経営の専業化，経営的な自立に限界があったことが明らかにされている*13。しかも，このような経営的な発展は，遠隔地の商業と結びつきつつ，また，しばしば，藩政の改革のために展開する特産物生産の藩営と結びついていて実現されるものであった。

以上の経営的な自立の限界については，第1-3表，第1-4表にあるような，「地域内職業分化」の内容に表現されている。まず，第1-3表では，いくつかの地域の内部で農民たちが所持し耕作している土地の面積がかなりの幅をもち，とくに50石以上，100石以上などの大規模な耕地を所持する農家が発生していたことが知られている*14。土地所有権の移動に関する規制が弛緩し，百姓身分の人たちの間に大きな格差が発生していたことは，経営的な発展が可能な階層が存在したことを示していると考えられる。

---

*12 複層的発展論を主張する谷本雅之は，小経営が家族を基盤とする形態にとどまる特質をもつことを強調している。小経営の発展に限界があるとみるか，それが小農の志向性とみるかの説明の論理は異なるが，谷本と本書はともに小経営が自立的に経営規模を拡大していくという単純な成長論には賛同していないという点で共通している（谷本雅之・沢井実，前掲『日本経済史』87-91頁参照）。

*13 伝統産業の展開については，粕谷誠『ものづくり日本経営史』名古屋大学出版会，2012年，第1章第2節参照。

*14 この表をまとめた山崎隆三は，その変化の様子を「無高」の比率が高い地域については土地を失って労働者予備軍となっている農民が存在することから「ブルジョア的分解」，そうした特性がない地域を質地地主の地帯と区分している。この分類から判明するように，山崎は幕末期までに資本主義経済社会形成の起点となるような経済変化が部分的に生じていることを強調している。

第1-3表　農民層の分解　　　　　　　　　　　　　　　　　　　　　　　　（単位：戸）

種別	ブルジョア的分解の地域				質地地主地帯	
地域	摂津国武庫郡・川辺郡	摂津国豊嶋郡	河内国綿作地帯	和泉国大島郡	武蔵国都筑郡	甲斐国巨摩郡
時期	1877年前後	1848-75年	1866-72年	1843-72年	1870-72年	1870年
100石以上	3	1	2	3	1	6
50-100石	27	9	12	7	9	9
30-50石	55	18	17	16	22	13
20-30石	90	34	27	21	45	13
10-20石	200	77	49	48	270	27
5-10石	243	106	67	70	443	52
5石以下	657	274	209	279	1,646	635
高持合計	1,275	519	383	444	2,436	755
無高	614	132	282	561	79	18
無高／高持	48.2%	25.4%	73.6%	126.4%	3.2%	2.4%
20石以上小計	175	62	58	47	77	41
同上／高持	13.7%	11.9%	15.1%	10.6%	3.2%	5.4%

出所）三和良一・原朗編，前掲『近現代日本経済史要覧　補訂版』43-44頁。

第1-4表　職業の分化（1840年）　　　　　　　　　　　　　　　　　　　　（単位：戸）

	持ち高（石）					手作り地（反）				合計
	無高	0-5	5-10	10-20	20-30	無作	0-5	5-10	10-20	
専業農家										197
兼業農家	10	10	3	1	1		22	2	1	25
絞油屋			1		1			1	1	2
木綿織屋	1	5	1	1			7	1		8
手習屋		1					1			1
米雑穀屋		1					1			1
酒小売		1					1			1
漁師	6	2					8			8
菓物屋	1						1			1
犁屋			1				1			1
木挽	2						2			2
農業以外	59	7				66				66
木綿織屋	7	4				11				11
日雇い等	28					28				28
その他	24	3				27				27

出所）第1-3表に同じ，44頁。

　他方で第1-4表では，きわめて多くの副業的な職業が村落内に展開していたことが明らかにされている。多様な職業が生まれていることは，封建社会のもとで人々がそれぞれの得意を活かしながら副業的な収入をえる機会をもつようになり，その意味でも貨幣を介した市場経済関係に巻き込まれている現実を反映している。

しかし，これらは，生業・職業の分化の萌芽を示しているとはいえ，それらの職業が社会的な分業関係として，市場経済的な関係を通して結びつけられていることを必ずしも意味しない。何よりも，これらの職業は，独立の職業としては未成立のものを多く含んでおり，多就業によって生計を支える副業的な職業であった。

近代社会は，そうした副業を農家経営から剥離させ，農家経営内の多様な技能の融合形態を解体していくことになる。そこに近代社会において，急速に市場経済関係が拡大していく根拠も，同時に基盤もあるが，幕末期にはそうした変化の過渡的な現象が観察されるほどになってはいたが，同時にまだ萌芽にとどまっていた。

> **考えてみよう　マニュファクチュア論争と局地的市場圏論**
>
> 　幕末期の経済発展の評価に関連して，幕末維新期の日本経済史研究において重要な論争となったのが，服部之総が提起した「厳密な意味でのマニュファクチュア段階」論争であった。それは典型的な理論先行の問題提起に基づく論争であったという意味で，問題提起に反省すべき点があったが，他面で実証研究のための重要な指針ともなった。
> 　服部の問題提起は，経済発展段階論的な認識を基盤としていた。歴史研究の有力な方法としての発展段階論は，政策学としてのドイツ歴史学派の主張に基づいており，後進国の経済政策の正当性を，発展の段階差に求めるものであった。リストの保護貿易論はその典型であり，このような考え方を継承しながら，生産力の発展とともに，新たな生産様式を出現させるという史的唯物論の捉え方が，日本経済史研究では長く強い影響力をもってきた。
> 　この捉え方では，欧州の経済発展の経験に沿って，問屋制家内工業→マニュファクチュア（工場制手工業）→機械制大工業という工業化の諸段階を想定していた。これが世界史的に共通のものであり，日本も同じ段階を経る工業化過程が進むと考えられていた。
> 　この説明モデルを基礎に服部は，幕末開港期の日本の経済発展の水準を問いかけた。そこには，歴史家としてはきわめて正当な問題意識，つまり同じように「西欧の衝撃」を受けた日本と中国（清）とが，なぜその後の工業化のプロセスにおいて大きく違いが生じたのかという疑問があった。そして，服部は，この問題に対して，日本の方が中国よりも高い発展段階，具体的にはマニュファクチュア段階にあったのではないか，という仮説を提示した。
> 　この論争の発火点となった服部の認識は，以上の説明からも明らかなように，理論的な要請が先行したものであったが，これを実証しようという試みがその後しばらくの間，歴史研究の重要な課題の一つとなった。
> 　このような経済史研究に，西欧経済史研究から強い影響を与えたのが，大塚久雄の「局地的市場圏」論であった。大塚は，史的唯物論的な捉え方に，マックス・ウェーバーの「資本主義の精神」にかかわる認識を加味して，理論的なモデルを構築した。それは，資本主義的な経済発展の原動力を，領主的な商品経済のもとで成長する「商人資本」ではなく，共同体内での社会的分業の展開を促すような小商品生産者の経営拡大に求めるものであった。
> 　こうして服部や大塚の議論に刺激されながら進んだ実証研究は，のちにプロト工業化論とも接続しうるような，各地域内（大坂，名古屋，瀬戸内海など）で幕末開港期までに小経営が発展していたことを明らかにしていくなどの成果を生んだ。しかし，その反面で，見出された経営発展の矮小性から，服部の仮説が裏付けられることはなかった。
>
> 　参考文献　大塚久雄『近代欧州経済史序説』岩波書店，1981 年。
> 　　　　　　服部之総「維新史方法上の諸問題」『歴史科学』1933 年 4-7 月号。

2　開港の経済的影響

ペリーの来航を契機とする開国・貿易の開始は，日本の資本主義経済制度の発展を考えるうえでは決定的な影響を与えたと考えられてきた。

「厳密な意味でのマニュファクチュア段階」論や「局地的市場圏」論などは，このように通説化している「西欧の衝撃」という外生的なショックがもたらした資本主義化という議論への異議申し立てであった。同様の異議申し立ては，現在でも幕藩制社会のもとでの工業化の進展（プロト工業化）を強調し，その延長線上に近代の経済発展をみる捉え方に継承されている。この点については，最近の谷本雅之などの議論によれば，「在来的経済発展」は幕末までの工業化を前提としつつ，幕末開港による衝撃によって再編された生産者によって担われたと捉えられるようになった*15。その限りでは，内生的な発展要因と外生的な衝撃とに対する評価は，現在ではバランスがとられるようになっているといってよい。

「西欧の衝撃」の背景

さて，幕末開港の意味を考えるうえでは，①外圧＝西欧の衝撃の側から，その意図を明確にするとともに，②その衝撃が国内経済に与えた影響を明らかにしていく必要がある。

まず，「なぜ，開港を求められたのか。その意図は何であったか」について考えてみよう。

イギリス・フランスの東アジアへの進出が進むなかで，なぜアメリカが日本の扉を開けたのだろうか。開港を求める外圧のなかで先行したのはロシアであり，18世紀末からのロシア船の出没に対して，鎖国の継続は幕府の対外政策の基本線であった。しかし，そうした排外的な政策は，アヘン戦争の衝撃が伝わると支配層内部での危機意識を醸成し，こ

第1-3図　アヘン戦争の衝撃
E.ダンカン画「ネメシス」1843年
公益財団法人東洋文庫所蔵

＊15　斎藤修・谷本雅之「在来産業の再編成」『日本経済史3 開港と維新』岩波書店，1989年などを参照。もっとも，在来的な工業発展のその後の評価（後述する移植産業の発展の評価との関係）については，いまだ論争中というべきだろう。

れに対応して国内の政治的な対立が激化することになった。また，海岸線の防備が求められることによって，それでなくとも逼迫していた諸藩の財政状況はその度合を強めることになった。

1853年のペリー来航の背景については，関口尚志・石井寛治『世界市場と幕末開港』（東京大学出版会，1982年）によって多面的に論じられ

第1-4図　ペリーの久里浜上陸

国際日本文化研究センター所蔵

ている。アメリカ使節団の来航は，最終の寄港地である那覇に至るまで，完全とはいえないまでも情報としてはその都度伝えられていた。したがって，それは決して，日本の支配層にとっては「突然」の来航ではなかった。

アメリカの使節団は，一面では自由貿易を求めるとともに，他面では圧倒的な軍事力を背景にして「開港」を強制するという強い意志をもっていた。使節団が持参した「大統領の書簡」は，「強力なる艦隊をもってペルリ提督を派遣」した目的は「友好，通商，石炭と食糧の供給及び吾が難破民の保護」であるとして友好的な交渉による開国を求めていた。またペリーは，予備的な段階としてアメリカの捕鯨船などの避難港・補給港の確保を使命としたうえで，それが実現できなければ，日本の南部の島に艦隊の拠点作ることを考えていた*16。友好的な接近と武力による威圧とは，来港の目的である貿易船に対する石炭と食糧の確保と，難破民の保護などを実現するためには当然の手段であったから，対応を間違えれば，日本の独立が脅かされる危険もあった。同様に，イギリス公使のオールコックは「我々の条約の公然たる唯一の目的は高価な武力に訴えることなしに通商を拡張し，自由に発展させることだ」としながらも，日本の対応次第では「武力を背景に，強圧的手段があってしかるべきだ」と考えていた*17。それは西欧の国々には共通した姿勢であった。西欧側には，アジアに対する差別意識と軍事的優位，独善性があった。このような強い開国要求の基盤には，アメリカでは捕鯨の問題だけでなく，中国市場に着目した商人たちが貿易中継基地を要求していたことなども指摘されている*18。

*16　「ペリーよりケネディ海軍長官への書信」安藤良雄編『近代日本経済史要覧　第2版』東京大学出版会，1979年，34頁。
*17　関連する文書は，安藤良雄編，同上，34，36頁参照。
*18　この点に関連して，アメリカ・ボストンを中心とした商人たちのアジア貿易での活躍について，最近の大東英祐の研究が詳しい。大東「商人による産業投資活動」大東ほか著『ビジネス・システ

不平等条約の内実

国内での激しい対立のなかで，幕府は，開国を選択したが，その選択が「開国」と「攘夷」という政治的対立をもたらした。幕府側の意図は，会所貿易化による貿易利益の独占によって，幕藩体制の再編強化を図るというものであったと考えられている。したがって，そこには産業化＝資本主義経済体制への転換を促すような意図はなかった。これが幕末期の幕府権力の基本的性格であった。

これに対して，「攘夷」は幕府の開国政策に反対するということ以上に具体的な政策構想をもってはいなかった。欧米側では，寄港地としての期待が主であり，対日貿易の利益に関する期待は小さかった。それは，中国市場に対する期待の大きさを反映していた。

さまざまな意図が交錯するなかで，幕府の開国は現実的な選択であったと考えてよい。こうして幕府は安政条約と総称される通商条約を西欧諸国と取り結ぶことになった。その特徴は，「不平等」であり，①関税自主権の喪失，②治外法権＝領事裁判権の容認，③最恵国条項の片務的供与などであった。ただし，この条約関係を清国の対外条約と対比すると，④国内通行権の拒否＝居留地貿易への限定，⑤アヘン条項（アヘン輸入の禁止）の存在などの日本にとって望ましい側面もあった。この条約の締結は，その正当性をめぐって幕末の激しい国内の政治的対立の原因となったことはよく知られているが，ここでは開港による貿易の開始の影響をみておくことにしよう。

貿易の開始は何をもたらしたか

すでに説明した服部之総の問題提起「なぜ日本は工業化に成功したか」は，こうして始まった国内経済の大きな変動が工業化の成功に結びついた基盤を，それまでの経済発展の高さに求めるものであった。他方で，このような工業化の起点としての意味と同時に，それが政治的独立に関わる危機＝**半植民地化の危機**をもたらしたこと，そして，そこからの脱却が重要であったことが指摘されている。

ただし，この点について現在では，次のような異なる見解が示されている。すなわち，第一に官僚的な国家的レベルでの対応の差（幕末維新期の幕府・新政府と清国における洋務派の対応の差）を強調する芝原拓自『日本近代化の世界史的位置』（岩波書店，1981 年）の「権力的対応」説であり，鉱業における「本国人主義」などの外資排除の成功や居留地貿易化も含めた体制的な対応が植民地化の危機を未発に終わらせたとするものである。第二に，そうした面を認めつつも，より重要な役

ムの進化』有斐閣，2007 年。

第 1-5 図　横浜の賑わい

落合芳幾画「横浜英吉利西商館繁栄図」
Photo: Kobe City Museum /DNPartcom

割を果たしたのは開港場などで貿易に従事した商人たちの民族的な対応にあるとする石井寛治『近代日本とイギリス資本』(東京大学出版会, 1984 年)の「商人的対応」説である[19]。

　この二つの見解で一致している点は, 開港による貿易の開始が日本を半植民地化するかもしれないという危機を醸成したことを強調する点にある。つまり, 経済発展の高さによって十全な対応が可能であったとは考えてはいない。この点に関連して, 開港後の幕府がフランスからの巨額の借款に基づいて幕府体制の強化を図ろうとしていたことが重視されている。それは, 北海道の開発などの経済的利権を与えることを見返りとするものであり, 借款を突破口にして日本の主権と独立が脅かされる危険を一段と高めていた。こうした危うさは, 政治的な対立が激化するなかで内戦が進展し, 幕府官僚が政権維持への危機意識を強めていたことを背景としている。他方で, イギリスもフランスも, あるいはその他の国々も, もし状況が不都合な展開を示せば, その圧倒的な軍事力を行使することで打開を図ることに躊躇はなかった。下関や薩摩湾での軍事行動は, そうした意図をあらわにしていたし, 日本の軍事的劣位は明白であったから, 危機は現実的なものであった。

貿易の開始と物価騰貴

　第 1-5 表は, 輸出先行の貿易拡大が生じたことを示している。まず第一に目につくのは, 1865 年までの輸出超過である。この結果は, オールコックの評価によれば, 「予想以上のもの」であった[20]。輸出の中心は生糸であり, 世界市場に

---

[19] これらの論争についての簡単な解説は, 武田晴人『異端の試み』日本経済評論社, 2017 年, 第 1 章を参照。
[20] オールコック(山口光朔訳)『大君の都 : 幕末日本滞在記』岩波文庫, 1962 年。

第1-5表 幕末貿易の概況

輸出	全国 (千ドル)	横浜 (千ドル)	品目構成比 (%)		
			生糸	蚕種	茶
1860年	4,714	3,954	65.6		7.8
1861	3,787	2,683	68.3		16.7
1862	7,918	6,305	86.0		9.0
1863	12,208	10,554	83.6		5.1
1864	10,572	8,997	68.5	2.2	5.2
1865	18,490	17,468	83.7	3.8	10.2
1866					
1867		9,708	53.7	22.8	16.7

輸入			綿織物	毛織物	綿糸	船舶	金属
1860年	1,659	946	52.8	39.5			1.2
1861	2,365	1,494	46.0	26.7	4.9	1.1	8.6
1862	4,215	3,071	19.4	17.9	4.2	16.2	38.7
1863	6,199	3,701	15.9	28.3		12.3	21.5
1864	8,102	5,554	30.9	29.2	13.6	2.0	9.6
1865	15,144	13,153	37.8	43.8	6.6	1.8	3.1
1866							
1867		14,908	25.3	22.4	9.0	2.7	0.9

出所) 石井寛治, 前掲『日本経済史 第2版』94頁。

第1-6表 価格の変動 対前年上昇率　　　　　　(単位:%)

	金1両に 対する銀	米1石	繰り綿	木綿糸	白木綿	絹糸	秩父絹
1857年	1.6	14.8	13.8	△3.3	14.9	2.8	14.3
1858	1.9	31.0	20.2	0.0	△13.6	5.6	56.5
1859	0.7	△1.0	5.5	△5.0	△1.5	21.1	28.1
1860	0.0	26.0	15.6	15.1	14.5	35.7	2.4
1861	△0.8	△1.8	25.9	3.9	△4.7	2.5	15.0
1862	3.1	△1.9	△4.5	16.4	4.3	0.5	7.2
1863	12.8	11.3	6.3	40.1	42.1	31.6	15.4
1864	6.0	23.1	45.3	43.7	43.4	47.6	42.9
1865	12.8	72.1	59.0	41.2	34.9	21.0	△1.3

出所) 三和良一・原朗編, 前掲『近現代日本経済史要覧 補訂版』48頁掲載表より作成。

おける生糸の供給不足に基づくという限りで,幸運に恵まれていた。1855年にスペインで発生し,1860年ころにはフランスやイタリアなどで流行した微粒子病によってヨーロッパの生糸生産が壊滅的な打撃を受けていたからであった。

　望外の成果をあげたと西欧諸国が評価する一方で,幕府の「貿易独占」の企図は失敗した。幕府は,江戸・大坂の伝統的な流通機構を特権的な商人層のもとに掌握して貿易利益の独占を図る五品江戸廻送令などを試みた。しかし,新興の貿

第 1-6 図　幕末の物価騰貴

「樹上商易諸物引下図」
日本銀行金融研究所貨幣博
物館所蔵

易商が開港地横浜などで活躍するのを抑えることはできなかった。

　このような貿易の影響についてとくに注意すべきことは，次の点であった。第一に，輸出入貿易の直接的影響として，輸入品関連の価格が低下し，反対に輸出品の価格が上昇し，品薄が生じたことである。第 1-6 表によると，主要輸出入品となった生糸（絹糸）と綿織物（白木綿）で 1858 年以降の価格動向が異なっていることが分かる。こうして価格体系が大きく変化したこと，つまり相対価格が変化したことが産業によって異なる影響を与えた[*21]。

　第二に，金銀比価（金 1 両と交換される銀の量目）が 1860 年代半ばにかけて急激に変化し，その結果，非貿易財である米などの商品価格も急騰するようになった。貿易の開始から少し遅れて，全般的な物価上昇により国内経済全般を大きな混乱に巻き込んだ。

　以上のように 1862 年までの輸出品中心の価格上昇と，それ以後の全般的な価格上昇とは区別して論じられるべきことがらである。このうち，後者の物価上昇は，内外の金銀比価の違いと，日本の通貨制度に対する西欧諸国側の無理解に基づく強引な「同種同量交換」の強制によって，大量の金流出が発生したことが原因であった。国内金銀比価が 1 対 5 であったのに対して，国際比価は 1 対 15 であった。そのような乖離が発生したのは幕藩体制下で貨幣改鋳を繰り返した結果であった[*22]。この点について幕府官僚は危険性を察知して国際比価に見合った新銀貨を発行して混乱を予防しようとしたにもかかわらず[*23]，その計画は欧米列強の外交的圧力によって実現できなかった。その結果，金貨が実質的には輸出

[*21]　貿易動向と価格変化との関係については，谷本雅之・沢井実，前掲『日本経済史』100 頁，図 2-2 参照。
[*22]　山本有造『両から円へ：幕末・明治前期貨幣問題研究』ミネルヴァ書房，1994 年，および武田晴人「『両制度』の崩壊：幕末の金流出」『にちぎん』2009 年夏号（18 号）。
[*23]　石井寛治『開国と維新』小学館，1989 年，72 頁。

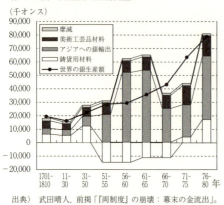

第1-7図　先進国の銀消費量

出典）武田晴人、前掲「『両制度』の崩壊：幕末の金流出」。

商品化した。外国から銀を持ち込んで日本国内で金貨と交換し、これを輸出して海外で販売すれば膨大な利益を生んだからである。これによって国内貨幣制度の基準は実質的に銀を本位貨幣とするようになり、金銀比価が国際比価にさや寄せされる間に全般的に物価が上昇した。

日本に甚大な影響を与えたこのような貴金属貿易の動向は、19世紀の半ばに進行していた欧州における国際金本位制への移行の動きのなかで加速されたものであった。欧州先進国の銀需要の実態を示した第1-7図によると、1850年代からアジア向けの銀輸出が急増した。それは1850年代後半から60年代前半にかけて、つまり日本が開国した時期に重なるように大きな金額に達した。アヘン戦争以来、拡大の一途を辿っていたアジア貿易に対する支払がこのような銀貨の流出に関係していた。その結果、アジア貿易の決済手段として「メキシコドル」と通称される銀貨が基準貨幣となり、アジアの通貨体制としての銀本位と欧州の金本位という分岐が進行することになった。第1-7図において鋳貨用材料がマイナスであったことに示されるように、欧州では銀貨を鋳つぶしても銀が輸出された。他方で、ゴールドラッシュを基盤に新大陸などからヨーロッパに金が集中されて金準備が潤沢になった。その結果、長いこと安定していた国際金銀比価は、19世紀の最後の四半世紀に1対34〜35という急激な銀安に向かい、他方でイギリスを中心とした国際金本位制が確立した。金が本位貨幣であった日本は、このような動きのなかで一足早く、大量の金流出が、アジアに供給されていた銀との交換で発生し、銀本位に移行して明治維新を迎えることになった。

アジア貿易に大量の銀貨が供給されたことは、同時にアジア貿易が急拡大したことに基づいていた。その動きのなかでみると、開国によって展開された貿易関係は、単に日本と西欧諸国という交易関係としてだけでなく、アジア諸地域の交易関係のなかで理解される必要がある[24]。その担い手としてアジアに進出した巨大貿易商社や外国銀行の活動は、単に東西間貿易だけでなく、アジア間貿易を

[24] 石井摩耶子『近代中国とイギリス資本：19世紀後半のジャーディン・マセソン商会を中心に』東京大学出版会、1998年、杉山伸也＝リンダ・グローブ編『近代アジアの流通ネットワーク』創文社、1999年などを参照。

仲介するものであり，華商・印商などのアジア商人たちの活動の場を提供するものでもあった[*25]。さらに，これらの流通の担い手たちと開港場で対峙した日本の商人（売込商と引取商）の役割と，これを金融決済面から支えた伝統的な金融機構が，拡大する貿易を支える国内的条件であった[*26]。

3　明治維新の基盤

　江戸幕府の崩壊と明治新政府の成立は，政治的な統治機構の大変革期であった。この政治過程は日本史研究の重要な検討課題であるが，ここでの関心は，それがどのような経済史的な意味をもつかという点にある。これまでの日本経済史研究では，明治維新は，世界史的にみれば，「市民革命」という政治的な変革によって達成された近代社会，近代的な政治体制への移行という課題を果たす歴史的な位置にあったと考えられてきた。そして，その改革が近代的な民主主義に基づく政治体制の樹立からは遠く，専制的な政治体制へと帰結したことを理由に改革に大きな限界をみる捉え方と（絶対主義革命説），新しい政治体制が資本主義的な経済制度の発展を促すことになったことを理由に，市民革命に匹敵する改革と積極的に評価するもの（ブルジョア革命説）とが対立してきた[*27]。

　このいずれの立場も，イデオロギー的な判断が先行し，しかも経済決定論的な把握に傾斜しているという意味では，歴史認識のゆがみを長く研究史に残した問題提起であり，現時点でこのような論争に積極的にかかわり，いずれの評価を支持するかをめぐって議論をする意味は小さい。

　しかし，歴史的な視点でこの時期に発生した一連の政治改革の意味を，その推進主体が

年表　明治維新		
1854 年	3 月	日米和親条約調印
1858 年	7 月	日米修好通商条約調印
1860 年	3 月	桜田門外の変
	5 月	五品江戸廻送令
1863 年	8 月	8 月 18 日の政変
1864 年	8 月	第一次長州征討
1866 年	3 月	薩長同盟成立
	6 月	改税約書調印
	7 月	第二次長州征討
1867 年	11 月	大政奉還
1868 年	1 月	王政復古，戊辰戦争
	7 月	太政官札発行
1869 年	7 月	版籍奉還
1871 年	6 月	新貨条例
	8 月	廃藩置県
1872 年	3 月	田畑永代売買解禁
1873 年	1 月	徴兵令
	10 月	征韓論争

　[*25]　この点については，古田和子『上海ネットワークと近代東アジア』東京大学出版会，2000 年，籠谷直人『アジア国際通商秩序と近代日本』名古屋大学出版会，2000 年などの研究がある。
　[*26]　この点については，石井寛治の一連の研究が重要であるが，とりあえず，石井『経済発展と両替商金融』有斐閣，2007 年を参照。
　[*27]　これについては小山弘健・山崎隆三『日本資本主義論争史』こぶし書房，2014 年復刊などの資本主義論争史などを参照。

何であるのか，それを支えた基盤がどのようなものであったのかを検討することによって新しい統治機構の特質を捉え，それ以後の経済発展に与えた影響を理解することは有益である。

政治変革の推進力と対外政策上の対立

　明治維新が実現される政治的なプロセスは紆余曲折を経ているが，通商条約の調印後，開国に反対する人びとに対する厳しい幕府の弾圧（安政の大獄），朝廷における討幕派の排除を進めた 8.18 政変，これに続く長州征討，薩長同盟の成立，鳥羽伏見の戦い，江戸開城，大政奉還と五箇条の御誓文，版籍奉還，廃藩置県とさまざまな画期となる政治的な事件が連続している。

　この間の基本的な構図は，開国政策を推進する幕府に対して，西南雄藩を中心とする政治勢力が「倒幕」への流れを形成しながら，「公武合体」などの選択肢を加えて政治体制の変革を求めるものであった。その際，現体制への対抗的なスローガンとして「尊皇攘夷」が基本的な結集軸となった。

　その結果，1867 年末から 68 年初めにかけて大政奉還，王政復古が実現したが，この政治的な枠組みの変化は，江戸幕藩体制の崩壊による，天皇を頂点とする外見的には復古調の政治制度を利用した新政府の樹立であった。しかし，それは，実質的には西南雄藩出身の下級武士による政権の掌握であって，天皇の政治指導のもとに進んだわけではなかった。たとえば，倒幕の志士たちは，討幕運動のなかで京の「天皇」を「玉」と呼び，将棋の駒の一つとしてたとえ，自らの掌中にある操り人形のごとくに語っていたと伝えられている[*28]。そうした姿からは，天皇を主権者とする専制的な政治制度が生み出された理由を説明することは容易ではない。

　この過程は，軍事クーデタによる政権交替と呼ぶ方が「市民革命」と呼ぶよりはふさわしいかもしれない。なぜなら，それは，確かに下克上の様相を呈していたとはいっても，身分の枠を超えた政治的ヘゲモニーの転換（たとえば新興のブルジョアジーの政権掌握というような）が起こったというものではなく，武士階級のなかでの政権交代という特徴をもっていたからである。そして，そのことがこの新政権の政策運営の特質を強く規定することになった。

　しかし，このような理解にとどまっていたのでは，変化の本質を見失うことになりかねない。それは，当事者たちが意図していたかどうかを別にして，急激な変化が連続するなかで予想しない大きな変革が成し遂げられた可能性もあるから

---

　*28　田中彰『集英社版　日本の歴史 15　開国と倒幕』集英社，1992 年，295 頁参照。

である。なぜ，最終的には天皇を主権者とする専制的な統治機構が作り上げられたのか，あるいは，なぜ攘夷の志士たちが主導する新政権が文明開化の旗振り役になっていくのか，などの理由を説明する必要がある。「尊皇攘夷」は「尊皇」において生き残り，「攘夷」に関しては，単なる倒幕のための政治的なスローガンにすぎなかったというべき経過を辿ることに留意しておく必要がある。そして，前者の側面が強調されて築きあげられた専制的な政治システムと，後者の放棄が切り開いた近代的で資本主義的な経済制度への移行は，明治維新の二つの対立的評価（絶対主義革命かブルジョア革命か）に対応している。

　全体についての見通しをあらかじめ示しておくと，新政権の政権基盤の強化策として採用されたさまざまな制度的な改革が，結果的には経済発展の条件を作り出すことによって，政権基盤の動揺をもたらしたが故に，統治機構の構想はそれらに対抗しつつ専制的な枠組みを強化していかざるをえなかったという関係にあったように思われる。

基盤としての経済混乱，世直し状況

　明治維新期の歴史的な意義を理解するためには，まず，この政権交代がどのような政治経済的な状況を反映しており，どのような社会階層に支持されていたのかを明らかにする必要がある。

　この点について，これまでの研究では，百姓一揆などを含む世直し一揆状況の展開から説明している[*29]。

　危機意識が高揚する重要なきっかけとなったのが開国をめぐる政治的な対立であったとしても，そして，その意味で外圧が重要だとしても，同時に変革を推進させることになる国内的な条件にも注目しなければならないという視点は適切なものであろう。政治的な指導にかかわっていた人たちが国内統治の動揺に無関心でなかったことは疑いないだろう。

　それでは，研究史が強調してきた「世直し状況」とはどのようなものであったのか。前節でもふれた通り，開港を契機として，まず貿易財に関連して相対価格体系を変えるような激しい価格変動が発生し，輸出品となった生糸や茶などの生産者にとっては有利な市場環境が，木綿などの織物の生産者には不利な状況が生じた。それは貿易の開始によって産業構造が大きく変わるきっかけが与えられたことを意味した。しかも，開国の影響は，その後に続く全般的な物価上昇（金流出による）によって，大規模な経済的混乱をもたらした。世直し状況との関係で

[*29] 佐々木潤之介『幕末社会論「世直し状況」研究序論』塙書房，1969年参照。

第1-8図　おかげ参りの風景（1855年）

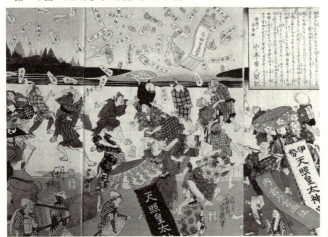

「豊饒御蔭参之図」
和歌山市立博物館所蔵

は，とりわけ後者が強調されている。しかし，物価上昇の影響については，慎重な考慮が必要である。

　物価上昇の影響は，第一には，都市の領主的な商品経済のもとで生活を営んでいた都市住民にとって実質所得の急速な減少を伴うものとなった。このことが都市の打ち壊しなどの騒擾につながることは，きわめてみやすいものであろう。

　しかし，第二に，商品経済が浸透しつつある農民的な経済への影響は，小農経営が生産組織の担い手であったことから，一義的に説明することは難しい。結論から先にいえば，幕藩体制下で徐々に進んでいた商品経済化に基づく農民層内部での階層分化の芽は，この物価上昇によって加速されたと考えられる。

　なぜなら，生活資料について，おおむね自給的な再生産条件をもっていた農家経営にとっては，もともと貨幣経済に接触する側面が小さいからである。谷本雅之が指摘しているように[*30]，幕藩体制下の農家経営では，衣料品などを外部から購入することはきわめて例外的であり，渡辺尚志が指摘するように貨幣の使用の浸透がかなり進んでいたとしても[*31]，物価上昇が生活全般の実質水準を低下させるような衝撃をもっていたとは考えにくい。

　しかし，比較的豊かな農民たちは，剰余生産物の販売によってより多くの貨幣的な稼ぎを得られたのに対して，生活資料に不足が生じて食糧の一部を購買する必要があった下層農民たちにとっては，実質所得の低下にさらされることになっ

[*30] 谷本雅之『日本における在来的経済発展と織物業：市場形成と家族経済』名古屋大学出版会，1998年，第1章参照。
[*31] 渡辺尚志『近世の村落と地域社会』塙書房，2007年。

た。つまり、貨幣経済と小農経営との接触面が生産的な側面にあるのか、消費的な側面にあるのかによって、商品経済浸透の影響は異なる方向に作用し、しかも物価上昇がその影響を増幅した。

上層の農民たちにとって、貨幣収入の増加は経営拡大の可能性を広げるものであり、より多くの市場機会を提供されたうえに、貧窮化した下層農民がより安価な雇用労働力を提供するなどの、それまでの経営拡大の制約要因が部分的に緩和されることになったからである。

他方で、現金収入の機会を必要とした下層農民にとってみると、富農的経営への労働力の提供だけでなく、別の新たな機会を与えられるものでもあった。とくに注目すべきは、輸入綿織物に続いて増加した輸入綿糸による賃機が拡大するなどの産業内の社会的分業関係に変化が生じたことであった。つまり、安価な原材料となる綿糸の流入は——綿糸生産の生産性が向上したことと同様の効果をもたらすものであったから——輸入綿糸を提供する問屋制的な賃機の広汎な展開を可能とした。こうして下層の農民たちは、問屋制的経営のもとで機織などに現金所得の機会を求め、それまで以上に商品経済との接触面を大きくし、ますますその影響を大きく受けるようになっていったと考えられる。

つまり、経済的な混乱は、とりわけ上層の農民たちにとっては、高いリスクを伴うチャンス（同時にそれは没落と背中合わせの状況）であったが、下層の農民たちに対しては、ますます農業経営からの稼ぎだけでは生活水準を維持できなくなる状況へと追い込んだ。

こうして、急激な物価上昇に象徴される経済的な激変のなかで、農民内部の階層分解が進み、土地を失い、生活の基盤が危うくなる階層が大きく増加することになった。前掲第1-3表や1-4表の「無高」の増加は、その結果とみることができる。こうした事態を一般的には、農民層の半プロレタリアート化と呼んでいる。この貧窮化した農民たちを主役として幅広い農民層を巻き込んだ一揆が発生し、商人・高利貸・地主を相手に質地・質物の奪還や年貢減免、村役人の罷免要求などが展開し、それが農村経済における「世直し状況」を生み出した。

経済的危機とその特徴

世直し一揆に参加した農民たちは、不満を爆発させるように単に暴徒化したわけではなかった。幕末期の一揆指導層が中堅以上の農民たちであり、かれらは私的財産を相互には尊重しつつ、特権的な村役人層などを攻撃したが、その行動の原理は、信達一揆の記録に残っている次のような言葉に端的に表れている[*32]。

「やあやあ者共、火の用心を第一にせよ。米穀は打ちらすな、質物へは決し

第1-7表　百姓一揆の地域性　　　（単位：件）

	百姓一揆		都市騒擾		村方騒動	
	幕末	明治	幕末	明治	幕末	明治
東北	55	92	4		32	20
関東	45	49	24	4	82	35
北陸	12	26	6	4	16	4
東海・東山	38	55	6	3	89	36
畿内	37	10	17	1	50	19
畿内周辺	34	20	9	2	17	4
中国	33	43	3	5	10	7
うち長州周防		6				
四国	17	21			7	6
九州	19	32	2	1	1	1
うち薩摩大隅	1					
合計	290	348	71	20	304	122
うち幕領	107		36		177	

出所）石井寛治，前掲『日本経済史　第2版』104頁より作成。
　　　幕末は1859〜67年，明治は1868〜72年。

「て手を懸けまじ。質は諸人の物成るぞ。又金銭，品物は身につけるな。此働きは私欲にあらず。是は万人のため成るぞ。此家の道具は皆悉く打こわせ。猫のわんでも残すな」

このような農民たちの行動原理は，彼らの経営的な成長の機会に立ちはだかっている特権的な商人と，これに繋がる末端の支配層に対する，きわめて強い反発であったと理解することができる。質物などについて手をつけることを禁止し，他方で特権的な地位によって築かれた財産を徹底的に打ち壊そうとしていた。

他面で，このような要求が藩などの支配体制によって専売制などのかたちで組織化され，部分的にせよその利益が彼らに還元される場合には，こうした不満の爆発は抑制されていた。この点は，天保期以降の西南雄藩の藩政改革が農民たちの商品生産者化を藩財政の支えに再編することに成功し，その限りで彼らの成長を認めるなかで実現したことを想起すると理解可能である。

石井寛治が整理した幕末期の民衆騒擾の地域的な分布によると（第1-7表），この時期の統治の危機は，全国的に均しく発生したわけではなかった。すなわち，一揆の発生は全体としてみると，東日本に多く，西日本に少なく，幕府・旗本領に多発していた。とくに注目できるのは，薩摩や長州では藩の改革の成功を基盤に比較的安定した政治状況が出現していた点である。別の言い方をすれば，統治の危機は，幕府の所領において強かった。その点でも農民たちの不満をいかにして和らげることができるのかは支配層に重くのしかかる課題となった。

解説　半プロレタリアートとは

マルクス史的唯物論に基づいて近代社会を階級社会として，ブルジョアジー（資本家階級）とプロレタリアート（労働者階級）という二大階級から構成されると考え方に立って，資本主義経済社会の発生をこの二つの階級の形成から説明する考え方がある。この考え方に沿って，労働者階級の萌芽的な形成を「半プロレタリアート」の発生とか，農民下層の半プロレタリアート化と表現することが歴史研究では通例となっている。

＊32　『日本思想大系58　民衆運動の思想』岩波書店，1970年，275頁。なお安丸良夫『日本の近代化と民衆思想』青木書店，1974年も参照。

政治的支配層の対応

　こうした内圧は，支配層の危機意識を高め，外圧とともに新しい政治体制の模索へと向かわせた。そして，ここで対立する二つの勢力（佐幕派と討幕派）は，政治的な正統性の確保と，軍事的優位の実現をめぐって主導権争いをすることになった*33。

　政治的な正統性の問題は，幕府が開国に伴う対外条約に対して勅許を求めたこと，さらに政治的主導権を確保するために「公武合体」を追求し，朝廷の権威を利用した幕府権力の再建強化策を図ったことなどを通して，次第に天皇の政治的な役割を象徴的に高めることになった。天皇により支配の正統性を確保することが争点となるが，それは幕藩体制の政治的な遺産という面もあった。そもそも征夷大将軍という幕府開設の根拠が天皇制的な官制のなかに置かれていたからである。

　したがって，幕府側のこのような動きを逆手にとるように，尊皇攘夷運動が展開し，これが討幕運動へと転換していくことになった。それは，「利用された天皇」の権威という姿にすぎなかった。しかし，この動きが維新後の政治体制の骨格を決めていくことになった。つまり，「尊皇」の面では，政治的な正統性を保障する天皇制という権威主義的で専制的な仕組みが構築されることになる。この点で佐幕派も討幕派も大きな対立はなかったから，当然の進路であった。

　これに対して，政策選択で「攘夷」が棚上げにされた事情は，軍事的な優位を確保する方策として改められた面が強かった。すなわち，西南雄藩と幕府との対立の背後には，イギリスとフランスの日本市場を巡るせめぎ合いがあったが（な

考えてみよう　民衆運動の思想

　信達一揆の記録にみられる民衆の行動原理については，抵当品（質）に手を付けるなという戒めなどから，その背後にある商取引関係を尊重するような「成長しつつある商品生産者としての考え方」が反映しているとの評価がある一方で，そうした戒めは通俗的な道徳観によっても説明できるとの理解もある。このように民衆たちが支配体制に異議を申し立てた際に，どのような思想的な基盤をもっていたのかを明確にすることは難しいが，「打ち壊し」などの表現から連想されるような暴発的で無規律な行動ではなく，高い倫理性をもった民衆の行動原理に従っていたことは注目しておく必要がある。なお，後の自由民権運動の研究において，大石嘉一郎は運動主体の民衆たちが，近代的な政治制度を構想できるような近代的な思想を獲得していたわけではなく，通俗道徳に基づいた，同時に儒教的な支配原理に適合的な考え方に従っていたことを強調している（大石『日本地方財行政史序説』御茶の水書房，1961年）。そうした理解からみると，幕末期の民衆運動の背景に商品生産者としての要求をみるのはやや過大評価かもしれない。

---

*33　明治維新の政治過程については，田中彰『明治維新政治史研究』青木書店，1963年，毛利敏彦『明治維新政治史序説』未来社，1967年。

第1-9図　幕末の軍事生産の試み（韮山反射炉）

写真提供　伊豆の国市

お、この間、開国の主役となったアメリカは、南北戦争〔1861～65年〕のために後景に退いている）。そのような関係の形成は、対立の両側が軍事的優位を確保するために外国からの援助を必要としたからであった。開国を推進した幕府はフランスからの資本導入によって軍事工業の強化を企て、そのために経済的利権の流出による植民地化の危機をはらむものになった。他方で、西南雄藩側も、攘夷の実行を期した強攻策が下関における四国艦隊の砲撃、薩英戦争における日本側の惨敗に終わったために、彼我の圧倒的な軍事力の格差を認めざるをえなかった。これをきっかけに薩長両藩は、外交的にイギリスに接近し、外国からの武器の購入に基づいて倒幕を実行しうる軍事力の整備に努め、実質的な開国政策へと転じ、「攘夷」は倒幕のための名目と化した。

　軍事的な優位の確保策は、もう一つの側面をもっていた。それは、長州藩において奇兵隊による農民の軍事的動員体制が形成されたことに示されるように、農民諸層の反体制的な運動の機運を倒幕の幅広い支持基盤として組織することであった。その意味では、維新の成功は、単に士族層内部での下克上、政権交代というだけではない社会的な基盤をもっていたと考えた方が説得的である。

　こうして軍事的な優位を徐々に確保していった討幕派は、幕末の内戦において「官軍」としての正統性を保証され、明治維新の政治変革を実現した。

維新政権の性格

　それでは、誕生する政権は、農民たちの要求に応えるものだったのだろうか。

　この点については、初期条件として内戦の遺産という問題が重要であった。内戦が比較的短期に終わったことは、対立の背後に控えた英仏両国の内政干渉の余地を小さくしたという意味では重要であり、その限りで幕府が大政奉還し、江戸城を開城したなどの決断は、日本の独立確保には大きな意義をもった。

　しかし、短期の戦闘であっても新政府が負担しなければならなかった軍事支出は、対立の両側に動員された諸藩が負うことになった負債とともに財政的な困難を大きくした。当面の戦費の調達は、戊辰戦争を通じた新政権の側でも、特権商人に対する御用金納付に依存せざるをえなかった*34。商人層は、帰趨の明確で

ない内戦の状態のなかで，両天秤で資金を提供するものもあったが，巨額の献金のために彼ら自身の経営的な基盤も危うくなり，それ故に新政権にその代償を求め，新政権もその期待に応えうるような政策を選択することになった。つまり，戦費調達にかかわる内戦の遺産は，新政権に政治的支配層と特権的な商人層との間の同盟関係を埋め込むことになった。それだけでなく，この内戦の遺産は，諸藩の財政的な困窮化に拍車をかけ，そこからの脱出のために諸藩を領有権の放棄に追い込み，中央集権的な国家体制への移行の地均しをすることになった。

　他方で，厳しい財政事情は，後述するように地租改正などの過程で農民的な要求に対する新政府の「冷淡さ」をもたらすことになった。軍事的な動員体制のなかで農民たちの支持を組織化し，あるいは，内戦における軍事行動において農民たちの協力をえるために宣伝されたといわれる「年貢半減」の布告などが，維新後に反古にされた。赤報隊が「偽官軍事件」として処罰されたのは，そうした事情に基づいている*35。ここに新政権がもつ「反農民的性格」が表出していた。

　つまり，明治維新の政治改革は，農民たちが作り出した「世直し状況」＝反乱が封建的な諸制度への異議申し立てという性格をもっていたことを基盤とする一方で，討幕のためには，農民たちとは利害を異にする特権的商人層との連携を深めることを不可避とした。そうした条件のもとで討幕派は内戦を遂行せざるをえなかったという二面的な性格をもっていた。

　この結果，一方では領主層の生活基盤を保障しつつ政治的権限を奪う版籍奉還と廃藩置県が実行される。こうして幕藩体制の基礎をなしていた諸大名の領有権を否定し，藩という個別的，分散的な領有制の解体が進められた。他方で，租税徴収権と軍事権を集中する，中央集権的な国家体制が，外圧による植民地化の危機のもとで構築されていくことになった。

＊34　石井寛治，前掲『日本経済史　第2版』111頁。
＊35　高木俊輔『維新史の再発掘：相楽総三と埋もれた草莽たち』日本放送出版協会，1970年。

第2章　明治維新と原始的蓄積

1　地租改正と秩禄処分——中央集権国家の基盤

土地の所有権と領有制度の解体

　幕藩制社会が領主と農民を基本的な階級関係・社会関係としていたとすれば，近代社会では，資本家と労働者という関係が，基本的な関係である。このような関係への転換が原始的蓄積過程の基本的な要件と考え，通説に沿って，「産業革命」による資本主義経済制度の確立によって完了する歴史的な時代と捉えたい。

　この場合，「基本的」ということの意味は，前章でもふれたように，経済社会の存立を可能にするために必要不可欠な財やサービスの生産がどのような経済・社会関係によって律せられているか，つまり，生産の単位組織はどのようなもの

考えてみよう　資本の原始的蓄積

　原始的蓄積とは，資本主義社会の前提となる，①資本の蓄積と，②賃労働者予備軍の形成を基本的な要素とするものと考えられている。そのために制度的には，私的所有権の基本的な承認により所有資産からの収益を自ら排他的に稼得できることが保証されること（同意なき課税の排除），同時に土地に縛られていた農民たちが身分的に自由になり，職業選択の自由が与えられることが必要となる。したがって，賃金労働者の形成という側面に注目すると，小農経営を基盤とする農民社会の解体が進行することを意味している。

　この原始的蓄積過程を，自然発生史的にみれば，市場経済の発展＝商品生産の拡大のなかで，勝者と敗者が分かれていく過程ということもできる。たとえば，大塚久雄の局地的市場圏論は，限られた市場圏のなかで小商品生産者として成長する富農層を資本蓄積の主体とみなし，その対極で没落する下層農民たちに賃労働者の源泉をみる見方である。

　しかし，そうした過程だけが原始的蓄積の唯一のものとは限らない。したがって，資本主義経済への移行の前提条件がどのように形成されたのかを，各国の経済発展の実態に即して議論することが，原始的蓄積を論ずるうえでは必要となる。たとえば，富裕な農民たちではなく，特権的な商人が資本家に転化することはめずらしい現象ではない。イギリスの囲い込み運動のように，地主たちが農村から小農民たちを追い出して都市に分厚い貧民層を作り出したことなどは，世界史的にみれば例外的な事象に属する。このような多様な歴史的事実に目を配って考えていく必要がある。

　なお，研究史では，原始的蓄積に関して，先進国類型と後進国類型とを区別する議論もある。理念型を設定したアプローチの一つである。

か，そして，単純再生産を超えるような拡大の原資が誰の手にあるか，ということが焦点となる。

領主と農民との社会関係が資本家と賃労働者の関係に変わるためには，前近代社会でもっとも大きな割合を占める農民たちが賃労働者（そして上層の一部が資本家）になること，つまり，「**労働力の商品化**」の進展が変化の鍵を握るといってよい。そのためにはまず農民と土地との関係が徐々に切断されていくことが必要となる*1。これが資本の源泉となるような資金蓄積とともに「原始的蓄積」と表現される資本主義経済制度形成の基礎的な条件である。

日本において，このような変化のなかで農民たちの経済生活に重要な意味をもった改革が，地租改正であった。伝統的な年貢制度の改革を意図した地租改正は，経済発展によって促されたというよりは，統治の再編成と内戦の遺産を解決するために必要なものであった。

幕藩体制は，もともと領国で軍事力を養うこと，年貢を徴収することの二つを，それぞれの大名（領主層）の裁量に委ねていた。その限りで分権的であったが，新政権は，中央集権的な国家建設のために，この制度を全面的に否定する必要があり，それは政権担当者自身の出身基盤にメスを入れることでもあった。

こうして着手された中央集権政府形成のプロセスは，まず，版籍奉還から廃藩置県によって段階的に個別の領主権を否定し，次いで年貢の徴収権を集権化するために地租改正が実施されるというものであった*2。この租税制度の改革の前提として，新政府は，田畑勝手作*3，土地永代売買の解禁などの，さまざまな封建的な規制を解除し，農民たちに経営の自由を与えた。そして，そのような改革の推進が，農民たちの経営的な発展の可能性を広げることになり，結果的には新政権の改革の方向に対する重大な制約要因となった。

第三に，軍事的な集権化に関しては，徴兵制に基づく国民的基盤の軍事力を創設するとともに，これによって地位・職を失った旧領主層（武士）への補償を「秩禄処分」として実施することになる。これが封建的な領有制度解体の重要な側面であった。この改革は，年貢に含まれていた領主層の家計にかかわる費用と

---

*1 山田盛太郎が『日本資本主義分析』（岩波文庫，1977年）の冒頭で，土地改革のあり方が資本主義経済の発展に影響を与えたとして提示した「類型論」もこのような視点から再解釈することができる。

*2 丹羽邦男『明治維新の土地変革』御茶の水書房，1962年。

*3 このような禁令解除について，最近では近世期の禁令の実効性や禁止の範囲などについての再検討が進んでいる。これについては，たとえば，本城正徳『近世幕府農政史の研究：「田畑勝手作の禁」の再検証を起点に』（大阪大学出版会，2012年）がある。新しい研究の進展は近世農政の見直しとして尊重すべきであるが，維新政府がそのような布告を改めて発したことの意味も見逃しえないので，ここでは通説的な理解に従っている。

統治の経費とを分離することを意味していた。

地租改正の意味

それでは，なぜ，税制の改革が必要であったかについて考えてみよう。すでにふれたように，内戦の遺産によって財政的な困難を抱えていた新政府は，租税徴収権の集中を通して財政基盤を安定化させる必要があった。

新政府の財政構造は，第2-1表のように軍事費の支出と旧領主層への俸禄の支払に多額を要し，これをまかなうべき租税収入は不十分であったため多額の紙幣発行によってつじつまを合わせている状態であった。

税収の不足が，地租改正と秩禄処分を必要とした財政的な背景であった。しかし，それだけでなく，税制の改革には，次の三つの理由があった。

第一は，米価の不安定による収入の不足が生じていたことであった。維新への道を切り拓くことに重要な意味をもった経済的混乱，とりわけ物価の上昇は，新政府の財政的な基盤をもむしばんでいた。とくに従来からの米納制に基づく年貢の徴収が財政収入の不安定化をもたらしていた。

第2-1表　維新政府の財政収支　　　　　　　　　　　　　　　　　　　　　　（単位：千円）

歳　入			歳　出		
地税	232,711	57.3%	各官省経費	28,369	7.9%
海関税	8,497	2.1%	陸海軍費	47,820	13.3%
各種税	17,215	4.2%	各地方諸費	38,755	10.8%
官工収入	6,776	1.7%	在外公館費	1,373	0.4%
通常貸金返納	2,551	0.6%	国債元利償還	8,721	2.4%
官有物所属収入	6,386	1.6%	諸禄および扶助金	95,250	26.5%
通常雑入	8,731	2.1%	営繕堤防費	12,112	3.4%
			恩賞賑恤救貸費	5,030	1.4%
			通常雑出	5,095	1.4%
通常歳入合計	282,870	69.6%	通常歳出合計	242,801	67.5%
紙幣発行	73,325	18.0%	征討諸費	12,940	3.6%
借入金	21,259	5.2%	旧幕旧藩に属する諸費	14,949	4.2%
臨時貸金返納	16,533	4.1%	官工諸費	28,380	7.9%
旧幕・旧藩所有金その外公納	9,071	2.2%	御東幸官吏洋行勧業その他諸費	7,852	2.2%
臨時収入	3,289	0.8%	臨時貸金	31,369	8.7%
			借入金返償および還禄賜金	18,023	5.0%
			臨時雑出	3,127	0.9%
例外収入合計	123,479	30.4%	例外歳出合計	116,645	32.5%
歳入総計	406,350	100.0%	歳出総計	359,446	100.0%
			差引残	46,904	13.0%

出所）三和良一・原朗，前掲『近現代日本経済史要覧　補訂版』52頁。各欄の金額は，慶応3年12月から明治8年6月の合計額。

第二に，米納制が，徴税コストという点で極めて大きな負担となったことであった。梅村又次の研究によると，米年貢の場合には，政府の米販売収入に対して，15～20%程度が徴収費として必要となっていたと推計されている[*4]。

第三に，集権的な租税制度とするためには，分権的な支配のもとで実行されていた各領域内での個別性の高い租税制度を統一的な制度に改めて，税負担の地域的な不公平を正す必要があった。このような背景から新政府は，統一した税制を実現するために簡便で明確な基準を設定する必要に迫られた。

そのためにとられたのが次のような内容をもつ改革であった。

①金納化　　地価を基準にした一定の税率による課税
②地券の交付による**土地所有権＝納税義務者**の確定

①は，収入の安定，徴税コストの節約，税制の統一という目的に沿って考案された租税制度であり，その実現のためには，②のように地価と納税者の確定が必要であったが，この場合，納税者を直接生産者である農民としたことに，重要な意味があった。領有制を解体しつつ，租税の徴収を実現するためには，他の選択肢，つまり封建的な領主層を大土地所有者として残し，彼らを租税納入義務者とすることも考えられたかもしれない。しかし，そのようなかたちで，領主層の上層が強い政治権力として再生しうる余地を残すような選択は，新政府の考慮外であった。その結果，領主がその土地に対する排他的な徴税権をもつことに体現さ

> **考えてみよう　地券の交付と耕作者**
>
> 　地租改正では，耕地の所有権の設定について，「耕作者に土地所有権を与えた」と表現される。しかし，このような表現は正確なものではない。もし耕作者に第一の優先順位が与えられているとすれば，幕末期までに広汎に展開していたといわれる質地地主関係については，実際に耕作にあたっている小作人に所有権が与えられるのが筋が通った措置になる。しかし，実際には地主に地券が交付された。その意味で，所有権の設定の仕方は耕作者という原則では説明しきれない。自作地は自作農に所有権が認められたのは当然として，小作人では永代小作権をもつ小作人でさえも所有権は直ちには認められなかった。
>
> 　したがって，地租改正は，農村経済のなかで地主経営や豪農経営が発生していることに示されるような実質的な所有権の移転を追認しながら納税義務を負うものを確定した措置ということになる。地主に所有権を与えることの方が抵抗が少なく，政策的にも望ましいと政府の当局者は判断したと考えることができる。政府は領主的な土地所有権は否定するが，農民間での事実上の所有権の移転が進んでいることは受け入れ，地主の利益を守った。この点に注目して，こうした政策判断をする明治維新政府は，地主制を階級的な基盤としているとの評価もある。この所有権の処理に関する特徴は，地租の形式的な特徴や租税負担率の高さをめぐる評価とは別に，新政府の性格を考えるうえで重要な手掛かりになるだろう。
>
> **参考文献**　丹羽邦男，前掲『明治維新の土地変革』。

[*4] 梅村又次「創業期財政政策の発展」梅村又次・中村隆英編『松方財政と殖産興業政策』国際連合大学，1983年所収，を参照。

第2-1図　地券

写真は表面。大きさは現在のB4用紙大のもので、「地券」と表題され、土地の所在地、「持主」、土地の広さが示された後に、「地価」及び「地租額」が明記されている。
裏面には、「日本帝国ノ人民土地ヲ所有スルモノハ必ラス此券状ヲ有スベシ／日本帝国外ノ人民ハ此土地ヲ所有スルノ権利ナキ者ト故ニ何等ノ事由アルトモ日本政府ハ地主即チ名前人ノ所有ト認ムヘシ」と外国人の土地所有の否認などの注意書きが書かれている。
筆者所蔵

れるような領主的所有権は否定され，農民たちを土地の所有者とすることになった。実際の耕作を担う農民たちの土地に対する関係が明確なかたちで所有権として法認されたことになる（農民的な所有権の優位確定）。そして，それは，同時に農民たちにとっては，耕作義務と対になって保証されていた生存条件の確保が失われたことを意味した。なぜなら所有を認められたことは，土地を失う危険性も自ら引き受けることになったからである。

租税の改革が財政収入の安定的な確保という目的に沿って実現されるためには，地券に記載される地価の算定が焦点であった。しかし，地価の客観的な算定を可能にするような，基盤としての土地市場は存在していなかったから，現実には収穫額を基礎として，収益還元方式による以下のような土地の価格の決定方式が準則として提示された。

　　　地価の算定方式（地価 $=X$，収穫高 $=P$）
　　　自作地　$0.06 \times X = P - P \times 0.15 - X \times 0.04$

この算定方式は，収穫の15％を肥料や種籾を費用（種肥代）として控除し，さらに課税される国税（地租＝地価の3％）と地方税（地租の3分の1）をともに控除した残りを利子率で還元して地価を算定するものであった。これによって地租は収穫の34％となり，農民の取り分は51％と予定された。同じように，小作地については，

　　　小作地　$0.04 \times X = 0.68 \times P - X \times 0.04$

という算定式で地価が計算されることが提示された。小作地の場合には，小作料68％（うち納税額34％，地主取り分34％）に対して小作人に残されるのは収穫の32％となり，これから種肥代を引くと小作人の取り分はわずか17％という計算となっていた。この違いは，4％の利子率が，小作地には想定されていたことによるもので，仮に自作地と同じように，6％の利子率を想定すると，小作料を85％

第 2-2 図　岩倉使節団

山口県文書館所蔵

第 2-3 図　地租の財源としての地位

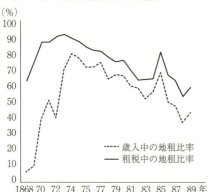

出所）三和良一・原朗編、前掲『近現代日本経済史要覧補訂版』57頁より作成。

と想定しなければならなくなり、それでは、さらに15％の種肥代を引くと、小作人の手元には一粒の籾も残らない状態となる。

　これと反対に68％の小作料を前提に6％で収益換算して小作地の地価を算定すると、地価は収穫の6.8倍となり、これと合わせて自作地でも、地価を収穫の6.8倍として算定すると、地租は自作地では収穫の27.2％となり、これでは従来の税額と比べて減収を免れなかった。つまり、このような算定方法では、徴税コストが節約されても改革は税収確保の目的に沿うものではなかった。

　以上のようなかたちで全国的な地価の算定が推進されたことは、この地租改正が、政府財政収入の減収がないことを前提とした改革であったことを意味していた。もちろん、この時期には地租改正とともに財政基盤強化のために、輸入関税の増徴による財源確保が期待されていた。しかし、関税収入確保のためには条約改正が必要であり、維新政府は岩倉使節団による条約改正交渉の企図が破綻したために、地租にのみ財源を依存せざるを得なくなった。

　この改革の特質は、すでに指摘されているように、地租額を各地方に「上から割り当てること」が実施過程では不可避になったことに示されている。それぞれの地域内での税収の「目標額が設定」され減租を回避するための地位等級制度による「押し付け反米」が、改革の現実の姿となった。

　1873年7月から太政官布告によって山口県を起点として地方官が実施した地租改正は、これに反発する激しい農民闘争（伊勢暴動など、第2-4図参照）に遭遇しながら全国にわたり、順次推進された。しかし、その完了は沖縄を除いて1880

第 2-4 図　地租改正反対一揆

「三重県下頑民暴動之事件」三重県総合博物館所蔵

年までの長期間を必要とした*5。

地租改正の影響

地租改正の経済的な影響は，中期的にみれば，「土地所有権の移動による農民層の分解の進展」であった。

確かに，高い税負担水準は，それ自体としては，農民的な余剰の発生を難しくする可能性をもった。しかも，租税の金納化によって，農民たちは商品経済との接点をこれまで以上に必要とした。それは，成功の可能性とともに，失敗と土地の喪失の危険性を伴った。つまり，私的所有が認められたことが土地の完全な喪失という事態に小農経営を直面させることになった。しかも，土地の権利の移動は「地券」の譲渡の形式によることができるようになったことから法的にもきわめて容易となり，土地喪失のリスクは高まった*6。

しかし，そのような結果が生まれたとはいえ，それは直線的な過程ではなかっ

> **解説**　押し付け反米とは
> 地租額の決定過程で，目標税額が上から各地域に設定され，その目標額を達成できるように地価が決定されていったことを，強制された（押しつけられた）租税という意味で使われる。「反米」とは税額のこと。「押しつけ反米」については，有元正雄『地租改正と農民闘争』（新生社，1968年）を参照。

---

*5　「耕地改組完了年度」については，三和良一・原朗編，前掲『近現代日本経済史要覧　補訂版』57 頁参照。

*6　谷本雅之によると，1873 年に制定された「地所質入書入規則」と「動産不動産書入金穀貸借規則」によって，質入れ年期は 3 年に短縮され，返済滞りの場合には，留置とすること，書入れの場合には，抵当の競売による処分に加えて，それが債務に見合わない場合の身代限りでの返済を定めるなど債権保護が強化された（谷本雅之・沢井実，前掲『日本経済史』131 頁）。

た。つまり，農民階層の分化の進展の程度は，そのときどきの経済的な条件によって異なっていた。なぜなら，地価は，簡単には改定されなかったから，商品作物の価格の動向，特に基礎となっている米価の動向によっては，農民たちが蒙る影響が異なったからである。不況期に米価が下落すると農民たちには没落の危険が強まった。税金を払うために収穫米の販売額では不足する場合には，土地を担保に借金せざるをえなくなるなどの条件が金納化によって発生していた。返済が滞れば担保に差し入れた土地を失った。

　一般的にはこのような条件だけが強調されるが，他方で，インフレ期には実質的な税負担の軽減が進行し，農民たちの手元に余剰が発生する余地が大きくなった。そして，現実に西南戦争期にかけて，このような状況が進行し，その後，松方デフレ期にはこれが逆転して，土地所有の集中，つまり地主制度の展開が農村社会を捉えていくことになった。

　インフレ期に，農民たちが士族民権に合流し，議会の開設を求めた自由民権運動（豪農民権）へと参加したのは，彼らが新しい経済社会への期待を育み，その実現のための政治的な権利の獲得の必要性を自覚しつつあったことを示していた。言い換えると，地租改正は，その意図せざる結果とはいえ，小生産者の経営的な発展の可能性を開くことによって，地租改正を推進して基盤を固めようとしていた統治機構に対して批判的な人びとを生んだ[*7]。つまり集権的な統治機構を構築するための政治的な努力が近代的な経済発展を促すとともに，それに見合う政治・経済制度を求める運動を生み出す条件を作り出した。

　そして，そこに地租改正のもつ制度的な問題点も示されていた。なぜなら，維新政権は，納税の義務を負う人びとに政治参加の機会を与えないままにこの租税制度改革を強行していたからであった。つまり，政治的発言権がないにもかかわらず，その所有する私的財産に対する課税が強制されたことは，近代市民社会の統治原則からは逸脱していた。だからこそ，議会開設は当然の要求だった。

　しかし，明治政府は，このような民衆的要求の実現への期待を裏切っていくことになる。そこに，植民地化の危機という外圧を意識しながら，専制的な統治体制を作らざるをえなくなった維新政府の性格が表現される。農民たちへの対応と比較すると旧領主層への対応は妥協的であった。次項で詳しくみるように，地租によって集められた税金の相当部分は，政府の主要な人々の出身階層である旧領主層への給付に費やされた。つまり，領主層に対しては，秩禄処分によって領主権が有償で買い取られた。西欧近代が，典型的には市民革命によって領主層を切

[*7] 大石嘉一郎，前掲『日本地方財行政史序説』参照。

り捨てたのとは対照的に，日本ではとくに上層の領主たちは多額の公債を与えられて資産をもち，「華族」という特権的な身分で残っていくことになる。これらの事実は，地租改正を収益税方式などの形態面で認められる近代的な性格からだけで説明することが不適切であることを示している*8。

秩禄処分の実施

地租改正に先行して，中央集権的な統一国家形成に必要な措置であった廃藩置県と徴兵令の制定は，膨大な数の士族層，そして特権的な領主層の処遇という問題を解決すべき重大な課題として維新政府に残した。

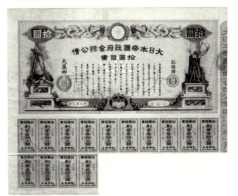

第 2-5 図　金禄公債

「金禄公債證書」日本銀行金融研究所アーカイブ所蔵

この処置を誤れば，国内は再び内戦の渦中に放り込まれる危険があった。新政府が対応策を進めたにもかかわらず，西南戦争を頂点とする士族の反乱が発生したことを考えれば，新政府は深刻な国内統治上の問題に直面していた*9。他方で，内乱による統治能力の弱体化は，欧米列強による植民地化の動きを加速する危険性があった。そのため，新政府は，軍事的な支配によらずとも十分に貿易の利益によって欧米列強にとって望ましい新市場となることを示し続ける必要があった。対内的にも対外的にも新政府は，士族の不満を必要であれば軍事的に抑圧し，あるいは一定の補償によって士族たちを新しい秩序にソフトランディングさせる必要があった。

そのために，領有権の剝奪に際して，新政府は支配地域の石高のおおむね 1 割程度を家計維持のための費用と認め，家禄として支給することとした。これは，それまでの藩財政の収入のうち 9 割が行政費で，残り 1 割は私的収入（家計費用）と認めるものであった。

この措置は，領主層に認められていた租税徴収権を返上する対価として，**領有権を有償で買い取った**ことを意味した。

こうして定められた家禄支給額は，財政支出の 3 分の 1 ほどを占めたから，政

---

*8　近代的租税説を採る代表的な研究に，林健久『日本における租税国家の成立』東京大学出版会，1965 年がある。

*9　後藤靖『士族反乱の研究』青木書店，1967 年参照。

府はその負担の軽減のために，制度の改革に着手することになった。これが秩禄処分と呼ばれる制度改革であった。

まず，1873年には家禄奉還制と家禄税制が施行され，6年分の家禄支給と引き換えに家禄の奉還を認めることとし，2割程度の支給削減を実施した。次いで，75年9月に家禄は金禄と改められ，翌76年8月には金禄公債証書発行条例を公布し，この法令に基づいて，全華士族に金禄支給の代わりに5〜14年分の額の公債を支給して現金給付を打ち切った。こうして家禄制度は最終的に解体された。

秩禄処分の結果

石井寛治によると，1880年代後半から90年代にかけての有力資産家の上位には，岩崎家や三井家などと並んで，前田利嗣，島津忠重などの旧領主層が並んでいる。98年の上位20人のうちちょうど半分が華族であったことから，明治半ばにかけて華族層は有力資産家へと転身したことが確認できる*10。このような資産家への転身を可能としたのは，秩禄処分に際してこれらの人びとに多額の金禄公債が支給されたためであった。

この点については，第2-2表が明らかにしているように，士族層の階層性を背景とした支給額の大きな格差があったことによって説明される。上層の華族層が金利生活者になることができた理由は，わずか上位0.2%の受給者に対して金禄公債発行額の18%が交付されたこと，さらに次の階層を加えても5.1%に対して32%強が交付されたという配分のあり方の偏りにある。このようなごく限られた範囲の人々に対して，富裕層・資産家となる条件が与えられた。

領主としての収入と比べると，公債金利や対旧収入比率が示すように逆進性を

第2-2表 秩禄処分の階級別実態

金禄高	推定石高	公債の種類			金利の対旧収入比率 B (%)	公債受取人数 (人)	同右百分比 (%)	公債発行額 (千円)	同右百分比 (%)	一人あたり平均 (円)
		利子 (%)	年限 A (年)							
1000円以上	220石以上	5	5.00-7.50	33-44		519	0.2	31,414	18.0	60,527
100円以上	22石以上	6	7.75-11.00	46-74		15,377	4.9	25,039	14.3	1,628
10円以上	2.2石以上	7	11.50-14.0	88-98		262,317	83.7	108,838	62.3	415
売買家禄		10	10.00	100		35,304	11.3	9,348	5.4	265
合 計						313,517	100.0	174,638	100.0	557

出所）石井寛治，前掲『日本経済史 第2版』148頁。
注）Aの公債の年限とは，公債額を定めるために金禄高に乗ずる年数のこと。Bは金利取得額の禄税差し引き後の金禄手取高に対する比率。

*10 石井寛治，前掲『日本経済史 第2版』147頁，表24による。

もつ，上層に厳しい配分原則であったとはいえ，配分額の格差は大きかった。そして，こうした措置が，「華族層」に対して明治前半期の経済活動に必要な資金源（後述する政商たち，藤田組や古河市兵衛への資金提供）としての社会的な役割を果たすことを可能にした。

資産家となった華族たちは，このほか第十五国立銀行の設立への参加を典型として，日本鉄道，東京海上保険などの出資者となった。それは明治前半期の不十分な資本蓄積状況のもとでは，近代的な企業活動が展開する基盤として重要な資金源泉となった[*11]。

こうして，秩禄処分は，系譜的には政商につながるような近世期の特権的な商人層と並ぶ，工業化のための資金基盤を，領有権の有償解体によって作り出した。この「有償の解体」は，政府の発行した金禄公債を対価としている以上，最終的には租税収入によってまかなわれたから，当時の財政構造を前提とすれば，主たる財源となったのは農民たちが納める地租であった。そうしたかたちで，農民たちの負担によって領有制が解体され，農業部門の余剰が資本主義的な経済発展の原資となる経路が形成された。

他方で，中下層の士族たちには，支給された金禄公債は，その利子収入では生活を維持できない支給水準にすぎなかった。「一人あたり平均415円」という層

考えてみよう　鉄道会社と華族

明治の鉄道事業では，当初の官営鉄道を別にして1906年の鉄道国有法制定まで民営鉄道会社が重要な役割を果たしていた。たとえば，現在の東北本線，山陽本線，鹿児島本線などの幹線鉄道が民間会社であった。

この間，何度かの設立ブームがあった。たとえば1890年までの数年間や日清戦争から戦後期などに，鉄道業は急激な資本額の増加ないしは会社数の増加を経験した。

これらの企業は，資本構成上では借入依存度がきわめて低く，もっぱら株式資本であり，しかも積立金などの自己資金の充実も不十分という点では紡績と同様の特徴をもっていた。

このうち，日本鉄道の創業についてみると，官営鉄道の建設（たとえば，上野―前橋間）が見送られるなかで，1881年2月，岩倉具視が中心になって主唱発起人16人を選び，5月には発起人462人を集め，資本金2000万円のうち590万円を出資することで会社設立が実現していくことになった。

さらに，出資金の募集についてみると，その中心となったのは華族であり，うち9人の華族が193万円を出資したが，それは出資募集金額の3分の1に相当した。このほか，出資予約の時点では，373人の華族が100株未満の株主となることを承諾していた。その人数は，1881年末の華族総数484人の91.7％に相当するほどであった。鉄道業のように多額の資本投下を要する資金調達は，このような出資によって可能になっていた。

参考文献　中村尚史『日本鉄道業の形成：1869～1894年』日本経済評論社，1998年。

[*11] 華族層への支給額の決定には，石井寛治，前掲『日本経済史　第2版』150頁，表26から知られるように，維新期の新政府への貢献によってかなり差別的な取り扱いがなされていた。

を例にとると，この階層の年間所得は金利7％で計算して29円ほどにすぎなかった。日給に直しても10銭ほどであり，当時の大工賃金が日給45銭，土木人夫が24銭であったことと比べると，年29円は大工日給の64日分，日雇いの120日分ときわめて低額であった。

したがって，秩禄処分の実施は，幕末期に生活の困窮が進展していたといわれている中下層士族の没落を決定づけた。そこで，士族層の没落に伴う不満を吸収する対策として，「士族授産」事業が推進された。その一つとして広く試みられたものが，国立銀行の設立であった。国立銀行条例が改正され，不換紙幣の発行が認められるとともに，金録公債による出資を前提とする銀行設立が進められた。その結果，1879年6月に国立銀行の株主中77％が華士族となった。もっとも，株主となることで生計が立ったわけではなかった。

このほか，開墾奨励と資金貸与が行われた。前者は，荒れ地の払い下げなどを通して推進された「帰農」政策であり，千葉の印旛郡，静岡の三方原をはじめ，各地の開墾が着手された。また，北海道への移住が屯田兵制度に基づいて推進された。後者の資金貸与は，準備金等を原資として殖産興業政策の一環として支給された起業基金208万円，勧業資本金302万円など526万円に上るものであった。

考えてみよう　士族授産事業の成功例

　例外的に成功した事例として次の二つの事業がよく知られている。
　一つめの小野田セメントは，山口県士族の共同出資で誕生し，地方企業でありながら，セメント業界では，深川のセメント工場の払い下げを受けて発展した浅野セメントと業界を二分する企業に発展した。
　その成功の理由は，①技術面での政府のバックアップ，②貸下げ資金の受領，③日清戦後の不況過程での勧業銀行の援助，④毛利家の融資などが指摘されている。つまり，二重三重の資金面における困難を克服する幸運に恵まれた面があったが，士族出身の笠井真三などの経営陣も高い能力を発揮したと評価されている。
　もう一つの成功例は，名古屋電灯であった。同社は，名古屋地区の最初（日本で四番目）の電力会社として愛知県士族の共同出資で設立されたもので，のちに東邦電力を経て，現在の中部電力となった。つまり，これも電力企業としては代表的な存在に発展した。この場合にも，政府からの勧業資金の貸下げなどの資金面での援助に加え，その有利な条件での返済が重要であったといわれる。
　参考文献　『中部地方電気事業史』1995年および『小野田セメント百年史』1981年。
　　　　　　吉川秀造『士族授産の研究』有斐閣，1935年。

解説　準備金とは

　明治維新政府は，政府紙幣を発行する際にその兌換準備として「準備金」を設けていた。これが士族授産などの政府の補助事業の資金に流用されたことになる。設定の趣旨からみれば安全な資産として保有・保管すべきものであるが，それらが回収の見込みの薄い事業への融資などに費消された。準備金の使途については，石井寛治，前掲『日本経済史　第2版』130頁，表18参照。

第 2-6 図　士族の商法

「士族の商法」を揶揄した風刺画。店内の吊り札には「困弊盗（金平糖）」「不平おこし」などの言葉が並んでいる。
永島辰五郎画「士族の商法」1877（明治 10 年）
国立国会図書館所蔵

この貸与の範囲を推計すると，おおよそ 2 人に 1 人が資金を得たことになるが，それらの事業は，「士族の商法」と揶揄されたように，ほとんどが失敗に終わった。

例外的な成功例はあるものの，多くの場合，士族授産事業は失敗に帰し，士族の多くは賃労働者化していった。彼らのなかでは，警官，教師，下級官吏などになった者が多かったといわれている。

結果的には，華士族層の分解というかたちで，秩禄処分，士族授産事業は，一方に少数の金利生活者化した華族層を工業化の資金源として残し（直接の出資，国立銀行の設立など），他方で，多数の士族たちを賃金生活者，賃金労働者予備軍とすることとなった。こうして集権的な国家体制を作り上げるために不可欠となった廃藩置県を起点に秩禄処分と地租改正が実施され，政府財政の不安定な構造を改革し維新政権の基盤が固められた。再建された財政を基盤に，政府は積極的な殖産興業政策を展開し，資本主義的な経済制度への移行を推進することになる。

2　殖産興業政策と政商たち

殖産興業政策とは

地租改正によって私的所有権の保護がまだ完全とはいえないまでも進展し，職業選択の自由という意味では「営業の自由」が保障されてきたことはすでにふれた。そうした制度的な変化のもとで，明治初期の経済発展はどのように進んだのだろうか。まずは，政府の推進した工業化政策に注目しよう。

政府の近代化・工業化政策は「殖産興業政策」と総称されることが多いが、それは段階的に内容を変えながら推進された。具体的には、①過渡的段階1868～70年、②工部省段階1870～73年、③内務省段階1873～80年、④農商務省段階1880年以降に分けて、その展開が説明されてきた*12。このように工業化を目指す政府の政策はいくどかの曲折を経た（後掲第2-3表参照）。

それでは、これらの政策の変化を全体としてみた場合に、どのような政策の意図のもとに展開されたのか、さらにそれが資本主義的な経済制度の移植という点において、どのような効果・役割を担ったのだろうか。

この問いに答えるために、工業化政策を官営模範工場などに狭く捉えるのではなく、広く民富の形成への政策的関与と捉える必要がある。それまでも領主的商品経済が農村へと浸透しつつあったが、幕末開港から維新変革を経て、市場経済的な関係が広く受け入れられるようになり、生産の新しい組織としての企業が作り出されていくとき、その自由な活動を可能にするためにはさまざまな制度的な条件が満たされる必要があった。法的な整備だけではなく、金融や輸送・通信などの経済的なインフラが、どのような形で整えられてきたのかも考えていこう。

「殖産興業・富国強兵」の意味

殖産興業政策の中心的な推進者となった大久保利通は、欧米視察後に独自の政権構想を抱くようになったが、その基本認識は「民君共治」、つまり立憲君主制であったといわれる。しかし、このような構想の実現が直ちには難しいと判断した大久保は、征韓論争後の「大久保政権」において、独立の危機（植民地化の危機）や内乱の多発などに対処するために外資を排除した産業化を急ぐことになる。そのころ日本は、就業人口約2137万人中73％が農林水産業に従事し、明治初年に調査された『府県物産表』によると、総生産物価格の61％を農産物が占める農業国であったから、近代的な制度を移植し工業化を推進するには大きな困難が伴った。そのため、明治初期の政策展開は近代化・西欧化を目標としていたとはいえ、その具体的な措置は、一貫した政策が追求されたというよりは、試行錯誤の繰り返しであった。

この政策の意図を考えるうえで重要なのは、歴史上よく知られている「殖産興業」という言葉が実際に使われるようになるのは1880年代に入ってからであるという事実である。大久保の建議書では「勧業殖産」という言葉は見出されるが、

---

*12　時期区分などは、石井寛治、前掲『日本経済史　第2版』によるが、このような捉え方は、主として石塚裕道の研究によって明確にされた「大久保政権論」に基づいて整理されることで通説となっている（石塚『日本資本主義成立史研究』吉川弘文館、1973年）。

殖産興業は使われていない。つまり，少なくとも，この言葉はその時代の政府が自らの政策を表現した言葉ではなく，後世の人々がこの時代を振り返って命名したものだということである[*13]。

これに対して，「富国強兵」という考え方は，当時から明確に意識されていた。たとえば，初期の軍事工業の官営化，諸鉱山の官収を基礎に，維新政府は徴兵制度のもとに組織される新しい軍事組織の基盤となる兵器生産を担わせるため，各地に軍工廠を建設した。また工部省の推進した鉄道建設でも，その路線の決定にあたっては常に軍事的意味が考慮されていたといわれている。こうして，初期には「強兵」を第一義とする「富国」政策＝工業化政策が展開することになる。

ところが，岩倉使節団の一員として欧米を視察して帰国した大久保利通は，征韓論争の後に政権を握ると，「強兵」の裏付けとしての「富国」をより重視した政策を追求するようになった。大久保の殖産興業に関する建議書では，国の強弱は基本的に経済力で決まると捉えられている。大久保が貿易の振興とか，民業へ

考えてみよう　大久保利通の建議書

大久保が殖産興業政策に関する建議書を提出したのは1874年の5月から6月ころのこととされている。この文書で大久保は，「大凡国ノ強弱ハ，人民ノ貧富ニ由リ人民ノ貧富ハ物産ノ多寡ニ係ル。而テ物産ノ多寡ハ，人民ノ工業ヲ勉励スルト否サルトニ胚胎スト雖モ，其源頭ヲ尋ルニ，未ダ嘗テ政府政官ノ誘導奨励ノ力ニ依ラサル無シ」として，国の強弱は経済力に基づくものであり，そのためには工業発展を促す政府の誘導奨励が必要と指摘している。

このような視点から維新後の政策を振り返って大久保は，「妄リニ外慕虚飾ヲ主トスル者多ク，治蹟ノ現ル，処却テ表皮而已ニ止マリ，虚治ニシテ実効少キ弊ニ渉ルノ憂ナキコト能ハス」と批判する。とくに「勧業殖産ノ一事ニ至リテハ未タ全ク其効験アルヲ見スシテ，民産国用日ニ減縮スルニ似タリ」と勧業政策の問題点を指摘している。そこで，「抑モ国家人民ノ為メニ其責任アル者ハ深ク省察念慮ヲ尽シ，工業物産ノ利ヨリ水陸運輸ノ便ニ至ルマテ，総シテ人民保護ノ緊要ニ属スルモノハ，宜シク国ノ風土習俗ニ応シ，民ノ性情智識ニ従ツテ其方法ヲ制定シ，之ヲ以テ今日行政上ノ根軸トナシ，其既ニ開成スルモノハ之ヲ保持シ，未タ就緒ナラサルモノハ之ヲ誘導セサル可ラス」と，民間事業の奨励に力を尽くすべきこと強調し，これが「行政上ノ根軸」としている。

この方針に沿って，「我国天然ノ利ノ在ル処ヲ測リ，而シテ物産ノ増殖スヘキ者将タ幾許アルヤ，工業ノ契励スヘキ者果シテ何ヲ以テ専主トスヘキヤ，能ク研究尋択シ，之ヲ人民ノ性情ト其智識ノ度トニ照応シテ，一定ノ法制ヲ設ケテ以テ勧業殖産ノ事ヲ興起シ，一夫モ其業ヲ怠ル事無ク，一民モ其所ヲ得サル憂ナカラシメ，且之ヲシテ殷富充足ノ域ニ進マシメン事ヲ」を要求し，それによって「人民殷富充足スレハ国随ツテ富強ナルハ必然ノ勢」との認識を示した。

これが欧米視察から帰国し，先進工業国との国力の著しい格差を実感してきた大久保が，新政府の政策としてとるべき方向として示したものであった。

参考文献　『大久保利通文書』第5巻，日本史籍協会，1927年。

[*13] 小岩信竹「政策用語としての「殖産興業」について」『社会経済史学』37巻2号，1971年。

の補助などの広い範囲の勧業政策・勧農政策の展開を求めたのは、そのような認識に立っていたからであった。つまり、ここでの変化は、やや強調していえば、「強兵」と「富国」との関係の転換であり、それが西郷隆盛などの対外軍事行動を視野に入れた軍事優先路線と、大久保の内治優先政策との差異でもあった。このような背景のもとに、大久保政権の成立を画期として政策的な重点を移行させながら殖産興業・富国強兵政策が展開した。

政策内容の段階的な重点移動

第一の過渡的段階（1868～70年）には幕府諸藩の軍事工業や諸鉱山を官収・官営化した。民業の奨励策としては関所の廃止などの封建的な諸規制の廃止を実施したほか、「太政官札」の発行と貸付による助成措置をとったが、これらはあまり効果を挙げることはなかった。

第二の工部省段階（1870～73年）では工部省を新設して鉱山と鉄道を中心とした近代産業の移植を試みると同時に、「**本国人主義**」に基づく外資排除政策を徹底させた。また、鉄道では幕末期に外国人に不用意に与えられていた鉄道利権を買収して新橋—横浜間の鉄道が建設された。つまり、この時期の政策には、経済的利権の回収という意味が強く、植民地化の危機に対応し、外国資本の進入を防ぐことも政府の意図としては重要であった。

この時期以降、官業のうち軍工廠は、陸海軍の直轄工場となって勧業政策とは独立した予算に基づいて、もっぱら軍事的な目的に応じて拡張された。当初は国内治安の維持であったが、それは次第に対外的な軍事発動にも備えるものとなった。

工部省事業のうち、鉱山業では貨幣材料確保の目的から金・銀鉱山が重視され、銅や石炭などについては、官業と民業とが併存し、官業において御雇外国人を招いた技術導入が積極化した。工場については、造船、セメント、硝子などが直営工場であった。

第2-7図　工部省

「工部省庁舎正面」郵政博物館所蔵

インフラ面では、海上輸送路の整備のための灯台建設、電信網の整備（半ば軍事的な理由）、郵便事業が直営されたほか、特権的商人たちに所有船を貸し与えて日本国郵便蒸気汽船会社を設立するなどの対応をとった。これは、沿岸航路に関してみれば、

第 2-3 表　殖産興業政策の展開

		過渡的段階	工部省段階	内務省段階	農商務省段階
		1868-70 年	1870-73 年	1873-80 年	1880年以降
		内戦の遺産，集権国家形成		地租改正・秩禄処分の実施による財政安定	内乱の収束，インフレによる財政危機
		軍需工業の自立・国内治安確保	鉱工業・鉄道電信網の建設	民富形成・在来産業の振興	官業の縮小・通貨安定
軍需工業		幕府・諸藩の軍需工業の官収	軍部の直轄工場としての整備／対外軍事行動の基盤拡大		
鉱工業	鉱山	幕府・諸藩の鉱山官収	＊利権回収（高島炭坑），本国人主義，貨幣材料の確保，鉱山の近代化	鉱山の近代化	官業の払い下げ
	工場		模範工場の建設（硝子・セメント・造船）	製鉄業	官業の払い下げ
産業基盤	鉄道	規制の緩和	＊利権回収（新橋―横浜間鉄道建設）	鉄道事業の縮小	民営鉄道の助成
	海運	在来輸送業者の保護	海上輸送路の整備（灯台など）	海運助成の本格化（三菱への助成）	海運保護政策の修正
	通信		電信網の整備，郵便事業の開始	電信網の整備	
金融		太政官札の発行と貸付	国立銀行の創設（兌換券の発行）	国立銀行条例の改正，準備金の民間融資（貿易会社，銀行などへの輸出振興）	日本銀行制度への移行→金本位制への模索
在来産業				模範農場，試験場の建設，在来産業の助成（生糸，綿糸など）	技術助成・組織化政策への転換

出所）　小林正彬『日本の工業化と官業払下げ』東洋経済新報社，1977 年，および石塚裕道，前掲『日本資本主義成立史研究』。

幕藩体制期からの帆船輸送の航路とその経営的なノウハウを利用するものであった。また，金融面では，通貨金融制度の確立を目指してアメリカの国法銀行制度をモデルとする国立銀行条例が制定され，兌換券を発行することで通貨安定を図るとともに，民間の資金需要に応じうる金融機関とすることが目論まれたが，失敗した。決済機構としては伝統的な仕組みが機能できたとはいえ，それによって

解説　本国人主義とは

明治維新政府は，鉱山の経営権が外国人の手に渡ることを防ぐために，明治初めに鉱山心得，日本坑法という法令を制定して，鉱山の稼行は日本人に限ることを明確にした。この外国人の関与の禁止は，会社組織への出資なども禁ずるものであり，明治前半期の鉱山経営への御雇外国人などの関与は技術的な助言に限定された。これが本国人主義と呼ばれるものであり，明治半ばの条約改正によって内地雑居が認められるまで続いた。

は通貨の安定が果たせなかったためであったと考えられるが、この後も試行錯誤が続くことになった*14。

　第三の内務省段階（1873~80年）には、大久保利通が政権の中枢を握り、地租改正と秩禄処分の実行によって財政的な安定を確保しつつ、内務省を新設して工業化政策の対象範囲を広げ、農業生産の近代化を含めた勧業政策を、財政資金の貸付などの補助手段を用いて実行することになった。そのためにまず、多額の投資を要する鉄道建設を縮小し、代わりに外国汽船会社との競争を展開しはじめていた沿岸および近海航路に対して補助金を支給する海運助成策が進められた。これには台湾出兵、西南戦争などの有事における軍事輸送の担い手を確保する意味もあり、日本国郵便蒸気汽船会社がこの要請に応じなかったことから、新興の岩崎家、郵便汽船三菱会社がこれによって急成長する機会をえた。

　鉱山部門では引き続き技術導入が推進され、工場部門では製鉄業などに着手する一方で、製糸・紡績などの農産物加工型の在来産業へと殖産興業政策が視野を広げた。札幌農学校など各種の農業施設に対する政策的な助成、直営農場の拡張などが推進された。

　また、金融面では、国立銀行条例を改正して不換紙幣の発行を認めることによって、二兎を追うことをあきらめて資金の融通に努め、同時に「準備金」の貸出を積極的に行ったが、これは、主として銀行部門と貿易商社などに投入された。輸出奨励の意図が強い政策展開であったが、必ずしも成功はしなかった。

　第四の農商務省段階（1880年以降）では工部省を農商務省に改組し、官業については払い下げ政策へ転じた。財政的な危機によって促されたこの政策は、大隈重信の立案に基づいて、明治14年政変による大隈重信の失脚のあと松方正義によって実施された。特徴的なのは、①鉱山・工場の払い下げ＝民営化によって財政負担を削減しようとしたこと、②海運の独占的な保護方針を修正したこと、③在来産業・農業などへの政策を大幅に縮小し、組織化などの指導政策へと転換したこと、④日本銀行の設立に向かったことなどであった。

殖産興業政策の意義

　それでは、そうした力点の移動のなかで推進された政策は、どのような歴史的な意義を資本主義経済制度の移植という点で果たしたであろうか。その際に、検討しておかなければならないのは、この新しい制度を支える条件として、①基盤となる技術（ハードな技術とソフトな技術ともに）、②元手となる資金、③働き手の三

---

*14 明治初年の貨幣金融制度については、石井寛治、前掲『経済発展と両替商金融』を参照。最近の研究としては、小林延人『明治維新期の貨幣経済』東京大学出版会、2015年がある。

つを必要とするという点である。ここでは技術移転と資金形成の点に絞ってまとめておこう。

官業における外国人技術者が技術移転に大きな役割を果たしたことはよく知られている。しかし、その過程では、三つのことが留意されなければならない。第一に、この移転は必ずしもスムーズにいったわけではなく、かなりの時間を費やした試行錯誤の過程であった[*15]。つまり、日本の工業化に適した技術が直ちに見出されたわけではなかった。第二に、これに関連して技術導入に際しての「日本への適応」が重要な意味をもった。導入された技術は日本において創意と工夫が施されて、日本の条件に適応したものへと改造された[*16]。鉱山技術や製糸技術がその重要な事例であることはよく知られている。第三に会社制度を典型として、経営の技術（ソフトな技術）、たとえば会計の制度・株式会社による共同出資形態などが受容された。ただし鉱山技術などを中心とした技術移転では、官営事業だけではなく、民間事業も大きな役割を果たした。

技術移転以上に政府の役割が大きかった勧業政策は、近代的な貨幣信用制度の整備などによって産業発展のインフラを提供するとともに、産業発展の元手となる資金提供の基礎を作り出したものであった。これも国立銀行条例の制定、同条例の改正と再改正という錯誤を繰り返しながら、アメリカ流の分権的な金融システムの導入を断念し、欧州流の集権的な中央銀行制度を中核とするものへと転換していくことによって実現した。

これらは通貨の安定と決済システムの提供ではあったが、事業資本の蓄積という点では、政府の役割以上に商人的な富の蓄積が重要であった。すなわち、金融制度整備に便乗するかたちで、次項で論じるように旧特権的な商人や新興の商人たちは経営的な基盤を固める（固め直す）機会を与えられた。もっとも、それらが事業資金として産業活動に投じられることに直ちには繋がらなかった。他方で、インフレ期に輸出関連などで在来的な部門で進展したとみられる資本蓄積は、デフレ期になると土地集積などに投じられるように変質した。つまり、この時期に、政府の財政支出に繋がるような政商的な活動や、輸出拡大に伴う事業機会によって獲得された資金が、新しい産業活動に結びつけられるかどうかは、個々の資産家たちの事業機会に対する対応によって帰趨が定められるという意味では、いまだ不確定であった。

[*15] 技術の移転については、粕谷誠、前掲『ものづくり日本経営史』。
[*16] 参考文献として、奥村正二『小判・生糸・和鉄』岩波新書、1973年。

第 2-8 図　内国勧業博覧会

河鍋暁斎画「上野公園地内国勧業博覧会開場之図」東京国立博物館所蔵．Image: TNM Image Archives

政商たちの資本蓄積

　殖産興業政策の展開を受けながら官業払い下げの受け皿となった民間側の産業化の担い手についてみておこう。彼らの動静に関連して見逃すことができないのは，政商的な活動や貿易事業ではその浮沈が激しく経営的に不安定であったこと，そして彼らの事業活動が権力的介入から必ずしも自由ではなかったことである。

　積極的な投資活動の前提となる営業の自由の保障に関してみると，本国人主義による利権の確保によって外圧からの保護が与えられる一方で，抵当増額令にかかわる小野組・島田組の破綻，鉱山の一方的な官収（尾去沢鉱山事件）などがあり，民間企業の利害の保護，営業の自由の保障には限界があった。たとえば，鉱山業では採掘権は 15 年期限の借区制のもとにあって採掘の永続性については保証されていなかった。それは領主と特権商人という前近代的関係が残存する過渡的な状況を示しており，民間の事業経営に対する権力の恣意的介入が排除できなかったという意味で，不十分さをまだ残していた。

　そのことは，工業化の担い手としてもっとも有力な地位に立った「政商」と呼ばれた商人たちが，政府との特権的な結合を基礎として活動していたことと表裏をなす特徴でもあった。政商の事業基盤と資金基盤は，その時代を反映した特徴があった[*17]。

　まず，事業基盤については，政府の周辺に事業活動の基盤を見出し，ある時期以降，何らかのかたちで政府からの特権的な保護を受けたものが多かった。たとえば安田善次郎の場合には，1863 年に小さな両替商として独立したのち，67 年

---

*17　以下の記述は，武田晴人『財閥の時代』新曜社，1995 年，第 2〜3 章参照。

に幕府の古金銀収集御用となり，74年からは新政府の官金御用に進出し，のちの安田銀行につながる金融業務で発展した。大倉喜八郎は，1857年に乾物商として独立し，維新後の73年に設立した大倉組商会の活動を通して台湾出兵や西南戦争における兵站輸送，軍靴製造で頭角を現した。岩崎弥太郎は，土佐藩の事業を継承するかたちで海運業に乗り出し，政府の助成金を受けて急速に経営を拡大した。

こうした事例のなかで，安田のように当初は自己資金の蓄積によったものもある一方で，たとえば小野組破綻後に独立して事業経営に乗り出した古河市兵衛の場合には，1875年に着手した草倉銅山開発では相馬誠胤家（陸奥中村藩）の出資を，翌年の幸生銅山では松平頼聡家（高松藩）の出資を受けたように，旧領主層が重要な資金提供者となった。また，長州出身の藤田伝三郎は小坂鉱山の開発資金として毛利家から数回にわたり融資を受けたことが事業の発展には不可欠な要

考えてみよう　政商論の起源

政商の存在と，資本主義経済過程の形成期における役割をどのように捉えたらよいであろうか。政商について最初に注目し，まとまった叙述をしたのは，山路愛山の『現代金権史』（服部書店，1908年）であるといわれている。山路は政商について二つの側面を強調した。一つは，明治政府の上からの資本主義化政策によって政府＝国家権力＝藩閥政府と結びつき，寄生し，成長した一群の資本家であること，もう一つは，それが日本資本主義の担い手であることに後進資本主義国としての歴史的特質が現れていることであった。

政商たちの一つめの特徴は，しばしば政府との癒着による腐敗を疑われるような事件を引き起こした。具体的には，山城屋和助事件や尾去沢銅山事件などがあり，このうち前者は，政争に事業活動が巻き込まれて翻弄されたという側面ももっていた。事件の主役である山城屋和助は，もと野村三千三といい，幕末期に奇兵隊の隊長として活躍したが，のち陸軍省御用達として成功して財をなした。しかし，長州閥の山城屋と山縣有朋などとの癒着に疑惑を抱いた司法省の江藤新平や，陸軍省内で山縣の失脚を企図した薩摩の桐野利秋の攻撃によって，陸軍省の疑惑の責任を負う形で1871年11月陸軍省内で山城屋は自殺し，事件は闇に葬られた。

山路の議論に対して，楫西光速『政商』（筑摩書房，1963年）は，財閥の歴史的起源として政商を捉える視点から，これを三つの類型に整理した。すなわち，①江戸時代の特権商人（三井組，住友家，鴻池組，小野組，島田組），②徒手空拳型（安田，大倉，藤田，浅野総一郎，古河），③官僚からの転身型（渋沢栄一，五代友厚）である。ただし，この楫西説は，政商概念の曖昧さと類型把握の実証的な基礎との二つの面で弱点を抱えていた。「政商」概念として楫西説は，山路が②の類型を重視したのに対して，①の類型を追加することで内容を豊富化させたともみえるが，そのために政商としての共通の特徴がかえって曖昧になった。こうした問題点について，柴垣和夫『日本金融資本分析』（東京大学出版会，1965年）は，政商を「初期独占」，つまり工業化の初期に誕生する前期的な商人資本による経済機会の独占と捉えることを提言している。確かに，政府の保護を独占することによって，排他的に膨大な利益の機会をえていたことは事実であろうが，そうした状況を「初期独占」と定義することに，積極的な意味は乏しい。時代の背景やその営業の実態に即して具体的に問題を検討する必要があるのではないだろうか。

第2-9図　三井ハウス

「東京三井組バンクハウス五階之図」
日本銀行金融研究所貨幣博物館所蔵

件となっていた。

　民間の自由な経済活動に乏しく，市場が未発達な工業化初期の経済状態のなかで，地租を中心とした資金の膨大な流れが政府の周辺に形成され，そこにこそ見出すべきビジネスチャンスは集中していた。そして，そのチャンスをつかむためには，何らかの政府とのつながりが必要であった。そうした事業形態を「政商」と呼び，「特権」や「独占」と特徴づけられるとしても，それは，これらの機会に対応できる事業能力，経営能力をもつ人材が限られていたことの裏返しの表現にすぎない。そのことが，彼らが初期に，積極的に特定の事業領域に拘泥せずにビジネスチャンスをつかんだ基盤でもあった。政府の側からみると，このような能力を動員することではじめて，不完全な統治機構が補完されていた。また，華族層たちからみれば，自らの保有する金融資産を安全に運用する先として，政商的な活動を展開する商人層たちは格好の投資対象であった。

　このような構造は，1880年代に日本銀行の設立など統治機構の再編により国家機関が整備され，官と民との領域の区分が明確になるにつれて解体された。特権的な基盤を失った政商は事業の再編が必要になるとともに，官民の区分の再編によって発生した官業払い下げが，新しいビジネスチャンスを政商たちに与えることにもなった。

　彼らはその経営的な能力を頼りに積極的に多角化に乗り出し，試行錯誤を通して，財閥に成長する道をうかがうことになった。

　政商のもつ事業分野やその初期の資金源泉の特徴は，明治初期日本の経済活動のあり方に制約されたものであった。そこで培われた経営能力や取引関係などを利用しながら，ビジネスチャンスを捉えて事業の拡大，経営の多角化を実現するものが出現した。たとえば三井は，貿易業務や官金の取り扱いなどの政商的な活

動によって維新期を乗り切ることができたが、1882年に日本銀行が設立されたことに伴って官公預金取り扱いを返上することになった。当時の三井銀行の預金の55％が官金であったから、このような変化は三井の経営のあり方の転換を迫るものであり、三池炭坑の払い下げを受けて三井物産の石炭輸出業務の基礎を固めるとともに、新興の工業部門に活路を開くために、井上馨の斡旋で入社した中上川彦次郎による経営多角化の試みが着手された。他方で、海運業者として成長した岩崎（三菱）は、1880年代には日本郵船の設立によって海運業を手放すこととなり、前後して推進していた造船業、鉱山業などへの進出に新たな経営展開を模索することになった。

政商の地位

　もっとも、このような企業活動に関して、政商を系譜とする資産家がすべて順調に経済活動の中心的な担い手として成長したわけではなかったことにも注意しなければならない。そこに、彼らの経営のもつもう一つの側面、事業基盤の不安定性があった。言い換えると、これまでさまざまなかたちで例示される「政商」がすべて「財閥」として発展したわけではない、という事実のもつ意味が問われる。三井組と並ぶ豪商であった小野組、島田組は、1874年に破綻したが、この過程は、政商のもつ危うさを示す好例であった。放漫経営という理由だけでは、破綻を説明することができないからである[*18]。

　破綻のきっかけとなった抵当増額令は、政府の政策選択の失敗という側面があり、その影響を十分に考慮しないままに政府側の事情だけで急遽決定されたために、過剰な整理＝企業破綻に繋がったものであった。政府側の事情とは、この当時、台湾出兵問題をめぐって清国との国際関係が緊張し、軍事出動を計画していた新政府が、緊急に軍事出動の財政的な基盤を整備しようとしたために、官金の確保・引き上げを企図したことであった。つまり、この当面する緊張に対処するためには、「政商の一つや二つつぶれることなどかまっていられないというほどの緊張感が、政府内部にみなぎっていた」[*19]といわれる。

　したがって、この経過は、政商という特権が極めて不安定な基盤のうえに立っていたことを示している。それは、営業の自由の十分な保障のない状態であった。つまり、特権は「お取りつぶし」の危機と常に背中合わせであった。ここに、明

　[*18]　粕谷誠は、前掲『ものづくり日本経営史』138頁、表2-9によりながら、明治維新後の新興商人たちが、その後も経営を継続していた比率が、他の時期に創業した商人たちと比べて必ずしも高くはなかったと指摘している。

　[*19]　石井寛治、前掲『開国と維新』290頁。

治前期の制度的な諸条件が，資本主義的な市場経済の発展をもたらすには，いまだ不安定で，権力介入の恣意性が残されていたという現実が浮かび上がる。それは，近代的な経済社会が形成途上であり，明治維新が近代社会形成の起点であるとしても，十分な条件を直ちに整えたというわけではなかったことを示唆する。

考えてみよう　小野組・島田組の破綻

　明治維新期の新政府の財政は，三井組，小野組，島田組という特権的な豪商が担っていた。これらの豪商のうち，1874年に小野組と島田組は破産し，三井組も厳しい経営的な危機に直面する。そのきっかけは，「抵当増額令」による官金預り業務に対する新しい規制であった。この事件は政商的な発展を遂げていた豪商経営の実態を浮き彫りにした。

　小野組は，商業活動だけでなく両替商，為替業務と大名貸しなどに従事する豪商であり，維新期には，新政府に協力して，1868年2月政府の為替方に三井組・島田組とともに任命され国庫金の収納・支出・送金を扱っていた。小野組は，その国庫金を流用して米穀取引，生糸貿易，製糸場経営，鉱山投資など事業を拡大し，72年三井小野組合銀行を組織した（のちの第一国立銀行）。こうした業務の拡張を続けていたさなかの74年に，政府は，官金運用を認めている豪商に対して，その運用額に応じて徴収する抵当の増額を命じた。具体的には，74年2月に為替方は毎年取り扱う金額の3分の1を担保として差し出すことに改め，さらに同年10月22日には，担保額を預り金相当額に一挙に引き上げた。しかも，翌11月には，この追加担保差し出し期限を12月15日を限度とすることを命じた。

　急な抵当増額の命令に対して，小野組は11月10日，不動産の売却などによる資金調達の方法を検討するが，一挙に貸付金の回収をすることなどは困難と判断し，20日には自発的に為替方辞退を出願し，私財全部を大蔵省に提出し，1877年6月処分を完了した。

　小野組破綻の背景には，官金を流用して各種の事業（製糸・鉱山・米相場・油相場など）に投じるなどの経営状況があった。放漫経営のツケがこの政府の抵当増額令によって一挙に表面化したといわれている。しかし，程度の差こそあれ，このような経営の放漫さは三井でも同様であった。石井寛治によると，抵当増額令が出された当時，小野組523万円，第一国立銀行483万円に対して，三井組は214万円の官金預り高残高があった。「三井も滞り貸し激増によって経営不振に陥りつつあり」この負担は簡単に処理できるものではなかった。当時の三井銀行東京店の店員の回顧によると，「金がフンダンにあるものだから無理に貸付けた。其貸が固定していけなくなったのです」という。つまり，三井も同様に放漫経営だった（石井寛治，前掲『開国と維新』289頁）。

　『小野組の研究』（新生社，1970年）の著者宮本又次は，小野組が長州閥ににらまれていたことを重視する（「小野組転籍事件」）。これも，政商と政府との微妙な関係を示すエピソードである。他方で，石井は，三井では井上馨からあらかじめ抵当増額令の内容を知らされていた三野村利左右衛門が，この急場をオリエンタルバンクからの100万円の緊急融資によって切り抜けたこと，しかも，この資金の返済のために，のちに政府の援助受けたことを明らかにした。

　この事例は政府が民間事業の継続性を脅かすような一方的な政策変更を行うことがありえたことを示し，「営業の自由」の保障が不十分であったことを意味する。そして，そうしたことが起こりうるとすれば，民間の事業活動は，予測できない政府介入によって持続的経営のために不可欠の「計算可能性」が損なわれる。これが明治初めの民間事業が置かれた状況であった。「営業の自由」の保障が資本主義経済制度の発展にいかに重要であるかを示す出来事である。

改革はいまだ進行中であり、その行方は明確ではなかった。

そうしたなかで、いくつかの「政商」的な企業家たちは、確実に発展のチャンスをつかみ、そして、政商的な蓄積から離脱していった。それは、特権的な保護のあり方が変化し、制度的な条件の整備によって、より広い参入の自由や営業の自由が認められるようになり、民間事業の資本蓄積が政府の介入を許さない領域として認められていくことによって可能となったものであった。

3　松方デフレ下の構造変化

明治14年政変と松方デフレ

集権的な国家形成のなかで、幕末に開始された貿易を起点とする経済変動は、どのような変化を農村経済へともたらしつつあったのであろうか。

一般に1880年代初めまで、地租改正・殖産興業・秩禄処分という「上から」の資本主義化と、小生産者としての発展を求める農民たちの商業的農業経営の発展との対抗関係が展開していたといわれている。そして、維新政府の経済政策は後者を抑圧し、農民たちの負担によって改革を実行したと評価されている。そこで、ここでは両者の対抗関係の決定的転換点として、「松方財政」期に注目しよう。

大久保利通暗殺後の維新政権は、大隈重信を首班格として、伊藤博文・井上馨・松方正義らの薩長藩閥勢力が協力するという構成であった。ところが、その内部対立が、1881（明治14）年の開拓使官有物払下げ事件をきっかけに表面化した。対立の焦点は、自由民権運動が要求する憲法制定と議会開設という政治システムの将来構想にかかわっていたが、この政変は、経済政策の面でも大きな転換

第2-10図　明治14年政変の風刺画

熊（大隈）が力負けして自ら「土俵の外へ踏み出」したと解説されている。
「幕内の相撲」『団団珍聞』1881（明治14）年10月22日号
東京大学大学院法学政治学研究科附属近代日本法政史料センター明治新聞雑誌文庫所蔵

第 2-11 図　日本銀行

「日本銀行落成之図」
日本銀行金融研究所貨幣博物館所蔵

点となった*20。

　政変前年の1880年に大隈重信は，工場払下概則を制定した。西南戦争以来，膨張しきった政府の財政は，政府紙幣と国立銀行による不換紙幣の発行によって激しいインフレーションを生んだ。そこで物価上昇の抑制の必要を認識した大隈は，政策の転換を図ろうとしていた。しかし，この政策は大隈の手によってではなく，政変後に大蔵卿に就任した松方正義の手で実行されることになった*21（前節〔72頁〕の殖産興業政策の展開における農商務省段階参照）。

　政策転換の骨子は，日本銀行の設立による発券の集中と兌換制度の確立を目指すものであり，通貨信用制度の抜本的な見直しにより，インフレを収束させ，財政基盤を安定させようとしたのである。ただし，民権運動で緊張する国内情勢を配慮し，軍事費は削減されず，軍事費比率は1880〜83年に18〜19％，1884〜1888年に24〜25％と財政支出に占めるウエイトは上昇した。

　結果として，紙幣発行残高が減少するとともに，1881年に銀1円を得るのに紙幣が約1.7円分も必要という紙幣価値の暴落が86年までに解消し，紙幣価値の安定が実現した。約20年の試行錯誤を経て通貨信用制度はようやく落ち着いた*22。

寄生地主制度の形成

　このような急激なデフレ政策の展開は，農民たちの経済状態を大きく揺さぶる

---

*20　武田晴人『日本経済の事件簿』新曜社，1995年，第3章参照。
*21　両者の連続説は大石嘉一郎「『殖産興業』と『自由民権』の経済思想」長幸男・住谷一彦編『近代日本経済思想史(1)』有斐閣，1969年による。
*22　三和良一・原朗編，前掲『近現代日本経済史要覧　補訂版』64頁，表2.36参照。

ことになった。第2-4表に示したように、地租改正の時点で政府が想定していた農民の租税負担34%は、81年には15%にまで低下していた。物価の上昇と租税負担の低下は意欲のある農民にとっては経営拡大の絶好の環境であった。そこには、農民的な小経営の発展の可能性が十分に広がっていた。

1870年代後半に、自由民権運動が士族民権から豪農民権へと展開したといわれている背景には、上層の農民層のこのような経営的発展があった。彼らは、自らの利害を主張し、経済政策に反映しうるように政治への参加を求めていた。それが民権運動への豪農層の積極的な反応をもたらした。

ところが、デフレ政策への転換は、農民的な小経営の発展を可能にするような条件を一変させた。その点は、租税負担率の変化に端的に現れた。それは、1884年には34%にまで再度上昇し、物価下落とあいまって、農家経営を破綻の危機に陥れたからである。

金納地租という制度的な条件とデフレによる米価下落によって、農民の負担は大幅に増大した。軽減されていた地租の重圧が再現した結果、大量の地租滞納者が発生し、1883〜84年には3万3854人、1884〜85年には10万8055人に達したと記録されている。このような地租の滞納によって1883〜89年の6年間に4万3207町歩の土地が滞納処分された*23。1町歩は約1haであるから、432 km² と

第2-4表 水田反あたり収穫米における国家取り分

(単位：%)

年	1881	1882	1883	1884	1885	1886	1887	1888
地 租	10.9	12.6	17.6	24.0	14.9	15.9	16.2	10.5
同付加税	4.8	5.9	7.9	10.1	5.6	5.6	5.2	3.7
計	15.7	18.5	25.5	34.1	20.5	21.5	21.4	14.2

出所）丹羽邦男「地租改正と農業構造の変化」楫西光速編『日本経済史大系5 近代（上）』東京大学出版会、1965年、272頁。

第2-5表 松方財政期の農民破綻＝「身代限り」

年	破産件数(件)	債務額(千円)	1件あたり債務額(円)	一人あたり債務額比率 (%)		
				〜50円	50〜500円	500円超
1878	9,521	1,984	208.4	62.5	31.5	6.0
1881	7,196	1,049	145.8	67.1	29.2	3.7
1882	10,107	1,624	160.7	61.0	34.3	4.7
1883	19,068	3,542	185.8	51.8	41.2	7.0
1884	22,645	4,713	208.1	49.4	42.6	8.0
1885	10,181	2,874	282.3	47.4	44.1	8.5

出所）日本銀行調査局編『日本金融史資料　明治大正編』第16巻、1957年、773〜775頁より作成。

第2-12図　明治初期の農村風景

出所）*The Far East*, 1870（明治3）年8月6日号，長崎大学附属図書館所蔵

なり，この面積は東京都23区全体の7割に当たるほどの広さであった。

この滞納処分が意味していたのは，地租滞納額10.3万円に対して，滞納した農民が失った土地代金が155.4万円に達したところに如実に現れていた。こうしてわずかの地租滞納のために多くの農民が，彼らの命綱ともいうべき土地を手放すことになった。それは農民たちの経営的な没落に拍車をかけた。

農民たちの生活難は，第2-5表に示されている「身代限り」＝破産者の数の増加やその負債額の増加からも読みとることができる。金額的にみて，50～500円層が増加するというかたちで，中層の農民たちも含めて全般的に没落の危機に瀕したことが示されている。

こうして土地を手放さざるをえなくなる農民が増大するなかで，高利貸し・商人・地主などによる土地の集積が進んだ。デフレのなかで土地価格が低下したことが，土地を有利な投資対象に変えた面もあるが，実際には，そうした積極的な土地購入というよりは，質流れによって土地が受動的に高利貸資本へと集中された面が強かった。

第2-6表　小作地率別府県数の推移

小作地率	1883-84年	1887年	1892年	1903年	1908年
65%				1	1
60%			2	1	1
55%		2	2	3	2
50%	1	4	3	4	6
45%	6	7	11	12	12
40%	8	11	6	11	14
35%	10	9	13	8	4
30%	6	6	3	5	5
25%	6	4	3	2	
20%	2		2		
15%	1	1			
10%	1				
計	41	44	45	45	45

出所）三和良一・原朗編，前掲『近現代日本経済史要覧　補訂版』64頁。

全国の推定小作地率（小作地面積／耕地面積）は，1873年の27.4％から，1883～84年の35.9％，87年の39.5％へと上昇した[*24]。第2-6表からわかる通り，全国的に小作地率が上昇傾向を示しており，地域的な差があるとはいえ，地主制の展開が遅れていた東日本でも顕著な小作地率の上昇がみられた。また，1888

[*23] 海野福寿「松方財政と地主制の形成」『岩波講座日本歴史15　近代2』岩波書店，1976年，121頁。

年にかけて自作農が減少して自小作農・小作農が増加した。こうして，近代日本の農村を特徴づける寄生地主制が形成された。このような変化は，地主経営の拡大という方向での発展を促すことによって，農村内での有力農民が農業経営の拡大によって経済的な地位の上昇をはかっていく道を閉ざすことになった。

地主的土地所有の増大は，幕末までの質地地主制の展開が，豪農経営に代表されるようなブルジョア的な発展の萌芽を含む二面的な性格をもつものであったことに対して，そうした農業経営の拡大を否定しつつ，地主的土地所有が一面的に拡大していく方向にあった点で異質であった。他方で小作人側からみると，地主手作地などの賃雇いとなることによって生活を維持する条件が失われ，そのために，小作人の生活がようやく発展の途につき始めた資本主義的諸経営への「出稼ぎ的」な就労によって支えられることを必要とした。そして，そうした条件が整うことで寄生地主制が一応の安定をえるという限りで，資本主義的な労働市場の展開を不可欠の前提とすることになった。

以上の事情は，地主的土地所有の拡大が，在来の商品生産の激しい動揺と再編成を伴っていたこと，したがって，農業におけるブルジョア的発展の条件が最終的に失われていったことを意味している。それが，以下で見る商品生産の中心にあった棉作，養蚕製糸業の再編成であった。

綿工業の再編成

幕末からの綿布輸入によって壊滅的な打撃を受けたといわれる国内の棉作に対して，機業地では，輸入糸による綿織物生産が増大していった*25。それは，棉作，紡績，織物という綿製品生産の連続した工程のなかで，自然的条件に制約されて限界があった棉作に対して，生産性の面で最も重大なボトルネックとなっていた紡績工程の制約を打破するものであった。糸の生産性の低さは，機屋が生産を拡充するためには多数の紡ぎ手を確保しなければならなかったことに端的に示されている。日本の国内では，明治初めに，「ガラ紡」と呼ばれる紡績

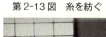

第2-13図　糸を紡ぐ

長崎大学附属図書館所蔵

*24　海野福寿，前掲「松方財政と地主制の形成」119頁。
*25　粕谷誠，前掲『ものづくり日本経営史』86〜92頁参照。

第2-7表　綿布の輸入と国内生産　　（単位：10万斤）

年	輸入綿布	国産綿布使用糸別			合計
		輸入綿糸	手紡・ガラ紡糸	機械紡績糸	
1861	31	3	278		313
1867	78	23	142	2	245
1874	173	115	134	7	430
1880	182	315	271	10	777
1883	104	271	141	34	552
1888	157	522	271	100	1,051
1891	117	191	198	520	1,026
1897	209	177	167	1,154	1,708
1900	313	100		1,270	1,682
1904	121	10		1,225	1,356

出所）三和良一・原朗編，前掲『近現代日本経済史要覧　補訂版』63頁より作成。

機械が発明されたが，これもボトルネックに対する技術開発の試みであった。もっとも，この国産の機械は，単純な原理によるものであったことから，精密な機械制工場設備には太刀打ちできなかった。したがって，輸入綿糸の流入は，織物生産拡大の制約条件を解除するものであり，それだけでも経営的な発展を可能にしうる条件となりえた。

これに対して，輸入綿布との競合の関係は，やや複雑な様相を呈した*26。従来からの国産綿布はかなり厚手のもので，輸入の綿布は上質の薄地の布を含んでいた。それ故，国内向けの綿布生産のなかには，在来棉を使うものも根強く残り，1880年代後半まで国内の棉作が継続した側面も見逃しえない。また，輸入品が主力である生金巾(きかなきん)は先染め織物を主とする和装文化が非関税障壁になった側面がある一方で，輸入毛織物などでは，その染色の鮮やかさや色の多様さなどによって新しい市場を開き，機屋の企業家的な意欲を引き出すものなどもあった*27。

こうして織物生産の拡大が製品の多様さを広げながら拡大し，輸入糸を供給する，〈輸入商→引受商→地方問屋→機業家−賃機〉という関係が成立するなかで，機業地の賃機が拡大し，これに対する問屋制的な取引関係が強められていった。賃機は，副業を必要とする農家にとって重要な賃稼ぎの機会を提供し，高い小作料のもとでの苦しい生活を支えるものであった。それは，農家の余剰労働力を利用できることから農家経営にとっ

第2-14図　ガラ紡績機

写真提供　トヨタ産業技術記念館

*26　この輸入綿製品の評価については，川勝平太の問題提起を契機に論争がある。これについては，高村直助『再発見　明治の経済』塙書房，1995年，第Ⅱ章参照。

*27　田村均『ファッションの社会経済史』日本経済評論社，2004年参照。

3 松方デフレ下の構造変化

ても望ましかった*28。

こうして再編成される国内綿織物業のもとで綿糸市場が拡大し、この市場に対して国産の機械制紡績糸を提供すべく、1880〜85年に国内に2000錘紡績が誕生した。棉作地などを中心に設立されたこの機械制紡績会社は経営的には失敗*29であったが、1882年に1万錘規模の大阪紡績が設立されると、本格的な機械制大工業による綿糸紡績業がようやく発展の緒につくことになる。

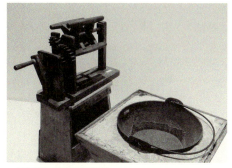

第2-15図　座繰製糸

写真提供　岡谷蚕糸博物館

製糸業の発展

輸入圧力のもとにあった綿工業とは対照的に、絹業では、中間財の生糸の輸出市場が急拡大し、それによってそれまでの養蚕、製糸、絹織物という関係が大きく変わっていった。

その基礎となったのは、輸入技術に基づく技術的な革新であった。それは、伝統的な技術に基づく座繰製糸に対して、器械製糸業のマニュファクチュア的発展を可能にするものであった。官営の富岡製糸場や小野組が経営した築地製糸場に導入されたフランス式やイタリア式の製糸機械を模倣して安価な木製機械を製造するとともに、水車動力を利用し、工女の熟練を組み合わせて生産が拡大した。製品の品質では、原料繭の質、製造技術の未熟、検査等の技術の不備などによって外国市場では中級品の評価しかえられなかったが、輸出市場の強い需要に牽引されて器械製糸は発展の緒についた。

この発展は、製糸業の中心地が福島・群馬から、長野県諏訪地方へ移動し、東日本を中心に広い範囲に養蚕業が展開する契機ともなった。

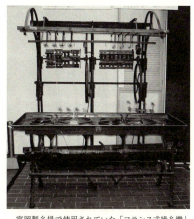

第2-16図　製糸器械

富岡製糸場で使用されていた「フランス式繰糸機」
写真提供　岡谷蚕糸博物館

---

*28　谷本雅之、前掲『日本における在来的経済発展と織物業』参照。
*29　これについては中岡哲郎『日本近代技術の形成』朝日選書、2006年参照。

第2-8表　製糸業の発展

年	養蚕戸数(千戸)	産繭量(千貫)	製糸家戸数(千戸)	生糸生産量(千俵) 器械	座繰	合計	輸出(千斤)	輸出比率(%)
1880		11,741				33	1,461	30.3
1885		8,729				31	2,457	35.1
1890		11,722		23	31	57	2,110	24.5
1895		22,581	388	56	43	106	5,811	35.2
1900	1,441	27,539	428	61	47	118	4,630	21.8
1905	1,484	27,233	411	75	39	121	7,379	24.0

出所）　安藤良雄編，前掲『近代日本経済史要覧　第2版』76頁。

　器械製糸業の経営者は，上層の農民たちであり，その経営する工場は10～30人規模の小零細工場であった。しかし，それは，かつて矢木明夫が主張したような小生産者型の発展ではなく，石井寛治が強調したような「上からの」資本主義化に取り込まれていくものであった*30。石井によれば，輸出向け生産が，系譜的には「下から」の農民たちの経営拡大によって実現しているようにみえても，彼らは自立した事業活動の基盤を欠いていた。なぜなら，急激な市場拡大に対応しながら季節性の高い原料繭を十分な量だけ購入するためには，資金的な制約を輸出ルートに乗った生糸売込商と，その背後に控える日本銀行を頂点とする金融機関からの前貸金融に頼らざるをえなかったからであった。そのため製糸経営の収益基盤は狭く，金融的支配からの自立が難しかった。別の角度からいえば，それは，政府が輸出奨励の目的もあって展開した政策金融（普通銀行←横浜正金銀行←日本銀行）が，製糸業の発展には不可欠であったことを意味していた。

4　天皇制国家の成立

　以上のような諸改革，種々の経済的な変化のなかで，国民経済の編成原理，国民統合の原理，つまり，国家を国家として存立させている基本的な原則は，どのような特質をもつことになったのだろうか。
　どのような国家であったかという問題（統治構造の問題）は，この国はどのような統治機構を通して，私たちの日常生活に影響を与え，日常の生活の水準やあり方を規定し続けたのか，という視点から判断されるべきだろう。

---

*30　矢木明夫『日本近代製糸業の成立』御茶の水書房，1960年，石井寛治『日本蚕糸業史分析』東京大学出版会，1972年。このほか，中林真幸『近代資本主義の組織』東京大学出版会，2003年も参照。

その意味では，明治国家がもたらした進歩的で近代的な側面と，専制的で前近代的な側面の双方について，公平で適切な評価が必要だろう。たとえば，松方デフレの歴史的な意味については，一般的に「デフレ政策の帰結」として「予期せざる効果」があり，それが戦前の日本の政治・経済システムを確定していくうえで重要であったと指摘されている*31。それは，どのような意味においてであろうか。

　維新政府は，第一に，廃藩置県・秩禄処分の過程で，旧領主層から領有権を有償で買い取るため，彼らに対してかなりの優遇措置を講じ，その買取り資金を捻出するために農民に高い租税負担を負わせるという性格をもっていた。この点からみると，維新政府は，領有制の有償解体を農民の負担において実行し，財政資金の散布によって，農民たちの上向的な発展というよりは，政商たちの富の蓄積を通して資本主義経済化を達成した政府であった。農民たちの経済的な成長の可能性を圧殺しつつ成立した権力であったことが，この政府の性格を明確に示しており，そこでは民衆的な発展よりは，「国益」を体現する政府が何よりも優越的な地位にあったことになる。

　第二に，そうした経過のなかで成立してくる近代天皇制は，自由民権運動との緊張関係のなかで一定の修正を余儀なくされつつ，基本的には民権運動という民主化要求に対して最終的には武力で抑圧することで安定を図った権力機構であった。とくに民権運動中期の「豪農民権」と呼ばれる時期に，農民たちが求めたの

　考えてみよう　**天皇制国家とは**

　本節冒頭のような設問は，戦前日本の国家機構，国家権力のあり方の本質をどのように考えるか，という問題を出したことになる。より具体的には，近代天皇制がもっていた特質とは，歴史的にはどのような性格の国家として把握しうるのかという問題でもあった。
　この点について，1920年代以来，近代天皇制国家を本質的には封建的な性格をもつ絶対主義的な国家とする考え方と，本質的にはブルジョア国家と規定する考え方とが対立してきた。戦前期の社会主義革命を目指す政治活動と密接に結びついたこのような対立は，科学的な認識にとって有害であったというのが現時点での批判としては妥当であろう。しかし，こうした対立が，さまざまな実証的な成果を生み出し，それによって歴史認識の基盤形成に重要な役割を果たしてきたことも認めなければならない。
　そのうえで私たちは，上のような本質的な規定は何かという二分法的・二項対立的な構図によって，いずれかの「レッテル」を貼ることでは，歴史的な認識を深化させることができないことを銘記すべきであろう。とりわけ，ブルジョア国家論という規定は典型的な経済決定論にすぎず，これでは，政治学，国家論の固有の分野を否定しているにすぎない。それほど明確にすべての事柄が経済によって決定されているというような唯物論の立場をとる必要はないだろう。

　参考文献　原秀三郎ほか編『大系日本国家史』第4～5巻，東京大学出版会，1976～77年。

---

*31　石井寛治，前掲『日本経済史　第2版』60頁。

は、民主的な手続きに基づく代議制により、自らの経済的な利害を保護する立場に立つ政府の実現であり、地方自治の成立であったことは重要であろう。それらの要求はきわめて限定的にしか認められなかったことから、民衆の要求を拒絶して形成された統治体制の特徴は、天皇を頂点とした新政権がきわめて専制的な性格の強い、非民主的な政権であったことを示している。このような新政権が最終的に安定するのは、松方デフレ政策の時期であり、その時期以降に内閣制度、大日本帝国憲法、帝国議会、枢密院などの諸制度が整備された。

　第三に、その一方で、この新しい体制は、立憲君主制的な概観をもち、制限選挙権の段階的な縮小を可能とするような柔軟性をもっていた。すなわち、一方で統帥権など、天皇の「主権者」としての権限が広く認められている――皇室財産制度、内務大臣制度、枢密院制度、官僚制、立法権――反面で、内閣制度を採用し、衆議院に予算の審議権があった。制限選挙制であったが、その選挙権は、成年男子を原則としているとはいっても、法律によって――憲法改正によってではなく――改正し拡充することが可能であった。だからこそ、後には「大正デモクラシー」のもとでの選挙権の拡張と、政党内閣制がこの体制を前提に実現されていった。

　議会の権限は制限されていたが、基本的な人権の広い範囲での承認と実質的な制限などと同様に、専制的な性格のみを一方的に強調するのは評価としては不適切だろう。もちろん、この柔軟性は、両刃の剣であり、統帥権のように逆方向に拡大解釈され、軍部の暴走を文民がコントロールできないという状況を生む危険性もはらんでいた。

　第四に、経済面についてみると、資本主義的な経済発展の基盤となる、①営業の自由、②私的所有権などが認められたことは、明らかにこの政府、国家が資本主義的な経済発展に適合的な性格を具備していたことを示している。このような側面は、維新の改革を経た直後にはまだ不安定であり、政府の政策展開はその限りで移行期特有の過渡的な性格を免れなかった。小野組破綻などを例にとれば、政策のさじ加減で、営業活動の基盤が吹き飛ばされることも起こりうる状態であった。しかし、1880年代の終わりくらいまでには、営業の自由や私的所有権の原則などが確定していったと考えられる。こうして結果的には、恣意性の強い政府の経済活動への介入の制限が、鉱業採掘権などに関する法令の整備によって実現する。また、政商的な活動の余地を狭めるように、政府の調達活動などに対する法令の整備（会計法の制定など）が実施された。同時に、この政府が「本国人主義」に見出されるようにナショナリズムとの親和性がきわめて強く、それは幕末期の攘夷運動に関係するとはいっても、のちの帝国主義的な侵略につながってい

く側面も見逃しえない。

 こうして新政府は，次第に都市における資本主義的な経済発展に道を開き自由な経済活動を可能とした。しかし，他方で，農村における寄生地主制を不可欠の一環とするなどの二面性をもっていた。後者は，新体制が農村部で安定的な社会秩序の維持を実現するうえでも重要な役割を果たすとともに*32，のちにみるように，厳しい生活条件におかれた小作農民たちの出稼ぎ労働を通して，低賃金労働力を都市に供給する経済的な基盤ともなった*33。

 デフレ政策の展開のねらいは，通貨信用制度の確立にあったが，それによって生じた経済的な激変は，このような政治経済システムの成立のきっかけとなり，おおむね産業革命の前夜までに，こうした専制的な性格が強い国家体制が樹立された。それが近代化・工業化政策を推進する政府の特質であった。

復習課題

 本章までの時期（幕藩制社会から1880年代まで）のなかで，物価の変動（物価の上昇期でも下落期でもよい）と経済成長・構造変化との関係について，以下の問いに答えなさい。
 1 物価の変動が，経済の成長や構造変化に大きな影響を与えたと考えられる時期を一つ選びなさい。
 2 1で選んだ時期以外に，同じような議論が可能な時期が他にあれば，それを列挙しなさい。
 3 1で選んだ時期について，物価の変動の原因となった事情，理由を説明しなさい。
 4 1で選んだ時期について，物価の変動がどのような経済成長のあり方の変化や構造変化につながったかを説明しなさい。

---

 *32 石田雄『近代日本政治構造の研究』未来社，1956年，藤田省三『天皇制国家の支配原理』未来社，1966年，有泉貞夫『明治政治史の基礎過程』吉川弘文館，1980年。また，地方支配のあり方の変化については，松沢裕作『明治地方自治体制の起源』東京大学出版会，2009年を参照。
 *33 隅谷三喜男『日本賃労働史論』東京大学出版会，1955年（第2版，1974年）参照。

復習課題の解説

ポイントは，物価変動（上昇期でも下降期でも可）が表現する構造変化のダイナミズムを捉えること。変動の一般的な条件は，需給バランスの変化，ないしは，通貨価値の変動であるが，前者は，典型的にはボトルネックとなる財の価格高騰など相対価格の変動として現象し，後者は，全般的な価格上昇となることが多い。

1880年代までで大きな変動期は，次の三つのケースが考えられる。すなわち，①開港後のインフレ期，②西南戦争前後のインフレ期，③松方デフレ期である。それぞれの変動の原因とその後の構造変化は次の通り。

① 開港後のインフレ期

【原因】 第一に，貿易の開始による製品ごとの需給関係の変化により輸出品の生糸の高騰，輸入品の綿製品の停滞など相対価格が変化する。第二に，金銀比価の相違による金流出が発生し，通貨価値を低下させ，全般的な物価上昇となった。

【結果】 第一に，農村部まで商品経済が浸透する契機の一つとなる。第二に，それによって農民層が分解し，貿易財を中心に成長の機会を捉えるもの，これを失うものなど社会的な流動性が高まる。没落一辺倒ではない。第三に，相対価格の変動は，それまでとは異なる方向に産業発展を誘導することになる。第四に，全般的な物価上昇は，都市部の貧民たち，あるいは士族などの生活困難を大きくし，前者では，打ち壊しなどが発生する。また，商品経済化の恩恵を受けにくい後進地帯などで世直し一揆などが発生する。これらが，政治的な変革を求める運動の基盤を提供する。

② 西南戦争前後のインフレ期

【原因】 第一に，士族反乱に対処するための軍資費支出の増加などをまかなうために，政府紙幣を増発した。第二に，本来通貨制度の安定を図るために設立された国立銀行に対して，法令を改正して不換紙幣の発行を認めることで設立を促す措置をとった。その結果，不換紙幣の増発が，紙幣価値を低めインフレに結びついた。

【結果】 第一に，インフレは，比較的上層の農民たちにとって，経営拡大の絶好の機会となった。高すぎると考えられていた地租の負担は大きく低下し，実質的な余剰の拡大をもたらし，彼らに新しい事業発展の機会を期待させることになる。第二に，そうした期待は，自由民権運動に対する農民たちの支持基盤を作り出すことで，不安定な政治体制に対して深刻な影響を及ぼし，明治14年政変を経て議会の開設や憲法制定などにつながった。

③ 松方デフレ期

【原因】 第一に，インフレ抑制のために，超均衡財政政策を採用し，官営事業の民営化によって歳出の削減を図り，財政余剰を発生させながら，さらに増税をすることによって市場から資金を引き揚げた。第二に，この引き揚げられた余剰資金は，紙

幣の償却にあてられた。第三に，国立銀行の通貨発行特権を奪い，普通銀行に転換させるとともに，日本銀行を設立して発券銀行とし，これによる通貨信用制度の統一を図った。

【結果】　第一に，デフレの浸透によって農産物価格が大きく下落し，上向的な発展を期待していた農民たちの経済発展の機会を狭めた。しかも，金納定額化した地租の負担がインフレ期と反対に増大した。その結果，農民たちの多くは，借金を抱え，経営困難に陥った。第二に，その結果，一方で土地を失って小作人化する貧農層が増加し，他方で手放された土地を買い集めて寄生地主化するなど，地主・小作関係が拡大する方向で分解が進んだ。これは，豪農的な発展の可能性が閉ざされたことを意味した。第三に，通貨信用制度が安定し，持続的成長のための前提条件の一つが整った。第四に，民営化が進んだ事業のなかから，近代的な産業部門の端緒が民間事業として登場する。これらの事業には，零落化した小作人たちから供給される労働者たちが安い賃金で働くことになった。

第3章　日本資本主義の確立

1　産業革命の意義と類型

産業革命の定義

　産業革命とは，機械制大工業を基礎として資本制生産様式が全社会的に確立するプロセスであり，資本の原始的な蓄積過程の最終局面であると捉えるのが，日本経済史研究の通説である。この捉え方では，産業革命とは，資本＝賃労働関係が全社会的な規模で成立し，この両者の対立が階級構造の基軸として現れる経済社会に変わる時代の転換期を指している。それは，技術的な限界のために工場制マニュファクチュアが駆逐しえなかった小生産者を分解しうるような生産力的発展が機械制大工業によって実現し，小生産者の「中間的」な利害（資本家でもなく賃労働者でもないという意味で）が，基本的に消滅していくプロセスと理解されている。
　図式的にいうと，それは封建的な社会の主たる生産的な階層である農民が，資本家と賃労働者に分解していく過程を意味する。この場合，産業革命とは，しばしば使われるような「単なる技術革新」とは異なる，特定の社会の歴史のなかでは「一回限り」の変革期であり，一つの新しい経済社会を作り出す「社会的な革命」という意味で用いられてきたことになる。
　もちろん，このような変化は，それぞれの国民経済の歴史的な条件によって，具体的には多様な現れ方をする。そのため，具体的にどのような基準によって把握しうるかが問題となる。

日本の産業革命をめぐる論争史

　日本における経済史研究は，①最初の工業国家となったイギリスの事例を典型的な産業革命とみなして，そこから理念型を抽出し，②これを基準に後進国の特殊性，典型的な特徴からの乖離を問題にしてきた。そのなかで，説明仮説として，日本資本主義論争における講座派を代表する山田盛太郎『日本資本主義分析』（岩波文庫，1977年）に明らかにされた二部門定置説と，労農派・宇野理論を代表

する大内力『日本経済論（上）』（東京大学出版会，1962年）による，綿工業中軸説との二つの見解が生まれ，今日でも，必ずしも明確な解答のない論争点となって

考えてみよう　二部門定置説とは

　二部門定置説は，資本主義的な国民経済の確立を論じるうえで，閉鎖的な系として国民経済を捉えたうえで，その再生産が持続するために不可欠な消費財と生産財とが，ともに資本主義的な企業経営によって担われることが必要であると主張している。この基準に従って，日本の産業革命について具体的には，綿工業における機械制大工業の発展と，これに呼応した重工業においてその「見通しの確立」を見出しうるとの評価に基づいて，明治後半期に産業革命＝産業資本の確立過程が完了すると捉えている。

　この捉え方は，国民経済全体の再生産が資本主義的な企業経営を中核に展開するようになることに加えて，国民経済としての「自律性」をもつかどうかを問題にしているところに特徴がある。

　議論の前提となっているマルクスの「再生産表式」論は，資本主義的な再生産を表現しているわけではなく，特定の閉鎖的な経済社会を持続可能とするには，どのような条件が必要かという「経済原則」（どのような経済社会でも通時的に満たされなければならない条件）を示している。しかし，マルクスはこれを拡大再生産を説明するモデルとして利用することによって，社会的分業が進む資本主義的な経済発展を表現することに，それなりに成功しているといってよい。それ故，この経済モデルは，近代経済学における経済成長論のなかでも「2財モデル」（宇沢弘文など）として定式化されて議論されてきたという限りで，特異な捉え方でも，またイデオロギー的なものでもない。

　このような考え方に沿って，生産財と消費財が単に生産・供給されることではなく，この二つの部門が，それぞれ資本主義化することを産業革命の本質的な要件と捉えることは，国民経済の編成の変化を論じるうえで意味のあることと評価できる。

　ただし，この山田盛太郎が提示した二部門定置説という分析視角は，第一に，実際には同時代的な制約を強く負ったものであった。つまり，第一次世界大戦後の世界は，総力戦の経験からアウタルキー的志向の強い時代であり，そのような考え方が，国民経済の「自律性」への注目につながっているからである。「キー産業」とか「輸出産業」を焦点とする産業構造にかかわる把握は，1920年代にドイツ社会政策学派が展開した経済社会の認識や政策提言と共通するものがある。そこでは，巨額の賠償問題を抱えていたドイツ経済の自立が問題にされ，そのために戦略的な産業（国民経済の自立に不可欠な産業）と，外貨獲得の任務を負う産業部門の確立の必要性が強調されていた[*]。

　第二に，二部門定置説は，歴史的な実証分析においてどのような指標をとるのかについて明確な基準がないという問題点を抱えている。具体的には，山田が消費財生産部門の具体例として綿糸紡績業という中間財産業を選んでいることをはじめ，どのような産業がどのように変化するかということは歴史研究者の選択に委ねられている。論理的には，その産業の選択基準は，国民経済の発展を代表し構造転換をリードする産業部門ということになるが，そこでどのような変化を見出すことが資本主義の確立の指標となるのかは，山田が重工業について「見通しの確立」という曖昧な表現にとどめていることに示されるように，明確ではない。また，「資本家的な経営の成立」についても，明示的な基準が示されているとはいえないために，その説明は，単に二つの部門の代表的な生産物が国産化されたこと，という表層的な事象によって論じられる傾向を生むなどの問題点が残っている。

　　[*]　これについては，柳沢治「資本主義構造転化論争」岡田与好編『現代国家の歴史的源流』東京大学出版会，1982年を参照。

いる。

国民経済の「自律性」を重視する二部門定置説（コラム参照）と，農民層分解論に立つ綿工業中軸説（コラム参照）とをめぐる産業革命にかかわる論争史について，高村直助『日本資本主義史論』（ミネルヴァ書房，1980年）は，基本的には綿工業中軸説に立って，1897年に綿糸輸出が輸入を凌駕することによって綿工業の確立を論じ，その時期に国内における綿織物生産が近代的な家内工業に再編成されたことを重視するとともに，二部門定置説の視点を組み込んで，「円滑な再生産」を保証する条件として，輸出産業としての生糸と鉱山業を重視する仮説を提示している。また，石井寛治『日本経済史　第2版』は，基本的には二部門定置説の立場に立って，綿工業の機械制大工業化とともに，日露戦後期に官民の重工業部門が技術的には国内供給可能な水準に到達したことを重視した議論を展開している。

産業革命の分析視角

このような研究史の蓄積については，さらに次のような問題点を考えなければならない。

第一に，マクロ的な変動に関して，すでに，典型国とされるイギリスの研究では，産業革命は「革命」と呼ぶには不釣り合いな「より長期の緩やかな変動過程」であり，産業革命の時代に先行する時期にプロト工業化時代と表現すべき工

考えてみよう　綿工業中軸説とは

綿工業中軸説は，閉鎖的な経済系を前提として，日清戦後に産業革命の進展を認めることについては二部門定置説と同じであるが，綿工業における機械制大工業が作り出す安価で良質な綿製品が，農村家内工業の存立基盤を掘り崩し，農村社会を商品経済に巻き込んだ結果，農村家内工業という収入の機会を失った農家から過剰労働力が排出されて，労働力商品化の基盤が作られることを重視する。

この議論のポイントは，産業革命以前には，「自給的」な農村家内工業が衣料品の生産も担い，農民たちの重要な現金収入の機会，あるいは，自給的な衣料供給を可能にしていたとの認識が前提となっていることである。しかも，ここでは，単に生産のあり方，ミクロなレベルでの経営のあり方を問題にするのではなく，商品経済化の進展によって農民層が分解し資本と賃労働という階級構造が全社会的な規模で形成される基本的な要因が説明される。このようなマクロ的な視点での仮説となっている点に綿工業中軸説の特徴がある。そして，そうした視点に立つことによって，他方で，生産財生産部門の資本主義的な経営の確立を論ずる必要はないとの判断に立っている。

もちろん，この場合，農民層の分解が外国から流入した製品によって発生するようなケースは想定されていないという意味では，この変化は綿糸紡績業における機械制大工業の成立という技術の変化と資本家的経営の成立を前提としていることは，改めて指摘するまでもない。

業化のプロセスが進行していたという批判的な評価がある。この批判は，産業革命の意義そのものを相対化する試みだということができるが，これに対する反論も展開されており，論争は決着していない[*1]。

経済成長率に注目すると，産業革命期のイギリスの成長率は必ずしも高くはない。第二次世界大戦後の資本主義社会の高成長経済と比べれば，成長率の水準はきわめて低かった。しかし，構造変動が発生していることが，直ちに高い成長に結びつくとは限らないのも事実であろう。産業革命論が経済社会の構造的変化を問題にしてきたことは，その「質的な変容」の解明を求めたものであるから，この問いに対して量的な指標からの評価を持ち出すことには慎重になる必要がある。

第二に，ミクロレベルでは，資本主義＝市場経済という捉え方に立たない限り，「資本家的な経営の確立」をどのような意味で捉えることができるのかという生

考えてみよう　資本主義経済と市場経済

近代的な経済制度を市場経済制度として捉えるべきだという意見もある。それは市場メカニズムという資源配分にかかわる調整のメカニズムがどのような役割を果たすのかという視点から歴史を見るうえでは意味のあるものであろう。本論でも指摘しているように，幕藩体制下の経済社会でも，領主的な商品経済が展開しており，市場メカニズムが重要な制度的な支柱であったことを否定する議論は，ほとんど説得力をもたない。それ故に，領主的な市場経済に注目してそこで機能している市場経済メカニズムを経済学的なツールを用いて分析することも，その分析の範囲が限定されることを別にすれば，重要な知見を与えてくれる。

しかし，そのような捉え方を重ねたとしても，ミクロな視点での経済現象の説明にすぎず，それによって経済システムの歴史的な進化を示すことはできない。そのような必要はないという立場であれば，それは歴史的研究とは別の研究領域という以外にはない。経済システムの進化的な変化に関心を払うとすれば，次のような問いに答えなければならなくなる。すなわち，市場メカニズムによる調整がどの程度浸透すれば近代的な経済制度とみなしうるのか，である。これについての明確な基準を示さず，単に前近代社会における市場のはたらきを論じるのは，経済学的に説明可能な現象の発見ということにとどまる。

それ以上に重要なことは，市場経済の発展という連続的な過程として前近代から近代を捉える分析視角では，なぜ近代に入って急激な人口成長が発生し，それを支えうるような財やサービスの生産が可能となったかが説明できないことである。そのような不連続性は，資本主義的な経済制度が営利企業という経済主体を作り出し，それを生産の主役に据えたことに求められるべきだろうというのが，本書の立場である。企業に類似した経営体は前近代社会にも存在したが，多くの人々の生存を支えていたのは農民的な小経営であり，それを近代的な営利企業と同一視して，効率性を追求する合理的な経済組織とみるのは，いかにも無理が大きいと考えるからである。

このような捉え方には，異なる立場にある人たちから批判されることはあるだろうが，もしその批判が意味をもつとすれば，それらの主張が近代における急激な変化を説明できる場合と考えている。

[*1] パット・ハドソン（大倉正雄訳）『産業革命』未来社，1999年，斎藤修『比較経済発展論』岩波書店，2008年などを参照。

産現場の問題や営利企業の成立の問題が明確にされなければならない。それは企業内の労使関係を問題にすることであり，そのような問題の明確な把握を回避しては，経済社会のあり方を問うような他の社会科学の研究分野と対話する説得力はもちえないからである。

とくに，典型的な機械制大工業となる綿糸紡績業はともかくとして，製糸業や鉱山業などのように基幹的な作業が労働者の熟練に依存している場合，あるいは鉄鋼業のような装置産業や造船業などの機械工業では，機械制大工業の確立に匹敵する「経営の変化」をどのように捉えるかについて明確な判断が示される必要がある。資本主義が実現した急速な経済発展を説明するためには，生産現場における労働の組織化，その効率的な利用がいかにして可能になったのかが明らかにされなければならない。

この場合，これまでの研究を代表する二部門定置説も綿工業中軸説もともに，綿工業は典型的な機械制大工業であり，これにより熟練労働力の無力化が可能になったと捉えている。しかし，この点については，このような変化は後進国である日本の方が明確であり，先進国イギリスでは，熟練労働者の就業が維持され，彼らは産業革命期の生産現場においても主役の座を占めていた史実が見逃されている。

したがって，仮に，資本・賃労働関係の成立をもって，資本家的な経営の成立に関する重要な画期とするのであれば，機械制大工業が登場するという外見的な事実で判断するのではなく，生産現場で熟練労働者の優位性が排除され，資本の支配のもとに「**工場の規律**」に従った労働力支出が行われるようになることが，実証的に示されなければならない。資本主義経済制度が実現しうる高い生産性は，組織化された労働力の支出に基礎があり，そこに求められるのが労働の規律であった。この点に問題の焦点がある。そのような労働に対する資本の支配的な関係がどのように実現するかは，個々の産業の現実に即して判断される必要がある。単純な「機械化」という把握では不十分だからである。

第三に，農民層の分解に与える衣料品生産の工業化の意義についても，一方的

解説　工場の規律とは

工場の現場で労働者たちが，定められた時間に出勤し，決められた仕事をするという当たり前に思える状態は，初めからスムースに形成されたわけではない。工場制度の初期には，熟練労働者たちが仕事をさぼったり，時間前に退社したりすること，極端な場合には，工場内で飲酒したりばくちに興じることもあったと伝えられている。「工場の規律」とは，労働者が時間通り定められた仕事に日々精勤するようになる状態が維持されることであり，それなくしては，効率的な生産の現場は実現できないことから，工場制度が確立するうえで重要な論点となっている。

　参考文献　E.P. トムスン（市橋秀夫訳）『イングランド労働者階級の形成』青弓社，2003 年。
　　　　　　武田晴人『仕事と日本人』ちくま新書，2008 年。

に農民層の分解を強調すると，安定的な経済社会の形成に結びつくとはいえず，産業革命が新しい経済社会の形成を意味するという定義からみると，説明が十分ではない。副業的な機会を失って所得が減少する農家は，他の条件が変わらなければ，貧窮化するだけであった。農民層分解の進展を強調することは，それだけでは社会的な不安定性が大きくなることを意味するにすぎないからである。

なぜなら，安価で良質な衣料品の供給は，生活水準が同様であるとすれば，つまりトータルの衣料品需要が同一であるとすれば，その生産に必要とされる労働力量を小さくする。もしそうであれば，それは当面は潜在化するとしても「失業」の増加につながりかねない。社会的な安定性実現は，このような下層農民の没落がどのような落ち着き先を見出すかにかかっている。

したがって，衣料品生産の拡大がどのような影響の連鎖によって，賃労働予備軍に雇用を保障しうるような産業発展を，迂回的な生産の拡大によって実現するのか，そのなかで農民たちの生活水準が安定を保てるのか，というようなさまざまな問題群を無視しては，産業革命の歴史的な意義を明確にはしえない。

実際には，衣料品の安価な供給によって，家計部門の選択的支出の実質的な拡大を可能にし，それによって市場そのものが拡大の契機を与えられると考えるべきなのであろう。それに加えて，このような変化をもたらす工業生産の拡大は，連鎖的に，それに関連する付帯的な財やサービスの生産を促すことによって，雇用を吸収し，失われた現金収入の機会を補塡することになることが重要であろう。

とすれば，衣料品生産の工業化が農村社会だけでなく全社会的に，したがってさまざまな財やサービスの生産にどのような変化を発生させれば資本主義が確立したと論じうるのか，また，この波及の経路はどのようなものであるのかを具体的に問題としなければならない。前者について，産業革命の時代に先行してイギリスでは地域間の分業を成立させるような産業発展があったことから，波及の経路は，すでに形成されつつあった社会的分業関係と，これを取り結ぶ市場経済的関係によって説明できる*2。その限りで市場機構の発展は資本主義経済の成立には不可欠な条件であるといってよい。日本の場合，幕藩体制下の領主的商品経済の展開，幕末開港を起点とする貿易取引の拡大を契機とする国内商品流通の拡張，維新期の諸制度の整備など前章までで明らかにした諸事実が，前提となるべき市場機構を準備したと考えてよいだろう。したがってそれらの条件のもとでどのようなかたちで産業の連鎖的発展が進むのかを明らかにすることが日本の産業革命を描くうえでは重要なポイントになる。また，機械制大工業の周辺にある在来的

---

*2　石井寛治，前掲『日本経済史　第2版』177頁。

な諸生産形態の展開過程もこのような文脈において論じうることになる。

　もちろん，このような検討に際して，資本家的経営の波及の範囲については[*3]，当然のことながら，二部門定置説が重視しているような産業構造論的な分析視角が重要だということができよう。したがって，個々の産業における経営のあり方の変化を論じるとともに，産業構造の変動を検討し，そこにどのような「構造変動」を検出しうるかを，節を改めて考えていこう。

2　産業・貿易構造と景気循環

低い経済成長率

　一般的には，日清戦争と日露戦争を含む20年弱の期間に，日本は産業革命を経験し，資本主義的な経済体制に移行したと評価されている。もちろん，それはイギリスを典型とする先進工業国の外圧のもとに展開されただけに，先進国とは異なってきわめてゆがんだものにすぎなかった。

　産業革命として達成される国民経済の再編成＝資本主義経済体制の本格的な成立のなかで，産業諸部門の発展のあり方は不均衡であり，産業諸部門間における相互関連は稀薄で分断的であり，しかも，そのなかで実現された生産の諸形態は，段階の異なった生産形態を重層的に編成しているものであった[*4]。そして，このようなゆがみをもった産業発展は，低賃金を基盤としているが故に国内市場の拡大に限界があり，早期にアジア市場への輸出圧力を強め，帝国主義的な侵略の基盤を作り出したと考えられている。

　この時期の経済成長率を確認すると，しかしながら，産業革命の「革命」という言葉とは裏腹に，成長率の低迷が特徴的であり，とくに1900年代には成長率の鈍化が目立っている。同時に，この成長率の鈍化が固定資本形成の伸び率の低さと連動していることは注目してよい（第3-1図）。この事実から推測されることは，この時期には日本経済の景気変動が民間の設備投資＝固定資本形成によって大きく影響を受ける関係にあったということである。いまだ資本主義経済制度が全面的に，すみずみまで浸透しているとはいえない「農業国」的特徴を残していたとはいえ，すでに資本主義的な産業部門の投資動向が経済全体に強い影響力をもっていたとすれば，この時期には日本経済は資本主義的な経済制度のもとに展

　[*3]　あらかじめ断っておくと，産業諸部門のすべてが資本家的経営に転換することは必要条件ではない。

　[*4]　高村直助「産業・貿易構造」大石嘉一郎編『日本産業革命の研究（上）』東京大学出版会，1975年。

第 3-1 図　経済成長率と固定資本形成の変動

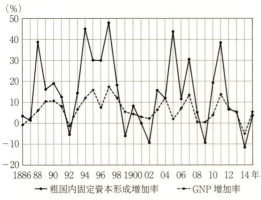

出所）大川一司・高松信清・山本有造『長期経済統計 1　国民所得』東洋経済新報社，1974 年，178 頁，第 1 表より作成。

開しつつあったと考えられる。

したがって，問題は，資本主義経済への移行が進んだと考えられている時期に見出される成長率の鈍化が，どのような経済発展の特質を示すのかを，経済構造の質的な変化を表現する産業革命との関連で考えることであろう。そこで以下では，この時期の産業構造や国内市場の変化を考えていこう。

産業発展の特質

　序章でも概観したように，1900 年前後の日本は有業人口の 7 割ほどが農林水産業に従事し，純国内生産でも 4 割ほどが農林水産業によるものであり，鉱工業は 15% 程度を占めるにすぎなかった。しかし，鉱工業部門の国内生産比率は 1885 年の 11.5% から 1905 年には 17.9% に達するなど工業化が確実に進展した*5。

考えてみよう　資本主義的恐慌の発生と産業革命

　経済成長率と固定資本形成の連動性は興味深い事実である。
　このような捉え方とは異質であるが，日本経済史の研究では「恐慌史」という視点から産業革命期を確定する試みが重ねられてきた。そこで問われているのは恐慌という経済活動の急激な萎縮が資本主義的な経済活動の帰結によるものであることが，恐慌の経過・原因に関する分析から明らかになれば，それによって資本主義経済が確立したと考えることができるという捉え方に立つものであった。その方法的な妥当性について異論はありうるが，それらの研究によって明らかにされ通説となっていることとして，1890 年に発生した恐慌については，資本主義的な経済部門（綿糸紡績など）の動向だけでなく，農業部門の影響が大きいということであった。本論の文脈に即してこの評価を受け止めると，1890 年までは景気循環に農業部門の動向が強い影響をもっていた限り，資本主義経済制度が支配的な影響力をもつ経済制度とはなっていなかったことになる。別の角度から見ると，固定資本形成に示される企業部門の設備投資が国民経済の景気変動に強い影響を与えるようになるのは，資本主義的な経済制度のもとでのことであり，それ以前の経済社会において気候の変動などによって経済状態が大きく変動したこととは区別されるものと考えられている。

　参考文献　大島清『日本恐慌史論（上）』東京大学出版会，1952 年。
　　　　　　　長岡新吉『明治恐慌史序説』東京大学出版会，1971 年。
　　　　　　　高村直助，前掲『日本資本主義史論』。

第3-1表　産業別生産額の推計額

(単位：千円)

	年	1890	1900	1910	1890	1900	1910
製造業	食料品	156,085	429,065	707,623	34.1%	34.5%	32.4%
	繊　維	160,003	428,468	700,305	35.0%	34.4%	32.1%
	製　材	11,558	46,833	60,818	2.5%	3.8%	2.8%
	化　学	59,702	127,602	237,527	13.1%	10.2%	10.9%
	窯　業	7,886	23,341	51,048	1.7%	1.9%	2.3%
	鉄　鋼	2,792	5,286	37,722	0.6%	0.4%	1.7%
	非　鉄	11,404	25,805	32,703	2.5%	2.1%	1.5%
	機　械	9,162	47,872	136,007	2.0%	3.8%	6.2%
	出版印刷	1,454	7,384	23,344	0.3%	0.6%	1.1%
	その他	23,498	54,743	95,407	5.1%	4.4%	4.4%
	小　計	443,544	1,196,399	2,082,504	97.0%	96.1%	95.4%
鉱業	石　炭	6,414	25,294	51,076	1.4%	2.0%	2.3%
	金　属	6,348	20,676	38,096	1.4%	1.7%	1.7%
	その他	948	2,710	11,082	0.2%	0.2%	0.5%
	小　計	13,710	48,680	100,254	3.0%	3.9%	4.6%
鉱工業合計		457,254	1,245,079	2,182,758	100.0%	100.0%	100.0%

注)　表示は製造業当年価格．
出所)　篠原三代平『長期経済統計10　鉱工業』東洋経済新報社，1972年，140〜143, 260〜263頁．

　この産業発展を鉱工業部門の産業別生産額で概観すると（第3-1表），製造業が95%以上の比率を占めており，製造業のなかでも食料品と繊維の生産にかかわる産業部門の比率が極めて高かった．生活に必要な日用必需品の生産が工業生産の中心にあったといってよいだろう．いうまでもないことだが，これらの生産が資本主義的な経営によって生産されているわけではないから，工業生産の動向から資本主義経済制度の展開を直接に評価することはできない．繊維産業には，綿糸紡績業のように機械制大工業が早くに成立した産業部門もあり，製糸業のように小規模な作業場で手工業的な熟練によって生産されているものもあり，織物のように家内工業的な賃織が広く展開しているものも含まれている．産業ごとの展開にはかなりの差異があり，とくに生産形態については，紡績業と鉱山業における大規模生産（500人以上の作業場）の集中と，その対極にある織物，飲食，化学，機械などの小規模作業場の存在が注目されている*6．こうした違いは，①もっとも典型的な機械制大工業となった紡績業，②手工業的な熟練と親方制度に基づく鉱山業，造船業，③手工業的なマニュファクチュアに基づく器械製糸業，④問屋制家内工業のもとに展開する織物業という，質的に異なる生産形態が併存状態にあったとまとめられる．

*5　三和良一・原朗編，前掲『近現代日本経済史要覧　補訂版』9頁．
*6　石井寛治，前掲『日本経済史　第2版』185頁，表35参照．

第3-2表　産業別従業者数　　　　　　　　　　　　　　　（単位：人）

		産業別従業者数（5人以上工場・鉱山）				10人以上作業場	
		1900年		1909年		1909年	男子比率
製造業	食料品	77,560	9.2%	175,966	10.8%	63,867	68.2%
	繊維	359,515	42.8%	651,548	40.1%	442,169	13.8%
	製糸					184,397	5.2%
	紡績					102,986	20.7%
	織物					124,441	14.2%
	製材	10,348	1.2%	62,096	3.8%		
	化学	23,196	2.8%	46,966	2.9%	65,966	64.7%
	窯業	25,753	3.1%	49,481	3.0%		
	金属	8,436	1.0%	23,103	1.4%		
	機械	42,594	5.1%	66,484	4.1%	54,810	94.1%
	出版印刷	16,005	1.9%	39,926	2.5%		
	その他	70,751	8.4%	104,569	6.4%	62,858	64.4%
	官営工場	44,840	5.3%	161,336	9.9%	117,259	79.2%
	小計	678,998	80.8%	1,381,475	85.0%	1,218,753	31.2%
鉱山業	金属	63,743	7.6%	86,576	5.3%	74,105	83.2%
	石炭	77,829	9.3%	143,118	8.8%	152,515	74.7%
	その他	20,039	2.4%	13,895	0.9%		
	小計	161,611	19.2%	243,589	15.0%	235,809	78.4%
鉱工業合計		840,609	100.0%	1,625,064	100.0%	1,454,562	38.9%

出所）梅村又次『長期経済統計2　労働力』東洋経済新報社，1988年，242〜243頁，「10人以上の作業場の従業者数」は，石井寛治，前掲『日本経済史　第2版』186〜187頁。

　産業構造の変化を従業者の構成からみると，第3-2表のようになる。資料的な制約から5人以上とか10人以上の作業場（工場と鉱山）というように，零細小経営を除いた従業者数のデータであるが，近代的な経営を特徴づけると考えてもよい集中作業場の従業者数が示されている。そのような理解を前提にすると，産業別の従業者数では，生産額構成に比べて鉱山部門の構成比がかなり上昇するとともに，食料品と繊維の構成比が大きく離れることになる。それは食料品の生産が零細経営によって担われ，従業者統計では集計から漏れていることを示唆している。

　もう一つ特徴的なことは，産業別の男子従業者比率の違いである。別の集計値を用いているために，統計が得られる年次，総数，産業の分類に違いがあることは注意すべきだろうが，明確な特徴点は繊維産業における女子従業者比率の高さであり，そのために，製造業における男子比率は全体の3割にとどまっていたことである。このことは，生産形態の差異とともに産業別の実態に即して後に検討する。

　次に産業発展の推移について，産業構造の変化をもたらす要因から探っていく

第3-3表　鉱工業名目成長率順位

(単位：％)

1877-86年 II		1882-91年 III		1887-96年 IV		1892-1901年 V		1897-1906年 VI		1902-11年 VII		1907-16年 VIII	
II→III		III→IV		IV→V		V→VI		VI→VII		VII→VIII			
工業平均	4.38	工業平均	8.85	工業平均	10.41	工業平均	6.50	工業平均	6.17	工業平均	8.25		
鉄　道	19.87	電　力	25.21	電　力	22.99	鉄　鋼	17.00	電　力	20.98	電　力	26.28		
石炭・亜炭	11.02	鉄　道	21.59	鉄　道	20.73	印刷製本	16.94	鉄　鋼	16.73	鉄　鋼	25.95		
金属鉱業	8.96	繊　維	13.64	印刷製本	17.46	機　械	16.46	印刷製本	13.09	金　属	17.33		
繊　維	8.05	石炭・亜炭	11.39	機　械	16.90	電　力	14.66	機　械	13.04	機　械	15.92		
印刷製本	6.04	窯　業	8.93	石炭・亜炭	16.49	鉄　道	14.23	鉄　道	10.05	金属鉱業	13.84		
金　属	4.34	機　械	8.58	木材製品	14.69	石炭・亜炭	12.98	窯　業	9.90	印刷製本	13.49		
食料品	4.28	金属鉱業	8.41	金属鉱業	12.38	金属鉱業	11.79	石炭・亜炭	8.76	窯　業	9.45		
その他	3.56	その他	7.39	食料品	11.29	木材製品	8.77	金属鉱業	7.92	鉄　道	8.78		
鉄　鋼	3.21	鉄　鋼	7.31	窯　業	10.11	金　属	8.68	化　学	6.86	繊　維	8.49		
窯　業	1.92	印刷製本	7.09	繊　維	10.00	窯　業	8.52	その他	6.20	化　学	7.78		
機　械	1.78	化　学	6.40	その他	8.81	食料品	7.88	食料品	6.14	石炭・亜炭	6.06		
化　学	0.22	食料品	5.86	化　学	8.25	化　学	7.23	繊　維	4.69	その他	5.88		
木材製品	(1.66)	金　属	4.69	鉄　鋼	8.07	その他	6.42	金　属	4.60	食料品	5.43		
電　力		木材製品	3.39	金　属	7.76	繊　維	3.68	木材製品	3.63	木材製品	3.58		

注）　金属鉱業は「非鉄金属鉱業」，木材製品は「木材および木製品」の略。
出所）　武田晴人「産業革命期の需要構造と産業構造」『経済学論集』71巻3号，2005年による。

ことにしよう。第3-3表は，産業の分類をさらに細分化して，より明確にさまざまな財の生産の動向を表現したものである。これによると，産業別の成長率に大きな差異があり，しかも産業革命期の前半と後半では，高い成長率を記録する産業が交代したと評価できる。すなわち，産業革命は，間違いなく綿糸紡績業によってその端緒を開いたが，それから10年ほどのラグを伴って重工業部門が発展の緒についたことが，産業ごとの成長率の推移によって知ることができる。国際競争力など不十分な点が多いとはいえ，こうした産業構造の転換は，二部門定置説が想定したような産業構造が形成されつつあったということもできる[*7]。反対に，産業化を先導していた紡績業などの繊維産業の成長率が鈍化していたことも確認できる。

　前述の経済成長率の推移との関係を考えると，成長率の鈍化が繊維産業などの生産拡大のテンポの鈍化と時期を同じくしていることになる。これらの事実を景気循環と産業部門との関係として整理するために，第一に景気循環に規定的な影響を与える部門を基軸産業，第二に産業構造の変化を主導する部門を主導産業と呼ぶことにしよう。産業構成上のウエイトを加味して考えると，この時期の基軸産業は繊維産業（もう一つ追加するとすれば食料品工業）であり，主導産業は綿糸紡績

[*7]　もちろん，このような産業発展は，官営製鉄所や軍工廠の造船所などの，国営企業の発展が大きな役割を果たしていたなどの特殊性も随伴していたことに注意すべきであろう。

第3-4表 投資分野の特定分野集中 (単位：千円)

	1889年			1899年			1909年		
	合　計	175,963	100.0%	合　計	720,484	100.0%	合　計	1,421,863	100.0%
	分野数	57			60			61	
	ハーフィンダール指数	0.25937			0.20239			0.14356	
1	銀行貸金	85,641	48.67%	銀行貸金	275,516	38.24%	銀行貸金	475,720	33.46%
2	鉄　道	17,849	10.14%	鉄　道	156,967	21.79%	採掘製錬	174,822	12.30%
3	水　運	15,564	8.85%	水　運	38,684	5.37%	鉄　道	106,609	7.50%
上位3分野計			67.66%			65.40%			53.25%
4	紡　績	7,500	4.26%	紡　績	35,509	4.93%	電気瓦斯	85,989	6.05%
5	採掘製錬	3,726	2.12%	採掘製錬	27,900	3.87%	紡　績	72,927	5.13%
上位5分野計			74.04%			74.20%			64.43%
6	生　糸	3,472	1.97%	煙草製造	11,321	1.57%	水　運	65,212	4.59%
7	食料品販売	2,759	1.57%	酒　造	10,174	1.41%	仲買・問屋・市場	24,215	1.70%
8	織　物	2,576	1.46%	食料品販売	9,996	1.39%	繊維製品販売	23,971	1.69%
9	その他工業	2,369	1.35%	保　険	9,829	1.36%	製　紙	19,513	1.37%
10	用達・工事請負	2,339	1.33%	織　物	9,715	1.35%	株　式	18,028	1.27%
上位10分野計			81.72%			81.28%			75.04%
11	繊維製品販売	2,229	1.27%	繊維製品販売	8,010	1.11%	その他食料品	17,929	1.26%
12	製　紙	1,865	1.06%	電気瓦斯	7,909	1.10%	織　物	17,458	1.23%
13	その他運輸	1,857	1.06%	仲買・問屋・市場	7,493	1.04%	食料品販売	17,247	1.21%
14	その他化学	1,548	0.88%	製　紙	6,265	0.87%	造　船	16,142	1.14%
15	その他窯業	1,411	0.80%	その他繊維製品	5,015	0.70%	金　属	15,217	1.07%
16	小間物雑貨	1,204	0.68%	造　船	5,012	0.70%	保　険	14,485	1.02%
17	印刷製本	1,044	0.59%	その他化学	4,930	0.68%	その他化学	13,216	0.93%
18	電気瓦斯	981	0.56%	生　糸	4,547	0.63%	その他工業	12,966	0.91%
19	金　属	943	0.54%	セメント	4,079	0.57%	肥料製造	11,956	0.84%
20	その他サービス	943	0.54%	その他工業	3,808	0.53%	麦　酒	11,532	0.81%
上位20分野計			89.69%			89.20%			85.46%

出所）第3-3表に同じ。

業から1890年代後半以降は鉄鋼や機械などの重工業部門に移行したことになる。

　以上のように，この時期の産業発展の特徴は，構造的には分断的であったという通説的な評価とは異なって，産業間の有機的な関連が国内に次第に形成されつつあったことを示唆する。同時に，担い手としてみると，近代的な法人企業が普及し，諸産業の発展の担い手となる過程でもあった。そこでこのような変化も含めて，生産組織の多様な形態を次にみていこう。

　産業間の連関を示しうるデータはないため，これに代わる指標として産業構成の特定産業への偏りを産業別の投下資本額から計測してみると，第3-4表のようになる。時期が下るに従って，特定産業への投資の集中が緩和し，さまざまな産

業分野への投資が行われるようになったことが推定される。

これらは会社統計に基づいて、それぞれの産業分野への投資額と、上位産業への集中度を示している。したがって、投資資金が会社統計が対象とするような法人企業によるものであることから、近代的な企業経営がさまざまな産業分野に参入しつつあった状況を示している。

第3-5表　産業別成長率の要因（1894～98年から1909～13年の変化率）

	工場数	一工場あたり職工数	職工一人あたり生産額	生産増加率
合　計	5.1%	△0.5%	2.7%	7.0%
食品工業	5.3%	△0.2%	2.1%	6.5%
紡織工業	5.1%	0.3%	0.3%	5.6%
製材・木製品	9.9%	0.8%	△4.4%	5.3%
印刷製本	9.9%	△0.7%	5.6%	14.5%
化　学	4.0%	△1.4%	5.9%	7.3%
窯業・土石業	4.9%	0.0%	4.7%	9.3%
金　属	8.1%	△0.7%	8.4%	13.5%
機　械	7.2%	1.1%	5.7%	15.1%
その他	3.6%	△0.7%	2.9%	6.2%

出所）　第3-3表に同じ。

次に産業発展の要因についてみると（第3-5表）、工場数の増加がそれぞれの産業分野において成長の主因として広く見出されることから、工場制度の普及が生産拡大に大きな意味をもったことも知ることができる。法人会社への投資増加は、工場制度の普及と連動したものであった。これに対して、産業間の労働生産性の増加にはかなりの開きがあった。それ故産業発展の動態は「不均衡性」によって特徴づけられる。それは、産業における生産形態の差異などの要因によるものと考えられるが、その点は後に産業部門別に検討する。

> **考えてみよう**　農工間の均衡成長論と産業発展の分断性論
> 　明治の経済発展について、農村おける寄生地主制のもとで資本家的な農業経営の道が閉ざされ、その結果、農工間の不均衡成長、都市と農村の格差が拡大したというのが通説的な理解である。これに対して、中村隆英『戦前期日本経済成長の分析』（岩波書店、1971年）は、明治期に関して農工間の均衡成長を主張している。それは、農業と鉱工業との成長率に格差があることは認めたうえで、他の時期と比べた場合に、明治期には「均衡成長」であることを指摘し、通説が「国内市場狭隘」であったと評価していることを批判したものであり、事実認識には大きな差がない。
> 　また、製造工業を中心とした産業発展については、高村直助が産業間の有機的な関連が不十分であるために、産業構造は「分断的」であり、これを貿易関係が補完していたという見方を提示している（高村、前掲「産業・貿易構造」）。輸入によって機械など先進国の工業製品の輸入ができる後進国の場合、その国の資源の賦存状況などによって輸入代替が可能な産業が特定の分野に限られるなど、産業構造にゆがみが見出されることはある。分断的産業構造論は、特定の時点で切り取った産業構造の特徴を表現するものである。しかし、それが構造的な特徴であると評価できるためには、克服困難な制約として刻印されていることが、その理由とともに明らかにされる必要がある。本書は、国際競争圧力のもとでこの制約はゆっくりと乗り越えられていったとの理解に立っている。

第 3-2 図　総需要対前期増加額の変動

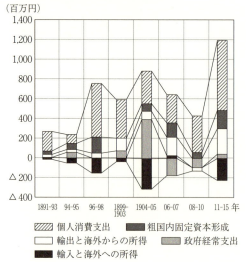

凡例：
- 個人消費支出
- 粗国内固定資本形成
- 輸出と海外からの所得
- 政府経常支出
- 輸入と海外への所得

出所）武田晴人「産業構造と金融構造」歴史学研究会・日本史研究会編『日本史講座 8』東京大学出版会，2005 年。

第 3-3 図　一人あたり個人消費支出の推移

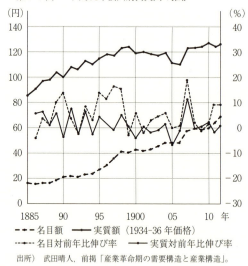

- ---●--- 名目額　　──●── 実質額（1934-36 年価格）
- ---○--- 名目対前年比伸び率　──○── 実質対前年比伸び率

出所）武田晴人，前掲「産業革命期の需要構造と産業構造」。

以上のように，一方では紡績業の発展は，機械や素材などの産業分野の発展を緩やかに促すとはいえ，多くの場合，生産財が輸入の拡大を伴っていたことなどの限界があり，突出した大規模工業として輸出市場に活路を求めながら拡大した。

総需要の変動は第 3-2 図に示した通り，時期によって構成の変化が大きい。日露戦争期（1904〜05 年）を典型に需要のあり方はその時々の条件でゆれ動いた。中期的には三和良一の推計によると[8]，総需要構成への増加寄与率では，輸出の寄与率が 1885〜90 年の 7.6％ から 1890〜1900 年の 12.2％，1900〜10 年の 17.9％ と増加している。つまり，市場拡大の中心には輸出市場があり，国内市場，とりわけ消費支出の拡大は限定的で，1900 年代にはその実質成長率はほぼ 0％ の水準にとどまっていた。なお，同様に三和の推計によれば，同じ時期の国内生産では，1900 年代に鉱工業生産の増加が農業生産のそれを上回っており，経済発展の主軸が工業部門に移行したことも確認できる。

もちろん，国内市場の発展が

---

[8] 三和良一『概説日本経済史：近現代　第 3 版』東京大学出版会，2012 年，83 頁。

まったくみられなかったというわけではない。消費財の生産は確実に拡大しており，それらを都市部の消費拡大の結果だけに帰するわけにはいかない。しかし，消費財を生産する各産業の成長率は，1900年代に入るとおおむね経済成長率の水準に平準化する。これらの事実は，こうした部門の発展が経済成長の要因ではなく，成長の結果だったことを示している[*9]。

世紀転換期の世界経済と日本

　産業革命期の日本の実態の分析をさらに進める前に，同時代の世界の状況を概観しておこう。

　19世紀の最後の30年間，工業化が進展する先進工業国では国際的な物価下落が発生していた。イギリスの物価指数は，1870～72年の114.3から1890～92年の89.7まで大幅に下落した。1870から90年にかけての下落率は22％と際立って大きかった[*10]。それは，イギリスの地位の低下を示すものであり，世紀転換

考えてみよう　鉄道・海運の発展

　経済発展を支えるインフラとしての鉄道業について，1881年に華族などの出資で設立された日本鉄道株式会社は民間企業であったが，鉄道建設に関する政府の技術的な支援とともに，株式配当に対する保証などを受けるものであった。同社は上野―熊谷間開業後順調な成績を記録し，これに刺激を受けて各地で鉄道建設が促されることになり，1883年に100kmほどであった私鉄の路線延長距離は，1905年までに5200kmを超えるほどになった。一方，官営鉄道も順調に路線を延ばし，1905年には私鉄の半分ほどの2500kmに達した。これらの幹線鉄道の発展を受けて，政府は1906年に鉄道国有法を制定し，翌年にかけて私鉄17社を買収し，国有鉄道として統一的な運賃制度，運営方法のもとで輸送サービスを提供することになった。

　海運業では，伝統的な帆船が運航されていた沿海航路のうち，主要航路に郵便汽船三菱会社・共同運輸が蒸気船を投入して近代化が図られたのち，両社の合併によって設立された日本郵船が1893年にボンベイ航路を開設するなど海外航路を順次開設した。これに対して政府は航海奨励法を公布し，海外航路に就航する船舶に奨励金を，特定航路に助成金を交付する措置を講じて海運業の発展を助けた。東洋汽船，大阪商船なども参入して日本の海運力は日清戦争後にはかなり向上し，1900年には内国船の貨物積取比率（貿易貨物の日本の海運会社の取扱比率）は3割ほどに達した。

　これらの産業の発展は，国内の輸送コストの低下や，棉花の輸入を代表例として，海外からの資源輸入費用を低減し，日本産業の国際競争力の改善に貢献するものであった。鉄道輸送が産業発展に貢献した事例としては，セメント産業の発展と鉄道事業との関係を明らかにした研究がある。

　参考文献　中村尚史，前掲『日本鉄道業の形成』。
　　　　　　小風秀雅『帝国主義下の日本海運』山川出版社，1995年。
　　　　　　渡邉恵一『浅野セメントの物流史』立教大学出版会，2005年。

[*9]　この点で，中村隆英の「均衡成長論」には疑問があり，「在来産業論」の独自性は，次第に後退していったと考える方が適切のように思われる。

第 3-6 表 世界貿易に占める主要国のシェア (単位：%)

	年	1886-90	1891-95	1896-1900	1901-05	1906-10	1911-13
輸出							
工業製品	アメリカ	4.1	4.7	7.0	8.0	8.2	9.2
	ドイツ	18.9	18.2	19.4	20.1	20.6	21.4
	イギリス	36.9	34.4	31.5	29.4	28.8	27.5
	フランス	14.3	14.2	13.4	13.0	12.5	11.8
	日本		0.5	0.7	1.0	1.1	1.3
一次産品	アメリカ	14.4	16.1	16.7	16.0	14.7	13.8
	ドイツ	6.1	5.5	6.1	5.8	5.6	6.0
	イギリス	6.7	5.7	5.5	4.8	4.6	4.0
	フランス	6.7	5.7	5.5	4.8	4.6	4.0
	日本		0.7	1.1	1.3	1.5	1.5
輸入							
工業製品	アメリカ	8.4	8.1	6.7	6.7	6.9	6.1
	ドイツ	4.9	4.8	4.9	4.4	4.8	4.4
	イギリス	8.5	9.7	10.4	10.9	8.1	7.8
	フランス	4.6	4.6	4.5	4.4	4.7	4.9
	日本		0.7	1.3	1.3	1.4	1.3
一次産品	アメリカ	9.5	10.0	8.0	8.9	9.6	9.7
	ドイツ	14.3	15.3	16.6	16.4	17.3	17.1
	イギリス	27.0	26.5	25.8	23.7	21.6	19.5
	フランス	13.8	12.0	10.6	9.1	9.4	9.9
	日本		0.5	1.1	1.4	1.3	1.7
世界貿易額 (百万ドル)	工業製品	2,700	2,720	3,230	3,900	5,400	6,920
	一次産品	4,260	4,650	5,400	6,920	8,920	11,400

出所）宮崎犀一ほか編『近代国際経済要覧』東京大学出版会，1981年，92頁。

期の世界ではアメリカとドイツの追い上げが進んでいた。先進工業国において産業構造の重化学工業化が進み，その結果，基礎資材の生産性の上昇が価格低下をもたらし，長期のデフレが進行していた。国際金本位制が形成されることによって各国間の通貨交換の安定が図られ，これが基盤となって貿易が急速に拡大し，欧米諸国全体を巻き込んでいった。アメリカの重工業品自給化とドイツの輸出拡大が，この分野の国際競争圧力を強めた。

　この間，日本の物価指数は，1885〜87年の31.5から1900〜02年62.3，1910〜12年88.7と上昇を続けていた。そのため後述するように，1897年の金本位制採用時に円の価値は幕末開港時の2分の1に切り下げられた。1897年まで銀本位制にとどまったことによって，欧米市場での価格の下落にもかかわらず日本への

*10　三和良一・原朗編，前掲『近現代日本経済史要覧　補訂版』28頁。

2 産業・貿易構造と景気循環　109

第3-7表　主要国の生産（年平均）

		数量				世界シェア			
	年	1880-89	1890-99	1900-09	1910-14	1880-89	1890-99	1900-09	1910-14
鋼 (百万トン)	イギリス	2.30	3.70	5.47	7.03	32.1%	21.6%	13.5%	10.8%
	ドイツ	1.27	3.79	8.98	14.79	17.7%	22.1%	22.2%	22.7%
	フランス	0.49	1.00	2.14	3.74	6.8%	5.8%	5.3%	5.8%
	アメリカ	2.17	5.97	17.18	26.57	30.3%	34.8%	42.5%	40.9%
	世界	7.17	17.16	40.45	65.03	100.0%	100.0%	100.0%	100.0%
石炭 (百万トン)	イギリス	129	194	245	274	47.8%	33.0%	26.1%	22.2%
	ドイツ	46	108	180	247	17.0%	18.3%	19.2%	20.0%
	フランス	16	59	35	40	5.9%	9.9%	3.7%	3.2%
	アメリカ	49	174	340	474	18.1%	29.6%	36.2%	38.5%
	世界	270	588	938	1,232	100.0%	100.0%	100.0%	100.0%
小麦 (百万ブッシェル)	イギリス	75.6	64.5	56.9	61.2	3.2%	2.4%	1.8%	1.6%
	ドイツ	108.3	112.9	120.1	149.4	4.5%	4.3%	3.8%	4.0%
	フランス	202.9	307.0	335.4	317.6	8.5%	11.6%	10.6%	8.5%
	アメリカ	515.6	657.4	692.8	694.4	21.6%	24.8%	21.9%	18.6%
	世界	2,391.2	2,653.3	3,158.3	3,730.7	100.0%	100.0%	100.0%	100.0%

出所）第3-6表に同じ、88頁。

輸出圧力が緩和され，日本の工業化に好条件となった。と同時に，急速に進む先進国の重化学工業化は，工業部門における生産力の格差を一段と大きくするものであった。

　この時期の世界市場において，基軸国であるイギリスは，貿易収支がマイナスであることが特徴であり，多額の対外投資（その中心はインドなどの植民地やヨーロッパ諸国に対するもの）の累積によって，国際収支は黒字であった。イギリスの貿易赤字を決済する資金が国際的に散布され，投資収益としてロンドンに還流することで，放射状の国際決済機構は維持されていた。

　世界貿易のもう一つの特異性はアメリカの位置であった（第3-6表）。最大の工業国となりつつあったアメリカは，イギリスやドイツとは異なって，貿易面では原料品・食料品などの一次産品の輸出国であった。つまり，この時期には，アメリカは世界経済に対して，多額の輸出超過を持つ第一次産品輸出国であり，食肉，小麦，綿花などの農産物や金属材料などの輸出によって，国内的な産業構造の高度化が進むにもかかわらず，輸出構造の高度化は進まなかった。

　それでもアメリカの工業国としての圧倒的な地位は際立っていた。粗鋼生産では，1900年には最大の貿易国イギリスの2倍以上，第2位のドイツの1.5倍という水準にあった。同じ年，日本の粗鋼生産量は，アメリカの1万分の1, 10年後の1910年でも100分の1にすぎず，アメリカ最大の鉄鋼メーカーUSスティー

ル一社の生産量にも遠く及ばなかった (第3-7表)。

　また，海上輸送力を示す商船隊の保有量では，1900年には，イギリスが世界の45％を占めて他を圧倒しており，日本は，わずか1.6％をもつにすぎなかった。

　日本の産業革命において，もっとも先進的な発展を示した綿糸紡績業についてみると，綿花の最大の消費国は，1890年にはイギリスであったが，1900年代にはアメリカが首位に立っており，日本はアメリカの4分の1，イギリスの3分の1程度であった。紡績錘数では，第一次大戦直前の1913年において，綿花消費量以上に格差が大きく，最大の紡績国イギリス55.7百万台に対して，アメリカ31.5百万台，日本2.3百万台であった。ただし，綿製品の国際貿易では，綿布はイギリスが圧倒していたとはいえ，綿糸では，第一次大戦直前にはイギリスの244百万ポンドに対して，日本が150百万ポンドとイギリスの6割程度に地位を伸ばしていた。イギリス以外の先進工業国が綿工業を国内産業としたのに対して，日本は綿糸世界市場でイギリスに対抗するような地位を得つつあった。極東に位置し，木綿製品が幅広く利用されているアジア市場に近いことが日本の国際市場での相対的に早い成長を可能にしていたとみることができる。

　以上のように，産業革命が進行中とはいっても，日本は国際的にみればまだとるに足らない極東の小国であり，綿製品の国際貿易において，アジア市場でイギリスを追随するようになりつつあったことが目立つ程度であった。そのような国際的地位を端的に示すのが，日本の世界貿易に占めるシェアが，わずか1％であったことである (前掲第3-6表)。

日本の貿易構造

　もちろん，世界経済における日本の矮小な地位は，日本にとって対外貿易がもつ意味の小ささを示すわけではなかった。むしろその逆であり，世界からみた「小国」日本は，国際的な経済動向に大きく影響され続けた。

　対外関係の特徴は，①貿易収支が入超基調にあること，②原料用製品を輸出して，完成品を輸入する後進国的な性格を強くもつものであったこと，③関税自主権を1911年に回復するまで，関税政策による保護的な措置が取りえなかったこと，④1899年に外国人の国内投資が開始されたとはいえ，その実現は例外的にとどまったことなどである[11]。

　第一の貿易収支は，特に日露戦後には入超が大きな問題となり，外債発行によ

---

　*11　高村直助，前掲「産業・貿易構造」。

る外資輸入が増加し，その債務の累積に悩むことになった。入超基調の最大の原因は，③の保護的な手段が取りえなかったことなどに加えて，②に関連して，有力な輸出産業として成長しつつある綿製品が国内需要向けの産業であるうえに，その製品の輸出では付加価値率が低いために外貨手取り率が悪かったこと，また，海運業など貿易に関連する外

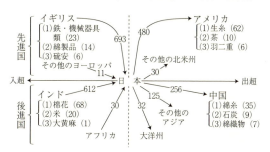

第3-4図　日本と主要諸外国との貿易差額
（1902-11年，10ヵ年通計）（単位：百万円）

注）(1)(2)(3)は主要貿易品とその順位を示す。（ ）内は全体に占める比率（％）。ただし比率は10ヵ年通計可能なものに限った。
出所）三和良一・原朗編，前掲『近現代日本経済史要覧　補訂版』93頁。

貨収入の手段がその矮小性のために制約されていたことにあった。しかも，横浜や神戸などの貿易港では，外国商の輸入取り扱いが圧倒しており，成長期にあった日本の貿易商社——その代表が三井物産であったが——それらの活躍の場は，生糸や綿糸，石炭などの輸出貿易の一部に限られていた。

　第二に，貿易構造については，地域と貿易品目をクロスさせて特徴づけると，輸出ではアジア向けの綿糸輸出とアメリカ向けの生糸輸出が二大輸出品であった。輸入では，イギリスなどから機械等の生産財の輸入，インドからの棉花の輸入が代表的なものとなる。その地域別の収支は，対米貿易は生糸による輸出超過，対中国貿易も綿糸等により輸出超過，対インド・イギリス・ヨーロッパが輸入超過と，それぞれに異なる特徴をもっていた（第3-4図）。

　このように，貿易製品分野と貿易地域とが特徴的に分離されていたことは，分裂的な貿易構造と評価されている。ただし，対米貿易の黒字は，アメリカの対欧貿易黒字によってえられたポンドを日本に環流させ，それが日本の対インド貿易の赤字を決済するためにインドに支払われ，インドからイギリスに環流するという意味では，国際的な決済機構の円滑な運営に寄与する役割を果たすものであった*12。

　しかも，この生糸輸出は，綿糸とは異なって原料からすべて国産品であるために，外貨収入に貢献するところが大きく，入超基調の外貨収支を支え，工業化に

---

*12　国際決済網については，藤瀬浩司「20世紀最初3分の1世紀における世界貿易の構造」『調査と資料』（名古屋大学）61号，1976年参照。また，アジア貿易の観点からの研究として，杉原薫『アジア間貿易の形成と構造』ミネルヴァ書房，1996年，および籠谷直人・脇村孝平編『帝国とアジア・ネットワーク』世界思想社，2009年を参照。

必要な生産設備や軍備の輸入を可能とするなど，決定的な意味をもった．

3　紡績業の発展

産業革命の主役となった綿糸紡績業の発展についてみると，1870年代までの綿糸布の輸入の時代から，80年代には，輸入綿糸を原料として，産地間の競争を伴いつつ織物業の再編成が模索され始めた．1890年代にはこの織物業の展開を基盤に機械制大工業に基づく綿糸の国産化が進展し，織物業の原料が国産糸に転換し，さらに90年代後半には綿糸の輸入が輸出を下回る輸出国化が実現した．この短期間の急激な輸出工業化が，綿糸紡績業の特徴となった[13]．

産業発展の軌跡

紡糸の機械化がこのように大きな意味をもったのは，伝統的な棉作，手紡，手織の綿製品生産において，紡績部門がもっとも生産性が低くボトルネックであったことはすでにふれた．棉作は多労・多肥が特徴であり，自然的条件から拡大に限界があり，繊維が短いなどの品質上の問題があったから，この糸と棉との低生産性は，近代以前の綿製品生産拡大には大きな制約であった．

このような状況が外国貿易の開始以来，海外の製織，染色などの広汎な知識を吸収して，技術的な格差を埋めるような量産化技術の導入によって克服された．

紡績についてみると，1880〜85年に全国に設立された15カ所の「二千錘紡績」の経営的な不振が続くなかで，82年に設立された大阪紡績の成功が大きな意味をもった．同社は第一銀行頭取渋沢栄一の肝いりで華族・東京および大阪の

第3-8表　主要会社の設立時の発起人と株主

紡績会社	発起人と株主（設立時）
天満紡績	岡橋治助ほか大阪市内の有力商人と第三十四銀行関係者
浪速紡績	小林八郎兵衛など「大阪財界の一流人物」
摂津紡績	高田久右衛門他大阪商人と第四十二銀行関係者
金巾製織	近江商人中心，滋賀県知事の勧誘
東京紡績	東京繰綿問屋の旧派＝中国綿の取扱に反対する商人
鐘淵紡績	東京繰綿問屋の新派＝中国綿取扱商
尾張紡績	奥田正香など名古屋の商人

出所）髙村直助，前掲『日本紡績業史序説』117〜119頁．

[13] 髙村直助『日本紡績業史序説』塙書房，1971年，中岡哲郎『日本近代技術の形成』朝日新聞社，2006年．

有力商人たちの出資に基づき，一万錘という規模を実現した。また，イギリスに留学して操業方法を学んだ技術者山辺丈夫の指導のもとに，安い中国棉花を使用し，昼夜二交替のフル操業によって好成績をあげたといわれている。

この成功は，1880年代後半の企業勃興につながったが，企業設立が集中したのは鉄道と紡績であった。この時期に設立された紡績企業は，鐘淵紡績，三重紡績，尼崎紡績，摂津紡績，富士紡績などであった。

設立に参加した出資者は，都市部の有力商人であり（第3-8表），彼らが数人ないし十数人集まって設立発起し，共同出資を行って資本金の一部を引き受け，これを中心に広く株主を募集した。たとえば，天満紡績の発起人13人中6人は大阪市内5万円以上の資産家

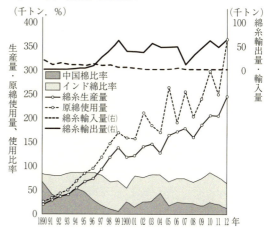

第3-5図　紡績業の生産拡大

出所）三和良一・原朗編，前掲『近現代日本経済史要覧　補訂版』77頁。

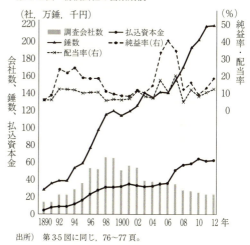

第3-6図　紡績会社の営業成績

出所）第3-5図に同じ，76〜77頁。

(1886年)であり，摂津紡績では同じく11人中5人などであった。また，三重紡などの地方紡績会社でも地場の商人に加えて，渋沢などを介して都市商人の資金が動員された。それは多くの場合，資金的な仲介者を介していたとはいえ，商人たちの自発的な行動であり，新事業への進出であった。

相次ぐ企業設立の結果，1891年には生産量が輸入量を超え，97年には輸入量を輸出量が超えた。こうした段階を経て，綿糸生産では輸入代替，輸出産業化が実現された。

その発展の具体的な様相は，第3-5図に示されているが，1900年代に生産の拡大のテンポが鈍化していることに注目しておく必要がある。

これに対応して同じ時期に，企業数の増加傾向は反転し，また，錘数の増加も1900年頃には減速した（第3-6図）。1890年代には紡績業の成長がきわめて顕著であったが，輸出工業化が実現すると同時に20世紀初頭にはその勢いを失った。この点は，次の諸点にも現れている。投資の増加の様相を据付け錘数からみると，日清戦争前後の急拡大が工業化の急進展を示している。この間に企業利益率の水準は高かったが，1890年代から1900年代には拡張の進展とともに収益率が低下した。その後1900年代前半の停滞のあと，日露戦後のブーム期に収益率の上昇と設備拡大とが並行して進んだ。ただし，この時には企業数の増加がみられず，企業の新規参入ではなく，既存企業の拡張へと発展のあり方が転換したことに違いがあった。企業間の競争構造が様変わりしていた。

国際競争力獲得の条件

以上の軌跡を残した紡績業の発展をもたらした条件は何であったか。アジア市場で最大のライバルであったインド紡績業に対抗してアジア市場での覇権を確立しえた条件，すなわち，国際競争力獲得の条件としてコスト低下をもたらしたのは何であったか，を考えてみよう。

まず第一に指摘されるのは，リング紡績機の導入であった。2000錘紡績や大阪紡績会社に当初導入されたのはミュール紡績機であったが，その後かなり短期間に使用機械はリング紡績機へと転換していった。ミュール機は細糸用に適しているとはいっても，調整に熟練を要するとともに，構造的にみても，水平運動と回転運動を組み合わせる生産機構であるのに対して，リング機械は太糸生産に適合的な機種であり，回転運動で一連の機械機構が成立しており，操作・調整が簡単であったといわれている。つまり，単純な労働を広く用いることが可能な機械であり，しかも生産性が高かった。そのため，労働の単純化を前提として女工比率を高め，相対的に労働コストを低下させることが可能となった。こうして，リング機への移行が進み，全国の運転錘数でみると，1891年にリング機比率は68％，96年には93％となった。

このような機械の採用が生産現場において熟練労働を排除し，資本＝賃労働関係に即してみると，資本家の生産現場に対する支配力を保証するものとなった。その意味では，綿糸紡績業，機械制大工業による資本家的経営の成立が見出されたということができる。

第二に指摘できるのは，規模の拡大であった。紡績業の規模別の分布は1889年

第3-7図　ミュール機とリング機

自動ミュール精紡機

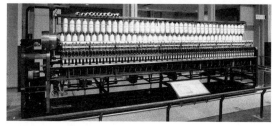

リング精紡機
写真提供　トヨタ産業技術記念館

から1909年にかけて第3-9表のように変化した。とくに，1900年代に入ってからの規模の拡大が企業数の減少と並行して進展している。つまり，1890年代には全般的に規模拡大を伴った企業の参入が進んでいたのに対して，1900年代には合併などによる企業規模拡大が進展した。この結果，一社あたりの錘数は，この時期を通してインドではほとんど変わらなかったのに対して，日本では，急速にその劣位を克服し，1909年にはインドの2倍以上の規模を実現することになった。

つまり，日本が輸入インド糸と対抗して国内市場を確保しながら輸出拡大を遂げる時期に，とりわけ1900年代に急速な規模拡大が実現した。ただし，この規模拡大が輸出市場への進出と並行して進展していることは，国内市場の拡大が限界に達しつつあったことを示唆する。規模拡大と国内市場拡大の相乗効果によって生産拡大が顕著となったのは1890年代であり，その時期こそ紡績業発展のもっともダイナミックな時期であった。

したがって，日本の規模の優位を強調することには慎重である必要があるが，リング機の採用と規模の拡大は生産性の上昇をもたらした。労働者一人1時間あたり換算生産量によって労働生産性の変化をみると，1891年の80.5匁から1900

第3-9表　紡績企業の企業規模と規模別分布　　　　　　（単位：社，万錘）

	1889年			1900年			1909年		
	社数	錘数	錘数比	社数	錘数	錘数比	社数	錘数	錘数比
1万錘未満	23	84	33.1%	27	147	12.8%	8	34	1.7%
1万錘以上	6	78	30.7%	19	279	24.4%	10	137	7.0%
2万錘以上	1	31	12.2%	10	251	21.9%	6	172	8.8%
4万錘以上	1	61	24.0%	8	467	40.8%	13	1612	82.5%
合　計	31	254	100.0%	64	1144	100.0%	37	1955	100.0%

出所）西村はつ「産業資本 (1) 綿業」前掲『日本産業革命の研究（上）』141頁。

第3-10表　1社当たり錘数の比較

	1889年	1900年	1908年
インド	22,274	25,621	23,983
日　本	8,194	17,875	52,849

出所）第3-9表に同じ。

年には148.9匁へと増加した*14。

　第三に，賃金水準の低さが競争力の源泉となった。それはリング機採用の結果として実現した女工比率の上昇と，国際的にみた日本の紡績労働者賃金水準の低さとの二つの条件によってもたらされている。当時の紡績会社の賃金統計によれば，女工の賃金水準は男工の半分から3分の2の水準であり，女工比率は1889年の68％から94年には77％と上昇しているから，それだけでも賃金コストの低下がもたらされたと考えられる。

　その基盤には，各地から募集された若年女子労働者が寄宿舎に居住し，一日12～14時間就業するという過酷な労働条件があった*15。加えて，国際的にみると，山田盛太郎『日本資本主義分析』が「インド以下的」と評した労働コストの低さが日本紡績業の競争力にとって重要であった。インドの場合には，植民地であることが本国イギリスの先進的な労働保護法制のもとに工場労働が置かれ，その規制によって監督されることになっていたことが，労働コストを高めた一因であった。

　高村直助の研究によって，「インド以下的」と評された労働条件の意味を探ると，インドと日本とでは，一社あたりの運転錘数はほぼ同一で，かつ，一人あたり月生産量もほとんど同一ないしインドの方がやや上であることが明らかにされている（第3-11表）。つまり，労働生産性は日印間には大きな差がないことが判明する。これに対して，両国間の賃金水準は，日本が半分から3分の2の水準にとどまっている。このように賃金の平均的な水準の差こそ，対外競争という面では，もっとも重要な意味をもっていたと考えられる。

　それでは，労働条件の過酷さを示すためにしばしば言及される深夜業はどのよ

*14　三和良一・原朗編，前掲『近現代日本経済史要覧　補訂版』78頁，表3-28。
*15　細井和喜蔵『女工哀史』岩波文庫，1954年。

第3-11表　紡績業の日本とインドの比較

		運転錘数 (錘)	生産番手 上位二種 (番手)		月生産量 20番手換算 (千ポンド)	労働者数 (人)	一錘あたり月生産量 20番手換算 片番 (ポンド)	一人あたり月生産量 20番手換算 (ポンド)	賃金 平均 (円)
日本	摂津	41,900	20	16	1,258	4,235	15	297	5.47
	平野	37,016	20	16	818	2,299	11	356	4.59
	鐘淵兵庫工場	39,668	16	20	1,077	4,075	13.6	264	5.57
	鐘淵本社工場	40,800	20	32	956	2,761	11.7	346	6.55
インド	A工場	39,128	10	20	307	855	7.8	359	9.18
	B工場	23,000	16	12	193	607	8.4	319	8.32
	D工場	43,824	20	10	369	1,184	8.4	312	7.78
	E工場	37,962	10	20	279	819	7.4	341	9.32
	F工場	32,760	10	20	271	1,004	8.3	270	8.07

出所）高村直助，前掲『日本紡績業史序説』339頁。なお，原表のうちインドの最大規模と最小規模の2工場は除外した。

うな意味をもっていたのであろうか。日印間の比較によると，深夜業の影響が見出されるのは，月生産量と労働者数であり，これらは日本が数倍多かった。それは交替勤務のために多量の労働者を確保し昼夜を通して操業していたことを反映している。その結果として，一錘あたり月生産量は日本が優位に立っていた。しかし，生産性には格差がないことからみれば，深夜業は労働コストの低下に繋がっているわけでは必ずしもなかった。深夜業がもった積極的な意味は，一錘あたり月生産量の差が示しているように，固定資本の回転率を高め，製品単位あたりの償却コストが小さくなることにあった。これが対外的な競争力の源泉を説明する第四の条件ということができる。

　第五に，原料に関してインド棉花の利用を拡大することによって製品品質の向上が実現したこと，そのための政策的助成が競争力の向上に貢献していた。中国棉からインド棉への原料転換は1890年代後半に進展した（第3-5図）。この原料転換は，三井物産，内外綿，日本棉花などによるインド棉花の直輸入が進むとともに，紡績連合会と日本郵船，貿易商社の三者が一体となった輸入促進措置によってバックアップされた。

　すなわち，1893年に日本郵船および貿易商社は紡績連合会との間で，インドからの棉花輸入に関して積荷保証を与えると同時に紡績連合会非加盟会社の取引を停止すること，さらに運賃の積み戻し（割引）を契約した。これによって，インド棉花の輸入運賃が低下したが，その背景には政府がボンベイ航路に対して助成金を交付したことがあった。このほか，輸入促進の措置として輸入関税の改正，横浜正金銀行による貿易金融の展開，日本銀行による金融的助成が実行された。

このような助成措置を含まない場合の輸出綿糸価格87.335円／梱に対して、助成措置による輸出価格は81.464円となり、インド糸の輸出価格87.464円を下回ることになった[*16]。つまり、原料価格を中心に綿糸の原価が低下したが、それは、以上のような運賃・資金などの面での政策的なバックアップが重要な役割を果たしていた。

基軸産業としての綿糸紡績業

こうしてさまざまな面からコストが下がっていくことにより、綿糸紡績業は国際競争力を獲得し、輸入代替を実現し、さらに輸出産業として急成長した。

その発展によって紡績業は、1890年代には経済発展をリードする産業となった。近代的な製造工業部門における量的比重の大きさに示されるように、高い投資率をもたらした設備投資によって、紡績業は日清戦後経営における軍備拡張とともに、景気循環を左右する最重要の地位にあったと考えられる。1890年代に紡績業は基軸産業であり、同時に主導産業でもあった。

しかし、綿糸紡績業の拡大は、労働力を消耗しつつ高い操業率を維持することに依存していたから、市場動向によっては過当競争になって糸価の暴落を招きやすく、経営的には不安定な面があった。とくに、輸出市場が拡大したといっても、中心的な市場は国内市場であり、市況の動向は、米の作柄などにも影響を受ける国内の消費需要の動向に規定されていた。国内消費の拡大テンポはそれほど大きくなかったから、1900年代に入ると、その産業の成長率は鈍化した。

そのため、早くから紡績業では、紡績連合会（1882年設立、1902年より大日本紡績連合会）という業界団体が結成され、この同業組織によって生産調整が行われた。その最初のケースは、1890年恐慌に際してであったが（1890年第1次操短）、その後、1899年第2次、1900年第3次、1902年第4次、1908～10年第5次、1910～12年第6次と、1900年前後から操業短縮は常態化した。しかも、第3次操業短縮から、綿糸布の輸出奨励によって、対外的なダンピングや大紡績の細糸高番手生産を奨励して生産過剰を調整しようとすることになった。こうした動きは、早熟的な独占体制と評価されることもあるが、このような状況によって、生産集中、企業集中が進展したことが、既述のような規模拡大を一層加速したと考えることができる。こうして1900年代に入ると、紡績業は主導産業としての役割を果たすうえで限界に直面していた。

[*16] 三和良一・原朗編、前掲『近現代日本経済史要覧　補訂版』78頁参照。

4　製糸業の発展

産業発展の経過

製糸業は，マニュファクチュア的な手工業技術に基づいて，輸出産業として急成長し，1905年にイタリアの生産量を，1909年に中国の輸出量を超える生産量を記録し，世界第1位の生糸生産国・輸出国となった*17。

世界市場に参入した1860年代には，フランス，イタリアなどでは蚕の病気が蔓延して世界的に生糸不足の状態にあるという幸運に恵まれたが，富岡製糸場，築地製糸場などに導入された輸入技術を活用して在来技術を改良し，独特の器械製糸業が発展することになった。その結果，1890年代には，在来の技術であった座繰製糸業（群馬，福島など）を超える生産を，新興の生糸産地である諏訪などの器械製糸業が実現した。

鉄製部分を木製に換えるなどの工夫による安価な機械の発明は，その発展の重要な条件となった。1905年に鉄製の製糸器械はわずかに4.1％であったのに対して，全木製の器械は68.5％であった。これらの器械は，主として水車を動力源とするものであり，諏訪地方を中心に長野県，山梨県，岐阜県などに展開していたのは，原料繭の入手の基盤とともに動力源が得やすかったからであった。

産業成長の条件

綿糸紡績業では国内市場での輸入代替がまず問題となったのに対して，生糸は8割前後が輸出された。世界市場での競争力をもたらした産業成長の条件は，次のようなものであった。

第一に，世界市場において日本製生糸は，強度の求められる織物用の経糸ではなく，緯糸用として清国製の生糸と競争しつつシェアを獲得した*18。この間，輸出地域は，フランスからアメリカにシフトしたが，アメリカ絹織物業では，欧州糸を経糸に，日本糸を緯糸に使用することが一般化した。

それは，日本生糸が相対的に低品質の市場に基盤を置いたことを意味する。このような品質の低さは，製糸技術，原料繭の双方を原因とするものであった。日本産の蚕のすべてが品質が悪かったということではないが，開港以後，急速な輸

---

　*17　石井寛治，前掲『日本蚕糸業史分析』，井川克彦『近代日本製糸業と繭生産』東京経済情報出版，1998年，中林真幸，前掲『近代資本主義の組織』。

　*18　この日本生糸の特徴は，固定的なものではなく，最近の研究では品質についての改良なども重ねられていたことが指摘されている。この点については，たとえば，上山和雄「第一次大戦前における日本生糸の対米進出」『城西経済学会誌』19巻1号，1983年参照。

出ドライブがかかるなかで、輸出市場に対応し量的拡大を志向した諏訪の製糸家たちは、経糸用の生糸ではなく、相対的に低品質の緯糸生産に特化することになった。

これに対して、京都の郡是製糸など西日本地域では優等糸の生産が行われていた。西日本でのこのような動きは、養蚕農家から優良な繭を集めることによって実現していた面が強いといわれており、その限りでは、原料繭の管理が品質管理上の重要な要素となった。

第二に、開港場で始まった生糸輸出を金融面から支えた政策金融が重要な役割を果たした。それは、生糸売込問屋の製糸家に対する購繭資金の前貸しを可能にした、日本銀行を頂点とする政策金融の展開であり、石井寛治が近代製糸業の特徴的な側面として強調している点である[*19]。この政策金融の展開が、資金に乏しい製糸家に潤沢な購繭資金を供給し、現金取引を行わなければならなかった原料購入を支えた。

しかも、製糸家が堅固な資金的基盤をえたことは、製糸家の養蚕農家に対する取引上の優位性をもたらし、原料繭の「買い叩き」を可能にすることになった。なぜなら、繭の生産は、当初は春に1回、後には春夏各1回と増加するといっても、強い季節性があるうえに、蚕の成長を止め原料繭として保蔵する必要があったが、それだけの施設を持ちえない養蚕農家は買い叩きに対抗しうる手段がなかったからである。そして、こうして実現される繭価格の低さは、生糸の輸出競争力にとって決定的に重要であった。

このような関係は、養蚕農家に対して、十分な剰余の発生を許さない取引関係が、製糸業の原料取引に埋め込まれていたことを意味している。それ故に、商業的な生産物として急成長しているにもかかわらず、養蚕経営には資本家的な経営発展の可能性が乏しかった。

しかし、製糸経営の養蚕農家に対する取引上の優位は、その基盤が政策金融に依存する限り、金融的な取引関係において貸し手の地位にある売込商の優位を意味したし、地方銀行などからの融通の道が拓かれても、資金コストの負担が重く、そのために製糸業も自律性に乏しく経営的な基盤が脆弱であり、不安定であった。

第3-12表のように諏訪を中心とした地域に小規模な製糸経営が集中していたが、長野の地位が揺るがない一方で、岐阜や山梨の地位低下を伴いながら、産地の外延的拡大も進展した。また、その間に一貫して生産の中心地となった諏訪の平野村・川岸村では、少なからぬ数の釜が廃止・減少と記録されている（第3-13

[*19] 石井寛治、前掲『日本蚕糸業史分析』参照。

第3-12表　製糸釜数の変化

年	1888	1893	1896	1900	1905	1911
長野	11,418	24,869	36,082	33,336	36,447	53,615
全国	37,301	85,988	130,753	122,166	128,152	183,255
長野の全国比	30.6%	28.9%	27.6%	27.3%	28.4%	29.3%
長野・岐阜・山梨の全国比	67%	51%	48%	42%	43%	43%

出所）石井寛治「産業資本(2)　絹業」前掲『日本産業革命の研究（上）』178頁。

表)。諏訪の安定的な地位の背後には，こうした経営的な不安定性が存在し，「多産多死」ともいうべき経営状況であったということになる。

第3-13表　諏訪郡平野村・川岸村の製糸経営

年	1883-85	1886-99	1900-1905
新増設釜数	3,182	2,579	4,985
廃止・減少釜数	566	3,699	1,866

出所）前表に同じ，181頁。

　第三に，労賃・労働条件は，紡績と同様あるいはそれ以下の低水準であったが，国際競争力という点では，この低賃金が低原料価格と合わせて低コストを支えていた。製糸工場の工女たちについては，山本茂実『ああ野麦峠』（朝日新聞社，1968年）が，聞き書きによってその実態を描いている。また，製糸工場の雇用に関する研究によれば，工女の雇用形態は，①年季奉公的であり，②前貸し金による雇用の拘束が行われ，③契約書には本人とともに親が署名することが求められていた。工場に入場後の工女は，一般的には寄宿舎生活であり，その労働条件は，1日14時間を超える就業を強いられる長時間労働であった[20]。

　製糸業における賃労働のあり方に関して重要なことは，基盤となっているのが手工業的な技術であるために，工女間の技能差によって労働生産性に大きな格差が発生することであった。つまり，熟練度の差による出来高の違いが大きいため，紡績のような機械技術に依存して熟練労働を排除できる場合とは異なって，資本家的な経営の基盤が脆弱となる危険があった。

　熟練労働が基礎である限り，時間給は不向きであり，出来高制では賃金支払が予測不可能であるし，工女を所定労働時間を通して最大限の努力で働かせられるかどうかは不確実であるという問題があった。このような熟練の制約に対して，製糸経営が見出したのが独特の賃金制度であった。

　解決策となったのは，工女の成績に対する相対評価に基づいて賃金の格付けを決定する等級賃金制度であった。それは工女を出来高に基づいて序列化し，その序列に従って賃金等級を定め，その等級に応じた賃金を支払うものであった。同じ出来高を達成しても，序列が下がり賃金が減る場合もあることから，この制度

---

[20]　東條由紀彦『製糸同盟の女工登録制度』東京大学出版会，1990年。

は，工女間の競争を促すことによって，生産現場における資本の専制的な労働力支配を可能にするものであった。

こうして資本の賃労働支配が実現することによって，製糸業でも，そのマニュファクチュア的な技術基盤にもかかわらず，資本家的な経営が成立した。

しかも，諏訪では製糸家が結成した「製糸同盟」が，その規約に基づいて工女の経営間移動を制限し，熟練工女の争奪戦を自主規制した。製糸業では，一般的に冬季にはいったんすべての工女が帰郷することとなっていたため，春になってから再度雇用する際には，工女の争奪が起こりやすかったからである。

こうして，養蚕農民に対する原料繭の買い叩きと工女の過酷な労働を基盤に，輸出産業として発展する製糸業は，二重の意味で，農村の貧困を基盤にし，その貧困状態の改善を妨げる役割を果たした。つまり，製糸経営の低賃金は，その出身農村の貧困に基づくものであり，その貧困の一部は，重要な商品生産である繭の低価格によって現金収入が制限されていたからであった。

もちろん，すでにふれたように，このような製糸業の発展のなかで，諏訪以外の地域では優等糸製糸家の展開があったことも見逃せないというべきであろう。製糸家のなかには，経糸となる優等糸生産に専門化し，大規模化を果たすものがやや遅れて誕生したからである。その代表例が，京都の郡是製糸であるが，それは熟練労働者に配慮し，それぞれ地域の養蚕農家との協調的な関係のもとに優良な繭を購入することができるような取引基盤を作り出したからであった[*21]。

5　鉱山業の展開——財閥資本の形成

鉱山業は，紡績業に次ぐ労働力の集積部門であり，しかも，1909年に男子労働者の36％を占め，大経営が目立つ産業分野であった[*22]。それらの産業が財閥形成の蓄積基盤であったという意味でも，注目すべき産業部門であった。

近代経営の成立と鉱業条例の制定

近代的な鉱山経営の制度的基盤は，1890年公布（92年施行）の鉱業条例によって鉱業法制の原則が鉱山王有制から鉱業自由制へと転換したことによってもたらされた[*23]。それは，近代的な鉱業所有権を保証するものであり，日本坑法以来

[*21] 榎一江『近代製糸業の雇用と経営』吉川弘文館，2008年参照。
[*22] 石井寛治，前掲『日本経済史　第2版』221頁参照。
[*23] 隅谷三喜男『日本石炭産業分析』岩波書店，1968年，武田晴人『日本産銅業史』東京大学出版会，1987年。

の借区制を廃止し、生産物処分の自由を認め、鉱区規模の細分化を制限するなどの特徴をもっていた。

これらの制度が整備されることによって、企業の投資の自由と、鉱区という基本的な生産手段の私有が公認されることになった。もちろん、借区制は、鉱山王有制に基づくが故に封建的な性格をもつといっても、近代的な鉱山経営の発展の余地がないというわけではない。しかし、借区の許可が国によって恣意的に行われ、政府による一方的な経営権の接収が行われるなどの危険があり、法制度上は、鉱業主はその生産物についての処分の自由をもっていないなどの点で、明治前半期の鉱業法制度は、持続的な企業活動には障碍となっていた。

こうして条件が改められることによって1890年代以降、鉱山業では本格的な企業発展が、①輸出中心の市場拡大、②部分的な機械化、③飯場制度・納屋制度という独特の労働者管理などを基礎的条件として展開し、資本家的な経営が成立した。

輸出中心の市場拡大

まず、市場的な基盤に即してみると、主要な生産物であった銅と石炭の市場拡大は、第3-14表のように主として海外市場の拡大によって実現した。

とくに銅については輸出主導の発展という特徴が顕著であった。この銅の輸出市場は、イギリス・ドイツなどヨーロッパ向けが当初は大きく、しかも電機機械・電線製造用ではなく伸銅品製造用であった。それは、日本の初期の輸出銅の品位が低く、電導率が悪く、むしろ伸銅用に適していたからであった。

これに対して石炭では、工場用の動力炭需要が1900年頃から目立つようになった。それまでは、工業化の遅れにより、もっぱら輸出市場に依存した拡大であった。この石炭の輸出市場は、主として、清国向け＝東洋市場における海運業向けの船舶用炭であった。

この石炭と銅は、生糸・綿糸に次ぐ輸出品で、それぞれ輸出品の3～4位を占めていた。なお、鉱産物の輸出では、石炭は三井物産などの日本貿易商の取り扱い比率が高く、1887年98％、97年91％であったが、銅は外商依存度が高く、同じ時期に11％、8％と

第3-14表 鉱産物の生産と輸出比率（期間中平均）

	年	1884-86	1898-1900	1907-09
銅 (万斤)	生産	1,662	3,869	6,956
	輸出	1,295	3,235	5,788
	輸出比率	77.9%	83.6%	83.2%
石炭 (千トン)	合計	1,535	7,571	13,279
	輸出	705	2,675	4,566
	工場用	164	2,605	4,352
	船舶用	252	1,167	2,352
	輸出比率	45.9%	35.3%	34.4%

出所）高村直助、前掲『産業・貿易構造』50頁。

いう違いがみられた[*24]。

機械の導入

　近世後半期に製塩用としての需要を見出して開発が始まった石炭に対して，銅山は幕藩制前半期からの開発が進展するなかで，採掘現場の深部への移行などが進むと，排水や通気などの問題が解決できないために開発が放棄され，あるいは縮小を余儀なくされていた。

　開港後に外国の技術の導入が可能となり，官営鉱山でその技術の有効性が確かめられていくと，とくに開発のネックとなっていた排水や通気などの分野で，ポンプや送風機などの機械の導入が進められ，1880年代までに，大規模な鉱山ではこの分野でかなり顕著な機械化が進展することになった[*25]。

　まず，石炭と銅を中心に生産の拡大ぶりをみると（第3-15表），石炭生産量は，1893～1913年に6倍以上，銅が3倍以上の増加を記録し，石炭・金属鉱山で合計25万人の鉱夫が就業する産業部門となっていた。その基盤には，金属鉱山の再開発が可能になったことに加えて，第3-16表に示されるように，北海道などで新鉱区が発見され石炭鉱山の開発が進展したこともあった。

　この生産の拡大は，明治前半期に始まる外国技術の導入の成果であった。排水や通気などの補助的な部門での機械の導入は，採掘の深度を増大させ，運搬の距離を延長させることになったが，その結果，1890年代になると，運搬部門の機械化が求められ，この部門での巻揚機などの導入が進んだ。その成果は，1897年に筑豊炭田において，91炭坑中，ポンプ設備坑80，巻揚機設備坑56という数

第3-15表　鉱山業の発展

		年	1893	1899	1905	1913
生産高	石炭 (A)（千トン）		3,317	6,722	11,542	21,316
	金 (kg)				3,047	5,150
	銀（トン）				83	146
	銅 (B)（トン）		18,005	24,275	35,494	66,501
鉱夫数	石炭 (C)（人）		30,345	60,964	79,505	172,446
	金属 (D)（人）		53,474	51,805	68,861	79,479
生産性	A/C		109.3	110.3	145.2	123.6
	B/D		336.7	468.6	515.4	836.7

出所）通商産業大臣官房調査統計部編『本邦鉱業の趨勢50年史』通商産業調査会，1963年より作成。

*24　高村直助，前掲「産業・貿易構造」70頁。
*25　移動可能なこれらの機械類は，投資の負担が小さかったことも早期の導入を可能にする条件であった。

第3-16表　地域別出炭量，出炭比率　　　　（単位：千トン，％）

年	1890		1895	1900	1905	1910	
	出炭量	出炭比	出炭比	出炭比	出炭比	出炭比	出炭量
北海道	26	1.1	9.6	8.8	10.2	10.2	1,592
常　磐	34	1.4	1.3	6.6	8.0	9.4	1,469
福　岡	1,212	49.7	65.1	66.2	66.5	66.5	10,423
うち三池	495	20.3	13.6	9.9	11.5	11.4	1,791
佐　賀	155	6.4	8.3	8.7	8.4	6.0	944
長　崎	620	25.4	8.7	6.2	3.8	4.2	659
全国合計	2,440	100.0	100.0	100.0	100.0	100.0	15,681

出所）　第3-15表に同じ。

値に表現されている[*26]。また，金属鉱山では，1890年に足尾で水力発電所が建設され，これを動力源として電気巻揚機，電車軌道などの設置が同様に90年代に進められた。

また，金属鉱山では，同じころ，製錬が洋式の熔鉱炉製錬に変わり，その到達点として1900年に小坂鉱山で生鉱吹製錬法が完成し，急激に製錬処理能力が拡大した。この製錬技術の革新によって，金属鉱山の坑外生産過程における生産力が一挙に拡大し，旧来の製錬労働を一新していった。このような技術進歩が，金属鉱山における生産性の顕著な増大をもたらした。

この製錬工程の能力拡大は，坑内の採掘量の拡大を求めるものであった。しかし，これに対して，坑内の基本的な労働現場となる採鉱・採炭労働では，金属鉱山でも石炭鉱山でも機械化が遅れ，機械化が進み始める第一次大戦後まで，手作業に頼る状況から長く脱却できなかった。しかも，この採掘労働は，石炭切羽の場合には，透かし掘という技能に依存するものであり，また，金属鉱山においてダイナマイトなどを利用する採鉱労働でも，そのダイナマイトを仕掛けるための穿孔方法などには熟練した技能・経験が必要だといわれていた。

つまり，採掘現場は手工業的な熟練労働に依存していた。このような生産現場の技術的な限界は，他のマニュファクチュア的な経営と同様に資本家的経営の成立を制約するものであった。この制約を打開したのが運搬の機械化と特有の労務管理制度であった。

まず，運搬の機械化の意義について確認すると，隅谷三喜男が指摘したように，基本的な労働過程である採掘における機械化の遅れのなかで，運搬設備の効率的な運用を重視して，経営が坑内生産の現場にまで効率性の原理を強制することが

[*26]　隅谷三喜男，前掲『日本石炭産業分析』309頁。

第 3-8 図　切羽作業

住友忠隈炭鉱採掘場＝福岡県（飯塚市と嘉穂郡穂波町にまたがる）
1897（明治30）年
写真提供　西日本新聞社

可能になった。運搬作業は，機械化以前には採掘と一体となった作業工程であったが，機械化が進むと主要坑道の運搬と採掘作業が分離された。そして運搬機械の運行の速度に合わせて，各採掘現場では，運搬能力をフルに利用しうるような採炭量，採鉱量が要求されることになった。つまり，採鉱夫たちは，運搬のスケジュールにあわせて鉱石を掘ることを強制された。このため，採鉱夫たちは，生産現場の効率性に奉仕することが求められることになり，ここに熟練労働の無力化が進展し，資本家的経営が成立する根拠があった。

飯場制度と納屋制度の成立

　もちろん，このような体制が機能するためには，運搬計画に合わせて生産現場に適切な労働者を配置する必要があった。一般に，工場の労働とは異なって，この時期の採鉱・採炭の現場は，少人数の労働者集団が分散的にそれぞれ隔離された生産現場で作業に従事していた。したがって，そのような生産現場の特性に合わせて労働者の能力を十分に発揮させる制度的な工夫が必要であった。
　このような必要性を満たす制度として成立してくるのが，間接的な労務管理に基づく，飯場・納屋などと呼ばれる組織であった。
　鉱山においては，落盤などの事故の危険の多い重筋労働であること，その熟練的技能の意味が大きいことなどの特性から，各経営とも熟練者の確保が求められた。そして，その労働者の統括のためには，旧来の請負労働制から，新しい生産システムに適合的な形態への転換が必要となった。
　たとえば，金属鉱山では，買石制度という間接的な生産管理が近世期以来の伝統であり，それは内部請負制度の一種であった。買石制度では，鉱山主は，親方

鉱夫に鉱山あるいは特定の坑道の採掘を丸ごと委任し，その生産物である鉱物を買い上げるというかたちで鉱区を経営していた。

しかし，運搬部門などへの機械の導入が進み，金属鉱山における製錬法の改良とともに大量の鉱石採掘が必要となり，しかも，運搬工程の計画的な遂行が求められるようになると，手作業である坑内には，大量の鉱夫を不足なく投入することが不可欠となった。この要請に応えていたのが，納屋制度や飯場制度であった。

この制度は，①鉱夫を募集し，②鉱夫を毎日作業現場に送り込み，③作業を請け負い監督し，④賃金を一括して受け取り，⑤鉱夫の日常生活の場を提供し，⑥彼らの生活を管理するなどの多様な機能を果たした。

鉱山では明治前半期の開発初期には，囚人労働が不足する鉱夫の代替として利用されるなど，深刻な労働力不足となっていた。この鉱夫不足を解消するために，鉱夫の募集の責任を納屋頭・飯場頭に負わせ，労働力の管理を代行させることとなった。鉱夫募集は地縁的な性格をもち，鉱夫と頭役の関係は，親方・子方関係ともいうべき，前近代的な雇用関係の性格をもつものであったが，このような関係を基礎にして，作業請負が行われた。その請負労働の評価方法は，基本的には出来高制度であったが，採鉱場所の割り当ては経営の仕事であり，その出来高の評価は，計画的な採掘の実現の必要に即して決定された。

しかし，こうした労務管理方式は，生産の効率化という点では，現場管理の不徹底という作業請負の限界をもっていた。そのために，日露戦争前後に，金属鉱山では，直轄制度への移行が模索されるようになり，飯場制度・納屋制度の機能は，労働者の募集と日常生活の管理に重点を移した。ただし，この移行過程も必ずしも順調とはいえず，日露戦後には，足尾・別子の両鉱山では，この改革の進行に抵抗する鉱夫の「暴動」が発生した[*27]。

鉱害問題の激化

鉱山業の発展との関連で，とくに言及しておくべきことの一つに，1890〜1900年代において最大の社会問題となった鉱毒事件がある。もっとも有名な足尾銅山鉱毒事件だけでなく，当時有力な鉱山として発展していた別子銅山，日立銅山，小坂鉱山などでは深刻な煙害事件が発生した[*28]。

これらの事件は，①近代の民衆運動のエポックを画する事件であることと，②

[*27] 武田晴人，前掲『日本経済の事件簿』第5章参照。
[*28] 鉱毒事件については，荒畑寒村『谷中村滅亡史』岩波文庫，1999年；大鹿卓『渡良瀬川』河出書房新社，2013年；木本正次『四阪島（上・下）』講談社，1971〜72年；新田次郎『ある町の高い煙突』文春文庫，1978年，などがある。

第3-9図　足尾の鉱毒予防工事

本山製錬所内煙道脱硫塔及煙突脱
硫塔築造中ノ三
写真撮影　小野崎一徳
写真所有　小野崎敏

そこに近代化のもつ負の側面が色濃くでていること，すなわち，対外的な侵略と同時に，国内では民衆の生活が破壊されていく日本近代の姿が浮き彫りにされていること，などの点で重要であった。

その社会的な影響は，足尾鉱毒事件に関連して，鉱毒反対運動のなかに，若き日の河上肇の姿や，天皇への直訴状を田中正造に代わって執筆した幸徳秋水などの運動家の姿が見出されるなど，広範に及んでいる。ただし，田中正造の「直訴」には，近代日本における**「抵抗権」の不在**を反映した反体制運動としての限界も見出すことができる。

これらの事件を通して注意すべき点は，加害者となった鉱山は，それぞれ最新の技術成果を操業に移し，それによってもっとも効率的な生産活動を追求した結果，その廃水や排煙によって鉱山技術者たちも予想しない被害を生んだことであった。そこでは，近代的な大量生産技術が，それまでの技術のもつ「自然との調和」を超えて加害要因となること，しかも，それは意図された加害ではなかったし，事前的には予想しえないものであったことなど，技術進歩のもつ波及効果に

解説　納屋制度と飯場制度

鉱山労働者の間接的管理制度とされる納屋と飯場は，機能的には同一のものと考えられているが，一般的には石炭鉱山および西日本の鉱山では納屋の名称を用いられ，東日本の金属鉱山では飯場と呼ばれることが多い。
　納屋や飯場は，鉱夫が寄宿する場所を意味し，それを経営するものが頭役（飯場頭・納屋頭）となった。単身の男子鉱夫だけではなく，筑豊の炭鉱などでは夫婦が寄宿する納屋もあったが，これは小規模な炭鉱では切羽採炭夫とその採炭を運搬する妻が作業の単位となっていたことなどを反映したとされる。頭役には熟練の鉱夫が就くことが広く観察されるが，秋田県小坂鉱山では地域の有力者などが募集業務の実績を基盤に頭役となった例も報告されている。
　参考文献　隅谷三喜男「納屋制度の成立と崩壊」『思想』434号，1960年。

対して重大な教訓を残すものであった。

鉱業資本の蓄積と財閥

鉱害の多発の一方で、鉱山業は高い利潤率を企業にもたらした。その理由は、①自然的な独占による超過利潤と、②たびかさなる暴動事件の発生に象徴される過酷な労働力の搾取にあったといわれてきた。そうした評価について、技術開発に基づく積極的な開発投資などの重要性も付け加える必要がある。そして、この高利潤が財閥資本の事業基盤として、その資本蓄積を支えた。

日本の鉱山業は、中国石炭業の開発の遅れ、世界的な銅需要の増大などの好条件に恵まれていたことも重要であったが、そうした条件のもとで、たとえば、足尾銅山の半期利益は、1900年頃には100万円を記録した。個別企業に対する負担としては巨額にすぎるといわれた足尾の「鉱毒予防工事費」100万円も、その負担は僅か半期利益に相当するにすぎなかったのである。また、三井鉱山の1909年の利益額は約300万円であり、売上高利益率は30%という高率であった。

三井、三菱、住友、古河、久原、藤田、貝島、麻生などの有力事業家がこうして鉱山部門を基盤として生まれた。そして、この延長線上に、久原の日立製作所、三井・住友の化学企業などの多角化の芽が育てられた。

第3-10図 三井合名会社本館

写真提供 三井不動産

> **考えてみよう　抵抗権の不在**
>
> 抵抗権とは、一般に「人民により信託された政府による権力の不当な行使に対して人民が抵抗する権利」と定義される。このような権利が日本の反体制運動、民衆の異議申し立てには稀薄であった。自由民権運動が「通俗道徳」の枠内にとどまっており、田中正造が帝国憲法における主権者に対する「直訴」のかたちで異議を申し立てたのは、政治体制に対する異議申し立てとしては不徹底であった。これらの事実から、抵抗権は近代日本においても「不在」であったと評価できる。

第 3-17 表　財閥系企業の投資分野　　　　　　　　　　　　　　　　（単位：千円）

	1896 年			1914 年			1919 年		
	三井	三菱	住友	三井	三菱	住友	三井	三菱	住友
鉱　業	8,129	6,638	6,222	57,692	13,719	11,017	132,562	62,980	20,748
金　属			357	29,125		5,138	41,057	46,942	28,836
機　械		2,056		5,147	11,255		22,134	167,752	11,033
化　学							24,831		
窯　業	295			3,808			7,954		
紙パルプ	1,230			13,968			46,673	11,261	
繊　維	3,284			40,285			84,316		
食　品				30,152	3,066		53,519	8,783	
海　運		18,330	3,865		73,189	34,694		232,134	132,658
商　事	5,447	730	348	172,555	7,026		516,754	44,843	
銀　行	34,257	11,114	5,989	131,777	66,798	83,461	477,209	292,927	554,086

出所）　武田晴人「多角的事業部門の定着とコンツェルン組織の整備」橋本寿朗・武田晴人編『日本経済の発展と企業集団』東京大学出版会，1992 年，75 頁を基礎に山本一雄『住友本社経営史（上・下）』京都大学学術出版会，2010 年などの新資料で補正した。

　財閥資本と鉱山業との関係をみると，三井，三菱，住友とも鉱業部門の投資比率が初期からかなり高いこと，同時に鉱山部門における財閥の比率も高いことなど，両者の密接な関係を知ることができる（第 3-17，18 表）。こうした部門を中心に財閥資本は，明治後半期に主要企業の総資産額の 3 分の 1 を占める高い資本集中を実現していた。

考えてみよう　自然独占

　企業経営にとって有利な自然条件を占有できることは，安価なコストによって高い収益をえられる条件になる。これが自然独占と表現されるが，たとえば水力発電所の立地条件などはそのよい例であり，鉱山では，採掘がしやすいこと，鉱石の品位が高いことなどは，優良鉱山としての条件とされる。このような優良鉱山の経営権をえることは，他の事業者に比べて有利な生産条件を排他的に利用できることから，「自然独占」による高収益を確保できると考えられている。ただし，このような条件は，日本の鉱業法制が鉱山開発を促すために鉱業権者に強い権利を与えていたという制度的な条件によるものであった。わかりやすく耕地を例にとると，地主から土地を借りて農業経営を行う者は，その土地の有利な生産条件を占有して利用できるが，それによってえられる利益の一部を地主が分け前として要求し，地代が引き上げられれば有利な生産条件を利用する利益は失われる。日本の鉱業法制では，開発利益の分配を求められるような権限を地主には与えていないために，優良鉱山の経営には高い収益が生まれた。しかし，このような制度的な条件によっても，鉱山は開発が進むとともに，採掘場所が深部に移るなどの単純な事情からも追加的な投資が必要であり，そのような投資を行うことによってはじめて優良生産条件を活かすことができることも忘れてはならない。自然独占という評価から，「濡れ手で粟」のような高収益を想像するとすれば，それは適切ではないだろう。

第3-18表 財閥の位置

年	上位100社の総資産額（千円）				財閥3社の構成比（％）			
	1896	1914	1919	1929	1896	1914	1919	1929
鉱業	21,930	127,617	369,360	519,500	90.7	64.4	59.1	48.6
金属	1,052	17,523	51,022	95,494	31.0	30.7	51.3	43.2
鉄鋼	0	36,367	237,669	275,879		83.8	43.7	51.4
輸送機械	2,951	72,736	433,295	537,936	69.7	15.5	38.7	28.2
電機・機械	0	8,798	78,004	188,280		58.5	28.4	40.4
石油	155	42,344	74,349	106,481	0.0	0.0	0.0	0.0
化学	2,361	33,972	121,374	379,371	0.0	0.0	20.5	13.7
窯業	2,067	17,699	47,869	184,947	14.3	21.5	16.6	32.0
紙パルプ	3,239	34,570	141,400	481,902	38.0	40.4	41.0	35.8
繊維	40,471	233,072	610,005	1,158,256	8.1	17.3	13.8	14.6
水産・食品	2,910	163,882	356,829	869,128	0.0	20.3	17.5	25.6
土木建設	305	0	0	0	0.0			
その他	1,628	10,556	28,805	0	0.0	0.0	0.0	
合計	79,069	799,136	2,549,981	4,797,174	35.1	28.1	30.5	27.8

出所）第3-17表に同じ。

6 重工業の形成

　重工業部門では，固定資本の巨額さ，技術的な格差の大きさから，民間資本の脆弱な資金基盤では容易に自立しえなかった。たとえば，日清戦争後に鉄鋼業の自立を計画した明治政府は，三井，三菱に投資の可能性を打診したが，両者ともそのリスクの高さから投資計画への参加を断ったと伝えられている。そのため政府は，製鉄業を官営事業として計画することになった。

　その一方で，政府は独立の確保と対外的な軍事行動の拡大に応じて，財政資金をつぎ込んで軍事工業優先の重工業を創出していくことになった。とくに日清戦後経営期の軍備拡張は，きわめて重要な政府投資となった。そのターゲットとなった最大の部門が，鉄鋼と造船であった。

機械工業の展開

　陸軍工廠における銃器生産，海軍工廠と三菱・川崎造船所における軍艦，貨物船の建造などが代表的な機械工業部門となったが，そのなかで，軍工廠は大規模作業場の典型的なものとなった。

　しかし，富国強兵政策を起点とする軍需工業の拡大政策は，民間重工業の発展という基盤を欠いたままであったために，軍工廠において素材から部品，完成品

第3-19表　造船奨励法の実績　　　　（単位：トン，千円）

	適格船建造実績			奨励金交付額	
	隻数	トン数	比率	金額	比率
三菱造船所	43	207,366	60.9%	6,053	66.1%
川崎造船所	34	96,738	28.4%	2,379	26.0%
大阪鉄工所	30	30,494	9.0%	619	6.8%
石川島造船所	2	2,516	0.7%	53	0.6%
小野鉄工造船所	1	792	0.2%	12	0.1%
浦賀船渠	2	2,653	0.8%	48	0.5%
合　計	112	340,559	100.0%	9,166	100.0%

出所　三和良一・原朗編，前掲『近現代日本経済史要覧　補訂版』82頁。

のすべてを自前で内製化する必要が生じた。先進国のような機械生産の広い裾野を欠いた生産体制を，佐藤昌一郎は「ワンセット生産体制」と名付けたが[*29]，それは機械生産の低水準という日本資本主義の後進性の表現でもあった。

日清戦後から始まっていた海運の発展＝国家の保護によって，貨物船市場に国内造船業者が競争優位をもつことが可能になっていた[*30]。この措置は，商圏を確保し外貨収入を増大させるために，海運業に補助金を出し，定期航路を開設させるという狙いをもつものであった。それが1896年の造船奨励法と，99年の航海奨励法である。そして，この補助金が紡績業の原料輸入に有効であったことは，すでにふれたが，造船業からみると，民間造船所への貨物船の発注とセットにして，航海助成金を支給するというものであったところに意義があった。輸入船は航海奨励法では，助成金を半額しかえられないために，海運会社は国内造船会社への発注を優先することになり，民間造船会社の市場を拡大したからである。

第3-11図　大阪鉄工所造機工場

写真提供　日立造船株式会社

[*29] 佐藤昌一郎「国家資本」大石嘉一郎編，前掲『日本産業革命の研究（上）』。なお，「ワンセット生産体制」は第二次大戦後の企業集団の投資行動の特徴について宮崎義一が命名した「ワンセット体制」という表現を借用したものと考えられる。

[*30] 小風秀雅，前掲『帝国主義下の日本海運』参照。

第 3-12 図　日本電気工場

三田工場内部（1910 年代）
写真提供　NEC

こうして 1898 年に三菱長崎造船所では，当時の国際級の貨物船 6000 総トンの常陸丸を建造するなどの実績を積むことになった。また，1901 年には，日本郵船が国産船中心に発注方針を転換した。これにより，三菱，川崎，大阪鉄工所，石川島などの有力な造船企業が成長の基盤をえることになった。ただし，このほかに圧倒的多数の木造船業者が存在し，漁船などでは船体は木造，機関は簡便な発動機を装備する船舶建造などもみられ，その用途などによって多様な，規模の異なる製造者が重層的に展開し始めていた。

第 3-20 表　汽船の輸入額
（単位：総トン数）

	輸　入	国　産
1895 年	43.1	5.6
1900	28.5	15.3
1905	138.7	30.1
1908	19.2	68.1
1910	40.3	35.6

出所）三和良一，前掲『概説日本経済史：近現代　第 3 版』71 頁。

造船工業にみられる機械工業部門の重層性は，他の機械生産にも見出された。これまでみてきたような工業化の進展のなかで，各種の工場，鉱山などで必要となった小規模な機械などを製造する機械製造者たちが生まれ，品質面では不十分とはいえ需要家の要求に応える機械生産の裾野を彼らが作り出しつつあった。

鈴木淳の研究によると，たとえば，明治 20 年代（1887～97 年）に筑豊炭田の大規模炭坑に設置されている汽缶 69 台のうち，外国産 10 台，三菱長崎造船所・川崎造船所・大阪鉄工所の大手造船業者が 15 台のほかは，兵庫の今市鉄工所 14 台，門司の門司鉄工所 5 台，博多の井村鉄工所 3 台，筑豊の幸袋鉄工所 5 台などがあり，産業地域周辺に機械工業が展開していた。また同様に，諏訪の製糸業では，丸山鉄工所が製糸家と協力して鉄板製の汽缶を開発し，製糸家向けの汽缶を製造していた。その納入先の記録によると，1888 年から 1900 年に丸山鉄工所は 181 台の汽缶を製糸家に納入した*[31]。ただし，これらの経営は，比較的大きなもの

でも従業員数が50人に満たないものであり、基幹的な職工のほかは農閑稼ぎ的な職工などが作業の多くを担っていたといわれている。こうして形成されてきた機械工業によって国内産業が求める機械の国内生産が押し上げられていった。

工業化の進展に伴う機械需要の増加とともに、軍需面からも民間企業に対する市場拡大が進んだ。それは、頂点的な官営軍需工業の自足的な展開だけでは、戦時の必要を十分に満たすことができないことが、日露戦争の遂行過程で明確化したからであった。そのため、日露戦後になると、民間資本との補完的な関係を作り出すことが求められることになり、その結果、民間の機械・金属工業の本格的な発展が加速することになった。その代表例が機械工業では造船業であり、兵器関連の鉄鋼生産なども拡大する契機をえた。それは「ワンセット生産体制」が限界に直面し、産業発展のあり方が方向転換を求められたことを反映していた。

さらにこの日露戦後期になると、電力投資が進展したことに加えて、国有化後の国鉄で設備の改善整備が進展したこと、また電信電話事業の拡張が企てられたことなどから政府需要が拡大し、その結果、鉄道車輌工業や通信機器・通信ケーブルなどの電気機械器具製造業などが、政府との協調的な取引関係のなかで技術的な基盤を固めつつ発展の緒についた[32]。このように日露戦後には機械生産拡

考えてみよう　軍工廠の発展

明治政府が、幕府や諸藩の軍事工場を継承して陸海軍の軍備を国内生産することを企図して設立された軍工廠は、陸海軍が必要とする兵器の製造・修理、鉄鋼などの兵器素材の製造にあたっていた。陸軍には小銃生産を中心とする東京砲兵工廠、火砲製造が中心の大阪砲兵工廠などがあり、海軍には横須賀、呉、佐世保、舞鶴に造艦能力をもつ造船工場が置かれた。当初は輸入品の模造や修理などを行うことが多かったが、1890年終りころには、銃器などについては国内で量産ができる技術水準に達したと評価されている。他方で、艦艇の国産化は遅れ、日露戦争時の主力艦はすべてイギリスなどからの輸入によるものであったが、1910年ころからは国内建造が主力となった。軍工廠が占めた位置を職工数を指標とする事業所規模で示すと、1906年では東京工廠2万2688人、大阪工廠1万5836人、横須賀工廠1万4780人、呉工廠2万2880人、佐世保工廠7130人、舞鶴工廠4374人であった。いずれも大規模作業場としては国内のトップを占める大工場であった。近代的な機械設備を備えたという点でも、民間機械生産に先行して技術水準の高い生産が行われることになった。しかし、素材面では官営製鉄所による鋼材生産の遅れに制約されたこと、民間の機械製造業の基盤を欠いていたことなどのために、工廠内での全面的な内製化を試みることになったが、増大する軍需を満たすことはできなかった。

参考文献　小山弘健『日本軍事工業の史的分析』御茶の水書房、1972年。
　　　　　佐藤昌一郎『陸軍工廠の研究』八朔社、1999年。
　　　　　三宅宏司『大阪砲兵工廠の研究』思文閣出版、1993年。

---

[31] 鈴木淳『明治の機械工業』ミネルヴァ書房、1996年、130, 157頁。
[32] 沢井実『日本鉄道車輌工業史』日本経済評論社、1998年および、同『マザーマシンの夢：日本工作機械工業史』名古屋大学出版会、2013年。

大の好条件が整いつつあり，それが産業構成を変えるような重工業部門の早い成長の基盤となった。もっとも，その多様な品種構成や，要求品質の大きな階層性のもとで，機械工業の国際競争力は高級品分野では限界が大きく，自給体制も不十分であった。

一貫製鉄所の建設による鉄鋼業の発展

鉄鋼業の発展に決定的な意味をもったのは，1896年製鉄所官制が制定され，1901年に操業開始した官営製鉄所（八幡製鉄所）であった。その生産が軌道に乗るのは，日露戦争期からであるが，当初から銑鉄と鋼塊，鋼材の一貫作業を企図した本格的な一貫製鉄所であった*33。

国内で熔鉱炉製鉄が着手されたのは官営の釜石製鉄所であり，その払い下げを受けた田中長兵衛が1894年にはコークス製銑に成功した。岡崎哲二によれば，釜石の生産コストは当時の輸入銑鉄に十分に対抗できるほどの水準に低下していた*34。しかし，それは低賃金が基盤の低コストであり，その生産の規模の矮小性とともに，軍需工業の基盤として素材を提供するには不十分であった。

こうしたことから計画された官営製鉄所は，当初から国際的な競争力をもつ近代的な大規模製鉄所として計画された。第3-21表のように，1904年までの投下資本額は1000万円を超え，累年の欠損も巨額化した。このような状況は，製鉄業が官営でなければできなかった事業であったという側面を示唆するが，同時にそれは官営事業であるが故に発生した負担という面もあった。

製鉄所設立計画は，兵器用の鋼材を供給することを主目的とし，そのために当初から採算性に問題があり，そこに民間資本が投資を躊躇した理由の一端もあった。しかも，その後，具体的な計画の立案に際しては，当

第3-13図　八幡製鉄所溶鉱炉

写真提供　新日鐵住金（株）八幡製鐵所

---

*33　官営製鉄所については，三枝博音・飯田賢一編『日本近代製鉄技術発達史』東洋経済新報社，1957年，長野暹編著『八幡製鐵所史の研究』日本経済評論社，2003年など参照。

*34　岡崎哲二『日本の工業化と鉄鋼産業』東京大学出版会，1993年。

第 3-21 表　八幡製鉄所の発展　　　　　　　　　（単位：千トン，千円）

	鉄鉱石受入高	中国・朝鮮鉱石比率（%）	銑鉄	国内供給比（%）	鋼材	国内供給比（%）	作業会計 損益
1901 年	100	73.5	24	23.7	2	0.9	△1,267
1902	54	94.1	18	23.5	20	9.1	△1,350
1903	50		0	0	29	10.8	△981
1904	68	88.5	17	12.9	37	12.1	△990
1905	91	80.5	79	29.1	40	9.1	△963
1906	151	78.3	100	41.0	63	15.2	△1,698
1907	152	84.7	95	39.9	79	14.7	△1,694
1908	197	93.4	103	42.7	97	18.5	△1,281
1909	205	95.1	106	37.3	97	26.4	△881
1910	244	97.9	127	42.8	153	29.7	52
1911	241	97.1	143	35.9	170	25.9	1,546
1912	432	97.1	177	37.7	196	20.6	4,839
1913	352	98.3	176	35.0	217	28.9	4,400

出所）三和良一・原朗編，前掲『近現代日本経済史要覧　補訂版』81 頁。

初の生産目標を 1.5 倍に引き上げることが決定された。ドイツの中堅製鉄所をモデルに立案された計画は，軍事的な目標が嵩あげされるなかで過大な背伸びをしたものとなった。そのために技術的にみると，釜石などの先行する製鉄業の経験，つまり原料鉱石およびコークス用原料炭の選択，操業可能な熔鉱炉の規模などが十分には生かされず，それが損失累積の原因の一つとなった。特にコークスの製造のために導入された専用炉は，炉が詰まるなど操業が不調で，銑鉄の連続操業ができなかった。国内鉱石原料を前提としたことも，その品位や量の面で問題があった。そこで政府は，設立計画の設計にあたっていた首脳部を入れ替え，計画の見直しを行った。

　このような曲折を経て，財政資金の投下によって，当時の世界的な水準，つまり国際競争ができる水準に近い製鉄所が作り出されていった。主要鋼材製品の例として鉄道レールをとると，官営製鉄所の供給価格は，1900 年代後半には輸入品と匹敵ないしは，これを下回る水準を実現しうるようになっていた[35]。

　官営製鉄所の競争力を向上させた条件として第一に重要な点は，原料鉱石の中国への依存であった。当時清国政府が開発を進めていた漢冶萍・大冶鉄山からの鉄鉱石が，日本からの借款供与の見返りとして日本に輸入された。これが操業に必要な豊富な鉱石原料確保には決定的であった。

---

[35]　岡崎哲二，前掲『日本の工業化と鉄鋼産業』11 頁参照。

6 重工業の形成

　この借款契約に基づく鉱石輸入契約は，当初は清国側からの申し出もあって商業ベースで取り交わされたものであった。しかし，その後，日清・日中間の政治的・軍事的なバランスの変化を背景として，契約価格が更新されないままとなった。このような契約のあり方は，インフレの進行とともに借款の返済にあてられる鉱石代金の単価を実質的に引き下げることになり，その結果，官営製鉄所に豊富で低廉な原料確保を保証することになった。

　この原料の中国依存は，輸入技術に依存した工業化の弱点を露呈していることに注意しなければならない。当初の計画では官営製鉄所は国内の鉄鉱石を原料とすることを予定していた。しかし，その予定した鉄山の資源が十分でないという「資源の貧困」だけでなく，導入された製鉄技術に適合的な鉄鉱石が国内にはみつからなかったという意味での「資源の貧困」が作り出されていた。つまり，国内資源に適合的な技術の開発を待つ余裕がなく，そのために外国技術に依存せざるをえなかったことが資源不足，資源の海外依存をもたらしたのである。それは，資源が一般的に貧困で不足していたのではなく，資源不足が工業化過程の技術選択によって作り出されていたことを明らかにしている。言い換えると，しばしば海外進出の根拠とされる**資源の貧困は，工業化過程によって日本自らが選び取った**ものであった。

　こうして八幡の発展の基礎が作られたが，それでも国内の鉄鋼需要を満たすのには不足していた。そのため，軍需用では，呉海軍工廠の鋼材生産などが重要な役割を果たした。さらに，民間の製鋼業者が日清戦後から設立され，次第に発展のチャンスをつかんでいった。この時期に，住友製鋼所，神戸製鋼所，川崎製鉄，日本鋼管などにつながる企業が創業されているが，それは，釜石銑鉄などの国内銑鉄，輸入銑鉄，くず鉄などに依存した平炉による鋼材生産を主とするものであった。官営製鉄所などの官営事業は，軍需用鋼材の自給を実現しつつ，民間鉄鋼業に銑鉄を供給し，さらに民間造船所に建造用の厚板を供給するなどの役割を果たした。こうして，日本の製鉄業は，銑鉄生産に比して鋼材生産の生産能力が大きいというアンバランスを拡大しつつ展開することになった。

　国内での産業連関が不十分とはいえ，造船業と鉄鋼業が突出して発展し，1910年代初めには先進国的な産業構造を形成していった。金属工業，機械工業が産業革命期に示す高い産業成長は，この時期にそれらの産業部門が主導産業の役割を担うようになったことを示している。この発展過程の特徴は，一方で，大規模な近代的な作業場が生まれるとともに，他方で機械生産などでは小規模な企業が重層的に存在し，それぞれセグメントの異なる市場で存立基盤を見出していたことであった。

重工業経営と内部請負労働

それらの経営に求められた労働力は,伝統的な鉄砲鍛冶,造船大工などの職人層を起源とするものがあったが,それだけでなく,その技術的基盤が移植されたものであるだけに,新しい職種の労働力も必要とした。その作業の現場には,単純労働に従事するような重筋労働力も少なくなかったが,生産の基本的な部分を担ったのは,機械生産では職人的な伝統をもつ熟練労働者たちであり,製鉄業などの装置産業では炉前作業などの新しい技術に対応した熟練技能をもつ労働者たちであった。これらの中核的な労働者は,配下に徒弟的な補助労働者を抱えた親方労働者であり,彼らは特定の作業を経営から請け負う(間接的労務管理のもとでの内部請負),基幹的な役割を果たしていた。

「渡り職工」という言葉が示しているように,このような労働者のなかには,しばしば徒弟的な修業期間を経た後には自らの腕に頼って工場を渡り歩くなど,経営に対する忠実さは必ずしも十分ではない者が多かったといわれている[*36]。また,諏訪の汽缶工場に農閑期稼ぎの職工がいたことなども,この産業の労働の形態の特殊性を示唆している。

機械生産が基本的には受注生産であること,そのために受注に繁閑があっただけでなく,受注ごとに求められる技能に違いがあることなどの事情と,職人たちが万能的な技能をもつことを目的として「腕を磨く」ために経営間を移動したことが重なり合って,「渡り」の慣行は受注生産の柔軟さを可能にした面もあったと考えることもできる[*37]。

考えてみよう　熟練労働の質

　機械工場などではたらく労働者の技能は,紡績女工のような単純不熟練労働ではない。本文でも説明したように,その技能は一つの製品を一人で仕上げきるような万能工的な熟練技能である場合と,特定の技術体系に基づく機械の操作・装置の操作に関する熟練の場合とがある。一般的に工場制度に基づく生産過程で求められる技能は,一連の作業工程の特定の部分に専門化していく傾向にある。日本の機械生産でも内部請負制のように親方職工に作業の全体を一任する場合には,求められるのは万能的な熟練である場合が多いが,工場設備の操作などを通して作業が行われる場合,その熟達した技能は,その機械体系を前提としない限り発揮できないという意味では,万能的な熟練に比べて労働者の交渉力を弱めるものとなった。それだけでなく,特定の職場で形成された技能は,前提となる機械体系がどの工場でも,どの企業でも標準化されたものでなければ,技能の十全な発揮を職場の異動によって失う可能性があった。「企業特殊的」というような表現で熟練の質を制限的に捉えるのは,熟練技能がそうした特徴を備えているからと考えられている。どのような場合に,労働者の作業能力が十分に発揮できるのか,与えられた作業場の条件にもよるということであろう。

[*36]　鈴木淳,前掲『明治の機械工業』第5章など参照。
[*37]　このような特徴は,独立経営を志向する中小工場主たちが特定の地域内に集中して開業し,注

しかし，大型蒸気船の建造や熔鉱炉での製鉄作業，鋼塊や鋼材の製造は，これに必要な大型の設備を不可欠としていた。そうした作業の熟練者たちは，「渡り職工」たちが，自前の道具を小脇に経営間を渡り歩くほどには，ポータブルな熟練をもっていたわけではなかった。大規模作業場の生産現場では，経営の指図に従って，その熟達した技能を駆使する労働者たちが主役となっていった。こうした技能に依存した生産の実態は，先進的な工業国においても大きな差はなかったが，イギリスなどの機械工場では，生産技術の担い手が親方的な熟練労働者であったのに対して，日本では学卒の技術者の技術指導が重要な意味をもつという違いがあった。技術者の現場への進出に後進国日本の特徴があったということになる。

以上のように，大規模な作業を中心に重工業では，熟練労働者を生産の現場で生かしつつ，それらの技能が，現場の機械設備に特殊的な，場合によっては企業に特殊的な技能として形成されざるをえない面をもつために，経営にとって熟練の制約が緩和されるという面があった。しかし，内部請負制は資本の労働力支配という視点からみると，その包摂の程度には限界があった。そして，彼らが技術者などから指導を受け容れて図面や作業指図書を理解する能力をもち，仕事に対しても一定の自主性をもちうるという主体的な条件そのものが，次第に資本の支配に対する抵抗の基盤，労働組合運動を生み出す基盤となっていくのである。労働運動が発生するのは，その支配の過酷さによって運動が逼塞させられていた繊維産業などではなく，その支配が相対的に緩やかで労働者の自発性を残した産業分野であったことは注目すべき事柄であろう。

7　在来産業の展開

織物業の展開

在来的な産業部門の代表例として織物業に注目すると，その生産の中心は綿と絹の織物生産にあった。生産額の推移からみると，綿織物は，1890年代後半に，絹織物では1900年代前半に停滞がみられるとはいえ，中期的にみれば着実な生産拡大が続いた（第3-22表）。

品目別の推移とは別に，この産業の発展を理解するためには市場基盤に注目することが有効である。すなわち，大別すると，国内の織物生産には，二つのタイ

文に応じて必要な技能で協力し合う可変的な生産を行うような，都市部における機械工業の集積の形成などにも通じるものであった。これについては，今泉飛鳥「産業集積の肯定的効果と集積内工場の特徴」『歴史と経済』51巻1号，2008年を参照。

第3-22表　織物業生産の推移　　　　　　　　　　　　　　　（単位：千円）

	綿織物	絹織物	絹綿交織物	麻織物	毛織物	合　計
1880年	21,712	12,999	3,947	722	962	40,342
1885	17,301	11,116	3,583	634	853	33,487
1890	31,874	16,081	6,642	1,137	1,549	57,283
1895	62,301	52,512	17,313	2,893	3,972	138,991
1900	61,326	83,468	23,631	3,869	5,352	177,646
1905	71,511	60,405	15,372	3,528	9,609	160,425
1910	122,152	112,807	28,810	3,642	17,539	284,950
1915	182,384	121,687	27,407	4,867	38,970	375,315
1920	693,550	467,392	93,065	21,342	158,045	1,433,394

出所）篠原三代平，前掲『長期経済統計10　鉱工業』194〜195頁。

プがあり，国内市場向けと輸出市場向けとによって，その生産の形態など産業的な特徴が大きく異なるからである。前者は，主として産地の問屋制家内工業として展開する賃機（綿織物および交織物）や*38，西陣・桐生などの伝統的な絹織物産地の小規模な機屋であった。後者は，綿織物では紡績企業が綿糸生産と兼営する織布業であり，絹織物では新興の福井などで発展する羽二重生産であったが，いずれも力織機を用いた工場制工業の特徴を備えていた。

羽二重生産は，比較的単純な組成（平織など）の織布を生産するために，このような工場制のもとで力織機化が早くから実現し*39，欧州向け輸出に先導されて伸張していた。紡績会社が兼営する綿織物生産も金巾などの生産に特化しつつ，その機械化による生産性の高さなどもあって，朝鮮・中国市場などに早い時期から進出を始めた。

これに対して，国内向け産地は，伝統的な生産形態が堅固に残存していることが特徴とされている。そうした機屋で構成される産地では，力織機が，日露戦後からの電力業の発展を基盤に，小型モーターを利用した生産形態の小規模工場の設立とともに普及するまで，副業的な農家の賃機に依存する部分が大きかった。阿部武司が産地大経営と評価することになる第一次大戦期に急成長する綿織物業者も，この時期には小規模な工場と賃機とを組み合わせた経営形態であった*40。

伝統的な経営形態をとっていたといっても，これらの国内向け綿織物生産が近代以降にたどった軌跡は，近代工業発展の影響を物語っている。当初，輸入綿糸を原料として再生した産地は，産地間の競争を介して衰退を余儀なくされる地域

---

*38　谷本雅之，前掲『日本における在来的経済発展と織物業』。

*39　羽二重生産については，古島敏雄『体系日本史叢書12　産業史3』山川出版社，1981年，山口和雄編『日本産業金融史研究　織物金融篇』東京大学出版会，1974年などに詳しい。

*40　阿部武司『日本における産地綿織物業の展開』東京大学出版会，1989年。

第 3-14 図　明治中期の織物工場

出所）佐賀県『佐賀県写真帖』1911（明治44）年，国立国会図書館所蔵

を生みながらも，綿糸紡績業の発展とともに国産紡績糸を利用した生産によって，品質と価格の両面で輸入品に対抗することができるようになっていった。輸入された染料などの技術や織機の改良も貢献したと考えられるが，こうした条件のもとで1880年代には国内消費の8割を供給することが可能となり，高級品を除いてはほぼ自給できる体制を整えた*41。

織物業の生産形態については，石井寛治によれば*42，10人以上の工場の職工数が全織物職工数に占める割合は，10％ほどにすぎず，そのなかで，この比率が比較的高い府県は，愛知，大阪，兵庫，東京，石川，福井などであり，これらは兼営織布か輸出羽二重の生産拠点となっている地域であった。これに対して，他の地域では概して賃機の比率が高かった。もっとも，愛知や大阪など紡績業の周辺に多数の機屋が展開する府県もあったが，全国でみれば，織物業に従事する企業数（独立営業＋賃織業）に対して，賃織業はその6割を占めるほど，生産形態の大勢を制していた。

輸出向けにしろ，国内向けにしろ，産地として発展する地域では，品質検査などについて共同事業を行うなどの同業者の組織化が進められた。また，国内向けでは，問屋との取引を介した組織化が重要な意味をもった。このように賃機が一般化し，問屋制家内工業という一見すると古いタイプの生産形態が生き続けた理由は，第一に，副業的であるが故に工場労働に比べても安い労働力が利用可能であったこと，第二に，手機という技術水準に依拠する限り工場制による集中作業場のメリットが小さかったこと，そのために第三に，工場制に要する管理上のコ

---

*41　ただし，輸入額を輸出額が上回るのは，1909年であった。
*42　石井寛治，前掲『日本経済史　第2版』218頁，表48による。

ストの節約が間接的な管理に伴うデメリットを十分に相殺したと考えられることなどに求められている。また，請負側の農家からみると，農業労働の繁閑に合わせて家族労働を配分するという自主性が残る分だけ合理的であったことが，谷本雅之によって強調されている[*43]。このような生産形態は，多品種少量生産という国内向け製品の特徴にも規定された。したがって，織物生産における力織機化が電力供給の増加や安価な設備投資で可能となれば，いずれは消えていく過渡的な形態であった。

食品工業の展開

織物工業と並んで伝統的・在来的な産業部門を代表したのが食品工業であった。前掲第3-1表のように，食品工業の地位はきわめて高く，その構成比は大きかった。量的に比重が高い食品工業のなかでも，その中心となっているのは清酒であり，それは第一次大戦が始まる前まで，綿工業や製糸業などと並ぶ主要な工業部門となっていた（第3-23表）。清酒のほかには，味噌・醤油などの醸造業などがあったが[*44]，これらは一般的には，伝統的な日用必需品の生産部門であり，しかも，自給的な性格も残り，各地域ごとの狭い市場を基盤としていた。

もちろん食品工業のなかにもビール，精製糖などのように主として近代的な産業として急成長する部門もあった。また，伝統的な分野でも野田や銚子の醤油醸造業，灘の清酒など，東京や大阪などの大都市の消費市場を中心に全国的なマーケットへと供給するナショナルブランドも登場しつつあった。こうした新しい動向を支えた条件は，①輸送能力の改善──鉄道の発達，②所蔵・保蔵能力の改善──保存剤の普及，③容器の改善──瓶詰めなどであった[*45]。市場の拡大のためには，長距離輸送の利便性が向上するともに，輸送・在庫中の腐敗を防ぐような補助的な設備，容器などが必要だったからである。それは近代的な産業部門の発展が提供する諸条件，インフラや新たな素材などが在来的な産業部門の展開に重要な役割を果たしていたことを示している。

---

*43 谷本，前掲『日本における在来的経済発展と織物業』，および中林真幸「問屋制と専業化」武田晴人編『地域の社会経済史』有斐閣，2003年。このような問屋制の評価は，機械工場の内部に残る，内部請負制－親方職工による作業請負と同様の間接的な管理の合理性が，ある特定の技術的な条件のもとでは見出しうることと共通するものがある。

*44 醤油醸造業については，林玲子編『醤油醸造業史の研究』吉川弘文館，1990年，および井奥成彦・中西聡編『醤油醸造業と地域の工業化』慶應義塾大学出版会，2016年参照。

*45 導入技術などとの融合については，粕谷誠，前掲『ものづくり日本経営史』第2章第3節参照。

第3-23表　産業細分類ベースの特定産業への集中度

上位集中度	I 1874-83年	II 1877-86年	III 1882-91年	IV 1887-96年	V 1892-1901年	VI 1897-1906年	VII 1902-11年	VIII 1907-16年
3位まで	35.6%	34.9%	35.5%	34.9%	33.3%	30.9%	28.3%	25.9%
	清酒 肥料 綿織物	清酒 肥料 綿織物	清酒 綿織物 生糸	清酒 生糸 綿織物	清酒 生糸 綿糸	清酒 生糸 綿糸	清酒 生糸 菓子	機械 清酒 生糸
5位まで	48.6%	48.7%	48.9%	48.7%	48.7%	45.2%	42.5%	40.6%
	生糸 木材製品	生糸 菓子	菓子 肥料	綿糸 肥料	絹織物 綿織物	菓子 綿織物	綿糸 機械	綿糸 綿織物
10位まで	70.9%	71.1%	68.8%	69.5%	69.6%	66.5%	65.1%	63.4%
	菓子 味噌・醬油 豆腐 絹織物 機械	木材製品 味噌・醬油 絹織物 豆腐 金属	木材製品 絹織物 味噌・醬油 綿糸 豆腐	菓子 肥料 木材製品 味噌・醬油 機械	菓子 木材製品 肥料 機械 味噌・醬油	綿織物 機械 木材製品 私鉄 肥料	綿織物 絹織物 木材製品 たばこ 国有鉄道	菓子 絹織物 国有鉄道 たばこ 鉄鋼
ハーフィンダル指数	0.0721	0.0725	0.0687	0.0660	0.0660	0.0599	0.0551	0.0520

(出所)　第3-3表に同じ。

在来産業の位置

　新たな展開がみられる一方で，在来的な産業部門の全般的な停滞的様相にも注意を払う必要があろう。この点を示したのが，すでにみた「鉱工業名目成長率順位」である。前掲第3-3表の通り在来的な産業が多い，食料品や繊維などで生産の増加率が低かった。これらの産業を中分類レベルで比較すると，食料品，繊維ともに製造業の産業成長率（1894~98年から09~13年）よりも低かったが，その主因は職工一人あたり生産額（労働生産性）が低いためであった。すなわち，中分類のレベルで産業別の条件を比較すると，成長率の高い産業では，経営数の増加と労働生産性の上昇との双方の要因によって高い成長が実現しており，低成長部門ではその両面で劣り，とくに生産性の上昇の差が大きかったのである[*46]。
　これを在来産業部門についてさらに細かい分類に即して立ち入って検討すると（第3-24表），データが限定されているために十分な証拠を示すことはできないが，酒類や織物では，製造家戸数の増加がみられず，むしろ減少していた。したがって，これらの個別部門（小分類）では，生産の拡大は，一経営あたりの生産増加（F）によっていた。また，経営規模（C）がわかるマッチ，陶磁器，漆器，織物

[*46]　武田晴人，前掲「産業革命期の需要構造と産業構造」31頁。

第3-24表 在来産業の成長要因（1894〜98年から1909〜13年の変化率）

(単位：%)

	製造家戸数 (A)	職工数 (B)	経営規模 職工／戸数 (C)	生産性 生産額／職 工数(D)	生産額 (E)	生産額 ／戸数 (F)
酒 類	△0.9				4.2	5.3
醬 油	2.2				5.1	2.9
マッチ	△1.3	△3.8	△2.7	9.4	5.9	7.3
陶磁器	0.8	1.9	△3.9	6.0	8.1	7.2
畳表・花筵	1.3				5.3	3.9
油 類	△2.2				5.6	8.1
和 紙	△1.2				4.4	5.7
漆 器	1.5	0.3	△4.0	5.7	5.9	4.4
生蠟・晒蠟	△3.3				2.5	6.0
以上総合	0.9				4.6	3.7
生 糸	△0.4				6.1	6.6
織 物	△2.5	△1.9	0.6	9.4	7.3	10.2

出所）『農商務統計表』各年次所載のデータより，前掲第3-3表と同様の方法で算出。

の4業種についてみると，生産性 (D) の上昇が大きかったことが明らかとなるが，その反面で，それにもかかわらず経営規模の拡大はみられなかった。

　限られたデータであるが，在来的とみなされる生産分野でも緩やかな生産性の上昇をもたらすような技術の改善が進行していたこと，あるいは，技術の改善がない場合には製造家一戸あたりの職工数増加によって，一戸数あたり生産が増加していたと考えることができる[*47]。

　このうち技術進歩をもたらした条件を考えると，在来的な資源にのみにこれを見出すのは困難であろう。たとえば，織物の高い労働生産性の伸び率は部分的な力織機化によるものである。他方で，経営規模の拡大が発生したとすれば，それによる新しい管理問題を個々の経営がどのように解決したのかを考慮する必要がある。それは，代表的な在来産業では，在来産業であるが故に発展したのではなく，新しい時代に適応した変容を遂げることによって産業全体としては持続的な成長がもたらされたとみるべきことを示唆している。

　もちろん，これらの変化は直ちに工場制工業経営への移行を意味しない。織物業に関する最近の研究が明らかにしていることは，問屋制的な生産組織がより効率的なものへと再編されながら，重要な役割を果たし続けていたことである。大都市向け生産を拡大する醸造業者や，洋食器などの新しいタイプの陶磁器業者の誕生[*48]，あるいは産地大経営と呼ばれることになる織物業者の発生などは，問

[*47] 前者については具体的な例が上記の4業種についてみられており，後者については具体的な実例はデータからは知りえない。

屋制とは異なる経路で，つまり経営規模の拡大を通して，産業が成長したことを示していると考えられる。問屋制生産の「合理性」にかかわる議論も，そうした文脈で捉える限り，管理技術の発展が問屋制度という伝統的な衣をまとって展開したものであり，ロットが小さい多品種生産であるという内地向け織物では力織機化が進みにくいという条件においてはじめて出現しえたものにすぎず，力織機の改良が進み，その導入が進展する条件が整えば大きく変容を蒙る過渡的な生産形態であった。

産業革命期の各種生産形態と賃労働

以上の5節にわたる産業別の検討により，何が明らかになるのであろうか。

国民経済レベルでは，産業革命は，資本主義経済への移行を意味する全社会的な変革を示すものであった。それは市場経済的な関係がより広く展開することを意味すると同時に，それを可能にするような，主体としての資本主義的な経営を成立させていくことを条件とする。資本主義的な経営の成立をもっとも重要な変化として注目する理由は，市場での商品の取引主体としての手工業者，商業者はそれまでも存在し，それらの量的な拡大だけでは，これほどの大きな経済社会の変貌と，経済成長をもたらさなかったからである。

その点では，古典派経済学が注目した「分業と協業の利益」に立ち戻るべきであろう。そこでは，工場の生産と，その基盤となる機械体系が重要な役割を果たすことが強調されてきた。そして，そこでは，経営の計画のもとで「分業と協業の利益」が最大限発揮され，労働者たちが経営の計画に完全に規律づけられるようになるために，熟練の抵抗が排除され，労働者たちは機械体系などの生産の仕組みのなかでは一つの歯車として動かされるようになった。だからこそ急激な生産の拡大，経済成長が実現した。つまり，工場の規律が確立すること，言い換えると熟練の排除，労働者の自律性の排除が実現することが必要だった。

このような視点でみると，
①紡績業では，機械体系がこれを可能とした，
②製糸業では，等級賃金制度による相対評価が工女たちの競争を促すことを通してこれを可能にした，
③鉱山業では，運搬過程の機械化が，手労働の残る採鉱過程の作業を規律づけることを可能にした，
④機械工業では，内部請負制のもとで，経営は十分には労働を規律することが

＊48　陶磁器生産については，宮地英敏『近代日本の陶磁器業』名古屋大学出版会，2008年参照。

できなかったとはいえ，造船工場などで工場設備に規定された特殊な熟練へと労働の質が変化していったこと，さらに，製鉄業では主要な労働はもっぱら巨大な装置の監視と操作となったことから，熟練労働者は，その熟練によって自発的に経営間を移動する可能性が小さくなり，その労働は装置体系の付属物となっていった，

などの理由によって，上記の条件を満たしたことになる。

これに対して，織物業での変化は部分的であった。機械化を進める一部の先進的な経営がある一方で，多品種少量生産という市場の特徴と，低い労賃の利用のために農家副業的な賃機を組み合わせることのメリットが，この時期にも活きる側面が残っていた。他の在来的な部門でも部分的に近代的な工場が登場するようになる一方で，中小零細経営が存続していた理由がこの点にあった。そして，そこでも生産性の緩やかな上昇や経営規模の拡大が進み，そのなかでこうした経営体に対して効率的な経営を行うことの重要性が次第に学びとられていった。

こうして，資本主義社会の主役たちが主要な産業部門に出そろってきたことは，産業構造の変化という量的な観察結果と併せて，日本経済の質的な変化を表しているとみることができる。

8 農業と寄生地主制

農村に目を転じると，農業部門からの自生的な資本主義的経営の展開が阻止される一方で，富裕な農民たちは土地所有を拡大して地主化し，さらに寄生地主へと転化していった。この寄生地主制が支配的となるなかで農業生産はどのような展開をみせたのだろうか[*49]。

米と繭の経済構造──農業生産の動向

明治期を通して農業生産は米を中心とした生産拡大を実現した。米価の変動によって時期による上下はあるとはいっても，米の比率は一貫して5割前後の位置にあった。これに加えて重要な位置を占めることになったのは，裏作の麦を除けば，急成長した繭，桑作であった（第3-25表）。米が自給的な部分が大きかったことを考慮すれば，商品作物としての繭（養蚕）の意味は大きく，米と繭とが農家経営を市場とつないでいた。その意味で，戦前期の農業は，「米と繭の経済構造」と評価された。これが農業生産の基本的な構造であった。

[*49] 中村政則『近代日本地主制史研究』東京大学出版会，1979年，暉峻衆三『日本農業問題の展開（上・下）』東京大学出版会，1970，1984年を参照。

第 3-25 表　農業生産の動向　　　　　　　　　　（単位：百万円）

年	1874 年		1884-86 年		1898-1900 年		1907-09 年	
合　計	295	100.0%	375	100.0%	965	100.0%	1423	100.0%
米	175	59.3%	187	49.9%	518	53.7%	730	51.3%
麦	30	10.2%	40	10.7%	107	11.1%	130	9.1%
棉	7	2.4%	7	1.9%	3	0.3%	1	0.1%
菜　種	7	2.4%	5	1.3%	9	0.9%	12	0.8%
野　菜	9	3.1%	23	6.1%	47	4.9%	88	6.2%
繭	15	5.1%	31	8.3%	94	9.7%	159	11.2%
その他	19	6.4%	22	5.9%	19	2.0%	22	1.5%

出所）安藤良雄編，前掲『近代日本経済史要覧』14 頁。1874 年は，梅村又次『長期経済統計 9　農林業』東洋経済新報社，1966 年，146 頁による。

第 3-26 表　米の生産の動向と生産性

	米			小　麦	繭
	作付け面積 (千 ha)	実収穫量 (千トン)	10a あたり 収量 (kg)	(千トン)	(千トン)
1880-84 年	2,567	4,483	175	325	46
1885-89	2,634	5,487	208	411	42
1890-94	2,729	6,047	222	448	58
1895-99	2,776	5,884	212	539	81
1900-04	2,824	6,691	237	502	99
1905-09	2,877	7,129	248	573	122
1910-14	2,965	7,666	259	671	162
1915-19	3,049	8,523	280	841	231

出所）三和良一・原朗編，前掲『近現代日本経済史要覧　補訂版』15 頁。

　米の生産は，一般的には多労・多肥（購入肥料の導入と乾田馬耕などの農業生産の改良）の農業技術を中核としていたが，明治期には第 3-26 表のように米の生産性（土地生産性）上昇が生産拡大の最大の要因となった[*50]。1880 年代前半から 1910 年代前半にかけて米の作付け面積は 16% ほど増加したのに対し，土地生産性は 5 割近く上昇していた。作付け面積の増加は，棉作，藍作など，輸入によって生産が減退した作物からの陸稲への転作などが要因となっていた。このように米作中心の農業生産には，耕地の半分近くとなる小作地の小作料支払が現物の米であったことによるところが大きく，ここに寄生地主制の影響が見出される。もっとも，収入拡大に関心をもつ地主たちの指導なども生産性上昇に貢献した。こうした緩やかな生産性上昇により，高い小作料率にもかかわらず，寄生地主制は明治期を通して安定的な農業生産制度となった。

[*50] 商品としての米の改良の取り組みの例としては，大豆生田稔『防長米改良と米穀検査』日本経済評論社，2016 年がある。

第 3-15 図　明治の農村風景（1）

足つき杵の脱穀風景
長崎大学附属図書館所蔵

耕地の所有規模と経営規模

　第 3-27 表によると，農家戸数は判明する 1908 年以降については 40 年まで 480 万戸で比較的安定しており，これとは異なる経営規模別の統計（第 3-28 表）でそれ以前と比較しても 445 万戸前後で安定していた。農家戸数は人口の急激な増加にもかかわらず，安定的に維持されていた。

　工業化と人口増加にもかかわらず農家戸数が安定的に維持されるなかで，農家の所有耕地の規模に注目すると，0.5 町以下という零細な規模が全体の 50% を占めていた。

　その意味を考えてみると，0.5 町の耕地から得られる米の収穫量は〈0.5 町 = 49.65a，1905～1909 年の 10a あたりの米の収穫高 248 kg〉から，1231 kg となる。仮に，これが全収入とみて生活費のすべてをまかなうとすると（実際には裏作などもあってこれだけが収穫量ではないが），食費は生活費合計の約半分とすれば，食費相当分は，615 kg となる。

　一方，1908 年の日本の人口 4800 万人に対して，米の総収穫高 713 万トンで，一人あたり年米消費量は 148 kg となる。この二つから，食費相当分となる米の量は約 4 人分の消費量である。つまり，当時の農家家族数は 6 人程度であるから，家族全員を養うことはできない耕地しか保有していない農家が，農家の約半数あったことになる。小作地の場合には，収穫に対して小作料が 4 割，肥料などの負担が 1 割だとすると，この耕地では，食費をまかなうだけで，他に必要な生活費に充当できる収入はえられないのである。

　もちろん，実際の小作農家は，自小作経営に代表されるように追加的に小作地を借りて経営しているから，問題は所有規模ではなく経営規模となる。経営規模でみると，前表と統計の基準が違うが，0.8 町未満が過半数となる。つまり，零細な規模の農家が，零細な小作地を借り足して，農業経営を行っているという姿が，日本の農村を埋め尽くしている農家の実態であったということになる。所有規模に対して経営規模がおおよそ，1.5 倍になっているとすれば，それによってまかなえる食費はようやく 6 人程度であり，これで，当時の農家の平均的な家族

8 農業と寄生地主制

第 3-27 表　耕地所有規模別農家戸数　(単位：千戸)

		～0.5町	～1	～3	～5	～10	～50	50町以上	合計
戸数	1908年	2,267	1,278	900	227	94	34	2	4,803
	1912	2,325	1,228	856	220	93	34	2	4,758
	1922	2,363	1,169	858	198	86	31	2	4,707
	1932	2,467	1,250	862	187	77	27	2	4,871
	1940	2,351	1,305	902	182	68	23	2	4,833
構成比	1908	47.2%	26.6%	18.7%	4.7%	2.0%	0.7%	0.0%	100.0%
	1912	48.9%	25.8%	18.0%	4.6%	2.0%	0.7%	0.0%	100.0%
	1922	50.2%	24.8%	18.2%	4.2%	1.8%	0.7%	0.0%	100.0%
	1932	50.6%	25.7%	17.7%	3.8%	1.6%	0.6%	0.0%	100.0%
	1940	48.6%	27.0%	18.7%	3.8%	1.4%	0.5%	0.0%	100.0%

出所）三和良一・原朗編、前掲『近現代日本経済史要覧　補訂版』17 頁。

第 3-28 表　経営規模別農家戸数　(単位：千戸)

	0.8町未満	0.8-1.5	1.5以上	合計	0.8町未満	0.8-1.5	1.5以上	合計
1888年	2,438	1,330	665	4,433	55.0%	30.0%	15.0%	100.0%
1908	2,594	1,145	718	4,457	58.2%	25.7%	16.1%	100.0%
1922	2,526	1,251	693	4,470	56.5%	28.0%	15.5%	100.0%
1937	2,460	1,349	688	4,497	54.7%	30.0%	15.3%	100.0%

出所）第 3-27 表に同じ。

数に相当し，その食費はぎりぎりまかなえたということができる。このような所得水準が農家の実態であった。

地主制の成立

　自作地のみでは家族を養うには不足することもあって，農家経営では自小作ないし小作の比率が高くなった。小作地率は 1910 年には田で 50%，畑で 40% に達し，明治期を通して全国的に上昇傾向にあった。地域別では，東北では 1932 年，東山では 08 年，近畿では 22 年，全国では 32 年が小作地率のピークであり，このピークに向かって明治以来，各地方で小作地率は上昇を続けた（第 3-29 表）。こうして地主・小作関係は，日本の農村社会では支配的な社会関係となった[*51]。

　小作料率は，統計的にみるときわめて高かった（第 3-30 表）。具体的には 1880 年代の小作料率は 60%，99 年には 66%，1910 年には 61% となっている。もっとも，このような高率の料率に対して，現実の実納小作料率は，作柄次第で地主の判断によって，恩恵的に引き下げられることがあったといわれている。したがって，統計的に示されている契約小作料率の高さは額面通りとはいえない。

[*51]　地主制の成立に関連する研究としては，永原慶二ほか『日本地主制の構成と段階』東京大学出版会，1972 年，中村政則，前掲『近代日本地主制史研究』などを参照。

第3-29表　自小作別農家戸数・地域別小作地率　　　　　　（単位：千戸）

農家戸数	自作	自小作	小作	合計	自作	自小作	小作	合計
1883-84年	2,119	2,377	1,189	5,685	37.3%	41.8%	20.9%	100.0%
1888	1,478	2,000	954	4,432	33.3%	45.1%	21.5%	100.0%
1899					35.4%	38.4%	26.2%	100.0%
1908	1,800	2,117	1,492	5,409	33.3%	39.1%	27.6%	100.0%
1915	1,779	2,226	1,530	5,535	32.1%	40.2%	27.6%	100.0%
1930	1,743	2,371	1,486	5,600	31.1%	42.3%	26.5%	100.0%

（単位：%）

小作地率	東北	関東	北陸	東山	東海	近畿	山陽	全国
1873年	14.6	23.6	39.6	31.1	33.7	33.0	23.9	27.4
1883-84	25.1	35.2	46.3	36.5	39.1	40.2	34.4	35.9
1887	29.9	36.8	49.9	40.7	40.9	45.5	38.9	39.5
1897	32.7	39.0	47.1	43.5	45.2	47.7	42.4	41.2
1908	40.4	44.1	49.8	46.9	48.4	49.5	47.4	44.9
1922	43.5	46.7	51.5	46.4	47.3	50.8	46.3	46.2
1932	47.0	48.5	53.5	43.9	43.5	47.5	44.4	46.4
1940	46.7	49.1	51.9	42.3	43.0	45.1	42.8	45.7

出所）三和良一・原朗編，前掲『近現代日本経済史要覧　補訂版』18頁。

第3-30表　田畑価格と小作料

	地価		小作料			水田平均	利回り		小作料率
	田 (A)	畑 (B)	田		畑 (E)	反収 (F)	田	畑	田
			玄米 (C)	価格 (D)			(D/A)	(E/B)	(C/F)
	（円）	（円）	（石）	（円）	（円）	（石）	(%)	(%)	(%)
1885年			0.827	4.86	2.89	1.379			60.0
1899	126	47	0.950	9.92	5.03	1.419	7.9	10.7	66.9
1910	219	85	0.987	12.40	5.45	1.602	5.7	6.4	61.6
1920	544	213	1.060	39.38	8.64	2.058	7.2	4.1	51.5
1930	447	200	0.958	16.01	9.05	2.105	3.6	4.5	45.5
1940	629	276	0.997	41.78	12.45	1.972	6.6	4.5	50.6

出所）第3-29に同じ。

　1920年頃までの田畑の投資利回りは約7％と比較的高い水準あり，その後の小作料率の低下と，それによる利回りの低下とが，小作地への投資の減退をもたらすまで，地主にとって耕地は有力な投資対象であった。
　以上のように，農家経営は，零細な所有地に，小作地を加えて耕作し，米作中心の農業生産に従事し，高率の小作料を払うという性格をもっていた。
　たとえば，明治後半期の農家経済調査（斉藤萬吉調査）によると，家計支出に占める小作料の比率は，35％に達しており，この負担によって小作人の家計はきわめて苦しいものとなっていた[*52]。そのため，不足気味の農業収入を補充する

ために，さまざまな副業的な機会をえて収入を補塡する必要が生じた。安い賃金にもかかわらず出稼ぎ的な就労機会を捉え，あるいは子女を工場労働や家事手伝いとして出したのは，そのような必要からであった。その結果，工業化に伴って農村における手工業的な商品生産による収入の機会が減少しているなかでも，農家はそれまでと同様に多就業構造を維持していた。それが賃機が展開しうる基盤の一つであり，製糸工場への季節出稼ぎなどを排出する農村側の条件となった。

また，厳しい家計状態のために，ごく限られた上層の農家を除くと，農業経営の拡大のチャンスは小さく，結果的には，地主への土地の集中がむしろ進んでいくという状態であった。

寄生地主制と資本主義との関係

このような地主制の展開は，日本における資本主義経済の発展にどのような意味をもったのだろうか。

農業における零細経営の再生産条件は，農業と工業，農村と都市との微妙なバランスのもとに成立していた。すなわち，第一に，農業生産力が米作を中心に上昇するなかで，地主と小作人との対立関係が顕在化しにくく，地主の恩恵と小作人の属人的な従属という社会関係のもとで安定していたこと，第二に，労働市場の拡大が不十分であり，脱農することが難しかったことである。これらの条件が，高率の小作料を可能にする条件であり，寄生地主制の存立を保証する条件でもあった。

第一の条件を支えていたのは明治期を通して土地生産性が緩やかながらも上昇したことであった。増加する収穫を基盤に両者がともに生活条件・経営条件の改善を期待できたこと，そうした期待が基盤となって恩恵的な小作料率の引き下げが行われることによって両者の紛争を未然に防止しうる条件を内包していたのである。第一次大戦後に土地の生産性の上昇が止まるとともに，小作争議が多発するようになるのは，このような基礎的な条件の重要性を裏付けている。

これに対して，離農・脱農の困難は，次三男の都市への流出にもかかわらず，長期にわたって農家戸数が安定的に維持され減少しなかったことに示されている。第一次世界大戦期に一時的に活発な脱農がみられたとはいえ，高度成長期までこの構造に変化はなかった。農地を離れることはリスクが大きかったのである。

しかし，このような状況が継続するためには，労賃などの収入が小作人家計の所得にとって重要な部分をなすような，多就業が可能になる必要があった。それ

＊52　三和良一・原朗編，前掲『近現代日本経済史要覧　補訂版』91頁，表3-75より算出。

第3-16図　明治の農村風景

臼井秀三郎撮影「脱穀風景」
長崎大学附属図書館所蔵

は資本主義的な経済発展によってもたらされるものであった。加えて，農業生産力の上昇は金肥の導入などによって支えられている面もあったから，零細な農家といえども積極的に現金収入を確保し，肥料などを追加的に投入することも必要となっていた。そうした面からも農家経営は商品経済化の進展とともに自らも変化していた。その限りでは，地主制のもとでの農業経営は，資本主義的な経済発展と不可分で密接な連関をもっていたというべきであろう。

しかし，こうして日本資本主義の構造的な一環として組み込まれた寄生地主制は，その生産関係の具体的なあり方からみて資本主義的な経済制度とは，矛盾する側面をもつという点にも留意しなければならない。すなわち，地主小作関係が，近代的な契約関係と異質性をもつ，恩恵的でしばしば**経済外的な強制**を伴う社会関係であること，したがって，たとえば小作人が自らの労働の正当な対価の確保を求めるようになると，この基盤自身が掘り崩されることになる。それは，資本主義的な経済制度からみれば当然の要求であるから，そこに示されているのは，両者は相互依存的でもあると同時に，強い緊張関係をもつことである。また，地主が要求する米価水準の引き上げは，資本家の立場では労賃の引き上げに繋がる

考えてみよう　寄生地主制と資本主義

相互依存的な特徴をもつ寄生地主制と資本主義の関係を定式化したのが，山田盛太郎『日本資本主義分析』における「高率小作料と低賃金の相互規定」という把握である。これによると，資本主義部門からみれば，低賃金労働力を供給する基盤となる重要な社会関係が農村にあるということになる。これに対して，両者の関係は労働市場を通した関係だけではなく，商品市場における関連，資本市場における「地代の資本転化」などにも注目すべきだとの指摘があり，中村政則はとりわけ，資本市場での関係を重視し寄生地主制と資本主義は同時に確立すると主張している。この中村の同時確立説については，寄生地主制の拡大が資本主義経済の確立に先行する松方デフレ期から10年間にもっとも急激であるとの理由で安良城盛昭が批判している。

参考文献　安良城盛昭「日本地主制の体制的成立とその展開」『思想』574～585号，1972～73年。
中村政則，前掲『近代日本地主制史研究』。

限りは望ましくはない。このように両者の関係は二面性をもち，利害対立を生む可能性を内包するものであった。

9　経済構造

金本位制の確立

明治前半期の通貨制度の動揺を経て，松方財政期の政策転換によって政府は，日本銀行を設立して銀本位制を採用した。

このような通貨制度の模索過程は，世界史的にみれば国際金本位制の形成期にあったことに規定されていた*53。すなわち，1873 年にドイツの金本位制採用，93 年にインドの銀貨の自由鋳造禁止などによって，欧州を基軸とする通貨圏では金本位制へと移行しつつあり，その結果，本位貨幣ではなくなった銀貨が持続的に低落していた。すでにふれたように，金銀比価は，日本が国際市場に参加した 1850 年代末には金貨 1 に対して銀貨 15 の比率であったが，90 年頃には 19 となり，その後 95 年には 31，97 年には 34 と半分以下に銀貨価値が下落した。

この銀貨低落は，銀本位制に基礎をおく中国などのアジア市場に対して，インフレをもたらすことを通して市場を拡大し，同時に，国際決済機構の多角的連鎖を介して国際金本位制を一層普及させる力となっていた。このような変化は，輸出工業化しつつあった日本の綿工業にとっては，銀貨の低落によって有利な市場環境が作られたことを意味した。

そうした事情から，1893 年以降，貨幣制度調査会において幣制改革が論じられたときにも，民間側の主流となった意見は銀本位制の継続であった。これに対して通貨・為替安定のために金本位制を主張し，外資導入の可能性を拓こうとしたのは阪谷芳郎ら大蔵官僚など少数派にとどまった。したがって，1895 年の下関条約による賠償金をポンド貨で受け取り，金本位制度の実現を促進した大蔵省の方針は，いわば，世論を無視しこれに反して実行されたものであった*54。

> **解説　経済外強制**
> 封建社会において領主が農民から貢租を徴収することを可能とする直接的な強制力を意味するが，それは資本主義社会における対等な私人間の契約関係とは対照的に，一方的な支配従属関係を反映している。このような観点から，地主が小作人から高率の小作料を徴収する根拠について，日本経済史研究では対等な経済契約ではなく，農村共同体のなかでの地主と小作人との社会関係が影響しているとの評価をする学説が通説をなしている。ただし，この点については，農村内に小作地を借り入れたい農民が多数存在し，そのために小作料は競争を介して高率になっているとの学説もある。

---

*53　国際金本位制については，S.B. ソウル（堀晋作・西村閑也訳）『世界貿易の構造とイギリス経済』法政大学出版局，1974 年参照。
*54　山本有造，前掲『両から円へ』第 3 章参照。

第3-17図　日本銀行券

旧十円券（大黒札），改造百円券，改造五円券
日本銀行貨幣博物館所蔵

こうして金本位制度が1897年の貨幣法制定によって成立した。その特徴は，

① 「金貨1円＝750 mg＝0.5米ドル」としたこと――新貨条例（1871）の時の1円＝1洋銀ドルに比べて平価を2分の1に切り下げたこと――，つまり銀貨を基準としていた円の国際価値の実勢を承認したことを意味した。

② 金本位制成立の前提条件が巨額の賠償金の受け取り＝ロンドンでのポンド貨による受け取りであったこと，そのため正貨準備の一部はロンドンに**在外正貨**としてポンド貨の形態でおかれたことであった。

在外正貨は，日本の金本位制を，国内金準備を前提とする制度本来の姿とは異なるものとして成立させ，一種の金為替本位制と評価される要素となった[*55]。

在外正貨が生まれた理由としては，次の二つが指摘されている。第一に，賠償金の使途として予定されていた，政府による軍器・兵器の購入決済のためには，決済の中心地であるロンドンに国際通貨であるポンド貨で保有することが望ましかったこと，第二に，ロンドン市場からみると，一時的にせよ巨大な債権保有国となった日本がそれを金貨に交換して日本に現送した場合，ロンドン金市場を動揺させ，国際的な長期資本投資にマイナスの影響を与えると判断されていたから

> **解説　在外正貨**
> 中央銀行の正貨準備が海外におかれていることは，それが，貿易取引にかかわる正貨の蓄積や払い出しによって変動する限り，国内正貨であることと原理的な差はない。入超基調にある貿易収支を前提にしたとき，金の現送にかかわるような自動調整作用が効かないように見えるが，外貨支払が為替銀行から日本銀行への円資金の支払と連動する限りは，国内通貨の収縮に繋がることに変わりはない。ただし，賠償金のような政府が取得した外貨が正貨準備に繰り入れられる場合には，貿易収支の動向にかかわらず通貨供給の増加が可能になる。

[*55]　小島仁『日本の金本位制時代』日本経済評論社，1981年。

である。それは世界経済における日本の地位の上昇を表現していた。実際，賠償金のほとんどは，もっぱら軍事費に充当され，明治財政の軍事的な性格を決定的なものとした。賠償金の収支に関する資料によれば，収入額は軍費賠償金3億1000万円と遼東半島還付賠償金4500万円など合計3億6500万円（運用利息を含む）に対して，臨時軍事費への繰入7900万円（臨時軍事費支出2500万円に対して），陸軍拡張費5400万円，海軍拡張費1億2500万円であり，しばしば指摘される製鉄所創設費への支出は58万円にすぎなかった。

こうして成立した金為替本位制は，国際決済がロンドン市場で行われる国際金本位制のもとで，政府が企てた巨額の軍器購入＝政府支払にも，また，成長を遂げつつある入超基調の貿易構造をもつ日本にとっても適合的な形態であった。他方で，国内通貨管理が政府保有分も含めた内外正貨を合わせて基準とすることから，弾力的金融政策が可能となり，通貨供給はインフレ的な基調におかれた。

財政の軍事的な性格

この間の財政支出は，1894～96年の日清戦争，1904～07年の日露戦争の二つの戦時期および戦後経営期に財政規模が飛躍的に拡大し*56，転位効果が発生していた。

とりわけ，日清戦後には，国民総支出に占める財政のウエイトが大幅に増加した。中央・地方を合わせた全政府財政支出の国民総支出に対する比率が1890年の11.3%から，1900年には19.3%に増加した*57。また，中央財政に占める軍事費の割合は，1895年の27.6%から1900年45.5%であり，臨時軍事費を含めれば図3-18のように戦争期には7割を超えた。国民総支出における軍事費の比率は，1895年の1.48%から1900年には5.5%となり，増加分の6割に相当した。こうして，日露戦後には，臨時軍事費などの

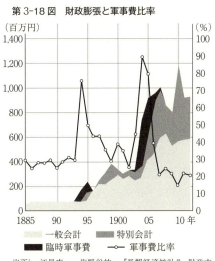

第3-18図　財政膨張と軍事費比率

出所：江見康一・塩野谷祐一『長期経済統計7　財政支出』東洋経済新報社，1966年，162，186～187頁。

---

*56　高橋誠『明治財政史研究』青木書店，1964年。室山義正『近代日本の軍事と財政』東京大学出版会，1984年を参照。
*57　大川一司・高松信清・山本有造，前掲『長期経済統計1　国民所得』200頁。

特別会計が急膨張し、全政府財政支出の国民総支出に占める割合は1910年には38.0%に達した。

このように財政の軍事化が進む一方で、産業関係の補助金などの政府支出はそれほど目立つものではなかった。造船・海運業への補助を別にすれば、資本主義経済制度確立期の財政は、明治初期の積極的な官業経営とは対照的であった。

財政規模の急膨張を支えたのは、租税・官業収入・公債であった。その特徴として、第一に、租税構造において、酒税、砂糖および織物消費税など大衆課税的な性格をもつ間接消費税中心に転換したことが指摘できる。それは地租のウエイトの低下と、所得税負担（個人・法人）の小さい税制とによって生まれた。第二に、たばこ専売によって実現した専売益金が重要な財源となったが、このような官営事業は、さらに鉄道国有化によって一段と拡張された。国有化は財政の負担増加を必ずしも意味せず、事業収入が財政を潤す面をもっていた。

第三に、歳入に占める公債が増加した。この公債収入の増加は、臨時軍事費などの特別会計が国債発行に依存し、日露戦争が無賠償であったためであった。その結果、財政の国債依存度が上昇し、支出面で公債費の比率が1910年の一般会計の3割を占めるほどになった。しかも、国債の過半が外国債であったから、このような財政構造は正貨危機の可能性をはらむものであった。

こうした財政の変化は、財政による所得の再分配機能にとってマイナスの方向に作用したことが強調されなければならない。とりわけ日露戦争期の臨時増税が恒久税化され大衆課税の性格が強まったこと、さらに所得税・法人税の課税が相対的に軽く、累進性も低かったことによって、税負担の逆進性が強くなった。支出面では産業に対する保護は小さかったが、資産家の税負担が小さく、企業課税も軽いことによって租税制度は鉱工業部門の産業発展を促す性格をもつことになった。

政策的な産業金融体制

軍事費支出が多くの国内企業に対して需要創出効果をもったことを別にすれば、財政が経済発展に対して能動的な性格をもっていなかったのに対して、金融機構

解説　転位効果

ピーコックとワイズマンが1890年から1955年までのイギリスの政府支出の長期的趨勢についての検討を通して見出したもので、戦争などに際して財政支出が増加すると、戦争が終わっても膨張した支出が元に戻らずに高原状態が続くことを「転位効果」と呼んでいる。「ピーコック＝ワイズマン効果」(Peacock-Wiseman effect)ともいわれる。一般的に、課税負担水準については、民衆の強い抵抗が生じるが、戦争などに直面して生じる経費増はこのような抵抗を抑制して財政支出を増加させることになり、その財政支出水準が戦後も維持されるために財政支出は階段状に増大すると説明されている。明治期の日本の財政もこのような経験則に従っている。

の整備と政府の金融政策は産業への資金供給に重要な役割を果たした[*58]。

金融機構に関しては,松方正義の構想を基礎に政府は1900年前後に日本銀行を頂点とする銀行分業体制を作り上げた。それは,次のような政府系金融機関(特殊銀行群)であった。

中央銀行として日本銀行　　　1885年
対外金融機関としての横浜正金銀行　　1887年(貿易資金の低利融資)
工業金融機関としての日本興業銀行　　1902年
農業不動産金融機関としての日本勧業銀行・農工銀行　　1897年～1900年
その他の特殊銀行　　北海道拓殖銀行1900年,台湾銀行1899年,朝鮮銀行1911年

こうした特殊銀行のもとに,「構想」では,普通銀行が商業金融活動を展開することを予定していた。しかし,この分業体制は貿易金融を担った横浜正金銀行以外はその意図通りには機能しなかった。とりわけ農業金融は不完全で農業振興策としての効果は小さく,また興銀も長期資金の供給の役割を果たすことができず,活躍の場を外資導入に求めるなど,その当初の構想とは異なる機能を展開することになった。

これに対して,長期資金を含む産業金融を担ったのは,普通銀行群であった。普通銀行が担う商業金融では,形式的には手形割引であっても実際には長期貸付が実行されている場合も多かった。しかし,普通銀行は,預金の吸収も不十分で日銀からの借入金に依存する「鞘取り銀行」と呼ばれるなどの限界をもった。

そのような限界を克服しつつ,度重なる恐慌過程での淘汰を経て,日清戦後恐慌期以降に財閥系銀行を頂点とする階層的な秩序が形成された。東京,大阪などの主要都市に都市銀行群が形成され,これを頂点として地方銀行から銀行類似会社まで,金融機関のピラミッド型の構成のもとで,上から下へと政策的に重点がおかれた産業へ資金が流れるような資金供給体制が作り出された。この政策金融による資金配分が重点的に行われたのは,製糸と紡績であり,これらの産業に対して,日銀から横浜正金銀行,普通銀行(都銀,地銀)を介して資金供給が拡大し

> **解説　機関銀行**
> 「機関銀行」とは,加藤俊彦『本邦銀行史論』(東京大学出版会,1957年)において,日本の普通銀行の特質を表すために定式化された。特定の出資者が設立した銀行がその出資者の関係する事業に対する貸出のための「資金調達機関」となることに由来する。

[*58]　ただし,国有化以後の鉄道と車輌工業,通信省電信電話事業と電線製造企業などのように,政府調達において国内企業の発展を積極的に促すように納入企業を決定するなどの育成策が採用された。車輌については沢井実,前掲『鉄道車輌工業史』参照。

た。

　さらに，普通銀行の金融仲介業務に注目すると，その産業資金の供給の内実は，一面では，特殊な関係にある企業に長期的な資金を「信用」＝無担保で供給する「機関銀行」という性格をもった。また，より広い貸出活動が行われた場合にも，普通銀行などの金融機関は，資産家層としての華族や都市商人，さらには寄生地主の資金を，資本家的な企業群へと仲介するうえで重要な役割を果たした。資本市場の発達が不十分であることも原因となって，銀行は株式担保金融を基盤として「直接金融」＝株式投資を背後から支える役割を果たしていたからである＊59。

金融構造と資本類型

　以上の金融機関の構成と産業諸部門の資本類型との関係を図式化すると以下のようにまとめられる。

　産業革命期の日本資本主義の構造について，まず産業諸部門の違いに留意して見出される類型としては，生産形態や資本・賃労働関係の特徴からみると，①典型的な機械制大工業となる紡績，②熟練に依存する大経営となる機械（造船），鉱山，製鉄所，③熟練に依存する中小規模経営となる器械製糸，④問屋制のもとにある織物業などの多様な形態があった。

　これを担い手の特徴から捉えると，国家資本（国営企業），財閥資本，紡績資本，製糸資本，商人資本などとタイプの異なる資本から構成されていた。

　まず，軍工廠・製鉄所・国有鉄道・特殊銀行からなる国家資本は，半植民地化の危機にあった日本が「富国強兵」を追求し，その後東アジアにおける侵略の推進力となった。このような軍事的な意義だけではなく国家が果たした役割としては，財政資金を投入することによって，国民経済の資金循環を積極的に作り出し，政策的に産業発展を誘導したことであった。とくに重要なのは，輸出産業（製糸業，綿糸紡績業）に必要資金を戦略的に投下することで，輸出を拡大し，国際収支の天井を高めて，産業発展の環境を整備する役割を担ったことであった。このほか海運や造船に対する補助金も民間重工業の発展を支え，あるいは棉花輸入に便宜を与えた。

　＊59　靎見誠良の研究によると，1900年の国内大規模企業の資金調達では，総資産に対する払込資本金比率は，運輸，船渠，紡績が75％前後，鉄道と電気・ガス・水道が85％であった。製紙が54％と低かったことを除くと，調達資金は財務構成からみれば資本金であり，銀行などの金融機関の役割は小さかったことが明らかにされている（「明治中期＝市場勃興期における株式会社の資金調達（1）」『経済志林』77巻4号，2010年）。しかし，株式担保金融によって株主の投資資金が資産家に貸し出されていたことなどを考えると，この研究が示すほどには企業金融における銀行などの役割が小さいわけではなかった。

しかも，対外収支面では，外貨建ての国債の発行によって国内の資本蓄積の不足を補うなど，国家の経済活動は産業革命期に決定的な役割を果たした。資本主義化が進められた後進国として，財政支出面で大きな政府というわけではなかったが，その役割は，「大きな政府」であった。

明治前半期に政府の経済活動に結びついて政商的な活動を展開した有力資産家層のなかからは，官業払い下げ前後に産業的な基盤を事業活動の範囲に加え，のちに財閥と呼ばれるような企業集団を形成するものが現われた。

産業基盤の獲得は，典型的には三菱の海運から造船，鉱山業の拡大に見出されるが，そのほか，三井では中上川彦次郎が招聘されて事業の改革に乗り出し（中上川の改革），銀行の貸出の滞りなどを介して取得した株式を基盤に鐘紡，芝浦製作所へ事業を拡張する工業化路線が追求された。もっとも，三井の場合にはこの改革は完遂されず，三池鉱山の払い下げによる鉱山業とその石炭輸出を担った三井物産の発展が柱となっていった。

このほか，住友では，別子銅山に加えて日清戦後から，製鋼，伸銅，銀行などに進出し，最大の産銅量を誇った古河は，その加工部門である電線・伸銅などに進出を図った。

こうして成立した多角的な事業経営体としての財閥の特徴は，①株式会社形態をとらない個人経営の形態を基盤とし，②資本所有を同族内に限定し（封鎖的所有），③多角的な事業経営を行い，④日露戦後から第一次大戦期にかけて，事業部制や持株会社制度を用いたコンツェルン的な組織によって多角化した事業を管理するようになっていったことであった。

紡績資本は，株式会社制度を利用した共同出資事業として成立した。その有力な出資者は，大阪紡績に華族資本が動員されたほかは，綿糸布関係の商人たちが多く，彼らが支配人クラスの技術者に経営を委任する形態となった。しかも，これらの紡績業は，早い時期に同業者団体である紡績連合会を結成し，操業短縮などのカルテル的な活動を開始した。また，1900年代に入ると有力企業を中核にして企業合同が進み，生産の上位集中度が高まった。いちはやく独占的な企業行動が見出されたということになる。

製糸資本の場合には，個人経営や少数の共同出資によるものが多く，法人組織としても未熟であったが，この産業では地方の小資産家が，銀行や売込み問屋などの金融を基盤に経営を展開していた。とくに中心地となった諏訪では，製糸家が製糸同盟を結成し，労働移動を規制するなどの活動を展開した。他方で，西日本では，良質の「優等糸」生産に従事するような異なるタイプの製糸資本家も育ちつつあった。

第3-19図　金融構造と資本類型

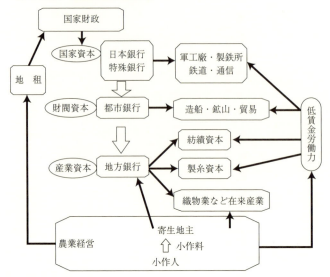

　以上のような，さまざまなタイプの資本家たちが産業活動を展開することで，産業革命期の日本は，工業化を実現していくことになったが，それぞれの産業の異なるタイプの資本家たちが，その資本の規模や国家的な助成措置などを通して，重層的に構成され，それぞれが同じように階層性をもつ金融機関との取引関係をもっていたところに特徴があった（第3-19図）。

諸階層の利害状況

　産業発展のなかで，異なる利害に分岐する階層的な社会編成が明確となっていったが，これを資本と賃労働との関係を基軸に整理すると，次のように捉えることができる。

(1) 資本家団体

　資本家たちの組織化の動きは，第一に，業種別の組織（紡績連合会，銀行集会所など）の結成による政策的な提言などに見出された。ただし，これらの組織は，特定の産業に限られており，第一次大戦期以降に全国的な組織の連合体が作られてくる時期と比べると，まだ未熟であった。

　第二に，このような業種別の組織の限界を補ったのが，地方別の資本家団体の組織化の進展であった。これらは，商業会議所条例に基づいて作られた地域ごとの組織であったが，そのなかで東京商業会議所が中核となって，たとえば造船海運保護策を提言するなど，資本家団体の利害を代表して活動し，全国的な組織化

9 経済構造　161

第 3-20 図　足尾暴動

写真提供　毎日フォトバンク／時事通信フォト

の遅れを補うことになった。東京商業会議所の前身となる東京商法会議所以来，その会頭（1878年から1905年まで）は，財界世話役といわれた渋沢栄一であったが，この渋沢や大阪の松本重太郎などは，企業の設立発起などにも広く関与した。そこには，当時の経済界の組織化が特定個人の人的関係に依存していたことが表出している。それは対政府という側面でも同じであった。つまり，財閥などの代表的な資本家たちにとっては，三井と井上馨の関係に典型的に示されるように，個人的なつながり，縁戚関係などが自らの利害を政治的に実現するうえでは有効であるというのが現実であった。そこにはこの時期の日本の未成熟な民主主義の実態があり，有力資本家たちが私的に組織した有楽会などが，政治家たちとの関係に重要な役割を果たすという状況があった[60]。

　もっとも，こうした地域別の組織化は，各地域内の資本家たちが多様な性格をもっているために，時代が進むにつれて内部分裂し，第一次大戦期に日本工業倶楽部，日本経済連盟会などの大企業家の利害集団が分離していく動きを生んだ。

(2) 労働者組織

　資本家の組織以上に未成熟であったのは労働者の組織であった。労働組合などが，自由民権運動期の政治結社や表現の自由にかかわる権利の制限・規制に基づいて禁止的な弾圧を受けていたこともあったが，もともと，職人的熟練を基盤とする同業者組織による同職集団的な規制が相対的に緩やかであるという伝統が，近代以降の労働者組織のあり方に強い影響を残していた[61]。ヨーロッパのギル

---

[60]　山下直登「日清・日露戦間期における財閥ブルジョアジーの政策志向：有楽会の動向を中心に」『歴史学研究』450, 1977年。

[61]　岡田与好「歴史における社会と国家」佐々木潤之介・石井進編『新編　日本史研究入門』東京

第3-21図　日本の下層社会

出所）横山源之助『日本の下層社会』岩波文庫，1985年，22, 235, 286頁。

ド的な伝統が労働者の組織化の基盤となったこととに比べると，日本にはそうした条件が欠けていた。

しかも，そうした伝統的な組織の基盤となる熟練とは無縁なかたちで，移植産業における技術体系が求める労働者たちが新しい集団として形成されてきたことが，より一層，それらの職人的な組織による規制力を弱めた。したがって，権利の制限がなくとも，労働者の組織化には制約が大きかった。

このような限界のもとで，日清戦後期の労働争議の高揚を背景に，片山潜・高野房太郎などの指導のもとに労働組合期成会がつくられ，鉄工組合などが1897年に結成された*62。これらの組合は，機械工業における横断的な組合の結成であり，しばしば日本の労働組合の特徴とされるような企業別組合とは異なるものであり，それが近代日本の労働組織の原型であった。職種横断的な組織化は，渡り職工，渡り坑夫などの伝統的な労働者の行動様式にも適合的であった。

これらの組織を基礎に日清戦後，日露戦後期に労働争議はその発生件数のピークを形成する。とくに日露戦後の争議は，軍工廠や大鉱山など，国内の大規模な経営体で相次いで発生した。それは，鉱山などでは飯場・納屋制度などによる中間搾取への反発など，前近代的な性格を残す労使関係の問題点を浮き彫りにするものであり，労使関係再編の契機となった*63。同時に，この日露戦後期の労働争議の高揚は，政府の労働運動に対す

大学出版会，1982年，東條由紀彦「明治二〇～三〇年代の「労働力」の性格に関する試論」『史学雑誌』89巻9号，1980年参照。

*62　池田信『日本機械工組合成立史論』日本評論社，1970年，および二村一夫『労働は神聖なり，結合は勢力なり』岩波書店，2008年。

*63　二村一夫『足尾暴動の史的分析』東京大学出版会，1988年。

る弾圧強化のきっかけとなった。そして，社会主義運動の影響への警戒も重なって，大逆事件による弾圧となり，労働運動は「暗い谷間の」時代を迎えることになった。政府の取締りの基礎となったのは，労働者の団体結成を禁止する1900年制定の治安警察法であった。

他方で，政府は工場法の制定を推進することで，工場労働において発生している問題への対策をとる方針を明確化した[*64]。それは産業革命期に見出された——日本に固有という問題ではないが——幼い子供たちの雇用，女子の雇用にかかわる制限の必要性が社会的に問題になったこと，そして疾病者が増加して長時間労働が健康に及ぼす影響が懸念されたことなどを背景としていた。そのため，労働者保護立法としての「工場法」の制定問題が提起され，誕生から間もない社会政策学会の活動などにも後押しされて，労働力の際限のない消耗を予防するこ

考えてみよう　金色夜叉の時代

1897年1月から，『読売新聞』紙上に連載された小説『金色夜叉』は，女主人公の宮が，「かね」と愛情の板ばさみになって悩み苦しむ姿を描いた物語として，熱海の海岸の名場面とともに語り継がれている。しかし，尾崎紅葉がこの物語で描いたのは，たんなる悲恋の物語ではなかった。そこには「かね」の世界というテーマがあった。主人公の貫一と宮が「かね」のために思いを遂げられなかったという人口に膾炙したストーリーは必ずしも正確な金色夜叉の理解ではない。

出所）尾崎紅葉『金色夜叉（上・下）』岩波書店，2003年，カバー装画。

はじめこそ「富山が財産で誇るなら，僕は彼等の夢想することも出来んこの愛情で争つて見せる」と宮をかき口説いていた間貫一も，最後には「金色の夜叉」に変身することを決意する。失意の貫一は，学校もやめて行方をくらました数年後，高利貸となり，「金色の夜叉」，つまり金銭の鬼となって姿を現わすことになる。

この小説が，新聞の部数を左右するほどヒットし，続編・続々編と次々に作者の命を燃し尽くすように書き継がれた理由は，それだけ時代の雰囲気に合っていたからであった。それが「かねの支配する世界」の登場である。「かね」次第で，結婚も左右される。人の一生も変わる。この新しい時代に対する予感，反発などをもつ時代の変化に敏感な人たちが，この小説の世界を我が身の身近に起こりうる出来事として愛読していた。「かね」がすべてだという見方は，資本主義的な経済社会では，むしろ当たり前のことだが，そうした感覚が明治の後半期には浸透しつつあり，それは近代的経済システムとしての資本主義社会が確立しつつあったことに対応していた。

[*64] 隅谷三喜男「工場法体制と労使関係」同編『日本労使関係史論』東京大学出版会，1977年，石井寛治「工場法成立過程の一断面」高橋幸八郎ほか編『市民社会の経済構造』有斐閣，1972年所収参照。

と，労働災害の発生を予防することなどが目指された。また同じ時期には，結核などの伝染病の蔓延などの実態についての医学調査も行われた[*65]。

こうして，労働時間の制限，子供の雇用の制限，深夜業の禁止など雇用のあり方を是正する動きが発生するが，それは当然のことながら，雇用関係のもつさまざまな問題に対する関心を高めた。

しかし，労働運動は，このような問題の改善を，その組織的な運動によって実現するだけの力をもたなかった。そのため，労働者保護立法は，政府主導の取り組みとなったが，それは女子の雇用や深夜業など規制対象となった労働慣行をもつ紡績業の資本家などの産業団体等からの強い反発を招いた。そのためもあって，工場法はその立案から実現までに激しい資本家団体の抵抗に遭い，しかも制定されたのちも，深夜業の禁止などについては，15年間の施行延期が条件となった。

こうした条件のために，労働者の生活状態は，都市の下層社会を形成する貧困層と差のない貧窮状況におかれることになり，生計の維持のために家族がそれぞれに複数の仕事に就くことで家計を維持せざるをえないものであった[*66]。

(3) 農民組織

人口の大半が居住する農村では，その内部の基本的な社会関係は，地主と小作人という構図となった。半数近い自作農家が存在し，彼らが，両者の対抗の間にあって中間的な存在となっていた。また，地主のなかには在村の零細な地主が数的にはきわめて多く，在村地主と小作人との対立は伝統的な秩序意識のもとでは顕在化しにくかった。対抗関係を際だたせたのは，大地主が次第に居村を離れて都市部に移住し「寄生地主」となったことであった。日常的な生活空間の共同性を離れたとき，地主たちは小作人との利害対立を明確に意識する存在に転化した。

もっとも，このような対立の構図は，この時期にはまだ明確な階級対立関係を形成していたわけでなかった。寄生地主も含めて，地主と小作人の両者が一体になった家父長的な恩恵関係のもとで，高率小作料の実現が可能となっていた。

農民たちの不満が散発的に小作争議や農民騒擾というかたちをとることはあったが，自由民権運動の壊滅の後，農民たちの自発的な政治的要求は，表面化しにくい構造となった。したがって，明治政府の地方支配の安定は，このような地域内の関係によって維持された。そして，この秩序維持に関して，地主や地方の資産家たちのなかには，それぞれの地域において単なる利潤追求，経営拡大に固執せずに社会的名声を求める「地方名望家的」な活動を通して貢献する者も現われた[*67]。こうして農民たちは，農村共同体の伝統的な枠組みのなかで重く足かせ

[*65] 石原修『衛生学上ヨリ見タル女工之現況』国家医学会，1914年。
[*66] 中川清『日本の都市下層』勁草書房，1985年。

をはめられたまま，厳しい貧困に閉じ込められたまま，天皇制的な国家体制の基盤を支えることになる。

国民統合のあり方

以上のような諸階層の取り結ぶ社会関係のもとで，天皇を頂点とする明治憲法体制は，きわめて専制的な性格の強い支配機構を確立させていった。

その特徴は，官僚機構の巨大な権限が議会に対抗する勢力となっているという政治的決定機構のあり方に基づいていた。つまり，議会の権限を制限しつつ，圧倒的な政策立案能力をもつ官僚組織が，天皇大権，枢密院，元老などを補完的な政治システムとして利用しながら，行政力を行使するものであった。もちろん，このような民主主義的な政治制度の否定ともいうべき政治的決定機構は，資本主義的な経済制度の発展との関係では，これに対してきわめて親和的な側面をもっていた。すなわち，権力機構は専制的であると同時に，資本主義的な経済発展の障害を取り除くことに熱心であり，近代化の要請にある程度柔軟に対応するという性格をもった。

軍事的な独立の確保のためには，広く国力を強化する経済発展が必要であるとの殖産興業期に形成された政策課題認識は，明治憲法体制下の権力機構にも継承されていた。彼らが目指した不平等条約の改正は，日本が自ら先進国と同様の進んだ政治・経済制度をもつことを示すことによって実現可能だと考えられていたから，その面からも近代化が推進され，それによって資本主義的な経済発展が促された。その意味では，官僚機構を中核とする政治指導部と，経済発展の主体となる資本家階級との間に緩やかな連帯が可能であり，彼らに対して制限選挙制度などによって政治参加の道が開かれる限り，大きな対立は生じにくかった。この点では，地方農村の安定的な秩序維持に貢献した地主層も同様であった。

ただし，このような政治機構が維持されえたのは，他方で，労働者や農民たちの反体制運動が未熟であり，資本主義社会のあり方を改革していくような力をもっていなかったことが条件となっていた。極論すれば，反体制運動が不在であることが政治的な安定，国民統合の安定の基礎であった。「富国強兵」をスローガンとした近代国家建設の歩みは，**貧国強兵**と風刺されるような現実をもたらしていた。大多数の民衆たちを貧困の底に置き去りにし，所得格差の大きい経済社会構造と専制的な政治構造のもとに体制的な安定が維持されていた。それ故に

＊67　石田雄，前掲『近代日本の政治構造の研究』など政治史研究の成果は少なくない。経済史研究では，谷本雅之・沢井実，前掲『日本経済史』において，谷本は「地方名望家」に注目しながら地域社会の独特の構成と役割を強調している一人である。

第3-22図　風刺画「貧国強兵」

出所）『東京パック』1908（明治41）年11月20日，国立国会図書館所蔵

そうした労働者・農民が自らの生活条件の改善を求めて組織的な運動を展開し始め，それが激しさを増す第一次大戦期以降に，この国民統合のあり方は，再編成を迫られることになる。

緩やかに進む民主化要求の展開は，第一次大戦期以後の「大正デモクラシー状況」に結実するが（後述），ここでは，自由民権運動の展開などの歴史がありながらも，支配される側の権利意識の弱さが，このような専制的な国民統合の基盤であったことに注意しておきたい。その一方で，軍事工業の拡張などによって自律性を高めていった軍部は，日露戦争後になると，軍備の増強を求めながら，その実現の手段として，統帥権の独立性を振りかざして，強力な政治勢力となっていった。それは，明治憲法体制が想定していない，新しい政治勢力の登場でもあった。こうして明治末には，弾圧のもとにあったとはいえ反体制運動が社会的弱者（労働者，小作農民）などから生まれる可能性が高まる一方で，軍部の台頭による権力構造の変容が進みつつあり，その二つの異なる方向の動きが次の軍事大国化への道に大きな影響を与えることになった。

10　朝鮮・台湾の植民地化

侵略の経済的意味

日本が資本主義経済制度を確立させ，国内において専制的な性格の強い支配機構，統治機構を作り上げていった過程は，同時に日本が欧米列強の利害対立を利用しながら，朝鮮，台湾，中国へと侵略の手を伸ばし，その植民地化を実現していく過程でもあった。東アジアへの侵略の進展のなかで，日本はまずは「極東の憲兵」として，そして最後の帝国主義国として，第一次世界大戦後の国際連盟の結成時には「五大国」の一つに数えられるまでに国際的地位を高めた。それは，軍事大国・植民地大国としての地位の上昇であって，それ自体としてみれば，他国の民衆に対する正当化されない「支配」の結果であったことは，紛れもない事実であった。

そして，重要なことは，日本資本主義の速いテンポの経済発展が，内にあっては労働者や農民の生活の悲惨さを改善できないだけでなく，外にあっては，周辺諸国の民族に対する抑圧と略奪，独立運動の弾圧という内外の犠牲のうえに成り立っていたことであり，その実現のためには，多くの人々の血が流されたことである。侵略は，侵略された側の人びとだけでなく，徴兵され動員された多くの貧しい農民たちの血を流す戦争の結果であった。このことを忘れてしまうと，日本の経済発展が発展途上国の経済発展の模範となるようなモデルケースという認識も生まれてくるが，その評価は一面的であろう。経済成長は，軍事的な侵略を伴わないかたちでも可能であることは，第二次世界大戦後の日本の現実，経験が紛れもなく示している[*68]。

このような過程を経済史的に検討するためには，資本主義的な経済機構が，とりわけ一つの国民経済の制度として，つまり資本主義国として世界の編成にかかわっているという現実を直視しなければならない。

対外侵略，具体的には朝鮮の植民地化，中国の半植民地化は，天皇制国家権力の指導のもとに進められた軍事占領に先導されたが，これによって占領された地域へと資本の積極的な進出がみられた。対外侵略は天皇制国家・軍部による国権の拡大，支配地域の拡大という領土的な拡張を要求するという意味で国益に合致していただけでなく，そうした国家体制を経済的に支える資本主義経済の担い手たちの利害との一致を見出しうるものであった[*69]。

朝鮮侵略の開始

明治維新政府は，1873年の征韓論において，すでに隣国朝鮮に対して強硬な外交方針をとるべきことを論じていたが，征韓論の敗退は決して侵略的な外交方針の放棄を意味したわけではなく，75年に維新政府は「江華島事件」と呼ばれる軍事的な挑発行為を強行した。これは，日朝国交交渉打開のために沿岸測量と称して日本の軍艦三隻が釜山港内で演習を行った後，同年9月に朝鮮の江華島および永宗城島域の領海を侵犯したため，陸上から砲撃を受けたことを発端としている。これに対して日本政府は，朝鮮政府に対する軍事的な威嚇を続け，釜山ほか2港の開港と自由貿易，開港場における居留地の設定，領事裁判権などを認めさせる条約（日朝修好条規）を締結し，さらに日本貨幣の朝鮮国内流通，朝鮮から

[*68] やや角度は異なるが，植民地から出発したアメリカが，植民地支配からの独立を希求し，他国によって支配されないことこそが，その独立の目標であったことを考えると，支配する側からの正当性，侵略の正当性を擁護しうる論理は見出しにくい。

[*69] 石井寛治『帝国主義日本の対外戦略』名古屋大学出版会，2012年，第2，3章参照。

第3章 日本資本主義の確立

第3-23図 閔妃の肖像

写真提供 Bridgeman Images／時事通信フォト

の米穀輸出の自由,無関税特権などの不平等条項を認めさせた。欧米列強の黙認のもとに行われたこの強硬外交は,実質的には欧米諸国の望む開国を朝鮮に認めさせる役割を日本が果たしたことになる。

これ以降,1882年の壬午軍乱,84年の甲申政変などを通して,日本は朝鮮への内政干渉を強めた。この過程で,同じく朝鮮へ強い関心を抱いていた清国と朝鮮支配の主導権を争い,両国の対立は深まった。この対立は,朝鮮内部での近代化,民主化の道をめぐる民族運動と朝鮮政府との対抗と絡み合いつつ,1894～95年の日清戦争となった。

この戦争は,日清間の朝鮮支配をめぐる戦いであり,帝国主義候補国であった両国間の「帝国主義戦争」であると同時に,帝国主義と民族主義の対立という意味での「帝国主義戦争」でもあった。つまり,後者の側面では,日本軍は朝鮮史のうえでは最大の農民反乱を鎮圧する役割を担った。また,もう一つ重要な点は,東アジアにおけるロシアの南下政策に対抗しようとしていたイギリスの支持のもとに行われた戦争であり,欧米諸国間の代理戦争の意味もあったことである。イギリスは,日本がかねてから希望していた対日不平等条約の改定に同意し,日本の東アジア政策を支持する立場に立った。

日清戦争によって日本は極東における国際的な地位を一挙に引き上げることとなり「極東の憲兵」としての役割を果たすようになる。それは清国が,日本への多額の賠償金の支払のために金融的な面で欧米諸国に従属するようになり,さらに進んで半植民地化の道を歩むこととは対照的であった。しかし,この戦争は,日清間の対立を解消することになったとはいえ,イギリスとロシアの対立を解決したわけではなく,結果からみると,三国干渉を経てロシアの極東への侵略が明確になると,再び朝鮮の支配をめぐり,イギリスの支援を受けた日本と,ロシア

解説　壬午軍乱と甲申事変

壬午軍乱とは1880年末以降,閔氏政権が近代的技術・軍備・制度の導入を図る開化政策に転換したことを背景に,82年に起きた朝鮮の旧式軍隊兵士の反日・反政府反乱であった。この壬午軍乱後に清の内政干渉が強まるなかで,閔氏政権に対する批判が国論の分裂を招き,金玉均らが日本公使竹添進一郎と結んで日本公使館守備兵および政府軍の一部をもって王宮を制圧し,急進開化派政権を樹立しようとしたクーデタが,甲申事変であり,清国軍の攻撃を受けて三日間で崩壊した。

との対立が明確化した。ロシアからの援助によって朝鮮の近代化を図ろうとした王妃閔妃(ミンビ)は，日本軍によって虐殺された。

この露骨な介入によって反発を受けた日本に対して，ロシアが政治的な優位を確立するが，その半面で，日朝間の経済的な関係は深まっていくことになった。とくに「綿米交換体制」と評価されることになる貿易関係が重要な意味をもった*70。それは，日本における低賃金を維持するために下層の人びとの飯米となる安い米が輸入されるようになったこと，そして，その低賃金労働力で作り出された綿製品が朝鮮に輸出市場を見出していくという関係を意味していた。

それは産業革命の主役であった紡績業者の利害に沿うものであったが，それに加えて，民間資産家たちに出資を求めて建設されることになる京釜，京仁の鉄道建設は，日本の朝鮮半島への進出の重要な画期となった。また，釜山支店設置を起点とする第一銀行の金融活動は，1902年には，同行が朝鮮の実質的な中央銀行として機能することとなり，日本が朝鮮財政への影響力を行使していく道を拓いた。

つまり，このような経済関係の深化が，日本の若いブルジョアジーを，朝鮮支配こそ国益にかない，また自らの利害にも一致するものと考えさせることになり，一層の侵略へと駆り立てる原動力となった。しかし，その実現には，朝鮮の民族ブルジョアジー，民族主義独立運動の抵抗を排除し，さらにロシアの政治的な影響力に対抗し，これも排除していかなければならなかった。その限りで，日露戦争は不可避であったとさえいいうる。

日露戦争が開戦となったとき，朝鮮政府は局外中立を宣言したが，日本はこれを無視して朝鮮を軍事占領したうえで，日韓議定書を取り交わし，日本の軍事行動の自由などを認めさせ，内政への干渉も可能とした。こうした日韓関係のもとで，日露両国は，中国東北部(満州)を主戦場として戦った。

この日露戦争の過程で重要なことは，開戦と同時に朝鮮各地を一挙に軍事占領した日本軍が戦線を南満州地域に展開していくなかで，朝鮮国内では圧倒的な軍事力を背景に，1904年2月に日韓議定書を押しつけたのをはじめ，8月，05年11月，07年7月の三度にわたる日韓協約で，朝鮮の保護国化を推進したこと，しかもこの戦時の混乱期に乗じて強圧的に結ばれた協定について，05年の日英

> **解説　王妃閔妃虐殺事件**
>
> 　1895年10月，日本公使三浦梧楼の指揮のもとに，反対勢力のクーデタを装って朝鮮国軍部兼宮内府顧問官であった岡本柳之助が王城に乱入し暗殺を実行した。これについては，金文子『朝鮮王妃殺害と日本人』高文研，2009年，参照。

＊70　村上勝彦「植民地」大石嘉一郎編，前掲『日本産業革命の研究(下)』所収。

同盟に関する桂・タフト協定，ポーツマス条約によって，英米などの列強の承認を受けたことである。日本の朝鮮支配は，このような先進国間の領土分割の相互承認のなかで進展したものであった。

　日本が戦争中に朝鮮に合意を求めた協定内容は，その保護国化という対朝鮮政策のなかに示されている。1905年11月の協約（第二次）では，日本軍が首都ソウルを包囲したうえで，特命全権大使であった伊藤博文が調印を強要したといわれている。その内容は，「日本は韓国の外交権を奪って保護国とし，統監府を置くことを規定した」ものであった。また，第三次協約（07年7月）では，統監府の韓国内政への支配権を強化するため，韓国政府の次官以下に日本人官吏を任命することとし，付随する秘密覚書で韓国軍隊の解散を受け入れさせた。

　政治的な保護国化が進展するなかで，日本人財政顧問による貨幣制度の改革が実行され，1911年には朝鮮銀行を中央銀行として日本貨幣の流通が強制されることになった。これに先だって1910年8月にいわゆる「日韓併合」が実施されるが，この朝鮮植民地化の過程は，義兵闘争などの展開や伊藤博文の暗殺という，植民地本国と植民地民族との対立，これに対する血の弾圧を生むことになった。

　このような一連の植民地化政策が朝鮮の近代史に残した傷跡はきわめて大きく，それが現在に至るまで，両国間のわだかまりの原因となっている側面がある。最近の韓国史の研究では，植民地期の経験を戦後の経済発展と連続的な側面をもつと評価するものも登場しているが[*71]，それが侵略の免罪符になるわけではない。

日清戦争と台湾の植民地化

　1850年代までの経済発展と開港後の資本主義化の軌跡にかかわる日本と清国との相違は，研究者の関心をひいてきた。いうまでもなく，清国も手をこまねいて外圧を傍観していたわけではない（「同治中興」）。そうした動きを考慮すると，日清戦争までは日清両国に決定的な経済格差はなかったというべきであろう。欧米諸国からは政治的には対等とみなされ，「眠れる獅子」と恐れられていたという意味では，清国の国際的な地位に一日の長があった。しかし，最終的には，何よりも日清戦争によって対外的威信が崩れた清国は，利権を求める列強に対して一方的に後退を余儀なくされた。

　日清戦争は日本にとって「戦後経営」による金本位制の確立，官営製鉄所の建設，軍備拡張などの国内における資本主義確立を促す一方，最初の植民地として台湾経営に乗り出す契機となった。この台湾植民地化が，未熟で内実を伴わない

---

　　*71　金洛年『日本帝国主義下の朝鮮経済』東京大学出版会，2002年，宣在源『近代朝鮮の雇用システムと日本』東京大学出版会，2006年などを参照。

帝国主義国としての日本の「帝国主義的実践」だったことはいうまでもない*72。

日清戦争前の台湾経済では，対岸の清国福建省などとの交易を通して，砂糖，茶を特産品とする商品経済がかなり発展していた。そうした状況のもとで下関条約による，上からの一方的な割譲が決定されたために，日本による領有，植民地化は多大な抵抗に遭うことになった*73。1895年の下関条約締結から台湾の住民たちに対する日本軍の武力弾圧が終了するまで8年近くを要した。そのため，台湾に対する出兵，武力統治が日本財政には重大な負担となった。

植民地財政の自立のために，日本は，台湾におけるアヘン，樟脳，塩の専売制を採用し，さらに土地調査事業によって，地権者＝土地に対する課税の負担者を確定し，財政基盤の強化を図った。これに加えて，貿易を奨励し，台湾銀行の設立によって台湾を円系通貨圏に編入し，外貨を要さない経済圏とした。こうしたなかで，台湾植民地は，製糖業のモノカルチュア化が進展し，矢内原忠雄が「糖業帝国主義」と呼んだ経済構造が形成された*74。

中国本土への進出

下関条約において認められた通商特権など不平等条約を利用し，日本は中国本土へと進出を始めた。対中国貿易の輸出品は，綿糸，石炭，銅などであり，輸入品は棉花，豆粕，大豆などであった。

日本紡績業は，このようななかで中国市場においてインド糸を追いあげる一方（第3-31表），民族紡績の発展を抑圧・犠牲にしつつ発展することになった。この日本と清国の貿易拡大の担い手となったのが，三井物産であり，横浜正金銀行であった。そして，この時期には，一方で朝鮮→満州へという流れと，他方で台湾→福建省へという二つのルートで中国への経済的な進出が進んだ。

総合商社と呼ばれるようになった三井物産の活動は，中国へ

第3-31表　中国の綿糸輸入　（単位：千ピクル，％）

	輸入合計	インド	日本	内国生産
1895-99年	1,805	1,412	334	764
1900-04	2,245	1,620	592	821
1905-09	2,319	1,674	595	1,244
1910-13	2,282	1,247	989	1,491
1895-99年	100.0%	78.2%	18.5%	42.3%
1900-04	100.0%	72.2%	26.4%	36.6%
1905-09	100.0%	72.2%	25.7%	56.1%
1910-13	100.0%	54.6%	43.3%	65.3%

出所）高村直助『近代日本綿業と中国』東京大学出版会，1982年，39頁。比率は輸入合計に対するもの。

---

*72　矢内原忠雄『帝国主義下の台湾』岩波書店，1929年参照。
*73　許世楷『日本統治下の台湾』東京大学出版会，1972年。
*74　台湾との通商関係については，谷ヶ城秀吉『帝国日本の流通ネットワーク』日本経済評論社，2012年参照。また，対中国貿易における華商の役割を論じたものに籠谷直人，前掲『アジア国際通商秩序と近代日本』がある。

第3-32表　南満州鉄道の事業別投資（興業費内訳）

事業内容	投資額(千円)	内訳(%)	事業内容	投資額(千円)	内訳(%)
鉄　道	75,962	47.8%	地方営造物	5,402	3.4%
鉱　山	17,470	11.0%	電　気	5,106	3.2%
港　湾	15,644	9.8%	船　舶	3,144	2.0%
諸建物	11,997	7.6%	工　業	2,515	1.6%
土　地	11,360	7.1%	旅　館	2,044	1.3%
工　場	6,768	4.3%	瓦　斯	1,463	0.9%
			合　計	158,894	100.0%

出所）安藤良雄編，前掲『近代日本経済史要覧』90頁。

の石炭，綿糸の輸出を中心に展開し，支那修習制度を設けるなどの方策を通して，単なる商社活動に限らず，後には政治借款などの媒介役となり，中国植民地化へ向けての日本の侵略の先兵役を果たした。このような活動は三井物産だけでなく，大倉組など中国に進出した商社も同様に展開していた。

　貿易活動に加えて，日本にとっての中国市場の役割を決定的に高めたのが，資本輸出であった。その内容は，日清戦後に開始された，①在華紡の進出，②大冶鉄鉱石輸入にかかわる借款（漢冶萍借款）であり，さらに本格的には，日露戦後の③南満州鉄道への投資であった。

　このうち第一に，在華紡については*75，下関条約の第6条第4項で，開港場，開市場での日本人の製造業営業を認めたことに基づいて――この条項は日本固有の要求というよりは，イギリスなどの先進国の要求を盛り込んだもので，それらの国は対清国条約に含まれる最恵国条項によって下関条約のこの条項の権利を取得することになったが――欧米諸国の直接投資に対抗しながら進出が計画された。

　計画のなかには，紡績連合会による東華紡績設立のように，1896年に設立されたものの翌年には解散した例もあり，また95年に三井物産が計画して機械の発注まで行われた計画が断念されるなどスムースに進出が実現したわけではなかった。このことは，この時期には，紡績業の直接投資が十分な収益を上げうるほどの条件が整っていなかったことを示していると思われる。しかし，それから数年後の1902年にはイギリス，インド，清国，アメリカなどが共同出資した上海紡績が設立された。これがきっかけとなって以後徐々に進出が実現した。

　その後，1905年に三井物産上海支店が上海大純紗廠を借り入れ，翌年にはこれを三泰紡績と改称し，さらに08年には上海紡織としたが，この業績が好調であったことから，07年に日本綿花，11年には内外綿が在華紡を相次いで設立することになった。

　このように，紡績会社ではなく，棉花商社が主導的な役割を果たしたところに，初期の在華紡設立の特徴があった。中国市場における棉花・綿糸の取引経験が，

＊75　高村直助，前掲『近代日本綿業と中国』。

新規の機械の導入と日本式労務管理と併せて在華紡の競争力の源泉であり，成功の条件であった。そして，これらの在華紡の進出によって切り開かれた対中国進出の糸口は，第一次世界大戦後の紡績会社による本格的な直接投資の歴史的前提となった。

次に漢冶萍借款についてみると，1894年に操業を開始し，95年から清国の有力開明派官僚・盛宣懐が経営していた漢陽製鉄所と大冶鉄山の経営不振に乗じて，日本は1904年1月，日露開戦の直前に，清国側からの申し出に基づいて大冶鉄鉱石の販売と引き換えに日本興業銀行から300万円の借款を供与した。この借款供与は横浜正金銀行が仲介したもので，これ以後，大冶鉄山は日本の八幡製鉄所の原料供給基地化し，中国製鉄業の自立を妨げることになる。すでにふれたように，八幡の国際競争力は，この大冶からの安い原料供給を基盤とし，八幡は日本の軍需生産の支柱となった。

第三に，満鉄については，ポーツマツ条約による旅順・大連の租借権の獲得と，南満州鉄道の利権を獲得した日本政府は，この鉄道を現物出資し，1906年11月に南満州鉄道株式会社を設立した。同社は，実質的には国営企業であったが，株式会社として官民の共同出資によって設立された。その設立時の株式募集はブームを引き起こした (1077倍の応募) が，その後は民間資本蓄積の低位性に規定されて，資金不足に陥った。これを解消するために，外資の導入が図られることになり，日本興業銀行経由で400万ポンドの外債が募集された。この輸入外資を資本輸出するというパターンは，この時期の日本の対外投資の特徴であった。

満鉄の活動は，その鉄道付属地の経営を含むものであり，実質的な行政権限も付与された。また，関東都督府が設置され，満鉄の監督と守備隊の配備を担うことになった。こうして満州南部が次第に日本の植民地へと編成されていくことになった。

第 3-24 図　満鉄本社

出所）南満洲鉄道株式会社社長室情報課編『満洲写真帖』1929 (昭和4) 年版, 中日文化協会, 国立国会図書館所蔵

復習課題

産業革命期の日本について以下の問いに答えなさい。

1. 資本主義経済体制が確立するうえで，企業内における労使関係において「資本の労働に対する支配」が成立することが重要だとの見解がある。この考え方は機械制大工業に基づく企業のどのような特徴・特性を強調した論理であるかを綿糸紡績業を例にして説明しなさい。

2. 綿糸紡績業と対比したとき製糸業，石炭鉱業，造船業では，資本主義的な経営が成立するうえでは，その技術的な特性などから固有の困難が伴ったといわれる。その困難の理由と，それをどのように克服したかを，上記の三つの産業のいずれかを例にして説明しなさい。

復習課題の解説

この問題は，「資本の労働に対する支配」と「資本主義的経営が成立」することが，本書では，ほとんど同じ意味で使われていることを理解していれば，解答のポイントは明確になる。

大事なことは，二つの設問について，共通の視点から解答されているかが評価の基本的な基準になるが，その時の焦点は，なぜ，資本家的な経営が成立することは，資本が労働を支配することと同義なのかが説明できるかどうかである。

資本主義がこれまでとは比較できないほどの高い生産力を実現して「豊かな社会」を作り出してきた基本的な理由は，社会的な分業を基盤にしながら，生産の組織が高い効率性を実現したからと捉えることができる。その秘密は，生産組織に参加する労働の提供者たちが，機械などを利用しながら，もっている最大の能力を発揮しようと努力するからである。ただし，そうした行動はバラバラの労働の主体が身勝手に働くことでは実現できない。組織的に設計された生産活動が実現される必要があり，そのためには，指揮命令に従ってその労働能力をフルに発揮するような働き手をえる必要がある。そうした関係が成立してくることが，資本家的な経営が利潤追求を目標にしながら，効率的な生産組織となることの基本的な要素である。そして，そのためには，熟練労働者たちの労働者としての自律性や主体性を抑制するような組織が作られる必要があった。これが資本の労働に対する支配が行われる必要性の根拠となる。

1について

そのうえで，設問1についてみると，一般的には，産業革命が機械制大工業の登場によって経済社会を変容させていく根拠としては，生産現場における機械化による作業の単純化を通して，熟練に依存せずに生産活動を継続できる条件が作り出されるこ

とである。そのことによって、熟練労働者たちの自律性が失われ、同時に、機械化によって実現する高い生産力が、相対的には必要な労働の量を減らすうえに、単純な労働を供給しうる数多くの人たちを労働力の供給源とすることができる。

つまり、機械化による必要な技能の単純化と、そうした単純労働者たちが労働力市場における潜在的な供給圧力によって交渉力を失うことが解答のポイントとなる。これだけ書かれていれば十分である。そのほか、深夜業について言及したくなるが、その要因が欠けた場合に、「資本の労働に対する支配」が実現しなくなるのかを考えれば、不要な言及となる。仮に深夜業や低賃金が要件だとすると、現代のような労働環境では、そうした要件を満たす大企業はきわめて限られており、現代社会は資本主義ではないとの立場に立たなければならなくなる。

[2]について

設問[2]は、それ故、熟練労働の排除によって資本が生産組織を指揮し組織的な活動が可能になるために、どのような制約があり、それをどう克服したかが説明される必要がある。これについて、問題では、「いずれかを例にして」とされているので、複数の産業にわたり説明する必要はないが、産業の発展の条件（たとえば製糸業における「普通糸」生産、政策金融による購繭資金供給、造船業における外国技術の導入や補助金、石炭産業における市場基盤等々）を説明するだけでは、いずれも解答としては的はずれである。

各産業の解答のポイントは以下の通り。

製糸業では、①熟練に依存する生産過程を脱却できなかったこと、②技術的限界を克服するために、相対評価に基づく等級賃金制度を採用し、賃金総額を抑制しながら、工女間の競争を促すことによって労働生産性を上昇させるようなメカニズムを作り上げたこと、③熟練工女の経営間移動を禁止する経営者組織（製糸同盟）が作られたことなどになる。

石炭鉱業では、①基本的な生産現場となる採炭過程では手作業の熟練労働であったが、②運搬工程の機械化が採炭現場の効率を図る基準となって出来高評価を可能としたこと、③大量労働力の確保と生産現場管理のために飯場・納屋制度という間接的な管理体制が採用され、弊害を伴っていたとはいえ、必要な現場の管理や労働力の確保の機能を果たしたことなどが指摘できる。

造船業では、①職人の個人的な技能のもつ意味が大きいために、労働の支配の実現はきわめて難しく、渡り職工の存在など、熟練労働者を完全には経営に包摂しえないという限界が存在した。この困難の克服は難しかったが、②移植技術の移転のためには大学卒の技術者の現場管理と指導が不可欠であり、③大規模な機械体系の利用を前提とする熟練労働者の技能が生産現場の基礎的な要素になっていくと、必要な技能は企業特殊的、特定の機械体系に特殊的な技能となってしまい、かつての万能的な熟練労働者がもつ自律性が失われていくことになり、これによって資本主義的な経営が成立していくことになった。

いずれも，労働力の質の問題に関わって限界点を指摘し，それがどのような制度的な工夫によって克服されたのかについて，どの産業を例としても同じような考え方で論じる必要がある。可能であれば，そうした労使関係の基礎に，労働市場ないしは労働者の供給・移動などの条件がどのような影響を受けたのかを指摘することができればさらに良い。

第 II 部

軍事大国への道
1910〜45年

第 4 章　帝国主義的経済構造の形成
第 5 章　昭和恐慌と景気回復
第 6 章　戦時経済体制とその破綻

資本主義経済経済構造の段階的変容

	産業革命期		組織化の時代		高成長の時代		安定成長の時代
	自由主義段階		帝国主義段階		20世紀システム		ポスト20世紀システム
産業構造	繊維産業基軸	産業発展の波及と投資需要の拡大	重化学工業化	協調的労使関係の形成に伴う労働者所得の増大	機械工業化	可処分所得増加に伴う買い手の選択的消費の拡大	サービス産業化
主要商品	中間財		投資財		耐久消費財		消費財の差別化・金融等のサービス
生産形態	特定部門の機械化による大量生産		受注生産とその素材の量産化		少品種大量生産		多品種大量・多品種少量生産
産業組織	市場競争的	価格変動の回避	**独占の組織化**	独占の弊害の排除、草の根民主主義	寡占間競争	国内シェアによる規制の緩和、企業結合の容認	競争形態の多様化と国際化
労使関係	解雇の自由	労働者の権利意識の向上	対抗的な組合運動	経営側の譲歩による体制維持	協調的労使関係	成長率の低下	解雇の自由への回帰
資本市場	不在ないし自己資金中心	固定資本の巨額化	社会的資本の集中	寡占間競争による高収益	自己金融化と外延的拡大／非効率企業のテスト	成長率の低下に伴う実物投資機会の減少とリスクの増大	リスク回避の多様な商品の発生
			支配集中の手段		経営者資本主義		株主反革命
			過剰資金の効率的利用＝多角化と資本輸出				**過剰資金の商品化**
景気循環＝資本蓄積の特質	循環的恐慌		景気循環の抑制		成長率循環		
国家・政府の役割	自由放任＝営業の自由と契約の自由の保障／救貧	体制維持の外延の減少と体制不安	独占の自由の放任／社会政策	失業の不安と社会主義の脅威	**景気対策・失業対策・所得の再配分**	赤字財政と開放経済化による財政からの景気対策の限界	所得の再配分の放棄・景気政策の無効
国際貿易	自由貿易	主要国間の競争と対立	支配的経済領域の囲い込み	世界恐慌によるブロック化とその破綻	自由貿易への回帰		自由貿易の徹底
国際金融体制	金本位制		金本位制		固定相場制		変動相場制

第4章　帝国主義的経済構造の形成

1　経済発展を捉える方法的視点

段階的な変化を捉える視点

　市場経済システムを基本的な原理としながら，資本主義経済の歴史的な変化を大きな視野で見ると，そこでは，非市場的な調整の仕組みが成長している。それが企業の成長である。企業という組織の成長は，経済的な資源の配分が市場での競争を介した調整だけではなく，企業内での意思決定の仕組みのなかで行われる部分が増大していることを意味している。しかも，市場での調整でも，非競争的な手段の余地が増加した。長期の相対取引のシステムとか，カルテル的な調整とか，市場と組織の中間領域が拡大したからである。それらの歴史的な展開を，市場経済の原理的な世界からの逸脱として軽視すると現実の経済制度のあり方を見誤る。市場の発展と組織の発展との双方が，ともに進展していることを認めたうえで，経済システムの段階的な変化を見極めることが，歴史的な視点として要求される。

　このような視点から，市場経済の変容を最初に論じたのは，いわゆるマルクス経済学者たちの独占段階への移行論（帝国主義論）であった。もう一つの接近は大企業体制を論じた経営史学者の研究であり，その代表者がアルフレッド・D. チャンドラー・Jr. であった。この二つの議論は，ともに市場メカニズムの後退を明らかにするという意味では同一の地平に立つものであった。

　これに対して，最近の「20世紀システム」論は，生産システムの変容に関心を寄せることで，その組織性と新しい可能性とを浮かび上がらせようとした。それは現代につながる大量生産体制のもつ特質と，その市場的な基盤を検討することによって，資本主義経済体制そのものの変質を論じようとするものである。この20世紀システム論については，第Ⅲ部で取り上げる。以下では，帝国主義論を手掛かりに，資本主義経済の段階的発展を捉える分析視角を考えてみよう。

帝国主義段階論の論理と限界

まず，独占段階への移行ないしは帝国主義段階への移行という視角が，これまでの研究のなかで，何を明らかにし，何を明らかにできなかったかのかを確認しよう。

経済発展を段階的な変化の過程として捉える考え方は，産業構造が高度化するとともに産業組織面で独占形成などの動きが明確化することに注目し，それが「過剰資本形成」から対外侵略＝「植民地領有」につながるというものであった。それは19世紀後半から第一次世界大戦にかけて，先進工業国が経済発展とともに植民地の領有をめぐって対立を強め，世界戦争につながった時代を背景に広く

> **考えてみよう　段階論的把握とは**
>
> 　レーニンやヒルファディングに学んで，段階的な把握の代表的な枠組みを示した宇野弘蔵の段階論とはどのような捉え方であっただろうか。
>
> 　宇野段階論では帝国主義段階の把握において，歴史的な視点でみて産業構造が軽工業中心から重工業中心に移っていくという経験的事実に着目する。この産業構造の重化学工業化が，資本の有機的構成の高度化，つまり固定資本投資の増大によって景気循環のあり方を変えることになる。すなわち循環的な恐慌を介して資本蓄積機構が高度化していく自由主義段階に典型的にみられるような経済発展のパターンが維持不可能になり，独占形成による周期的な恐慌の回避が追求される。この独占形成が投資の制限を必要とするために，取得された独占利潤そのものが投資の機会を失い，過剰資本化する。その過剰資本が投資の機会を求めて植民地の領有を合目的的な経済政策・対外政策とする。また，独占の形成そのものが国内市場をいわば「囲い込む」目的で保護的な関税政策を必然的なものとし，この関税障壁を乗り越えるためにも直接的な対外投資が必然化する。
>
> 　以上が，マルクス経済学のなかで育った帝国主義の段階論把握として，経済構造の変質と同時に，先進資本主義国が植民地の領有をめぐって相争い，戦争を繰り返した時代を歴史的な視点から捉える学説を代表する考え方であるが，図式的に示すと次の通りである。
>
> 　　産業構造の重化学工業化→資本の有機的構成の高度化＝固定資本投資の増大
> 　→独占形成による周期的な恐慌の回避→投資の制限＝過剰資本形成→植民地投資
>
> 　この論理は植民地領有と帝国主義的対立とを直結させつつ資本主義体制を批判する意図が強く出すぎているために，事実認識としても，経済分析の枠組みとしても，問題を残した。まず，事実の問題としては，歴史的にみて植民地領有は「自由主義段階」にも，「重商主義段階」にもみられた。この点に注目した「自由貿易帝国主義」論は，植民地の侵略とその領有が，資本主義経済の特定の発展段階としての帝国主義に固有の特質であるとの捉え方を批判している。また，分析枠組みとしては，独占形成に伴う資本蓄積の変質と対外投資との内的関連が想定されている点で問題がある。すなわち独占形成が過剰資本を生むとしても，それが直接に対外投資に結びつくとは限らないからである。経営の多角化など国内の他の投資機会が選択される可能性もあり，どこに投資が向かうかは資本市場で選択されることになる。
>
> 　宇野段階論は，技術進歩などによって産業構成が高度化していくことが経済発展の原動力になっていることに注目している限りで，重要な捉え方を示しているが，それに伴う経済構造の変化を十分には捉えられていないことは，本編で説明する通りである。
>
> **参考文献**　宇野弘蔵『経済政策論』（宇野弘蔵著作集第7巻），岩波書店，1974年。
> 　　　　　　毛利健三『自由貿易帝国主義』東京大学出版会，1978年。

共有された時代感覚にあっていた。しかし，このような考え方は，事実の問題としても，理論的な枠組みの問題としても課題を残していた（**考えてみよう**「段階論的把握とは？」参照）。

しかしながら，経済発展を経済社会の質的な変化に関心を払いながら捉えるためには，経済社会がちょうど階段を上るように，構造的な特徴を変えながら進歩してきたとみることは，有効な分析視角となる。とくに帝国主義段階・独占段階という捉え方では，産業構造が変化すること，そのために市場での競争のあり方が変わること，労使関係のあり方が変わることなどが指摘されており，これらは尊重されるべき論点である*1。

この捉え方は，人為的な介入によって競争制限的な仕組みが展開することを通して，**市場メカニズムが部分的に制限される**ことに注目していると要約することができる*2。カルテル活動がこれに当てはまることはわかりやすいが，労働力市場で組織性が高まって市場の本来の仕組みを制限することも同様の特質をもつ。すなわち，重化学工業化に必要な労働力は代替可能な単純不熟練労働ではなく，機械・装置体系の操作に必要な技能労働になる。それは労働者の交渉能力を高めることになるが，これを補強したのが，労働組合の結成であった。それは団体交渉を介する労働力の集団的な取引を労働力市場で制度的に認めたことを意味し，その分だけ労働力市場の雇用・賃金の調整力は制限された。これが重化学工業化が進展する時代の労使関係の特徴であり，そこにカルテルによる市場機能の制限と共通する特質を見出すことができる。

したがって，段階的変化の基礎的条件は，産業構造の重化学工業化が進むとともに，必要な固定資本投資が巨額化したために社会的な資金集中を実現する手段として資本市場が発展する一方で，固定資本の価値が破壊されることを回避する目的で循環的恐慌の発生を予防する必要が生じ，カルテルなどの**独占形成**による市場価格形成メカニズムの安定化が図られることであった。この変化と並行して，重化学工業部門で生じた**雇用労働の質的変化**によって，中核的な労働力の確保が不可欠となり，雇用の吸収と排出を繰り返すことに制約が生じた。この点からも循環的恐慌を回避することが望ましかった。こうして大企業部門では中核的労働者に対して協調的な労務管理が模索されるとともに，周辺の不熟練労働者や中小企業の労働者との雇用条件の格差が明確化し，労働力市場は二重構造化した。

こうして経済活動の組織性が高まり，市場メカニズムが制限されるような経済

---

*1 武田晴人『異端の試み』日本経済評論社，2017年，第13章参照。
*2 橋本寿朗・武田晴人編『両大戦間期日本のカルテル』御茶の水書房，1985年，序章・終章参照。

構造が作り出されることを明らかにしたとはいえ，従来の帝国主義論は，資本主義社会の没落を展望するという枠組みを脱することはできなかった。そのため，第二次世界大戦後の西側諸国に「大衆消費社会」と評価されるような「豊かさ」がもたらされることを説明できなかった。この問題点を克服し，「市場の組織性が高まる」という帝国主義論の視点を継承しながら，新たな歴史の発展段階を描く必要がある。これが経済史研究の現在の課題となっている。

これに対して，経済活動の量的な拡大に注目して「経済成長史」として段階を区分せずに経済発展を描くこともできる。この場合には「発展」は「成長」と同義になる。しかし，市場経済メカニズムの発展には，企業の発展を伴う一方，寡占的な企業行動によってゆがめられた時代があったことは，各国の資本主義発達史が物語っている。この点を考慮すると，量的拡大（成長）が構造変容を伴いつつ，経済構造を質的にも異なる特徴をもつものへと「発展」させると捉える方が接近法としては適切のように思われる（*考えてみよう*「市場経済の発展と経済構造」参照）。

現代経済社会の形成

段階的に構造が変容するという分析視角に沿って，20世紀の後半にかけての資本主義経済史を捉える枠組みを考えてみよう。ここでは産業構造の重化学工業化を基礎とする構造的な変化を，資本主義経済の基礎をなす**市場のメカニズムの変容（部分的修正）**と資本主義社会の組織性の増大という視点から捉えることにしたい。

市場メカニズムの変容，組織性の増大に着目するのは，資本主義経済において，市場経済システムが基本的な原理だとしても，その歴史的な変化に即してみたとき，非市場的な調整の仕組みが成長していることが明白だからである。より正確にいえば，資本主義はその発生史においては，農村社会の共同性，あるいは都市内部の共同体的な関係の海のなかに浮かんでいる島のような存在であった。そうした非資本主義的なセクターが資本主義の外に存在することが，自由主義段階において景気循環に応じた失業の避難場所を提供し，その社会的な安定を保障していた。

しかし，資本主義経済の発展は，そうした意味での非市場的な緩衝地帯を次第に小さくしていく。そのために市場経済は，循環的な変動に伴う摩擦的な失業や企業経営の破綻を回避する仕組みを作り出すことが必要となった。帝国主義段階論が強調したカルテルによる価格変動の抑制など市場の組織化はその一つの現れであり，それによって恐慌の激発を予防しようとした。その一方で，非市場的な

関係はプレーヤーとしての企業組織の量的な増加と，その規模の拡大にも現れている。

こうした資本主義経済社会の浸透に伴って，所得分配の不公正・所得格差の拡大によって社会的な不満が増大し，労働者・農民などによる社会運動が活発化し，これに対応した社会政策の必要性が認識されることになった。それは市場競争の結果を政策的に補整する性格をもっていた。他方で，恐慌の回避による勤労者生活の安定性も不十分ながら失業の回避につながるものでもあった。また，大企業部門では協調的で安定的な雇用関係を維持するために賃金水準が改善される一方で，管理的な労働に従事するホワイトカラーなども生まれた。彼らの相対的に高い所得水準は資本市場を介した社会的資金の供給源にもなるものであった。それらの特徴を要約すると以下の通りである。

帝国主義段階における経済構造の特徴
　　資本主義経済の発展と浸透
　　　　→所得分配の不公正・所得格差の増大→社会的不満の増大
　　　　　→労働・農民運動→社会政策の必要性，企業内労務管理の変質
　　　　　→恐慌の回避による勤労者生活の安定，失業の回避

考えてみよう　市場経済の発展と経済構造

　市場経済メカニズムが資本主義経済制度の根幹をなす経済制度であることは広く承認されているが，それは経済学が想定するようなメカニズムとして当初から十全な機能を果たしていたというわけではない。個々の経済主体がもちうる情報は不完全であり，その意思決定の合理性は限定されていたと考える，というのが歴史研究の視点としては必要となる。

　そうした視点に立ってみたとき，たとえば産業構造の重化学工業化に伴って個々の企業が実現する設備投資の規模が大きくなったことは，その投資の結果についての不確実性を高めたということができる。それは，投資規模が大きくなると設備能力の拡張が不連続に，階段状に増加することに起因する。つまり，理論が想定するような設備能力のなめらかな増加を想定できないことによって，理論の世界とは異なる現実，供給サイドの不連続な能力拡大がもたらす需給ギャップの発生を経済主体に突きつけている。

　そのような現実に対して企業行動の不確実性を小さくするために，たとえば市場価格を人為的にコントロールすることが有効な手段になることは，条件次第ではありうる。競争的なメカニズムによる価格変動が，企業経営の持続性を脅かすほどに，閾値を超えて累積的な悪循環に陥ることが予測されうる状態であれば，市場メカニズムを部分的に修正するような「私的な組織化」（私企業間の契約による組織化──価格や生産量などに関する人為的コントロール）による市場への介入が選択されうるということである。そして，そうした市場変動が他の何らかの方法で抑制できるように市場経済が洗練されてくれば，そのような必要性も減退する。

　段階論的な把握が強調してきた論理は，このようなかたちで主流派経済学の論理を援用しながら解釈し直すことも可能であり，その意味で歴史把握の論理としていまだに有効だと考えることができる。

　　　　　→労働市場の変質
　　　　　　　→一部の勤労者への所得の保障，巨大企業の成長によるホワイト
　　　　　　　　カラーの増大
　　　　　　　→社会的資金の供給基盤の形成
　対外関係は，こうした変化と関連しながら，先進国間の経済利害対立が先鋭化するなかで（保護関税と直接投資），支配する植民地との経済的な関係に内実を与えるような変質を遂げていくことになる。先進国の同質的な産業構造が保護主義的関税政策に傾斜させ，貿易面での対立を深めていく一方で，拡大する貿易関係を決済する多角的な金融システムを国際金本位制という統合システムとして成長させていく。また，国内の産業構造の高度化によって相対的に不利となった農業部門が輸入産業化し，植民地に食糧供給を求めるとともに，発展した産業に必要な原料資源の不足を植民地等の海外に求めることになった。

帝国主義段階における対外関係の特徴
　　　　　先進国間の経済利害対立と植民地支配の経済的な内実形成
　　　　　　　　先進国の同質的産業構造→保護主義的関税政策と自由貿易の相克
　　　　　→貿易決済における統合システムの必要性→国際金本位制の成立
　　　　　→植民地に対する経済的支配の進展＝食糧・資源供給と輸出市場

　こうして資本主義経済社会は次第に組織性を高めていった。その組織の役割の増大を代表するのは企業の成長であるが，政府機関の役割や最近の非営利組織の増加なども視野にいれると，組織の発展という変化は市場原理の重要性が強調されている現在においても継続している。
　企業という組織の成長は，経済的な資源の配分が市場での競争を介した自律的調整だけではなく，企業内での意思決定の仕組みのなかで行われる部分も増大していることを意味している。しかも，市場での調整でもカルテル的な調整でもない非競争的な手段の余地が増加している。企業間の継続取引システムや業界団体などの活動，さらに労働組合の役割などもこうした視点からは共通するものとみることができる。また，社会的な弱者を保護救済するための社会政策が開始されるのも，このような変化に対応している。
　これまでの議論では，独占形成は，それによる分配の不公正を批判する意図もあって市場経済メカニズムに反するものとみなされ，それは市場経済の発展によって排除されていくものとして説明されてきた。しかし，この捉え方では，市場メカニズムによる調整過程は本来的に「結果の不平等」を伴い，独占による弊害として指摘されるものの一部は，そうした市場の本来的な性格に由来するということを見落とすことになる。この点では，マルクス経済学も新古典派経済学もと

もに市場メカニズムがもたらす効率性に傾いた「独占」批判を展開してきたことが，現代経済の構造的な特徴を見誤らせた基本的な要因であったように思われる。経済理論が重視する，経済主体の自由が市場における競争を通して効率性を実現し続けるためには，自由放任とは反対に国家の市場への介入が競争構造を維持するために要請され，営業の自由をその根本において制限する独占規制が社会的合意となり，法的に制度化される必要があった。こうして「市場経済制度」は基本的なルールを変えながら，進化を続けている。それらの事実を軽視し，単に原理的な世界からの一時的な逸脱として排斥し，あるいは市場経済メカニズムにすべて回帰すべきものと考えるのでは，現実の経済制度のあり方とその変化の方向を捉えることはできない。

　資本主義経済制度は市場メカニズムの発展とともに組織性を高めてきたからといって，市場における競争的な調整が排除されつつある，あるいは経済社会での重要性を低下させている，というわけではない。この二つの側面をそのような相互に排斥し合う関係として捉えるのも適切ではない。もともと伝統的な経済社会の非市場的な関係という要素を広く残す社会構造のなかで誕生した資本主義経済制度は，非市場的な経済関係を市場的なそれへと変質させながら，その影響する範囲を広げてきた。そうした市場の拡張の過程で，その市場の重要なプレーヤーである企業などの組織が創造され，その役割が増大し，市場の組織化も進展する。つまり，市場の発展と組織の発展との双方が，ともに進むことを認めたうえで，

考えてみよう　独占体制と消費者

　独占組織が形成されることに伴う問題点は，経済理論の説明によれば，それが消費者の余剰を奪うということである。この点ではマルクス経済学の独占論が独占価格による「収奪」という視点で独占批判を展開していたことと，産業組織論などの寡占体制下の共同行為のもつ問題点の指摘とは共通性をもっている。

　ただし，この分析枠組みは，独占体制がもつ経済史的な意味を捉えるうえでは不十分である。なぜなら，この枠組みによって消費者が蒙る損害が証明され，望ましい経済状態からの乖離が説明されたとしても，たとえば独占体制によって恐慌が回避され，失業の増大や物価の激しい変動が抑制され，そうでなければ脅かされた人びとの生活が相対的に安定するかもしれないという側面を見逃しかねないからである。その点では，独占体制下で独占的大企業の労働者の一部が「労働貴族」として特権化して高賃金をえる機会が与えられ，労働者階級が二重構造化すると捉えていたマルクス経済学者たちの枠組みの方がまだ経済システム全体へと議論を展開しうる余地をもっていた。

　このような問題が残るのは，理論的な枠組みで「消費者」とされる経済主体が同時に「賃労働者」であるなど，多様な経済的な機能を果たしうる複合的な経済主体だということを，理論的な前提として排除しているからにすぎない。そのような理論的な特性をもつが故にミクロの経済分析ツールは鋭く特定の現象を説明できると同時に，マクロの経済体制・経済構造を説明するツールとしては限界をもつことを心に留めておく必要がある。

経済システムの段階的な変化を見極めることが私たちが歴史を理解するうえでは要求されている。

そのうえで，まず産業革命を経た資本主義社会における市場経済の変容を最初に論じた独占段階（帝国主義段階）への移行論を批判的に継承し，独占形成によって市場の競争的なメカニズムの制限が一般化したことが，一つの時代の到来を明らかにしていると理解しておく。ここでは，その新しい体制を「**帝国主義的な経済構造**」という言葉で表現することにする。その意図は次の通りである。すなわち，産業発展と市場経済システムの変容のコアになるのは独占体制であるが，同時に国内における労資関係の変化や労働者・農民などによる社会運動が高揚し，それへの政策的な対応の必要性が増大する。他方で，対外競争が先進工業国間で激化して保護主義が台頭するなかで，植民地など排他的な経済地域を食糧・原料基地として，また国内産業の重要な輸出市場として位置づけ，植民地支配に経済的な内実を付与しようとする動きが明確化した。これらの諸点に着目し，そうした要素を総合的に表現しうる体制的な概念として，これまで研究史で使われてきた「帝国主義」という用語を用いる，ということである。帝国主義は植民地支配や帝国主義戦争などと不可分に結びついて資本主義経済体制への批判的な意図を伴って用いられてきた言葉である。植民地支配や戦争は批判すべき歴史であるとはいえ，ここで帝国主義段階という言葉で時代を表現するのは，その代わりに独占段階という言葉を用いるよりは広い視野で経済社会の諸要素を含み込み，分析の対象とすることができると考えてのことである。独占段階のほうが「中立」的という立場もあるが，独占も批判されるべき特質として捉えられてきた点では大きな差異はない。大事なことは，価値判断から自由になって，分析すべき対象を特定できる「言葉」を見出すことである。

この点に関連して，独占体制を批判してきた経済史の研究が，これらへの批判と告発という問題意識に支えられながら，その独占組織の機能などを実証的に分析してこなかったという不十分さを残したことを指摘しておく必要がある。このような経済史研究の欠陥を補ったのは，大企業体制を論じた経営史学者の研究であり，その代表者がアルフレッド・D.チャンドラー・Jr. であった[*3]。チャンドラーは，アメリカにおける巨大企業の歴史を検討することを通して，その成長が経済的合理性をもち，効率性の追求を実現していることを明らかにすることによって，O.E.ウィリアムソンなどの企業の経済理論に大きな影響を与えた[*4]。そ

[*3] アルフレッド・D.チャンドラー・Jr.（鳥羽欽一郎・小林袈裟治訳）『経営者の時代』東洋経済新報社，1979年，同（有賀裕子訳）『組織は戦略に従う』ダイヤモンド社，2004年参照。

[*4] O.E.ウィリアムソン（浅沼萬里・岩崎晃訳）『市場と企業組織』日本評論社，1980年。

の議論は、しかしながら、組織の成長を例証できたとしても、これを通して経済発展の全体像には迫りえないという意味では不十分なものであった。そこでは、「大企業体制」という捉え方によって、分析の範囲が限定され、それが経済社会全体にとってどのような意味をもつのかという問いかけへの取り組みを鈍らせたということになる。

　以上のように、一見すると対極的な視点に立つ独占研究と大企業の経営史とは、ともに市場メカニズムの後退を明らかにするという意味では同一の地平に立つものであった。その成果を積極的に吸収しながら、そうした経済システムのコアがどのような経済社会を作り出し、人びとの生活にどのような影響を与えたのかを、第二次大戦後の高成長経済と大衆消費社会を見据えて考えていくことが必要になる。そこに見出される構造的特質を捉えることができる実証研究の分析基準を明確化することが必要である。

2　日露戦後不況

日露戦後の経済構造と外貨危機

　1900年代（1900〜10年）前後に日本は、産業革命を経験し、さらに最後の帝国列強の仲間入りをすべく、植民地の領有と中国大陸における利権の獲得に乗り出していくことになった。

　産業革命期の経済構造は、第一に極東の綿製品市場に近接する位置と銀貨の持続的な低落に支えられた綿糸紡績業の急成長が産業発展の起動力となり、第二にアメリカ向け生糸輸出による国際収支の改善によって、産業化初期の国際収支の弱さがカバーされていた。第三に産業の発展には、政策金融などの上からの助成を必要とし、さらに国際競争力の弱い重工業部門の育成には軍事的な目的を重視した製鉄・造船などの事業発展が先導的な役割を果たし、後進資本主義国としてまがりなりの産業構造を定着させていっていた。しかし、第四に資本主義国としては例外的ともいえるほど広大な農業部門を抱え込んでおり、第五に重化学工業部門（生産財生産部門）の自立性の不十分さが、生産財の高い輸入依存度を不可避とし、国内の産業発展の有機的な関連の欠如をもたらしていた。その結果、第六に貿易収支が赤字傾向にあり、金本位制の採用によって外資導入の道が開けたとはいえ、外資依存度の上昇は経済的な自立を脅かす危険があった。

　国際収支の赤字傾向と外貨不足とは日露戦後にとりわけ深刻化した。それは日露戦費の調達のために発行された多額の外国債の償還のために期待されていた金銭賠償が講和交渉によって拒否されたためであった。第4-1表のように外債の利

第4章　帝国主義的経済構造の形成

第4-1表　日露戦後の対外収支と正貨保有額　　　　（単位：百万円）

	貿易外収支	外資輸入残高	外債利払額	経常収支	正貨所有高
1905年	△167	1,414	42	△324	479
1906	5	1,337	52	△24	495
1907	△62	1,401	63	7	445
1908	△58	1,459	53	△63	392
1909	19	1,561	55	4	446
1910	△6	1,777	63	△85	472
1911	△66	1,767	67	△104	364
1912	△92	1,859	72	△108	351
1913	△97	1,970	74	△93	376

出所）安藤良雄編『近代日本経済史要覧　第2版』東京大学出版会，1979年，93頁。経常収支は，山澤逸平・山本有造『長期経済統計14　貿易と国際収支』東洋経済新報社，2014年，222-224頁。

払などの負担が加わって国際収支は圧迫され，累積債務を警戒すべき状況に陥っていた。年々の貿易収支の赤字と利払で1910年代初めに日本の外資輸入残高は19億円を超え，年間輸出額の2倍に達していた。

　金本位制のもとで貿易収支が悪化すると国内通貨供給が収縮して金融逼迫に結びつき，そのために投資などが制約される一方，外債の募集による外貨補充策が実現すれば，財政支出も拡大して金融を緩和することから，それは景気の上昇局面を作り出しうるものであった。しかし，外資導入は，その償還計画が確実でなければ対外債務の累積につながることから，安易に選択できる道ではなかった。

桂園内閣期の財政危機と軍備拡張

　政治史的にみれば，桂太郎と西園寺公望とが交代で政権を担った「桂園内閣期」は，このような脆弱な国際収支の制約下にあった。産業面では，日露戦後のブームが崩壊した戦後恐慌後に設備投資が大きく落ち込み，1906年11〜12月に2カ月間で3.9億円（半期換算11億円）に達した事業計画資本は，07年上期には半減し，同下期には1.5億円，09年上期に5200万円ほどに減少した[*5]。激しい景気後退を経て09年下期以降に設備投資は回復に向かったとはいえ，産業革命期の主役であった紡績業ではすでに設備の過剰が恐慌期に顕在化して，企業の統合・合併が進み，産業としての成長が一段落した感があった。他方で，各地の主要都市では電鉄や電気事業の計画が簇生し，繊維産業以外の製造業でも堅調な事業計画が持続して産業構造の高度化が引き続き進展しつつあった。それにもかかわらず，本格的な景気上昇局面は現れなかった[*6]。

　*5　安藤良雄編，前掲『近代日本経済史要覧　第2版』92頁。
　*6　長岡新吉『明治恐慌史序説』東京大学出版会，1971年。

日露戦争で膨張した政府財政は，外国債の借入と臨時増税によってまかなわれていたが，軍部の政治力が強まるなかで日露戦後に計画した「満州」（中国東北部）への侵略準備のための軍備拡張に必要な経費が財政を厳しく圧迫した。そのために日露戦争中の臨時増税の恒久税化が図られることになり，国民の租税負担額は，1897年の3240円から，1905年5985円，09年に8784円，12年には9127円となった。15年間で名目額で2.8倍に達し，この間の物価の上昇を考慮した実質額でも1.9倍程度の負担増となった[7]。租税負担の増加は国内個人消費を圧迫し，財政による強い資金需要によって国内金融市場の逼迫状態も続いたことから，民間企業の順調な成長を制約する条件となっていた。

軍備拡張計画が認められなかった陸軍が上原勇作陸軍大臣の辞任によって西園寺内閣を総辞職に追い込んだ理由は，逼迫する財政事情のもとで，軍備拡張の要求を十分には満たせなかったからであった。この陸軍の行動は大正政変のきっかけとなるような強い政府批判と民主化要求（大正デモクラシー）を引き起こした[8]。経済的な危機は政治体制の基礎を脅かすほどになっていたが，深刻な経済状態にもかかわらず軍備拡張を優先課題とする明治末の無謀な経済運営が累積債務危機という袋小路に日本経済を追い込んでいった。

3　第一次大戦ブームと産業構造の変化

対外収支の好転と重工業の発展

1914年7月に勃発した第一次世界大戦は，危機に瀕していた日本経済の対外関係を劇的に変化させた[9]。世界大戦といっても欧州が主戦場であり，アジアやアメリカは戦闘域外にあって膨大な軍需を満たす兵站基地となった。

急速な輸出増加によって貿易収支は黒字に転じ，第4-2表に示されるように正貨保有高も急増した結果，日本は対外債務国から債権国へと転換した。

貿易収支が好転した理由は，第一に欧州の連合国向け軍需関連輸出の急増，第二に欧州からの輸入の途絶，第三に同じく欧州からの輸出に依存していたアジア地域の工業製品需要を代替する日本からの輸出増加，第四に日本と同じように兵站基地化して戦時ブームに沸いたアメリカ向けの生糸輸出の増加などの要因が，すべて輸出増加，貿易収支の黒字化につながったからである。それは対外競争力

---

[7]　安藤良雄編，前掲『近代日本経済史要覧　第2版』86頁。

[8]　信夫清三郎『大正デモクラシー史』日本評論新社，1954年，坂野潤治『大正政変』ミネルヴァ書房，1982年。

[9]　以下の記述は，主として武田晴人「日本帝国主義の経済構造」『歴史学研究　1979年別冊特集』1979年による。

第4章　帝国主義的経済構造の形成

第4-2表　第一次大戦期の国際収支　　　　（単位：百万円）

	貿易収支			貿易外収支			正貨保有高
	輸出	輸入	差引	受取	支払	差引	
1914年	591	596	△5	187	199	△12	341
1915	708	532	176	255	250	5	516
1916	1,127	756	371	453	614	△161	714
1917	1,603	1,036	567	686	615	71	1,105
1918	1,962	1,668	294	953	896	57	1,588
1919	2,099	2,173	△74	1,212	745	467	2,045
1920	1,948	2,356	△408	1,364	1,169	195	2,178

出所）三和良一・原朗編『近現代日本経済史要覧　補訂版』東京大学出版会，2010年，99頁。

欠如に悩まされていた日本の産業諸部門にとって，国際競争圧力が突然消滅したことを意味していた。そのため，産業諸部門で市場が急拡大し，企業業績は好転した。

　産業成長の主要経路は，戦争と貿易拡大とによる海運業の活況を起点とした。兵員や軍需品の輸送に船舶が動員された結果，船舶不足が深刻化し，海上運賃が高騰したことから，海運会社の業績は好転し，船舶の建造が促された。それは造船業や船舶建造用の鉄鋼材にそれまでにない市場拡大をもたらし，海運・造船・鉄鋼が連鎖的に産業発展を遂げるようになった。それだけでなく，産業の活況は設備投資需要の拡大につながり，それらが新たな鉄鋼・機械需要を作り出すなどの連鎖も見出されるようになった。こうして産業革命期に主導産業部門としての役割を果たすようになっていた重化学工業部門は，経済拡大の基軸産業部門としての役割も担うようになった。造船業を例にすると，1913年末には業者数5社，職工数2.6万人，建造汽船総トン数5.1万トンだったが，18年10月には52社，10.7万人，62.7万トンに増加した[*10]。

　軍需関連の市場拡大に先導された経済拡大は，やや遅れて紡績業や製糸業などの基軸産業部門の拡大にも支えられることになった。こうして第一次大戦半ば以降には，第4-3, 4-4表に示されるように，各産業部門は高収益を記録し，これを背景に事業計画（新設・拡張投資計画）が一挙に開花することになった。大戦ブームの中心となった海運・造船部門では1917～18年には利益率が100％を超え，これに次ぐのが貿易商社（商事），紡績，肥料，鉄鋼などであった。

[*10] 安藤良雄編，前掲『近代日本経済史要覧　第2版』101頁。

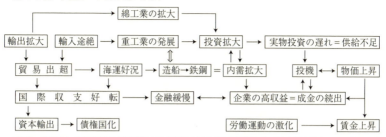

第4-1図 大戦ブームのメカニズム

出所）武田晴人「景気循環と経済政策」石井寛治ほか編『日本経済史3』東京大学出版会，2002年，4頁。

第4-3表 部門別利益率　　　　　　　（単位：％）

	1914年	15-16年	17-18年	19-20年
銀　行	12.3	12.5	16.2	28.8
商　事	19.6	61.0	90.6	36.9
紡　績	14.4	30.5	62.8	76.0
製　糖	13.3	25.1	27.0	41.9
製　粉	11.2	19.5	38.9	56.8
鉱　業	13.6	27.8	37.0	24.2
海運・造船	13.9	42.1	102.5	48.6
鉄　鋼	18.6	18.2	40.2	8.0
肥　料	11.1	27.1	44.7	38.7
電　力	9.1	10.2	13.5	12.7
鉄　道	7.1	7.9	11.2	13.3
平　均	11.5	19.8	36.3	31.1

出所）武田晴人，前掲「日本帝国主義の経済構造」151頁。

第4-4表 部門別事業の新設・拡張　（単位：百万円）

	1914年	1919年	倍率
海　運	19.3	195.5	10.1
鉱　業	16.7	289.4	17.3
化　学	14.6	249.3	17.1
造　船	0.2	22.4	112.0
金　属	1.3	44.7	34.4
紡　績	1.7	260.2	153.1
織　布	3.2	213.9	66.8
全企業	250.8	4,068.5	16.2
新設	117.1	2,680.5	22.9
拡張	133.7	1,388.0	10.4

出所）安藤良雄編，前掲『近代日本経済史要覧　第2版』101頁。

投機的な拡大と投資制約

　企業業績の好転の基盤には急激な物価上昇があった。軍需品に先導されて国際的な物価高騰が生じていた。通常であれば，このような異常な変動は為替市場などを介して調整されるものであった。しかし，第一次大戦の勃発とともにロンドンの国際金融市場は機能を停止し，国際金本位制は調整の役割を果たすことができなくなっていた。そのため，各国は金本位制から一時的に離脱し，日本はアメリカが連合国支援の意図もあってドルとポンドの交換レートを固定したことに追随することになった。それは海外の物価上昇が貿易財の価格高騰を介して国内物価を急騰させることに帰結した。

　この結果，第4-2図に示されるように，第一次大戦期には激しい物価上昇が発生した。価格の上昇は軍需品などが多い金属製品価格から進行し，1年ほど遅れて繊維製品，そして穀物の価格などにも波及した。

第 4-2 図　物価指数・賃金指数の推移

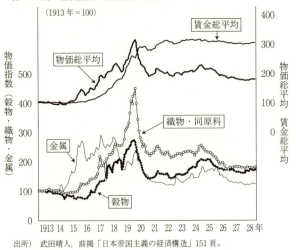

出所）武田晴人，前掲「日本帝国主義の経済構造」151 頁。

　貿易収支が大幅な黒字を続けていたことから，国内通貨供給量は増加し，全般的に金融が緩慢になっていた。物価上昇と金利低下は投機的な先物取引を刺激した。これに加えて，好調な企業業績を背景とする株価の上昇も，株式市場における投機的な取引を引き起こし，戦時の経済拡大に投機的なブームの性格を付与することになった。激しい物価の上昇は，1918 年には全国的な米騒動を引き起こす一方，賃金の引き上げを求める労働者運動が活発化する条件となった。これに対して，政府は資本輸出や正貨の「不胎化政策」によって通貨供給の増加を抑制し，物価の上昇を抑えようとした。この政策は，それ自体としては誤りではなかったが，それでも投機の発生を抑えることはできなかった。

　国際競争圧力の消滅という日本産業が急拡大する絶好の機会に実体的な産業発展を超えて投機的なブームが発生した理由は，投資拡大に制約があったことであった（投資制約条件）。市場環境の好転のもとで，それまで伸び悩んでいた産業部門でも，たとえば鉄鋼業でも肥料などの化学工業でも，事業計画をまとめ企業設立のために株式を募集すれば資金は集められた。しかし，そうして集められた資金で実際に工場を建設するための設備を調達しようと機械メーカーに発注しても

解説　不胎化政策

　対外収支の一方的な輸出超過によって流入する外貨が国内の通貨膨張による物価上昇を引き起こすことを抑制するために，中央銀行が保有する正貨・外貨などの通貨発行準備資産を発行準備からはずすことで通貨膨張に対処する措置。第一次大戦期の日本では政府が財政剰余金で日本銀行から正貨を買い上げる措置によって実行された。同様の措置はアメリカでもとられた。

必要な設備機材を十分には購入できなかった。大戦の半ばから価格ブームに背中を押されて紡績会社が設備を拡張しようとしても、国内では紡績機械を満足できる水準で調達できなかった。海運ブームを背景に建造が急がれた船舶でも、注文は集まっても、必要な圧延鋼材が不足した。化学工業では技術的な基盤が未熟であったから、良質な製品が製造できるような設備が用意できなかった。大戦中に新設された鉄鋼業の設備は、概して小規模で生産性の低いものであった。このような実体的な投資に限界が生じたのは、設備財などを製造する重化学工業が、大戦期の産業発展に対応できる水準にはなく、それを支えることができなかったからであった*11。そのため、たとえば、1917年以降、アメリカが参戦に伴って戦

考えてみよう　米騒動と報道規制

富山県の小さな漁村でおきた主婦たちの米寄こせデモの報道をきっかけに全国的に波及した米騒動は、非組織的な都市住民の騒擾という意味で、このあとの時期に展開する労働運動や小作農民運動とは異質の側面をもつ民衆たちの異議申し立てであった。

都市の日雇い労働者や九州の炭坑地域なども巻き込んで焼き討ちなどの暴動状態が起こり、軍隊が出動して鎮圧に乗り出す必要が生じるほどの事件となった。

この事件を東京の『都新聞』は貧富の差のある時代を見据えて、「動乱はかまどより。台所よりする圧迫は実に恐ろしい。自由に対する圧迫は、忍耐すれば生命だけは別条ないが、台所より来る圧迫は忍耐の余地がない。将に来らんとする動乱は必ず台所より来る」（渡部徹・井上清編『米騒動の研究　1巻』有斐閣、1959年、80頁）と論評していた。

事件拡大のきっかけを作り、民衆の声を代弁して政府を批判したのは新聞であった。その影響力を排除するため、寺内正毅内閣

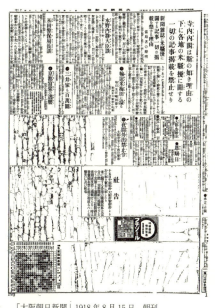

「大阪朝日新聞」1918年8月15日、朝刊
記事提供　朝日新聞社

は再三にわたり発売禁止を求め、さらに米騒動関係の報道一切を禁止する措置をとった。法的な根拠のない行政処分であったが、それが可能であったところに、この時期の政治体制の専制的な性格がにじみ出ていた。

さらに政府は、政府批判の急先鋒であった『大阪朝日新聞』に対して新聞紙法違反で告発し、最終的には社長以下主要編集幹部を退社に追い込んだ。12月初め、同社は社告で「不偏不党」の立場に立つことを明らかにし、全面的に弾圧に屈した。発売禁止、記事差し止めに紙面の鉛版を削り、上図のように紙面の下半分に白紙部分が残る新聞を発行していた新聞社は、この時以降、報道内容に自ら枠をはめることになった（武田晴人『帝国主義と民本主義』集英社、1992年参照）。

第4章　帝国主義的経済構造の形成

第4-3図　日米船鉄交換

「日本船舶」と書かれた手土産をもつ貧相な日本人が「米国製鉄」という閉ざされた扉の前で米国紳士にさえぎられている「日米船鉄交換」の風刺画。
北澤楽天画「鐵は頗る高價だ」『時事新報』
12293号，1917（大正6）年10月29日
東京大学大学院法学政治学研究科附属近代日本法政史料センター明治新聞雑誌文庫所蔵

略物資の輸出禁止措置をとると，それまで同国からの輸入鋼材に材料の半数ほどを依存していた日本の造船業は，鋼材不足から建造のめどが立たなくなった。この問題は，鈴木商店の金子直吉などの活躍でまとめられた「日米船鉄交換」という枠組みで解決が図られた[*12]。物々交換のように船と鉄を交換しなければならないほど，官営製鉄所を頂点とする国内鉄鋼業の展開を遥かに超えた鋼材需要が発生していた。ここに投資を制約する重化学工業の未成熟が端的に現れていた。アメリカのように十分に発展した重化学工業が存在しない，それ故に産業発展の絶好機を十分には生かしえない日本の「**中進国**」的な性格が示されていた。

投資の制約が強かったことは，余裕資金を投機的な運用に委ねる傾向を強めた。同時にそれは先発企業の優位を際立たせることになった。大戦前の不況過程で低操業率を余儀なくされていた企業は，ブームの発生とともに操業率を引き上げることで生産を拡大し，増産と価格の上昇，操業率上昇によるコスト低下などの好条件を享受し，新規参入を伴う流動的な競争条件のもとでも有利に市場環境の変化に対処することができた。これに対して新規参入者は，設備の調達に制約があり，仮に調達できたとしても生産性の面で優位に立てる条件を備えていたわけではなかった。

> **解説　中進国**
> 第一次大戦期の日本の国際的な位置づけを工業化の進展度合いから評価すると，欧米諸国に比べれば後進性が際立っていたが，他方でアジアの諸地域・植民地などと比べると明治後半期に曲がりなりにも重工業部門が形成されつつあったという点で一日の長があった。こうした特徴を捉えて工業化の進展の第二グループという意味で「中進国」と表現している。

[*11]　大戦期の投資制約条件については，橋本寿朗『戦間期の産業発展と産業組織2　重化学工業化と独占』東京大学出版会，2004年，第1章参照。
[*12]　寺谷武明『日本近代造船史序説』巌南堂書店，1979年，第5章参照。

株式ブームと持株会社の設立

　企業収益の好転は、多数の「成金」を生むバブル経済の様相を呈した。株価の暴騰によって株式投資に対する関心が広がり、全国的な株式投資ブームが発生した。大阪鉄工所、川崎造船所などの戦時ブームに乗った企業が投資家の注目を集め、既存の株式会社企業も増資のたびに新規の株主を加えていくなど、株式発行市場の裾野が広がった。また、上場企業は限られていたとはいえ、取引所場外での株式の取引も活発化し、地方都市でも現物取引が広く行われるようになった。

　こうして資本市場は、それまでの縁故（地縁、血縁など）を中心とした募集から大きく様変わりした。企業の設立には株式会社形態が有力な手段となり、株式を介して少額の資金も投資資金として吸収できるようになった*13。

第4-4図　成金時代

和田邦坊画「成金栄華時代」
写真提供　灸まん美術館

　鉄道や紡績、電力などを除くと、有力企業のなかには財閥傘下の封鎖的な所有構造に組み入れられているものも少なくなかった。しかし、そうした企業でも北海道炭礦汽船、王子製紙、日本郵船などの傍系の企業では、増資による資金調達が活発化し、株主数の大幅な増加につながった。他方で財閥の直系事業については、三井が第一次大戦前に傘下事業の株式会社化と本社の持株会社化という組織変更を行っていたが、それに追随するように、三菱などが傘下事業の株式会社化を進めて持株会社組織のもとでの事業展開へと移行した。

　その背景には、事業規模がブームとともに急拡大し、権限の配分などの組織面での整備が必要となったことがあった。先発企業の有利性が財閥系企業に強く働いたことに加えて、不振に直面していた傘下の重工業などが利益を増加させるとともに巨額の投資資金を要する事業に成長していた。そのために本社機能の分離と各事業の専門性を尊重する組織改革が必要となった。これに加えて、日露戦後

> **解説　法人成り**
> 個人経営の事業を株式会社、合資会社、合名会社などの法人組織に改組することを意味するが、このような組織変更は、歴史的にみると個人事業への課税に比べて法人への課税が軽かったことに基づくことが多い。日本では、日露戦後の税制改革を契機にこのような動きが第一次大戦後まで続いたのが最初である。

＊13　志村嘉一『日本資本市場分析』東京大学出版会、1969年、第2章参照。

の税制改正や大戦中の戦時利得税の課税が事業部門の株式会社化を有利にしたことが組織変更の動機となった。後者の事情は第一次大戦後にかけて有力資産家が持株会社や資産保全会社を設立する「**法人成り**」の要因ともなった*14。

傘下事業の株式会社化によって財閥が直ちに株式市場を利用した資金調達に乗り出したわけではないが，持株会社化は，事業部門の利益を超えて，本社部門が保有する金融資産の操作を通した蓄積基盤を獲得する財務的な基礎を財閥に提供した。

「自前」の資本輸出

株式ブームは国内の産業企業だけでなく，台湾の製糖業，朝鮮の鉄道など植民地関連の株式も対象となった。このことは，大戦期の対外投資の拡大が，資本市場を介した民間資金によって担われていったことを意味していた。

民間の資金が対外投資に向かう経路は，さらに日本興業銀行などが発行する金融債への投資というかたちでも推進された。すでにふれたように，大戦中の金融緩慢によって加速する物価上昇を抑制するために政府は，積極的に対外投資に努めた。その中心になったのは英・仏・露三国の戦時公債の引受と対中国借款であった。とくに後者を代表する「**西原借款**」は，対華21カ条要求に示される中国大陸への露骨な侵略的意図への反発や対中投資に関心をもつ列強との協定を考慮して経済借款という形式をとり，特殊銀行と民間銀行による海外投資銀行団が仲介して，資本市場で調達された資金が投入された。民間企業による中国市場への直接投資も進展したが，資本市場を介した資本輸出の中心は，金融債に対する政府の元利保証などが付加され，国策として推進された対外投資であった。第一次大戦前まで対外投資は海外からの資金の転貸であったり，預金部などの政府資金によって実現されていたが，第一次大戦ブームは，活況を呈する株式・資本市場を介して，民間の自前の資金が資本輸出される状況を作り出した。

> **解説　西原借款**
>
> 第一次大戦期に寺内正毅内閣が中国の段祺瑞政権を援助するために供与した総額1億4500万円の借款のこと。勝田主計大蔵大臣のもと，首相の私設秘書西原亀三が窓口となってまとめたことから，「西原借款」と呼ばれる。経済借款の形式をとったが，実質的には中国国内の内戦のため戦費として費消されたため，元利払が滞る不良債権となった（鈴木武雄編『西原借款資料研究』東京大学出版会，1972年）。

---

*14　武田晴人「資本蓄積(3)　財閥」大石嘉一郎編『日本帝国主義史1』東京大学出版会，1985年。

4　1920年恐慌と慢性不況

戦後ブームへの転換

　1918年11月，第一次世界大戦が終了すると，それまで戦時のブームをリードしてきた軍需関連産業は，大幅な価格の下落のなかで，景気の主導力を失い，日本経済はそれから半年あまり，「休戦反動」と呼ばれる景気の低迷期に入った。
　しかし，アメリカ経済の好調にリードされた生糸輸出の好調や，対アジア向け綿布輸出の拡大，大戦ブーム下で生じた賃金の上昇を背景とする国内個人消費の増大などの要因が重なって，1919年の春ごろから戦時ブームを上回る激しい投機的な景気上昇が続くことになった。戦後ブームは民需・内需主導のブームという点で戦時ブームとは異なり，欧米からの輸入の再開による「投資制約条件の解除」のもとでの投資拡大という点でも，また，そのために貿易収支が赤字基調に推移したという点でも，大戦ブームとはまったく異なる特徴をもっていた。
　前掲第4-3表によると，商事，海運・造船，鉄鋼などが大戦後に利益率が低下する一方，紡績，製糖，製粉などの部門の利益率が増大していた。1919年の産業部門別事業新設・拡張計画でも紡織部門の比率が大きく上がっていたことは，このようなブームの内実の転換を示している（前掲第4-4表）。設備投資の主役に躍り出たのは紡績業や電力業であった。株式ブームが続いていたから資金調達面での制約は小さく，海外からの設備財輸入が可能になったことが，投資拡大に実質を与えていた。しかし，そうした投資拡大は大戦期の国際競争の「消滅」という条件のもとで生じていた貿易黒字を反転させ，輸入増加による貿易赤字に直結した。
　貿易収支の逆調＝赤字化によって，本来であれば引締基調となるはずの金融市場は，政府が積極財政を展開したことから国内資金は潤沢で，依然として「金あまり」状態にあった。これが戦後ブームに追い風となった。大戦中に購入された英仏の国債が戦争終了とともに払い戻されることになって正貨流出が抑制され，国内通貨供給の増大を可能にしていた。
　このような条件のもとで，大戦ブームを上回る急激な物価の上昇が綿糸，綿織物，生糸，米などに発生し，東京や大阪などの大都市部では，大戦ブームによって増加した居住者への住宅供給の不足から，土地価格の急上昇という現象も目立つようになった。

賃金上昇と労働組合運動

　都市の人口の増加は，大戦ブームが農村から都市へと大規模な社会移動を促す

第 4-5 表　小野田セメントの製造原価と利益　　　　（単位：円）

	製造原価 (A)	単位あたり利益 (B)	単位あたり工賃 (C)	(C/A)	(C/B)
1913 年	2.705	0.413	0.355	13.1%	86.0%
1914	2.595	0.205	0.283	10.9%	138.0%
1915	2.222	0.190	0.273	12.3%	143.7%
1916	2.130	0.202	0.233	10.9%	115.3%
1917	2.581	0.761	0.241	9.3%	31.7%
1918	3.818	0.713	0.299	7.8%	41.9%
1919	5.195	0.498	0.435	8.4%	87.3%
1920	6.120	△0.188	0.593	9.7%	—
1921	5.831	1.494	0.642	11.0%	43.0%
1922	4.836	0.352	0.608	12.6%	172.7%

注）　各年上期数値。
出所）　『小野田セメント百年史』217, 229 頁より作成。

ほど都市の就業機会が増加したからであった。前掲第 4-2 図にみられるように，米価などの農産物価格の上昇が遅れていたから，農村・農業は軍需ブームに沸く都市に比べて不利な条件におかれていた。そのため，それまで以上に農村から都市に向かう人口移動が促進された。

　このように追加的な労働力が社会的な移動を介して供給されても，都市の労働力需要の急増に対して労働力不足は深刻化した。とくに急成長する重化学工業部門は，機械工業などを中心に熟練した技能をもつ労働者を必要としていたから，その不足は深刻であり，工場間で基幹的な熟練労働者の引き抜き，自発的移動が活発になり，企業にとっては雇用関係の安定が求められた。しかし，短期に技能を高めることは難しく，そのため大戦期の労働力需要の拡大は，全般的に労働者の技能水準を落とし，労働生産性を低下させるものであったが，製品価格の急騰が続く限り，このような問題が顕在化することは少なかった。第 4-5 表によると，1916〜18 年に労働分配率（C/B）は急激に悪化し，それだけ企業の利益は増大していた。それは賃上げ要求に直面した企業にとって要求を受け入れる余裕があることを示唆している。とはいえ，賃金の引き上げが戦後ブーム期にかけて労賃コストを上昇させ，収益悪化の要因となったことも事実であった。

　労働力市場が逼迫するなかで，賃金引き上げを求める労働者の組織的な動きが活発になった。それまで労働組合運動は，厳しい弾圧のもとにおかれていた。しかし，1917 年前後に政府が労働組合の結成を事実上認める方針に転じたこともあり，大戦期に賃金引き上げを求める労働者の組織的な争議行為が頻発した[*15]。

---

　*15　二村一夫「労働者階級の状態と労働運動」『岩波講座日本歴史 18　近代 5』1975 年。

第4-6表 大戦期の賃金上昇：三菱系企業の平均日給　　（単位：銭）

	三菱造船		三菱倉庫	三菱製紙	三菱鉱業	
	長崎	神戸			金属	石炭
1912年	69.2	83.1	124.0	46.0	48.9	49.3
1913	72.9	87.5	136.0	49.5	51.2	50.2
1914	74.9	88.1	148.0	46.8	48.2	48.9
1915	71.1	83.2	137.0	47.5	49.5	50.1
1916	73.1	87.4	125.0	49.1	50.2	50.0
1917	102.5	121.9	171.0	51.8	59.9	53.8
1918	108.8	144.3	164.0	64.0	82.8	72.9
1919	144.1	165.6	233.0	76.5	104.5	135.5
1920	187.0	249.5	343.0	—	149.7	218.2

出所）武田晴人「労使関係」大石嘉一郎編『日本帝国主義史1』東京大学出版会，1985年，288頁。

これに対して労働力不足に直面していた企業は，ブーム下の高収益を背景として争議行為による損失を避けるために労働者の要求に対する譲歩を重ねた結果，名目賃金は大戦半ばころから確実に上昇傾向をたどった。ただし，職工の家計調査等によると，エンゲル係数［飲食費／（支出－貯蓄）］は1916年の41％から18～20年50％であった*16。したがって，名目所得の増加は必ずしも生活改善にはつながっていなかった。

賃金上昇は，前掲第4-2図から読み取ることができるように，大戦ブーム期には物価上昇に比べて遅れて始まり，その上昇のスピードも緩慢であった。これに対して，戦後ブーム期に入ると上昇率は急拡大し，企業の収益を圧迫する要因となった。三菱系企業の日給の動向を示した第4-6表によると，1916年まで比較的安定していた日給額は，17年以降に上昇しはじめ，19～20年には物価の上昇を上回るほど大幅な上昇を記録していた。内需主導，民需品主導のブームであり，生活に直結するような商品の投機的な価格上昇が続いていたから，賃金の引き上げは切実な要求であり続けた。

物価対策と金融引締

1918年夏の米騒動後に成立した原敬内閣は，物価上昇などに起因する民衆の不満が政治体制に大きな影響を及ぼすことを痛感していた。そのため戦後ブームが加速する19年の夏ころから物価抑制のための政策措置を実施せざるをえなくなった*17。具体的には，綿糸など民需品の輸出を禁止し，国内価格の上昇を抑

---

*16 労働運動史料委員会『日本労働運動史料 第10巻』1959年，546～547頁。二つの異なる調査に基づくため正確な比較ではない。

*17 武田晴人「重化学工業化と経済政策」坂野潤治ほか編『現代社会への転形』（シリーズ日本近

第4章　帝国主義的経済構造の形成

第4-5図　物価上昇

北澤楽天画「物価騰貴」
出所）北澤楽天顕彰会編『楽天漫画集大成　大正編』グラフィック社，1973年，114頁，国立国会図書館所蔵．

第4-6図　綿業市況の推移

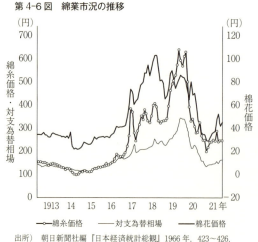

出所）朝日新聞社編『日本経済統計総観』1966年，423〜426, 1175頁．

え込もうとしたほか，秋から年末にかけて数次にわたり公定歩合を引き上げて，金融面から投機の抑制を図った．政府の一連の措置は，輸出制限等により貿易赤字幅を拡大する一方で，企業の金利負担を増加させた．こうして賃金上昇と金利上昇の両面から生じたコスト上昇圧力が企業収益を圧迫することになった．

それから半年ほど，市場は不安要因を抱えながらも，投機的な価格上昇を続けた．商品投機がもっとも活発であった綿製品市場では，国際的な棉花価格が大戦後には横ばいに転じたにもかかわらず（第4-6図），戦後ブーム期に高騰を続け，1年を超えるような思惑的な先物取引が行われていた．しかし，そうした活発な投機的な取引にもかかわらず，ブームは限界に近づきつつ

現代史　構造と変動3）岩波書店，1993年．

あった。そして，1920年3月に突然の崩壊が訪れた。

1920年恐慌と救済

1920年3月15日の東京株式市場の大暴落に端を発した1920年恐慌は，それまでにない大幅な価格の暴落，企業の倒産を引き起こした。株式市場ではじまった混乱は，銀行取り付けや企業倒産を引き起こしながら，6月以降になると，世界的な景気後退のなかで深刻な恐慌状態となった。卸売物価指数（1900年=100）は，大戦後の休戦反動期の19年3月に268を記録したあと，1年後に425まで6割近く高騰し，翌年4月には251と4割ほどの暴落となった。同じ期間の製品別価格では綿糸・綿製品や生糸がいずれも7割前後の暴落であった[*18]。

この恐慌の特徴は，第一に1920年6月ころまで英米などが表面的には戦後ブームの様相を呈しているなかで，3月以降日本で先行して景気後退が発生したことであった。海外市況の暴落，輸出不振など外生的な要因が強かったそれまでの日本の恐慌現象とは異なって，例外的なものであった。第二に投機的な取引の破綻によって引き起こされたことから，投機の破綻が各種の商品分野に及び中小商社の破綻や地方銀行の休業がかつてないほどの規模で発生した。それは在庫を抱え込んだ商社等の資金繰りを困難（「流動性の危機」）にし，これに資金を提供していた金融機関を直撃した。そのため，日本銀行を頂点とする政府系金融機関が倒産の危機にある企業への「滞貨金融」（売れ残り商品を担保とする融資）を積極的に展開することになった。大規模な思惑取引が行われていた綿糸布市場では，多数の綿糸布商が経営的に行き詰まり，救済資金によって取引の清算が行われた。滞貨金融は，綿糸布に対して4800万円，砂糖3200万円，羊毛2700万円，蚕糸5000万円，銅600万円など各事業分野に及んだ。この融資に関連して，第三に日本銀行は，各業界で生産制限や滞貨処分の共同行為を促した[*19]。その結果，各産業分野でカルテルの結成が促され，1920年恐慌は**産業の組織化**が進展する契機となった。

滞貨金融による救済や産業組織化の促進は，恐慌による打撃を緩和する意味をもっていた。しかし，他面で広範な**救済融資**によって恐慌過程で整理されるべき競争力の弱い企業も温存し，債務の整理が進まないまま不良債権化する弊害も伴った。その結果，金融機関の収益を悪化させ，1920年代における経済発展を制約する病根の一つとなった。

[*18] 武田晴人「恐慌」1920年代史研究会編『1920年代の日本資本主義』東京大学出版会，1983年。物価データは，東洋経済新報社編『日本の景気変動（上）統計篇』1931年による。

[*19] 武田晴人「1920年恐慌と『産業の組織化』」大河内暁男・武田晴人編『企業者活動と企業システム』東京大学出版会，1993年。

不況の「慢性化」と都市化

1920年恐慌の影響は21年春ころまでには一段落したが、その後、ワシントン海軍軍縮条約締結によって[20]、それまで軍需に望みをかけていた大戦期の主導産業である造船や鉄鋼業が大きな痛手を受けるなどの条件も加わって、不況が長期化することになった。加えて、関東大震災の発生と、その対策としてとられた「震災手形」の承認が、債権の不良化を一段と助長した。

また、大戦中に銀貨の暴騰を背景にブームを謳歌していたアジア市場では、銀貨の傾向的な下落から、購買力が低下し、綿糸布などを中心に価格の低落傾向が続き、綿工業の収益性を悪化させていった。産業・貿易構造の基軸的な位置にあった紡績業の不振は、造船・鉄鋼業の不振とともにミクロレベルでは陰鬱な不況

> **考えてみよう　関東大震災**
>
> 1923年9月1日午前11時58分に発生した関東大震災は、相模湾北西部を震源地としてマグニチュード7.9と推定されるものであった。震源に近い小田原では家屋の8～9割が倒壊した。
>
> 震災と引き続き起きた火災による被害は、死者・行方不明者10.5万人、全壊家屋10.9万戸、半壊家屋10.2万戸、焼失家屋21.2万戸に達した。損害金額については、日本銀行調査によると、建物18.7億円、家財什器8.7億円、工場2.4億円、商品21.4億円など合計52.7億円とされている
>
>
>
> 関東大震災で焼け野原となった東京・上野。上野山上から松坂屋方面を望む。1923年9月
> 写真提供　朝日新聞社／時事通信フォト
>
> (三和良一・原朗編、前掲『近現代日本経済史要覧　補訂版』110頁)。
>
> この震災直後、警視庁の記録では「富士山が大爆発した」とか「大津波がくる」というデマが流れだし、1日の夕方から夜にかけて「社会主義者や朝鮮人の放火」という類のデマが流れた。とくに混乱をきわめていた横浜では「不逞鮮人が来襲して井戸への投毒・放火・強盗・強姦をする」というデマが流布され、これに恐怖した人びとが無実の朝鮮人を虐殺する不幸な事件を各地で引き起こした。
>
> 震災による経済的混乱に対処するため、政府は日本銀行震災手形割引損失補償令を制定して、商品の焼失などによって不能となった取引の決済を延期するなどの救済資金を提供した。この震災をきっかけとする「震災手形」が1920年恐慌後の未回収の救済融資に上積みされ、固定的で回収が困難な不良債権となって円滑な金融機能の発現を妨げることになった。

---

[20] ワシントン軍縮については、細谷千博・齋藤真編『ワシントン体制と日米関係』東京大学出版会、1978年参照。

感を蔓延させた。

　これに対して，大戦中に相対的低収益部門であった電力などでは，電力不足が顕在化し，これを解消するための積極的な電源開発や配電設備の増設が行われた。さらに，都市人口の増加に応じた都市の交通機関の整備や，道路・下水道等の整備など社会資本投資が活発化した。宅地の開発が都市の近郊の姿を徐々に変貌させ，人びとの考え方にも影響を与えた[21]。そのため，実質水準でみると，このような投資拡大要因と緩やかな物価の下落傾向から，日本経済は高い実質成長率を記録した[22]。その内実は，産業部門間の成長に著しい不均衡が発生した時代であったというべきものである。別の言い方をすれば，電力などの新しい成長部門の登場がみられたとはいえ，それは，日本経済全体を好況に転換するほどの起動力はなかった。ミクロの不況とマクロの経済成長が併存していた[23]。

5　国際環境と貿易構造

再建金本位制下の世界

　第一次世界大戦後の世界は，ドイツ賠償問題の未解決と，これに基づく国際通貨体制の再建の遅れによって不安定な状態を続けていた。ドイツに課せられた多額の賠償は，ドーズ案に基づくアメリカの対ドイツ援助＝資本輸出によって，解決の糸口を見出すが，それは，ヨーロッパの再建が短期的にはアメリカの資金散布によって打開の道を切り拓くとはいえ，長期的にはドイツの貿易黒字によって本質的には解決されなければならないことを意味した。そのため，ドーズ案の成立によってようやく金本位制再建の道を見出し国際経済関係の安定を実現したヨーロッパは，1920年代半ばにはドイツを軸とする激しい国際競争の展開によって「安定」を脅かされていた[24]。

　世界的な不均衡は国際金融体制に現れただけではなかった。各国の経済状態に大きな格差が発生していた。一方で，大戦期に急成長したアメリカ経済は，1920年代には「黄金の10年」を経験した。T型フォードに代表される耐久消費財の普及を基礎に大衆消費社会的な状況を生み出していた。他方で，敗戦国ドイツだけでなく，欧州諸国は経済的な困難に直面していた。社会主義の脅威と，途上国の経済発展がそれぞれの国の経済運営を困難にしていたからであった。

---

[21] 高嶋修一『都市近郊の耕地整理と地域社会』日本経済評論社，2013年。
[22] 中村隆英『戦前期日本経済成長の分析』岩波書店，1971年，2頁。
[23] 武田晴人，前掲「恐慌」参照。
[24] 宇野弘蔵監修『講座帝国主義の研究2　世界経済』青木書店，1975年および馬場宏二『世界経済：基軸と周辺』東京大学出版会，1973年参照。

こうしたなかで，第一次世界大戦の教訓は，先進各国に総力戦に対応できる自給的経済構造の形成の必要性を認識させた。同時に社会主義革命の脅威のもとでは国内宥和政策の展開の必要性も加わって，農業保護政策が強化されると同時に，失業問題の激化を回避するための景気調整政策が不可避となった。それは，先進国が国内の問題を優先し，対外的な協調の余地を小さくすることを意味した。また，先進国の農業保護政策の展開は，カナダ，アルゼンチン，オーストラリアなど農産物輸出国の国際収支を圧迫し，農産物価格の低迷による「世界農業問題」を引き起こした。そして，こうした国内均衡優先政策が，不安定な国際金融体制を基盤から危うくする要因となった。

強い輸入圧力下の貿易構造

以上の条件は，日本からみると，世界市場での激しい国際競争が展開し，日本の輸出貿易を制約するとともに，日本への強い輸入圧力として現れた。世界の貿易単価指数は，20年代には低落傾向にあった。各国の物価水準が第一次大戦前の水準の1.5倍程度であったのに対して，第4-7表のように銑鉄，小麦，硫安など日本の主要輸入品の単価は大きく下落した。とくに鋼製品や硫安などでは，物価水準が上昇していたにもかかわらず，1913年に比べてもかなり低い水準に抑えられる傾向にあった。世界貿易の不振が，日本に対してダンピング的な圧力となり，日本の産業発展に強い制約要因としてのしかかっていた。

1920年代の日本の貿易構造は，対先進国では産業革命期以来の途上国的な貿易構造を依然として持続していた（第4-8表）。その輸出の中心は繊維製品（生糸）であり，輸入は，対北米の棉花を別にすると，機械などの重化学工業品であった。それは一面では，日本の産業構造の高度化の遅れを示すとともに，先進国からの厳しいダンピング攻勢による重工業の低迷を反映していた。他方で，植民地を含む後進地域に対しては，先進国的な貿易構造を示し，綿製品の輸出と原料・資源の輸入という構造を持続していた。

このような貿易構造について，1920年代前半と後半の差異に注意しておくと[*25]，第4-9表のように，20年代前半には，①食料品の赤字と原料品の赤字を製品輸出がカバーできなかったが，20年代後半になると，②全体の赤字はほぼ食料品の赤字で説明され，工業生産にかかわる原料の輸入と製品の輸出はバランスする傾向が顕著であった。

以上から貿易収支の入超構造は1920年代の前半から後半にかけて確実に改善

[*25] 三和良一『戦間期日本の経済政策史的研究』東京大学出版会，2003年，第6章参照。

第 4-7 表　輸入品価格の下落　　　　　　　　　　　（単位：円／ピクル）

	鋼製品		銑鉄		硫安		小麦		砂糖	
1913 年	4.48	100	2.35	100	8.61	100	4.39	100	6.90	100
1920	12.22	273	6.98	297	16.55	192	9.94	226	20.38	295
1921	11.32	253	4.85	206	8.34	97	6.41	146	13.96	202
1922	6.14	137	3.25	138	8.22	95	6.57	150	10.00	145
1923	5.96	133	3.03	129	10.28	119	6.43	146	10.82	157
1924	6.06	135	3.13	133	9.46	110	6.32	144	12.58	182
1925	6.19	138	3.16	134	9.78	114	9.13	208	11.82	171
1926	4.77	106	2.64	112	9.11	106	7.97	182	11.06	160
1927	4.66	104	2.66	113	7.86	91	6.94	158	10.80	157
1928	5.33	119	2.61	111	7.65	89	6.19	141	10.23	148
1929	5.55	124	2.34	100	7.58	88	5.80	132	8.21	119
1930	5.61	125	1.69	72	5.87	68	5.15	117	6.37	92

出所）　武田晴人「国際環境」1920 年代史研究会編『1920 年代の日本資本主義』東京大学出版会，1983 年，40 頁。

第 4-8 表　貿易構造（地域別・主要品目，1929 年）　　　　　　　（単位：百万円）

		輸入			輸出		
		食料品	原料品	工業品	食料品	繊維品	その他製品
先進地域	イギリス			鉄類 23 硫安 17 機械 34 毛織物 15		絹・人絹 10	
	大陸ヨーロッパ			鉄類 47 硫安 23 機械 31 毛織物 15		生糸 13 絹人絹織物 12	
	北アメリカ	小麦 50	**棉花 276** 石油 17 木材 72	機械 42 鉄類 37 自動車 32	ビン・カンヅメ 11	**生糸 761** 絹人絹織物 24	陶磁器 16
後進地域	中国	豆類 75	採油原料 26 油粕 73 石炭 34 鉱石 11 棉花 34		小麦粉 25 精糖 27 水産品 11	**綿織物 165**	紙類 20 石炭 12 機械 11
	その他アジア	米 18 砂糖 30	生ゴム 33 鉱石 12 石油 17 **棉花 231** 木材 13	鉄類 16		絹人綿織物 48 メリヤス 17 綿糸 17 **綿織物 190**	石炭 10
	その他	小麦 15	棉花 22 **羊毛 99**			綿織物他 68	

出所）　武田晴人，前掲「国際環境」37 頁。

第4-9表　時期別・大分類別貿易額と収支　　　（単位：百万円）

		1910-14年	1915-19年	1920-24年	1925-29年	1930-34年
合　計	輸出	2,656	7,500	8,094	10,463	8,060
	輸入	2,922	6,166	10,276	11,542	8,413
	収支	△266	1,334	△2,182	△1,079	△353
食料品	輸出	284	717	531	763	665
	輸入	368	633	1,320	1,636	875
	収支	△84	84	△789	△873	△210
原料品	輸出	222	397	490	621	332
	輸入	1,445	3,285	5,009	6,426	4,947
	収支	△1,223	△2,888	△4,519	△5,805	△4,615
原料用製品	輸出	1,337	3,253	3,635	4,598	2,543
	輸入	529	1,531	2,034	1,772	1,364
	収支	808	1,722	1,601	2,826	1,179
全製品	輸出	783	2,967	3,332	4,312	4,302
	輸入	561	671	1,835	1,634	1,156
	収支	222	2,296	1,497	2,678	3,146
雑　品	輸出	30	166	106	169	218
	輸入	17	46	76	74	71
	収支	13	120	30	95	147

出所）　武田晴人，前掲「国際環境」30〜31頁。

をみせており，この時期は構造的変動を示す過渡期であったと評価できる。そして，後述する産業構造の変化と貿易構造の変化とを対比すると，両者の変動の時期にはずれが発生していた。

　したがって，この時期の経済構造を論じるためには，その過渡期としての性格をどのように捉えるかが要点になる。その際，注目しておかなければならないのは，激しいダンピングによる重工業品輸入価格の低落によって国内価格も低水準となっていたにもかかわらず，日本の全般的な物価水準は国際的にみると割高なことであった。すなわち，大戦前と比較して1920年代にアメリカやイギリスなどが1.5倍程度の水準であったのに対して，日本の物価水準は1920年代前半には2倍前後であり，後半でも1.7倍程度に高止まっていた[26]。そのため**賃金水準が下方硬直的**であり，製品価格低下に比し高コスト・低収益であった。このような物価の割高が，この時期の経済構造の特異性を知る手掛かりとなる。物価の割高をもたらした最大の理由は国内における財政金融政策が拡張的であり，次節で

---

[26]　三和良一・原朗編，前掲『近現代日本経済史要覧　補訂版』109頁。

6 財政の拡張的な性格

軍縮下の財政拡大

国内総需要構成の変化をみると、①民間設備投資の低迷、②輸出依存度の低下に対して、③個人消費の拡大と、④政府支出の増加が顕著であり、1920年代にはこの③④が景気を下支えしていた。民間設備投資の総需要構成比率は、大戦期（15～19年）の13％から20年代前半には10.3％、後半には8.3％に落ち込む一方、政府資本形成は大戦期の3.8％から20年代には前・後半とも6.1％まで拡大した。輸出比率は同じく20.3％から20年代には前半13.5％、後半15.9％となった[*27]。

拡大の原動力となった財政支出は、第4-7図のように昭和恐慌期まで急テンポで拡大基調にあった。その主因は産業関係費、社会教育関係費などであった。戦前日本の財政構造を特徴づける軍事費は、この時期には世界的な軍縮の時代を反映して例外的に伸びが抑え込まれ、低い比率で推移していた。

軍縮の時代であったことは都市化に対応した社会資本投資拡大の余地を与えた。道路・上水道の整

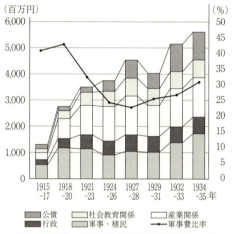

第4-7図　財政支出の政策目的別推移

出所）武田晴人、前掲『重化学工業化と経済政策』128頁。

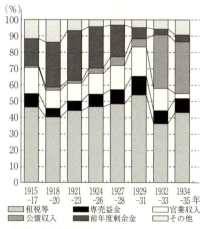

第4-8図　財政収入の構成推移

出所）第4-7図に同じ、127頁。

[*27]　三和良一『概説日本経済史・近現代　第3版』東京大学出版会、2012年、101頁。

備だけでなく，大都市部での電鉄・電気供給事業などが，中央地方を通じた財政支出の拡大を主導していた[*28]。

この財政構造の拡張的な性格は，歳入面からみると，巨額の剰余金を歳入に計上することでまかなわれており，それは財源として確実に費消されていた（第4-8図）。結果的には，1920年代において，大戦期に金不胎化政策によって政府在外正貨として蓄積されていた財政剰余金が食いつぶされた。政府在外正貨は，日本銀行を介して横浜正金銀行に払い下げられ，それによって得られた円資金が財政支出に充当されると同時に，払い下げ正貨は対外収支の赤字を埋めあわせるべく対外支払に充当された。こうして金本位制を停止していた日本は，貿易収支の赤字基調にもかかわらず，正貨流失に伴う通貨収縮をみることなく，政府支出の増加によって内外の不均衡が分離されることになった[*29]。財政剰余金が拡張的

考えてみよう　都市化と文化生活

都市化の進展は，都市の私鉄の延伸と住宅地の開発に象徴された。東京では，その代表例として田園調布の開発が，イギリスの Garden City の理想に倣って行われ，農村の環境の良さと都市の快適さ・利便性を兼ね備えた「都市」の建設が目指された。関西圏では箕面有馬電気軌道の経営者小林一三が，沿線の土地を住宅地として開発し，また宝塚に遊園地を作って旅客を誘い，少女歌劇団を設立して宣伝効果を高めた。

開発された住宅地には，1922年上野で開かれた平和記念東京博覧会で注目された「文化住宅」が建設された。洋室を設けたりする和洋折衷型であり，ガス，水道，電気も備えた新しい「文化住宅」は時代の先頭を走るモダンな生活の夢を育むものであった（平井聖『住生活史』放送大学教育振興会，1989年）。

住空間に生じたこの変化は，住宅開発にしても鉄道建設にしても，生活を彩る耐久財にしても，産業発展とともに生じ，いまだにごく限られた人びとにすぎなかったが，それを受けとめる住民たちの意識をも変えていくことになった。この意識の変化を強調する満薗勇『日本型大衆消費社会への胎動』（東京大学出版会，2014年）は，戦間期の大衆消費社会への「胎動」が始まったと主張しているが，所得分配の不公平性が大きかったことから，多くの市民たちにとって文化生活は高嶺の花だったとみるべきだろう。

都市化に伴う開発の進展については，高嶋修一，前掲『都市近郊の耕地整理と地域社会』，鈴木勇一郎『近代日本の大都市形成』（岩田書院，2004年）などの研究があり，長期の視点で都市の土地利用を分析した名武なつ紀『都市の展開と土地所有』（日本経済評論社，2007年）がある。また，工場立地の観点から都市形成を問題にした沼尻晃伸『工場立地と都市計画』（東京大学出版会，2002年）もある。このような都市化に関連した研究は経済史研究にとどまらず，都市工学などの視点からも行われており，一例を挙げると田中傑『帝都復興と生活空間』（東京大学出版会，2006年）がある。

都市への関心は，産業や企業への関心に基づく経済史研究とは分析視点を異にして，労働力の再生産が行われる生活空間にまで視野を広げる面をもっている。そこに見出される社会構造の特質は，経済社会のあり方を考えるうえで重要な意味をもつと考えられる。それ故，このような研究潮流の活発化は豊富な歴史像を描く基盤を作り出すと期待できる。

[*28] 持田信樹『都市財政の研究』東京大学出版会，1993年。

な政策を可能にする条件であり，それが国内外の不均衡が財政面と対外決済面で顕在化することを覆い隠し，同時に20年代の物価割高をもたらすことになった。

金融市場の混乱

金融政策はこのような財政運営に対してむしろ通貨膨張を加重する役割を果たした。すなわち，1920年恐慌，関東大震災と続く激動のなかで日本銀行は企業への救済融資を余儀なくされた。公定歩合は1920年恐慌前からの高い

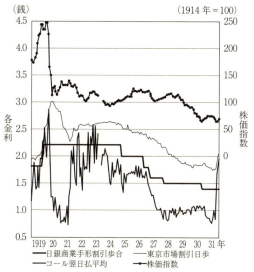

第4-9図　金利と株価

出所）『東洋経済経済年鑑』より作成。

水準を維持していたが，金融面からの引き締め効果に乏しく，通貨供給は収縮しなかった。金融構造のゆがみによって日本銀行は，国内金融市場を統御する機能を失った[30]。

　この間，資本市場では全般的な投資の停滞（事業計画の少なさ）により，株価は低迷し，低落傾向にあった（第4-9図）。投資的な資金需要が小さいにもかかわらず，金利は1927年の金融恐慌まで高金利状態を脱しなかった。それは，救済資金の供給にもかかわらず，業績の改善しない企業群と関係する銀行が，不良化した債権債務関係のために流動性の危機状態にあり，短期的な資金繰りのための資金需要が強く，金利が下がらなかったからであった。1927年の金融恐慌が発生するまで，中小規模の銀行を中心として銀行の倒産が断続的に発生していたことは，金融構造の不安定性を示す重要なできごとであった。貯蓄銀行500行あまりが普通銀行に転換されて普通銀行数が1794行のピークを記録する1922年から，4年後の1926年末に普通銀行は1417行に減少した[31]。この淘汰に銀行経営の悪化が現れていた[32]。こうして続く高い金利は，産業構造の中軸の一つになり

---

[29] 武田晴人「景気循環と経済政策」石井寛治・原朗・武田晴人編『日本経済史3』東京大学出版会，2002年。

[30] 伊藤正直『日本の対外金融と金融政策』名古屋大学出版会，1989年，第2章。

[31] 三和良一・原朗編，前掲『近現代日本経済史要覧　補訂版』113頁。

[32] 銀行淘汰については，寺西重郎『日本の経済発展と金融』岩波書店，1982年，第5章参照。

つつあった重工業などの企業に金融コスト高という重圧を加えていた。企業活動は全般的に強い「不況感」に覆われていた。

7 産業構造の変化と産業の組織化

産業の不均衡成長

産業構造は，主導的な部門を電力関連部門に移しながらゆっくりと転換しつつあった[*33]。第4-10表の1919～29年の産業別産出量の推移をみると，生糸が依然として首位を維持していたとはいえ，国内向け織物業である小幅織物・小幅絹織物，大戦ブームの主導産業であった海運・造船（船舶）などがランク外に低落し，鉄道，電力や広幅織物が上位にランクするようになった。

また，価格面では強い競争圧力のために企業収益が低迷していたが，鉄鋼の生産量は顕著な拡大を示した。さらに，1920年代後半にはいると，電気化学などの化学工業部門が肥料生産などを中心に拡大した。繊維部門では，綿織物生産が輸出市場を視野に入れた拡大を示しはじめた。数量的な拡大は，「不況感」が強いにもかかわらず経済活動の実質的な拡張を示していた。重化学工業化率は，19年の27.1％から24年に23.4％に低下した後，29年には31.7％にまで増大していた。産業構造の高度化が20年代後半には着実に進展していた[*34]。

このような産業発展のあり方は，製造工業部門間の拡大のテンポの差が大きいために，中村隆英によって「不均衡成長」と表現された[*35]。第4-10表の1919年から29年にかけて産業の順位が激しく変化していることは，この間の産業の不均衡成長を反映したものであった。付け加えれば，「不均衡成長」は，農業部門が停滞した戦間期の経済発展の特質であり，明治期における「均衡成長」が終わったことも意味した。

産業の組織化

激しい国際競争圧力のもとで，日本の産業はこれに対抗するために，カルテルの結成に基づいた生産制限や価格協定などの協調的な行動をとることになった。

[*33] 代表的な産業については，橘川武郎『日本電力業の発展と松永安左ヱ門』名古屋大学出版会，1995年，阿部武司『日本における産地綿織物業の展開』東京大学出版会，1989年を参照。また，産業発展の基盤ともなる技術導入状況，科学的管理法の導入，技術教育の整備などについては，谷本雅之・沢井実『日本経済史：近世から現代まで』有斐閣，2016年，第4章において沢井実が手際よく説明しているので参照されたい。

[*34] 三和良一・原朗編，前掲『近現代日本経済史要覧 補訂版』116頁，表4・69による。

[*35] 中村隆英，前掲『戦前期日本経済成長の分析』第4～5章参照。

7 産業構造の変化と産業の組織化　211

第4-10表　産業構成の変化：工場統計・鉱山統計等による主要製品別産出量　　（単位：百万円）

1914年		1919年		1929年		1937年	
綿　　糸	204	生　　糸	780	生　　糸	795	鉄　　鋼	1645
生　　糸	158	綿　　糸	763	鉄　　道	750	綿　　糸	1054
鉄　　道	152	小幅織物	453	綿　　糸	678	鉄　　道	909
軍工廠	149	石　　炭	442	電　　力	658	電　　力	835
小幅織物	92	鉄　　道	401	広幅織物	526	広幅織物	735
石　　炭	80	小幅絹織物	397	鉄　　鋼	378	生　　糸	510
清　　酒	70	海　　運	378	清　　酒	301	工業薬品	505
鉄　　鋼	69	鉄　　鋼	372	石　　炭	245	石　　炭	379
非鉄金属	64	軍工廠	315	軍工廠	208	軍工廠	355
電　　力	57	船　　舶	312	製　　紙	190	毛　　糸	335
小幅絹織物	52	広幅織物	312	印　　刷	186	人絹糸	332
製　　糖	49	清　　酒	240	毛織物	176	製　　紙	326
原動機	29	電　　力	183	製　　糖	158	清　　酒	316
製　　紙	29	製　　紙	151	小麦粉	146	肥　　料	311
毛織物	28	毛織物	122	肥　　料	132	電気機械	296
印　　刷	26	肥　　料	111	広幅絹織物	130	人絹織物	285
小麦粉	25	製　　糖	104	工業薬品	115	印　　刷	259
肥　　料	25	撚　　糸	101	製　　材	112	非鉄金属	241
広幅織物	20	非鉄金属	98	非鉄金属	102	船　　舶	225

出所）武田晴人，前掲「景気循環と経済政策」14頁。

　1920年恐慌後の日本銀行を中心とした救済融資が企業間の共同行為による滞貨整理を求めたことが，このような動きを促進した[*36]。

　カルテル的な産業の組織化は，1882年に結成された紡績連合会による操業短縮などが明治期から展開していたが，1920年には日本羊毛工業会，21年に石炭鉱業連合会，水曜会（銅），24年にセメント連合会，27年に銑鉄共同組合，28年に砂糖供給組合，29年に鋼材連合会，30年に製粉販売組合などが組織された。カルテル結成数は昭和恐慌期に激増するとはいえ，**主要産業におけるカルテル化の動きは20年代には定着していた**（第4-11表）。また，中小企業部門において組織化を促すために重要輸出品工業組合法が制定された。

　しかし，こうして展開した石炭，銅，銑鉄，鋼材，セメント，綿糸，砂糖などの部門における協調的企業行動は，価格面では国際価格の強い下げ圧力のもとで，関税障壁の有無に規定されながら，企業の利益率を高めるほどの効果をもたなかった。その限りでは，産業の組織化は限界が大きいものであった。しかし，市場機構への人為的な介入は，投機的な価格の変動を抑制することによって，企業に

[*36]　武田晴人，前掲「1920年恐慌と『産業の組織化』」参照。

第4-11表　産業別カルテル数

	大戦前	1914-26年	1927-29年	1930年以後	不詳	合計
重工業		5	6	19	3	33
化学工業	5	6	1	18	1	31
繊維工業	1	1	3	6		11
食料品工業	1		2	5		8
合計	7	12	12	48	4	83

出所）三和良一・原朗編，前掲『近現代日本経済史要覧　補訂版』123頁。

合理化の余地を与えるものであった[*37]。

　他方，産業の組織性の高さは，持株会社を中心とする財閥のコンツェルン的な発展にも結びついていった。こうして企業間の関係が，競争と協調との両面をもち，大企業が支配的な地位につく時代となった。

1920年代の資本蓄積メカニズム

　以上のような展開を示す1920年代日本経済の資本蓄積構造を概念図に示すと第4-10図の通りである。①欧米品の強い競争圧力，②不良債権に起因する高金利，そして，③高止まった名目賃金などが制約要因であった。産業の競争力が不十分なだけでなく，ダンピング的な輸入品の競争圧力が強いために貿易収支は入超基調であり，正貨が流出した。当面はこの不均衡は大戦期に蓄積された正貨が支えとなり，外資導入により補っていた。産業面では綿工業と重工業が不振に陥り，企業収益が悪化した。これに大戦ブームまでの投機の失敗が重なって金融面では貸出が消極的となったが，そのためもあって高金利が解消せず，企業業績を圧迫する要因となった。こうして「慢性不況」と評価されるような経済停滞状態が続いた。

　他方で，大戦期の都市への人口集中によって生じた社会資本の不足は，国内の公共部門投資の増大を促すとともに，大戦期に投資が遅れていた電力業への投資拡大が進展すると，建設需要などを通して鉄鋼市場の拡大や電力関連産業の成長を促した。軍縮の時代の財政的な余裕がこのような拡大を支えた。また，電力の普及は織物業の力織機化を促すことによって新しい輸出産業を作り出す基盤となった。しかし，鉄鋼需要の拡大は，対外的な競争圧力のもとでは低価格の数量的な拡大にとどまったことから，重工業部門を中心に企業業績は回復しなかった。そのため都市化や電力化などに関連する部門の生産拡大など，部門間の不均衡成長を特徴とする実質的な経済成長にもかかわらずミクロレベルでは不況感の強い

[*37]　カルテル活動については橋本寿朗・武田晴人編，前掲『両大戦間期日本のカルテル』参照。

7 産業構造の変化と産業の組織化 213

第 4-10 図　1920 年代の経済構造

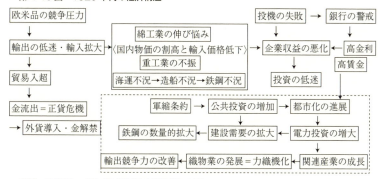

出所）武田晴人，前掲「景気循環と経済政策」13 頁。

経済状態となった。

考えてみよう　独占資本主義の成立はいつか

独占資本主義の成立時期については，長く論争点となってきた。帝国主義＝独占資本主義と捉える図式的な理解が強かった時期には，植民地の領有が現実化する日露戦後には国内でも独占体制が形成されたとする見解もあったが，現在では対外侵略などが先行して進展し，このような帝国主義的対外政策の経済的な内実が国内で遅れて形成されるとの捉え方が通説をなしている（石井寛治『日本経済史　第 2 版』東京大学出版会，1991 年）。

しかし，この国内的な条件が整う時期については，高村直助による第一次大戦期独占体制成立説，山崎広明や橋本寿朗の 1930 年代独占体制成立説があり，本書は 1920 年代末成立説に立っている。高村説は大戦期に主要な産業分野で独占が成立し，財閥や電力，綿紡績などで独占体が形成されるとしている（「独占資本主義の確立と中小企業」『岩波講座　日本歴史 18　近代 5』1975 年）。他方で，山崎・橋本らは 1930 年代の重化学工業化の進展のもとでそれらの産業で独占体制が成立することを根拠としている（宇野弘蔵監修『帝国主義の研究 6　日本資本主義』青木書店，1973 年および橋本寿朗『大恐慌期の日本資本主義』東京大学出版会，1984 年）。

これらに対して，本書では，産業構造の重化学工業化を重視するのは，ドイツなどの先進国から帰納的に抽出された指標の機械的な適用になると考え，独占体制の本質は市場メカニズムが部分的に修正されることによって資本蓄積メカニズムが変質することにあるとの観点から，主要産業のカルテル化，労働組合運動の定着と調停法体制，資本市場の発展と財閥の覇権確立などに注目して 1920 年代末には独占的な体制（独占資本主義）が成立していると捉えている（武田晴人「1920 年代史研究の方法に関する覚書」『歴史学研究』486 号を参照）。ただし，現在ではこのような問題に関する論争への関心は低い。もともと「成立」の時期を確定することにそれほど強い意味はないが，それを論じることによって，資本主義社会の段階的な発展を捉える分析視点が洗練され，明確化されていくことが重要である。

参考文献　武田晴人，前掲『異端の試み』第 13 章。

8 労働者と農民

労働運動の高揚

1920年代の経済構造の特徴の一つは，賃金水準の「下方硬直性」によって企業の資本蓄積条件が制約され続けたことであった。国際競争圧力が強い重工業製品，綿製品などについては海外市場の影響によって価格が低く抑え込まれ，しかも低落傾向にあったのに対して，国内消費財の価格は通貨膨張の影響もあって高い水準に止まっていた。そのため20年恐慌期にも雇用者の「平均的な」賃金水準は高止まりし，調整は大幅に遅れた。労働者からみれば，職を失って悲惨な日々に陥った者も少なくなかったが，企業からみれば，経営条件は「製品安・賃金高」という厳しいものであった。

大戦期の実質賃金水準は平均的には大きな上昇をみせなかったが，その後1920年恐慌後の物価の下落に伴って明確で鋭角的に上昇した（前掲第4-2図）。名目賃金水準が停滞的であったのに対して，物価水準の急落が重なったからである。

恐慌過程で，解雇者数の急増，賃金切り下げなどが個別の経営レベルで試みられ，それなりの成果を上げていた。それにもかかわらず，名目賃金の水準が低下しなかった理由は，この時の雇用調整が，大戦中に人員確保のために雇い入れられた経験年数のそれほど長くない若年労働者を主として解雇したために，在職する労働者の経験・熟練度が相対的に高まり，平均年齢を上昇させるようなものであったためと考えられる。この点は，後述する昭和恐慌期の雇用調整と対照的であった。

労働運動の展開

友愛会の「人格承認」要求を基盤として組

関連事項年表

1916年9月	工場法施行
1918年6月	内務省救済事業調査会設置，「労働組合は自然の発達に委するを可とする」と答申
1920年8月	内務省社会局設置，農商務省工務局に労働課設置
1921年4月	職業紹介所法公布
1922年4月	借地借家調停法公布
1923年3月	工場法改正（適用範囲の拡張など）
1924年7月	小作調停法公布
1925年8月	内務省労働組合法案発表
11月	六大都市・大阪府，失業救済土木事業開始
1926年2月	若槻内閣，労働組合法案議会に提出。審議未了
4月	労働争議調停法公布
5月	自作農創設維持補助規則公布
1929年7月	深夜業禁止実施 社会政策審議会設置
10月	失業救済事業への国庫補助開始
1931年3月	労働組合法案衆議院審議未了

出所 三和良一・原朗，前掲『近現代日本経済史要覧』106頁。

織化が進展するなかで，その組織への素朴な期待は，労働者としての権利要求というよりは「人間として認めてほしい」，そして人間的な生活に必要な生活費をまかなえる賃金の支払であった。大戦期の労働市場の「売り手市場化」と攻勢的労働争議の展開は（第4-12表），この当初の要求水準を超えて，労働組合運動を事実上の組合（団結権）承認へと向かわせた。結果的には，政府は治安警察法17条の適用緩和によって，この要求を体制的には認める方向に動き，その後，運動の指導部は，団体交渉権，ストライキ権などの労働者としての権利要求を強めていった[*38]。

この間，第一次世界大戦後に労働運動を囲む環境は大きく変化した。一方で重工業経営の不振による解雇など雇用調整の必要性が増大し，企業倒産の増加などによって労働市場は労働者側に不利になった。しかし，他方でILOの結成という国際的な環境変化によって，労働者の権利意識が高まり，労働運動は経営との対立姿勢を強めた。その頂点となったのが「三菱・川崎争議」であった。この争議を契機として，大企業を中心に「工場委員会制度」と類似した労使関係の新しい枠組みが形成されることになった。しかし，その内実は，ドイツのような同権化に基づく労使協調ではなく，単なる協議機関としての「懇談制度」であった[*39]。しかも，このような協調的な枠組みは，中小の経営には及ばず，そのた

第4-12表 労働争議と小作争議

	労働争議			主要要求事項別件数				小作争議			要求事項別比率	
	参加人員 (A)	件数 (B)	(A/B)	賃上げ	賃下げ反対	賃金支払	解雇反対	参加人員 (A)	件数 (B)	(A/B)	小作料関係	小作権関係
1914年	7,904	50	158.1	25	11							
1916	8,413	108	77.9	71	4							
1918	66,457	417	159.4	340	17			3,465	256	13.5		
1920	36,371	282	129.0	151	64			125,750	408	308.2	25.0	
1922	41,503	250	166.0	71	67			110,920	1,578	70.3	30.9	
1924	54,526	333	163.7	134	30			151,061	1,532	98.6	66.6	1.6
1926	67,234	495	135.8	226	47		4	75,136	2,751	27.3	71.1	11.5
1928	46,252	397	116.5	109	58		30	58,656	1,866	31.4	47.3	24.7
1930	81,329	906	89.8	80	291	94	128	61,499	2,478	24.8	22.9	40.4
1932	54,783	893	61.3	196	140	113	191	121,031	3,414	35.5	31.0	44.5
1934	49,536	626	79.1	295	32	48	78	77,187	5,828	13.2	33.3	46.4

出所）安藤良雄編，前掲『近代日本経済史要覧 第2版』107, 120頁。

[*38] 二村一夫，前掲「労働者階級の状態と労働運動」，兵藤釗『日本における労資関係の展開』東京大学出版会，1971年，などを参照。

[*39] 佐口和郎『日本における産業民主主義の前提』東京大学出版会，1991年。

第 4-11 図　三菱・川崎争議

写真提供　法政大学大原社会問題研究所

めに中小企業では，運動が左傾化して激化する傾向にあった。

二重構造の形成と労働政策

こうして労働運動の指導部が1920年代半ばには左右両派に分裂するなかで，大企業では労使協調が進展する一方，中小企業では小規模な争議が頻発するようになった。賃金格差の増大に示される二重構造において[*40]，その上層部分を占める大企業の労働者層では，年功的賃金体系が端緒的に形成され[*41]，それ以外の中小企業労働者は不利な労働条件を甘受せざるをえなくなった。企業規模別の賃金は，第4-13表のように1914～32年に明確に格差が拡大した。

このような変化は，同じ時期に展開する男子普通選挙権の付与と治安維持法という体制的な安定を実現するための「アメとムチ」の政策によって補完された。

労働争議への介入は，労働者の基本的権利を認めないまま，事実上の調停のた

第4-13表　二重構造の形成

1914年			1932年		
規模（職工数）(人)	1日賃金(銭)		規模（資本金）(百円)	年間賃金額(円)	
5- 10	40	100	- 1	174	100
10- 30	37	93	1- 5	202	116
30- 50	35	88	5- 10	223	128
50- 100	36	90	10- 20	257	148
100- 500	36	90	20- 50	304	175
500-1000	39	98	50- 100	363	209
1000-	43	108	100- 500	453	260
			500-1000	534	301
			1000-5000	566	325
			5000-	671	386
平均	38	95	平均	433	249

出所）三和良一・原朗編，前掲『近現代日本経済史要覧　補訂版』117頁。

[*40] 斎藤修『賃金と労働と生活水準』岩波書店，1998年，第1章。
[*41] 武田晴人，前掲「労使関係」参照。

めに労働争議調停法を制定するという方式として定着した。それは、後述する小作争議や借地借家人関係の紛争にも適用された「**調停法体制**」*42 とも評価すべき社会的問題解決の特質であった。こうして紛争解決の道が用意されたとはいっても、不況下で失業圧力が強く、労働者の不満を宥和するために都市部では失業対策事業が開始されるようになり*43、また引き続き労働組合法の制定が模索されるなど社会的な施策が求められた。

農業生産の動向と農家経営

1920年代に入って、米を中心とする農業生産の増加テンポは鈍化した。作付け面積の拡大に限界が生じ、さらに、反あたり収量＝土地生産性が停滞したからである（第4-14表）。主穀のこのような動向に対して、もう一つの主要な商品作物であった繭については生産の増加は持続していたが、アメリカにおける人絹生産の増加によって生糸輸出価格が低迷した結果、その生産数量の増加にもかかわらず生産金額は伸び悩んだ。これに対して、畜産品や近郊野菜などの生産が増加し、農業生産でも都市化に対応した生産構造の緩やかな構造変化が生じていた*44。しかし、そうした変化によっても20年代には「米と繭の経済構造」は大きくは変化しなかった。

農家戸数は1910～30年に微増ないし停滞を示し、そのなかで兼業農家が減少し、専業農家が増加する傾向にあった（第4-15表）。これは農外就業機会の減少を反映したものであった。そのため、副業奨励などの措置が打開策として模索され

第 4-14 表　農業生産の動向と生産性

	米			小　麦	繭
	作付け面積 (千 ha)	実収穫量 (千トン)	10 a あたり 収量 (kg)	(千トン)	(千トン)
1910-14 年	2,965	7,666	259	671	162
1915-19	3,049	8,523	280	841	231
1920-24	3,106	8,741	281	757	249
1925-29	3,145	8,909	283	843	344
1930-34	3,184	9,141	287	999	361
1935-39	3,173	9,760	308	1,361	313
1940-44	3,090	9,112	295	1,423	231
1945-49	2,895	8,645	299	967	67

出所）三和良一・原朗編、前掲『近現代日本経済史要覧　補訂版』15頁。

---

*42　武田晴人、前掲「1920年代史研究の方法に関する覚書」。
*43　加瀬和俊『戦前日本の失業対策』日本経済評論社、1998年。
*44　清水洋二「農業と地主制」大石嘉一郎編前掲『日本帝国主義史1』、および同「農業と地主制」同『日本帝国主義史2』を参照。

第 4-15 表　農家戸数と耕地面積の推移

	農家戸数（千戸）				耕地面積（千町歩）			小作地率（%）		
	総数	専業	兼業	専業率	総数	田	畑	総数	田	畑
1910年	5,498	3,771	1,727	68.6%	5,653	2,902	2,750	45.6%	50.6%	40.3%
1920	5,573	3,904	1,669	70.1%	6,084	3,034	3,050	46.3%	51.7%	40.8%
1925	5,549	3,880	1,668	69.9%	6,067	3,102	2,965	45.8%	51.2%	40.2%
1930	5,600	4,042	1,558	72.2%	5,916	3,204	2,712	47.7%	53.7%	40.7%
1935	5,611	4,164	1,447	74.2%	6,059	3,219	2,839	46.8%	52.9%	40.0%
1940	5,480	3,771	1,709	68.8%	6,078	3,207	2,871	45.5%	51.5%	38.8%

出所）三和良一・原朗編，前掲『近現代日本経済史要覧　補訂版』16〜18頁。

第 4-16 表　農家の収支　　　　　　　　　　　　　　　　　　　（単位：円／年）

			地主		自作農		小作農	
			1912年	1920年	1912年	1920年	1912年	1920年
収入	合計		4,981	5,556	938	1,654	705	1,416
	小作料		3,348	4,118				
	農業収入		420	660	850	1,510	630	1,307
	農外収入		1,213	778	88	144	75	109
農業支出	合計		233	500	117	330	316	755
	農業経営費		42	191	71	241	56	213
	小作料						253	522
	支払賃金		191	309	34	67		
	支払利子				12	22	7	20
差引 純収入			4,748	5,056	821	1,324	389	661
家計支出	合計		3,264	4,382	712	1,390	358	656
	飲食代		808	1,046	391	680	256	427
	住宅費		300	238	44	64	27	44
	薪炭灯火		87	112	27	48		
	被服費		312	397	54	161	24	54
	教育費		256	430	24	30		
	その他		1,501	2,159	172	407	51	131
総支出			3,497	4,882	829	1,720	674	1,411
差引収支			1,484	678	109	△66	31	5

出所）多田吉三『日本家計研究史』晃洋書房，1989年，18〜19頁。

たが，大きな効果はなかった。

　第4-16表によると，第一次大戦期には米価の上昇を反映して地主，自作農，小作農ともに収入の増加が目立っており，農外の収入は地主を除き1割に満たない程度であった。これに対して肥料代などの農業経営費なども増加し，さらに物価の上昇もあって家計支出もそれぞれ増加していた。被服費などの増加が自作・

小作にもみられるとはいえ，この間の繊維製品の物価上昇率を勘案すると実質的な消費増加とは評価できなかった。そのため，収支についてみると，自作農も小作農も1920年には12年より差引収支は悪化していた。大戦ブームは農村から大量の労働力を都市に移動させたが，その背後の農村社会における農民の暮らしは，物価上昇のなかで実質的な改善には乏しかった可能性が高い。

1920年代になると，農業生産性の停滞（土地生産性の停滞）という条件のもとで，農家経営の規模は，耕地所有規模でみると，零細な所有規模の農家が増加した。しかも，不況の深刻化のなかで農家の兼業機会は限られていたために，表面的に専業化の傾向がみられた。それは農外所得に期待できず，所有地を少しずつ減らし，その生産性も上昇しない，じり貧状態にあったことを意味した。また，経営の規模でみると，中位の規模——とはいっても家族を養うには足りない零細な経営規模——の農家の比率がやや増加した。これは，自作地では不足する農民たちが，小規模な小作地を借りて農家経営を維持する努力を続けていたことを反映していた。

自作と小作という視点でみると（前掲第3-29表），以上のような状況を反映して，農家のうち小作地の借入をしていない農家は全体の3割程度にとどまった。自作地＋小作地という経営形態の「自小作」が多く，しかも増加傾向にあった。小作地率の推移をみると，全国的な小作地率のピークは1930年ころであったから，20年代は地主・小作関係は依然として拡大傾向にあった。ただし地域によってはこれと異なる変化を示しており，さらに増加にしても減少にしても，その変化はゆっくりとしていた（前掲第3-29表）。それは，地主制度の拡大条件が失われつつあるなかで，地主・小作関係の改革がなかなか進まないことを意味していた。

小作争議の展開

渋谷定輔『農民哀史』などの著作から知られるように[*45]，小作人の家計はきわめて厳しく，労働者同様に各階層とも生活の豊かさを享受するにはほど遠いものであった。こうした状況のもと，労働運動に半歩遅れて1920年代に入ると，小作争議が近畿などの農業生産性の相対的に高い地域を中心に活発化した。

この小作争議の増加は，第一次大戦期以降に発生した大きな所得格差を背景として，次の三つの条件を基盤にしていた。第一に土地生産性の低迷のもとで，土地投資の収益性が低下するとともに（第4-17表），耕地からの限られた成果をめぐる地主・小作人間の争いが強まったこと，第二に商業的農業の展開と都市労働市

[*45] 渋谷定輔『農民哀史：野の魂と行動の記録』勁草書房，1970年，安田常雄『出会いの思想史＝渋谷定輔論』勁草書房，1981年。

220　第4章　帝国主義的経済構造の形成

第4-12図　小作争議の風景

伏石事件
写真提供　法政大学大原社会問題研究所

第4-17表　田畑小作料利回りと証券等利回り　　　　　（単位：％）

	賃貸純収益利回り		証券等利回り			
	田	畑	定期預金	国債	社債	株式
1909年	6.27	5.86	5.48			
1913	6.54	6.15	6.09			6.75
1919	7.92	7.10	5.59			7.50
1925	5.67	5.32	6.37	6.03	8.17	7.80
1931	3.69	3.89	4.64	5.40	6.49	6.82

出所）三和良一・原朗編，前掲『近現代日本経済史要覧　補訂版』107頁。

場での雇用機会の増大のもとで，農民たちが自己の労働に対する評価が不当に低いのではないかという意識をもつようになり，正当な労働の成果がえられる範囲に小作料率を抑えるべきだと主張するようになったこと*46，第三に先行して拡大する労働争議が社会運動として農民たちの組織化にも影響を与え，小作人たちが左翼政党の指導のもとで小作人組合を結成するなどの運動が展開したことである。こうして経済的な利害対立が顕在化するとともに，小作人たちは自らのおかれた立場を自覚し，権利意識に目覚めていった。

　地主経営はこの小作争議の影響で行き詰まりに直面した。土地投資が不利化したからである。農業生産性の停滞のなかで小作料引き下げ要求が部分的に受け入れられた結果，地主経営の収益力が低下し，地主・小作人間の利害対立が顕在化するとともに，第一次大戦前までの農村内での秩序維持機能の限界が露呈した*47。

　＊46　暉峻衆三『日本農業問題の展開（上）』，東京大学出版会，1970年，第4章第4節参照。
　＊47　小作争議が展開する農村社会については，本論とは異なる視点で協調的な社会秩序が再編されていくとの見方をする研究（庄司俊作『近代日本農村社会の展開』ミネルヴァ書房，1991年，坂根嘉弘『戦間期農地政策史研究』九州大学出版会，1990年など）がある。

9　資本輸出と植民地支配

朝鮮における産米増殖計画

　1910年の併合強行後，日本による朝鮮の植民地化が進められた。その第一歩は，土地の所有権の確定を目的とした土地調査事業であった。国内における地租改正と同じように，それは植民地財政の基盤を固める意図から出たものであったが，その過程で耕作関係があいまいな多くの土地が，総督府に奪われた。国有地に編入された耕地面積は朝鮮域内の全耕地の20分の1に達し，その多くは日本人に安価に払い下げられ，大規模な日本人地主が誕生した。土地を失った朝鮮の民衆は，小作農化するか，あるいは日本や中国大陸へと生活の糧をえるために流出していった（第4-18表）。民族の自立を損なう弾圧的な植民地政策の展開は，第一次大戦後になると，激しい独立運動（3.1独立運動）の展開に直面し，支配への不満を融和させる方向への転換が図られることになった。

　「産米増殖計画」は，一方で，米騒動の勃発をきっかけに痛感されることにな

考えてみよう　農民の生活

　『女工哀史』の作者，細井和喜蔵と若き日に知り合い，『農民哀史』を書くことを約束し，48年たってそれを果たした渋谷定輔は，第一次大戦後の自らの農民としての生活を「この生存」という詩に次のように表現している。

　　労働は二十時間／あとの四時間で寝食する／これがおれのこのごろの生存だ／
　　生活じゃない　生存さ
　　この生存！　この事実／食物や衣類の原料を生産するおれたちの／
　　二十四時間の　この事実！
　　それでもおれの仲間たちは／申しあわせたように黙っている／
　　〈いやさ　叫びたがっているんだが，言葉を知らないんだ〉
　　食物は割飯とタクワンづけで／あとはあい変わらずの腐れかかった芋　甘藷だ
　　人間て　ええもんだ／よくこれで生きてるなあ／
　　おれはときどき自分自身に感心する
　　　　（渋谷定輔『農民哀史から六十年』岩波新書，1986年，136〜138頁）

　また，渋谷定輔は農村と都市とを対比して次のように述べている。

　「帝劇，ラジオ，三越，丸ビル，都会は日に日に贅沢に赴くのに引きかえ，農村は相かわらず，かびた塩魚と棚ざらしの染緋，それさえ，もぐらのように土まみれ，寒鼠のように貧苦に咽ぶ無産農民の手には容易にはいらない。もともと，都会は，農村の上まえをはねて生きている。農民の汗と血の塊を横から奪って生きているのである。その都会と都会人とが日に日に栄え，日に日に贅沢になってゆくのに，それを養い生かしている方の農民が飢えて死のうとしておる。何という謂われのないことであろう。このように，馬鹿にされ，こきつかわれ，しぼりとられながら，吾等農民はなおいつまでも黙って居ねばならぬだろうか」（渋谷定輔，前掲『農民哀史：野と魂の記録』186頁）。

第4-13図　朝鮮総督府

朝鮮総督府は、当時の呼称、京城（現ソウル市）にあった。
写真提供　朝日新聞社／時事通信フォト

第4-18表　朝鮮からの人口流出
（単位：人）

	日本へ	中国へ
1914年	4,179	10,631
1915	5,046	13,281
1916	7,225	13,501
1917	17,463	18,911
1918	27,640	36,627
1919	35,975	44,344
1920	40,759	22,210

出所）朴慶植『日本帝国主義の朝鮮支配（上）』青木書店、1973年。

　る国内食糧供給の不安定さ、供給の不足への対策であった*48。この計画は日本の事情に加えて、朝鮮域内での独立運動の高揚への対応策として、民生安定のための農業振興という植民地政府（総督府）の意図に基づくものであった。この両者の企図が合致して計画が推進されることになった。このような政策の展開は、1920年代に食糧輸入の増大が国際収支不均衡の要因の一つになっていたことを考慮すると、よりいっそう切実な意味をもっていた。

　しかし、産米増殖計画の推進には、日本市場に適した品種の米を生産するという、輸出志向型の稲作生産への切り替えが必要であった。この品種転換の強制と輸出志向は、朝鮮域内での食糧供給の不足、つまり「飢餓輸出」に帰結した。しかも、1920年代後半に入って、産米増殖計画が軌道に乗って日本向けの米の輸出（移出）が増加し始めるころには、当初の思惑とは異なって国内米価が低迷していた。このために対日輸出は総督府が狙っていたほどには利益を生まなかった（第4-19表）。

　同様の試みは、製糖業を中心に発展しはじめていた台湾でも行われたが、米の作付けの増加は、精糖原料である糖黍作付けと競合する面があり、「米糖相克」と呼ばれる問題を生んだ*49。

---

*48　日本の食糧政策については、大豆生田稔『近代日本の食糧政策』ミネルヴァ書房、1993年参照。

*49　植民地台湾については、矢内原忠雄『帝国主義下の台湾』岩波書店、1929年、涂照彦『日本

第 4-19 表　日本市場への米の供給　　　　　　　　　　（単位：千石，％）

	生産高	輸入高	移入高 朝鮮	移入高 台湾	移入高 計	輸移入計	総供給高
1909-13 年	50,588	1,893	205	849	1,054	2,947	53,535
	94.5	3.5	0.4	1.6	2	5.5	100.0
1914-18	55,242	1,492	1,431	847	2,278	3,770	59,012
	93.6	2.5	2.4	1.4	3.9	6.4	100.0
1919-23	58,920	2,481	2,790	966	3,756	6,237	65,157
	90.4	3.8	4.3	1.5	5.8	9.6	100.0
1924-28	58,003	3,297	5,432	2,287	7,719	11,016	69,019
	84	4.8	7.9	3.3	11.2	16	100.0
1929-33	60,468	1,068	6,653	3,027	9,680	10,748	71,216
	84.9	1.5	9.3	4.3	13.6	15.1	100.0
1934-38	62,757	216	8,649	4,857	13,506	13,722	76,479
	82.1	0.3	11.3	6.4	17.7	17.9	100.0

出所）　松本俊郎「植民地」前掲『1920年代の日本資本主義』305頁。

第 4-20 表　地域別・事業部門別投資額　　　　　　　　　　（単位：％）

	台湾 1914	台湾 1919	台湾 1924	朝鮮 1914	朝鮮 1919	朝鮮 1924	満州 1914	満州 1919	満州 1924
農林水産業	1.4	3.2	4.5	6.2	3.3	10.2	0.1	0.6	3.4
鉱業	1.0	4.5	6.0	6.5	3.7	2.1		0.9	0.4
製造業	77.3	61.4	59.0	6.9	17.0	13.0	2.8	14.7	12.2
商業	18.8	29.4	29.3	9.1	7.8	9.4	0.8	8.2	7.4
金融業				63.0	43.1	37.4	7.1	15.2	14.3
運輸業	1.6	1.4	1.3	5.6	18.8	11.3	87.8	57.8	60.0
その他				2.6	6.4	16.6	1.5	2.6	2.3
総額（100万円）	77.2	209.9	363.0	33.3	96.4	235.5	142.8	326.4	546.7

出所）　金子文夫「資本輸出と植民地」大石嘉一郎編，前掲『日本帝国主義史1』364-365頁。製造業には電気・ガス業を含む。

　結果的にみると，こうした農業振興政策の展開は，植民地を日本経済の一環に組み込み，日本への食糧供給基地化する役割を果たした。しかも，このような飢餓輸出を生むような食糧供給基地化は，代替的な食糧としての粟や高粱などの供給を満州に求めることによって，東アジアにおける独自の経済圏を形成させることになった。
　この経済圏の特徴は，第4-20表にみられる通り，満州に対する鉄道事業，台湾の製糖事業などの投資（資本輸出）が目立つとはいえ，これらを除くと製造業等

帝国主義下の台湾』東京大学出版会，1975年，久保文克『植民地企業経営史論』日本経済評論社，1997年などを参照。

への投資が小さかったことにあった。そのことは，植民地が基本的には原料・食糧基地であることに対応したものであった。

満鉄と在華紡

中国に対する経済的な進出は，国策機関でもあった南満州鉄道を中心とする，国家主導型の資本輸出と，紡績資本が展開する「在華紡」（在中国紡績企業）との二つを柱とするものであった。

リーマーの推計によると，1910〜20年代に日本の対中国投資額は，飛躍的に増加し，31年にはイギリスと肩を並べるほどとなった（第4-21表）。このうち，日本の投資の3分の1から4分の1を占めたのが南満州鉄道会社への投資であった。1920年代には，好調な鉄道事業の業績を背景に満鉄は，国内資本市場で社債を発行するなどして国内余剰資金を吸収し，満州への事業拡大資金をえていた。国家主導とはいいながら，この時期には，満州への資本投資は資本市場を介した民間資金によってまかなわれていた。

こうして，中国への資本輸出は，第一次世界大戦前の，「転貸」から「自前の」資本輸出という性格が1920年代には定着し，日本は植民地や半植民地を自らの経済的な基盤に取り込んでいった。

紡績業における対中国投資は，上海地域などを中心に，現地に工場を建設することで大規模な展開をみせた（第4-22表）[*50]。進出の最大の動機は，大戦中に高騰した賃金水準のために，日本国内の紡績会社が輸出競争力を失ったことであった。この時期に，大戦期の膨大な高利潤を持ち越していた有力紡績会社は，余裕

第4-21表　中国投資の推移

	列強の中国投資（百万ドル）				日本の部門別中国投資（百万円）				
	1914年		1931年			1914年		1931年	
イギリス	607.5	37.7%	1,189.2	36.7%	運輸業	137	35.5%	409	23.4%
日 本	219.6	13.6%	1,136.9	35.1%	公益事業	7	1.8%	31	1.8%
ロシア	269.3	16.7%	273.2	8.4%	鉱 業	58	15.1%	175	10.0%
アメリカ	49.3	3.1%	196.8	6.1%	製造業	21	5.5%	331	18.9%
フランス	171.4	10.7%	192.4	5.9%	金融業	13	3.4%	148	8.5%
ドイツ	263.6	16.4%	87.0	2.7%	不動産業	17	4.4%	146	8.3%
その他	29.6	1.8%	167.4	5.1%	輸出入業	85	22.1%	366	20.9%
					雑	47	12.3%	143	8.2%
合 計	1,610.3	100.0%	3,242.5	100.0%	合 計	385	100.0%	1,749	100.0%

出所）三和良一・原朗編，前掲『近現代日本経済史要覧　補訂版』102頁。

[*50] 高村直助『近代日本綿業と中国』東京大学出版会，1982年。

資金を銀行に預け入れて原料棉花の現金決済を行い,また製糸業や人絹業への多角化を図る一方で,本業の紡績業では,失われつつあった海外市場を「在華紡」の展開によって確保しようとしていた。これに加えて,①中国が関税引き上げを検討しはじめ,イギ

第 4-22 表　在華紡の発展　　　　（単位：千錘,百万台）

	紡績数			織機数		
	総計	在華紡	中国紡	総計	在華紡	中国紡
1921 年	3,232	849	2,124	16	3	11
1922	3,550	1,071	2,221	19	4	12
1924	3,581	1,218	2,176	22	6	14
1925	3,570	1,332	2,049	23	7	13
1927	3,685	1,383	2,099	30	14	13
1929	4,201	1,652	2,386	—	—	—
1931	4,904	2,003	2,730	43	19	21

出所）第 4-21 表に同じ,103 頁。

リスなどの支持を受けて実現の可能性が高まったこと,②国内では深夜業禁止が確定し,国内生産の競争力がさらに削減される見通しであったことなどが在華紡進出の理由であった。こうして在華紡の設備は急速に拡大し,しかも,中国民族紡に比べて優秀な機械設備を備えていたこともあり,中国市場での日本企業の優位性が高くなっていった。1929 年に大日本紡績連合会が調査したところによると,国内の綿糸 20 番手 1 梱あたりの生産費は,国内 42 円に対して在華紡では 22 円と倍近い開きがあった[51]。

中国への資本輸出の拡大を含めて東アジア域内の経済関係は第 4-23 表のような貿易関係を取り結んでいた。日本からみると,台湾・朝鮮・関東州（満州）・中国に対する輸出品は主として綿織物などの工業製品であった。これに対して輸入は,砂糖・米穀・大豆などの食料品,石炭・鉄など原料品であった。相手国側から日本との貿易関係をみると,中国と関東州との関係が強いとはいえ,全体としては対日食糧・原料供給基地化するとともに,域内相互間,とりわけ台湾・朝鮮・関東州の相互関係が希薄であり,日本を中核とするサテライト型の経済関係にあった。これが植民地・半植民地と宗主国日本との経済関係の特徴であった。

もっとも,このような発展には,さまざまな面で制約も大きく,現地民衆の反発をかうなど,国際的な緊張を高める面が強かった。

具体的には,第一に,満鉄の経営は,それが巨大化するにつれ,そして関東州租借地におけるその実質的な公共的な役割から,病院の建設や学校の開設など非営利的な活動をも不可欠とし,それだけ,満鉄の経営を圧迫した[52]。

第二に,中国における独立運動の展開は,一つには「満鉄包囲網」と呼ばれるような「並行線」（満鉄と並行して走る競合線）の建設,いま一つには対日経済絶交運動や 5.30 事件に見られるような日本製品への反発に結びつき,日本人経営企

---

[51] 三和良一・原朗編,前掲『近現代日本経済史要覧　補訂版』103 頁。
[52] 金子文夫『近代日本における対満州投資の研究』近藤出版社,1991 年。

第4-23表　東アジアの貿易関係（1929年） (単位：百万円)

	日本		台湾		朝鮮		関東州		中国	
日本 輸出→ ↓輸入			綿織物	16.9	綿織物	36.0	機械器具	15.6	綿織物	150.1
			機械器具	11.9	機械器具	27.8	綿織物	15.3	砂糖	22.4
			魚介類	19.5	衣服	23.4	紙パルプ	6.7	紙パルプ	17.7
							砂糖	5.8	小麦粉	15.7
				140.4		315.3		124.5		346.6
台湾	砂糖	143.1			米	3.0			綿織物	4.6
	米穀	49.2			砂糖	2.2			石炭	3.7
		238.7				5.9		1.1		17.7
朝鮮	米穀	148.6							砂糖	3.8
	生糸	29.5							人参	2.4
	大豆	22.1							綿織物	2.2
	水産物	19.6							地下足袋	2.0
		309.9		0.6						30.6
関東州	大豆・粕	87.2							大豆・粕	26.9
	石炭	26.4							石炭	11.8
	銑鉄	4.6							豆油	11.1
		166.3		2.2						91.5
中国	大豆・粕	37.6	大豆・粕	16.0	粟	20.9	綿織物	14.1		
	繰綿	33.5	木材	2.8	大豆・粕	10.4	綿糸	5.7		
	鉄鉱	8.6	にかわ	2.3	柞蚕糸	9.3	絹織物	2.4		
	石炭	7.6			石炭	6.4	紙類	2.2		
		237.5		29.6		70.7		45.7		

出所）松本俊郎，前掲「植民地」303頁。

業の活動を制約することになった。しかも，独立運動に絡んで拡大する中国国内の内戦は，市場としての中国の不安定さを生み，軍閥が乱発する軍票によって，インフレが昂進し，市場経済の基盤をも揺るがした。

　第三に，第一次世界大戦中に日本が行った「西原借款」の乱脈ぶりにも影響されて，その回収のための諸手段が，独立運動との対立を生んだ。

　こうして拡大する東アジア地域への経済的な進出は，域内での国際的な緊張関係を強めることになった。

復習課題

1. 第一次世界大戦が日本経済に与えた影響を説明しなさい。
2. 第一次大戦期から1920年代にかけて，労働争議・小作争議が発生するようになった理由を説明しなさい。
3. 1920年代に国際的にみて高い実質成長を実現したと評価されながら，国内では企業部門を中心に「不況感」が支配的であった理由を説明しなさい。

復習課題の解説
1について

第4-1図「大戦ブームのメカニズム」に特徴点がすべて描き込まれている。この図の説明を理解しているかどうかが試されている。

第一次大戦ブームには，累積債務の危機状態にあった日本が大幅な輸出超過によって「債権国化」したこと，産業構造の重化学工業化が進展する契機となったこと，労働運動が高揚したこと，都市への人口の社会移動が大きなうねりとなって発生したこと，「自前の資本輸出」が促されたこと，などのが特徴点がある。しかし，それにとどまらず，貿易の黒字によって蓄積された正貨が財政剰余金によって「不胎化」されたことによって，1920年代の財政赤字と国際収支赤字とを同時に補塡する財源となり，20年代の不均衡成長を可能にする条件となったことが「影響」としては重要であった。つまり，大戦期に何が起きたのかという事実，大戦期の特徴にのみ注目するのではなく，前後の時期との対比で第一次大戦期の特徴点を捉え，何が変わり，その後にどんな影響を残すのかを説明することが解答としても必要な要件になる。

2について

労働争議と小作争議では，ともに社会主義運動の影響を受けて労働組合や小作人組合がつくられたこと，また普通選挙運動などを背景に労働者も農民も日本社会の構成員として対等な権利を要求するようになったことなどが共通点として指摘できる。

他方で，それぞれに固有の事情がある。何よりも大戦ブーム期に労働運動が高揚する一方で，小作争議は1920年代に入ってから活発化するなど，時期的にずれがあることに注意して，それぞれの理由を説明することが必要になる。

まず，労働争議については，大戦ブームによって労働力の「売り手市場化」が進むなかで，物価上昇などの条件もあって賃上げ要求が強まったが，高収益を享受していた経営側は，賃金の引き上げを受け入れる余地が大きかった。その結果，労働者の組織的な活動が賃上げに結びつくことが認識されるようになるとともに，労働者の組合

への期待もふくらみ，労働組合運動の影響力が一挙に拡大した。これに対して政府は法制度としては労働者の団結権を認めなかったが，労働組合運動を禁止するような態度を改めたことなども労働運動の活発化の要因として説明に加えたい。

これに対して小作争議では，土地生産性の上昇が鈍化したことによって，第一次大戦前までには地主の恩恵的な措置などの余地も大きかった小作料の徴収について，地主・小作人間で取り分を巡って対立するようになったこと，とくに1920年代に入ると都市の労働力需要の増加テンポが鈍化して農外所得の機会が少なくなっことから，農業経営に注力せざるをえなかったこと，大戦期の賃労働などの機会をえた経験から，農民たちが自らの労働の評価が不当に低いことを認識するようになったこと，などが重要な要素として説明される必要がある。

③について

何よりも対外競争圧力によって価格が低下していたこと，高賃金・高金利などの制約によって日本の産業企業部門が低収益を余儀なくされていたことが重要である。また，綿紡績業などの輸出産業では，銀貨の持続的な低落によって輸出価格が低下傾向にあり，日本製品のボイコットなどもあって市場拡大に制約が大きく，閉塞感が強まったことがミクロの「不況感」を生む要素となった。産業構造のなかで，基軸的な位置を占める紡績業が，第一次大戦期に新たな基軸産業として成長しはじめた鉄鋼・造船業などの経営不振とともに，産業成長への期待をしぼませるような状態にあったことが，「不況感」が支配的になった理由であった。加えて，金融機関の経営動揺をもたらすような債権債務関係の固定化，それによる高金利状態の持続なども重要な要素となっていたと考えることができる。これらの要素を関連づけて説明することが求められている。

付け加えると，「ミクロの不況」と「マクロの成長」の併存という現象が生じていることについては，1920年代を「慢性不況」と捉えてきた通説的な理解と，「不均衡成長」という特徴をもちつつ国際的には高い実質成長を記録していたとの中村隆英の理解とが対立している。これらの見解を統一的な把握として表現するために，前者を「不況感」と捉え直し，1920年代の特徴と考えていることに，本書の理解の独自な点がある。同時に実感としての「不況」，企業の投資への消極性など経済の実態に近いところで生じている問題を経済成長率という指標は捉え切れていないこと，その反面で，ミクロの状況に拘泥すると経済構造全体の変化，とりわけ実質的な拡大過程を見落とす可能性があることをこの問題から考えることができる。

第5章　昭和恐慌と景気回復

1　金融恐慌

争点を失った経済政策

　護憲三派内閣によって，民主化要求の焦点であった男子普通選挙が実現し，治安立法の強化等が行われると，懸案が解決して政治的な争点が失われる状況となった。経済面でも第一次大戦後の財政膨張の弊害が顕在化したために，加藤高明内閣が経済政策の中心に据えた財政整理は争う余地のない選択であった。政治的にも経済的にも政策上の争点に乏しい状況は，政権安定を図るうえでは望ましい状況にみえた。しかし，さまざまな理由から，内閣が短命に終わり政治的な安定性を欠いたことに加えて，衆議院の多数派が政権を握るという立憲制のルールが定着する方向にあったことから，対立する二大政党は強引に争点を作り出して政権を握るために画策するようになっていった。

　そうした状況のために，護憲三派の連携が崩れ憲政会単独となって政権を担当する加藤高明・若槻礼次郎の内閣に対して，政友会は政治的には右旋回をとげて保守的な様相を強めることによって，また，経済的には原敬内閣以来伝統ともな

第 5-1 表　短命内閣の時代

成立年月日	首　相	存続期間	退陣理由
1921 年 11 月 13 日	高橋是清	7 カ月	閣内不一致
1922 年 6 月 12 日	加藤友三郎	14 カ月	首相死去
1923 年 9 月 2 日	山本権兵衛	4 カ月	虎ノ門事件で引責
1924 年 1 月 7 日	清浦奎吾	5 カ月	総選挙敗北
1924 年 6 月 11 日	加藤高明	19 カ月	首相死去
1926 年 1 月 30 日	若槻礼次郎	15 カ月	金融恐慌
1927 年 4 月 20 日	田中義一	26 カ月	張作霖爆殺事件
1929 年 7 月 2 日	浜口雄幸	21 カ月	テロによる負傷

出所）　武田晴人，前掲『帝国主義と民本主義』236 頁。

第5-2表 主な調査会・審議会の設置

設置年月	調査会・審議会
1924年4月	帝国経済会議
1927年6月	行政制度審議会
7月	人口食糧問題調査会
7月	資源審議会
1928年9月	経済審議会
1929年5月	法制審議会
5月	米穀調査会
7月	社会政策審議会
7月	関税審議会
7月	国際貸借審議会
1930年1月	衆議院議員選挙革正審議会
1月	臨時産業審議会
1931年6月	臨時行政財政審議会

出所) 加瀬和俊「経済政策」1920年代史研究会編, 前掲『1920年代の日本資本主義』380-381頁。

っている利益誘導型の積極財政を掲げることによって, 憲政会との対立面をことさら強調することになった。

しかし, 争点を失った状況のもとで争点をむりやり作り出すこの政治手法は, 他方で, 対立する党派との差を過度に強調した選挙公約によって, 実際の政策立案を制約するという面ももっていた。現実にとれる政策は, 極端にいえば政友・憲政の二党のどちらが政権をとっても同じようなものにしかなりえなかった。そこで, 選挙公約とのギャップを埋めあわせるように, この時期には, さまざまなかたちの調査会や審議会がつくられ, 各種の重要な政策が審議・検討され, その結論が「官民の叡知」を集めたものとして承認されていくようになった。こうしたかたちで, 政策の正当性が保証される一方で, 議会は対立を演出する場所となっていった。普通選挙の実現によって民衆が政治参加への希望をつないだ議会は, そうした危険をはらんだ存在であった。

片岡失言——金融恐慌の発端

財界整理を目的として憲政会内閣は, 1927年初めに震災手形の処理に関する二法案と銀行法案を提案した。この法案については, 政友会総裁田中義一と大蔵大臣片岡直温の間であらかじめ秘密裏に合意が成立していたと伝えられている。ミクロ不況の原因の一つとなっていた金融構造のゆがみ, 特に繰り返されていた中小銀行の動揺・破綻への対処は党派を超えて解決すべき政策課題だった。

順調に進むとみられていた法案審議は, しかし, 3月初めに憲政会が進めていた政友本党との政策協定成立が暴露され, 政友会の態度が一変した。野党の政友会と実業同志会は震災手形処理法案について, 一部の「政商」に対する救済を目

解説 震災手形

関東大震災のために決済が困難になった企業の救済のため, 政府は1923年9月27日に震災手形割引損失補償令を制定して, 震災地を支払地とする手形や, 震災地に営業所を有する企業が振り出した手形, もしくはこれを支払人とする手形を日本銀行が再割引し, それによって日本銀行が損失を受けた場合には政府がこれを補償するとの救済措置をとった。これによって日本銀行が再割引した手形が震災手形であり, これらは震災の被害による損失の補償となっていることから, それ自体としては直接回収不能な不良債権であるが, 企業経営の再建によって債務処理が行われることが期待されていた。

的とするものではないかと政府批判を強めた。関東大震災によって支払不能になった企業に救済の手をさしのべたことは，やむをえない選択であった。しかし，日本銀行による震災手形の再割引が少数の特定企業への救済融資になっている疑いはかなり根強かった。政府批判は，そうした「政・財」の癒着に照準をあわせていた。政府は，その疑問に具体的に答えること自体が信用不安を広げるだけであり，避けねばならなかった。しかし，まったく答えないことも逆に不安を増大しかねないというジレンマに陥っていた。

有名な片岡大蔵大臣の失言は，このような状況で，3月14日の衆議院予算委員会で飛び出した。金融システムの安定を図ることに政府のねらいがあること，その実現を逡巡すれば，銀行倒産などのリスクが高まることを強調して「東京渡辺銀行破綻」を報告した答弁は，問題の銀行が危機的経営状態をともかくも乗り切っていたことから誤報であった。

財政・金融政策の責任者が個別銀行の経営状況に言及し，信用不安をかきたてるような軽率な行為はどのような事情があっても避けるべきであった。誤った内容がそのまま翌日の新聞で報じられると，銀行休業をおそれた預金者が銀行にかけつけ，預金取り付けが連鎖的に発生した。

渡辺銀行以上に経営面で問題をかかえていた中小銀行は資金繰りが悪化した。

年表	金融恐慌と昭和恐慌
1927年 3月	金融恐慌発生
4月	モラトリアム実施
5月	第1次山東出兵
1928年 1月	銀行法施行
4月	第2次山東出兵
6月	張作霖爆殺事件
8月	パリ不戦条約締結
1929年 7月	浜口内閣成立
	金解禁など主要政策発表
7月	社会政策審議会設置
10月24日	NY株式市場大暴落
1930年 1月	金解禁実施
1月	臨時産業審議会設置 産業合理化政策検討開始
4月	ロンドン軍縮会議 この年内外の恐慌深刻化
1931年 4月	重要産業統制法公布
9月18日	満州事変勃発
9月21日	イギリス金本位制離脱
12月13日	犬養内閣成立 金輸出再禁止決定・実施
1932年 3月	満州国建国宣言
5月	5・15事件

> **資料 片岡失言**
>
> 片岡直温大蔵大臣の答弁は次のようなものであった。
> 　「苟も大蔵大臣の地位に有る者が，財界に於て破綻を惹起した時は，これは整理救済することに努めなければならぬことは当り前である，唯此時に於て，一つ引受を見出して来るにあらざれば，救済のしやうがない。……現に今日正午頃に於て渡辺銀行が到頭破綻を致しました，是も洵に遺憾千万に存じますが，是等に対しまして，預金は約三千七百万円ばかりございますから，是等に対して何とか救済をしなければならぬと存じますが，諸て救済をしやうとすれば，その財産を整理した所のものを引受けると云ふ者を見出さなければ，是は整理は付きませぬ。」
> 　出所）　中村政則，前掲『昭和の歴史2　昭和の恐慌』48頁。

第5-1図 金融恐慌の風景

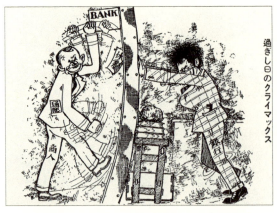

大規保「過ぎし日のクライマックス」『漫画雑誌』1927年7月号
出所）岩崎爾郎・清水勲共著『昭和の風刺漫画と世相風俗年表』(読める年表・別巻)自由国民社，1984年，9頁。

とかく噂のある銀行の預金が緩慢な取り付けにあう一方で，コール市場などを通して決済資金を供給していた大手銀行が警戒を強め資金を引き揚げたからである。そのため，3月19日に中井銀行の休業が発表されると，中小銀行への預金取り付けが拡大し，22日には左右田，八十四，中沢の三銀行が休業した。それらの銀行は，1926年末から3カ月ほどで預金の3分の1前後を失った。これが金融恐慌の第一波であった。しかし，一連の中小銀行動揺は，23日に震災手形関係法案が貴族院で可決，成立したことによって，いったん鎮静化した。

台湾銀行と鈴木商店

3月23日，日本銀行はロンドンとニューヨークに向けて「金融不安全く一掃」と打電した。しかし，与野党の対立が激しさを増し，金融不安の責任を追及して倒閣を目指す動きが事態の収拾を困難にした。議会は，守るべき節度を失っていた。

そうしたなかで，台湾銀行は鈴木商店に対する新規貸出停止（「絶縁」）を決定した*1。他の有力財閥が自ら銀行を経営し預金を吸収して資金を補充していたのに対して，第一次大戦中に急成長した鈴木商店は，経営発展のきっかけをつくった台湾における特産物取引以来，台湾銀行にもっぱら金融を依存していた*2。

1918〜19年ころに6000万円ほどであった台湾銀行の鈴木商店向け貸出は，26年12月には2億8000万円，金融恐慌直前には3億5000万円に膨張し，鈴木商

---

*1 武田晴人『鈴木商店の経営破綻』日本経済評論社，2017年参照。
*2 鈴木商店については，桂芳男『総合商社の源流：鈴木商店』日本経済新聞社，1977年，および斎藤尚文『鈴木商店と台湾』晃洋書房，2017年を参照。

第5-3表 震災手形の残高

(単位：万円)

金融機関別	1924年3月末	1926年12月末	整理率	大口債務者	債務者別	債務額	構成比
台湾銀行	11,523	10,004	13.2%	鈴木, 久原, 山本, 浅野	鈴木商店・鈴木合名	7,189	16.7%
藤本ビルブローカー銀行	3,721	218	94.1%		久原商事・久原房之助	2,220	5.2%
朝鮮銀行	3,599	2,161	40.0%	日露漁業, 日本生糸, セールフレーザ, 高田商会, 鈴木	国際汽船	804	1.9%
安田銀行	2,500	0	100.0%		原合名	772	1.8%
村井銀行	2,043	1,520	25.6%	村井	高田商会	731	1.7%
十五銀行	2,007	0	100.0%	国際汽船, 国際信託, 早川電力	村井合名・村井鉱業	742	1.7%
川崎銀行	1,937	372	80.8%	大同電力, 鈴木	日露漁業	675	1.6%
近江銀行	1,342	932	30.6%	大葉久吉			
その他	14,409	5,474	62.0%				
合計	43,081	20,680	52.0%				

出所）三和良一・原朗編，前掲『近現代日本経済史要覧　補訂版』111頁。

店の借入金の8割をまかなっていた。鈴木商店の経営に対する金融市場における警戒感が強まるとともに資金繰りが台湾銀行に集中したためであった。

　震災手形の残高は第5-3表の通りで，台湾銀行が全体の4分の1を占めていた。そのほかにも藤本ビルブローカー銀行や朝鮮銀行などが1924年には多額の債権を抱えていたが，藤本ビルブローカー銀行などはかなり債権の回収・整理が進んでいたのに対し，台湾銀行では整理率が小さく，問題を先延ばしにしていた。債務者では鈴木商店が他を圧倒して大きな比率を占めていたから，震災手形処理は台湾銀行と鈴木商店との不健全な金融関係の改善を進めることを実質とするものであった。

　震災手形処理法案が成立した直後の3月末に台湾銀行が鈴木商店との絶縁を表明したことは，震災手形の法的処理を通して金融構造のゆがみを正そうとする政府の意図を打ち砕き，金融界の未曾有の混乱の原因となった。これをきっかけに台湾銀行に対するコール資金のいっせい引き揚げがはじまり，資金調達の道を閉ざされた鈴木商店が4月5日に一切の新規取引を自発的に停止すると発表した。そのため鈴木商店と関係が深いとみられる銀行の預金取り付けも急速に拡大した。8日，神戸の第六十五銀行が支払停止となり，13日には台湾銀行に対する追加貸出を日本銀行が拒否した。

第5-4表 休業銀行預金払戻割合
(単位：%)

銀行名	預金払戻割合
左右田銀行	50.5
中井　銀行	62.2
村井　銀行	58.5
中沢　銀行	55.0
八十四銀行	56.0
近江　銀行	66.9

出所）高橋亀吉『大正昭和財界変動史　中巻』東洋経済新報社，2010年（復刻版），666頁。

政府は，台湾銀行に対する救済融資（限度2億円）を認める緊急勅令によって打開を図ろうとしたが，政友会への政権交代の好機と判断した枢密院は勅令案を否決した。解決の道を閉ざされた若槻内閣は総辞職し，20日に政友会の田中義一内閣が成立した。

モラトリアムの実施

4月18日，台湾銀行が休業を発表し，関西の有力銀行の一つであった近江銀行が休業し，21日には十五銀行が休業して人びとの不安は頂点に達した。こうして有力銀行が相次いで休業し，開業中の銀行に対しては取り付けがおそった。預金引き出しに応ずるために日本銀行から連日資金が貸し出され，4月初め12億円あまりだった日銀貸出は24億円を超えた。

田中義一内閣が成立した20日から，大蔵大臣高橋是清を中心に緊急対策が準備された。緊急勅令によるモラトリアム（支払猶予令）を全国に実施することとし，その発令の準備のため22～23日の2日間，全国の銀行を一斉休業させた。事態の悪化の前で，枢密院は緊急勅令発布をあっさりと認めた。22～23日の臨時休業後，週が変わって25日の月曜日から500円以上の払い戻しが制限され，以後5月12日まで続けられた。

モラトリアムの実施によって，全国的な預金取り付けを引き起こした金融恐慌は鎮静化した。パニック状態となった預金者も次第に平静を取り戻した。この間，休業に追い込まれた民間銀行は，3月15日から4月末までに29行，その預金のほとんどが27年末まで凍結状態となった。しかも，休業＝破綻となった銀行の預金のうち，相当の金額が預金者に最後まで払い戻されなかった（第5-4表）。

金融恐慌の帰結

金融恐慌をきっかけに，預金者は銀行預金から郵便貯金へ，あるいは中小銀行から財閥系大銀行へと預金先を移動するようになり，預金の大銀行への集中を高

資料　裏白の日本銀行券

激しい預金取り付けに対応する民間銀行の支払に応じるため，日本銀行では焼却予定の古い紙幣を持ち出し，それでも不足して，片側しか印刷されていない「裏白」の二百円札や五十円札が準備された。

乙二百円券（裏白券）
日本銀行貨幣博物館所蔵

第5-5表 五大銀行への集中

年度	五大銀行合計（百万円）			全国銀行合計に占める比率（%）		
	払込資本金	預金	貸出金	払込資本金	預金	貸出金
1900	14	78	77	5.8	17.8	11.6
1910	37	255	215	11.7	21.5	17.2
1920	178	1,570	1,236	18.5	26.9	20.9
1925	283	2,106	1,628	18.9	24.1	18.4
1926	283	2,233	1,788	18.9	24.3	20.7
1927	291	2,818	1,940	19.6	31.2	24.3
1928	291	3,130	1,935	21.1	33.5	25.6
1929	323	3,210	2,013	23.4	34.5	27.8
1930	323	3,187	2,009	24.9	36.5	29.5
1932	323	3,430	2,072	26.5	41.2	33.0
1935	323	4,225	2,295	28.5	42.5	37.1
1940	323	10,304	6,477	33.0	41.8	46.8

出所）三和良一・原朗編，前掲『近現代日本経済史要覧　補訂版』113頁。

めた。金融恐慌の影響はこうして大銀行の金融面での支配的地位を高めた[*3]。

　力を弱めた中小銀行は，廃業するもの，あるいは合併するものが増加し，1926年末に1417行あった普通銀行は，28年末には1028行，30年末には779行へと大幅に減少した[*4]。こうした銀行合同の進展には，震災手形法案と同時に提案されていた銀行法の制定が影響力をもったが，これ以後，預金者保護などの名目もあって政府による規制・監督権限が大きい金融体制が一段と強化されることになった。

　他方で，金融恐慌によって倒産した鈴木系の企業のうち，神戸製鋼所，日本製粉，日本商業などは，それぞれ事業再建の道を歩むことになった。十五銀行の倒産に関連した川崎系の事業も再建の方策を必要とした。休業に至らなかったとはいえ，藤田銀行（藤田組），古河銀行（古河合名）など二流財閥の機関銀行も取り付けの痛手は大きく，事業の整理に向かった。

　金融恐慌は，こうして第一次大戦中に急成長した後発の，二，三流の財閥や事業家たちの経営が抱え込んでいた問題点を露呈させ，財界の整理に大きな前進をもたらした。資金難に直面した企業群の資金需要によって高水準を維持した金利は，企業整理の進展によって急速に低下し，「ミクロの不況」の要因の一つが解

　[*3]　預金の移動については，郵便貯金への移動を重視すべきとの異論がある。寺西重郎，前掲『日本の経済発展と金融』第6章第1節参照。
　[*4]　三和良一・原朗編，前掲『近現代日本経済史要覧　補訂版』113頁。

消した。

　変化は金融界だけではなかった。二流の財閥の没落によって，三井，三菱，住友の三大財閥の経済界での地位は確固たるものになった。財閥という言葉はもともとは，「大富豪」という程度の意味であったが，日本の経済力を支配した有力な事業家たちを財閥と総称するようになった。彼らは，家族・同族が組織した持株会社によって傘下大企業の株式を封鎖的に所有し，子会社，孫会社と連なるピラミッド型の多角的な事業を支配していた。三井合名会社，三菱合資会社，住友合資会社が，有力な財閥組織の頂点に立つ持株会社であり，そうした財閥の典型的な姿は，この時期に完成したものであった*5。

2　浜口内閣の金解禁政策

金解禁政策の背景

　1929年7月2日，民政党総裁浜口雄幸を首相とする新内閣が成立した。田中義一内閣の対中強硬によって傷ついた日本の国際的な信認を回復しつつ，財政・経済を立て直すことが課題であった。外相には幣原喜重郎，大蔵大臣には井上準之助を迎えた布陣は，新内閣の政策刷新への意欲を示していた*6。

　浜口内閣は，10項目の政策（政治の公明，民心の作興，綱紀粛正，対支親善，軍縮促進，整理緊縮，非募債と減債，金解禁断行，社会政策の確立，教育の更新）を閣議決定した。この10項目の最初の三つは政治改革に関連する精神的なスローガンを含むもので，

解説　金本位制と管理通貨制度

　1929年の世界恐慌まで，先進国の通貨制度として採用されていた金本位制は，通貨価値を金との交換比率によって定め，金を基準に各国通貨の交換＝為替レートを定めるとともに，通貨と金の交換＝「兌換」を保証するために，保有する金貨等（金準備）に応じて通貨発行量の上限を定めるものであった。この制度のメリットは，貿易赤字などで対外支払が必要なときには，自国通貨を外貨や金貨に交換して支払うことになるため，赤字国では通貨が収縮し，デフレ圧力がかかって貿易収支が改善されるという「自動調節」が見込まれることにあった。これに対して，管理通貨制度は，通貨発行量に通貨当局の裁量を認め，国内物価の安定や経済成長，雇用の改善などを目的とする政策的な介入を可能にするものである。この制度では国内的な経済条件の安定を優先することから，対外的な不均衡の調整に問題が残るため，第二次大戦後には国際的な協調によって為替レートの安定を維持するIMF体制が構築された。その後，1970年代半ば以降には国際間の不均衡は変動相場制に基盤をおく国際間の活発な資金移動によって調整されることになったが，これも通貨制度としては管理通貨制度である。

---

*5　武田晴人「資本蓄積(3)　独占資本」大石嘉一郎編，前掲『日本帝国主義史2』所収参照。財閥については，柴垣和夫『日本金融資本分析』東京大学出版会，1965年，森川英正『財閥の経営史的研究』東洋経済新報社，1980年などがあり，個別事例では，三井文庫『三井事業史』，麻島昭一『戦間期住友財閥経営史』東京大学出版会，1983年，山本一雄『住友本社経営史（上・下）』京都大学学術出版会，2010年などがある。また，二流財閥の事例として，武田晴人「第一次大戦後の古河財閥」『経営史学』15巻2号，1980年，日向祥子「コンツェルン内の利害調整にみる行動規範」『社会経済史学』75巻5号，2006年を参照。

*6　金解禁政策については，三和良一，前掲『戦間期日本の経済政策史的研究』第6～7章参照。

2 浜口内閣の金解禁政策　237

第5-6表　国際金本位制への復帰と崩壊

金本位制への回復		金本位制の崩壊	
1919年 7月	アメリカ	1929年12月	アルゼンチン，オーストラリア
1924年 4月	スエーデン		
10月	ドイツ	1931年 7月	ドイツ
1925年 4月	イギリス，オーストラリア，オランダ	9月	イギリス，スエーデン，ノルウェー，デンマーク
6月	アルゼンチン	10月	カナダ，フィンランド
9月	スイス	12月	**日本**
1926年 1月	フィンランド		
7月	カナダ		
10月	ベルギー		
1927年 1月	デンマーク	1933年 4月	アメリカ
12月	イタリー	1934年 5月	イタリー
1928年 5月	ノルウェー	1935年 3月	ベルギー
6月	フランス	1936年 9月	フランス，オランダ，スイス
1930年 1月	**日本**		

出所）三和良一・原朗編，前掲『近現代日本経済史要覧　補訂版』114頁より作成。

第5-7表　民間固定資本形成　　　　　　　　　　　　　　　　　　　　　　　（単位：百万円）

	建設	設備			総計	設備投資推計		民間固定資本形成				
		政府	民間	小計			対前年比（%）	建設	電力	私鉄	生産者耐久設備	その他とも計
1920年	1,289	534	1,434	1,969	3,258	1,185		436	311	42	1,414	2,223
1921	1,264	605	808	1,414	2,678	1,092	△7.8	486	162	56	792	1,512
1922	1,395	527	817	1,345	2,740	967	△11.4	486	198	62	802	1,563
1923	1,165	437	479	916	2,081	675	△30.2	412	32	74	463	997
1924	1,572	427	544	971	2,543	793	17.5	449	418	68	530	1,479
1925	1,402	487	491	979	2,381	761	△4.0	388	319	64	479	1,262
1926	1,612	483	502	985	2,598	798	4.9	407	471	54	491	1,435
1927	1,604	485	574	1,060	2,665	848	6.3	413	427	36	562	1,451
1928	1,397	484	617	1,101	2,498	867	2.2	394	118	134	605	1,263
1929	1,421	465	683	1,148	2,570	1,094	26.2	413	153	111	670	1,360
1930	1,135	432	565	997	2,132	915	△16.4	285	176	96	554	1,122
1931	995	413	373	786	1,782	646	△29.4	286	179	40	364	880
1932	946	566	461	1,027	1,974	770	19.2	321	74	26	451	881

出所）江見康一『長期経済統計4　資本形成』東洋経済新報社，1971年より作成。

　その次の二つが外交方針であった。この外交面では，「軽々しく兵を動かすはもとより国威を発揚する所以にあらず」と田中外交を批判し，満蒙の特殊権益を「共存共栄」や「協調」という対応のなかで守ろうとしていた。整理緊縮からの三つが経済政策で，緊縮政策を基本として金解禁を行うのが「財界を安定しその発展を致す唯一無二の方途」と主張していた。

第5-2図　正貨準備高の推移

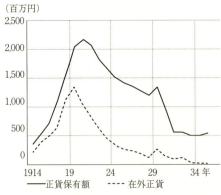

出所）三和良一・原朗編、前掲『近現代日本経済史要覧 補訂版』114頁より作成。

浜口内閣が金本位制への復帰を決断した背景には、次の三つの事情があったといわれている。第一は、国際的な再建金本位制への動きが明確化しており、これに沿って日本の通貨金融制度、国際決済制度を改革していく必要があった。とくに、累積していた外債の「借り換え問題」は、このような対応を喫緊の課題としていた。第5-6表のように国際金本位制再建の動きに日本は大きく乗り遅れていた。

第二に、金融恐慌後に金融界の再編成が進み、金利が低下するなかで設備投資が部分的に拡大しはじめていた。経済状態は確実に回復へと向かいつつあり、このような経済の正常化の方向を推進することが経済政策の課題であった。1920年代の固定資本形成の中核をなした電力投資が一段落し、29年には政府の引き締め政策にもかかわらず、民間設備投資は対前年比で高い伸びを示していた（第5-7表）。

しかし、第三に、従来のような拡張的な財政政策による景気刺激策は困難になっていた。なぜなら、第5-2図のように、正貨は政府保有在外正貨を中心に急減していた。それは、前掲第4-8図に示されるように、同時に財政剰余金の枯渇を意味していたから、財政政策がとりうる選択は、均衡財政か国債発行による拡張政策であった。そして、後者は金本位制への復帰とは矛盾したから、金解禁政策と均衡財政という組み合わせは、当時考えうる唯一可能な選択肢であった。

金解禁政策の体系性

金解禁は浜口内閣の政策の一枚看板であったが、それは同時に掲げられた他の

資料　金解禁の必要性──井上大蔵大臣の説明

「今日は不景気であります。同じ不景気なるも、先の見えたる不景気であるならば差支へないのでありますが、今日の如く先の見えざる不景気は、最も怖るべきでありまして、今にして適当なる方策を講ずるに非ざれば、我経済界は永遠の発展をなすこと能はざるに至るのでありませう。
　卑近なる例ではありますが、今日は、大なる道路の中途にある急な坂に逢着したと同様であります。従来は右に廻りては行詰り、左に転じては迷路に入って居たのであります。坂を登り切れば経済界の前途を見通すことの出来るのは明であります。
　人は伸びんとすれば先づ縮む。今日の節約緊縮は将来の為であって、節約の結果は手に残り、将来の発展の基となるのであります」。

出所）中村政則、前掲『昭和の歴史2　昭和の恐慌』197頁。

第 5-3 図　金解禁政策の体系性

金解禁政策のねらい

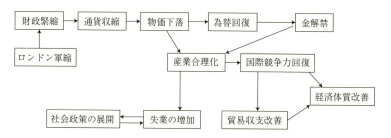

方針と緊密に関連していた。

　第一に，金解禁によって金本位制に復帰するためには，1割ほど安くなっている円為替レートを平価の水準にまで回復させなければならなかった。そのためには国内物価水準の引き下げが必要だった。通貨の膨張により物価の割高，円安が生じていたから，これを反転させるため通貨を収縮させ円高に誘導する必要があった。第二に，そのためには，行財政の整理・緊縮が必要であった。経費の節減が求められたが，なかでも効果が大きいのは軍事費の削減であった。ロンドンで開催が予定されている軍縮会議で海軍軍縮に応じれば，財政の圧縮にも効果が大きいと考えられた。欧米との協調を維持し，中国での軍事行動を慎んで「対支親善」を推進する方が，軍縮とは整合的だった。しかし，第三に，円高・物価の下落によって生じる「不景気」に対して社会政策を充実させるなど，不況到来への備えも必要だと考えられていた。こうした面では，10大政策から4カ月後の1929年11月半ばに，金解禁断行をひかえて具体的に着手すべき政策として，産業の合理化，産業振興，能率増進などが取り上げられ，予想される不況に対処して，産業・企業の合理化，生産性の上昇を助成することが考慮されていた。

　このように，浜口内閣の政策は，金本位制への復帰という目標に向かって，それなりに合理的で体系的な配慮がとられていたのであった。

金解禁の実施

　浜口内閣は，金解禁の実現のために，着実に手を打っていった。まず実行中の1929年度予算についても削減に着手して財政の緊縮に努める一方で，解禁時の正貨流出に備えて英米の銀行団とのクレジットの設定交渉を開始し，11月中旬にはこれに成功した。内閣成立時に100円が45ドル前後だった円レートは11月には48ドルまで回復（後掲第5-10図参照），物価も10％近く低落して，金解禁の準備は順調に進んだ。順調といっても，当然のことながら，このような変化は経

済活動を沈滞させたことは事実であったが，それは予想された事態であった。

　1929年11月21日，政府は第一次大戦中に制定した三つの大蔵省令の廃止を公布し，30年1月11日に実施と発表した。この三つの省令とは，金・銀の貨幣や地金，製品の輸出を禁止する省令であり，金本位制への復帰はこの省令の廃止により金銀の輸出が解禁されることで実現できた。金解禁断行を公表するにあたり，政府は首相，蔵相の声明書を発表し，金解禁の必要性を再度訴えた。政府は，動揺のつづく日本経済の脆さを，貿易収支の赤字に表現される産業の国際競争力の不足に求めていた。その改善のためには，金解禁を通して産業の合理化を実現することが必要だと考えていた。

　11月23日の新聞は，浜口内閣のこの政策がニューヨークやロンドンで好感をもって受けとめられていると報じた。金本位制への復帰が日米間の貿易を拡大し両者相互の利益を生むとの見方がニューヨークでは支配的だった。

　不況をもたらすという国民に負担を強いる政策が選挙戦にとって好材料とは一般的には考えられなかったが，1930年2月の金解禁を争点とする総選挙で，民政党は大勝した。民政党の議席数は100増加して273となり，これに対して野党政友会は237から174に減少した。政府の金解禁へ向けた姿勢を，民衆は支持した。民衆の支持は，対支強硬外交に代わって軍縮の実現に努める浜口内閣への支持でもあった。人びとは，武力侵略よりは平和を希い，将来の経済繁栄のためにくぐりぬけなければならない試練に立ち向かおうとしていた。しかし，そうした決意は，ロンドン軍縮問題から生じた統帥権干犯問題によって政治的に揺さぶられ，世界恐慌の襲来によって経済的には大打撃を受けて，実を結ぶことはなかった。

3　昭和恐慌

世界恐慌の発生

　1929年10月24日，アメリカ・ニューヨークの株式市場が前例のない大暴落を引き起こしたとき，ことの重大さに気づいていた人びとはそう多くはなかった。しかし，事態はまもなくアメリカ経済が最悪の状態へと確実に転落しつつあることを示すようになっていった。5日後の29日には株式市場は24日の「暗黒の木曜日」以上の大暴落を見せた。27年からの株式ブームは破局を迎え，繁栄の1920年代を謳歌したアメリカは4年以上にわたって深刻な恐慌に打ちのめされることになった。不況の影響は厳しくかつ広範囲にわたった。失業が増大し，賃金が引き下げられ，生産活動も貿易活動も著しく低迷した。32年3月の推計でアメリカの失業者数は1200万人前後を数えた[*7]。

アメリカの恐慌はアメリカの問題にとどまらなかった。第一次大戦後の世界経済は、繁栄のアメリカから供給される資金と輸入力とに支えられていた。膨大な賠償を抱えたドイツをはじめ、戦争の痛手を脱却しえなかったヨーロッパ諸国、農産物の過剰・価格低下により国際収支の不安を高めていた第一次産品諸国などはいずれもアメリカの対外投資を支えとしていた。ニューヨークの証券市場での国債、

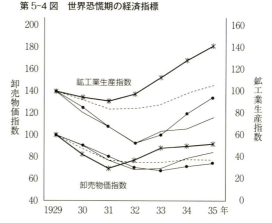

第5-4図 世界恐慌期の経済指標

出所 三和良一・原朗編、前掲『近現代日本経済史要覧 補訂版』114頁。

株式等の発行によって資金をえていたこれらの国々への資金供給が、アメリカの恐慌により停止し、各国の経済状態は不安定さを増し、たがいに足を引っ張り合うようにして大恐慌のどん底に沈んでいった。1931年9月に起こったオーストリアの金融恐慌はヨーロッパ全域に波及し、大恐慌の世界的なひろがりは再建金本位制に終止符を打った。世界経済は、1933年まで長く、広く、深い大恐慌に呻吟することになった。

国際的にみると、長く深い恐慌という特徴は、第5-4図のように、各国の物価の下落、国内生産の低迷に表現されており、鉱工業生産は1933年ころまで恐慌直前の6〜7割程度の水準に落ち込んでいった。

昭和恐慌——世界恐慌の波及

事態の深刻さには日本も気づいていなかった。民政党の浜口内閣は、すでにふれたように懸案であった金解禁政策の準備を着々と進めていた。そのために1929年後半に消費が落ち、景気後退が全般的に明白になっていた。そのさなかに、ニューヨーク株式市場の大暴落が起こった。アメリカの景気動向は生糸輸出などを通じて日本の輸出に大きな影響を与えるだけに注意すべき材料であったが、金解禁政策を推進していた井上大蔵大臣は、将来の発展のために緊縮が必要であることを説き、強気の姿勢を崩さなかった。

---

*7 吉富勝『アメリカの大恐慌』日本評論社、1965年、侘美光彦『世界大恐慌：1929年恐慌の過程と原因』御茶の水書房、1994年を参照。

242　第5章　昭和恐慌と景気回復

第5-5図　恐慌の波及経路

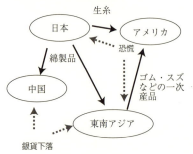

第5-8表　昭和恐慌期の経済指標

年		1929	1930	1931	1932	1933	1934	1935
卸売物価		100	83.2	70.9	78.1	86.8	85.4	85.4
	米　価	100	87.4	63.5	72.8	73.7	89.8	102.3
	生糸価格	100	65.8	45.1	53.2	57.8	40.7	54.4
	綿糸価格	100	65.5	56.1	63.7	88.5	93.5	91.0
生産量	生　糸	100	100.6	103.5	98.6	99.6	106.8	103.3
	綿　糸	100	90.4	91.9	100.6	111.0	124.3	127.5
	粗　鋼	100	99.8	82.1	104.6	139.4	167.6	205.1
民間工場労働者数		100	90.0	81.7	82.0	89.9	100.2	109.7
民間工場実収賃金		100	95.0	87.3	84.8	85.9	87.8	87.7
株　価		100	61.7	62.7	78.6	113.1	138	126.3

出所）三和良一・原朗編，前掲『近現代日本経済史要覧　補訂版』115頁。

しかし，結果は悲惨であった。「荒れ狂う大暴風に向かって雨戸を開け放ったようなもの」と，後に評価されたように，次第に悪化する世界経済の影響を受けて，日本も深刻な恐慌状態を呈することになった。

世界恐慌の影響は，第5-5図のように，二つの経路を通して日本に影響を与えた。第一の最大の影響は，当時対米輸出の中心であり，外貨獲得の主役であった生糸輸出の破綻であった。生糸価格の暴落によって輸出額が急減して国際収支を圧迫した。これに1930年10月には米価の暴落が追い打ちをかけ，農村を不況のどん底に追いやった（第5-8表）。もう一つの経路は，1920年代に対米輸出で潤っていた東南アジア経済の破綻によって，日本のアジア向け輸出が沈滞に陥り，この面からも国際収支を悪化させる要因となった。

　生糸の価格は，1929年12月の116円（横浜先物相場）から30年10月には55円にまで50％以下に低下したが，この価格は24年の高値と比べると4分の1の水準であった。やや遅れて，30年秋から下落しはじめた米価も，30年7月の一石あたり28円から年末までに16円弱へと4割以上も下がった。株価も29〜30年に4割近い下落であった。価格の下落に比べると，生産量の落ち込みはそれほど鋭いものではなかった。粗鋼生産は1929〜31年に2割近く減少したが，綿糸は1割程度であり，恐慌の打撃をもっとも強く受けた生糸は生産水準を維持していた。それは，価格下落によって大幅な収入減少に直面した農家が，少しでも現金収入を確保するために販売量でカバーしようとしたからであった。こうして，昭和恐慌は，価格の激しい下落を通して日本経済に深刻な影響を与えた。

企業収益の悪化と大量失業

物価の下落と需要の後退から、鉱工業生産は減少を余儀なくされ、企業収益が悪化し（第5-7図）、失業が増大した。厳しい雇用情勢のために、大学を出たけれど満足な就職口がないという時代となった。

工場労働者の解雇・雇入状況を示した第5-9表によると、1930～31年にかけて雇入超過数がマイナスになり、工場部門から多くの労働者が解雇された。

失業増加だけでなく、就業を確保しえた労働者の賃金も大きく低下した。労働市場は量的にも質的にも恐慌過程で弾力的な変動を示した。それは失業の災難が労働者たちに降りかかり、生活を脅かしたことを意味した。

失業増大に象徴される不況の深刻化は社会的不安・不満を高めていった。しかも、ロンドン海軍軍縮会議における政府の対応について「統帥権干犯」との横やりが入るなど次第に騒然とした世相になり、政府の緊縮政策に対する批判も強まった。

恐慌の打撃を受けた製糸業では、製糸家の平均採算は、1929年に収入1297円、支出1389円、差引92円の赤字から、30年には収入714円、支出737円の赤字23円と小幅の赤字にとどまっていた[*8]。その理由は原料として購入される繭の価格を引き下げる価格転嫁ができたからであった。そのため、繭価が大幅に下落した養蚕農家の経営は破綻の淵に追い込まれた。

第5-6図 金解禁政策への批判

左上に、資本家は腹を締め、財布の口や事業を締めるが、貧乏人は首を締めるばかりだから早く救けないと命にかかわる、と書かれている。
北澤楽天画「緊縮政策」『時事漫画』455号、1930年7月6日
さいたま市立漫画会館提供

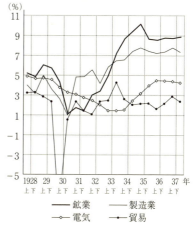

第5-7図 使用総資本利益率の推移

出所　三菱経済研究所『本邦事業成績分析』より作成。

---

*8　橋本寿朗『大恐慌期の日本資本主義』東京大学出版会、1984年、189頁、表38による。

第5-9表 工場労働者の解雇・雇入状況　　　　　　　　　　　　　　　　　　（単位：人）

	1927年	1928年	1929年	1930年	1931年	1932年	1933年	1934年	1935年	1936年
解　雇	684,568	655,096	671,936	569,433	656,114	483,853	524,937	568,535	663,806	731,959
雇　入	688,224	679,815	695,834	515,159	555,055	540,544	634,254	680,876	793,790	891,809
雇入超過	3,656	24,719	23,898	△54,274	△101,059	56,691	109,317	112,341	129,984	159,850

出所）橋本寿朗，前掲『大恐慌期の日本資本主義』248頁，表54より。

カルテル価格と原価低下

　これに対して，この深刻な恐慌過程で企業部門が示した対応には，それまでと異なる特徴があった。1929年末から31年末までの2年間に急激な価格低下が生じたが，第5-8図のように，有力企業はそれに対応した原価低下を進めていた。化学，食品の分野では費用・価格関係の悪化がみられたが，他の分野では価格低下を上回る原価低下が進んでいた。

　原価低下の基盤には，原材料価格の低下に加えて，すでにふれた労賃の低下が重要であった。賃金の下方硬直的な制約が小さくなったことは，1920年代に景気回復を制約していた要因がこの恐慌過程で消滅したことを意味した。

　このような有利な条件を利用しながら，カルテル化が進んでいた産業分野では，価格の低下にもかかわらず原価割れが生じないものが数多く存在した*9。恐慌過程における市場価格の低下に合わせるように原価が低下したことは，市場価格の管理という独占的な企業による市場メカニズムに対する介入が，ぎりぎりのところで企業経営に対する破局的な影響を緩和しえた面があることを示していた。このように独占的な大企業部門では**価格変動は人為的に管理された側面**をもっていた。ただし，管理的な価格が硬直的で，そのために急激な生産縮小に見舞われたアメリカ経済と対比すると，恐慌過程において，日本経済は数量的にも価格的にもかなり柔軟に，あるいは「市場経済的」に反応した面があった*10。

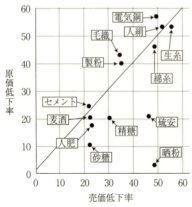

第5-8図　販売価格と原価

出所）「重要産業の採算変化」『東洋経済新報』1932年4月30日，23頁より作成。

＊9　典型的な事例として，武田晴人「昭和恐慌期の三菱鉱業：生産の合理化とコスト低下」『三菱史料館論集』第1号，2000年。

＊10　佐藤和夫「戦間期日本のマクロ経済とミクロ経済」中村隆英編『戦間期の日本経済分析』山川出版社，1981年所収。

後掲第5-14図に示されるように，非独占的な部門でカルテル的な統制を欠いた部門では価格の下落は大きかった。したがって，農業や中小企業部門では価格の下落によって採算が悪化して経営体の維持それ自体が危機に陥ることになった。独占組織による市場メカニズムの暴走に対処する処方箋は，そのようなかたちで産業構造の基幹的な部門においてのみ機能し，非独占部門は市場メカニズムによって生じた累積的悪循環に翻弄されていた。

金解禁政策の破綻

　世界恐慌の襲来を予想することはほとんど不可能であった。外的環境の激変にもかかわらず，金解禁政策に固執したことは事態を悪化させた。しかし，それ以上に問題であったのは民政党が推進した一連の政策が，政党政治への批判を，軍部を中心として増大させたことであった。不況の深刻化は，すでに原敬の暗殺や，甘粕事件など1920年代にも現れていたようなテロリズムを容認する基盤を広げていった。浜口首相への銃弾は，その象徴であった。大正デモクラシーと呼ばれる政治的な民主化の動きに対して，暴力によって解決を図ろうとする不穏な動きが策動しはじめ，軍部などを中心に銃剣でことを決しようとする不気味な足音が近づいていた。人びとはそれにあまりに無警戒だった。

　イギリスで金本位制が停止された1931年9月，満州事変が勃発し，時代は大きく転換していった。日本の金本位制の維持が困難であろうと判断した有力銀行などは，金本位制停止の際に生じる円の暴落による為替損失をカバーする必要から円売り・ドル買いの動きをみせ，政府の円為替維持政策と鋭く対立した。しかし，国際的にみれば金本位制の維持が困難であることは次第に明白になっていった。こうして金解禁政策の継続が困難になった民政党内閣は12月に総辞職に追い込まれた。

4　高橋財政と景気回復

高橋財政と拡張的財政政策

　代わって登場した政友会犬養内閣は直ちに金本位制を停止し，円の暴落を放任するとともに，軍事費の増加などによる積極的な財政資金の散布によって需要の創出に努めた。この政策は，円の切り下げによって輸出拡大・輸入抑制が実現したこともあいまって不況の克服策としては効果をあげ，日本は1932年には他の諸国に先駆けて恐慌からの回復過程を辿ることになった*11。

　しかし，他方で深刻な国内的，国際的な対立を生み出した。軍事費の増大は軍

部の影響力を強め，軍部や右翼のテロが横行した。その背景には，鉱工業生産の回復にもかかわらず，冷害による不作などもあって農村の不況が長引いたことが横たわっていた。

こうしたなかで，景気回復を先導した高橋是清大蔵大臣の財政政策は，ケインズ政策の先取りといわれる特徴をもっていた。高橋大蔵大臣は，①景気の低迷の原因を需要不足と判断して，財政面から景気刺激のための支出拡大＝有効需要創出を行うこととし，②そのための財源を赤字公債の発行に求めるという，それまでの均衡財政主義の原則からの離脱を敢行し，③赤字公債を日本銀行に直接引き受けさせることで，公債消化面での懸念を無くし，④通貨供給の増加のもとで，一層の低金利への誘導によって，公債依存度が高まる財政の負担を軽減した。⑤また，金輸出再禁止後の為替市場に対しては，それまでの為替支持政策を放棄して円安の進行をしばらくの間放任した*12。

財政支出の拡大は，主として軍事費の拡大によって実現された。高橋財政下の経済政策は，緊縮から積極へ，金本位制から管理通貨制へ，軍縮から軍拡へと，先行した井上準之助大蔵大臣の政策とは対照的な枠組みによって推進されることになった（第5-9図）。

軍需支出中心の財政拡大

高橋財政の影響について，主要経済指標を示す第5-10表によってみると，需

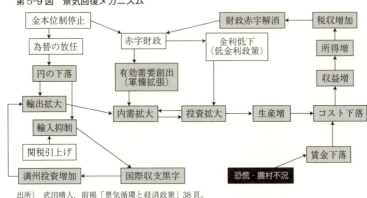

第5-9図　景気回復メカニズム

出所）武田晴人，前掲「景気循環と経済政策」38頁。

---

*11　三和良一，前掲『戦間期日本の経済政策史的研究』，橋本寿朗，前掲『大恐慌期の日本資本主義』。

*12　正確には，高橋財政による為替レート切り下げは1934年には収束し，その後はポンドに対して固定的な為替水準を維持に努めたことが明らかにされている。これについては，鎮目雅人『世界恐慌と経済政策：「開放小国」日本の経験と現代』日本経済新聞出版社，2009年。

要拡大の要因として，①1932年における軍需支出の急増，②同年以降の輸出の持続的拡大，③1年遅れの民間設備投資の拡大などが際立った特徴であった。

このうち，軍需支出の拡大は，1932年に前年の2倍の伸びを示したとはいえ，その後，34年を除いて36年まで伸び率は抑制されていた。しかも，第5-11表によれば，34年には増加が大きかったことから一般会計に占める軍事費支出の比率が増大したが，これは景気回復に伴う経済拡大のなかでみると，対GNP比率に示されるようにそれほど大きな負担とはなっていなかった。言い換えると，軍事費支出の増加が与えた影響は，一回限りの「呼び水的な効果」に限定されていた。

中期的にみると，財政規模は，井上財政期とは異なり大きく増加したことは間違いなく，その拡大の中心に軍縮の1920年代とは対照的な軍備拡張があった。この拡張は，剰余金の枯渇のため国債発行によって調達されなければならなかった。その点は，前掲第4-8図がこの転換をよく示している。1932～33年には，

第5-10表　高橋財政期の諸指標　　　　　　　　　　　　　（単位：百万円，下段％）

	個人消費支出	民間固定資本形成	政府固定資本形成	うち軍事	非軍事	政府経常購入	輸出	総需要
1930年	11,325	946	978	173	805	1,624	2,046	16,919
	92.1	86.5	78.4	98.9	75.0	93.5	72.3	88.1
1931	10,198	697	908	175	733	1,939	1,628	15,370
	90.0	73.7	92.8	101.2	91.1	119.4	79.6	90.8
1932	10,154	570	1,255	353	902	2,217	2,047	16,243
	99.6	81.8	138.2	201.7	123.1	114.3	125.7	105.7
1933	11,228	859	1,332	355	977	2,464	2,632	18,515
	110.6	150.7	106.1	100.6	108.3	111.1	128.6	114.0
1934	12,515	1,218	1,329	452	877	2,421	3,011	20,494
	111.5	141.8	99.8	127.3	89.8	98.3	114.2	110.7
1935	13,081	1,501	1,430	472	958	2,637	3,648	22,297
	104.5	123.2	107.6	104.4	109.2	108.9	115.2	108.8
1936	13,722	1,838	1,490	532	958	2,723	3,724	23,497
	104.9	122.5	104.2	112.7	100.0	103.3	107.4	105.4
1937	15,583	1,849	2,961	1,965	996	4,714	4,405	29,512
	113.6	100.6	198.7	369.4	104.0	173.1	118.3	125.6

出所　宇野弘蔵監修，前掲『帝国主義の研究6　日本資本主義』244頁による。山崎広明の作成による本表は，中村隆英，前掲『戦前期日本経済成長の分析』付表第1表に基づくものである。その後，大川一司ほか『長期経済統計1　国民所得』東洋経済新報社，1974年などで異なる推計値が示されているが，大きな影響はないと考えて利用している。

248　第5章　昭和恐慌と景気回復

第5-11表　軍事支出の負担比率

(単位：%)

	一般会計 軍事費比率	伸び率	対GNP 軍事費比率
1930年	28.4	△10.3	3.0
1931	30.8	△5.2	3.5
1932	35.2	32.1	5.2
1933	38.7	15.6	5.8
1934	43.6	△4.1	5.6
1935	46.8	2.0	5.7
1936	47.2	3.4	5.6
1937	45.7	18.4	12.8

出所：三和良一・原朗編，前掲『近現代日本経済史要覧　補訂版』121頁より作成。

歳入の3割近くを公債収入に依存する，それまでとは大きく異なる財政構造が出現した。この公債依存度の高さは，歳出面での公債費の増加によって財政を硬直化させる要因ともなった。

多額の公債発行が日本銀行引き受けによって可能となったことは，高橋財政の特徴点の一つであった。景気の低迷のなかで市場での多額の公債消化が困難とみられたための便法であった。しかし同時に意図されていたのは，引受公債を事後的に市場で売却する通貨調整によって，日本銀行が行いうる金融政策の手段を拡張することでもあった*13。

国債の日銀引受高は，発行額の7～9割に達したが（第5-12表），一方，その相当部分は高橋財政期には売却されており，ある程度通貨の膨張を抑制するための事後的な措置がとられていた。

これに関連して金融面で重要なことは，財政面での公債費負担の軽減のためもあって，政府・日本銀行が積極的に金利を低めに誘導する方策をとったことであった。日本銀行の商業手形割引歩合は，井上財政末期の1931年11月の日歩1.8銭（年利約6.6%）から翌32年3月に1.6銭に引き下げられたのを皮切りに，三回の引き下げを経て33年7月には1銭（同，3.7%）にまで低下した。

財政拡張による日本銀行券の発行増加とともに金利が低下したことは，ある程

第5-12表　国債発行と日本銀行

(単位：百万円)

	発行額			日銀引受 (B)	日銀売却 (C)	B/A	C/B	発行準備中 公債費率
	新規	借換	総額(A)					
1931年	213	245	458					11.2%
1932	834	263	1,097	715	708	65.2%	99.0%	34.9%
1933	920	185	1,105	760	755	68.8%	99.3%	37.2%
1934	966	197	1,163	678	675	58.3%	99.6%	34.9%
1935	794	258	1,052	661	510	62.8%	77.2%	35.5%
1936	719	2,135	2,872	565	519	19.7%	91.9%	
1937	2,259		2,259	1,780	1,555	78.8%	87.4%	
1932-36 年の計	4,233	3,056	7,289	3,379	3,167	46.4%	93.7%	

出所：大蔵省昭和財政史編集室『昭和財政史6　国債』東洋経済新報社，1954年，254頁および資料Ⅱより作成。

---

*13　井手英策『高橋財政の研究』有斐閣，2006年。

度金融市場での需給関係から説明されることであった。しかし、それは市場の実勢に任せたのではなく政策的な低金利誘導であった。その実現のために日本銀行に公定歩合を低く抑えさせ、それによって国債発行条件を低利に据え置くことができるようにすることにねらいがあった。そして、この低金利政策は、社債等の発行条件や民間貸出金利などを抑制することにもつながった。こうして金融恐慌後の低金利は、より一層低い水準に政策的に誘導されることになり、金融面からは企業の積極的な投資行動を促す役割を果たすことになった。

円安の放任と輸出拡大

景気回復の第二の要因として重要なのが輸出の拡大であったが、それには二つの要因があった。第一は、金解禁政策とは対照的に、高橋財政が円為替レートの維持を放棄し、市場の実勢に任せる放任政策をとったこと、そのことによって急激な円安が進行したことであった。円安の進行は、輸出の拡大とともに、輸入の抑制よる自給率の向上＝国内市場の拡大を通しても景気回復に貢献した。さらに、第5-10図に示されるように輸入物価の上昇によって、世界恐慌下であるにもかかわらず、国内物価の回復を可能にする条件でもあった。

この円安のなかで急激な輸出拡大を遂げたのが綿製品を中心としたアジア向け輸出であった。為替ダンピングとの批判も受けながら、綿製品輸出は競争相手であったイギリスなどの欧州諸国を押しのけるようにシェアを拡大し、インド、蘭領インドなどとの間で深刻な貿易摩擦を生むことにもなった（第5-13表）*14。

輸出拡大の第二の要因は、対満州向け輸出の拡大であった。それは軍事費拡大の背景となっている満州での軍事行動と、これに伴う「満州国建設」にかかわって、日本からの多額の資本輸出が行われ

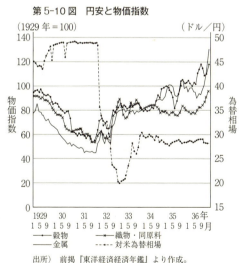

第5-10図　円安と物価指数

出所）前掲『東洋経済経済年鑑』より作成。

---

*14 石井修『世界恐慌と日本の経済外交』勁草書房、1995年、白木沢旭児『大恐慌期日本の通商問題』御茶の水書房、1999年、籠谷直人『アジア国際通商秩序と近代日本』名古屋大学出版会、2000年などを参照。

第5章　昭和恐慌と景気回復

第5-13表　綿製品の日英市場シェア比較
(単位：％)

	日本			イギリス	
	1929年	1931年	1935年	1929年	1931年
インド	29.9	45.2	52.4	65.7	49.9
蘭領インド	30.1	47.3	75.7	25.4	12.3
エジプト	18.0	58.5	63.0	45.2	3.4
フィリピン	15.6	30.8	30.0	11.9	7.5
タイ	23.2	37.0	65.2	27.3	11.2
オーストラリア	3.4	6.8	18.0	90.5	87.3
タンガニカ	24.9	37.4	77.0	26.4	17.4

注)　インドおよびタイは数量比, 他は価額比。
出所)　橋本寿朗, 前掲『大恐慌期の日本資本主義』220頁, 表44より作成。

第5-14表　満州の対日貿易
(単位：千円, ％)

	対日貿易額		対日貿易依存度	
	輸出	輸入	輸出	輸入
1931年	248,341	136,140	33.6	39.9
1932	192,684	182,921	31.2	54.2
1933	177,367	313,749	39.5	60.8
1934	172,262	383,296	38.4	64.6
1935	183,523	434,274	43.6	71.9
1936	237,509	507,324	39.4	73.3

主要貿易品 (1934〜36年)

輸出品	構成比	対日依存度	輸入品	構成比	対日依存度
大豆	22.5	26.3	綿布	15.2	93.5
豆粕	19.0	72.4	鋼鉄	9.3	82.7
石炭	14.2	71.6	車輌船舶	7.3	87.7
			機械工具	5.9	76.6
			小麦	5.6	54.1

出所)　第5-13表に同じ, 235頁。

たことの結果であった。対満州投資は, 1932〜36年に純投資額で12.8億円に達していた。1935年ころからやや減退の傾向を示すとはいえ, その中心は満鉄の投資拡大であった*15。

このような活発な資本輸出は,「新国家建設」に必要な資材の日本からの輸出に繋がっていた。満州国の対日貿易は, 第5-14表のように, 輸出の停滞的な状況とは対照的な輸入拡大によって特徴づけられることになった。1920年代には大豆などの農産物の輸出によって日本向けの資源供給地域であった満州は, この時期には, 日本の重要な輸出市場となった。しかも, この新市場は, 日本産業からみると, 車輌, 機械, 鉄鋼などの重化学工業品の輸出市場として重要な意味をもった。まだ十分な国際競争力を備えていたとはいえない重工業部門にとって, この新市場はとりわけ重要であり, 高橋財政期の産業構造の変化に市場面から基盤を与えた要因の一つとなった。

設備投資の拡大

財政支出の拡大と円安に伴う輸出, 内需の拡大という需要拡大によって, 鉱工業生産は拡大に転じ, 企業の業績は回復基調となった。前掲第5-7図のように製

*15　橋本寿朗, 前掲『大恐慌期の日本資本主義』229頁。

造業の利益率は高橋財政期に急上昇した。需要拡大に伴って稼働率が上昇するとともに、市場の回復にやや遅れて民間設備投資が拡大に向かったが、その中心は、製造業における設備投資であった。前掲第5-7表とは異なるが、設備投資に関する推計によると、民間設備投資は1933年に前年比7割近く増加し、以後も高い伸び率を示した（第5-15表）。これに対して、1920年代に設備投資を主導した電力投資の比率が低下した。また、20年代までは民間設備投資を上回っていた建設投資は、相対的な地位を落とした。国内需要に占める設備投資比率は31年の13.4%から36年には19.5%にまで上昇した。こうして民間設備投資は、景気回復の主役の座を獲得していった。

活発な設備投資は企業収益の改善によって支えられていた。第5-16表は昭和恐慌期から1930年代中盤における国内有力鉱工業企業について、固定資産投資などの資金運用に対する株式、内部留保、外部負債などの資金調達・投資・運用の推移を示している。これによると1933年まで投資・運用が低水準にとどまっ

第5-15表　設備投資の動向　　　　　　　　　　　　　　　　　　　　（単位：百万円）

	建設投資			設備投資			政府計	民間計	総計(A)	電力投資		対GNP投資率
	政府	民間	計	政府	民間	計				(B)	(B/A)	
1930年	578	557	1,135	432	565	997	1,010	1,122	2,132	189	8.9%	14.8%
1931	489	506	995	413	374	787	902	880	1,782	204	11.4%	13.4%
1932	526	420	946	567	461	1,028	1,093	881	1,974	70	3.5%	14.5%
1933	578	497	1,075	616	776	1,392	1,194	1,273	2,467	108	4.4%	16.1%
1934	562	593	1,155	675	1094	1,769	1,237	1,687	2,924	174	6.0%	17.2%
1935	625	745	1,370	729	1381	2,110	1,354	2,126	3,480	270	7.8%	19.0%
1936	636	775	1,411	791	1576	2,367	1,427	2,351	3,778	292	7.7%	19.5%

出所）第5-13表に同じ、282頁、表75より。

第5-16表　鉱工業大企業の投資と資金源泉　　　　　　　　　　　　　（単位：千円）

		1928～30年		1931～33年		1934～36年	
資金調達	払込資本金	30,416	39.6%	46,494	43.8%	904,864	33.9%
	内部資金	62,572	81.6%	349,456	329.5%	1,187,027	44.5%
	長期負債	106,268	138.5%	△182,480	△172.1%	31,545	1.2%
	短期負債	△141,210	△184.1%	△108,600	△102.4%	543,735	20.4%
	合計	58,046	75.7%	104,870	98.9%	2,667,171	99.9%
投資・運用	固定資本	306,280	399.2%	10,774	10.2%	1,364,033	51.1%
	流動資産	△229,559	△299.2%	95,288	89.8%	1,305,797	48.9%
	合計	76,721	100.0%	106,062	100.0%	2,669,830	100.0%
	不整合	18,675	24.3%	1,192	1.1%	2,659	0.1%

注）比率は投資運用の合計額に対する数値。
出所）三菱経済研究所編『本邦事業成績分析』三菱経済研究所、各年版より作成。作成方法は武田晴人「戦間期日本企業の資金調達と投資行動」『金融研究』31巻1号、2012年参照。

ていたのに対して，34年以降の3年間には固定資本投資も流動資産投資も急増し，これに必要な資金調達額が膨大な水準に達した。1931～33年には設備投資がいまだ低い水準にあった理由は，景気回復に対して遊休設備の稼働によって生産拡大が可能であり，投資の本格化は景気回復より少し遅れて始まったからであった。この時期には物価の回復も顕著であったから，企業の原材料在庫など流動資産の拡大も目立っていた。

　調達された資金は，1931～33年には積極的な投資にではなく，長期負債・短期負債の返済に使われていた。32年以降に企業収益が好転すると，有力企業は金利負担の軽減もねらって負債整理を進めながら，本格的な投資拡大の時期に備えていた。投資資金の需要を充足したのは，第一に内部資金であり，これに株式市場からの資金調達が続いた。短期負債も増加したが，これは流動資産の増加の半分程度を充足したにすぎなかった。1930年代に株価が上昇し株式市場では活発な増資・新株発行が行われることになるが，株価上昇も潤沢な内部資金をもたらした企業収益の好転に支えられており，調達資金の主力は景気回復の当初には内部資金であった[*16]。

雇用回復の遅れ

　好調な企業収益の要因の一つは，投資の拡大が1933年以降にずれ込むなかで雇用面での回復はさらに遅れたことであった。工場労働者の解雇・雇入状況は，32年には雇入超過に転じたが，その原因は解雇が一段落して急減したことによるもので，雇入数が増加に転じるのは33年であり，顕著な増加を示すのは35年からであった。この点は，職業紹介所の求人状況にも反映されていた。第5-12図のように，職業紹介統計において，求人超過に転じるのはかなり遅く，鉱工業などでは34年であり，日雇については36年までは求職超過であった。

　このような事情からこの時期の労働人員が33年からは回復基調に転じたにもかかわらず，賃金水準は，1929年以降に急速に低下したまま，容易に回復しなかった。雇用の回復に対して賃金水準の回復は著しく遅かった（第5-11図）基盤には，鉱工業生産の回復過程において必要な新規雇用が，若年で低賃金の新卒者を中心に充足されるという事情も横たわっていた。賃金の回復は，物価の回復基調と比べても微弱であり，景気回復の恩恵は労働者の生活に十分には届かなかった。そのことは反面で，労働コストの上昇が抑制され，生産拡大と価格上昇の恩恵がもっぱら企業収益の増大に帰結し，この利益増大が資金源泉となって投資拡

　[*16]　武田晴人「戦間期日本企業の資金調達と投資行動」『金融研究』31巻1号，2012年．

第5-11図 労働人員・賃金指数の推移

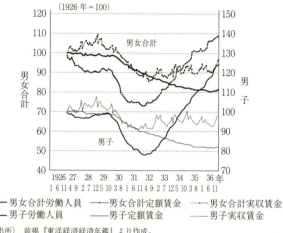

出所) 前掲『東洋経済経済年鑑』より作成。

第5-12図 求人・求職数の推移

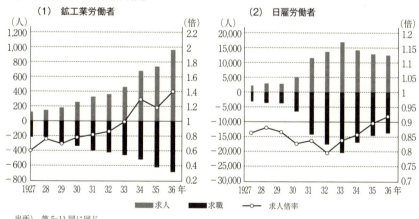

出所) 第5-11図に同じ。

大を促す要因になったことを意味していた。

景気回復政策の国際比較

以上の日本における景気回復は、国際的にみると、①その回復への転換の早さと②拡張的な財政政策による回復であったことに特徴があった(前掲第5-4図)。

恐慌への転落過程では生産の縮小と物価の暴落などほとんどの面で多くの先進工業国がほぼ同調的に鋭く深い落ち込みをみせたのに対して、回復過程では日本がいち早く鋭く反転して回復をみせ、他の諸国ではなべ底状の不況が長期化する

という対照的な変化となった。

　この回復の理由は，ケインズ政策の先取りといわれた高橋財政の展開が有効需要の不足を補ったことや為替放任政策（円安による輸出拡大・輸入抑制）にあったことは，すでに指摘した通りである。これに加えて不況が長期化したアメリカ経済と比較すると，同国では金融的な動揺が長期化したのに対して，日本では金融恐慌が先行したこともあって金融的には安定していたことなどが指摘できる。

　また，拡張的な政策による回復という面では，同じようにナチスの軍備拡張によって回復軌道に乗ったドイツ，ニューディール政策の展開によって回復を図ったもののその効果が十分でなかったアメリカ，均衡財政を維持したイギリスなど，各国によって財政政策のスタンスが異なっていたことに留意する必要がある。イギリスの場合には，広大な植民地領有を背景に経済のブロック化が均衡財政を堅持しつつもイギリス経済の回復を支えうる基盤となったと評価されている。そして，こうした事態は1930年代の世界経済が陥っていく対立の構図を，一方は軍備拡張によって，他方はブロック経済化によって，深めていくことになるものであった[17]。

5　産業構造の重化学工業化と財閥の転向

重工業の内部循環的な拡大

　財政面からの有効需要拡大政策と，低為替による輸出拡大を背景に，1930年代の日本経済は，急テンポの景気回復過程に入った。その過程で特徴的であったのは，海外からの競争圧力が大幅に低下するなかで，重化学工業を中心とした産業間の有機的関係を通して「**内部循環的な経済拡大**」が実現したことであった[18]。それは，操業率の上昇によって開始される生産の拡大が，次第に設備投資を必要とするようになるとともに，その設備投資自体が国内の重工業部門に新たな投資需要となって市場を拡大し，この市場拡大が重工業部門の投資をさらに呼び起こすような関連が形成されたことを意味した（「投資が投資を呼ぶ」）。その結果，第5-17表に示したように，製造工業における重化学工業部門の比率が1930年の35.5％から36年には49.4％にまで増大した。重化学工業部門では，金属工業の伸び率がもっとも大きく，それにやや遅れて機械工業の拡大が続いていた。

　重工業発展の市場的な条件をみると，輸入圧力が強かったこれらの部門では円為替の低落と1932年の関税改正を契機に大幅な価格上昇が実現し，国内企業に

---

[17]　H. W. アーント（小沢健二ほか訳）『世界大不況の教訓』東洋経済新報社，1978年。
[18]　以下主として，橋本寿朗，前掲『大恐慌期の日本資本主義』第5章参照。

有利な競争環境，費用・価格関係が整った。国内業者の販売価格をみると，製鋼用銑鉄1トンあたり価格は1931年の27.6円から33年には41.5円に，丸鋼1トンあたり価格は57.7円から95.4円に上昇した[*19]。その結果，第5-18表によれば，1930年以降，銑鉄・鋼材・機械で自給度が向上した。そのため国内需要の拡大に比べて重工業部門の市場の拡大は速いスピードで進展した。こうして1920年代に輸入圧力に呻吟していた重工業部門の生産は回復・拡大に転じ，操業率が高まるとともに，新規設備の導入が確実に生産性の上昇をもたらし[*20]，景気回復の主導的な役割を担った。

第5-17表 工業生産の重化学工業化率
(単位:%)

	化学	金属	機械	小計	兵器
1928年	13.3	9.1	8.2	30.6	
1929	13.5	9.5	9.2	32.2	
1930	15.3	9.6	10.6	35.5	
1931	15.9	9.3	8.8	34.1	3.3
1932	15.8	10.7	8.9	35.8	7.4
1933	16.5	12.1	10.4	39.0	2.9
1934	15.8	16.9	11.5	44.2	3.6
1935	16.8	18.4	12.6	47.8	4.1
1936	17.3	19.1	13.0	49.3	4.3
1937	17.8	22.8	20.4	61.0	4.3

出所) 橋本寿朗，前掲『大恐慌期の日本資本主義』301頁，表77より。

産業構造の重化学工業化は，高橋財政の景気回復政策の効果を高める基礎的な条件であった。1920年代にも財政政策は，物価の割高を解消できないような拡張的な性格をもっていたが，それによって国内の景況を改善することはできなかった。つまり，1920年代には財政面からの需要創出の効果に乏しかった。これに対して1930年代には高橋財政による財政拡大が高い乗数効果をもちえた理由は，需要拡大が国内産業の需要に直結するような産業発展の基盤があり，対外競

第5-18表 重工業製品の輸出入比率

	銑鉄(千トン)				鋼材(千トン)					機械(百万円)				
	生産高(A)	輸入高(B)	輸出高	(B/A)	生産高(A)	輸入高(B)	輸出高(C)	(B/A)	(C/A)	生産高(A)	輸入高(B)	輸出高(C)	(B/A)	(C/A)
1926年	810	400	2	49.4%	1,256	925	27	73.6%	2.1%	474	159	23	33.5%	4.9%
1928	1,093	576	0	52.7%	1,720	825	23	48.0%	1.3%	560	168	27	30.0%	4.8%
1930	1,162	792	0	68.2%	1,921	437	67	22.7%	3.5%	613	125	35	20.4%	5.7%
1931	917	515	0	56.2%	1,663	266	56	16.0%	3.4%	443	82	27	18.5%	6.1%
1932	1,011	495	0	49.0%	2,113	235	116	11.1%	5.5%	550	96	33	17.5%	6.0%
1933	1,424	650		45.6%	2,792	410	229	14.7%	8.2%	818	110	49	13.4%	6.0%
1934	1,728	801		46.4%	3,324	427	345	12.8%	10.4%	1,126	69	94	6.1%	8.3%
1935	1,908	779		40.8%	3,976	357	440	9.0%	11.1%	1,459	95	114	6.5%	7.8%
1936	2,008	1,093		54.4%	4,539	355	447	7.8%	9.8%	1,704	154	147	9.0%	8.6%

出所) 第5-17表に同じ，237頁，表49による。

[*19] 前掲『東洋経済経済年鑑』1937年版，236頁。
[*20] 生産性上昇の推計は橋本寿朗，前掲『大恐慌期の日本資本主義』276頁，表70参照。

争条件の変化があったからであった。

産業諸部門の変化

　基幹産業の動向について概観すると，まず，設備投資の拡大を先導した金属部門を代表する鉄鋼業では，日本の支配領域である「日満鮮」の銑鉄生産力は1931～36年にかけて年産215万トンから300万トンに，鋼材生産力は291万トンから545万トンに増加した。しかし，銑鉄と鋼材の生産能力差は縮小しなかったために，インドからの銑鉄の輸入やアメリカからの屑鉄の輸入などを原料とする平炉鋼材生産が依然として大きな役割を果たした。銑鉄の自給率が低かったことは，このような生産能力の構成を反映していた。1934年に官営製鉄所と民間製鉄所の合同によって設立された日本製鐵は，銑鋼一貫体制を強化することを企図したものであったが，銑・鋼のアンバランスは容易に改まらなかった。

　輸入も含めた原料銑鉄等から増産された鋼材の需要は主として設備投資のための機械等の生産と軍需に向けられた。第5-19表のように鉄鋼需要は1920年代末には鉄道や土木建築などが主であったが，32～34年には3分の1が機械生産などに向けられるようになり，造船向け鋼材を加えれば，4割強が設備投資財の生産の原料供給となった。こうして鉄鋼業が産業発展の基軸産業となった。

　機械工業では，自動車工業の発展が模索され[*21]，工作機械や電気機械などの分野では順次，高級機の国産化が進み，国内需要を掌握していった。しかし，一部の機械では特殊鋼などの素材面で国内供給に難点があって国産化が遅れるなどの課題を残していた。

第5-19表　鉄鋼需要の推移（期間中年平均）　　（単位：千トン）

	鉄道	土木建築	造船	機械鉄工	その他	合計
1926-28年	292	297	121	334	356	1,280
	22.8%	23.2%	9.4%	26.1%	27.8%	100.0%
1929-31	251	601	149	399	529	1,781
	14.1%	33.8%	8.4%	22.4%	29.7%	100.0%
1932-34	254	714	255	891	782	2,642
	9.6%	27.0%	9.6%	33.7%	29.6%	100.0%
1935-36	268	1,022	444	988	1,175	3,453
	7.8%	29.6%	12.9%	28.6%	34.0%	100.0%

出所）　橋本寿朗，前掲『大恐慌期の日本資本主義』302頁，表78より作成。

[*21] 自動車工業については，和田一夫『ものづくりの寓話』名古屋大学出版会，2009年，呂寅満『日本自動車工業史』東京大学出版会，2011年がある。

5 産業構造の重化学工業化と財閥の転向

第5-20表　産業別設備投資動向　(単位：千円)

	1928-30年		1931-33年		1934-36年		1937-40年	
合　計	990,684	100.0%	528,030	100.0%	1,998,824	100.0%	4,458,723	100.0%
鉱業（鉱山＋石油）	48,257	4.9%	△17,207	△3.3%	58,014	2.9%	730,623	16.4%
製造工業（含製材）	258,023	26.0%	27,981	5.3%	1,306,019	65.3%	2,980,438	66.8%
繊維工業	78,988	8.0%	58,302	11.0%	351,087	17.6%	360,858	8.1%
窯　業	45,365	4.6%	21,002	4.0%	92,267	4.6%	65,295	1.5%
化学工業	84,539	8.5%	644	0.1%	322,531	16.1%	711,564	16.0%
機械工業	4,558	0.5%	△12,302	△2.3%	69,744	3.5%	707,346	15.9%
金属工業	2,694	0.3%	△7,887	△1.5%	408,505	20.4%	1,000,955	22.4%
食料品工業	42,676	4.3%	△31,603	△6.0%	48,086	2.4%	124,349	2.8%
その他製造工業	△797	△0.1%	△175	△0.0%	13,799	0.7%	10,071	0.2%
瓦斯及電気業	344,256	34.7%	259,148	49.1%	450,027	22.5%	210,396	4.7%
運輸及倉庫業	302,575	30.5%	186,951	35.4%	166,884	8.3%	397,223	8.9%
商　業	18,845	1.9%	11,891	2.3%	18,940	0.9%	60,827	1.4%
その他	18,728	1.9%	59,266	11.2%	△1,060	△0.1%	79,216	1.8%

注）「その他」は集計上の不整合を含む。△は設備償却が投資を上回ったことを示す。
出所）武田晴人，前掲「戦間期日本企業の資金調達と投資行動」145頁．

　化学工業では，1920年代末に勃興期を迎えていた化学肥料（硫安）やレーヨン[22]などが本格的な発展期を迎え，非鉄金属工業では飛行機などの製造材料資源としてアルミニウムなどの産業が余剰電力を利用して発展の緒についた．

　綿工業では，アメリカの不況を背景とする世界的な棉花価格の低落による原料安のもとで，積極的な市場開拓に支えられたアジア市場向け織物輸出の拡大がみられた．インドや蘭領インドだけでなく，各地で日本のシェアが上昇し，そのため，日本と相手国との通商上の摩擦を惹起することになった．もちろん，そうした通商面での対立が直ちに世界大戦につながる国際間の緊張を強めたわけではなかったが，国際金融システムが機能不全に陥っているなかで，一方的な輸出拡大は相手国などの抵抗が強く，輸出を基盤とする産業成長の制約要因となるものであった．

　これらの産業発展を産業別の設備投資動向からみると，第5-20表の通りアジア向け輸出拡大に牽引された繊維工業が先行し，これに金属が続き，化学・機械は1930年代半ばから日中戦争期にかけての拡大が目立つという連鎖的な発展が時間的なずれを伴いながら進んだ[23]．

　重工業企業の成長を可能にしたのは設備投資の拡大であり，その資金調達面では，投資拡大の主役となる重化学工業企業における株式発行などが次第に大きな

---

　[22]　山崎広明『日本化繊産業発達史論』東京大学出版会，1975年．
　[23]　武田晴人，前掲「戦間期日本企業の資金調達と投資行動」および同「昭和恐慌と日本経済」『岩波講座　日本歴史17　近現代3』岩波書店，2014年参照．

意味をもつようになった。この時期の株式ブームは，利益増大に促され，増大を続けた内部留保資金とともに，投資拡大を支える役割を果たした（前掲第5-16表）。

労賃の低下と労使関係

重化学工業化を雇用面からみると，重化学工業部門の従業員の構成比は1930年の23.8％から40年には57.1％に達した。この重化学工業の発展には，労働市場の変化と賃金コストの低下も大きな役割を果たした。

昭和恐慌期に急増した労働者の解雇＝失業の増大を前提に，1932年からは工場部門で雇用拡大に転じたが，すでにふれたように30年代半ばにかけて賃金水準の改善はほとんどみられなかった。この点は，不況が長引いたアメリカでも，恐慌下で急落した賃金が33年には低落に歯止めがかかって反転上昇をみせたのと対比しても，日本の特徴であった。部分的には34年ころから熟練工の不足が問題になったが[*24]，全般的には農村の不況を背景に過剰な不熟練労働力が大量に存在したことが背景となっていたことに加えて，この賃金の低落には恐慌下の特殊な条件が関わっていた。

すなわち，①恐慌期に賃金水準が低落していたこと，②年長の高給者が解雇されたこと，③回復期に雇用の拡大が主として若年者を中心に進み，雇用者の年齢構成が平均賃金を引き下げる方向に変化したことであった。第一次大戦期以降に，大企業では年功的な賃金が定着しつつあったが，以上のような雇用調整によって，第5-13図に示されるように，1936年にかけて勤続年数が1〜5年層の比重が増大した。そのことが雇用者賃金の平均水準を引き下げた。これに加えて，必要な雇用の充足に際して，④臨時工制度や外注によるコスト引き下げが試みられた。第5-21表のように，機械工業を中心に臨時工の雇用が拡大していた。これに加えて下請け・外注関係など，より低い賃金水準を利用した生産形態が普及したことが，産業レベルでの賃金水準を引き下げる要因になった。それは，

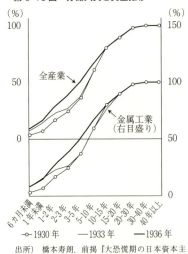

第5-13図　労働人員と賃金推移

出所）橋本寿朗，前掲『大恐慌期の日本資本主義』261頁，表62より作成。

[*24] 岡崎哲二「1930年代の日本における景気循環と資本蓄積」『社会科学研究』39巻2号，1987年。

5 産業構造の重化学工業化と財閥の転向

第5-21表 常用工に対する臨時工比率　　　　(単位:%)

年(月)	総数	機械	化学	特別	染色	飲食物	雑
1934	13.0	22.7	6.9	3.8	3.8	5.2	6.8
1935	12.4	19.5	5.4	7.0	3.1	4.8	8.0
1936	10.8	15.7	7.0	7.6	2.9	11.6	8.6
1937 (7)	17.0	23.9	16.7	29.0	2.8	18.3	8.9
1937 (11)	25.7	27.2	29.9	60.0	4.9	36.0	35.1

出所) 橋本寿朗, 前掲『大恐慌期の日本資本主義』266頁, 表66。

企業経営にとっては景気回復に伴う製品価格上昇の利益を企業収益に直結させることになり, 労働分配率は全般的に低下していった。企業の活発な投資行動は, こうした有利な条件に支えられていた。

昭和恐慌期には, 大経営でも解雇手当の支給をめぐる紛争が発生したが, 全般的には産業の平和が保たれるなかで雇用の調整が進んだ。1920年代に形成された労使関係は労使懇談制を基盤に大企業部門では安定していた。その反面で中小経営では雇用の削減と賃金の引き下げによって労働条件は悪化し, 争議が小規模分散的なかたちで頻発した[*25]。それは規模別賃金格差に示される「二重構造」が定着し, それが産業発展に好都合な条件であったことと表裏の関係にあった。しかも, 景気回復のなかで臨時工の雇用拡大や下請け・外注関係などが機械工業など雇用吸収が進む成長部門で展開していたから[*26], 農業部門における不況の長期化によって抑制された新卒者の採用条件だけでなく, それ以外の労働者の雇用条件の改善を抑制する役割も果たした。

悪化する労働条件のもとで中小企業で増加した労使紛争は全般的には労働争議調停法に基づく「事実調停」によって, 警察官などの仲介で和解することも多く, 厳しい社会主義運動への弾圧もあって, 深刻な労使対立が全般化することは少なく, 社会的な不満は鬱積した。

財閥の転向

1927年の金融恐慌を契機に経済界での覇権を握った有力財閥も, 昭和恐慌期の動乱のなかで対応を迫られた。とくに血盟団事件による三井合名会社理事長団琢磨の暗殺に象徴される「財閥批判」が社会的に強まったことを背景に, 財閥はそれまでの経営方針を改め「転向」を進めた。恐慌下のドル買いの主役が三井などの財閥銀行であったとみなされ, 国策に反して私的な利益をむさぼったという

[*25] 西成田豊『近代日本労資関係史の研究』東京大学出版会, 1988年, 第5章参照。
[*26] 1930年代から戦時期にかけての下請工業の動向については, 植田浩史『戦時期日本の下請工業』ミネルヴァ書房, 2004年参照。

のが,「財閥批判」の基盤となっていた*27。そのため,財閥は建国直後で新しい投資機会として期待されていた満州国への進出を軍部から拒まれるなどの事態ともなった。

批判に応えて財閥は,社会的な貢献をアピールすべく,保有株式の公開や慈善活動等への寄付などによって利益を社会還元する「転向」を進めた。また,同族の各企業トップからの退任＝専門経営者への交替,役員定年制実施などを決定した。

しかし,このような財閥の行動は,批判に応えるという面をもっていると同時に,新たな経済環境に対応するための積極的な企業組織の改組という面をもっていた*28。それは持株会社が傘下直系企業の株式を封鎖的に所有するような財閥組織のあり方が限界に直面したからである。第一次大戦期以降に持株会社組織が形成された後,有力財閥では傍系会社株式や一部の直系会社株式の部分公開などによって株式会社制度を利用した資金調達を試み,保有株式などの金融資産の流

団琢磨射殺の新聞記事『朝日新聞』1932年3月6日朝刊
記事提供　朝日新聞社

考えてみよう　財閥の転向

「転向」とは,社会主義運動への弾圧のなかで,その運動を支持していた人びとが思想的に転換したことを指して使われた言葉である。

転向の例証とされている諸措置のうち,同族の経営陣からの退任と専門経営者の登用や権限の委譲はすでに第一次大戦期から進んでおり,寄付行為も行われていた。さらに株式公開も1930年代が最初ではなく,部分的には第一次大戦後には開始されていた。

そのため,三井財閥の実質的なトップであった団琢磨が暗殺される事件の背景にある強烈な社会的な批判に対処し,利益の社会への還元などを強調することで批判をかわそうとする動きであり,「転向」は財閥の経営方針の明確な転換を意味したわけではないとの評価もできる。

ただし,重化学工業化が急進展し,それまでの封鎖的な所有を前提とする内部資本市場での資金調整では充足に限界が見えていたことを考慮すると,封鎖的資本所有の制約を緩和するような方針転換は必要であった。財閥は経済構造が変わりつつあるなかで,それに柔軟に対応する方策を選択することによってその経済的地位を守ろうとしていたと考えることもできる。

参考文献　武田晴人『財閥の時代』新曜社,1995年,第12章参照。

---

*27　ドル買いについては,山崎広明「『ドル買』と横浜正金銀行」山口和雄・加藤俊彦編『両大戦間期の横浜正金銀行』日本経営史研究所,1988年参照。

*28　武田晴人「資本蓄積(3)　独占資本」大石嘉一郎編,前掲『日本帝国主義史1』所収。

動化に乗り出していた。そうしたなかで，財閥批判に呼応して保有株式の公開をすることは，資金調達面での**封鎖的所有の制約**を緩和する意味をもった。

有力財閥が昭和恐慌期に投資資金の制約を抱えていたことは，同じ時期に株式市場の活況を利して「新興財閥」と呼ばれた企業群の誕生を可能にした。重化学工業化が進展した1930年代に日本産業，日本窒素，日本曹達，森＝昭和電工，理研などの新しい企業集団が急成長しており[*29]，その一方で成長分野となった重化学工業分野に対する財閥の投資拡大は遅れがちであった。この遅れの要因として財閥の所有＝出資の構造の特質である「封鎖性」を考えることができる。株式公開はそのような制約を緩和するものであった。

第5-22表　財閥中核企業の利益額
(単位：万円)

		1930-32年	1933-36年
三井	銀行	4,018	11,707
	鉱山	3,748	10,228
	物産	3,712	6,522
三菱	銀行	4,249	8,621
	鉱業	1,207	5,900
	重工	189	2,835
住友	銀行	1,832	2,627
	金属	1,309	2,648
	鉱山	△397	1,040

出所）橋本寿朗，前掲『大恐慌期の日本資本主義』356頁。

景気回復に伴って財閥の中核企業の利益額は第5-22表のように急増していた。そのため，財閥本社の利益額も急テンポで拡大した。具体的には，三井合名の利益額は，1932年の1268万円から36年には2912万円，三菱合資は153.8万円から1389万円，住友合資は29万円の損失から35年には1657万円の利益となった。このような利益増加は，株式投資の増加によるものであり，とくに三井は三井物産と三井鉱山を中心とした投資を継続し，住友は重工業部門に投資を拡大した。また，この時期になると，本社だけでなく，有力直系会社が株式投資を拡大して事業持株会社化していったことにも特徴があった。

これらの財閥系企業は主要産業で相対的に高い地位を得ていた。伝統的に有力財閥が高い地位を保っていた鉱山業では，1937年の石炭生産の15.9％が三井鉱山，14.4％が三菱鉱業，三井系の北海道炭礦汽船8.2％，住友鉱業3.5％と4社で4割強の市場シェアを占めていた[*30]。造船では，三菱造船35.4％，三井物産15.3％と2社で過半を占めていた。他方で，鉄鋼業では日本製鐵が圧倒的な地位を築いており，肥料やアルミニウムなどの新興産業分野における財閥の地位は1930年代にはまだそれほど高くなかった。その意味では，財閥の重化学工業化

[*29] 新興財閥については，斎藤憲『新興コンツェルン理研の研究』時潮社，1987年，大塩武『日窒コンツェルンの研究』日本経済評論社，1989年，麻島昭一・大塩武『昭和電工成立史の研究』日本経済評論社，1997年，下谷政弘『新興コンツェルンと財閥』日本経済評論社，2008年などを参照。

[*30] 沢井実「戦時経済と財閥」法政大学産業情報センター・橋本寿朗・武田晴人編『日本経済の発展と企業集団』東京大学出版会，1992年，160頁。

への対応は十分ではなく，それによって発生した主導産業部門のビジネスチャンスを「新興財閥」がつかみ拡大しうる可能性が拓かれ，「新興財閥」は産業構造の変化を促進する活発な投資を行い時代の寵児となった。

トラスト化とカルテル化

財閥による産業横断的な企業組織の拡大の基盤には，1920年代から進展していた産業ごとのカルテル活動などの産業の組織化があった。この動きは昭和恐慌期に新たな局面を迎えた。

すなわち，1931年に制定された重要産業統制法は，恐慌対策としてカルテル助成立法としての性格をもつものであった。この法律に基づいて，綿糸，レーヨン，洋紙，硫酸などさまざまな分野でカルテルが結成された。また，石炭やセメント，銅，鋼材などでは既存のカルテル協定が強化された。これとは別に1930年代半ばにかけて，電力業，石油業などでは，電気事業法や石油業法などの個々の産業分野を対象とする事業法が制定され（後掲第6-9表参照），これに基づく法的な枠組みによって企業行動に対する助成措置や競争制限的な措置がとられるようになった。

カルテル活動が与えた影響については，カルテルが結成された産業と他の産業との価格変動を対比した東洋経済新報社の調査から明確に知ることができる。第5-14図によると，昭和恐慌期にはカルテル物価の下方硬直性が見出されていた。1931年に入ってカルテル物価と非カルテル物価の乖離が大きくなり，すでにふれたようにカルテル活動が展開する産業分野では**「管理された価格低下」**と評価すべき価格変動の特徴が表出した。同時に景気回復過程では，カルテル物価も非カルテル物価もいち早く回復基調に入ったが，32年末以降になるとカルテル物価は横ばいに転じ，34年末まで非カルテル価格が上昇を続けて両者の差異が解消していった。この間に，全般的には物価は回復基調を続けていたが，それにもかかわらずカルテル価格は上昇をみせなかった。カルテルは価格の上昇につ

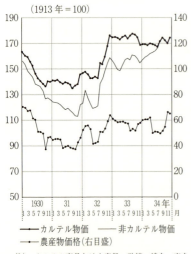

第5-14図　カルテル物価・非カルテル物価・農産物価指数の推移

注）カルテル商品とは小麦粉，砂糖，綿糸，麻糸，銅，棒鋼，石炭，セメント，洋紙，硫黄
出所）前掲『東洋経済経済年鑑』1932年版，35年版。

いても抑制的であった。それは重要産業統制法が「公益規定」によって、カルテルの経済力の濫用を監視していたからであった*31。恐慌対策として立案された重要産業統制法は、ドイツの新しい経済学説なども参考にしながら、独占組織の活動に枠をはめる「公益規定」を含んでいた。それは、カルテル活動を助成する一方で、その活動によって消費者などの利益が損なわれると判断される場合には、政府は是正を求めることができるというものであった。景気回復後には、このためカルテル価格は上方硬直性を示した。カルテルは価格の変動幅を狭める役割を果たしていた。

より強力な産業組織化の取り組みとなる企業の大合同が進んだことも特徴的な出来事であった。1933年の王子製紙、三和銀行、34年の日本製鐵、三菱重工業、35年の住友金属などがその例であった。企業集中の進展は、産業各分野において大企業の相対的地位を高め、企業間競争の構造を徐々に変えた。しかし、トラスト的な大企業の出現も、「**価格の上方硬直性**」を変えることはなかった。鉄鋼カルテルは1930年代に活動を継続したが、33年以降の価格はほぼ横ばいに推移して安定化し、日本製鉄が大合同によって成立した34年以後にやや低下した。同社が国策会社であることも影響したと考えてよいが、いずれにしても大合同によって成立する産業トラストは独占的な高利潤を追求するような価格引上げ行動をとることはなかった。カルテル化が中間財部門を中心に進展しており、一方的な価格引き上げではなく、適正な利潤が確保される水準で安定的に原料供給を続けることがカルテル化産業にとっても市場の確保・拡大に資すると判断されていたためであろう。こうした特徴を伴いながら、重化学工業化の進展とともに、全般的には寡占的な産業体制が強化された。

恐慌下の都市勤労者家計

昭和恐慌が国民生活に与えた影響は、雇用機会を確保・維持できたかどうかによって大きく異なった*32。もちろん、幸いに仕事を続けられた人たちにとっても、恐慌の圧力は、名目賃金率の引き下げと労働時間短縮とを介して、所得の減少をもたらした。名目賃金は1928年から32年にかけて15％ほど下落し、その後も長期にわたって下がり続けた。しかし、賃金の引き下げはおおむね物価の変動に対応していたから、実質賃金は安定し、32年からの景気回復期に入ってから緩やかに下落した。国民所得統計に基づく一人あたり個人消費支出は、名目的

---

*31 橋本寿朗、前掲『大恐慌期の日本資本主義』第5章および、宮島英昭「1930年代日本の独占組織と政府」『土地制度史学』28巻2号、1986年参照。

*32 武田晴人、前掲「昭和恐慌と日本経済」参照。

には恐慌期に大きなV字型の急減と急増を示したが，実質的には比較的安定していた。つまり，物価下落の影響は，賃金の名目的な減少をカバーし消費生活水準を維持させる方向に作用した。しかし，高橋財政による景気回復が物価を上昇させるとともに生活水準の低下傾向は日中戦争期に向かって加速され，勤労者全般にわたり実質的な生活水準の悪化が進行した。つまり景気回復は国民生活の改善につながったとはいえなかった。こうして家計収支は1935年ころまで「なべ底型」の低迷期が続いた。このことは，家計の回復に必要な実質賃金水準の引き上げにつながるはずの労働者の組織的運動が弱体であり，分配面に配慮した経済政策を欠くなど重大な制約があったからであった。

　もちろん，職を失った人びとの生活難は改めて指摘するまでもなかった。失業統計の信頼度はあまり高くないが[*33]，失業率がピークとなったのは1932年のことであり，日雇労働者のそれがもっとも高かった。また，30年の国勢調査によると，男女別では男子の失業率が高く，年齢別では20歳代を中心に若年労働者の方がやや高い傾向にあった[*34]。ただし，このような状況は女子や中高齢者層が雇用機会に恵まれていたことを意味しなかった。彼らの雇用機会は限られていたし，それ故に失業状態が潜在化していた。

　失業状況のなかでやや特異なのは，「知識階級失業者」であった。1932年の失業状況調査によると，工場解雇者では，失業期間6カ月未満が45.8%を占め，1年未満に拡張すると7割を超えるのに対して，「知識階級失業者」では6カ月未満が17.1%にすぎず，1年未満合計でも34.8%と，失業期間が長期化していた。昭和恐慌下で大学等の卒業者の就職率が極端に低く，高学歴のエリート層にまで雇用機会が閉ざされ，雇用調整に伴う失業の危険に直面させられていた。

　失業者を含む都市下層の人びとの生活は，勤労者家計と比べて一段と厳しい貧窮状態にあった。都市の「被救護世帯」の1932～33年時点での実収入は27円ほどで，これより上層の都市下層世帯でも41円程度であった[*35]。工場労働者や給与生活者が80～90円の収入を得ていたのに比べて，半分から3分の1程度の収入にすぎなかった。そのため実支出水準も低く，飲食費が支出の過半を占めた。

　1932年の東京市役所『東京市に於ける中小商工業者の実際』では，年一人あたり300円を最低標準生活費とみなしたうえで，30年に東京市で年一人あたり250円以下の者が全商工業者の58%にのぼると指摘し，それを「動物的生活費」と評価していた。こうした状況は，前述のように景気の回復にもかかわらず改善

[*33]　隅谷三喜男『昭和恐慌』有斐閣，1974年，253～255頁。
[*34]　武田晴人，前掲「昭和恐慌と日本経済」による。
[*35]　中川清『日本の都市下層』勁草書房，1985年，316～317，320頁。

をみせることはなかった。就業の機会をえている工場労働者と給与生活者はなんとか最低限の生活は維持できたとはいえ、零細な商工業者や都市下層社会の住民たち（被救護世帯・失業者世帯）は厳しい生活難にさらされていた。

6　農業恐慌と中国侵略

深刻化する農業恐慌

　製造工業部門の早い回復と対照的に、1930年代は農村不況の長期化（1935,36年ころまで）によって特徴づけられた。その原因は、①アメリカの恐慌による生糸価格の暴落を背景とする養蚕業の破綻、②30年の豊作を背景とする米価の暴落、③31年、34年の二度にわたる東北の冷害などのためであった。

　すでにふれたように価格の暴落に対して、農家は生産量の拡大によって現金収入の減少をカバーしようとした。しかし、そのことが結果的には価格の一層の下落をもたらすという悪循環が発生し、これに凶作による収入減少が加わって、農家の経営状態は改善しなかった。

　1930〜31年には昭和恐慌による就業機会の減少が、副業的な現金収入の道をも閉ざしていた。第5-23表のように、都市で職を失った人びとのなかで農村に帰る者が増加したことは農村社会に扶養負担も加重したから、農家の家計は苦しかった。農家負債が増加し、その返済のために、娘を身売りさせるなどの悲劇を

第5-15図　娘身売りと大根をかじる子ども

娘身売りの相談所の掲示板（山形県伊佐沢村），1934年10月
写真提供　毎日新聞社／時事通信フォト

空腹で大根をかじる子供たち（岩手県）
写真提供　毎日新聞社／時事通信フォト

第5-23表 解雇労働者の帰農率
(単位：％)

	工場労働者	鉱山労働者
1926年	32.6	15.0
1927	36.1	14.6
1928	36.5	15.4
1929	39.1	15.3
1930	39.0	19.8
1931	43.3	18.6
1932	44.6	16.8
1933	44.0	14.5
1934	38.1	16.2
1935	36.6	17.5
1936	25.1	18.4

出所) 労働運動史料委員会，前掲『労働運動史料 第10巻』208～209頁。

生むことになった。

1931年の調査では，農家の負債額は，第5-24表の通りであった。各階層の農家収入は，それぞれの階層の平均所得を示すものではなく，農業支出（肥料代や種籾，農具代，雇用労賃）などを差し引いた実際の所得はこの収入の半分以下であった。そして，負債額は年間の収入の2～3倍近くに達し，負債の累積によって所得の少ない下層の農家ばかりでなく，上層の自作層や，自作兼地主＝手作り地主などにも大きな負担となっていた。当時の新聞は全国の農家で20万人に達する欠食児童が存在すると報道していた。

1932年末の農林省の調査によると，農家負債のおおよそ半分は無担保の信用借りであり，金利は7～10％が3分の1，10％を越えるものが過半を超える高金利を余儀なくされていたから*36，元本の返済を差しおいても金利の支払さえ大きな負担であったと推測される。家計の赤字をまかなう借金や保有資産の処分のために，農家の純資産は1928年の1.4万円から31年に5000円台となり，39年にようやく6000円を超えるまで回復をみせなかった*37。

こうした苦しい経済状態のもと，1930年代の小作争議は，小規模化するなかで激しさを増し，また，20年代に小作争議が活発であった近畿地方ではなく，養蚕地帯や冷害の影響などもあって比較的地主制が強固な基盤を持ち続けていると考えられていた東北地方の米の単作地帯にも広がった。

西田美昭の研究によると*38，長野県の在村耕作地主小池家では，農業収入が

第5-24表 農家負債の実態

	平均家族数(人)	所有面積(10 a)	経営面積(10 a)	農業収入(円)	農外収入(円)	計(円)	負債額(円)
地主兼自作	8.5	98.8	65.9	801.4	471.2	1,272.6	3,748.6
自 作	8.2	38.3	36.6	748.0	110.5	858.5	2,558.4
自小作	7.9	23.3	30.2	668.9	56.1	725.0	2,099.7
小 作	7.4	5.1	23.1	652.4	46.1	698.5	1,433.3
平 均	8.0	36.1	36.5	709.3	143.4	850.7	2,340.8

出所) 暉峻衆三『日本農業問題の展開（下）』東京大学出版会，1984年，80頁。

*36 安藤良雄編，前掲『近代日本経済史要覧 第2版』122頁，表6.2より。
*37 武田晴人，前掲「昭和恐慌と日本経済」参照。
*38 西田美昭『近代日本農民運動史研究』東京大学出版会，1997年。

第 5-25 表　農家経営指標 (単位：10 a, 円)

年	自作		自小作		小自作		小作	
	1926-29	1932-36	1926-29	1932-36	1926-29	1932-36	1926-29	1932-36
経営耕地面積	16.40	11.83	16.75	12.90	15.05	12.72	15.65	11.52
農業所得	1,160	752	1,180	723	798	603	790	441
農外所得	375	183	246	125	241	149	253	146
農家所得	1,535	935	1,426	848	1,040	752	1,040	587
家計費	1,240	739	1,114	655	886	635	908	559
農家経済余剰	239	150	205	158	150	116	149	48

(出所)　第 5-24 表に同じ, 68～69 頁。

急減したばかりでなく, 小作料の収受も 1920 年代末には大きく減少し, 収入額は 30 年には 26 年の半分以下となり, その後さらに 3 分の 1 の水準まで落ち込んだ。このような状態に対して, 小池家では, 農業支出を切りつめ, さらに家計費も切りつめて対応したが, 収支余剰は急減し, 家計の余裕はほとんど失われた。

こうした状態は, 株式配当の減少や預金利子の減少など地主の農外投資の果実の減少によってさらに加速されていた。地主経営の採算は悪化し, 地主のなかには土地を売却するために小作人から土地を取り上げようとする動きが発生し, 耕作権をめぐって激しい争議が展開することになった (前掲第 4-12 表参照)。これらの争議は, 1920 年代に定着しつつあった「調停法体制」のもとで, 村落秩序を維持しながら解決が図られる傾向にあり, その解決の条件は地主に必ずしも有利とはならなかったから, 土地投資をさらに不利化させ地主制を衰退に向かわせるものとなった。

農業経営は, 第 5-25 表が示す通り, 1920 年代後半から 30 年代半ばにかけて経営面積の縮小, 農業所得および農外所得の大幅な減少によって所得が 6 割前後に低下していた。暉峻衆三によると, この調査の対象農家は比較的上層に偏っているといわれているが, そのため家計費を切り詰めてなんとか収支の均衡を図っていた。しかし, 恐慌後には農業所得の家計費充足率が 8 割前後に低落し, 自作や自小作では「農業所得ではもはや最低限の生活すら賄えない状況が現出した」。恐慌期には「全階層の農家の経営と生活の破綻」が生じた[*39]。

こうした農村の長期の不況は, 景気回復過程での追加的労働力の供給価格を低い水準に押しとどめ, 企業の採算条件を改善するものであった。高橋財政期の初期には時局匡救事業などが行われ, 農村に現金収入の機会を与えるような土木事業などが実施された。しかし, そうした方策も, 財政赤字を懸念する高橋大蔵大

[*39]　暉峻衆三, 前掲『日本農業問題の展開 (下)』72 頁。

臣が，軍事費を削減できないという政治環境のもとで，歳出圧縮手段として早期に予算を削減したために，あまり大きな意味をもたず*40，高橋の景気回復政策は，農村での不況を置き去りにしたままで，製造業の突出した回復に帰結した。

この間，農家の年間労働時間調査によると，農業収入の減少に対して，経営規模1.5～2町層は家族労働の投入増加によって農業経営での収入増加を図っていた*41。恐慌前に6500時間前後であった年間労働時間は，1930年以降7000時間を大きく超えるようになった。これとは対照的に，1町未満の零細農家は，農業への家族労働の投入量を減少させ，31年以降は5000時間を下回るようになった。その分だけ農外所得を求めて農外労働時間数を急増させていたが，この現金収入をもとめた農民たちの行動にもかかわらず農外所得は半減した。以上のように潜在的な失業者層を抱え込んだ都市下層と同様に農家経営も厳しい生活状態を強いられ，しかもその危機的な状況は長期にわたって持続し，景気回復から取り残されたままであった。

それは，この時期に，著しい「分配の不平等」が発生したことを意味していた。それは第二次世界大戦後の高度成長期と対比したとき，戦前日本資本主義のもつ際立った特徴であった*42。そして，このような不平等が前節でみたような，財閥批判の社会的な基盤ともなり，さらには，深刻な社会不安を通して政治的危機意識を醸成し，「昭和維新」という言葉に象徴されるような，軍部の政治進出による強権的な政治統合と，民衆の不満のはけ口としての対外侵略へと結びつくことになった。

裏切られた資源開発への期待

軍部＝関東軍の独自の構想と情勢判断によって開始された満州事変と満州国建国は，「満州」（中国東北部）の経済的資源に着目し，それを基礎に重化学工業基地を建設し，日本と一体となった強力な軍事国家体制を作り上げようとするものであった。しかし，それは国際連盟脱退に結びついたように，列強からの批判を招いて日本の孤立化をもたらしたばかりか，中国民衆の激しい怒りを買い，長期にわたる日中間の軍事的な対立，日本の侵略に対する抵抗運動を呼び起こすものとなった。

しかも，期待されていた経済建設では，1933年3月に策定された満州国経済

---

*40 時局匡救事業については，短期的には大きな効果をもったとの見解もある。これについては，三和良一，前掲『戦間期日本の経済政策史的研究』286～288頁。

*41 武田晴人，前掲「昭和恐慌と日本経済」参照。

*42 南亮進「日本における所得分布の長期的変化」『東京経大学会誌』219号，2000年参照。

第5-26表　対外投資額地域別構成　　（単位：百万円）

	1926年		1930年		1936年	
中国本部	1,166	27.7%	1,446	26.8%	1,994	24.8%
満　州	1,402	33.3%	1,757	32.6%	2,919	36.4%
朝　鮮	1,127	26.7%	1,507	27.9%	2,409	30.0%
台　湾	519	12.3%	685	12.7%	707	8.8%
計	4,214	100.0%	5,395	100.0%	8,029	100.0%

満州の構成　　（単位：千円）

	株式払込	株式公開	公債	社債	借入金	計
満　鉄	194,000	17,545		480,200		691,745
満州国			154,000		16,000	170,000
その他	197,196			88,000	14,755	299,951
計	391,196	17,545	154,000	568,200	30,755	1,161,696

出所）金子文夫，前掲「資本輸出と植民地」377頁。

建設綱要により，一業一社を原則として，財閥を排除しつつ特殊会社に独占的な権益を与えて一挙に実現を図ったものの，予期した成果をあげえなかった。満州国建設は，日本の景気回復過程で重化学工業部門に絶好の輸出市場を提供したが[*43]，対満州投資は36年には伸び悩みをみせはじめるなど，順調には進まなかった。少なくとも，36年までの時期は，政府による基盤整備の時代にすぎず，重化学工業化による軍事工業の拡大，軍需生産の自給度向上という目標実現の手掛かりさええられなかった。その主たる原因は，経済的な資源の開発に関する見通しの甘さであり，関東軍の構想そのものが現実性をもっていないずさんなものだったことである。

満州への投資額は，1930～36年にその比重を高めたが，その約半数は満鉄向けの投資であり，満鉄の子会社投資を通して，経済建設に資金を供給するというものであった。それは，不確実な満州経済建設への資金を満鉄を介してリスクをさけ資本市場で調達するうえでは有効であったが，このような民間資金の利用は，日本国内で設備投資が活発になると，競合関係から潤沢な投資源泉とはいえなくなるなどの問題を抱えていた。

このような投資活動を貿易面からみると，第5-27表のように，1936年になると満州などでは重化学工業品の輸・移出に円ブロックが大きな意味をもつ反面，生糸・綿製品は域外への輸出の比率が高く，輸出市場としては限界があった。他方で円ブロックに期待された原料や鉱物性燃料などの輸・移入では重要性が低

[*43] 満州国の経済状況等については，金子文夫，前掲『近代日本における対満州投資の研究』，および山本有造『日本植民地経済史研究』名古屋大学出版会，1992年，同『「満洲国」経済史研究』名古屋大学出版会，2003年などを参照。

第5-27表　円ブロックとの貿易関係　　　（単位：千円，％）

	相手地域	1928年			1936年		
		主要品目	金額	比率	主要品目	金額	比率
輸・移出品	台湾	綿・絹織物 鉄類 乾魚ほか	15,078 8,695 5,498	11.4 6.6 4.2	肥料 綿・絹織物 鉄類	28,491 19,325 16,257	11.7 7.9 6.7
	朝鮮	綿織物 鉄類 絹織物	42,766 15,066 13,376	14.5 5.1 4.5	機械類 絹織物 綿織物	40,862 36,565 32,118	6.3 5.6 5.0
	満州・関東州	綿織物 小麦粉 機械類	60,264 10,311 5,267	33.6 5.8 2.9	綿織物 機械類 輸送用機器	75,552 47,534 30,068	15.2 9.5 6.0
	華北	綿織物 小麦粉 機械類	30,186 13,567 10,779	29.0 13.0 10.3	機械類 輸送用機器 鉄類	8,984 7,288 6,963	14.9 12.1 11.6
輸・移入品	台湾	砂糖 米 バナナ	121,413 53,229 8,615	56.6 24.8 4.0	砂糖 米 鉱石	163,495 124,309 15,637	45.6 34.6 4.4
	朝鮮	米 大豆 生糸	183,421 23,340 16,251	54.9 7.0 4.9	米 肥料 大豆	249,426 38,390 23,461	48.1 7.4 4.5
	満州・関東州	豆粕 大豆 石炭	72,856 49,541 23,677	34.3 23.4 11.2	大豆 石炭 豆粕	60,519 26,718 25,388	25.3 11.2 10.6
	華北	実綿・繰綿 石炭 牛肉	25,796 6,069 5,789	37.9 8.9 8.5	実綿・繰綿 石炭 牛肉	19,287 10,656 6,198	27.7 15.3 8.9

（出所）　金子文夫，前掲「資本輸出と植民地」大石嘉一郎編『日本帝国主義史2』353頁。

く，依然として食糧供給基地としての性格を強く残したまま，満州国の経済開発による国内重工業の発展という資源開発への期待には遠く及ばなかった。

　1930年代に植民地朝鮮でも「工業化」を図ることで日本の戦争経済力の増強が試みられたが，これについても第5-27表に示されるように，顕著な貢献が見出されたとはいいがたかった[*44]。

満州移民

　満州への経済拡大が停滞するなかで，国内の農業恐慌下の農村救済として，満州開拓のための移民，「分村移民」が計画され，実行された。しかし，それは，

[*44]　金洛年『日本帝国主義下の朝鮮経済』東京大学出版会，2002年参照。

第5-16図　満州開拓農民

満州開拓移民開拓村，1943年2月
写真提供　朝日新聞社／時事通信フォト

現地の人たちの耕地を奪うような強圧的なものであったから，反日感情を高めたことに加え，気候風土の違う満州に送り込まれた農民たちの農業経営も困難を極めた。

軍事的な侵略を伴う日本の満州進出は，満州域内だけでなく，中国全土の反日感情を高め，日本製品のボイコット（日貨排斥）など「抗日運動」が活発化した。これに対して日本は強圧的に対抗し，中国本土への侵略・進出を計画して，満州開発の失敗を取り戻そうとすることになる。それは新たな本格的な戦争の時代の始まりであった。

復習課題

1. 1920年代の経済発展を制約した要因と考えられるものを三つあげ，それがどのような経緯で解消・克服されていくかを簡潔に述べなさい。
2. カルテル活動が展開することの歴史的な意義を説明しなさい。
3. 井上財政と高橋財政について，両者の共通点・相違点を説明しなさい。
4. 高橋財政期の経済構造の変化について，産業構造の変化を中心にその特徴と変化をもたらした要因を中心に説明しなさい。

復習課題の解説

1について

第4-9図「1920年代の経済構造」に制約要因のすべてが描き込まれている。①欧

米品の競争圧力，②高賃金，③高金利の三つが制約要因であり，そのうち③は金融恐慌による不良債権・債務関係の整理によって，②は昭和恐慌期の賃金の下落によって，①は高橋財政期の円安と関税引き上げによって解消に向かったと考えられる。

　2について

　第4章1節の説明をよく読んで自分の言葉で書けるようにすることが期待されている。歴史的には産業構造の変化のなかで，市場経済メカニズムに基礎をおく循環的な調整過程に生じる摩擦的な企業破綻，失業の増大などの社会的なコストが耐えがたいほど大きくなったことから，大企業部門を中心に企業間の私的契約によって販売価格，生産量などを協定し，競争を部分的に制限することによって，価格変動の累積的な悪循環を防ぐことが必要と考えられるようになった。このようなカルテル的な調整は，市場経済メカニズムを部分的に修正することで資本主義経済の安定的な拡大を図る意味をもつものであり，そうしたかたちで企業活動が組織的に行われるようになることは，経済発展とともに企業という組織が発展し，市場経済メカニズムとは異なる原理，組織内での意思決定に基づく経済・経営資源の配分が増大するのと並行して進む現象として捉えることが求められる。また，このような傾向は，日本では重要産業統制法が「公益規定」を含んでいたことに示されるように，独占の自由を放任する経済制度から，現代社会ではこれを制限するものへと変質していくことから，資本主義経済社会の特定の発展段階に生じる特徴であることを理解することが求められている。

　3について

　第5-3図と第5-9図を対照しながら，説明することが期待されている。一般的に金本位制に復帰した井上財政は古典的な経済理論に立ち，高橋財政はケインズ的な現代的経済理論に立つという対比が行われることが多い。たしかに通貨制度や財政政策では，金本位制と管理通貨制度，緊縮政策と拡張的需要創出政策との対比が可能である。しかし，井上財政期の政策体系は，国際競争力の強化のための産業合理化を主目的とし，それよって生じる失業問題などに社会政策的な配慮を準備するなどの点で現代経済社会に通じる特質を備えていた。他方で，高橋財政は為替政策では当面市場に委ねる措置をとるなどの対応をしている。つまり，両者を古典と現代というような安直な対比で論じることは，それぞれの政策体系への理解としては不十分である。解答としては，財政政策，通貨体制，為替政策，産業政策，社会政策などのそれぞれの面について，両者の共通点と相違点が整理されて述べられることが望ましい。

　4について

　高橋財政による需要創出政策の受け皿として，産業構造の重化学工業化が，産業間の有機的な関連を強めながら進展した局面を，本書では橋本寿朗の「内部循環的な経済拡大」論に即して説明している。これについて，需要拡大が財政面からの刺激を契機としているとはいえ，その後には投資主導の拡大過程が自律的に展開したことが明確に説明されることが望ましい。

第6章　戦時経済体制とその破綻

1　日中戦争と円ブロック

世界経済のブロック化

1930年，アメリカは関税法を新たに制定して，国際的な関税戦争の口火を切り，32年にはイギリスがオタワ会議を開催して英帝国域内の特恵関税制度を主軸とする排他的な経済圏の形成を目指すことになる。このスターリングブロックの形成が日本やドイツに独自の経済ブロック建設を促す契機となり，世界は複数のブロックに分割され，円滑な貿易関係が維持できなくなった*1。

ブロック経済化が進展した1930年代の世界経済のなかで，主要国の経済成長率には大きな格差が生じ，フランスやアメリカでは経済成長の成果に乏しく，これと対比して日本の成長率の高さは際立っていた。この日本の実績を上回ったのは社会主義国ソビエト連邦だけであった。

1933年を基準にすると失業率は，アメリカ25％，イギリス21％，ドイツ26％ときわめて高く*2，社会不安が高まっていた。このような国内不均衡の増大に対応して，主要国は保護主義的な貿易政策を強化し，国内産業を保護したことが世界経済のブロック経済化の主たる要因であった。

世界恐慌の影響とブロック化のなかで世界貿易は，極度の不振に陥った（第6-1表）。単価は半分以下に下がり，取引量は8割前後となった。少なくなった貿易取引を各国は，ブロック化によって囲い込み，自国の輸出市場として確保するとともに，国際決済機構の不完全さを自国通貨圏の形成によってカバー

第6-1表　世界貿易指数

	数量指数	価格指数
1913年	74.0	73.5
1920	53.5	—
1929	100.0	100.0
1930	93.0	87.1
1931	85.6	67.7
1932	74.6	52.4
1933	75.4	46.7
1934	78.2	43.5
1935	81.8	42.4
1938	88.8	45.5

出所）宮崎犀一ほか編，前掲『近代国際経済要覧』113頁。

---

*1　宇野弘蔵監修，前掲『講座帝国主義の研究2　世界経済』参照。
*2　宮崎犀一ほか編『近代国際経済要覧』東京大学出版会，1981年，112頁。

第6-2表　工業製品と第一次産品の世界貿易指数

(1913年=100)

	工業製品			第一次産品		
	価額	数量	価格	価額	数量	価格
1921-25年	140	77	183	127	86	148
1926-29	167	104	160	160	113	142
1930	146	100	146	134	120	112
1931-35	69	76	92	67	107	62
1936-38	71	92	77	68	117	58

出所）　第6-1表に同じ。

第6-3表　各国貿易に占める経済ブロックのシェア　（単位：％）

		輸入		輸出	
年		1929	1937	1929	1937
イギリス	英帝国圏	30	42	44	50
	その他スターリングブロック	12	13	7	12
ドイツ	南西ヨーロッパ	4.5	12	5	13
	ラテンアメリカ	12	16	8	11.5
フランス	植民地・属領	12	27	19	27.5
	金ブロック諸国	14	14	29	27
日本	朝鮮，台湾，関東州，満洲	20	41	24	55

出所）　第6-1表に同じ，118頁。原表では「関東州」は「広東」と表記されている。

しようとした。

　とくに第一次産品国では価格の暴落が大きく，これを数量的にカバーしようとしたことから，価格の一層の低下を招いた（第6-2表）。工業製品でも価格暴落が大きかったから，総じて価格変動による調整が進められた。ただし，第一次産品と比較すると，工業製品では1930年代前半に数量面での減少は小幅であった。

　ブロック化を先導したイギリスでは，帝国圏内からの穀物輸入が1929年の33.0％から37年に51.6％と過半を占めるなど，ブロック経済への依存度が高まった[*3]。これが，赤字財政に依存せずにイギリスが景気回復に至った理由であった。こうしてイギリスは，世界貿易の3割を囲い込んだ。

　しかし，このようなブロックの利益を享受しえたのは，イギリスだけであった。他のブロックは，第6-3表のようにブロック内依存度が上昇したとはいえ，囲い込んだ地域内の貿易だけではそれぞれがアウタルキーを形成することは難しく，相互の貿易取引にはドルやポンドなどの基軸通貨を準備するか，相互のバーター

[*3] 宮崎犀一ほか編，前掲『近代国際経済要覧』119頁。

(barter, 物々交換) 取引を協定するなどの繁雑な通商取引関係を必要とした。その結果，国際金本位制のもとで形成された多角的決済網による貿易取引拡大が難しくなるとともに，世界貿易の全体的な縮小が生じた。とくに後発国にとっては特定中心国とのサテライト型の取引関係に引きつけられることによって，それぞれの対外関係の自由度は大きく低下した。

急激な景気回復を実現していた日本は，その成長の持続に必要な経済資源の調達を，このような厳しい国際環境のもとで，自ら「日満支」ブロックを志向しつつ果たさなければならなかった。

日中戦争と円ブロックの実態

高橋大蔵大臣などが暗殺された2・26事件によって財政面の歯止めを失った日本政府は，軍の要求のままに軍事費の拡張を続けた。当時一般会計の規模がわずかに28億円あまりの時に，陸軍が要求した軍事費は25億円という巨額なものであったが，テロの恐怖のなかで，内閣も議会もこれを押しとどめることはできなかった。この法外な軍備拡張要求は，直ちに輸入の急増に跳ね返り，1936年秋から日本は急激な国際収支の悪化に見舞われることになった。

その結果，国内では経済統制が本格化するとともに，対外的には1937年7月の日中戦争をきっかけとして，日本は中国本土を含めた「日満支」ブロックの形成に向かい，さらに，40年代にはいると南方諸地域を含めた「大東亜共栄圏」の建設に期待をかけるようになった。

日満ブロックから日満支ブロックへの拡大は，前章でふれた満州開発計画の見込み違いに起因していた。さらに日満支ブロックから大東亜共栄圏への展開を決定的にしたのは，日本の中国大陸への侵略を背景に，日本のアジアでの権益が一方的に拡大することに反対する英米が，中国支援のために日本に対して，通商条約の破棄や戦略物資の輸出禁止などの措置をとったことであった。

第6-4表のように，円ブロックの実態は，

年表		2・26事件から太平洋戦争へ
1936年	2月	2・26事件
	3月	広田内閣成立
1937年	6月	財政経済三原則発表
	7月	日中戦争開始
	9月	軍需工業動員法適用法，輸出入品等臨時措置法，臨時資金調整法制定
	10月	企画院設置
1938年	4月	国家総動員法，電力管理法制定
1939年	7月	アメリカ，日米通商航海条約破棄通告
	9月	第二次世界大戦勃発
	10月	価格等統制令，賃金臨時措置令
1940年	7月	アメリカ，ガソリン・屑鉄などの対日輸出禁止
	9月	日独伊三国同盟
	10月	大政翼賛会創立
	11月	大日本産業報国会創立
1941年	10月	東条英機内閣成立
	12月	太平洋戦争開始

276　第6章　戦時経済体制とその破綻

第6-4表　ブロック別貿易収支　　　　　　　　　　　　　　　　　　（単位：百万円）

	総額			円ブロック			第三国市場		
	輸出	輸入	収支	輸出	輸入	収支	輸出	輸入	収支
1931年	1,147	1,236	△89	221	236	△15	926	1,000	△74
1932	1,410	1,431	△21	276	205	71	1,134	1,226	△92
1933	1,861	1,917	△56	411	281	130	1,450	1,636	△186
1934	2,172	2,283	△111	520	311	209	1,652	1,972	△320
1935	2,499	2,472	27	575	350	225	1,924	2,122	△198
1936	2,693	2,764	△71	658	394	264	2,035	2,370	△335
1937	3,175	3,783	△608	791	438	353	2,384	3,345	△961
1938	2,690	2,663	27	1,166	564	602	1,524	2,099	△575
1939	3,576	2,918	658	1,747	683	1,064	1,829	2,235	△406
1940	3,656	3,453	203	1,867	756	1,111	1,789	2,697	△908
1941	2,651	2,899	△248	1,659	855	804	992	2,044	△1,052

出所）中村隆英，前掲『日本経済　第3版』127頁。

第6-5表　主要商品の輸入依存度と輸移入先の構成　　　　　　　　　（単位：%）

品目	輸入依存度	輸移入先						
		朝鮮	台湾	南洋群島	満州・関東州	小計	その他	合計
石油	82				0.91	0.91	99.09	100
石炭	10	9.90	3.73		43.68	57.31	42.69	100
鉄鉱石	89	8.81			7.18	15.99	84.01	100
屑鉄	72		1.15		1.80	2.95	97.05	100
銑鉄	33	12.00			19.00	31.00	69.00	100
ボーキサイト	100						100.00	100
マグネサイト	100				99.30	99.30	0.70	100
棉花	100	0.96				0.96	99.04	100
羊毛	100				0.18	0.18	99.82	100
パルプ	68						100.00	100
生ゴム	100						100.00	100
燐鉱石	100			9.31		9.31	90.69	100
硫安	25	20.13			34.31	54.44	45.56	100
塩	75		5.58		31.72	37.30	62.70	100
大豆	75	21.04	1.01		77.95	100.00	0.00	100
小麦	30	3.28			6.39	9.67	90.33	100
トウモロコシ	76				26.00	26.00	74.00	100
米	15	60.45	37.66			98.11	1.89	100
砂糖	88		80.28	4.00		84.28	15.72	100
工作機械	46					54.00	46.00	100

出所）山崎広明「日本戦争経済の崩壊とその特質」東京大学社会科学研究所編『ファシズム期の国家と社会2　戦時日本経済』東京大学出版会，1979年，9頁。

ブロック内に対して黒字，第三国貿易（ブロック外）において赤字であったから，ブロック外との貿易を維持するためには，当該地域に対して輸出を拡大して外貨を獲得するとともに，限られた外貨を経済拡大に必要な資源に優先的に配分する必要が生じた[*4]。

これに対して，ブロック内の貿易は，従来からの資源輸入，製品輸出のパターンであり（前掲第5-27表参照），円での決済が可能であったとはいえ，その拡大は外貨をもたらさなかった。ブロック内の資源が日本経済の再生産に必要な資源の確保にある程度の役割を果たしたとはいえ，鉄鉱石，棉花，石油などの主要資源の輸入をブロック経済内で実現できるわけではなかったから，その不足分を輸入するための外貨を確保することが必要であり，きわめて深刻な制約要因であった（第6-5表）。

2　生産力拡充と総動員

貿易収支の悪化と経済統制

2・26事件後に成立した広田内閣は，その「七大国策」の第一に「国防の充実」をあげ，さらに，主要経済政策として「産業の振興と貿易の伸長」をかかげ，①電力統制の強化，②液体燃料および鉄鋼の自給，③繊維資源の確保，④貿易の助長と統制などの実現を目標としていた。また，「対満重要策の確立」として移民政策と投資の助長が取り上げられた。

この国策に示されるように，広田内閣によって日本経済は大きく経済の軍事化へと方向を転換した。政府支出「純計」に対する軍事費支出は[*5]，高橋財政期には12～13％台であったが，37年度から20％台へと上昇し，39年からは30％に近くなった。また，軍事費の粗国民総支出に対する比率は，同じ時期に5％台から，37年に12.8％，38年に16.3％と一挙に拡大していった。このような軍事費の負担増大には，37年からの日中戦争に伴って開始された臨時軍事費の支払が大きな影響を与えた。戦争行為に伴って設定することが認められていた臨時軍事費特別会計が，日中戦争においては宣戦布告のないままに設定され，他方で対外的には「支那事変」として戦争ではないとのスタンスをとったところに，対英米関係を配慮しながらの日本の分裂した対内・対外政策のあり方の特異さが示されていた。

　[*4]　原朗『日本戦時経済研究』東京大学出版会，2013年。
　[*5]　三和良一・原朗編，前掲『近現代日本経済史要覧　補訂版』129頁，表5.35参照。

重要産業 5 カ年計画と生産力拡充計画

　軍備拡張を推進する赤字財政の拡大によって1936年末に貿易収支の悪化に直面した日本は，37年6月に成立した近衛内閣のもとで，陸軍が提案する「重要産業5カ年計画」を推進するため，賀屋興宣大蔵大臣と吉野信次商工大臣による「吉野・賀屋三原則」のもと，統制経済へと踏み出していった。この三原則は，「生産力の拡充・物資需給の調整・国際収支の均衡」を内容とするもので，生産力の拡充を至上命令として，国際収支の均衡を図りつつ，物資の需給調整をすることを意味した。現実には軍備拡張が輸入超過を不可避とするという条件下では，生産力の拡充を国際収支の均衡維持＝外貨の制約のなかで実現するために，物資を軍需に傾斜して配分し，民需を抑えていくことが基本方針となった。

　重要産業5カ年計画（1937年5月）は，国防上重要な産業の生産力を5年間で2～18倍に引き上げようとする計画案であった（第6-6表）。そのために，日本を中心にしながら，日満を一体として満州への進出，さらには北支への進出を計画するものであり，その実現手段として生産と消費の統制を行うことが提案されていた。この計画で対象とされた重要産業は，①兵器，②飛行機，③一般自動車，④工作機械，⑤鋼材，⑥石油，⑦石炭，⑧一般機械，⑨アルミニウム，⑩マグネシウム，⑪造船，⑫電力，⑬鉄道車輌で，特に，①②は軍部主導で資源を投入することとされた。

　拡充率は石油で15倍，その他の品目では2倍前後であったが，この拡充率が意味していたのは，第6-7表のように主要資源の生産額（1938年）が銑鉄で7.3倍，鋼塊で4.5倍であったアメリカと比べると，両者の格差は縮まるとしてもまだ歴然としたものであった。

　この計画の実現のためには，前掲第6-5表でみたような主要資源の第三国依存

第6-6表　重要産業5カ年計画における産業の拡充率

		生産目標			現在能力			拡充率（％）		
		計	日本	満州	計	日本	満州	計	日本	満州
一般自動車	（千台）	100	90	10	37	37	0	270	243	
工作機械	（千台）	50	45	5	13	13	0	384	346	
鋼　材	（万トン）	1,300	900	400	485	440	45	268	204	888
石　油	（万kL）	565	325	240	36	21	15	1,552	1,547	1,558
石　炭	（万トン）	11,000	7,200	3,800	5,566	4,200	1,366	197	171	278
アルミニウム	（千トン）	100	70	30	21	21	0	476	333	
マグネシウム	（千トン）	9	6	3	0.5	0.5	0	1,800	1,200	
電　力	（万kW）	1,257	1,117	140	721	675	46	174	165	304
造　船	（万トン）	93	86	7	50	50	50	186	172	14

出所）中村隆英，前掲『日本経済　第3版』126頁。

度の高さが重大な制約条件であった。そして，そのために政府が選択したのが，貿易を起点とする統制経済の推進であった。

1937年9月に政府は臨時議会で三つの統制立法を制定した。それは，①臨時資金調整法，②輸出入品等臨時措置法，③軍需工業動員法の適用法であった。これに引き続いて，10月には企画院を設置し，物資動員計画の作成が開始された。このうち，③は軍需工業動員法を「支那事変」に適用するという趣旨のものであり，②は輸出入の数量的な管理を可能にするものであったが，「等」という文字を伴うことによって，実質的には，直接輸出入品でなくても，それを原料とする製品も対象にすることができるというものであった。さらに，①は資金面からの統制で，企業の新設，増資，合併，目的変更，内部資金による設備拡張のすべてを許可制とした。

こうして，制約要因としての外貨と「対第三国貿易」における輸出超過額が輸入の上限を画するという状況のもとで，限られた輸入物資を重点的に配分することが求められ，同時に「不要不急」とされる一般消費を切り詰めるための消費等の統制が強化されることになった。統制強化の目的は軍事力強化であり，そのた

第6-7表　日米主要物資生産高比較　　　（日本＝1）

	1929年	1933年	1938年	1941年	1944年
石　炭	16.1	10.5	7.2	9.3	13.8
石　油	501.2	468.0	485.9	527.9	956.3
鉄鉱石	416.8	55.6	37.5	74.0	26.5
銑　鉄	38.9	9.2	7.3	11.9	15.9
鋼　塊	25.0	7.4	4.5	12.1	13.8
銅	12.4	3.1	5.3	10.7	11.3
亜　鉛	26.0	9.5	7.5	11.7	9.5
鉛	208.0	37.9	31.3	27.4	11.6
アルミニウム			8.7	5.6	6.3
平　均	166.6	71.5	60.5	77.9	118.3

出所）三和良一・原朗編，前掲『近現代日本経済史要覧　補訂版』138頁。

第6-8表　生産力拡充計画（1939年1月）

		1938年度	1941年度	倍率
普通鋼	（千トン）	4,615	7,260	1.57
銑　鉄	（千トン）	3,300	6,362	1.93
石　炭	（千トン）	58,363	78,182	1.34
アルミニウム	（千トン）	19	126	6.65
航空揮発油	（千L）	45	240	5.33
自動車用揮発油（人造）	（千L）	10	290	29.00
硫　安	（千トン）	1,510	2,039	1.35
製紙用パルプ	（千トン）	875	1,037	1.19
工作機械	（百万円）	76	200	2.63
船　舶	（千トン）	402	650	1.62
自動車	（千台）	16	80	5.09
電力（水力）	（千kW）	415	1,092	2.63

出所）第6-7表に同じ，129頁より抜粋。

め重要物資の生産能力の拡充が目標とされた。それが1939年初めに政府が決定した生産力拡充計画であった。

この計画は，第6-8表のように，普通鋼・船舶などの基幹産業において3年間で1.5倍程度，航空機関連のアルミニウムや航空揮発油では6倍前後などの生産能力の拡充を予定していた。それは日本の近代的な戦闘能力を支える工業力が抱え込んでいた脆弱面を裏返した表現でもあった。

国家総動員法の制定

生産力拡充に向かう戦時統制の具体的な手段を提供したのが，1938年4月に制定された国家総動員法であった。同法は，きわめて大幅な委任立法であり，同法によれば，政府は「戦時に対して，国家総動員上必要があるときは，勅令の定めるところにより，……することができる」と規定していた。つまり，統制の具体的な内容は，すべて「勅令」に委ねられ，議会の審議を必要としなかった。その結果，人的な資源・物的な資源・資金の統制，事業の統制，さらには文化の統制までもが多数の勅令によって実施された。

たとえば，従業員の雇入制限，移動制限，賃金の統制，生活必需品の配給，小作料率や配当金の制限，事業者団体の統制，新聞の統制など，経済社会生活の全般に対して「総動員上必要がある」との理由で統制されることになった。こうして基本的人権や営業の自由などが，議会の同意なしに制限されることになった。

統制の網の目は，各種産業分野に対する事業法や電力国家管理など法に基づく助成措置を伴う統制の枠組みによっても広げられていったが（第6-9表)，そうした事業部門の統制を超えて経済活動のさまざまな側面に浸透していった。

統制の悪循環

外貨を有効に使うために，不要不急の資源消費を削減し，それによって可能となる「輸入力」に基づいて確保された生産資源を配分するとした統制の基本的構想は，輸出産業の拡大には制約となって輸出不振をも

第6-9表 主要事業法・物資別統制法

公布年月	法　律　名
1934年3月	石油業法
1936年5月	自動車製造事業法
1937年8月	人造石油製造事業法
	製鉄事業法
1938年3月	工作機械製造事業法
	航空機製造事業法
4月	電力管理法
1939年4月	造船事業法
1939年5月	軽金属製造事業法
1940年4月	有機合成事業法
1941年5月	重要機械製造事業法
1937年8月	産金法
1937年9月	臨時肥料配給統制法
1938年3月	重要鉱産物増産法
1938年4月	硫酸アンモニア増産及び配給統制法

出所）第6-7表に同じ，128頁より。

第6-10表　物資動員計画の基礎となった「輸入力」

(単位：100万円)

	1938年	1938年改定	39年1-3月	39年度	40年度	40年度第3四半期	40年度第4四半期	41年度第1四半期	41年度
鉄　鋼	557.1	442.3	390.4	497.2	469.1	259.6	270.4	133.2	54.2
非鉄金属	293.9	300.4	351.6	347.9	284.4	187.2	256.4	203.6	98.9
繊維・紙	853.9	586.7	563.6	497.5	770.1	422.8	432.8	427.2	345.9
燃　料	524.8	417	312	282.5	229.2	204.0	351.2	301.6	112.3
食　糧	43.9	34.3	22.3	23.9	142.4	46.0	8.0	55.6	33.3
合　計	3,056.9	2,554.3	2,230.3	2,395.0	2,629.0	1,614.0	1,846.4	1,600.0	787.6

注)　合計にはその他を含む。四半期ベースの計画は年率に換算。
出所)　中村隆英，前掲『日本経済　第3版』129頁。

第6-11表　業種別転用工場数

業　種	陸軍へ	海軍へ	一般軍需へ	陸海共管ほか	合　計
綿スフ紡績業	85	61	4	6	156
梳毛・紡毛紡績業	28	25	3	1	57
製紙用パルプおよび機械製紙業	62	28	32	7	129
人絹スフ製造業	15	15		1	31
綿スフ織物製造業	124	122	26	2	274
毛織物製造業	17	19	6	2	44
絹人絹織物業	168	167	26	3	364
織物染色業	72	74	16	3	165
機械製糸業	137	58	4	4	203
小麦粉製造業	24	2	1	6	33
その他	57	71	13	9	150
合　計	789	642	131	44	1,606

出所)　三和良一・原朗編，前掲『近現代日本経済史要覧　補訂版』135頁，ただし，共管数については原資料で修正。

たらし，結果的には，基盤となるべき輸入力の減退に帰結した（第6-10表）。それは，さらに強い統制を要請するものとなった。

これに加えて，民需品を中心とする物不足が高じ，その価格上昇への対応のために公定価格を制定するなどの対応策が必要となった。この価格統制政策は，非公定価格品への生産シフトをもたらすことによって，公定価格品の品薄を発生させ，公定価格対象品目の範囲拡大を余儀なくされる一方で闇取引の横行を抑え込むことができなかった。それは，統制経済が資本主義的な市場経済制度を制度的な基盤としていたことを如実に表していた。

こうして1939年9月18日には「9・18賃金価格停止令」が公布され，さらに，配給制，切符制など，価格だけでなく量的な割当政策が次々と実施されることになった。

また，自由な企業活動に対する規制も強化され，①資金調達への制限，②運転

資金の統制，③配当制限などが，国家総動員法に基づいて次々と打ち出された。また，統制団体の組織化による配給面での統制が進展し，主要産業分野では統制会が設立された。労働不足に対しては，国民徴用令（1939年）が発動され，さらに学徒動員，そして植民地等からの強制連行が実行された。また，「不要不急産業」のスクラップ化が推進され，こうした企業整備によって発生する余剰人員や機械設備を軍需工業に動員するなどの方策が講じられた。また大企業部門の企業整備では，綿工業などの消費財産業部門で企業の統合が進められ，一部の工場設備の軍需工場への転用と（第6-11表），企業体制の大きな再編成が進展した。

3 経済新体制

経済体制の新しい考え方

戦時経済の行き詰まりが明確になるにつれて，その打開策として資本主義経済制度のあり方に対する批判的な「改革」案が提示され，これが経済統制の思想的な基盤となった。代表的な批判の一つであった笠信太郎『日本経済の再編成』は，「縮小再生産の危機にある」との現状認識に立っていた[*6]。そして，その打開策として「利潤原理に基づく企業のあり方を根本的に変革し，生産力の発展を阻害するすべてのものを除去する」ことを提案していた。具体的な方策として，「生産を上げていくことが企業の指導者の責任」との前提に立って「企業の経理を統制し利潤を統制することによって，資本主義の自由経済的側面を排除して，企業を利潤ではなく生産を目的とする組織につくりかえなければならない」，「そのように改組された企業を単位としてカルテルを作り，そのカルテルが経済統制を担当していくことにすれば，カルテルもメンバーの企業の利益を考えなくてよいので純粋に統制の実を上げるだろう」との主張であった。統制の実を挙げるためには政府が上からかかわるだけでは効果に乏しく，企業という生産の主体そのもの

> **資料** 経済新体制確立要綱（1940年12月7日，閣議決定）
>
> 第一　基本方針
>
> 　日満支ヲ一環トシ大東亜ヲ包容シテ自給自足ノ共栄圏ヲ確立シ，其ノ圏内ニ於ケル資源ニ基キテ国防経済ノ自主性ヲ確保シ官民協力ノ下ニ重要産業ヲ中心トシテ綜合的計画経済ヲ遂行シ以テ時局ノ緊急ニ対処シ国防国家体制ノ完成ニ資シ依ツテ軍備ノ充実国民生活ノ安定国家経済ノ恒久的繁栄ヲ図ラントス
>
> 　而シテ之ガ為ニハ（一）企業体制ヲ確立シ資本，経営，労務ノ有機的一体タル企業ヲシテ国家綜合計画ノ下ニ国民経済ノ構成部分トシテ企業担当者ノ創意ト責任トニ於テ自主的経営ニ任ゼシメ其ノ最高能率ノ発揮ニ依ツテ生産力ヲ増強セシメ，（二）公益優先，職分奉公ノ趣旨ニ従ツテ国民経済ヲ指導スルト共ニ経済団体ノ編成ニ依リ国民経済ヲシテ有機的一体トシテ国家総力ヲ発揮シ高度国防国家目的ヲ達成セシムルヲ要ス
>
> （三和良一・原朗編，前掲『近現代日本経済史要覧　補訂版』130頁より）。

[*6]　笠信太郎『日本経済の再編成』中央公論社，1939年。

を内側から変革する必要があると笠は考えていた。

　笠と同様の考え方は，協調会時局対策委員会「労資関係調整方策」（1938年3月）でも表明されていた。それによれば，「産業は，事業者従業員各自の職分によって結ばれた有機体的組織体である」というものであった。この委員会の「方策」に対して財界からは「労働と事業者を挙げて資本を無視している」との批判が表明されていたことからわかるように，利潤動機という資本主義経済の基本的な原理にメスを入れるような考え方が提示された。

「革新官僚」と経済新体制運動

　こうした新しい考え方に対応しながら，実際の統制経済の推進主体として政策立案にあたったのが「革新官僚」と呼ばれた人たちであった。彼らは，内閣調査局から企画庁，そして企画院（資源局と統合）にと，統制経済の推進組織が改組されていくなかで，総動員計画の作成を担った経済官僚であった。内閣調査局時代から，企業の所有と経営の分離による公益的統制を主張して電力国家管理案を作成し，その実現に奔走した奥村喜和男（逓信省出身）はその代表的な存在であった。このほか，美濃部洋次（商工省出身），迫水久常（大蔵省出身）などが，経済新体制論議のなかで，企画院案として提示された「経済新体制確立要綱」の作成にかかわった。

　この革新官僚によって作成・推進された「経済新体制確立要綱」は，①企業の公共化，②ナチス的な指導者原理の導入による統制機構の確立，③利潤の制限などを骨子とするものであり，これらの要求が〈革新〉の名で呼ばれた理由であった。この〈革新〉性は財界などからの強い反発によって一定の後退を余儀なくされ，また企画院に共産主義の影響ありとして多数の「革新官僚」が検挙された企画院事件（1941年）が発生するなど，〈革新〉性をけん制する動きにもつながった。

　この間，政治的な面では，日中戦争の行き詰まりを打開するために強力な政権を作ろうとする新党運動・国民再組織の動きが起きていた。その中心となったのは，近衛文麿側近の有馬頼寧，風見章らであった。彼らは「高度国防国家の完成，外交の刷新，政治新体制の建設」をスローガンに国民組織を基盤とする新党を結成し，軍部をとりこんでこれを統制することを目指した。これに対応するかのように，陸軍の武藤章軍務局長らは親軍的な一国一党を作らせようと企図していた。これに対して一部の右翼や内務官僚のなかには反対の声も上がっていたが，1940年6月下旬に近衛が枢密院議長を辞職して新体制運動に挺身すると声明すると，新体制運動への支持が強まり，7月22日に第2次近衛内閣が成立し，大政翼賛会が発足することになった。

第6-12表 統制会一覧

統制会名	第一次指定分 創立	会長	前職	統制会名	第二次指定分 創立	会長	前職
鉄鋼統制会	1941年11月21日	平生釟三郎	日鉄社長	綿スフ統制会	1942年10月5日	井上潔	鐘紡常務
		豊田貞次郎	同上	絹人絹統制会	1942年10月2日	辛島浅彦	東洋レーヨン会長
石炭統制会	1941年11月26日	松本健次郎	日本石炭社長	羊毛統制会	1942年9月19日	鶴見左吉雄	大東紡社長
鉱山統制会	1941年12月18日	伊藤文吉	日本鉱業社長	麻統制会	1942年9月25日	鹿野澄	日本原麻社長
洋灰統制会	1941年12月18日	浅野総一郎	浅野洋灰社長	化学工業統制会	1942年10月30日	石川一郎	日産化学社長
電気機械統制会	1942年1月12日	安川第五郎	安川電機社長	軽金属統制会	1942年9月1日	大屋敦	住友化学社長
産業機械統制会	1942年1月15日	大河内正敏	理研会長	油脂統制会	1942年10月5日	藤田政輔	日本油脂社長
精密機械統制会	1942年1月10日	原清明	大阪機工社長	皮革統制会	1942年9月21日	鈴木熊太郎	日本原皮社長
自動車統制会	1941年12月24日	鈴木重康	ヂゼル自社長	ゴム統制会	1943年1月25日	林善次	日本タイヤ専務
車輛統制会	1941年12月22日	島安次郎	汽車会社社長				
金属工業統制会	1942年1月15日	鈴木元	古河電工専務	鉄道軌道統制会	1942年5月30日	中川正左	鉄道同志会長
貿易統制会	1942年1月27日	南郷三郎	日本綿花社長	船舶運営会	1942年4月1日	大谷登	日本郵船社長
造船統制会	1942年1月28日	斯波孝四郎	三菱重工会長	全国金融統制会	1942年5月23日	結城豊太郎	日本銀行総裁兼任

出所) 第6-11表に同じ, 134頁。

「経済新体制確立要綱」が作られたのは，このような政治運動を背景としていた。「一国一党」という政党活動を基盤とする，民主的な政治決定を否定する動きと，資本主義的な経済制度のもとでの企業の利潤追求を否定し生産の単位とみなすような動きが呼応して展開していた。

経済新体制確立要綱のもとで，企業は資本，労働，経営の「有機的一体」であるとされ，①企業内における労働者の地位の向上が図られ，②金融統制による間接金融が推進されていくことになった。また，各産業分野では，第6-12表のように，各種の統制会の設立が進められることになり，産業発展は「強制カルテル」の実現による統制によって追求されることになった。

企業体制の改革と軍需会社法

　もっとも，統制一辺倒の経済政策，軍需生産拡大の追求は，それだけでは十分な効果を上げえなかった。そのため，岡崎哲二が明らかにしているように，鉄鋼業などの主要資材では，1942年に入ると数量的指令に基づく計画経済の限界を考慮して，企業へのインセンティブを付与するような修正が必要になった[*7]。

　具体的には，企画院が価格統制に際して発生する生産コストの上昇を生産者に負担させようとしたのに対して，商工省が企業に対して適正利潤を確保させることが必要であると指摘して反対し，1943年2月には補助金支出によってコスト上昇分を吸収できるように価格インセンティブが付与された。こうした対応が必要であったことも，戦時経済体制が基本的には市場経済的な基盤を変ええなかったことを意味している。

　もっとも，このような対応が，戦時に必要な軍需生産強化のための統制的な経済運営への傾斜を変えることにはならなかった。指令的な統制経済手法が維持され，むしろ企業の利潤追求に対して制限的な考え方が強化されたといってよい。それが端的に現れたのが軍需会社法の制定（1943年10月）であった。

　同法は，「重要企業の国家性を経営上さらに明確ならしめ生産責任性を確立」させることを目的として，重要企業に対してそれぞれ生産責任者を選任させ，生

考えてみよう　現代日本経済の源流論

　企業システムを中心とした経済制度の全般的な改革について，これによって成立した新しい枠組みを「1940年体制」と呼び，戦後日本社会の起源とする議論がある。この議論は，食糧管理制度や税制，巨大化した官僚制度，経営者資本主義的な企業システム，産業報国会に代表される企業別の労働組織，軍需融資指定金融機関制度による銀行取引（メインバンクシステム）などを挙げて，戦後への連続性を強調する。しかし，財閥解体，独占禁止法の制定などの戦後改革の意義をどのように評価するのかに問題を残している。

　たとえば，メインバンクシステムの起源とされる軍需融資指定金融機関制度は，①一社一行という関係であり，貸し手の側が協調融資となる戦後のメインバンクとは形態的に大きな差があり，②銀行が軍需関係の融資を事実上無審査で，命令のままに実行していたことからみると，メインバンクの審査能力はシステムの要件としては意味をもっていなかったというような違いがある。

　戦時体制がもつ，ある種の合理性は，戦後の経済発展の基礎になった可能性はあるが，それを一面的に強調するのは疑問があるというべきだろう。

　参考文献　野口悠紀雄『1940年体制（増補版）』東洋経済新報社，2010年。
　　　　　　岡崎哲二・奥野正寛編『現代日本経済システムの源流』日本経済新聞社，1993年。
　　　　　　これに対する批判としては，原朗「戦後五〇年と日本経済」『年報　日本現代史』創刊号，東出版，1995年を参照。

[*7]　岡崎哲二「第2次世界大戦期の日本における戦時計画経済の構造と運行」『社会科学研究』40巻4号，1988年。

産を第一とする組織に企業組織のあり方を変えようとするものであった。

さらに，軍需融資指定金融機関制度が採用されたが，この「制度は，軍需生産最優先という要請の下で指定金融機関に対し軍需会社への資金供給に責任を持たせることをねらいとするものであったから，当然軍需会社の金融機関に対する発言権は強くなった。結果的にこの制度は軍需会社の資金乱費を助長することになった」とされている*8。こうした問題を含みながら，金融面で軍需会社への優遇措置がとられた。

これらの方策によって経営者にフリーハンドを与え，利潤追求を経営目的とすることを容認しつつも，軍需会社法は「生産責任の遂行に伴う経理上の不安より開放し，生産責任者をして一意生産に専念せしむるため，従来より一段と刷新させられたる方法により価格政策の迅速適切なる運用をはかるべき」(『軍需会社法解説』1944年)と表明されていた。

4 戦時経済の実態と崩壊

戦時統制の成果

1941年12月，日本は対米戦争に突入した。経済統制による資源の重点的な配分に基づく生産力拡充の成果が不十分なまま，経済力の大きな格差を残したままの開戦であった。現代の総力戦が，①兵器生産を支える広い基盤としての工業力と，②軍事行動に必要な石油などの重要な資源の確保とに支えられていることを考えると，勝算はまったくない無謀な政治的な決断であり，弁解の余地のない失政であった。この結果，日本経済はさらなる経済統制の強化と国民生活の犠牲を必要とすることになった。

第6-13表 軍需品の生産と船舶の減少

軍需品の生産						船舶の減少		(千トン)
	1941年	1942年	1943年	1944年	1945年		年間新造船その他	喪失	年末保有量
航空機(台)	6,174	10,185	20,028	26,507	5,823			
発動機(千台)	13.2	18.5	35.4	40.3	6.5	1941年12月	44	52	6,376
艦艇(隻)	48	59	77	248	101	1942年12月	662	1,096	5,942
同(千トン)	200.9	230.7	145.8	408.1	98.2	1943年12月	1,067	2,066	4,944
小銃(千挺)	729	440	630	827	209	1944年12月	1,735	4,115	2,564
火薬・弾薬(千トン)	52.3	67.4	71.5	81.3	21.2	1945年8月	465	1,502	1,527
生産指数	474	659	923	1406	447				

注) 生産指数は1937年＝100。
出所) 中村隆英，前掲『日本経済 第3版』132頁，安藤良雄編，前掲『近代日本経済史要覧 第2版』139頁。

*8 日本銀行『日本銀行百年史 第4巻』1984年，308頁。

日中戦争から太平洋戦争へと，戦局が展開するとともに，戦時経済の制約要因は変化していった。とくに，太平洋戦争の開始によって，貿易は事実上，ブロック内だけとなったが，他方で東南アジアの広大な地域の軍事占領によって資源調達上の制約は，貿易取引に必要な外貨ではなく，海上輸送能力となった*9。

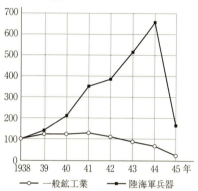

第6-1図　戦時における工鉱業生産指数の推移

出所）三和良一・原朗編，前掲『近現代日本経済史要覧　補訂版』139頁より作成。

この変化に日本の戦時経済がどう対応したのかをみると（第6-13表），太平洋戦争開戦時の判断では，戦時経済の維持に必要な船舶量は最低300万トンと考えられていた。そして，戦闘行為によって年間80～100万トンを喪失したとしても，他方で日本の造船業には60万トンの建造能力はあるため，30万トンの鉄が確保されれば，船舶量は確保可能と想定されていた。

しかし，実際は1943年には予想を大きく上回る船舶の喪失のため，建造量拡大でもカバーできなかった。44年末には最底保有量目標の300万トンを割り，敗戦時にはその半分近くの水準まで落ち込んでいたから，必要な資源の日本への輸送が大きく阻害され，戦時生産の維持を困難にした。

兵器などの軍需品の生産についてみると，民需品生産が1940年代に入って急速に減退傾向を示したのとは対照的に，44年まではかなり増大した（第6-1図）。とくに航空機の生産は最重点課題となったから，その拡大は際立っていた。

このような生産の極端な軍需への傾斜は，すでにふれたように，企業整備に伴う「転用工場」の増加などによる強制的な生産品目の転換なども大きな役割を演じていた。

戦時下の財閥

総動員体制下の経済統制の進展のもとで各経済主体はどのように対応したであろうか。

まず企業についてみると，新体制運動のもとで，生産責任者制度などを受け入

---

*9　戦時統制経済の実態については，山崎志郎『戦時経済動員体制の研究』2011年，同『物資動員計画と共栄圏構想の形成』2012年，同『太平洋戦争期の物資動員計画』2016年，いずれも日本経済評論社刊，参照。

れながら，各産業企業は事業展開を図った。企業整備によってその存立を認められなかった中小の事業者と対比すると，第6-14，6-15表から明らかなように，軍需工業の発展の中心的な役割を担ったのは，財閥であった。

1930年代初頭には財閥批判の急先鋒であった軍部は統制経済の深化とともに財閥の事業能力に多くを依存した。それゆえ，財閥は日本経済に占めるウエイトを戦争終結時に向かって増大させた。その拡大を支えたのは傘下の重化学工業部門の急成長であった。財閥は，この時期に追加的投資のほとんどを軍需関連の重化学工業に集中し，軍需生産の拡大を支えた。財閥は戦時体制下の急激な産業構造の変化に柔軟に対応した[*10]。

紡績業など民需産業では，企業整備の進展とともに企業合同が推進され，綿糸紡績では十大紡績への集中が実現した。一県一行主義に基づく銀行合同など金融機関の統合・合併

第6-14表　財閥の占める地位
(単位:％)

		三井	三菱	住友
金融	1937年	4.3	7.7	3.6
	1941	4.5	8	3.7
	1945	13.9	13.1	5.4
重工業	1937	5.9	5.2	3.4
	1941	7.8	6	3.6
	1945	12.7	10.7	8.3
傘下事業計	1937	3.5	3.3	2.1
	1941	4.4	4.3	2.1
	1945	9.5	8.4	5.2

注）払込資本金ベースでの各分野ごとのシェア。
出所）武田晴人「独占資本と財閥解体」大石嘉一郎編，前掲『日本帝国主義史3』246頁。

第6-15表　財閥の投資分野構成
(単位:％)

		分野別投資残高の構成比			増加分の寄与率	
		1937年	1941年	1945年	37-41年	41-45年
三井	金融	11.5	5.4	5.5		5.6
	鉱業	26.5	25.1	15.8	23.8	8.9
	重化学	22.1	39.9	56.6	55.9	68.9
	軽工業	13.8	12.2	8.9	10.7	6.6
	その他	26	17.4	13.2	9.8	10.1
三菱	金融	22.1	10.6	6.2		2.4
	鉱業	18.6	20.3	10.6	21.9	2.3
	重化学	27.1	36.5	57.5	45.2	75.4
	軽工業	11.5	7.7	2.5	4.1	-1.9
	その他	20.7	24.9	23.3	28.8	21.9
住友	金融	15.1	10.3	4.1		0.7
	鉱業	8.8	6.1	7.2		7.8
	重化学	35.2	65.5	80.5	131.4	88.7
	軽工業	9.4	1.4	1.8	-16	2
	その他	31.4	16.7	6.4	-15.3	0.8

出所）第6-14表に同じ。

[*10] 戦時期の財閥については，沢井実，前掲「戦時経済と財閥」，および武田晴人，前掲「独占資本と財閥解体」大石嘉一郎編『日本帝国主義史3』東京大学出版会，1994年参照。

も進められた。戦時統制は、このような意味では各産業部門での産業組織のあり方を「寡占的な構造」を強めるような方向に作用した。有力企業は政策との協調の方向を探りながら、戦時の統制に対応してその地位を保全し、あるいは新たなビジネスチャンスをつかむような企業体制の再編を進めていった*11。

動員された民衆

労働運動や農民運動は、戦時体制の深化とともにその活動の基盤を失っていった。1937年には、人民戦線事件の摘発による左翼的な運動への弾圧が強化された後、大日本産業報国会が結成されて従業員団体が一本化されるとともに労働組合はその存立がほとんど認められなくなった。その結果、第6-16表に明らかなように、労働組合数、小作組合数、さらにその組合員数は、太平洋戦争開戦時までにほとんど壊滅状態となった。

もちろん、そうした状況のもとでも、労働条件や小作条件の改善を求める民衆たちの運動がまったく絶えてしまったわけではなかったが、その実態は、小規模な争議が散発的に起こるというものであった。生産現場でのサボタージュのような消極的な抵抗も見出されたが、それも労働者の組織的な活動としては成果をあげえなかった。政府は「挙国一致」というスローガンのもとに、国民の相互監視を強めるべく、兵力として動員するだけでなく、非戦闘員まですべて戦争体制に協力することを求めた。

労使関係の安定にもかかわらず、生産現場では労働力の確保に腐心しなければならなかった。前線への兵力動員のために生産現場での労働力不足が顕在化していったからである。そこで1943年には学徒動員が決定され、44年に入ると女

第6-16表　労働運動と民衆運動

	労働組合		労働争議		小作組合		小作争議	
	組合数	組合員数	件　数	参加人員	組合数	組合員数	件　数	参加人員
1937年	837	395,290	628	123,730	3,879	226,919	6,170	63,246
1938	731	375,191	262	18,341	3,643	217,883	4,615	52,817
1939	517	365,804	358	72,835	3,509	210,208	3,578	25,904
1940	49	9,455	271	32,949	1,029	75,930	3,165	38,614
1941	11	895	159	10,867	294	23,595	3,308	32,289
1942	3	111	173	9,625	185	15,802	2,756	33,185
1943	3	155	292	10,626	99	9,542	2,424	17,783
1944			216	6,627	34	3,742	2,160	8,213
1945	509	380,677	95	35,647				

出所）安藤良雄編、前掲『近代日本経済史要覧　第2版』129頁。小作関係の1945年は不明。

---

*11　渡辺純子『産業発展・衰退の経済史』有斐閣、2010年、第2章参照。

第 6-2 図　戦時における国民動員

明治神宮外苑競技場で文部省主催の「出陣学徒壮行会」が行われた。「出陣」を前に「宮城奉拝」を終えた学生たち，1943 年 10 月 21 日（左）
飛行機のプロペラ組立作業をする女子挺身隊（福岡市）1943 年 3 月（上）
写真提供　朝日新聞社／時事通信フォト

子挺身隊の結成が求められた。こうして不足する労働力を補充するために，若い非労働力人口が軍需工場に動員されて，不慣れな工場作業に従事した。

また，満州への移民を促されて殖民に向かった農民たち，さらに，朝鮮，満州をはじめ各地で強制的に徴用・連行されて日本国内の鉱山や工場の労働力として投入された朝鮮・中国の民衆たちと，戦争は際限のない民衆動員を展開した。この過程で，植民地企業などでは，不足する日本人中間管理層の代わりに現地住民が採用されるなどの変化も生じた[*12]。

民衆生活の窮乏

軍需生産優先の生産体制のために民衆生活に必要な物資の生産は大きく圧縮され，物不足が深刻化し，配給制のもとで消費生活の自由が奪われていった。

たとえば，1937 年を 100 として，毛織物の供給量は 41 年に 23，43 年に 8，綿織物では 41 年に 14，43 年に 8 と民需品の供給は極端に抑え込まれた[*13]。

供給の不足は家計のストックを食いつぶすことを余儀なくしたが，それだけでなく，金属類回収令などを通して，軍需生産に必要な資源の不足を補うために，家財の鍋釜などの供出が求められ，それによって一段と国民生活の基盤は悪化していった。

---

*12　林采成『戦時経済と鉄道運営』東京大学出版会，2005 年，および宣在源『近代朝鮮の雇用システムと日本』東京大学出版会，2006 年参照。
*13　山崎広明，前掲「日本戦争経済の崩壊とその特質」。なお，アメリカ合衆国戦略爆撃調査団（正木千冬訳）『日本戦争経済の崩壊』日本評論社，1950 年も参照。

民需生産の抑制による国民生活の窮乏という状況は，程度の差こそあれ，交戦国ではどこでも生じた。しかし，それでも同じ敗戦国であったドイツと比べると，個人消費支出の水準は敗戦時にかけて日本の方が大きく切り下げられていた。一日一人あたりの食糧消費量をとってみても，ドイツでは1939年から43年にかけて2800～2900カロリーを維持し，敗戦時の45年でも2700カロリーをわずかに下回ったにすぎなかった。最低限の食糧供給からみれば，ドイツでは開戦から終戦まで食糧消費量はほとんど変わらなかったが，日本では，1942年までは30年代の平均水準を維持したとはいえ，43年には87％に低下し，45年には3分の2の水準に低下した。

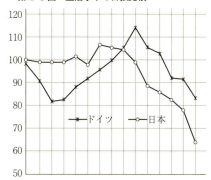

第6-3図　生活水準の日独比較

出所）　山崎広明，前掲「日本戦争経済の崩壊とその特質」より作成。

アメリカの戦略爆撃調査団によると，「ドイツと比べて，日本における市民の経済生活の悪化は長く続き，戦略爆撃開始前にすでに市民にとって困難な段階に達していた。……日本の市民はドイツの市民よりも，これを越えると遂には餓死もしくは病死してしまう最低限界線にはるかに近づいていた」と報告している*14。このような差は，1943年4月にヒットラーが「これ以上の民需品購入に対する制限は望まない」と声明したことから知られるように，ナチスの政権が意

第6-17表　日本支配地域のインフレーション

	日本内地	台湾	朝鮮	満州	華北	華中	フィリピン	ジャワ	マレー
	東京	台北	ソウル	新京	北京	上海	マニラ	バタビア	シンガポール
1936年					100	100			
1937	101	100	100	100		130			
1938	107	112	123	125		153			
1939	131	126	151	159	261	342			
1940	131	140	157	198	409	567			
1941	145	146	164	208	518	1,650	100	100	100
1942	150	150	173	232	817	3,399	200	134	352
1943	163	168	193	262	1,382	11,066	1,196	227	1,201
1944	185	181	217	303	4,622	94,170	14,285	1,279	10,766
1945年8月	226							3,197	

出所）　第6-16表に同じ，137頁。

---

*14　山崎広明，前掲「日本戦争経済の崩壊とその特質」50, 65頁。

識的に民需生産の一定以上の維持に配慮したのに対して，日本ではそうした政策的配慮がまったく行われなかったという，政権の基盤の差に求められる。曲がりなりにも「下からの」運動として生まれ，選挙を通して政権を奪い取り，強権的な統合を成し遂げたナチス政権は，自らの支持基盤を裏切ることはできなかったが，日本政府は民衆の生活を考慮することはなかった。

　それでも，日本内地の国民たちの生活は，日本が大東亜共栄圏をスローガンにして占領，統治した地域の住民と比較すると，まだ安定し保護されていた。占領地域では資材調達などのために無制限に発行された「軍票」によって，激しいインフレーションが発生しており，その程度はコアとなる内地からの距離が遠いほど激しいものであった（第6-17表）。戦争はこうしてアジアの広汎な地域の民衆生活に破壊的な打撃を与えながら続けられ，1945年8月15日の敗戦を迎えた。

第 III 部

経済大国への道

第 7 章　戦後改革と経済復興

第 8 章　高成長経済の時代

第 9 章　安定成長への転換

終　章　最先進国日本の経験

高成長のメカニズム

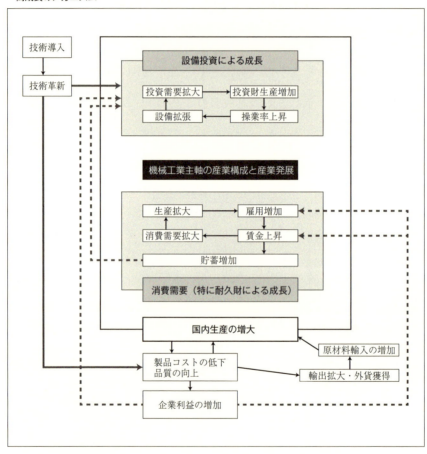

第7章　戦後改革と経済復興

1　現代資本主義経済への視点

「20世紀システム」論の問題提起

　第二次世界大戦後の資本主義経済社会は，失業の恐怖を克服するために拡張的な経済政策を基盤として安定的な高成長を実現する時代を切り開いた。1970年代半ばまで続くこの資本主義の繁栄の時代について，「20世紀システム」という新しい捉え方が提示された[*1]。それは次のような認識を示している。すなわち，巨大企業に展開する生産システムの変容——大量生産体制の形成——を中核として，古典的な帝国主義の時代とは異なる経済構造をもつ現代的な資本主義経済が形成された。それは生産の組織性のもつ新たな可能性に注目していた。生産の組織性とは，大量生産体制がそれ自体で備えている分業と協業の高度な発展に基づくものであったが，同時にこれに必要な洗練された労働力を提供する勤労者階級に対して，より豊かな生活水準を享受できるように，大量消費という大量生産の市場的基盤を自ら作り出す構造的な連関を，フォードシステムを典型に据えることによって見出した。「20世紀システム」論はこのような枠組み（フォーディズム）で資本主義経済体制そのものの変質を論じた。この20世紀システムが注目する耐久消費財型の機械工業を基軸とする産業構造の変化は，古典的な帝国主義との段階を区別する特徴点であった。

　第二次大戦後の経済構造の変容を理解しようとする20世紀システム論の試みは，第一に企業が果たしている「生産力の発展」に貢献する生産システムの実態

> **解説　フォードシステム**
> 　1920年代のアメリカにおいて，フォード自動車は大量生産方式によって廉価で堅牢な大衆向けの自動車を供給する一方で，この生産方式による生産性上昇の成果の一部を，基幹労働者に対して自動車を購入できるような十分な賃金を支払うことによって，自ら自動車市場を拡大させようとした。

[*1]　東京大学社会科学研究所編『20世紀システム』全10巻，東京大学出版会，1998年，および橋本寿朗編『20世紀資本主義Ⅰ　技術革新と生産システム』1995年，東京大学出版会。

把握に踏み出すことを可能性にしたこと，第二に分析の焦点とされる企業の内側にとどまらず，大企業が作り出す労使関係を基礎として，独占停滞論のような従来の段階的把握の限界を突破し，経済成長の現実性を捉える道筋を明らかにした。こうして高賃金が高い消費水準に結びつくことによって，耐久消費財を核とする

考えてみよう　20世紀システム論の成果と限界

　20世紀システム論が「財やサービスの生産組織としての企業」の中核的な機能の分析に向かったことは，それまでの経営史研究が経営者職能に関心を集中していたこと，経済学的な分析では企業を利潤原理に従う機能的な存在として捉える傾向が強かったことなどの限界を突破する糸口をつくった。また，フォーディズムと総称されるようなマクロ経済の認識枠組みは，大企業が作り出す労使関係を基礎として，経済成長の現実性を論じることになった。このような議論は，新古典派経済学の批判者として登場するレギュラシオンなどの学派の見解とも共通する，現代社会の捉え方の一つとなっている。そして，そうした捉え方は，経済成長の歴史を分析するにふさわしい「成長の経済史」の枠組みを提示する試みであった。

　しかし，20世紀システム論にも，いまだ検討が不十分な点が残されている。

　第一は，マクロ的な調整を可能とする介入的な経済体制と，その基盤にある大衆の際限ない消費欲求との間には内在する困難があることである。理論的には，経済成長が効率的な生産体制のもとに実現されるとともに，その成果の一部が労働者に分配されることによって，効率と分配の公正がともに保たれると考えられているが，そのためには限界のない経済成長が持続しなければならない。しかし，経済成長は地球的規模での環境の制約や資源の制約の故に，限界を画されている。このことは，20世紀システムが歴史的存在であることを示唆する。20世紀システムはどのように生成し，展開し，そしてどのような歴史的な限界に直面するのかを段階的な変化として考えることが課題となる。

　第二に，市場メカニズムの機能に関する理解にも問題が残っている。20世紀システムは，社会的な分業が深化し，生産の社会性が高まった状態を捉えようとしている。そうした分業関係は，企業などに組織化されるか，あるいは市場での取引，つまりは市場メカニズムを媒介にして成立する。しかし，市場では競争的な調整と同時に，人為的な介入により，協調的で組織的な調整も行いうる。そのどちらが支配的になるかは，その国民経済のもつ取引慣行や反独占法制などの制度的要因に依存する。また，裁量的な財政政策によって分配の公正を維持するという限りでは，市場メカニズムの制限は承認される。こうして生ずる類型差をいかに認識するかも残された課題となる。

　第三に，20世紀システムと呼ばれる時代は資本市場の競争的調整の機能がより本格化し，鮮明になった時代という側面を有している。しかし，20世紀システム論は生産力の問題への接近を果たすためにその関心を生産現場に向けた反面として，資本市場を中心とする市場経済の現実的な機能と，それによる反作用にまで分析が及んでいない。生産の社会性が高まるとともに固定資本の流動性の欠如は，市場の競争的な調整の制約要因となってくるために，この固定資本の制約を克服するために，実物資本の実態とは乖離したかたちで商品としての資金・資本の取引が活発化する。資本市場はそうした変化を推し進めるうえで重要な役割を果たす。そして，この資本市場の機能は，他の面における組織性の増大や介入的な政策の重要性の増大と相互補完的な関係にある。資本市場における自律的調整によって効率性が追求されることは，原理的には，他の側面での市場機能の変容・修正との対立を内包するものであり，資本がその実態的根拠から乖離すればするほどに顕在化することになる。そのため，実態経済から乖離した資本市場の暴走を制御することが課題となっていることを明確化する必要がある。

大衆消費社会の到来を説明するとともに，そうした構造が，マクロ的には反循環的な景気調整政策をベースとして，マイルドなインフレーションを伴う持続的な経済成長に結実すると論じることが可能となった．

成長政策の背景

　経済成長はいつまで，どのようにして可能か．このような問いかけは，現代資本主義に固有のものである．こうした問いかけが最初になされるのは，1960年代初めのことであり，両大戦間期の世界では，失業や貧困の解決が課題であった．世界恐慌期，構造的な不均衡によって大規模な失業の発生と体制維持の危機に直面した資本主義経済は，ニューディール政策を採用したアメリカでも，ナチスに率いられたドイツでも，そして日本でも，結果的には経済の軍事化によって景気回復を果たした．現代資本主義はその形成期において，管理通貨制の採用による補正的な財政政策を，軍事的支出の増大によって実現すること以外には脱出口を見出しえなかった．ケインズ政策の先取りといわれた高橋財政は景気の回復に成功したが，分配の不公正を是正できなかった．その理由を明らかにすることは，十五年戦争の時代を解く鍵の一つとなっている．他方で，ニューディール政策が景気対策としては有効性に乏しく，アメリカの景気回復がヨーロッパで戦争が開始される後にずれ込んだことは，いずれも補正的な財政政策の限界を明らかにしている*2．

　この限界は，両大戦間期が国際的にみれば孤立化，ブロック化の時代であったことがかかわっている．第一次世界大戦の総力戦の経験から国民経済レベルの自給自足が重視されるようになり「経済圏」構想＝ブロック化に向かうとき，その閉鎖系経済への志向は独占に基づく組織化には適合的であり，産業の救済と育成・保護が成長基盤としての生産性の上昇をもたらした．しかし，その成果が単なる失業対策を超えて，20世紀システムを特徴づける大衆消費社会の出現に直結しないのは，体制的な危機のあり方によっては宥和政策に代わる強権的な統合が体制維持装置として機能しうる余地を残していたからである．一方の極にある強権的な統合が軍事的な冒険主義的領土拡張に向かい，対外的な経済不均衡の解決を経済圏の拡大に求めたとき，第二次世界大戦は避けがたいものであった．

　こうした体制は，政治社会の国内的安定や国内経済の均衡を優先することによって，対外的な不均衡を拡大し，国際的対立を深める危険性をもっていた．その意味で，そのままでは持続可能なものではなかった．垂れ流される不均衡を国際

＊2　H.W.アーント（小沢健二訳）『世界大不況の教訓』東洋経済新報社，1978年参照．

的な協調によって処理する必要があったからである。国際的な短資の移動が攪乱要因となり，構造的な不均衡を世界経済にもたらすことは，再建金本位制下の 1920 年代にすでに観察されていた歴史の現実であり，20 世紀システムは，国際通貨協定に基づいて資本移動を抑制し，不均衡の拡大を一定の枠内に封じ込めて解決を図ろうとすることになる。第二次大戦末期の三国通貨同盟に起点を置く，大戦後の国際金融体制（IMF）の成立は先進資本主義国間の不均衡を同調させることによってこの問題に解決をもたらす第一歩であり，20 世紀システムの本格的な展開に基礎を与えた[*3]。こうして第二次大戦後の西側世界に，高成長を特徴とするような 20 世紀システムに基づく繁栄が開花することになる。

新しい時代への転換

　しかし，その試みは，1970 年代以降になると，ドル体制の崩壊とともに明白に崩れ，資金の激しい国際市場での動きは，「カジノ資本主義」とすら俗称されるまでになっている。しかし，それは「商品化された資本」の取引の場である資本市場に本来的に備わっているものであり，その賢明な抑制が解き放たれたものにすぎない。

　資本市場の抑制的な機能を解き放ったのにはそれなりの理由があった[*4]。先進国経済がスタグフレーションに直面し，打開策を探るなかで，より効率的な企業経営を見出す必要が高まり，その役割が資本市場に期待されたからである。投資資金の効率性という観点から，つまり投資家にとっての効率性という観点から企業の成果を評価することは，収益力の源泉がどのようなものであるかにかかわらず，結果としての損益計算のみを基準とするという意味で限界のあるものであった。しかし，商品市場が恐慌を回避する安定性を保つようになり，労働力市場も安定した労使関係の維持が優先されるような高成長・福祉国家のもとでは，この二つの市場が非効率な企業を選別し，市場からの退出を促す力は弱体化していた。それは市場経済メカニズムを基本原理とする資本主義経済社会が基盤のところで脆弱化していることを意味した。したがって，資本市場の市場メカニズムに対する期待は，こうした脆弱性をカバーし経済システムの基盤を再建しようとする試みであった。

　しかし，資本市場の制度的な条件は，そうした期待に応えられるような準備が整ってはいなかった。その結果，20 世紀システムが安定するうえで不可欠な要

[*3] 国際的な枠組みの意味については，東京大学社会科学研究所編，前掲『20 世紀システム 1　構想と形成』参照。
[*4] 武田晴人「資本市場の発展とその意義に関する覚書」『経済論叢』180 巻 1 号，2007 年。

件となっていた国際協調の枠組みが崩され，むしろ，資本市場は不均衡を拡大する累積的な悪循環のなかにさえ利潤機会を見出すものとなった。他方で，優先された対内的な均衡の追求は，経済成長を前提としてその成長の成果の一部を労働者に分配することで大衆消費社会の実現を目指していたが，この消費のあり方も次第に暴走しはじめた。歯止めを失った消費への渇望は顕示的な消費の様相を示しつつ南北間の格差拡大が可能な限り，北側の先進諸国で追求された。

　以上のように，一方での絶えることのない局地戦による軍事的な消耗と，大衆消費社会の賛美のなかに隠された大量の資源浪費と環境破壊を伴う「過剰富裕化」[*5]は，西側社会において冷戦体制下で通貨価値の安定を実現する国際協調に基礎をおくものであった。しかも，その体制は，国内的にみれば，福祉国家の追求のもとに所得の再配分に基礎を置く階級融和が，「持続的な成長」を経済システムに要求する。そのためには個々の経済主体の欲望の解放こそがインセンティブになると主張されるようになり，歯止めのない消費社会を生み出すという矛盾を抱えていた。そうした要求は，効率性の追求と市場における経済活動によってのみ満たされるが故に，経済体制の市場化の徹底を求め，結果的には経済体制（20世紀システム）そのものの基礎となっていた裁量的な財政政策を可能にする政府の役割自体を否定し，分配の公正よりも効率に傾斜し，市場の競争的配分のみを肯定的に評価する現象を生むことになった。

　国際的な枠組みの崩壊と財政的な破綻に伴う社会的給付の削減という経済構造の変質は，経済成長の基礎的な要素となっていた個人消費のあり方にゆっくりとした不可逆的な変化を与えた。所得の増加に伴って増加する可処分所得の増加が支えた耐久消費財需要の増加が減速を余儀なくされただけでなく，大量生産・大量消費の基盤が崩れたからである。

　高成長経済が，産業構造の高度化とともに雇用構造を重化学工業部門などの付加価値生産性の高い部門へとシフトさせることによって，個々の産業部門の生産性の上昇以上に国民経済は高成長を享受しえていた。しかし，「サービス産業化」などに象徴される産業構造の変化は，基軸部門に労働生産性の十分な上昇を期待できなくなったことを意味した。

　限られた可処分所得と一定の水準に達した生活水準のもとで，追加的な消費の方向は個性的で，差別化されたものが求められた。それは，生産システムに対して新たな大きな負荷を課すものであった。大量生産の技術的な基盤となっている現代の技術は，このような生産方式の変化に迅速には対応できなかった。その結

　[*5]　馬場宏二『富裕化と金融資本』ミネルヴァ書房，1986年。

果,生産性の上昇が鈍い部門へと産業構造が重心を移すこととなり,経済成長の減速は不可逆的な変化として定着した。以上のように第二次世界大戦後の資本主義経済制度は構造的な遷移を幾度か繰り返しながら変容を遂げてきた。

2 民主化と非軍事化

敗戦による国富の被害

1945年8月14日,日本は連合国にポツダム宣言の受諾を通告し,満州事変に端を発する15年に及ぶ戦争の時代は,日本の敗戦によって終結する。

戦争による被害・損失は,まず第一に人的な損失であった。太平洋戦争期だけでも戦死者240万人,民間人の死亡・行方不明32万人に達し,1941年の人口7222万人と対比すると,約25人に1人の割合で日本人の命が失われたことになる。植民地・占領地・戦場で戦闘に巻き込まれて失われた人命の数はこれよりはるかに多かったことはいうまでもない。

国富の被害推計では,被害額は643億円でこれは戦争開始前の国富に対して,25%に相当した。1935年と対比して国富の増減をみると,増加額はわずかであった。三和良一によると*6,日中戦争・太平洋戦争の戦争経費は約2185億円に達し,これは同じ期間中の国民総生産合計額約4100億円の53%に達した。

こうしたなかで,残存する国富の内訳をみると(第7-1表),工業用機械器具や電気ガス設備などは大幅な増加を示しているのに対して,船舶でもっとも被害が大きく,次いで空襲によって消失した建築物,家具家財などが減少していた。

第7-1図 空襲により興廃した国土

連合国軍の空襲で焼け野原になった東京の下町(東京都日本橋区上空から隅田川越し),1945年(昭和20年)3月
写真提供 朝日新聞社/時事通信フォト

部門間のアンバランスは,生産能力の変化を示す第7-2表によって一層明瞭となる。たとえば,水力発電設備や鋼材生産設備が戦争中のピーク時の能力をそのまま持ち越して,敗戦時でも能力が増加しているのに対して,石鹸,綿製品などの民需品では大幅な生産能力の圧縮が生じていた。つまり,戦時経済で拡充された重化学工業分野では戦争開始前に匹敵する高

*6 三和良一『概説日本経済史:近現代 第3版』東京大学出版会,2012年,153頁。

2 民主化と非軍事化

水準の生産能力を維持していたのに対して、民需品生産に必要な軽工業分野では大幅な生産能力の低下が生じた。空襲等による被害は軍事施設に集中的に生じたから、この民需品生産能力の低下は日本人の手で行われた戦時動員のための工場転用の結果でもあった。こうした生産能力の残存状態が、戦後復興期の激しいインフレをもたらす物不足の主要な原因の一つであると同時に、戦後の高度成長期に進展する重化学工業化の基盤でもあった。ただし、アメリカの対日占領政策のなかでは、厳格な実物賠償によって重化学工業設備を撤去し、消費財中心の軽工業のみを日本に残すという案すら検討されて

年表　戦後改革

1945年 9月22日	アメリカ政府、降伏後における初期対日管理基本政策（初期対日方針）発表
10月11日	マッカーサー、五大改革（婦人解放、労働者の団結権、教育の自由主義化、専制政治の廃止、経済の民主化）指示
11月 6日	GHQ、財閥解体（持株会社の解体に関する覚書）指示
12月 7日	ポーレー賠償中間案発表
12月29日	第一次農地改革のための農地調整法改正法成立（46年2月1日実施）
1946年10月21日	第二次農地改革のための農地調整法改正法等成立
1947年 1月31日	GHQ　2・1ゼネスト中止指令
4月17日	独占禁止法制定
12月18日	過度経済力集中排除法制定
12月22日	改正民法公布

第7-1表　太平洋戦争期の国富被害　（単位：敗戦時価格換算、百万円）

	被害額	被害前国富	被害率(%)	敗戦時残存国富	1935年国富	増加率(%)
建築物	22,220	90,435	24.6	68,215	76,275	△10.6
工業用機械器具	7,994	23,346	34.2	15,352	8,501	80.6
船舶	7,359	9,125	80.6	1,796	3,111	△42.3
電気ガス設備	1,618	14,933	10.8	13,313	8,987	48.1
鉄道・諸車	1,523	15,415	9.9	13,892	13,364	4.0
電信電話水道	659	4,156	15.9	3,497	3,229	8.3
生産財	7,864	32,953	23.9	25,089	23,541	6.6
家具家財	9,558	46,427	20.6	36,869	39,354	△6.3
その他	5,483	16,340	33.6	10,857	10,389	4.5
合計	64,278	253,130	25.4	188,852	186,751	1.1

出所）香西泰『高度成長の時代』日本評論社、1981年、41頁。比率は計算値。

資料　敗戦時の経済状態に関するアメリカの調査報告

　敗戦直後の混乱のなかで、当時の生産設備水準などについて参照すべき資料が残されているのは、アメリカの「戦略爆撃調査団」が戦時中の空爆の効果などを知るために実施した広範囲の調査によるところが大きい。この調査団は1944年11月にルーズベルト大統領の指令をもとに設置され、当初は欧州戦域における戦略爆撃の効果や影響について調査して航空戦力の可能性を分析し、将来の軍事力整備に役立てることを目的としていたといわれる。この調査団調査が日本についても実施され、『日本戦争経済の崩壊：戦略爆撃の日本戦争経済に及ぼせる諸効果』（正木千冬訳）、日本評論社、1972年が刊行されているほか、現在では国立国会図書館に報告資料が収蔵され、公開に供されている。

第7-2表　敗戦時の生産能力

		1944年前の最高	敗戦時能力	残存率(%)	1941年末	増加率(%)
水力発電	（千kW）	6,074	6,233	102.6	5,368	16.1
普通鋼鋼材	（千トン）	7,998	8,040	100.5	7,506	7.1
アルミニウム	（月トン）	11,100	8,350	75.2	7,240	15.3
工作機械	（トン）	190	120	63.2	110	9.1
石油精製	（千kL）	3,739	1,443	38.6	2,359	△38.8
石鹸	（千トン）	278	99	35.6	278	△64.4
綿スフ紡績	（百万錘）	13.8	2.8	20.3	13.8	△79.7
綿織物	（千台）	393	123	31.3	393	△68.7
自転車	（千台）	3,600	720	20.0	2,880	△75.0

出所）第7-1表に同じ，42頁。

いたから，重化学工業発展の可能性は賠償問題の帰趨いかんにかかっていた。

非軍事化と民主化の進展

ポツダム宣言に示された連合国軍の占領の目的は，第一に非軍事化であった。
ポツダム宣言は，日本の武装解除（9項，「日本国軍隊ハ完全ニ武装ヲ解除セラレタル後各自ノ家庭ニ復帰シ平和且生産的ノ生活ヲ営ムノ機会ヲ得シメラルベシ」），政治機構の変革＝民主化（10項「……日本国政府ハ日本国国民ノ間ニ於ケル民主主義的傾向ノ復活強化ニ対スル一切ノ障礙ヲ除去スベシ言論，宗教及思想ノ自由並ニ基本的人権ノ尊重ハ確立セラルベシ」），植民地の剝奪による領土の縮小（8項「「カイロ」宣言ノ条項ハ履行セラルベク又日本国ノ主権ハ本州，北海道，九州，四国及吾等ノ決定スル諸小島ニ局限セラルベシ」）を宣言していたが，その具体的な措置は，戦争終結後直ちに実施された武装解除だけでなく，軍事国家の経済的基盤となる軍工廠などの設備の撤去，天皇の人間宣言，日本国憲法の制定などにわたることになった*7。

具体的な占領政策の方針が最初に示されたのは，1945年9月22日に公表（決定は9月6日）された「降伏後における米国の初

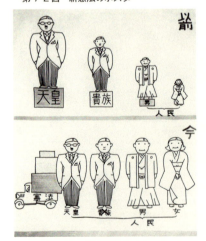

第7-2図　新憲法のポスター

写真提供　毎日新聞社／時事通信フォト

＊7　東京大学社会科学研究所編『戦後改革』全8巻，東京大学出版会，1974～75年。浅井良夫『戦後改革と民主主義』吉川弘文館，2001年。

期対日方針」であった。その内容は、「経済上の非軍事化措置」として、①軍隊・軍事施設の装備・施設の完全撤去と軍需生産の禁止、②戦争能力に関わる研究開発活動の禁止、③日本の重工業を平和的需要の限度内に制限すること、この目的に添った賠償施設の撤去、④生産の民需生産への転換が示された。また、「民主主義勢力の助長」のための措置として、⑤労働、産業および農業における組織の発展奨励による民主主義的な基礎の確立、⑥日本の経済活動をもっぱら平和的な目的に向かって指導する意図のないものが、経済界の重要な地位にとどまることの禁止、⑦商工業の大部分を支配してきた「産業上・金融上のコンビネーション」の解体計画への支持、などであった。改革は、政治と経済の両面を当初から視野に入れた民主化措置であった。

ただし、これに続いたマッカーサー連合国軍最高司令官による五大改革の指令（10月）は、政治的な改革に傾斜していた。すなわち、①婦人の解放、②労働者の団結権の承認、③教育の自由主義化、④専制政治の廃止、⑤経済の民主化の五つが改革の柱として掲げられていた。つまり、「初期対日方針」で第一に取り上げられていた経済民主化はマッカーサー指令では⑤に集約されていた。改革の着手の準備期間などが考慮されたためとも推測されるが、五大改革指令では徹底した民主主義社会の実現によって日本が再び戦争する国家として国際社会に登場しないようにすることを第一の目標としていた。

こうして婦人参政権の承認、民法の改正、天皇の人間宣言、日本国憲法の制定、枢密院などの組織の解体、治安維持法の廃止、政治犯の解放などさまざまな改革が相次いで推進されることになった。これらの占領軍指令に基づく改革は、第二次大戦前の日本の経済社会の構造と対比すると、軍事費負担の大きい財政構造、広範かつ強大な行政権限、植民地の領有などの戦前期の特質を大きく変えるものであった。ミクロレベルでは企業のあり方のもつ連続面が認められるものの、五大改革による構造的な断絶性は明瞭であった。

アメリカの対日占領政策の形成

こうした改革案は、きわめて周到な準備のもとに構想されていた。すなわち、1942年8月、アメリカは東アジア政策研究班を結成して対日戦後処理政策の検討を始めた。そこでは、すでに領土問題や天皇制の問題が取り上げられ、43年暮れまでにかなり立ち入った議論が行われていた[*8]。

たとえば日本国憲法の制定過程で提示されたGHQ草案の原型は1944年5月

[*8] 中村政則『象徴天皇制への道』岩波新書、1989年参照。

には国務省のボートンの手でまとめられていた文書であり，そこでは天皇制などの現統治機構の利用と再編が論じられていたほか，①立法府に完全なる予算決定権と憲法改正発議権を与え，②当面，軍隊を保持させないこと，軍編成を将来認める場合も陸海軍大臣の現役武官制を廃し，文官とする，③基本的人権の拡充，④裁判所の改革がうたわれていた。戦局の推移が明確になっていくなかで，かなり早い時期に基本的な骨格が定められていた。

この過程では天皇制の廃止などより厳しい条件を課すべきだとの意見も強かったといわれている。しかし，知日派であったグルー元アメリカ駐日大使らの意見によって，天皇の戦争責任を追及し，天皇制廃止などの措置をとることは，いたずらに日本国民の反発を招き，占領政策の目的遂行を困難にするとの判断が尊重されることになった。

占領開始後，1945年10月の文書では，こうした経緯を踏まえて，日本の民主化政策の骨子として，選挙権の拡大，国民主権，議院内閣制，憲法改正ないしは新憲法制定，天皇制の改革（ポツダム宣言によって最終決定は日本国民の自由な意思に委ねられるが，天皇制の廃止または民主的改革を望む），地方自治などの条項がさらに追加され，憲法改正の基本的な考え方が固められていった。

以上の考え方に基づいた占領政策は，同時に次のような特徴をもった。すなわち，第一に，直接統治ではなく，間接統治という形式が選択されたこと，第二に，ドイツ占領が1949年5月のドイツ連邦共和国成立，10月のドイツ民主共和国成立によって，降伏から4年で終了したのに対して，日本の占領が45年8月から52年4月まで7年近くの長期にわたったこと，第三に，実質的にはアメリカの単独占領であったこと，であった。

これらは関連した問題であったが，ドイツ占領では東西対立を背景に分断国家樹立による勢力圏の確定が急がれたことが早い終結に繋がった。それは，ドイツが連合国四カ国の分断統治であったことに規定されており，これに対して，日本は実質的にはアメリカの単独統治であった。

単独統治を実現したアメリカの基本的な目標は，日本を再びアメリカの脅威にならないように改革することであった。その際に留意されたのは，占領および改革にどれだけのコストがかかるかであり，どのようにすれば，そのコストが小さくできるかにあった。この視点が占領計画決定には強く影響した。そのために，間接統治を選択して戦時体制を支えていた官僚制度を維持し利用すること，さらに民衆の反発を抑えるために天皇制を利用して統治を行う方が，アメリカが投入しなければならない人員・費用などが小さくなると判断されていた。間接統治と天皇制の存続は「安上がり」に占領目的を実現するための手段として選択された。

ポツダム宣言は，日本の将来を日本人の選択に委ねられるべきだとしていたが，以上の経過から明らかなように，その選択の範囲には一定の枠がはめられていた。

この点では，ドイツにおいて冷戦が本格化する時期に分断が強行されたことも同じであった。占領地で統治されていた人びとが自らの意思に基づいて新しい政府を選択することには強い制約がかけられていた。そして，このような措置は，日本が長く植民地として領有していた朝鮮半島の戦後のあり方にも重大な対立を残すことになった。それは戦後世界の覇権を争っていた大国がどのような利害をもっているかを示すものであった。

3　経済民主化政策の展開

経済民主化の目的

第二次世界大戦後の戦後改革と呼ばれる一連の改革のうち，経済民主化のための改革の中心をなしたのが，財閥解体，農地改革，労働改革の三大改革であった。これらの改革も，日本を政治的，経済的に民主化することによって軍国主義の再生を防ぐことを主たる目標とするという意味では，政治的改革（日本国憲法の制定に集約される国民主権〈象徴天皇制〉と平和主義〈陸海軍の解体と戦争放棄〉，基本的人権の尊重）と同じであった。

経済民主化の三大改革のうち農地改革と労働改革は，経済的な制度改革であると同時に，それによって農民，労働者などを民主主義的な政治制度を支える勢力として育てること（民主主義的な勢力の助長）によって，戦前のような専制的で非立憲的な支配体制の再現を防ぐという意図をもつ改革であった。財閥解体も民主化という政治的なねらいを含んでいた。同時に財閥解体は日本経済の基本的な枠組みや第二次世界大戦後の日本の企業のあり方・産業組織のあり方に大きな影響を与え，これらを規制する考え方の骨格を形づくるものとなった。

財閥解体指令

財閥解体が日本側に具体的に指示されるのは，前節でもふれた「降伏後における米国の初期対日方針」のなかで「民主主義勢力の助長」が取り上げられ，生産や流通に関する手段の所有権を広範囲に「分配する」ために，「日本国の商工業の大部分を支配し来たりたる産業上及金融上の『大企業結合』の解体計画を支持すべきこと」と明記されたことが最初であった。ここでいう「大企業結合」が財閥を指すことはほとんど疑問の余地がなかった。

もちろん，こうした考え方が財閥についての十分な調査に基づいて形成された

わけではないことは確かであった。しかし，アメリカ側は財閥の果たしていた役割について，かなり明確なイメージをもっていた。それは「企業力の巨大な集積は『定義上』反民主主義的であり，数十万の労働者を雇い，経済の近代的部門の全範囲をふくんでいるような企業は，自由で競争的な企業には見出される価値とはまったく別の価値を代表しないわけにはゆかない」というものであった[9]。

このような評価に日本側では反発もあった。たとえば，三菱の岩崎小彌太が，「三菱は国家社会に対する不信行為は未だ嘗て為した覚えはなく，また軍部官僚と結んで戦争を挑発したこともない。国策の命ずるところに従い，国民として為すべき当然の義務に全力を尽したのであって，顧みて恥ずべき何ものもない[10]」と異議を申し立てた。このように財閥が戦争に果たした役割については認識のずれがあったが，アメリカが要求したのは，財閥解体によってアメリカ的な経済制度を理想的なものとしてこれを日本に移植することであった。自由な競争こそが民主主義的な経済制度とする見方は，今日に至るまでアメリカにおいて支配的なものである。

財閥解体の具体的措置

財閥解体は以上のような考え方に基づいて，単に財閥の組織を解体するだけでなく，経済力の集中排除につながる一回的な措置に，そして恒久的な予防措置にまで及ぶことになった[11]。つまり，第一に，財閥の組織を解体するために，株式所有や役員派遣などを通じた財閥の企業間の紐帯を切断すること，そのために組織の中心にある持株会社を解体すること，財閥家族等の会社役員就任を禁ずることなどが必要であった。それだけでなく，第二に，経済力の過度の集中者と考えられる大企業を分割し，さらに，カルテルや統制会社などの独占的な組織を解体することが必要であった。そして，第三に，このような措置によって実現された「民主主義的な」経済制度を維持し，財閥の復活や独占の形成を防止する措置が必要であった。

第一の課題の中心は，本社＝持株会社を解散させることであったが，その具体

---

[9] エレノア・M. ハードレー（小原敬士・有賀美智子監訳）『日本財閥の解体と再編成』東洋経済新報社，1973年，9頁。

[10] 岩崎家伝記刊行会編『岩崎小彌太傳』東京大学出版会，1979年復刊，353頁。

[11] 財閥解体については，持株会社整理委員会編『日本財閥とその解体』1951年のほか，エレノア・M. ハードレー，前掲『日本財閥の解体と再編成』，大蔵省財政史室編『昭和財政史：終戦から講和まで2　独占禁止』（三和良一執筆）東洋経済新報社，1982年，宮島英昭「財閥解体」法政大学産業情報センター・橋本寿朗・武田晴人編『日本経済の発展と企業集団』東京大学出版会，1992年，などを参照。

的な措置として，まず，1945年11月に「会社の解散の制限等に関する勅令」が制定され，これにより「制限会社」に指定された企業等の現状の変更を制限したうえで，46年4月に「持株会社整理委員会令」を制定して持株会社を指定するという手続きによった。指定された持株会社のうち財閥本社に当たるものは，所有有価証券を持株会社整理委員会に委譲して解散することとなり，それ以外の持株会社は，所有有価証券を持株会社整理委員会に委譲し，子会社に対する支配関係を廃棄することを指示されたのち，独占的な大事業会社と認められた場合には事業の再編成を強制されることになった。こうして持株会社整理委員会に委譲された株式は全体で約1億5000万株，68億円あまりに達し，それらは従業員への売却や一般入札などを通して株式所有の分散が図られることになった。

株式の所有関係の解体に関連して，財閥の家族も持株会社と同様に指定をうけ所有株式等を持株会社整理委員会へ委譲した。さらに1945年11月の総司令部による「持株会社の解体に関する覚書」によって，財閥家族の会社役員辞任が実行され，48年1月の財閥同族支配力排除法では財閥家族と近い関係にある財閥役員の役職辞任が強制され，また，関係会社の役員の兼任についても禁止する措置がとられた。こうして，本社を中心とする財閥の人的・資本的な紐帯が次々と切断され，財閥の組織的な解体が進められた。

第二の重要な措置は，独占的な大事業会社の解体・再編成であった。1947年7月の「商事会社の解散に関する覚書」によって指令された三井物産と三菱商事の解体がその最初であった。この措置は二大商社に徹底的な細分化をもとめるドラスティックなもので，これにより三井物産は220社以上，三菱商事は130社以上

考えてみよう　財閥解体の理由

なぜ財閥は解体されなければならないと考えられたのであろうか。

占領政策の基本的なねらいは日本が再び軍国主義的な国家としてアメリカの敵国にならないように改革することであったが，アメリカはそのためには過度の経済力集中を排除することが必要だと考えていた。それは日本に対してだけでなく，ドイツに対しても共通にとられた考え方であり，彼らの考え方によれば，本文でもふれたように，自由で競争的な企業が民主主義的なものであり，経済力の集中者・独占者はこれに反する存在とみなされていた。経済力の集中者は，富の分配の不平等をもたらすものであり，それはコンツェルンであれ，カルテルであれ，トラストであれ排除されるべきであった。日本の場合，そうした経済力の集中者が何よりも財閥だった。

財閥に対するこのような評価に対して，アメリカの政策立案者のなかで比較的日本の事情に詳しいグループには，財閥が軍の暴走に批判的で抵抗を示したという理解をもつ人びともいた。しかし，このような考え方は，財閥が軍事生産部門へ多額の投資を行っていること，さらに占領地において多くの企業活動を行っていることからみて不適切であり，財閥と軍部の間に共通の利害があると捉える方が妥当とみなされた。

に分割された。この商社の徹底的な解体に比べれば結果的には微温的な措置にとどまったのが，47年12月に制定された過度経済力集中排除法による大企業の分割・再編成であった。同法によって指定を受けた企業は当初325社の広範囲に及んだが，その後アメリカ側の方針が緩和され，最終的には，第7-3表のように日本製鐵，三菱重工業，王子製紙などの11社が企業分割，3社が工場・施設の処分，4社が所有株式の処分という再編成指令を受けたにとどまった*12。異種部門の分割を指令された4社のうち3社は三井，三菱，住友の鉱業部門であり，金属と石炭を分離することになった。この措置は，市場シェアに影響を与えるものではなかったから，二大商社の分割とあわせて三大財閥を標的にした解体措置の一環であった*13。

この措置に関連して，戦時期までに設立されていた各種のカルテル・統制会社等は戦時統制の解除とともに原則的には解散されることになり，1947年3月には閉鎖機関令が公布されて戦時中の経済統制団体は閉鎖機関に指定されて解散することになった。こうして各種の産業分野で圧倒的な力をもっていた大企業や各種の統制組織が解体され競争的な市場環境が整えられていった。ただし，物不足による激しいインフレのため，政府による物資の需給調整と価格統制は継続した。GHQにとって，統制会は私的な独占組織であるとみなされて解散・閉鎖措置の対象となったが，政府による統制そのものは，当面の経済的な危機を乗り越えるためには必要と認められた。したがって，統制組織の解体は直ちに市場経済的な枠組みへの復帰を意味したわけではなかった。

第三の措置は，より長期の展望をもつものであった。すなわち，財閥の組織の切断と大企業の再編成とが，戦前からの日本経済に君臨していた企業ないし企業グループの支配力を弱め，民主主義的な経済制度を作り出すための一回限りの措置であったのに対して，その効果を持続させ，財閥の復活と独占の形成を防止するための措置が，財閥解体の仕上げとして必要であった。その具体化が，1947年4月の私的独占の禁止及び公正取引の確保に関する法律（いわゆる独占禁止法）の制定と，48年7月の事業者団体法の制定であった。

このうち特に重要なのは独占禁止法で，同法は，財閥本社のような持株会社の設立を禁止し，会社間の株式の所有についても制限を設けるなど，財閥型の組織の再生を予防する規定を設けた。また，戦前のカルテル統制法規である重要産業

---

*12　企業再編成の意義については，植草益「占領下の企業分割」中村隆英編『占領期日本の経済と政治』東京大学出版会，1979年，およびこれに対する批判として宮崎正康「占領期の企業再編成」『公正取引』375号，1982年がある。

*13　武田晴人「競争構造」武田晴人編『日本経済の戦後復興』有斐閣，2007年，97～100頁。

第7-3表 集中排除措置の結果

	指定企業	再編成後の企業	その後の動き
同種部門の分割	日本製鐵 三菱重工業 王子製紙 大日本麦酒 北海道酪農協同 帝国繊維 東洋製罐	八幡製鐵・富士製鐵ほか2社 東日本重工業, 中日本重工業, 西日本重工業 苫小牧製紙, 十條製紙, 本州製紙 日本麦酒, 朝日麦酒 北海道バター, 雪印乳業 帝国製麻, 中央繊維, 東邦レーヨン 東洋製罐, 北海製罐	70年新日本製鐵 64年三菱重工業 68年合併発表, 中止 現サッポロ, アサヒ 58年雪印乳業 51年帝国・中央合併
異種部門の分割	三菱鉱業 三井鉱山 井華鉱業 大建産業	三菱鉱業, 太平鉱業 三井鉱山, 神岡鉱業 井華鉱業, 別子鉱業ほか2社 呉羽紡績, 伊藤忠商事, 丸紅, 尼崎製釘所	90年三菱マテリアル 三井鉱山・三井金属 住友石炭鉱業・住友金属鉱山
工場・施設処分	日立製作所, 東京芝浦電気, 日本通運		
株式処分	日本化薬, 東宝, 松竹, 帝国石油		

出所) 三和良一・原朗編『近現代日本経済史要覧 補訂版』東京大学出版会, 2010年, 144頁。

　統制法などでは独占組織の結成を原則的に認めていたのに対して（公益に有害と認めた場合は政策的な介入が認められた），独占禁止法はカルテル等を原則的には禁止するという経済法規の枠組みとしては180度の転換を果たした。

　それはアメリカからやってきた改革政策の立案者たちが持参したアメリカ型の反独占政策を徹底したかたちで法制化したものであった。同法が戦後の産業政策の展開過程で繰り返し問題になるのは，それが**戦前とはまったく異なる経済制度の基本的な枠組み**を作り出したからであった。

　こうして進められた財閥解体措置について，まず集中排除措置の影響については，産業別集中度の低下要因の一つと通説的には考えられている。たとえば，鉄鋼，造船，硫安，洋紙などの分野で上位三社集中度が1937～50年にかけて低下した[*14]。しかし，同じ期間に綿糸，セメント，石炭などでは集中度は上昇していた。また，この上位集中度の変化には，戦時の企業整備による集中度の上昇や，戦後の産業体制の再編成が関わっていたから，これを集中排除措置のみに帰するわけにはいかない[*15]。第7-4表のように集中排除措置が開始される49年を境に前後の集中度の変化をみると，それまでに上位集中度が低下したものも少なくない一方，集中排除措置後においても集中度の変化がみられない産業部門が多数を占めるなど，競争的な市場構造の形成に対する政策的な影響度はそれほど大きく

　[*14] 中村隆英『日本経済：その成長と構造　第3版』東京大学出版会, 1993年, 143頁。
　[*15] 武田晴人, 前掲「競争構造」第1節参照。

第 7-4 表　累積集中度別業種数の変化（業種数）

	上位企業数	上昇	低下	保合	不明	合計
戦前〜1949年	上位1社集中度	7	25	13	18	63
	3	6	21	15	25	67
	5	6	13	12	35	66
	10	7	7	8	34	56
1949〜55年	1	9	22	31	4	66
	3	8	27	27	4	66
	5	9	21	29	7	66
	10	9	14	27	8	58

出所）武田晴人，前掲『競争構造』，91頁．

なかった。

　次に，持株会社整理委員会に集められた株式については，既述のように従業員や地域住民などを対象した売却処分を通して株式所有の分散＝証券民主化が図られた。第7-5表の株式所有状況に示されるように，この措置は一時的には個人株主の増加につながった。すなわち，1949年には個人の保有比率が急速に高まり，所有の分散が進んだが，50年代前半にはこの変化を打ち消すように法人の保有比率が増加した。この法人の増加には，証券会社などによる違法な保有が発生したことが影響していたが，それは個人貯蓄の不足のために証券市場の基盤が浅く，このような改革に実体的な根拠がなかったためであった（第7-6表）。この例は，改革が実質的に定着するためには，これを支えうるような現実的な基盤が必要であったことを示唆していた*16。

農地改革

　寄生地主制の解体を目指した農地改革は，農林省が立案した改革案を基礎に開始された。その内容は，不在地主に全小作地を売却させ，在村地主の所有限度を5町歩とし，小作料を金納化するものであった*17。しかし，この第一次の改革

第 7-5 表　株式所有の分散　　　　　　　　　　　　　　　　　　（単位：％）

	1945年	1949年	1950年	1951年	1952年	1953年
政府・公共団体	8.3	2.8	3.2	1.8	1.0	0.7
金融機関	11.2	9.9	12.6	18.2	21.8	23.0
投資信託				5.2	6.0	6.7
証券業者	2.80	12.6	11.9	9.2	8.4	7.3
その他法人	24.6	5.6	11.0	13.8	11.8	13.5
外国人					1.2	1.7
個人その他	53.1	69.1	61.3	57.0	55.8	53.8
発行株数(100万株)	444	2,000	2,581	3,547	5,365	7,472

出所）武田晴人，前掲『独占資本と財閥解体』275頁．

---

*16　武田晴人「独占資本と財閥解体」大石嘉一郎編『日本帝国主義史3』東京大学出版会，1994年．
*17　農政調査会農地改革記録委員会編『農地改革顛末概要』御茶の水書房，1977年．

第 7-6 表　有力企業 30 社の大株主の推移　　（単位：千株）

1949 年		1952 年	
証券会社	24,007	証券会社	33,585
持株会社整理委員会	18,322	生命保険会社	29,381
生命保険会社	9,615	銀　行	21,933
持株会社	4,337	信　託	19,464
閉鎖機関整理委員会	4,124	事業法人	15,473
大蔵大臣	1,581	外国人・法人	7,175
個　人	1,508	損害保険会社	6,796
銀　行	1,288	個　人	479
損害保険会社	1,237	従業員団体	311
戦時金融金庫	974	その他	390
信　託	554		
従業員団体	185		
金融機関閉鎖委員会	72		
公共団体	60		
その他	16		

出所）武田晴人，前掲「競争構造」，276 頁。

案は，GHQ から不徹底だとの批判を受け，1946 年 10 月に第二次改革が GHQ 主導で推進された。第二次改革では，①当事者間の耕地の売買を認めず，政府が買収・譲渡を行う，②不在地主の全小作地だけでなく，在村地主の 1 町歩を越える耕地も買収の対象とした。その結果，総農家の 30％ 程度であった自作農家は 60％ に達し，全国の小作地率は 1 割程度に低下した（第 7-7 表）。

農地改革の影響は，とくに農業生産の回復に現れたと指摘されている。第 7-8 表にみられるような短期の生産回復は天候などの条件のほか，自作化した農民の

第 7-3 図　農地改革のポスター

国立公文書館所蔵

第7-7表　農地改革の実績　　　　　　　　　　　　　　　　　　　　　（単位：千町歩）

	改革前			改革による買収・所管替				改革後		
	農地総面積(A)	小作地面積(B)	小作地率(B/A)	買収等の面積(C)	うち小作地(D)	開放率(C/A)	小作地開放率(D/B)	農地総面積(E)	小作地面積(F)	小作地率(F/E)
総　数	5,156	2,368	45.9%	1,933	1,896	37.5%	80.1%	5,200	515	9.9%
北海道	726	354	48.7%	345	329	47.5%	93.1%	748	46	6.1%
東　北	813	392	48.2%	329	325	40.4%	83.1%	822	68	8.3%
関　東	874	442	50.6%	345	343	39.5%	77.5%	882	108	12.2%
北　陸	426	209	49.0%	174	171	40.6%	82.1%	425	39	9.1%
東　山	298	130	43.6%	102	100	34.1%	77.2%	299	31	10.3%
東　海	343	139	40.5%	100	99	29.1%	71.1%	346	43	12.4%
近　畿	352	158	44.9%	118	116	33.4%	73.2%	352	47	13.3%
中　国	398	160	40.3%	124	121	31.1%	75.6%	400	39	9.8%
四　国	220	96	43.6%	76	75	34.5%	78.0%	219	22	9.9%
九　州	706	289	41.0%	222	217	31.5%	75.1%	709	73	10.3%
府県計	4,430	2,015	45.5%	1,588	1,567	35.9%	77.8%	4,453	469	10.6%

出所）三和良一・原朗編，前掲『近現代日本経済史要覧　補訂版』145頁。

生産への意欲によるものというわけである。ただし，この点については戦時から継続している食糧供出制度との関係で捉える必要がある。解放された農地を取得した農民は食糧供出の義務者として食料危機に対処するための供出を強制される関係にあった。自作化した農民たちからみれば，供出すべき数量を超えた余剰米が発生すれば闇市場などを介して大きな収入につながる可能性があった[18]。付け加えれば，小売価格の上昇によって，都市の住民が食料価格の上昇に脅かされたのに比べれば，米作農民たちは相対的に豊かになっていた。

同時に，戦前期の農業生産と対比すると，昭和恐慌後の養蚕業の苦境期を基準としているにもかかわらず，それと比べても養蚕生産の大幅な低下が生じていた。それは，農業において戦前期を特徴づけた地主制とともに，「米と繭の経済構造」が解体に向かったことを意味していた。

労働改革

1945年12月に労働組合法が制定されたのを契機に，労働者の権利を擁護するための立法措置とともに，労働組合運動の育成が図られた。この労働組合法は，1920年代に構想されていた法案を手直ししたもので，いわば「国産」の改革法案であった[19]。その後46年に労働関係調整法，47年に労働基準法が制定され，

---

[18] 西田美昭『戦後改革期の農業問題』日本経済評論社，1994年，永江雅和『食糧供出制度の研究』日本経済評論社，2013年，小田義幸『戦後食糧行政の起源』慶應義塾大学出版会，2012年など参照。

第 7-8 表　農業生産の動向と米の供出

	生産指数 (1933-35年=100)				米の供出		(千石，円)	一石あたり生産費 (円)	生産者価格 (円)
	農産総合	耕種	養蚕	畜産	実収高	供出割当	政府買入実績		
1945 年	59.7	68.6	25.0	23.9	39,149	26,561	19,531	146	300
1946	77.3	91.2	20.2	30.2	61,386	28,063	27,052	655	550
1947	74.7	89.5	15.8	22.4	58,652	30,550	29,090	1,848	1,756
1948	86.0	98.9	18.9	62.1	66,439	30,619	30,551	3,561	3,646
1949	92.5	104.2	18.3	86.9	62,553	29,879	28,946	5,280	4,348
1950	97.5	109.8	23.4	97.3	64,339	28,843	21,807	4,014	6,047
1951	100.4	109.0	27.3	143.8	60,278	24,473	25,307	4,569	7,050
1952	111.0	120.1	30.2	163.9	66,152	22,910	28,070	5,033	7,500
1953	96.2	103.4	27.2	171.0	54,924	14,017	20,594	6,237	8,255
1954	106.0	112.8	29.4	200.6	60,756	17,637	23,223	6,417	9,260

出所）第 7-7 表に同じ，154 頁。

労働改革が目指した基本的な措置が完了した．これらの制度的な枠組みは，労働組合法案の「国産」という点に示されるように，労働法制度の整備に向けての戦前からの立法努力が基盤となっていた．

　労働者の権利の承認は，敗戦直後の混乱した経済状態のなかで生活基盤が危機に陥ったことを背景に，労資の激しい対立の時代へと幕を開けることになった．組合数，組合員数は 1948 年にかけて急増し，その組織率も 5 割を超えた（第 7-9 表）．これほど組合活動に期待が寄せられたのは，実質家計費が戦前期の半分という水準に低下したことにあった．その限りでは，労働争議の頻発は避け難いものであった．政治的には社会主義的な運動に対する占領政策の一定の寛容さがあったこともこの状況を後押しした．こうして，中止されたとはいえ 2・1 ゼネストが計画され，さらに 1950 年代半ばにかけて大規模な争議が頻繁に発生し，そのなかでの生産管理闘争などによって企業経営のあり方までが争点となった．それは労働者の権利要求と，「経営権」とのせめぎ合いが生じていたことを示していた．

　もっとも，生産現場での生産性の著しい低下が企業の業績の悪化をもたらすなかで，生活をかけた労働者の運動

第 7-4 図　2・1 ゼネスト

資料提供　法政大学大原社会問題研究所

＊19　東京大学社会科学研究所編，前掲『戦後改革 5』および竹前栄治『戦後労働改革』東京大学出版会，1982 年，遠藤公嗣『日本占領と労資関係政策の成立』東京大学出版会，1989 年参照．

第7-9表　労働経済の指標

	鉱工業関係指数	(1934-36年=100)				労働組合			労働争議		
	生産	雇用	生産性	実質賃金	実質家計費	組合数	組合員数(千人)	組織率(%)	件数	参加人員(千人)	労働損失日数(千日)
1945年						509	381	3.2			
1946						17,266	4,926	41.5	920	2,723	6,266
1947	37.4	146.7	28.6	30.2	55.4	23,323	5,692	45.3	1,035	4,415	5,036
1948	54.6	150.3	40.9	48.6	61.2	33,926	6,677	53.0	1,517	6,715	6,995
1949	71.0	150.7	52.7	66.3	65.0	34,688	6,655	55.8	1,414	3,307	4,321
1950	83.6	142.7	66.1	85.4	69.8	29,114	5,774	46.2	1,487	2,348	5,486
1951	114.4	150.0	84.8	92.1	68.9	27,644	5,687	42.6	1,186	2,819	6,015
1952	126.4	154.4	91.1	102.3	80.2	27,851	5,720	40.3	1,233	3,683	15,075
1953	155.1	158.1	109.1	107.3	94.0	30,129	5,927	36.3	1,277	3,399	4,279
1954	166.9	162.1	114.6	108.0	100.0	31,456	6,076	35.5	1,247	2,635	3,836

(出所)　安藤良雄編『近代日本経済史要覧　第2版』東京大学出版会，1979年，156，158頁．

考えてみよう　企業民主化試案

「戦後経済の再建の責任は，われわれ若い経営者にある」との自負に基づいて結成された経済同友会は，第二次大戦後の経済改革に際して，活発となった労働組合運動への対処策を独自の立場で検討するため，1947年1月に経済民主化研究会を設置した。

この研究会では，経済民主化の要点は「経済的弱者を強者によって圧迫することを禁絶する」こと，その実現のために「産業の運営に関して，すべての関係者が参加すること」が必要との観点から同年9月に「企業民主化試案」をまとめた。この案は，企業を経営者・資本家・労働者の三者で構成する共同体であると捉え，企業利潤に関して三者は対等な権利をもつようにすることを提案するものであり，資本・労働・経営という立場を異にする三者が互いに独善に陥らないように相互に監視することで，より望ましい企業経営が実現されると主張していた。

この考え方は，伝統的な経済学や資本主義的な経済観念とは異質な側面をもち，戦時期の「新体制運動」における企業観の影響も見出されるものであった。しかし，より重要な点は，この考え方がアメリカにおける「経営者資本主義論」と共通する基盤をもっていたことであった。すなわち，企業経営を経営の専門家である経営者に委ねる方が望ましい，より効率的な経営を実現できるとの考えに沿って「資本と経営の分離」を求めていた。社会主義の脅威のもとで労働者の貧困を解決し，失業の恐怖から解放することが体制維持に不可欠の条件であり，経済再建のためには労働者の協力が必要であるばかりか，従業員の経営への参加を認めることで，労使の対立を克服するという大胆な企業運営組織の民主化，経済制度の改革が提案されていた。

この提案は，正式な決定をみることはなかったが，終身雇用や企業別組合，年功制賃金などを柱とする協調的な労使関係を築き，労使が共同して企業の生産性の向上に努めてきたことが日本企業の高い国際競争力の基盤形成を促し，経済大国日本に成長するうえで重要な意味をもつ理念となったと考えられている。

参考文献　岡崎哲二ほか『戦後日本経済と経済同友会』岩波書店，1996年．

は厳しい現実に直面した。経営者側は，一方で独自の**企業民主化試案**を作成するなどによって労使協調の道を模索するとともに，他方で日本経営者団体連盟に結集して「経営権の回復」を目標に労働組合との対決姿勢を強めるなど，労資対立は労使関係の将来像をめぐり緊張度を高めていた。こうした事情もあって，実質賃金が戦前水準に回復したのは 1952 年，家計費は 54 年であった[*20]。

経済民主化を目指した改革のなかで，労働改革と農地改革は，徐々に**社会的な弱者の保護に手厚い経済システム**を作り出し，戦前期を特徴づける格差の大きい所得分配構造を変えることによって，勤労者・農民の所得上昇を実現し，高度成長期に見出されることになる個人消費水準の向上に基づく内需依存型成長の基盤を提供した。

第7-5図　食糧メーデー

食糧メーデーで盛んに使われた「むしろ旗」。会場に入る前，有楽町で食糧の窮状を訴えるメーデー参加者たち（東京・有楽町の日劇前），1946年5月19日
写真提供　朝日新聞社／時事通信フォト

4　経済統制の解除と経済復興

復興の条件

経済民主化のための諸改革が実施されるなかで，日本経済の戦後復興は厳しい現実に直面していた。改革が求めるまでもなく，戦後復興には軍需生産に傾斜した産業構造から平時経済への移行が不可欠であったが，その転換に対する制約要因としてとくに深刻であった点は，①復員による人口の増加，②賠償による残存生産力の撤去，③社会的な不安の増加──労働争議の激化，④物不足によるインフレと食糧難であった[*21]。

主要国の物価変動に示されるように（第 7-10 表），同じ敗戦国であってもドイツ，イタリアが経験した戦後インフレと日本のそれとは文字通り桁違いであり，日本に固有の困難があったことを示唆している。

これには，決定的な供給不足が強い影響を与えており，鉱工業生産の水準は敗戦直後に大きく落ち込んでいた（第 7-6 図）。前述のように設備が戦災によっても

[*20]　三和良一・原朗編，前掲『近現代日本経済史要覧　補訂版』154 頁，表 6.50 による。
[*21]　武田晴人編，前掲『日本経済の戦後復興』序章および第 1 章参照。

年表　経済復興	
1946年 2月17日	金融緊急措置令，新円発行，預金封鎖
3月 3日	物価統制令
8月12日	経済安定本部設置
12月	傾斜生産方式採用決定
1947年 1月	復興金融金庫設立
3月12日	米大統領トルーマン，トルーマンドクトリン発表，ギリシャ・トルコへの軍事援助
6月 5日	米，マーシャルプラン発表
8月15日	制限付き民間貿易再開
12月20日	臨時石炭鉱業管理法公布
1948年 1月 6日	米ロイヤル陸軍長官，日本を反共の防壁とする演説
9月11日	GHQ，経済力集中排除法実施方針緩和発表
12月18日	GHQ，経済安定九原則声明
1949年 4月15日	ドッジ公使，健全財政主義の徹底など声明（ドッジライン）
4月25日	1ドル＝360円の単一為替レート実施
8月26日	シャウプ勧告発表
1950年 6月25日	朝鮮戦争始まる
7月24日	企業のレッドパージ開始
8月10日	警察予備隊令公布

ある程度は残存していたが，1946年の設備操業率は綿製品で30％，セメント20％，鉄鋼・工作機械10％であったから[*22]，戦後改革の方向が明確には見極められないなかで，企業活動が低水準であったことも供給不足の原因の一つであった。

国民総生産は，1946年には戦前平時水準を3割ほど下回っており，貿易や鉱工業生産の水準はきわめて低水準であった（第7-11表）。これらが戦前水準を回復するのにもっとも早い機械工業生産で4年，最後となった貿易では12年ほどを要しており，おおむね占領期を通してようやく戦前水準に回復したというべき軌跡をたどった。この時間の経過に戦後復興の困難が象徴されていた。

制約条件の一つである人口の増加（第7-12表）では，1945～46年の2年間で450万人近い復員者が発生し，狭められた国土でこれらの人びとの生活を保障する必要が生じた。しか

第7-10表　主要国の消費者物価変動　　　　　　　　　　（1929年を1とする指数）

	1935年	1940年	1945年	1946年	1947年	1948年	1949年	1950年
日本	0.835	1.431	2.603	15.97	43.03	126.2	205.4	201.8
アメリカ	0.801	0.817	1.056	1.141	1.310	1.408	1.391	1.408
イギリス	0.87	1.12	1.27	1.31	1.43	1.65	1.670	1.72
ドイツ	0.800	0.845	0.937	1.024	1.087	1.249	1.337	1.249
フランス	0.869	1.619	3.677	8.095	12.93	17.99	20.92	23.13
イタリア	0.766	1.194	24.50	29.00	47.00	50.00	50.66	50.00
カナダ	0.790	0.868	0.975	0.975	1.013	1.266	1.298	1.331
スイス	0.795	0.937	1.291	1.219	1.347	1.389	1.364	1.333
スウェーデン	0.92	1.14	1.39	1.39	1.43	1.49	1.51	1.51

出所）日本銀行調査局編『明治以降本邦主要経済統計』1966年，396頁。

[*22]　経済安定本部『昭和27年度年次報告書』10～11頁。

第 7-11 表 経済復興の初期状態

	1946 年	戦前水準を超えた年
国民総生産	69.3	1951
同一人あたり	63.5	1953
個人消費支出	62.5	1951
同一人あたり	57.1	1953
民間固定資本形成	87.5	1951
輸出等受取	2.5	1957
輸入等支払	13.2	1956
鉱工業生産	27.8	1951
鉄鋼業	22.3	1950
機械工業	50.5	1949
繊維工業	13.0	1956
農業生産	84.7	1952

注）1934〜36 年を基準年（100）とする指数。
出所）三和良一，前掲『概説日本経済史：近現代 第 3 版』168 頁。

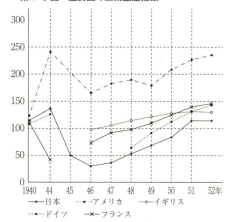

第 7-6 図 主要国の工業生産指数

出所）B.R. ミッチェル『マクミラン世界歴史統計』原書房，1983〜84 年より作成。

第 7-12 表 戦後の人口動態　　（単位：千人）

	総人口	増加数		増加率
		出生数	入 国	千人につき
1945 年	72,200	3,603	1,576	**3,471**	49.9
1946	75,800	2,352	**2,623**	1,001	31.0
1947	78,101	1,905	**2,718**	318	24.4
1948	80,010	1,773	**2,711**	149	22.2
1949	71,780	1,419	**2,447**	31	17.4
1950	83,200	1,343	**2,229**	2	16.1
1951	84,500	1,265	**2,058**	6	15.0
1952	85,800	1,172	1,921	37	13.7
1953	87,000	1,054	1,785	8	12.1
1954	88,200	1,038	1,761	△4	11.8
1955	89,276	894	1,698	△8	10.0

出所）日本銀行調査局編，前掲『明治以降本邦主要経済統計』13 頁より作成。

第 7-7 図 復員の風景

カロリン諸島メレヨン島から「高砂丸」で別府港に到着した復員第 1 陣，1945 年 9 月 28 日
写真提供　朝日新聞社／時事通信フォト

も 46 年以降にはベビーブームによる出生増が加わって，わずか 5 年ほどで人口は 1000 万人ほど増加した。食糧などの供給側の条件が変わらなければ，この急激な人口増加は一人あたりの国民所得を引き下げる要因だった。

　この人口増加のなかで，復員者の就業問題は，大勢的には農業人口の増加というかたちで吸収された（第 7-13 表）。鉱工業部門の雇用が少なく，たえず不安定であったことは，激しい労資の対立の土壌ともなったが，労資対立を通して実現さ

第7-13表　就業人口の推移　　　　　　　　　　　　　　　　　　　　　（単位：千人）

	1940年			1950年			1955年		
	計	男	女	計	男	女	計	男	女
総　数	32,231	19,599	12,632	35,626	21,870	13,755	39,261	23,893	15,368
第一次産業	14,192	6,994	7,198	17,208	8,786	8,422	16,111	8,043	8,068
農　業	13,363	6,271	7,092	16,102	7,805	8,297	14,890	7,092	7,798
第二次産業	8,419	6,441	1,978	7,812	5,993	1,819	9,220	6,940	2,279
建設業	978	956	22	1,531	1,426	106	1,783	1,666	116
製造業	6,845	4,959	1,887	5,690	4,042	1,648	6,902	4,787	2,115
第三次産業	9,403	6,010	3,393	10,568	7,066	3,503	13,928	8,907	5,021
卸売・小売業	4,083	2,608	1,476	3,963	2,406	1,557	5,473	3,242	2,231
サービス業	2,887	1,294	1,593	3,272	1,846	1,426	4,423	2,306	2,118
公　務	618	527	91	1,160	963	197	1,361	1,136	225

出所）日本銀行調査局編、前掲『明治以降本邦主要経済統計』53頁より作成。

れていく賃金上昇は基礎的な消費を徐々に回復させる要因ともなっていた。

需要構造の変化

　消費需要の変動に注意しながら国内需要構造の変化をみると，国民総支出は，第7-14表の通り，激しいインフレの影響のために明確な傾向を読み取りにくいが，第一に，1946年から49年にかけて，個人消費支出の割合が7割弱の構成比を維持し，増加に対する寄与率が7割前後の高水準にあった。その中心は飲食費であり，国民総支出の増加の4〜5割がこの時期には飲食費の増加で説明される*23。供出制度のもとで数量・価格両面で管理された食糧供給を前提に，「たけのこ生活」のもとで「食」が最優先されていた（第7-15表）。

　この傾向は，ドッジラインにより個人消費支出が大きく抑えられて終息するが，1950年代に個人消費支出は再び高い伸びを示すようになり，その間に，「食」から「衣」，そして「住」へと消費支出

第7-8図　買い出し列車

地方でイモなどの食糧の買い出しを済ませて帰る人たち。客車や貨車の屋根にまで満載して東京に向かう列車（千葉県山武郡日向村・総武線日向駅付近）1945年11月4日
写真提供　朝日新聞社／時事通信フォト

---

*23　武田晴人「需要構造」武田晴人編，前掲『日本経済の戦後復興』参照。

4 経済統制の解除と経済復興

第 7-14 表 総需要の変化 (単位：10億円)

		個人消費支出	国内総資本形成			経済海外余剰			政府の財貨サービス収入		国民総支出
			個人住宅	生産者耐久財	その他とも小計	外国の支払(輸出等)	外国の受取(輸入等)	差引		資本形成	
年度	1946	333	11	37	76	5	24	△19	85	30	474
	1949	2,261	36	289	532	217	327	△110	692	299	3,375
	1955	5,119	142	777	1,372	1,093	951	141	1,604	715	8,236
	1960	7,702	343	3,073	4,274	1,822	1,801	21	2,683	1,340	14,679
期間中増加	1946-49	1,928	25	251	456	212	303	△91	608	269	2,901
	1949-55	2,857	107	489	840	876	624	252	912	416	4,860
	1955-60	2,583	201	2,295	2,902	730	850	△121	1,079	625	6,443

(出所) 第7-13表に同じ, 48～49頁より作成。

第 7-15 表 個人消費支出の変化 (単位：10億円)

		飲食費	被服費	光熱費	住居費	雑費	小計
年度	1946	240.5 (72.2%)	16.6	14.4	14.6	47.0	333.1
	1949	1,467.4 (64.8%)	144.1	86.6	122.5	440.5	2,261.1
	1955	2,703.6 (52.8%)	412.8	195.2	450.9	1,356.0	5,118.5
	1960	3,583.0 (46.5%)	630.3	274.1	1,032.9	2,181.4	7,701.7
期間中増加額	1946-49	1,226.9	127.5	72.2	107.9	393.5	1,928.0
	1949-55	1,236.2	268.7	108.6	328.4	915.5	2,857.4
	1955-60	879.4	217.5	78.9	582.0	825.4	2,583.2

(出所) 第7-13表に同じ。

の幅が広がりながら，需要拡大の重要な要因となった。

　第二に，国内資本形成（民間生産者耐久財および政府資本形成）では，民間部門よりも政府部門の役割が大きい 1949 年までと，民間投資（生産者耐久財）が寄与を高める 53 年までとで様相を異にした。民間設備投資が 49 年にはそれほど高い水準ではなかったのは，企業再建整備が課題であり，財務状態が不安定なためであった。したがって，消費とは異なり「繰り延べられた」投資需要の発現は抑制されていた。

　民間設備投資は 1950 年の朝鮮戦争によって大きく増加したが長続きせず，50 年代半ばにかけて尻すぼみとなった。他方で，政府投資は，民間設備投資と同様に景気変動に連動した（循環的な）振幅を記録し続け，50 年代後半に入ると景気変動にかかわりなく安定的な増加を記録することになった。

　第三に，輸出は民間貿易再開（1949 年）によりデフレの影響を緩和する役割を果たすとともに，1950～51 年には朝鮮戦争による特需によって需要拡大の重要

な要因となった。それまでは対外経済関係は限定されており，貿易は需要要因としては大きな役割を果たさなかった。

以上のように，経済復興期の初期において個人消費支出が，消費への「渇望」ともいえる拡大をみせた。これらは，政府支出や民間投資などと並んで，経済復興に欠かせない要因となった。賃金が名目的には上昇しても実質的には不十分であったし，就業者一人あたりが扶養すべき人口数は増加したから，生活水準の改善には必ずしも結びつかなかった。しかし，戦時からの統制下で衣料品など生活用品のストックは損耗が激しくなっていたために，それを回復しようとする**繰延需要**は，戦後復興期の消費需要を押し上げていた。

傾斜生産方式

インフレに対処するため，政府は供給面では重点投資による需給不均衡解消の道を探った。そのもっとも徹底したかたちが，生産減退の打開策として採用された「傾斜生産方式」であった。これは，吉田茂首相の私的諮問機関である石炭小委員会（有沢広巳東大教授）が提案したもので，おおむね次のような構想であった。

　　　輸入重油の鉄鋼生産への投入→鋼材の炭坑への集中投入
　　　→石炭の鉄鋼生産への投入

有沢は，インフレ克服のためには生産増加が必要であり，「われわれの手中にあり，われわれの処理しうる唯一の基礎的素材たる石炭の生産に向かってすべての経済政策を集中的に傾斜せしめ，……基礎的部門の生産を早急に引き上げ，これをてこにして生産水準の上昇の契機を作り上げることが急務」であると説明した*24。

第7-16表　復興金融金庫の融資活動　　　　　　　　　　　　　　（単位：百万円，％）

	合計			設備資金			運転資金		
	全金融機関	復興金融金庫	比率	全金融機関	復興金融金庫	比率	全金融機関	復興金融金庫	比率
石炭産業	67,250	47,519	70.7	33,877	32,819	96.9	33,373	14,700	44.0
鉄鋼業	21,931	3,526	16.1	2,821	1,943	68.9	19,110	1,583	8.3
肥料	16,143	6,119	37.9	7,113	4,555	64.0	9,030	1,564	17.3
電気業	25,422	22,399	88.1	20,580	19,129	92.9	4,842	3,270	67.5
海運業	20,578	13,448	65.5	15,569	13,317	85.6	5,009	131	2.6
繊維工業	69,866	4,995	7.1	11,088	4,975	44.9	58,778	20	0.03
小計	221,190	98,006	44.3	91,048	76,738	84.5	130,142	21,268	16.3
融資合計	566,118	131,965	23.3	127,480	94,342	74.1	438,738	37,623	8.6

出所）三和良一・原朗編，前掲『近現代日本経済史要覧　補訂版』148頁。

*24　有沢広巳監修『昭和経済史（中）』日経文庫，1994年，74頁。

この考え方に基づく重点投資は，1947年1月から開始され，同年下期には早くも石炭3000万トン生産を実現した。この方式の推進力の一つとなったのが，復興金融金庫（復金）の設立による資金面からの傾斜配分であった。復金は，重点産業に資金を供給することで経済復興のボトルネックとなる企業の資金調達を円滑化した。もっとも，この復金融資は，その財源を日本銀行引受を主とする復興金融債の発行に求めたため，通貨供給量を増大させ，インフレを加速させる要因となった。

ドッジラインの実施

敗戦直後の激しいインフレ状態について，政策的にこれを抑制する試みは，数量と価格両面にわたる統制に基づいて行われた。このような政策のもとで傾斜生産による主要資源の供給増に伴って産業活動も改善の道を歩みはじめた。そのなかで戦後統制の重要な転機となったのがドッジラインの実施であった。

ドッジラインの考え方は，①国内総需要の抑制により，過剰購買力を削減し輸出拡大を図る，②超均衡財政に転換し，復金融資は停止する，③単一為替レートを設定し，補助金を廃止して市場メカニズムを回復させ，合理化を推進する，④政府貯蓄の増加により民間投資資金の供給を図ることなどであった。

このうち単一為替レートの設定についてみると*25，それまでの「制限付き貿易」では，為替レートは国内価格への影響を小さくするために複数レートが設定されていた。たとえば，輸出品では綿織

第7-9図　ドッジライン

予算編成助言と一般経済問題検討のため再来日し池田蔵相らの出迎えを受けたドッジ氏。写真左から増田長官，池田蔵相，ドッジ氏，ドッジ夫人（東京・羽田空港），1949年10月30日

写真提供　朝日新聞社／時事通信フォト

解説　繰延需要

戦時経済など資源配分を特定分野に集中したことで，消費や投資が繰り延べられた結果，制約が解除されると，それらの需要が追加的に上乗せされ，強い需要圧力が発生する場合がある。第一次大戦後のアメリカでは，戦時の消費需要の抑制が1920年代に大衆消費社会が開花する基盤となったといわれる。同様に日本では，戦時の消費の抑制と家計ストックの食いつぶしが発生し，それが強い需要圧力として敗戦後にインフレを加速させる要因となった。なお，近年ではpent-up demandとは単に消費が賃金上昇に遅れる状況を示すために使われることがあるが，意味することはまったく異なっている。

---

*25　浅井良夫『IMF 8条国移行』日本経済評論社，2015年参照。浅井は単一為替レート設定と財政緊縮との政策パッケージとしてドッジラインを捉えることに異議を申し立てている。

物が1ドル＝240〜420円，絹織物315円，生糸420円，茶330円，輸入品では国内用棉花80円，石炭178〜267円，鉄鉱石125円であった*26。つまり，輸出品レートでは円安に，輸入品レートでは円高に設定されることで競争力の弱さをカバーしようとしていた。しかし，その結果，企業の生産性向上意欲を鈍らせ，インフレを助長しているという弊害をもっていた。

そうした状態を改善するため，アメリカは，経済安定九原則を発表して日本経済の復興と安定化を日本が自力で行うことを要求した。その具体策がドッジラインによる「市場経済への移行」の推進であった。

安定恐慌の展開

復金融資の停止・補助金の停止などによる財政支出の圧縮は，災害対策などに絡んだ公共投資を除けば，需要の大きな減退による「安定恐慌」とでも呼ぶべき状況を生んだ（第7-17表）。「金詰まり」に陥る企業が続出し，失業が増加して労使関係は厳しい対決を迫られることになった。中小企業の倒産件数も目立って増加した。その後，ディスインフレ政策*27 が日本銀行を介して展開されたことから，資金供給量は1949年秋には再度増加に転じた。

> **考えてみよう　ドッジ特使の声明**
>
> 　経済政策の大転換を求めたドッジ特使は，その背景となっている考え方について次のように説明している。すなわち，①「日本が毎年米国から受けている数億ドルの援助は米国の市民や企業に課せられた税金から出たものである。米国市民とて税金を払いたくないのは日本の国民と同じだ」。②「日本が他国に依存せず自立して行くためには安い生産費でより多く生産し，貯蓄と節約によって資本を蓄積し，限られた国内資源を補うための他国からの原料資材の輸入は輸出の振興でまかなわなければならない」。③「日本国民は，自国の実情について驚くべき無理解を示している。国民は戦争の結果として長期にわたる困苦と自己否定の生活のほか，なにものも期待できぬことを認識すべきであった。それなのに国民はこれまで自己の能力をはるかに超えた生活を続けてきたのである」。④「富はまずこれを創造してからでなければ分配できない。日本国民はまず均衡予算を要求し，その上で過大な支出，浪費，補給金の排除，多すぎる公務員の整理，および個人および各種グループで解決できることをなんでも政府に依存する態度を改めることなどに全力を集中すべきである」。⑤「補給金制度を広く適用することは異常な措置であり，決して好ましい方向ではない。それは架空で不自然な価格関係を生み出すばかりでなく，……ある特定のグループの利益と保護のためだけに使われる」。
>
> 　アメリカの納税者の論理として，大きすぎる政府，それへの過度の依存から脱却し，補給金などの措置を撤廃して市場経済メカニズムを回復させることが求められていた。
>
> 参考文献　香西泰，前掲『高度成長の時代』65〜66頁。

---

*26　有沢広巳監修，前掲『昭和経済史（中）』99頁。
*27　香西泰，前掲『高度成長の時代』69頁。香西は，正確には「ディスインフレ」ではなく，「ディスデフレ」と表現すべきであったと注記している。

第7-17表　ドッジライン下の経済動向

		1947年	1948年	1949年	1949年			
					I	II	III	IV
財政資金対民間収支	（百万円）		72,420	△65,214	2,825	△31,897	44,638	△80,780
対金融機関信用供与	（百万円）			92,144	△17,209	29,621	18,047	61,682
産業資金供給実績	（百万円）		386,775	536,806	90,567	156,761	174,118	115,352
通貨供給量	（1948年3月=100）		100	140	146	145	174	148
実効物価　生産財	（1934-36年=1）	59	123	188	186	190	203	210
消費財	（1934-36年=1）	96	169	209	219	206	202	202
実質賃金指数	（1934-36年=100）	30	48	65	61	65	69	73
輸出実績	（百万ドル）	174	258	510	47	43	40	48
雇用指数	（1947年=100）	100	101	99	101	96	94	

出所）三和良一・原朗編，前掲『近現代日本経済史要覧　補訂版』148頁。

第7-18表　戦後統制の解除

	戦後最も多かった時期		1949年4月	1950年4月	1951年3月
	年　月	数			
指定生産資材の項目数	1946年2月	252	233	48	26
指定配給物資の項目数	1947年2月	64	57	15	8
価格統制件数	1949年3月		2,128	531	263
統制公団数	1948年3月	15	12	7	0

出所）経済企画庁戦後経済史編纂室編『戦後経済史（総観編）』1957年，290頁，同『戦後経済史（経済政策編）』1960年，226〜277頁より作成。

　そうした部分的な補正を伴いながら展開したドッジの自由主義的な経済政策は，一般的には物価の安定に大きな貢献を果たしたと評価されている。しかし，他方で中村隆英などは，1949年からの物価上昇率の低下は，傾斜生産方式を起点とする供給面での対策が功を奏したとみるべきだとして通説を批判している[*28]。

　経済全般にわたっていた統制的な枠組みは，ドッジの登場とともに解消の方向に向かった。第7-18表のように，統制の件数は，1949年度中に大幅に整理され，占領末期にはごく限られた分野を残すだけとなった。

朝鮮特需

　ドッジライン実施から1年の間に，日本経済は深刻な景気後退に陥っていた。1950年春ころには，ディスインフレ政策による資金供給の手段に限界が発生し，企業の決済資金不足などによって危機的な状況にあると評価されるほど深刻であった。

[*28] 中村隆英，前掲『日本経済　第3版』155頁。

このような状態のなかで1950年6月に朝鮮戦争が勃発し，日本経済は安定恐慌からの脱出口を見出した。戦争の影響としてもっとも重要であったのは，外貨不足の日本に多額の外貨収入をもたらした特需であった（第7-19, 7-20表）。

朝鮮戦争第1年度の特需契約額は1184億円で，1950年度の国民総生産の約3％であった。この追加需要が安定恐慌からの脱出の契機となったが，とくに重要なことは，それがドルによって支払われたことであった。経済復興のために原材料等の輸入が不可欠であった日本には，この外貨収入が決定的な意味をもった。単に戦場に近かったことが，このような機会を日本にもたらした。

この結果，自己資本利益率でみると，綿糸紡績業は1949年下期の26％から50年度には156％という驚異的な高さとなったが，このほか，化繊産業では32％から194％となった。また，鉄鋼業では，5.4％から30％を記録した[29]。こうした特需ブームのなかで，日本は戦前期の経済水準を回復していくことになった。しかし，その一方で，この過程は，アメリカが日本を西側陣営の一翼に明確に位置づけ，「非軍事化」ではなく，「経済復興」を優先した対日政策へと転換を進めるものとなった。そこでは軽度の「軍事化」までも認める方向が追求され，講和とその後の日米関係に重要な課題を残すことになった。

特需によるブームは国民生活の改善には直ちにはつながらなかった。1951年に中山伊知郎が発表した「日本経済の特質」は，鉱工業生産が朝鮮戦争下の1年で50％増えて戦前水準を回復したにもかかわらず，消費水準は5％の増加にとどまって戦前水準を20％も下回ったと指摘している[30]。第二次大戦前の分配面での不平等さ，たとえば30年代の景気回復が国民生活の改善には結びつかなかった構造的特質が，戦後復興期にはいまだに払拭されず残っていた。

第7-19表 特需に支えられた国際収支 （単位：百万ドル）

	国際収支総合	貿易収支	輸出	輸入	特需収入
1950年	434	38	924	886	149
1951	369	△287	1,358	1,645	592
1952	186	△407	1,295	1,701	824
1953	△379	△790	1,261	2,050	809
1954	2	△426	1,614	2,041	596
1955	284	△59	2,001	2,060	557

出所）香西泰，前掲『高度成長の時代』80頁。

第7-20表 特需の内容 （単位：千ドル）

物資		サービス	
兵器	148,489	建物の建設	107,641
石炭	104,384	自動車修理	83,036
麻袋	33,700	荷役・倉庫	75,923
自動車部品	31,105	電信・電話	71,210
綿布	29,567	機械修理	48,217

出所）三和良一・原朗編，前掲『近現代日本経済史要覧 補訂版』149頁。

[29] 有沢広巳監修，前掲『昭和経済史(中)』132頁。
[30] 香西泰，前掲『高度成長の時代』81〜82頁。原典は，中山伊知郎『日本経済の顔』日本評論新社所収の論文。

5　国際収支不安と貿易立国

独立回復と占領政策の見直し

　1951年9月のサンフランシスコ講和会議にあたって，吉田茂首相は，アメリカ特使ダレスが要求する再軍備に強く抵抗し，再軍備を行えば経済の自立が不可能になるとし，「朝鮮戦争勃発後に創設された警察予備隊を正式の軍隊とすることを受けいれなかった」*31。吉田は米軍の駐留を認める代わりに，防衛はアメリカに委ねて安上がりにすませ，余力を経済復興に振り向けることを狙っていた。こうして，再軍備の否認，金銭賠償の放棄などを骨格とする講和の枠組みが決定された*32。それは，朝鮮半島における熱戦を含む東西対立の所産であった。日米安全保障条約は，アメリカの対アジア・太平洋地域に対する戦略展開の一環であった。

　これより先，1951年5月にはGHQの指令に基づいて政令改正諮問委員会が設置され，占領関係の諸法令の見直しが着手された。これによって，52年から53年にかけて独占禁止法が改正され，財閥の商号禁止などの措置が緩和された*33。また，外国為替管理委員会，公益事業委員会などの独立行政委員会制度が，公正取引委員会を除いては廃止の方向に向かった。その結果，外国為替の管理は，大蔵省と通産省の共同管理のもとに置かれ，公益事業，とりわけ電力業は通産省の原局である公益事業局が所管し，九電力体制が運営されることになった。また，シャウプ勧告によって整備された税制では，租税特別措置などによって企業の資本蓄積を促進するような優遇税制が導入されるなど，講和の実現を契機に占領期の政策的な枠組みが部分的に改編された。

　しかし，講和条約はいくつもの課題を残した。サンフランシスコ講和会議に不参加であった東側諸国，とりわけソ連との国交回復は領土問題や漁業権問題など重要な課題を解決するためには不可欠であった。しかし，東西対立の構図の一方に属したことは，その解決の道を遠のかせていた。そのためもあって，国際連合への加盟など国際機関への参加も容易には進捗しなかった。

　また，近隣のアジア諸国との関係の回復にも多くの課題が残っていた。中国や韓国との国交回復は二国間協議に委ねられ，日韓国交回復は1965年まで，日中

---

　*31　有沢広巳監修，前掲『昭和経済史(中)』135頁。
　*32　講和条約に関する政治過程については，細谷千博『サンフランシスコ講和への道』中央公論社，1984年，参照。
　*33　占領政策の見直しについては，とりあえず通商産業政策史編纂委員会編『通商産業政策史　第5巻』通商産業調査会，1989年，第2章参照。

国交正常化は1972年まで持ち越されることになった。太平洋戦争によって戦場となった東南アジア地域では，アメリカが提示した無賠償という講和原則に異議を唱え講和条約に不参加となった国々が多く，それらの国々との国交回復も重要な課題であった。

国内的には，安全保障条約の締結と，これに基づく行政協定によって，日本の主権回復に一定の制約が課せられたことが問題であった。とくに，事実上の治外法権を認めたと評された「行政協定」により米軍の基地が残存し，さらに固有の領土である沖縄や小笠原は米国の支配下に存置された。

独立後に再軍備を求める保守勢力が，追放解除とともに台頭し，国内政局は混乱を極め，造船疑獄事件などのスキャンダルもあって不安定であった。この混乱は，1955年に自由党と民主党が，左右両派に分かれていた社会党の統一に呼応するように合同して自由民主党を結成（保守合同）し，議会で安定的な多数を占めることでようやく終息に向かった[*34]。

通商条約締結と対外関係

独立後の日本の国際経済社会への復帰も困難を極めた。講和後に各国との通商関係の正常化のための交渉が進められた。この交渉のなかでとくに重要であったのが，他国との条約等のモデルになると考えられたアメリカとの通商航海条約であった。この条約交渉での争点は，アメリカ側が「投資保護」を目的に要求した内国民待遇であった[*35]。それは，これまで日本政府が行ってきた産業政策，貿易政策に対し根本的な制約となると考えられた。しかし，交渉の結果成立した条約はアメリカが大きく譲歩した内容となった。内国民待遇では，公益事業，造船業，航空輸送，水上運送，銀行の預金，信託業務，土地その他の天然資源の開発に制限業種が拡張され，導入外資の国内再投資では外資法の制限を時期を限って継続することが認められた。また，外貨事情に基づく為替管理や，事前公表などを条件とした輸出入制限が認められた。こうした措置は国内産業の保護育成のための産業政策が展開する条件を与えた。原則として対外的には開放的な枠組みが約束されながらも，その実施まで一定の猶予期間が与えられたからである。

その他の西側諸国との通商協定交渉では，差別的対日輸入制限の撤廃（GATT第35条援用撤廃など）によって輸出拡大を図るという日本側からの要求が争点とな

[*34]　保守合同にいたる政治過程については，中北浩爾『一九五五年体制の成立』東京大学出版会，2002年参照。

[*35]　通商産業政策史編纂委員会編『通商産業政策史　第6巻』通商産業調査会，1990年，第4章第2節参照。

った。これらの条約交渉の円滑な進展と対日差別の撤廃のために，日本政府は輸出秩序の確立などの輸出振興政策を講じた。

　他方で，冷戦の激化という国際情勢のもとで，東側諸国との貿易を制約する国際的な枠組みが強化されていた。この規制は，ソ連圏向け物資を対象として成立したココム・リストと，中国に対するチンコム・リストに基づくもので，日本は講和条約発効後間もない1952年9月にこれに加わっていた。

　日米関係を重視したこの選択は，日本にとって大きな制約となった。1950年代後半に輸出制限が緩和の方向に向かうとはいえ，戦前には最大の貿易相手国であった中国に対しては，貿易拡大を求める声は早期から強かった。輸出振興が経済政策上の至上課題と捉えられていたから，対米協調との兼合いを考慮しながらも，中国貿易拡大が求められたのは当然であった。しかし，リストに基づく制約に加えて国交正常化の遅れから中国との貿易関係は民間協定のかたちで細々と続けられたにすぎなかった。また，ソ連との貿易再開は日ソ国交回復後となった。

　懸案になっていた日ソ交渉は，1956年に入って漁業問題についての交渉が妥結した後，鳩山首相が領土問題を棚上げとして国交回復を図ることを決断して与党内をまとめ，10月に共同宣言の調印にこぎ着けた。これをきっかけに懸案であった東側諸国との国交が正常化し，日本の国際社会への復帰が大きく前進した。具体的には，日ソ共同宣言が発効した12月に日本の国連加盟が承認された。

　経済面では国際通貨基金（IMF）への加盟は1952年5月に独立に先行して承認されたが，関税及び貿易に関する一般協定（GATT）への参加は難航した[*36]。戦前の日本製繊維製品のダンピング輸出に激しい反感をもつイギリスをはじめとする諸国の強い反対があったからである。1955年2月のGATT正式加盟交渉では，アメリカが率先して対日関税交渉に応ずることを声明したうえに，日本に対して実質的な関税引き下げを行う国に対しては，アメリカ自身がその国の希望する関税を引き下げる用意があることを表明することで，日本の加盟を強力にバックアップした[*37]。こうして55年9月に正式加盟が発効したが，そのままでは対日差別の撤廃にはつながらなかった。GATT第35条の規定を援用して，日本にGATT規定を適用することを拒否した国が少なからずあったため，その撤回は，東南アジア諸国に対する賠償交渉とともにその後の経済外交の重要課題となった。

国際収支不安と輸出振興

　経済の再建・復興期，日本は朝鮮戦争に伴う特需やアメリカからの援助で外貨

　[*36]　通商産業政策史編纂委員会編，前掲『通商産業政策史　第6巻』第4章参照。
　[*37]　同上，235頁。

の不足を補い，なんとか国際収支を均衡させている状態であった。政府はその少ない外貨を有効に使って，企業の合理化を進め，貿易収支を改善することに努めた。経済の成長のためには，設備機械，原材料などを輸入しなければならなかったが，そのための外貨が不足していたからである。成長するためには輸出によって外貨を稼ぎ，それによって技術革新を進め，産業の国際競争力を強化しなければならなかった。投資が拡大し，経済が好景気に向かうと，決まって原材料等の輸入が増加し，貿易収支が悪化して外貨危機を招いた。そのため1950年代に入ってから，日本は外貨の準備状態を指標にしながら，ストップ・アンド・ゴーの景気政策を繰り返し，経済成長率は上下の循環変動を記録することになった。

　この間，投資主導型の経済拡大は，外貨の制約と過剰生産力の醸成という二つの懸念から否定され，輸出主導型の経済発展が唯一の選択肢と政策立案者たちには認識されていた。その意味では日本経済の将来に悲観的で，とりわけ国内市場が個人消費などによって拡大していくことを夢に描くことはできなかった。資源がなく，国内市場が狭いという認識がその基盤にあったが，それは第二次世界大戦に至る長い侵略の歴史を正当化する場合の論理と同じであった。戦後の経済政策立案過程から知られる基本的な認識の底には，戦争を正当化したのと同じ論理である「資源が乏しく国内市場は狭い」という捉え方が再現していた。

　輸出主導型を志向したという意味では，サンフランシスコ講和条約後に未解決

考えてみよう　貿易主義と開発主義

　経済自立の課題について，当時，「貿易主義と開発主義」という論争があった。前者は日本のような人口過剰，資源不足の小国は，貿易，工業化，資本蓄積に活路を求めるべきであると主張し，後者は東西冷戦による世界市場の分裂のもとでは貿易に大きな期待を抱くことはできず，国内資源の計画的開発を進めるべきだと主張した。このような主張から，前者は自由主義的であり，後者は計画化を構想したと対照されることもある。

　この論争は，たとえばエネルギー源について，国内石炭への依存が1950年代後半には輸入原油に転換するなど，経済政策の基調としては貿易主義に近い方向に沿ったということができる。外貨の制約が強く，貿易の利益なくしては，経済復興が実現できないという認識が支配的であった。

　これに対して，現在の開発経済論などの工業化論では，輸入代替や輸出志向などの成長政策に注目し，貿易の役割を重視することが多い。経済発展には国内の産業の発展，それに伴う雇用の拡大を介した個人所得の増加などが不可欠な要因になることから，産業の発展の可能性を輸出市場や輸入代替などの市場基盤から論じているということになる。

　戦後の日本でも資源に乏しいことなどを理由に，経済政策では国際収支の均衡条件を底上げするような輸出拡大・輸入代替の産業育成・保護政策などに力を入れ，それによって成長に必要な資源等の輸入が可能になった。ただし，本文にも記したように，日本より遅れて経済発展を遂げる韓国，台湾などの国々と対比すると，日本経済の貿易依存度は低く，国内の投資と消費が成長の重要なエンジンであったことは明白であった。

参考文献　香西泰，前掲『高度成長の時代』89頁。

のまま残されていた東南アジア諸国との賠償交渉でも日本政府はこうした政策志向を徹底して追求した。そのため賠償支払は日本からの製品輸出ないし役務の提供を伴う経済協力という形態をとることが目指された（後述）。

　しかし，強い輸出志向に基づく政策運営は，投資でも消費でも国内に強い潜在的需要が存在していることを軽視する傾向にあった。内需不足の状態にあったから輸出志向が適切な選択肢となったわけではなかった。この点では，後続の韓国や台湾など近隣アジアで工業化を達成することになる国々が高い輸出依存度を実現しつつ経済成長の道を切り拓いたのとは異なっていた。

　内需に応じるためには海外資源の輸入が必要であり，そのために外貨が不可欠であった。だから経済発展のために外貨は必要な条件であった。産業の合理化も新産業の育成も，貿易収支改善への貢献を期待できるという視点・基準から正当化された。経済合理性を損なうといった批判のあった重油の消費規制なども，1950 年代には輸入の抑制という観点から正当化され，石炭業の保護が続けられた[38]。経済発展における輸出の役割を論じる時には，国内投資を拡大することに慎重であっただけでなく，その考察では国内消費拡大のもつ意味がまったく考慮されていなかったこともしばしばであった。つまり，戦後の日本経済をリードする政策立案の背後にあった政府の認識には，強い輸出志向があり，輸出こそが経済発展の原動力であるとの考え方があった。そうした視点があまりに強かったために，日本政府は当面の国民生活の向上を犠牲にしても，輸出を拡大すべきだと公言しており，国内消費が拡大することは，経済政策の望ましい運営にとっては阻害要因と認識されていた[39]。

産業合理化の課題

　ドッジデフレ後の産業界が直面した課題は，外貨の制約を解除しうるような輸出産業として自らの国際競争力を向上させることであった。しかし，デフレにより強制される合理化は，労働側の激しい抵抗にあった。

　その代表的な例が 1950 年のトヨタ争議につながるトヨタ自動車の合理化計画であった[40]。この時期の自動車産業は第 7-21 表のように人件費比率の上昇によって経営状態が極度に悪化していた。経営不振から事実上の銀行管理を受け入れ

---

[38] 通商産業政策史編纂委員会編『通商産業政策史　第 7 巻』通商産業調査会，1991 年，第 8 章参照。

[39] 経済審議庁『昭和 28 年度年次経済報告』34 頁には，「国内購買力」が存在することが，輸出を阻害する要因と指摘されている。

[40] 武田晴人「自動車産業」武田晴人編『日本産業発展のダイナミズム』東京大学出版会，1995 年。

なければならなかったトヨタは、50年4月に1600人の人員削減を含む合理化計画を発表した。大量の「首切り」に反発した労働組合と経営側との交渉は難航し、50年4月から5月にかけて2カ月間争議が続き、6月10日に争議は労働者側の完全な敗北に終わった。その結果、トヨタは争議による生産減と1億2000万円の退職金支払など一時的には大きな負担を負ったとはいえ、「人員の減少は2146名（分工場整理分を含む）に達し、東京都所在の蒲田、芝浦両工場を閉鎖し、福利部門の独立採算、人件費の一割賃下、労働協約一部改訂等」が実現した。人員削減の結果は第7-22表のように現場従業員一人あたりの生産台数に示される効率の向上と、経費の削減とに現れた。争議前に36%を占めた経費中の労務費比率は11月には24%となり、1～3月に比べて経費が3分の2に、生産効率は1.9倍以上になった。争議をはさんで8カ月間に生じた変化としてはきわめて大きいものであり、人員の整理の成功を示していた。

以上のような困難な経営状況を大きく変えた市場的な基盤が「朝鮮特需」であり、トヨタの事例でもストライキの直後に舞い込んだ特需注文による生産回復であった。

また、鉄鋼業では1950年10月以降八幡製鐵、日本鋼管が近代化3カ年計画を発表し、11月には川崎製鉄が戦後はじめて鉄鋼一貫製鉄所の建設を発表して、注目を浴びた。鉄鋼各社の近代化計画は、49年12月に発足した産業合理化審議会が52年2月に「鉄鋼業の合理化に関する報告」として提示したもので、第一次合理化計画と呼ばれることになった[*41]。これによって鉄鋼業の設備投資規模

> **考えてみよう　スプーン一杯の砂糖**
>
> 　特需に依存しない国際収支の均衡を実現することが、「経済自立」の達成指標と考えられていたが、その目標達成はきわめて困難と考えられていた。そのため、昭和29年度の『経済白書』は、「目標は国際収支の改善にある。輸入の削減も国内購買力の圧縮もその目標を達成するために必要なのだ。景気を後退させることは目標でなくして手段なのである。国民の所得を無理に縮めなくとも各人がその所得のうち消費に充てる割合をできるだけ抑え、同じ消費でもなるべく外国の品を買わないようにすればそれだけ目的に近づく」と指摘した（同書、35～36頁）。1950年代前半に個人消費が伸びはじめたことについて、『経済白書』は経済自立を阻害する要因と捉えていた。そこで「たとえば煮物をし、コーヒーを飲む時の砂糖を一人一日に一サジ節約するだけで年間約一千万ドルの輸入負担の軽減になり、それだけ他の重要工業原料の輸入をふやす余地を生むことができる」と消費の節約による原材料輸入の増加の必要性を説いていた。この論理は戦時期に戦争遂行のために国民に「ほしがりません勝つまでは」と消費抑制を訴えたものと同一であった。政府は国民生活の改善に関心は薄く、冷淡であった。それほど外貨制約が切実であった。
>
> **参考文献**　武田晴人『高度成長』岩波新書、2008年、81頁。

[*41] 通商産業政策史編纂委員会編、前掲『通商産業政策史　第6巻』第5章参照。

は一挙に10倍に増加し，圧延部門中心に合理化が進められた。そのための資金は主として金融機関からの貸出によって供給されたが，なかでも重要な役割を担ったのが，復興金融金庫を改組して設立された日本開発銀行であった。日本開発銀行は，エネルギー供給の中心となる石炭業と電力業，日本海運隊の再建を担う海運業，基幹産業である鉄鋼業に重点的に資金を供給し，産業の合理化を資金面から推進する役割を担った*42。

この間，産業合理化審議会は，51年2月に「我が国産業の合理化方策について」を答申し，これをもとに，52年3月には企業合理化促進法が制定され，輸入機械・技術に関する免税，特別償却制度の新設による産業技術の向上と資本蓄積の推進などが図られることになった*43。そして，この法律の適用を想定しながら，上記の鉄鋼業だけでなく，石炭，電力，造船，肥料，繊維などの各分野で3年から5年の近代化計画が作成され，各社が競い合うようにして技術導入を基礎に産業の合理化が推進された。

以上のような基幹産業の合理化だけでなく，新産業の育成も開始された。たとえば，合成繊維産業の育成が通産省の育成計画を基礎に着手された。しかし，それは日本の企業にとってリスクの大きい投資でもあった。たとえば，ナイロン技術をデュポン社から導入した東洋レーヨンは，資本金7.5億円に対して11億円近い特許料を払わなければならず，しかも需要が順調に伸びはじめるまでの2年あまり，大きな損失を甘受しなければならなかった*44。自動車工業でも，50年代前半には，既述のトヨタの例からも明らかなように，経営難に陥っており，一

第7-21表 戦後の生産高・売上高に対する人件費比率
(単位：%)

	A社		B社	
	対生産高	対売上高	対生産高	対売上高
1945年下	25.83	20.67	44.7	33.0
1948年下	31.87	25.49	28.6	19.6
1949年下	28.05	26.61	35.8	31.2

出所）『自動車年鑑』1952年版，335頁。原資料は自動車産業経営者連盟調。

第7-22表 トヨタ争議前後の効率・経費推移

		1950年1-3月	6月	8月	11月
生産効率	生産台数A	1,016	661	1,096	1,384
	指　数	100	65.1	107.9	36.2
	従業員数B	5,877	4,256	4,191	4,145
	A／B	0.173	0.154	0.261	0.334
	指　数	100	89	151	193
経費	労務費比率	36.1	35.2	27.3	24.0
	原価指数		97.5	75.6	66.5

注）労務費比率は製造原価に対する比率。
出所）武田晴人，前掲「自動車産業」武田晴人編『日本産業発展のダイナミズム』197頁。

---

*42 日本開発銀行については，日本政策投資銀行編『日本開発銀行史』2002年，および宇沢弘文・武田晴人編『日本の政策金融』1～2巻，東京大学出版会，2009年を参照。
*43 効果に関しては，山崎志郎『新訂　日本経済史』放送大学教育振興会，2003年，237頁に簡明にまとめられている。
*44 東レ株式会社社史編纂委員会編『東レ50年史：1926-1976』1977年。

第7-10図　復興期の物価動向

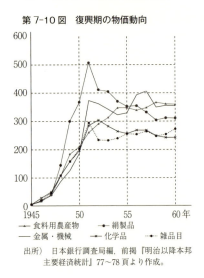

出所）日本銀行調査局編，前掲『明治以降本邦主要経済統計』77〜78頁より作成。

万田日銀総裁が「国際分業の時代だから，日本に乗用車工業を育成する必要はない」(乗用車工業無用論)と述べたことに象徴されるように，外国企業との競争が困難と判断されていた。

こうした産業分野が本格的に開花するのは高度成長期となるが，それは消費財産業が当時の産業政策のもとでは「従」たる位置におかれていたことと無縁ではなかった。個人消費水準が低いために，国際競争力の脆弱なこれらの産業が依拠すべき国内市場がまだ成熟していなかった。

政策的な合理化・育成が進められる一方で，産業界では旧財閥が「企業集団」として再結集を図り，独占禁止法の改正を前提とした不況カルテルや合理化カルテルが実現し，さらに通産省の行政指導に基づく「勧告操短」が実施されるなど，市場の組織化が進んだ。企業集団の株式持合比率は，三菱では1951年の2.7％から52年の9.8％，53年の10.6％と急上昇した。住友では，同じ期間に0.3％から9.5％，11.2％と上昇した。三井では持合比率はやや低かったが，53年までに5％台に上昇した＊45。

こうして高度成長期につながる日本経済の構造的な骨格が固まっていった。日本経済の戦後復興は，国際的にみても例外的な物価上昇のもとで果たされなければならなかったが，戦時生産の反動としての供給の不足，そして抑圧された消費欲求の繰り延べられた発現などによって大きな影響を受けた。第7-10図から知られるように，1950年前後まで繊維製品の価格上昇が際立って大きく，こうした諸物価の相対価格の変動によって，各産業の市場条件には大きな差異が生じ，産業発展のあり方は不均衡なものとなった＊46。

産業構造は，1940年代後半に戦時における**機械工業化**が「後退」を示し，食料品や紡織が高い伸びを示すなど，消費財産業の拡大が目立つ変化を示した（第

＊45　橘川武郎「戦後型企業集団の形成」橋本寿朗・武田晴人編，前掲『日本経済の発展と企業集団』264頁。

＊46　経済安定本部，前掲『昭和27年度年次経済報告』17頁参照。同書によると，価格上昇倍率は戦前に対して，1951年3月現在で羊毛677倍，綿糸667倍，綿花577倍，石炭448倍であった一方，コメ284倍，硫安275倍と半分以下であり，さらに，電力116倍，鉄道運賃99倍と大きな格差があった。

第7-23表　戦前基準製造工業分類生産額構成　　（単位：百万円，%）

	戦前	1945年	1947年	1950年	1955年
食料品	10.7%	5.3%	10.1%	12.6%	18.2%
紡織	31.3%	5.9%	12.3%	22.0%	16.1%
製材木製品	2.3%	5.0%	9.8%	4.4%	4.8%
印刷製本	2.0%	1.0%	2.1%	2.6%	2.8%
化学	16.6%	9.2%	18.8%	22.8%	20.2%
窯業	2.7%	2.4%	4.6%	3.6%	3.6%
金属	17.2%	18.8%	14.8%	16.8%	17.3%
機械器具	13.4%	51.3%	27.3%	13.7%	15.1%
その他	3.8%	1.0%	0.3%	1.5%	2.0%
合計	10,828	43,966	281,108	2,167,579	6,217,760
重工業化率	30.6%	70.1%	42.1%	30.5%	32.4%
重化学工業化率	47.2%	79.3%	60.9%	53.3%	52.6%
食品＋繊維比率	42.0%	11.2%	22.4%	34.6%	34.3%

出所）武田晴人，前掲「需要構造」42〜43頁。

7-23表）。兵器生産によって急増していた機械器具生産は，1945年の51%から，1950年には14%弱にまで低下した。このような変化は，経済復興にとって何よりも国民生活の必要を満たす供給が求められたからであった。第7-24表のように，より細かい産業分類によって業種別生産額の増加倍率をみると，1948〜50年には上位20位までの半数が消費財であった。また，復興が進んだ1950年代前半には製穀，製粉，製麺，砂糖と上位4位までが食品工業であった[*47]。

1950年代前半にも乏しい外貨を補充するために綿製品などでは輸出志向の強い政策が採用され[*48]，さらに産業合理化政策のもとで基礎素材や生産設備などについても増産が図られたが，それらが産業発展の主導的な部門として存在感を示していたわけではなかった。1950年代後半に入ると，増加率の高い産業分野が大きく様変わりしたことに，高度成長期と復興期との経済発展のあり方の違いが明瞭に現れていた。

資金不足と投資制約

物価上昇圧力と労働側の激しい攻勢のもとで，賃金上昇圧力が強かったことから，これを吸収しうるような技術進歩を実現できる設備の改良・更新等が必要で

[*47] 食料品工業の代表として製粉業については，池元有一「製粉業」武田晴人編『戦後復興期の企業行動』有斐閣，2008年を参照。

[*48] 綿工業については，大畑貴裕『GHQの占領政策と経済復興』京都大学学術出版会，2012年，および渡邊純子「綿工業」武田晴人編，同上書所収，参照。また，同書には，山崎澄江「硫安産業」，韓載香「セメント産業」，祖父江利衛「造船業」，金容度「鉄鋼業」などの分析もあるので参照されたい。

第7-24表　業種別の生産増加ランキング　　　　　　　　　　　　（単位：倍）

	1948-50年		1950-55年		1955-60年	
1	石鹸	13.94	製穀業	51.34	民生用電気機械器具	7.26
2	製麺業	13.52	製粉業	35.65	金属工作機械・部品	7.03
3	石油精製業	13.29	製麺業	31.95	有線・無線通信機械	6.54
4	綿スフ織物	12.16	砂糖製造	23.01	電子管・半導体素子	6.47
5	鉄鋼伸線業	11.35	民生用電気機械器具	13.29	コンベーヤ運搬機械	5.24
6	中衣及び肌着	11.18	電線・ケーブル	10.09	自動車部品	5.20
7	合金鉄	10.63	写真機	8.62	理化学用機械	5.15
8	紡績業	10.25	鉄鋼鍛造業	8.45	有機質肥料	4.35
9	出版業	9.56	電子管・半導体素子	7.62	冷蔵庫・冷凍機	4.35
10	水産缶詰	9.47	有機質肥料	6.63	自動車	4.33
11	製缶板金業	7.94	開閉装置・配電器	6.51	紙器・段ボール箱	4.31
12	製革業	7.75	変圧器	6.36	構築用金属製品	4.26
13	ブドー糖及び水飴	6.92	合板	6.24	コンクリート製品	4.26
14	製粉業	6.71	自動車	6.15	建設・鉱山用機械	4.09
15	製綿業	6.53	パン・菓子	5.92	開閉装置・配電器	4.06
16	構築用金属製品	6.45	合成樹脂	5.65	工業用ゴム	3.89
17	植物油脂製造	6.39	パルプ	5.61	ボルトナットネジ	3.70
18	タイヤ・チューブ	5.74	自動車部品	5.55	ベアリング	3.68
19	化学繊維	5.48	製綿業	5.54	合成樹脂	3.68
20	ゴム製履物	5.45	ベアリング	5.28	発電機・電動機	3.66

出所）第7-23表に同じ，48頁。期間中の増加倍率。

あった。しかし，産業発展の不均衡とともに，民間企業は収益が不安定で積極的な設備投資に慎重であったことも特徴であった。

　戦後の企業への資金供給は，傾斜生産方式の花形であった石炭・鉄鋼などの重点産業への供給をはじめとして，エネルギー供給の制約が強かったことを背景に電力業に対する設備投資資金供給が政策的に推進されていた[*49]。電力業が貸出市場できわめて大きな位置を占めていたことは，九電力体制のもとでも大量の低利資金を政策的に投入しなければエネルギー供給の改善が難しかったことを意味していた。しかし，その反面で1950年代前半には製造業企業の設備資金調達は自己資金依存度を急速に高めており，銀行借入の役割はきわめて限定された。

　設備資金供給機関として金融機関の果たす役割も大きかったが，民間金融機関

────────

[*49] 橘川武郎『日本電力業発展のダイナミズム』名古屋大学出版会，2004年参照。

第 7-25 表　設備資金供給の構成　　　　　　(単位：百万円，%)

	1949-50 年度		1951-53 年度		
民間金融機関	92,478	35.8%	297,617	33.5%	18.8%
債券発行銀行	52,400	20.3%	142,451	16.0%	9.0%
その他民間銀行	40,078	15.5%	155,166	17.5%	9.8%
証券市場	119,823	46.4%	323,166	36.4%	20.5%
事業債手取額	49,809	19.3%	100,650	11.3%	6.4%
株式払込額	69,204	26.8%	222,516	25.1%	14.1%
政府系金融機関	43,987	17.0%	246,328	27.7%	15.6%
復興金融金庫	(10,723)	−4.2%	(8,179)	−0.9%	−0.5%
見返り資金	53,204	20.6%	94,078	10.6%	6.0%
開発銀行	0		106,216	12.0%	6.7%
別口外国為替貸付	0		21,006	2.4%	1.3%
外部資金合計	258,362	100.0%	888,117	100.0%	56.2%
内部資金	不明		691,215	77.8%	43.8%
社内留保	65,900	25.5%	130,700	14.7%	8.3%
総　計			1,579,332	177.8%	100.0%

出所）　武田晴人「企業金融」前掲，武田晴人編『日本経済の戦後復興』191 頁。

のうち日本興業銀行，日本勧業銀行など戦前期の特殊銀行を継承した債券発行を認められた銀行と政府系金融機関が設備資金供給の主役を演じ，それ以外の民間銀行が設備資金供給に占める比率は 1 割程度にすぎなかった（第 7-25 表）。預金不足によりオーバーローン問題[*50]を抱え込んでいた民間銀行（普通銀行）は運転資金供給に業務を集中し，長期信用銀行と政府系金融機関が長期設備資金を供給するという長短金融の分業がかたち作られていった。それは，有力都市銀行を中心に普通銀行が長期資金供給を担いうるだけの資金を十分にはもっていないという資金不足を背景にしていた。

　戦後の企業金融を支える仕組みは，不足する資金を重点的に配分するという政策的誘導の意図に沿うものであったが，いわゆる「間接金融体制」とは異質なものであった。これを資金源泉面で支えたのは，企業および家計からの銀行預金と郵便貯金であり，郵便貯金は資金運用部，財政投融資計画を介して，政府系金融機関への貸出と金融債引受による長期信用銀行への資金源泉となった。また普通銀行の資金源泉としては企業部門からの預金の受け入れが重要な源泉であり，この時期の普通銀行の預金増加の過半を占めた[*51]。

　これらの関係を簡略化して図示すると，第 7-11 図の通りであった。金融機関

[*50] 民間銀行のオーバーローンについては，金融制度調査会常設調査企画部会『オーバー・ローンの是正について』1963 年を参照。
[*51] 武田晴人，前掲「企業金融」参照。

第 7-11 図 戦後の企業金融を支える仕組み

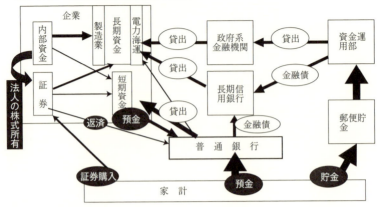

出所）第 7-25 表に同じ，242 頁。

の資金仲介機能が，政府系金融機関，長期信用銀行，普通銀行に分担されるなかで，家計の低い貯蓄水準に規定されてその預貯金が企業の資金調達に貢献することは少なかったが，それが戦後の国内金融構造の原型であった。

設備投資の効果と限界

基礎素材を中心とする投資拡大は，敗戦後のインフレと労働運動の高揚を背景とした賃金上昇に対処する生産合理化をねらいとしていた。設備投資の拡大を反映して，労働者一人あたりの有形固定資本額は金属などの重工業分野で高い伸びをみせたが，機械工業では回復が遅れており，1950 年代半ばには労働生産性が低く労働集約的な性格の強い部門にとどまっていた。

1950 年代前半の労働生産性と売上高利益率の推移を対比して示した第 7-12 図によると，労働生産性は 53 年下期までに 144 に上昇したが，53 年下期から 55 年にかけて停滞した。生産性が上昇傾向にあったことは認めてよいが，賃金もほぼ同様の上昇を示したために，労働分配率は 55 年上期までほとんど変わらなかった。しかも，1950 年代初めには，賃金上昇率が労働生産性の上昇を大きく上回っており，そのため売上高利益率は低下した。言い換えると，1950 年代前半は，経済成長が求められ，生産性上昇のための投資の余地が大きい状況にあったにもかかわらず，現実には労働コストの低下を通して企業の高収益を可能にし企業成長がもたらされるという，好循環の実現にはほど遠い状況であった。利益率の低さに象徴されるように，生産性の上昇はせいぜい賃金上昇率をわずかに上回る程度で，企業成長は直接的に雇用増加を基礎とした[*52]。この労働生産性の効果が限定されていたことが，利益率の低さの基礎的な条件であった。

5 国際収支不安と貿易立国 337

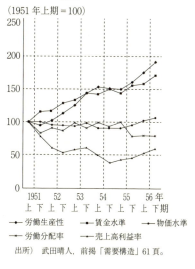

第7-12図 製造業における労働生産性の効果
(1951年上期=100)
出所) 武田晴人，前掲「需要構造」61頁。

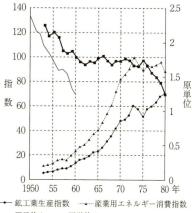

第7-13図 産業用エネルギー原単位の推移
注) 原単位1は，エネルギー供給と鉱工業生産の各指数の相対比，原単位2は産業用エネルギー消費と鉱工業生産指数との相対比で，それぞれ鉱工業生産を一単位増加させるのに必要な「エネルギー原単位」を表示している。
生産および消費の指数は，1995年＝100。
出所) 第7-12図に同じ，64頁。

　労働コストの低下という面で限界があったとはいえ，原材料の節約とりわけエネルギーコストの低下にはかなりの合理化投資の効果が上がっていた。それは，化学工業における電力消費，銑鉄，セメントの石炭・コークス消費などを代表的事例として進展した。九電力体制が整備されるなかでいまだに電力供給が安定性を欠いていたこと，また，採炭条件の悪化などの事情から石炭価格の高水準が問題とされていた時代状況を考慮すれば，企業による投資がこれらの制約を克服するための技術改善・設備改良に力を尽くした結果であった。第7-13図のように，鉱工業生産指数と産業用エネルギー消費指数の推移から「マクロ的な」視点でエネルギー原単位の変化を概観すると，この時期から高度成長期前半のエネルギー革命といわれた時期にかけてエネルギー原単位の改善が進んだこと，その動向は石油の安定供給が明白となる高度成長期の半ば以降には一端収束して改善が停止することが見出される。再度の改善は石油危機後に発生するが，1950年代の**エネルギー原単位の向上は石油危機後に比肩できるものであった**。輸入を含めて調達しうる資源に制約が強かった復興期であるからこそ，エネルギー原単位の改善が喫緊の課題となり，それが設備投資の焦点，基本的な目標として明確に意識さ

*52　武田晴人，前掲「需要構造」67頁。

れ，それなりの効果を上げていた。復興期の設備投資は，このような特質を備えていた。

復習課題

① 戦時経済期に進展した経済統制と経済構造の変化が第二次世界大戦後の日本経済に残した影響について，①産業構造の変化，②需要構造の変動，③企業のあり方を中心に説明しなさい。

② 第一次世界大戦後の日本経済の歴史をふりかえると，少なくとも二度，意図的なデフレ政策が採られた時期がある。一つは，1929年夏からの井上準之助大蔵大臣の金解禁政策であり，もう一つは，1949年春からのドッジラインである。そして，前者は「荒れ狂う大暴風に向かって雨戸を開け放ったようなもの」と酷評され，後者は「戦後復興の基礎を築いた」と評価される。

　①それぞれの政策が採用された背景，その政策の具体的な内容を説明し，②上のような両極端の評価が生まれた理由について，諸君の考えを述べなさい。

復習課題の解説
①について

①産業構造の重化学工業化が戦時統制下で急速に進展しており，空襲などの被害を受けたとはいえ，敗戦時に残存生産設備能力も大きく，賠償方針の緩和によって利用可能となったことから，戦後の産業発展において重工業が発展する基礎的な条件となったと考えられている。

ただし，戦時の「機械工業化」は敗戦後の兵器生産の消滅によって一時的には大きく後退しており，直線的な産業構造の変化が進行したわけではない。本文第7-11表において「機械工業」生産が1949年と早い時期に回復しているのは，戦時の極端な兵器生産への傾斜によって生産能力も生産量も増大する以前の機械工業生産の水準が低かったことを反映しているからであり，誤解しないようにしたい。

もう一つ，軽工業部門は統制によって「企業整備」などのかたちで設備が廃棄されることになり，戦後には厳しい供給不足を発生させる要因となった。こうした状況は，これらの消費財を中心とする産業分野では，戦後になって激しい新規参入を伴う企業

間競争が展開し，そのなかで産業発展の基礎がつくられることになった。

②需要構造では，「繰延需要」という概念で敗戦後の需要のあり方が説明されていることに注目したい。家計の消費については，戦時中に日々の消費が抑制されただけでなく，家計のわずかばかりのストック（簞笥の中の衣料，鍋釜などの家財道具類）が食いつぶされた結果，それらを補充することも含めて消費は強い需要圧力を内在させていた。「渇望」と表現しているのはそのためである。他方でもう一つの需要要因である設備投資については，石炭鉱業を典型として各産業分野の設備更新が遅れ，投資が必要であったにもかかわらず，戦後改革のなかで将来への見通しが不透明であり，企業収益が悪化し資金調達が難しかったことから，繰り延べられた投資需要の発現は，復金融資など政府の強いバックアップがある場合を除いては発生せず，そのために投資需要拡大は全般的に遅れていた。

③の企業のあり方については，経営者の位置づけや労使関係のあり方について，経済新体制運動などで提唱された理念と企業民主化試案で提示された考え方との共通点と相違点を整理することが必要となる。

2について

①第一次大戦後の慢性的貿易赤字を背景として井上財政は，産業の合理化によってそれを打開するために，産業企業にデフレ圧力をかける金解禁政策を採用した。他方で第二次大戦後の供給不足による物価の高騰を政府の補助金等で弥縫していた不健全な経済状態を正常化するために，ドッジラインでは政府支出の削減と単一為替レートが採用された。いずれも基本的には市場経済的なメカニズムを信頼し，競争的な市場によって企業経営の合理化，競争力の向上を期待していた。

②については，さまざまな角度から論じることができるが，一例として井上財政は世界恐慌の発生によって政策体系が想定した以上の貿易不振，国内経済の沈滞に陥ったのに対して，ドッジラインでは1年あまり後に発生した朝鮮特需による追加需要が景気後退を反転させたことが考えられる。この場合は，外生的な要因によって結果が異なったという説明の仕方になる。また，井上財政に批判的な意見としては，それが深刻な農村不況の遠因となり，戦争の時代に道を拓いたという見方をするものもある。他方で，ドッジラインについては物価安定に対する政策効果について限定的な評価をもつ研究者もあり，問題文に示されたそれぞれの評価の妥当性を疑うという観点から解答することもできる。

第8章　高成長経済の時代

1　高成長の開始──神武景気から岩戸景気

1956年の『経済白書』

1956年の『経済白書』は，前年の数量景気によって日本経済の「正常化」が進展したことを受け，当時の日本経済の課題を次のように表現した。

「いまや経済の回復による浮揚力はほぼ使い尽くされた。なるほど，貧乏な日本のこと故，世界の他の国々に比べれば，消費や投資の潜在需要はまだ高いかもしれないが，戦後の一時期に比べれば，その欲望の熾烈さは明らかに減少した。もはや『戦後』ではない。我々はいまや異なった事態に当面しようとしている。回復を通じての成長は終わった。今後の成長は近代化によって支えられる。」[*1]

技術革新による産業・企業の近代化・合理化が必要であることを強調したこの白書の予測は，企業の旺盛な設備投資意欲を基盤に，復興期の諸制約を次第に克服し高成長が持続する経済構造への移行により現実となった。この過程は，成長率循環と表現されたように，「国際収支の天井」を意識した景気調整政策によって成長率がアップ・ダウンを繰り返すものであった[*2]。

鳩山内閣の総合経済6カ年計画案

鳩山内閣は1955年1月に総合経済6カ年計画案を発表した。これは，同年末に経済自立5カ年計画として正式決定された最初の政府の経済計画であるが[*3]，特徴的だった点は，「完全雇用の実現」を計画目標として取り上げたことであった。まだ経済の復興が終わっていないと考えていた人びとが多いなかで，この政

[*1]　経済企画庁「昭和31年度年次経済報告」42頁。
[*2]　篠原三代平『戦後50年の景気循環』日本経済新聞社，1994年参照。
[*3]　戦後の経済計画については，林雄二郎編『日本の経済計画』日本経済評論社，1997年，および星野進保『政治としての経済計画』日本経済評論社，2003年参照。

第8章 高成長経済の時代

年表 高成長の時代
1955年 1月18日 政府、総合経済6カ年計画決定
　　　 7月11日 石油化学工業育成対策決定
　　　 8月10日 石炭鉱業合理化臨時措置法公布
　　　 9月10日 日本のGATT加盟発効
　　　 11月15日 保守合同により自由民主党成立
　　　 この年、春闘始まる
1956年 6月11日 工業用水法公布
　　　 6月15日 機械工業振興臨時措置法公布
　　　 10月19日 日ソ国交回復交渉妥結
　　　 12月18日 国連総会、日本の加盟を承認
1957年 1月 7日 電力制限全国化
　　　 1月25日 熊本医学部、水俣病の原因は新日本窒素の排水が原因と発表
　　　 6月11日 電子工業振興臨時措置法公布
　　　 6月14日 第一次防衛力整備3カ年計画
　　　 10月 4日 政府、独占禁止法審議会設置
1958年 4月24日 繊維工業設備審議会、過剰織機対策決定
1959年 9月26日 伊勢湾台風来襲
　　　 12月11日 三井鉱山、指名解雇通告、三池争議始まる（60年9月妥結）
1960年 1月19日 日米安全保障条約調印
　　　 4月30日 ソニー、トランジスタテレビ発売
　　　 6月19日 新安保条約自然承認
　　　 6月24日 閣僚会議、貿易、為替自由化計画決定
　　　 12月27日 政府、国民所得倍増計画決定
1961年 6月12日 農業基本法公布
1962年 5月10日 新産業都市建設促進法公布
　　　 5月11日 石油業法公布
　　　 10月　 キューバ危機
1963年 2月 5日 IMF理事会、日本の8条国移行勧告
1964年 10月10日 東京オリンピック開催

府計画の問題提起は論争を引き起こした。

たとえば、産業界の意見を代弁する通産省は、経済の現状は近代化・合理化を必要としており、そのために生産現場では雇用削減を通したコスト低下が求められているにもかかわらず、完全雇用を政策目標とすることは制約要因となるという趣旨の意見を明らかにしていた[*4]。結果的には、この計画案は、合理化を重視する産業界や政策官庁の意見と、雇用を重視する内閣の意向とを反映して両論を併記した「曖昧さ」を残したまま正式決定された。

重要な点は、この経済自立5カ年計画では、「完全雇用」という内閣の設定した計画目標を達成するために、一方で合理化を進めて生産の単位あたりの雇用を減らしながら、これによって過剰化する労働力を吸収できるくらい生産の拡大を見込むという成長志向の強い経済を構想したことであった。つまり、失業者が出るよりも早く経済が成長するというシナリオが描かれた。この高い成長志向が、後続する政府の経済計画にも共通する特徴となった。

このような計画は、当時の経済状況からみるとかなりの無理を通したというべきものであった。その点を端的に表わしているのが、表示され

[*4] 通商産業政策史編纂委員会編、前掲『通商産業政策史 第5巻』49頁。

第 8-1 表　経済自立 5 カ年計画

			1954 年度	1960 年度	増加率
就業者数（千人）			3,982	4,486	112.7%
一人あたり生産性（円）			182	216	118.6%
国民総生産（億円）			72,410	96,730	133.6%
国民所得（億円）			60,340	80,880	134.0%
個人消費（億円）			46,150	60,140	130.3%
民間総資本形成（億円）			11,100	17,410	156.8%
政府購入（億円）			13,850	18,960	136.9%
海外余剰（億円）			1,310	200	16.8%
国民総支出（億円）			72,410	96,730	133.6%
国際収支（百万ドル）	受取	輸出	1,602	2,660	166.0%
		貿易外	764	304	39.8%
	支払	輸入	1,692	2,590	153.1%
		貿易外	331	374	113.0%
	バランス		344	0	――

出所）安藤良雄編，前掲『近代日本経済史要覧　第 2 版』155 頁。

た計画目標のなかで，海外余剰が大幅に減少することが想定され，国際収支は 3.4 億ドルの黒字が消滅すると考えられていたことであった。輸出拡大は経済発展の必要条件であったが，増加する外貨収入は原材料輸入によってすべて使い尽くすことを想定することで，ようやく目標とする高い国内生産が達成されるというものだった。輸出大国，黒字大国は想定外だった。

「投資が投資を呼ぶ」経済拡大

しかし，一連の経済計画（経済自立 5 カ年計画，新長期経済計画，国民所得倍増計画，そして貿易，為替自由化計画も同様であったが）によるアナウンスメント効果のもとで，寡占的な企業間の激しい投資競争が発生し，そのために「過当競争」が弊害として懸念されるような経済体制が生まれた。結果的には計画を上回る経済成長が持続したことから，目標は次第に高めに改定され，高成長が当然視されるようになった。そうしたなかで，たとえば国民所得倍増計画では（第 8-2 表），鳩山内閣で論争を呼んだ完全雇用という目標は当然の前提となり，また貿易収支の改善が見込まれるなど経済状態の向上を背景とした変化が生まれた[*5]。

1955〜70 年における日本の高い経済成長率は，先進国経済のなかでも群を抜いていた（第 8-3 表）。1955 年にアメリカの 16 分の 1 程度であった日本の GNP は 1970 年には 5 分の 1 となり，ヨーロッパの主要国を上回る水準となった。

[*5] 武田晴人『「国民所得倍増計画」を読み解く』日本経済評論社，2014 年参照。

第8-2表 国民所得倍増計画の概要

	基準年実績	計 画	実 績	達成率
国民総生産（億円）	97,437	260,000	452,676	174.1%
個人消費支出	57,979	151,166	232,305	153.7%
民間設備投資		36,206	91,140	251.7%
民間個人住宅		5,105	30,467	596.8%
政府投資		28,135	36,978	131.4%
一人あたり国民所得（円）	87,736	208,601	353,935	169.7%
就業人口	4,154	4,869	5,259	108.0%
第一次産業		1,154	1,015	88.0%
第二次産業		1,568	1,790	114.2%
第三次産業		2,147	2,450	114.1%
国際収支（百万ドル）		200	1,374	687.0%
貿易収支		410	3,963	966.6%
長期資本収支		△50	△1,593	3186.0%
輸　出（百万ドル）	2,701	9,320	18,969	203.5%
輸　入（百万ドル）	3,126	9,891	15,006	151.7%
鉱工業生産水準	100	432	556	128.7%

注）基準年実績は1956-58年実績。
出所）松尾尊兊『集英社版日本の歴史21　国際国家への出発』1993年，274頁および安藤良雄編，前掲『近代日本経済史要覧　第2版』164頁。

第8-3表　名目GNPの国際比較
（単位：10億円，%）

	1955年	1970年	年平均成長率
日本（名目）	8,525	70,618	15.1
（実質）	12,859	56,454	10.4
アメリカ	143,280	351,540	6.2
西ドイツ	15,283	66,659	10.3
イギリス	13,220	39,420	8.1
フランス	17,712	47,033	7.2
イタリア	8,436	29,845	9.4

注）イギリス・フランス・イタリアの1970年は1969年。
出所）三和良一，前掲『概説日本経済史：近現代　第3版』185頁。

このような高成長経済の実現にとってもっとも重要な要因と考えられているのは，企業の設備投資であった。設備投資の拡大は好況局面を特徴づけるもっとも明確な要因であり，第8-4表のように，民間設備投資は，1955～70年に平均19%を超える増加率を示した。貿易拡大の貢献も小さくはなかったが，それは，寄与率でみれば民間設備投資には遠く及ばなかった。また，個人消費支出が下支え要因として無視しえない位置を占めたが，それは企業が高利潤を背景に賃金上昇を許容したためであった。もっとも，この賃金上昇にもかかわらず，労働分配率は高度成長期を通して企業収益を圧迫するような上昇はみせなかった*6。貿易への依存度が相対的に低かったことは，強い輸出志向の産業政策の展開のもとでも，戦後日本の高成長が「内需主導」の成長であったことを示している。

＊6　平山勉「需要構造と産業構造」武田晴人編『高度成長期の日本経済』有斐閣，2011年，62～63頁。

第 8-4 表　高成長の要因　　　　　　　　　　　　　　(単位：%)

	構成比		構成比の増減	1955-70 年の年平均増加率	1955-70 年の増加寄与率
	1955 年	1970 年			
個人消費支出	66.2	50.3	△15.9	8.9	46.0
民間設備投資	8.0	23.4	15.4	19.1	27.6
民間住宅建設	3.2	6.1	2.9	15.5	6.9
政府経常支出	13.2	5.9	△7.3	5.0	3.9
政府資本形成	6.3	8.4	2.1	13.0	8.9
在庫投資	1.3	4.2	2.9	19.9	5.0
輸出など	8.5	13.1	4.6	14.2	14.3
輸入など	6.7	11.4	4.7	14.8	12.6
国民総生産	100.0	100.0	0.0	10.9	

出所）　三和良一，前掲『概説日本経済史：近現代　第 3 版』187 頁。

　産業別の設備投資額の推移を示した第 8-5 表によると，投資の主軸となったのは電気・ガス業や鉄鋼業など復興期から設備投資に高い地位を占めた産業に加えて，自動車，石油化学などの産業分野が 1960 年代後半にかけて地位を高めた。産業構造の高度化をリードした新産業の発展が高成長経済の主導産業となっていった。

　これらの産業への投資は新技術の導入などによって労働生産性を高め，コストの低下によって国際競争力の向上に貢献したばかりか，価格の低下を通して需要を喚起し，産業発展に貢献するものであった。付加価値生産性の高いこうした産業が構成比率を高めたことが，国民総生産の増加をもたらした原動力であった[7]。

景気調整と産業政策

　設備投資の急増は経済拡大の原動力であったが，同時に短期間にアップ・ダウンを繰り返す景気変動を引き起こす要因であった（第 8-1 図）。この変動は，外貨準備の増減をみながら政策的に経済拡大のスピードを制御しようとする試みの結果であった。経済拡大とともに原材料・投資財などの輸入が急増すると国際収支は赤字となって外貨減少が避けられなかった。そのため，政府は金融面からの引き締めや財政支出の繰り延べなどによって景気の過熱を抑制し，国際収支の改善を図った。その結果，投資が抑制され国際収支が改善されると，政策的な抑制を解き拡張を可能とした。この外貨を指標とする政策的な介入は，1967 年ころから国際収支の恒常的な黒字が見込まれるようになるまで維持された[8]。

---

[7]　技術導入の実態と意義については，谷本雅之・沢井実『日本経済史：近世から現代まで』有斐閣，2016 年，の第 6 章第 3 節で沢井実が明快に説明している。

[8]　林采成「景気循環と景気対策」武田晴人編，前掲『高度成長期の日本経済』所収参照。

第 8-5 表　主要企業の産業別設備投資額の推計値　　　　　　　　　　（単位：10億円）

年	1951-55	1956-60	1961-65	1966-70	1971-75	1976-80	1981-85	1986-90
全産業	1,884	5,019	9,627	17,170	35,895	39,502	60,762	96,244
製造業	804	2,843	5,978	11,232	21,177	19,943	33,947	53,326
食品工業	38	103	327	400	956	1,039	1,498	3,447
繊維	191	330	570	858	1,420	656	872	1,916
紙パルプ	67	180	227	445	820	691	841	1,859
出版印刷		9	32	72	173	168	352	795
化学工業	124	411	950	1,640	2,900	2,298	3,943	6,983
石油精製		145	218	436	650	653	700	1,426
ゴム製品		17	70	149	291	298	504	1,021
窯業・土石	53	138	323	375	909	725	1,208	1,846
鉄鋼	159	771	1,179	2,794	4,872	3,839	4,567	3,852
非鉄金属			266	592	801	528	952	1,630
金属製品		14	19	37	163	185	291	660
一般機械器具	17	79	219	400	1,008	983	1,944	2,950
電気機械器具	69	359	610	1,129	2,153	3,238	8,253	13,270
輸送機械	58	264	885	1,770	3,608	4,015	7,001	9,781
うち自動車		*107*	*506*	*1,084*	*1,737*	*2,442*	*4,654*	*5,675*
精密機械器具	5	17	33	61	136	328	422	566
プラスチック製品			35	37	160	150	339	672
その他製造業	22	7	15	37	157	148	261	651
非製造業	1,081	2,176	3,649	5,937	14,717	19,557	26,817	42,920
水産業			140	102	149	96	89	105
鉱業	164	265	184	136	76	57	76	107
建設業			99	117	1,189	784	1,265	4,139
卸売業	39	135	303	755	1,970	997	2,286	7,738
小売業			83	146	452	388	1,522	2,981
不動産業			140	164	318	256	744	2,772
運輸業	218	496	901	1,619	3,413	3,099	4,409	6,649
電気業	534	1,060	1,599	2,550	6,156	12,510	14,536	15,541
ガス業	38	103	135	288	686	1,017	1,033	1,332
情報通信業			3	8	137	177	320	442
サービス業その他	88	116	62	52	170	175	537	1,113

出所）　1955〜60年は三菱経済研究所『本邦事業成績分析』各年より，他は日本政策投資銀行設備投資研究所編『"財務データ"で見る産業の40年：1960年度〜2000年度』2002年より作成。

　短期の循環的な変動への対応を前提としながら，「国際収支の天井」を引き上げ，産業構造の高度化を実現させたのは，産業の国際競争力を強化する政策的な助成措置が展開するとともに，輸出拡大のためのさまざま措置がとられたからであった。通商産業政策の基本的な枠組みは，予定されていた貿易自由化の実施を遅らせ，その間に主要な産業分野で育成措置を推進することにあった。1950年代前半に着手した鉄鋼業の合理化計画の推進，50年代半ば以降の合成繊維，石油化学，機械工業，電子工業などの新産業の育成政策などがその代表的なもので

あった。また，運輸省が所管する海運・造船業では，「計画造船」に基づく計画的な助成措置が日本を世界第1位の造船国に成長させた[*9]。産業政策の役割については異論もあるが，高度成長の前半期にかけての時期については，鉄鋼などの基軸産業の近代化，石油化学や耐久消費財などの新産業の育成面で果たした役割は大きかった[*10]。これらの政策関与は，新技術の積極的な導入を促す一方で，国内産業の弱い国際競争力，つまり日本産業は矮小であったことが過剰に意識された面があり，鉄鋼業では輪番投資などの投資調整が行われ，石油化学では参入の基準が設定されるなどの特徴をもった。

第8-1図　GNP・設備投資・外貨準備の増減率

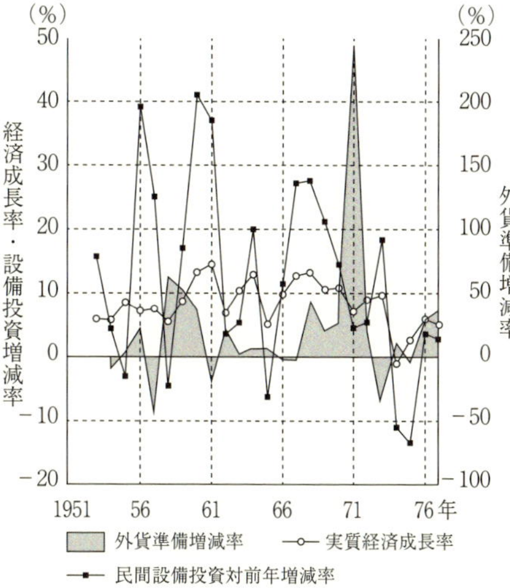

凡例：外貨準備増減率　実質経済成長率　民間設備投資対前年増減率

出所）日本銀行調査局編，前掲『明治以降本邦経済統計』77-78頁より作成。

　しかし，これらの措置が競争を抑制したわけではなく，むしろ投資競争を激化させた面もあり，結果的には政策介入による調整をさらに必要とした。民間企業にとっては，そうした介入の方式は過剰投資の罠に陥ったときの安全弁を政府が準備しているという側面を有した。他方で，政策的な関与が企業間競争に与えた影響は，1956年に開始される機械工業振興臨時措置法による助成措置が，「一定の基準を満たした優良企業に，機会均等主義的に便益を与えて，市場機構を活用」するものであったと評価されていることに現れているように，競争的な市場メカニズムと積極的な補完関係をもつものであった[*11]。

　産業発展の基盤となる工業用地，工業用水，港湾などの整備等が推進されたことも，日本経済の生産性を高めることに貢献した。1956年からの経済拡大は国鉄の輸送力の逼迫に輸送の停滞，鉄鋼などの基礎資材の供給不足を顕在化させ「隘路問題」として政策課題を認識させた。このような状況のなかで，新たな産

[*9]　祖父江利衛，前掲「造船業」武田晴人編，前掲『戦後復興期の企業行動』参照。

[*10]　チャルマーズ・ジョンソン（矢野俊比古監訳）『通産省と日本の奇跡』TBSブリタニカ，1982年，橋本寿朗『戦後日本経済の成長構造』有斐閣，2001年。ダニエル沖本（渡辺敏訳）『通産省とハイテク産業』サイマル出版会，1991年は，ジョンソンの研究に対する批判的な研究の代表的なものである。また，異なる立場から産業政策を論じたものに，小宮隆太郎ほか編『日本の産業政策』東京大学出版会，1984年がある。

[*11]　橋本寿朗「1955年」安場保吉・猪木武徳編『日本経済史8　高度成長』岩波書店，1989年，92頁。

第8-6表　第一次エネルギー供給の構成　　　　　　　　　　（単位：10の10乗 kcal）

	1953年		1955年		1960年		1965年		1970年	
合　計	61,581	100.0%	64,129	100.0%	100,810	100.0%	168,910	100.0%	319,708	100.0%
石　炭	29,363	47.7%	30,286	47.2%	41,522	41.2%	45,619	27.0%	63,509	19.9%
うち輸入	3,110	5.1%	2,372	3.7%	6,403	6.4%	12,754	7.6%	38,564	12.1%
原油	6,005	9.8%	8,949	14.0%	31,318	31.1%	83,103	49.2%	193,427	60.5%
輸入石油製品	3,427	5.6%	2,317	3.6%	6,601	6.5%	17,559	10.4%	36,452	11.4%
天然ガス	115	0.2%	244	0.4%	939	0.9%	2,027	1.2%	3,970	1.2%
水力発電	17,832	29.0%	17,465	27.2%	15,780	15.7%	17,938	10.6%	17,894	5.6%
原子力発電		0.0%		0.0%		0.0%	8	0.0%	1,054	0.3%
新エネルギー等	4,834	7.8%	4,865	7.6%	4,640	4.6%	2,604	1.5%	3,260	1.0%

出所）　通商産業政策史編纂委員会編『通商産業政策史　第16巻』1992年，202～203頁。熱量換算。

業立地を推進する動きが活発化し，所得倍増計画では産業の適正配置や地域経済の均衡ある発展が提言され，1962年には地域開発や所得格差是正を目的とした全国総合開発計画の策定に結実した．全国総合開発計画は，経済成長の果実を地域格差なく分配しようと企図して，その後69年，74年と改定が重ねられた[12]．地域開発では，さらに「新産業都市」建設や工業整備特別地域の設定などの措置によって開発が促進され，いわゆる「太平洋ベルト地帯」が形成されていった．

開発の集中は，過疎過密問題を生むことになったが，当面の経済成長にとって必要とされたのは，これらの地域における港湾の整備や交通網の拡充であった．駅頭滞貨が急増した国鉄の立案した近代化計画は，東海道新幹線の建設に結びつくような積極面をもったが，主として財政的な理由で未達成に終わった．貨物の滞貨は，自動車輸送への傾斜を生んで国鉄経営の悪化の要因になり，進まない輸送力の増強が大都市圏では通勤地獄と呼ばれた混雑と超過密ダイヤを不可避とした．そして，このようなダイヤの運行には熟練した国鉄労働者たちの技能を不可欠としたために[13]，彼らの現場での発言力は強く，強い労働組合を温存させる基盤となって，経営合理化に問題を残した．

産業基盤という点でより重要なのはエネルギー供給のボトルネックを解消する試みであった．第二次大戦中の濫掘等で国内炭坑の開発には大規模な合理化投資が必要であった．他方で水力などの電源にも限界がみえはじめていた．そのため政府は，1950年代初めには国内の「高炭価」を克服するための合理化を推進し，55年には石炭鉱業合理化臨時措置法を制定した[14]．この法律は同時に成立した重油ボイラーの規制法によって，第一次エネルギー源として石油の消費拡大を抑

---

[12]　下河辺淳『戦後国土計画への証言』日本経済評論社，1994年参照．
[13]　禹宗杬『「身分の取引」と日本の雇用慣行』日本経済評論社，2003年．
[14]　丁振聲「高度経済成長期の石炭産業調整政策」『社会経済史学』72巻2号，2006年．

制しながら，優良炭鉱に生産を集中し，合理化を推進して国内炭のコスト低下を図るものであった。

　国際収支に不安のある日本にとって国内資源を有効活用することは，考えられる選択肢であったが，この試みは短期間に限界を露呈した。もともと，石炭よりも液体燃料である石油の方が単位あたりの発熱量や燃焼効率が高く，輸送やハンドリングなどのメリットも大きかった[15]。しかも，1950年代に中東で大規模な油田が開発されて，石油の国際価格が低下したために，国内炭の不利はより明白となった。そのため，1956年のスエズ動乱をきっかけとする石油価格高騰という事情があって揺り戻しがあったとはいえ，中期的には第一次エネルギー源としての石油への依存度は急速に高まることになった（第8-6表）。

　「エネルギー革命」と呼ばれるこの転換と時期を同じくするように，第二次エネルギー生産の主力となる電力業では，それまでの「水主火従」から「火主水従」への転換が進められ，臨海部に大型の火力発電所が建設されることになった[16]。こうして，1950年代後半には大都市部などで計画停電が実施されるという電力不足状態が解消に向かい，九電力間の電力の融通を図る「広域運営」などの対策も加わって「豊富で安価な」エネルギー供給が実現し，産業全体を通してエネルギーコストの抑制による国際競争力の強化に資することになった[17]。

考えてみよう　岸内閣における独占禁止法改正問題

　カルテル活動を原則禁止とする独占禁止法を改正し，不況カルテル，合理化カルテルなど企業の共同行為の自由を取り戻そうという試みは，占領政策の行きすぎを是正するという観点から産業界を中心に繰り返された。こうした声を受けて，岸信介内閣は，1957年10月に独占禁止法審議会を設置して全面的な改正案を検討することとした。しかし，改正案に対しては，消費者団体や中小企業団体などが反対しただけでなく，産業界の一部でも「独占禁止法の緩和によってえられる実益はほとんど期待できない」と慎重な意見が表明されるなど改正案が全面的な支持をえることはできなかった。産業政策のあり方は，このような時代の考え方を投影したものであった。こうして岸内閣の改正の試みは挫折し，これ以後1970年代半ばに規制強化の方向の改正が行われるまで同法の改正は重要な政治課題とはならなくなった。この時期の岸内閣は，独占禁止法問題と並んで，日銀法の改正，そしてより重要な政治課題として再軍備に途を拓く憲法改正などを審議会等の検討に委ねたが，そのいずれもが実現をみなかった。占領期に作り出された経済制度の基本的な枠組みや，国家体制のあり方が1950年代後半には広く国民に浸透し，これを改めるという保守勢力の試みは実現の基盤を失っていたと考えることができる。

　参考文献　独占禁止法改正については，通商産業政策史編纂委員会，前掲『通商産業政策史　第5巻』第2章参照。岸内閣の挫折については，武田晴人，前掲『高度成長』64頁以下参照。

---

[15] 猪木武徳「成長の軌跡(1)」安場保吉・猪木武徳編，前掲『日本経済史8　高度成長』101頁。
[16] 小堀聡『日本のエネルギー革命』名古屋大学出版会，2010年。
[17] 橘川武郎，前掲『日本電力業発展のダイナミズム』第5章参照。

安定した労資関係と二重構造

設備投資に内在化された技術革新は、労働の現場に大きな変化を促すものであった。労働生産性の向上を実現するような技術進歩であれば、生産現場あたりの必要人員は減少し、企業内でも人員の過剰が作り出されるうえに、それまでの現場の技能が陳腐化し、新しい生産設備に求められる技能形成を従業員に強制せざるをえなかったからであった。そのために職場の組織は常に流動化の圧力にさらされ、OJT による技能の蓄積・習得を実現する必要があった[18]。

高度成長期の労使関係は、1950年代前半までの激しい労資対立の時代を次第に脱却し、協調的な特徴をもつようになった。それは労働組合の雇用保障の要求に応えながら、春闘方式に基づく定期的な昇給によって企業成長の成果の一部を賃金引き上げに反映させるものであった[19]。1960年の三池争議[20]にみられるように、激しい対立面を残していたとはいえ、労働運動は組合員の処遇改善によって組織力を維持する方向を選択した。大企業ではこうして年功的な賃金や長期雇用の慣行が定着した[21]。そこでは激しい技術変化に対応して、労働者は職務の変化に柔軟に対応することが求められた。企業成長が実現する限りは、企業内の過剰人員に対して新しい仕事を見出すことは困難ではなかったから、労働組合にとっても雇用保障のために生産性向上などの取り組みに積極的に関与し、企業の競争力強化に貢献することが望ましいと判断されていた。1955年に設立された日本生産性本部の活動は、企業経営に従業員の参加を求めながら生産性を向上させることを理念として、協調的な組合の動きと共同して、生産現場の改善、コスト低下の努力を引き出す役割を果たした。この延長線上にトヨタ生産方式やTQC など日本企業における生産現場の強みといわれることになる特質が形成された。それは企業成長促進の装置が労使関係に組み込まれたことを意味した。

ただし、この変化は大企業の正規従業員として労働組合に組織化されている人びとに限られた。企業は景況変化に伴う人員整理の必要性が生じることを危惧し正規従業員の雇用拡大に慎重で、臨時雇用など非正規の従業員に調節弁を期待する要員計画を採用していた[22]。これらの非正規従業員は協調的な労使関係による特典を享受する機会は少なかった。また、経営基盤が脆弱な中小企業などの分

---

[18] 日本人文科学会『技術革新の社会的影響』東京大学出版会、1963年。
[19] 兵藤釗『労働の戦後史(上・下)』東京大学出版会、1997年。
[20] 三池争議については、平井陽一『三池争議:戦後労働運動の分水嶺』ミネルヴァ書房、2000年参照。
[21] 完全雇用を目標とする労働政策の展開については、榎一江「『完全雇用』政策と労働市場の変容」武田晴人編、前掲『高度成長期の日本経済』所収参照。
[22] 武田晴人、前掲「自動車産業」219頁以下参照。

野でも，安定した雇用関係の実現には遠く，きわめて流動性の高い雇用状態が持続していた。

1955年の新規学卒の就業者数は，105万人であったが，そのうち63万人は中卒者であり，60年には132万人のうち中卒者63万人であった*23。大卒者は1割に満たず，必要な労働者は中卒を中心に若年の労働力によって追加的に供給されていた。そのため，若年者に向かって裾の広い年齢別構成となり，その分だけ企業に雇用される労働者の平均的な賃金水準を引き下げ，そして労働コストの上昇を抑えていた。しかし，そのような効果が強く出るのは年功的な賃金が定着した大企業であり，中卒者の相当多くは，中小企業部門（製造工業や商業サービス）に就職した。そうした部門の雇用条件は芳しいものではなかった*24。

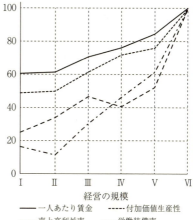

第 8-2 図　経営内容の規模別格差

――― 一人あたり賃金　‥‥‥ 付加価値生産性
―・― 売上高利益率　―‥― 労働装備率

注）　規模別の分類は以下の通り。
　　Ⅰ　資本金　200万円未満
　　Ⅱ　同　　　500万円未満
　　Ⅲ　同　　　1000万円未満
　　Ⅳ　同　　　5000万円未満
　　Ⅴ　同　　　1億円未満
　　Ⅵ　同　　　1億円以上

出所）経済企画庁編『昭和32年度年次経済報告』41頁。

　第一次大戦後にすでにみられた就業労働者の二重構造は，こうしたかたちで持続していた*25。第 8-2 図のように，企業規模別の賃金水準，付加価値生産性，売上高利益率などのいずれの指標をとっても，企業規模間格差が明白に存在した。
　企業規模間に見出される差異には，産業によっては，適正生産規模が小さく，したがって重化学工業化の先頭を走る重厚長大産業のような規模の経済性も，高い労働生産性も見込みえないなどの特徴をもつものも存在した*26。したがって，産業間の格差が全面的に解消することはないと考えるべきであろう。しかし，この時期の二重構造は，基本的には大企業部門の雇用政策に基づいて正規従業員数が抑制される一方で，周辺的な労働力を非正規であるが故に低賃金という条件で雇用することを可能にする基盤であった。そして，そうした雇用のあり方が，中

*23　安場保吉・猪木武徳「概説 1955-80 年」同編，前掲『日本経済史 8　高度成長』30 頁。なお，1960 年の中卒者のうち就職者は 39％，高卒者は 61％ であった。
*24　加瀬和俊『集団就職の時代：高度成長のにない手たち』青木書店，1997 年。
*25　歴史的な視点からの二重構造の分析としては，尾高煌之助『労働市場分析』岩波書店，1984 年を参照。
*26　隅谷三喜男「零細経営の経済理論 1-3」『経済学論集』36 巻 2-4 号，1970～71 年。

第8-7表　製造業の規模別賃金・生産性格差

	賃金格差			付加価値生産性		
	日本	イギリス	アメリカ	日本	イギリス	アメリカ
調査年	1956年	1949年	1947年	1956年	1949年	1947年
1-3人（1-4人）			*65			*108
4-9人（5-9人）	31		*73	26		90
10-19人（10-24人）	38	*84	79	31	*90	89
20-49人（25-49人）	43	*83	84	37	*92	93
50-99人	50	84	86	46	94	91
100-199人（100-249人）	56	85	*86	57	96	*102
200-499人（250-499人）	67	86	*88	77	97	*104
500-999人	77	89	90	90	98	105
1000人以上	100	100	100	100	100	100

注）　規模の区分の括弧内は指数の*印が該当。
出所）　篠原三代平『日本経済の成長と循環』創文社，1961年，100頁。

小企業部門などの雇用条件を下方に抑え込む圧力となっていた。それは，大企業部門内の安定的な労使関係に基づく生産性向上運動とともに，多数の下請・協力企業による垂直的な分業関係のもとで低賃金を利用した生産コスト削減を可能にする産業組織を作り出すことになった。

このような賃金や生産性にかかわる企業規模間格差は，第8-7表が示すように，イギリスやアメリカと比較しても際立って大きく，日本経済の構造的な特質と捉えられていた。

世界貿易の順調な拡大

内需主導の経済発展のもとで，対外的な関係も劇的に変化した。国際経済社会

考えてみよう　『経済白書』が提起した二重構造の問題点

高い経済成長が実現しつつあるにもかかわらず，中核となっている近代的な製造工業部門の対極に中小企業部門が低賃金・低生産性部門として存在することは，日本経済の構造的問題点として解決すべき課題と認識されていた。そのため1957年の『経済白書』は二重構造の解消の必要を提言した。農業や中小企業は近代的な部門の雇用からあふれた労働力を吸収し，低賃金によって事業の存続を図っている。完全雇用を目標とする経済発展の実現には，こうした部門の近代化が不可欠というわけであった。このような議論に対しては，経済成長とともに労働力の不足が顕在化すれば，賃金格差は解消に向かうという反論もあった。また，中小企業等に対する政策的な助成措置による経営の近代化などによっても問題解決に近づくであろうとの議論も有力であった。しかし，賃金格差を基準にすると，従業員数1000人以上規模の賃金水準（給与）を100として，1957年に10〜29人規模39，100〜299人規模58が，1970年にはそれぞれ58と71であり，格差は縮小したとはいえ，依然として賃金格差は解消しなかった（安藤良雄編，前掲『近代日本経済史要覧　第2版』182頁）。

参考文献　飯田経夫ほか編『現代日本経済史（上）』筑摩書房，1976年，274頁。

では「小国」にすぎなかった日本は，産業の国際競争力向上とともに世界市場で着実な地歩を築くことになった。日本の成長にとって好都合であったのは，この時期には世界経済の順調な拡大が続いていたこと[*27]，そして後の時代とは異なって，日本の輸出拡大が対外摩擦を引き起こすことが少なかったことであった。

高成長経済は日本ほどではないとしても日本だけのことでもなかった。IMFやGATTなどの国際機関の設置によってもたらされた貿易と通貨面での安定のもとに，西側諸国は「大衆消費社会」「経営者資本主義」「福祉国家」などを共通の特徴としながら，着実な成長を持続していた。

順調な世界経済の拡大は，発展途上国から供給される原・燃料資源に対して強い価格支配力をもつ先進国の成長率を高めるという不均等性を伴っていた。それは日本にとって輸出市場を拡大し，同時に輸入原材料価格を低位に安定させるという意味で，輸出入両面で好都合であった。大型の油槽船などが建造され，海上輸送コストが引き下げられたことも，この原材料価格の低下に貢献した[*28]。

こうして復興にやや取り残されていた日本の対外貿易は1950年代前半から急速にその地位を高め，世界市場でのシェアでみると，第8-8表に示されるように60年代に戦前の水準を超え，70年には輸出入両面でイギリス，フランスなどに並び，アメリカや西ドイツに次ぐ輸出大国の一つとなっていた。

このような貿易拡大は，しかし，経済成長の主因ではなかった。全般的に内需主導型の経済拡大のもとで，国内需要を満たすための生産活動に必要な原材料輸入を確保するうえで必要な輸出が拡大していくなかで，日本の国際貿易での地位が上昇していった。貿易構成は，前掲序-7表のように，食料品と原燃料を輸入

第8-8表 世界貿易の主要国シェア （単位：百万ドル，%）

	年次	総額	構成比					
			日本	アメリカ	イギリス	ドイツ	フランス	イタリア
輸入	1938	20,700	5.4	15.0	13.3	10.9	4.3	2.7
	1950	62,040	1.3	16.6	10.2	3.2	5.0	1.9
	1960	130,460	3.1	15.8	8.1	8.8	5.3	2.8
	1970	316,920	6.1	13.6	6.1	10.8	5.7	4.2
輸出	1938	23,200	4.6	9.4	19.8	10.5	5.7	2.6
	1950	63,810	1.5	15.1	11.4	4.2	4.8	2.3
	1960	137,130	3.3	11.9	9.5	7.4	4.6	3.5
	1970	329,390	5.7	12.9	6.6	9.1	5.8	4.5

出所） 三和良一，前掲『概説日本経済史 第3版』193頁。

[*27] 中村隆英は，世界貿易の順調な拡大という外生的な条件を強調している（前掲『日本経済 第3版』）。
[*28] 橋本寿朗『日本経済論』ミネルヴァ書房，1991年，第2章3参照。

第 8-9 表　輸入自由化実施状況

	残存輸入制限品目数			自由化率
	合計	工業品	農産物	
1960 年				41%
1961				62%
1962	466			73%
1963	197			89%
1964	136	69	67	93%
1966	120	54	66	93%
1970	90	35	55	94%
1972	33	9	24	95%

出所）三和良一・原朗編，前掲『近現代日本経済史要覧　補訂版』168頁。

し，機械（造船や軽機械）などを輸出するいわゆる「加工貿易型」と呼ばれるものであった。

貿易・為替自由化の推進

貿易拡大は通商政策の「片務的な性格」，つまり国内市場を保護しつつ，輸出市場へと進出するために振興政策を講じたことによって促進されていた。しかし，このような政策の持続は一層の輸出拡大には障害になると認識されるようになっていった。

GATT に加入する際にイギリス連邦諸国などから差別的取り扱いを受けた日本は，1950 年代後半には，アメリカから繊維二次製品の輸出に対するクレームに直面するなど，対外的な通商関係の問題への対応も迫られた。こうした問題に対処する目的もあって，1950 年代末には輸入貿易と為替に関する管理を自由化する措置が必要と考えられるようになった。

安保騒動に揺れる 1960 年 6 月に閣僚会議で決定された「貿易，為替自由化計画大綱」によって，当初の予想を超える速いスピードで貿易・為替の自由化が着実に前進した[*29]。第 8-9 表のように，輸入自由化率は 1960 年の 41% から 61 年に 62%，62 年に 73%，63 年に 89% となり，5 年後の 64 年には 93% となった。

輸入自由化によって海外からの脅威が問題視される分野も存在したから，経済界は「総論賛成，各論反対」というスタンスをとったが[*30]，結果的には「各論反対」として表明された危惧は大きな問題とはならず，自由化が進展するなかで，食糧や原料資源の輸入依存度が上昇する一方，機械類や化学製品などの分野で高い輸出比率を示す産業が出現するようになった（第 8-10 表）。

貿易・為替の自由化推進は，それまでの産業政策のあり方を大きく変える契機となった。それまで，政府は外貨の割当を通して企業の原材料輸入，技術導入に強い影響力を行使することが可能であった。たとえば，過剰生産に直面した綿工業に対する勧告操短（行政指導による生産調整）では，原料棉花輸入のための外貨割当が政府の手中にあることが重要な意味をもった。電力の大型設備の導入では，第一号機の輸入を認めながら二号機以降については国産を促すなどの方策も採ら

[*29] 貿易・為替の自由化については，浅井良夫，前掲『IMF 8 条国移行』を参照。
[*30] 経済団体連合会編『経済団体連合会三十年史』1978 年，通商産業政策史編纂委員会編，前掲『通商産業政策史　第 8 巻』1991 年参照。

第8-10表 主要商品の輸出入比率

輸入比率	1960年	1970年	輸出比率	1960年	1970年
小 麦	63.6%	90.8%	綿織物	53.6%	16.4%
鉄鉱石	92.1%	99.2%	土木建設機械	8.0%	10.8%
鉄くず	31.1%	12.8%	テレビ受像器		38.8%
銅 鉱	53.9%	93.0%	乗用自動車	8.3%	24.8%
塩	73.9%	87.1%	カメラ	38.3%	48.4%
原料炭	42.9%	79.9%	硫 安	36.5%	46.7%
原 油	98.1%	99.5%	尿 素	29.6%	67.1%

出所) 第8-9表に同じ, 169頁.

第8-11表 輸出拡大と設備投資増加率

1955-64年の輸出比率による分類	輸出比率（％）			輸出増加率（年率％）			投資増加率（年率％）		
	1955年	1960年	1964年	55-60年	60-64年	55-64年	55-60年	60-64年	55-64年
最高輸出成長商品	3	7	9	51	26	39	41	30	31
高輸出成長商品	14	16	20	27	19	23	36	15	26
中位輸出成長商品	9	10	11	15	17	16	41	8	25
輸出伸び悩み品	26	25	19	12	5	9	27	8	18
輸出停滞品	18	14	9	5	-3	1	17	12	15

出所) 経済企画庁編『経済白書 昭和41年度版』1967年, 114頁, 第70表.

れた。技術の導入についても国内企業の過剰な導入競争を抑制し，より安価で好条件の導入が可能になるように誘導していた。しかし，自由化の進展とともに外貨割当という手段を失うと，これらの措置が産業政策として果たす役割は限定され次第に後退していった[*31]。この後退は，戦後の世界貿易の枠組みに参加していくことを前提とする限り，予想されたものであり，政策的な介入は自由化によって対等な競争関係に入るまでの期間に限定されること，したがって民間企業は介入が終わるまでに国際競争力を備えることが求められていた。活発な投資競争はこうした政策介入の時限性によって加速されていた面があった。

　自由化の圧力を背景にしながら，技術革新を推進し設備の規模拡大と改良を促す政策的な支援は，企業の積極的な設備投資行動を促すことによって確実に日本産業の国際競争力を強化した。それによって輸出が拡大し製品輸入が抑制されることとなり，対外収支は確実に改善された。投資拡大が輸出に貢献したことは，第8-11表のように輸出比率が1955～64年に引き上げられるなかで，とくに輸出増加率が高かった製品分野において，設備投資の増加率も高かったことに表現されている。

[*31] 小宮隆太郎ほか編, 前掲『日本の産業政策』75頁.

賠償問題と経済協力

東南アジア諸国との懸案となっていた賠償交渉の解決も輸出拡大に貢献することになった[*32]。サンフランシスコ講和条約第14条の規定に基づいて日本に賠償を求める意思を表明したフィリピン，インドネシア，ビルマ，ベトナム，ラオス，カンボジアの6ヵ国との関係回復の道が模索されていた。このほか，タイおよびフランス領インドシナとの間には戦時中の特別円の処理問題があり，また，のちに賠償請求権を放棄したラオス，カンボジアに対しても，賠償に準じた性格をもつ無償の経済技術協力についての交渉が進められた。

賠償交渉は対ビルマ賠償が1955年，対フィリピン賠償が56年，対インドネシア賠償が58年，対ベトナム賠償が59年にそれぞれ協定が発効されて一段落した。この交渉では，サンフランシスコ講和条約に明示された原則——日本の経済的自立を妨げない範囲で請求に応ずる，役務による賠償を中心とし金銭賠償を行わない——を貫くことが，賠償交渉における日本の基本的な方針であった。戦争によって一方的に損害を被った国々に対して賠償に応ずることは日本の当然の責務であったが，他面でこの問題を解決し正常な通商関係を回復していくことが，日本の経済的自立に不可欠であった。このような事情が賠償への日本の取り組みを積極的なものにした。東南アジア諸国は，日本の経済発展に必要な原料資源に恵まれた国々が多く，あるいはまた，製品の輸出市場としての期待も大きかったからである。たとえば，通産省は，賠償交渉に当たって「各国に対し，賠償およびこれに伴う経済協力を誠実且積極的に実施することによりわが国としては，重工業製品の安定市場の確保と工業原材料の輸入市場の育成が期待でき，又投資先の開拓が大いに期待される」ことを強調していた[*33]。こうして賠償問題の解決は，日本からの輸出品ないし役務の提供を通じて，相手国の経済開発計画や，工業化政策に協力する形態をとることになり，対外収支の改善に資することになった。

同様の意図から，1957年以降には厳しい外貨事情のもとで，経済協力の拡大が模索された。岸信介首相のアジア開発基金構想に基づいて58年にまとめられた対インド円借款が最初の事例となった[*34]。この借款は，180億円を限度として3年間にわたり，鉄道施設，水力および火力発電設備，送電およびダム建設施設，採炭・選炭設備，鉱石採掘および選鉱設備，船舶，港湾施設等を対象としたものであった。また，海外経済協力基金が設置されるなど，経済協力の実施体制

[*32] 橋本寿朗，前掲「1955年」，および通商産業政策史編纂委員会編，前掲『通商産業政策史 第6巻』第4章参照。

[*33] 通商産業政策史編纂委員会編，前掲『通商産業政策史 第6巻』42頁。

[*34] 同上，61頁以下参照。

も強化された。

高成長のメカニズム

　国際経済社会への復帰が進み，日本産業の国際競争力が強化されるにつれて，高成長経済は1955年以降の日本を特徴づけることになった。経済成長が実現したメカニズムを大づかみに示すと，設備投資と個人消費需要の二つを重要なエンジンにしながら，経済規模の拡大が産業構造の高度化を伴いつつ進展したことが明らかになる（第8-3図）。二つのエンジンのうちの設備投資は，**技術革新**を伴う設備拡張が産業の競争力を強化することを通して貿易収支を改善し，「国際収支の天井」を押し上げて海外資源の輸入力を増大させることにつながった。他方で，敗戦直後にはどん底まで落ち込んでいた家計支出は，1950年代半ばには次第に選択的な消費を拡大し，耐久消費財などの需要を生み出した。消費支出の拡大は先進国に比べても速いテンポで進んでいたが，それは安定的な労使関係のもとで

第8-3図　高成長のメカニズム

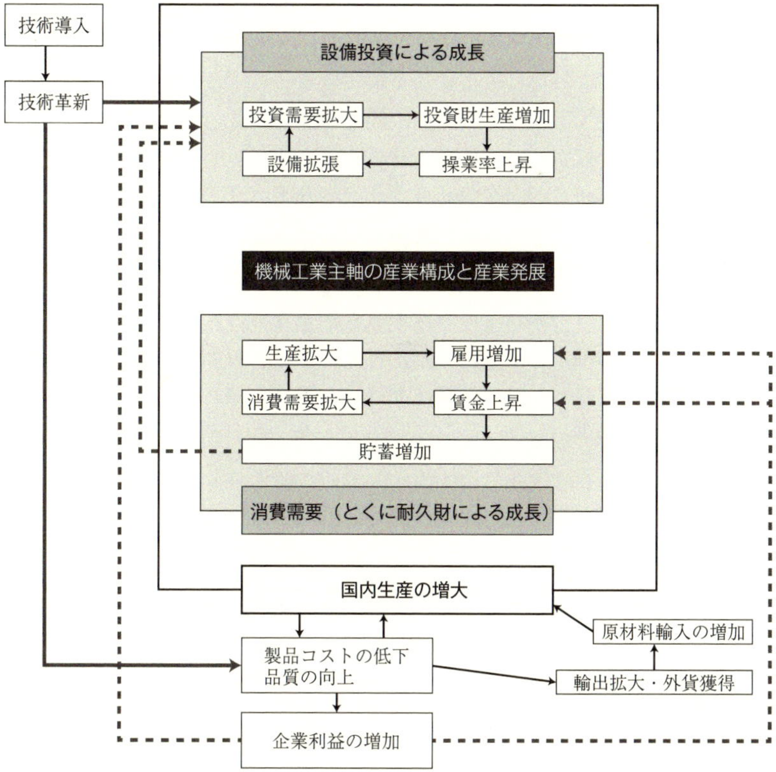

```
技術導入
  ↓
技術革新 ────→ ┌─ 設備投資による成長 ──────────┐
              │  投資需要拡大 → 投資財生産増加   │
              │  設備拡張    ← 操業率上昇       │
              └──────────────────────────────┘

              機械工業主軸の産業構成と産業発展

              ┌──────────────────────────────┐
              │  生産拡大    → 雇用増加         │
              │  消費需要拡大 ← 賃金上昇         │
              │         貯蓄増加               │
              │  消費需要（とくに耐久財による成長）│
              └──────────────────────────────┘
                        ↓
                   国内生産の増大
                   ↓           ↑
              製品コストの低下   原材料輸入の増加
              品質の向上        輸出拡大・外貨獲得
                   ↓
               企業利益の増加
```

第 8-4 図　機械工業生産指数の比較

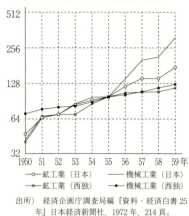

出所）経済企画庁調査局編『資料・経済白書 25 年』日本経済新聞社, 1972 年, 214 頁。

大企業部門を先導役にして雇用の拡大と賃金引き上げが実現したからであった。

特徴的なことは，この二つのエンジンが「機械工業」という産業部門の発展を通して密接に関連していたことである。産業機械などの設備財の供給だけでなく，家電・自動車など耐久消費財の供給もともに機械工業の発展によって担われていた。当時の『経済白書』は，第 8-4 図のように日本の機械工業生産の伸びが際立っていることに注目し，1955 年以降 60 年までの鉱工業生産の増加に対する機械工業の寄与率は 5 割に達すると指摘していた[*35]。これを参考に産業構造の変化を「**機械工業化**」[*36]，すなわち機械工業を主導産業とするような産業発展と表現すると，このような構造変化がもつ意味は，①機械工業が**雇用の誘発効果**が大きい産業であること，②機械工業の**生産技術の進歩が漸進的**であること，③機械生産の範囲の広さによる波及の経路の多様性などから考えることができる。

このうち，①は機械工業の発展が，広範囲の関連産業・企業の分業関係を基盤にしていること，鉄鋼業や石油化学などの装置産業に比べて資本構成が低いことに基づいている。そのために，機械生産の拡大はより多くの労働力需要を発生させる特質をもっていた。また，②は機械生産システムの洗練化が，工程間の分業と協業の深化のなかで進むことによって，繰り返される問題の発見と解決の進化的な過程が連続的に進められる可能性が大きかったことに基づいている。機械の生産は，一般的には多様な工程に分割が可能で，素材の加工，主要部品の製造，組み立てなどの各工程がさらに細分化され，そのそれぞれに必要とされる技術，機械体系，技能に差異があり，その結果生じる各工程の効率性の進歩の度合の差異は，問題のある工程を発見しやすくし，その克服を通して生産技術が発展する可能性を，持続的な過程として内在させていた。これによって連続的に発生する技術の革新は，個々の設備に対する小規模な更新の積み重ねとなることから，大型の設備投資の断続的な実施よりも持続的な設備更新が重ねられ，なだらかな生

[*35]　経済企画庁調査局編，前掲『資料・経済白書 25 年』214 頁。
[*36]　産業構造の変化を「機械工業化」と表現したのは，管見の限り，沢井実「戦時経済と財閥」前掲『日本経済の発展と企業集団』において，戦時日本の産業構造が兵器生産を中心に機械工業の比重が急拡大したことを表現するために用いたのが最初である。

産能力の拡大が発生した。それは，大型投資がしばしば直面するような断続的な需給の不均衡——過剰投資・設備過剰・過当競争という連鎖——からの部分的な離脱を可能にするものであり，この投資のあり方の変化によって基盤的な生産システムのなかに，景気変動を抑制するような要素が埋め込まれることになったという意味で，現代資本主義的な経済発展に適合的であった。③は大量消費につながる耐久消費財の生産がこの分野には含まれており，需要の拡大が，企業の所得増加に伴う投資需要であれ，勤労者の所得増加に伴う消費需要の増加であれ，そのいずれの場合にも機械工業は需要の拡大の受け皿となり，生産の拡大を通して産業の連鎖的な発展につながりうる位置にあった。

2　65年不況

所得倍増計画に象徴される強気の経済政策のもとで高度成長を遂げた日本の資本主義経済システムは，1960年代半ばに入って一つの転換点を迎えたと考えられるようになった。その象徴が，65年に証券業界で大規模な経営破綻が明らかになったことであった。個人投資家の株式投資熱のなかで業績を伸ばしていた有力な証券会社の一つ，山一證券が倒産の危機に直面し，政府による救済策によってようやく倒産が回避された。この証券会社の経営悪化は，この前後の時期の景気の一時的ではあったが急激な後退，不況を反映していた。

消費ブームと家計

1965年の不況に直面するまで，「神武景気」「岩戸景気」と，高度成長が続くなかで，電化製品や自動車など，耐久消費財が普及し，国民の生活にはようやく余裕が生まれ，着実に豊かな生活へと近づいているようにみえた。「三種の神器」といわれたテレビや洗濯機，冷蔵庫などの耐久消費財の普及は，家計の消費がそれまでとはやや質を異にした選択的なものへと変わりつつあることを示していた。耐久消費財の普及は，家計の所得の増加を基盤としていた。高成長のなかで賃金水準が確実に上昇を続

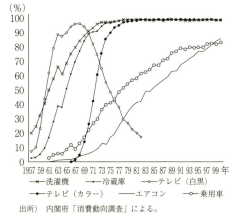

第8-5図　耐久消費財の普及率

出所）内閣府「消費動向調査」による。

第8-12表　消費支出の変化　　　　　　　　　　　　　　　　　　　　　　　　（単位：％）

	日本			アメリカ			西ドイツ		
	1958-59年	1964-65年	伸び率	1958-59年	1964-65年	伸び率	1958-59年	1964-65年	伸び率
食費	47.8	39.4	10.7	28.2	25.3	3.6	41.0	37.5	5.5
被服費	11.0	9.7	11.9	9.8	8.9	3.9	13.9	12.6	5.3
光熱費	3.9	3.6	12.6	13.3	14.9	6.6	6.3	7.4	8.7
住居費	16.0	19.0	17.6	15.6	14.7	4.4	17.5	18.1	7.1
その他	21.3	28.3	19.8	33.1	36.1	6.2	21.2	24.4	8.6
計	100.0	100.0	14.3	100.0	100.0	5.1	100.0	100.0	6.7

注）1）その他は，交通，衛生，サービスなど。
　　2）伸び率は年率。
出所）経済企画庁調査局編，前掲『資料・経済白書25年』186頁。

けていたことは，家計消費の拡大を可能にする基礎的な条件であった。銀行による個人向けのサービスが整わないなかで，割賦販売に関する制度が整備され，将来の所得上昇や期末賞与などを見込んだ購買が促された。「テレビは一生に一度のお買い物」が代表的なメーカーの広告宣伝コピーであった初期のテレビは，平均的なサラリーマン世帯では高嶺の花であったが，普及率の上昇とともに価格が大きく下落して次第に手の届く耐久消費財となっていった。このような価格下落と普及率の上昇との関係は，代表的な家電製品では一般的にみられた。

消費生活の変化は，家計の支出のあり方にも現れていた。生計費中の食費比率がゆっくりと低下するなかで，米の消費増加が止まり，畜産品や果実類などが増加した。また，衣料品では「必需的衣料から，奢侈的衣類への転換」がみられるようになった。他方で婦人雑誌やスタイルブックが提供する新しいデザイン（型紙）などを利用した家庭での縫製が，ミシンとともに普及し，少し遅れて毛糸編み機なども提供されて，洋裁教室や編み物教室が繁盛するようになった。繊維素

考えてみよう　早い普及の背景

　耐久消費財の普及には，都市への人口流入に伴う世帯数の増加が重要であったことを吉川洋が強調している（『高度成長：日本を変えた6000日』読売新聞社，1997年）。ただし，「3C」が喧伝されても，実際には自動車はまだ一般の家計には届きがたい夢の位置にあった。1961年版の『朝日年鑑』は，60年を回顧して「自家用車をもちたいという願いは，若い人々のみならず万人共通の欲望となった」と書いたが，所得に対してまだ高価格の製品には手が届かなかった。耐久消費財の購入が生活の利便性につながることが購買の動機として重要であったが，団地での家電製品普及率が高いなど，消費者の購買行動には，生活が豊かになってきたことを自らに印象づけ，納得させるために，そして自分たちの社会的地位が平均的な豊かさのなかにいることを「見せびらかす」ことも購入の動機となっていた面があった。このような消費者の行動は，アメリカの経済学者ソースティン・ヴェブレンが『有閑階級の理論』（高哲男訳，筑摩書房，1998年）において指摘したものに共通するものであった。

材では，天然繊維から合成繊維への転換が進み，染色による発色の良さや着心地から消費者の心をつかむようになった。こうして自前の衣類を作ることが家事の重要な要素となった。第8-12表のように，日本の消費支出は，アメリカや西ドイツと比べて急速な伸びを示し，経済拡大の原動力の一つとなっていた。

このような変化は家事労働のあり方が家電製品の普及によって変化したことを反映していた。それまで，洗濯は「洗多苦」と書くといわれたほどに長時間労働であったが，洗濯機の普及はこの重労働から解放し，子供服の仕立てなどの時間を作り出した[*37]。冷蔵庫の容量はまだ小さかったが，生鮮品を家庭でストックできる可能性を開き，買い物の回数や買い方を変える契機になった。

こうして家庭に入りはじめた家庭電気製品は，家事労働の軽減と生活の快適性の向上に大きく貢献することになった。1960年代に入ると，「3C」と称されるカラーテレビ（color TV），クーラー（cooler），乗用車（car）が新しく耐久消費財の花形商品となった。

流通革命の開始

消費ブームのなかで，小売商業でも革新的な変化が進みはじめた。「流通革命」という言葉がもてはやされ，日々の暮らしを多様で高品質，安価な製品によって演出することになった[*38]。

耐久消費財では流通網の系列化・組織化によって顧客との接点をメーカーが自ら構築していく動きがみられた。大量生産品であるために専門の流通ルートが構築可能であったこと，新規の商品であったから既存の問屋などを介さない取引が展開したこと，そして，それらの耐久消費財がまだ品質面では，時折の修理を必要とし，そのための技術をもった系列販売店を必要としたこと，などの条件によるものであった。家電製品のディスカウントショップが急成長するのは，そうした制約が小さくなった1980年代以降のことである。

他方で，食品や日用雑貨，衣類などの消費財については，より良いものをより安くという消費者のニーズに応えるために，セルフ販売方式や独自の仕入れルートを開拓した安売り店として，新しい小売り業態のスーパーマーケットが出現した。1960年代に入って消費者物価が上昇をみせはじめたことが背景の一つであった。ただし，スーパーマーケットなどの新しい業態が定着するのには時間がか

[*37] 1960年の調査によると，多くの主婦が余暇時間が増えた理由に洗濯機を挙げていた（天野正子・桜井厚『「モノと女」の戦後史』有信堂高文社，1992年，第5章）。耐久消費財の普及を「カカア電化」と表現するのは家事労働の合理化，効率化に貢献するところがきわめて大きかったからである。

[*38] 林周二『流通革命』中公新書，1962年。

かった。伝統的な商店街の利便性に対抗してセルフ販売方式の利便性と低コストを実現するためには，商品陳列用の棚や冷凍・冷蔵品のケースなども十分ではなかったし，商品のプリパッケージ開発も必要であったからである。この新しい小売業態は，食品・日用品などの分野でナショナルブランドが育ち，それらが大量生産されて安定的な品質の製品が消費者の心をつかむようになり，精肉や鮮魚などの販売にまで十分なノウハウが蓄積されることで本格的展開の条件が整うことになるが，それは少し後のことであった[*39]。しかし，このような流通面での変化は，消費者のニーズを汲み上げ，それに基づいて新しい製品分野を生み出し，消費生活を改善していく契機となった。

投信ブーム

家計の関心は，消費生活だけでなく貯蓄などの資産形成にも及ぶようになった。高成長がはじまると，企業の好調な業績を反映して株価が上昇した。この株式市場の活況に刺激されて，株式への投資や，さらに新しく売り出された投資信託に人びとの関心が集まった。家計に余裕が生まれたことがこのような投資市場への関心の基盤であり，ゆっくりと進む金利の低下がこれを後押ししていた。それは成長の成果が労働者の所得の増加に繋がっていたからであった。

1961年の公社債投資信託の発売には，「銀行よサヨウナラ，証券会社よコンニチワ」というキャッチフレーズが使われた。公社債投信は，発売1カ月で460億円という資金を集める爆発的な売れ行きであった。投資信託に投下された資金量は，年末残高で55年ころの約600億円から，60年には10倍の6000億円を超え，公社債投信が売り出された61年に約1兆2000億円になった（後出第8-15表）。生

第8-13表　産業資金供給の推移　　　　　　　　　　　　　　　　　　　　　　　　　（単位：億円）

	外部調達額							自己資金	総計
	合計	株式	事業債	民間金融機関	政府金融機関	融資特別会計	外資		
1955-59年	77,206	10,265	3,389	55,925	5,089	1,826	712	60,034	136,311
1960-64	225,526	35,790	9,894	160,959	11,471	3,125	4,287	148,991	370,232
1965-69	356,596	21,758	11,807	287,267	28,171	4,738	2,855	337,460	691,210
1970-74	889,382	50,769	27,278	736,127	62,485	7,658	5,065	634,423	1,518,753
1955-59	56.5%	7.5%	2.5%	41.0%	3.7%	1.3%	0.5%	44.0%	100.0%
1960-64	61.0%	9.7%	2.7%	43.5%	3.1%	0.8%	1.2%	40.2%	100.0%
1965-69	51.6%	3.1%	1.7%	41.6%	4.1%	0.7%	0.4%	48.8%	100.0%
1970-74	58.5%	3.3%	1.8%	48.5%	4.1%	0.5%	0.3%	41.8%	100.0%

出所）安藤良雄編，前掲『近代日本経済史要覧　第2版』176頁より作成。

[*39] 石井晋「流通」武田晴人編，前掲『高度成長期の日本経済』所収参照。

第8-14表 主要企業の設備投資を中心とした資金運用　（単位：10億円）

全産業		1951-55年		1956-60年		1961-64年	
集計社数		560		597		566	
資金源泉	内部留保	846	45.8%	1,995	42.4%	7,548	45.9%
	うち減価償却	621	33.7%	1,579	33.6%	5,449	33.1%
	資本金	301	16.3%	920	19.6%	3,061	18.6%
	社債	124	6.7%	604	12.8%	1,077	6.5%
	長期借入金	573	31.1%	1,187	25.2%	4,478	27.2%
	その他固定負債					290	1.8%
	小計	1,844	100.0%	4,706	100.0%	16,454	100.0%
使途	有形固定資産	1,667	90.4%	4,252	90.4%	10,801	65.6%
	投資その他の資産	217	11.8%	767	16.3%	3,052	18.5%
	小計	1,884	102.2%	5,019	106.7%	13,853	84.2%
運転資金増減		△40	△2.2%	△313	△6.7%	2,601	15.8%

製造業		1951-55年		1956-60年		1961-64年	
集計社数		382		406		417	
資金源泉	内部留保	497	56.6%	1,290	45.8%	6,993	46.2%
	うち減価償却	309	35.2%	931	33.0%	4,790	31.7%
	資本金	191	21.8%	591	21.0%	3,049	20.1%
	社債	48	5.5%	250	8.8%	673	4.4%
	長期借入金	142	16.2%	689	24.4%	4,224	27.9%
	その他固定負債					195	1.3%
	小計	878	100.0%	2,821	100.0%	15,134	100.0%
使途	有形固定資産	679	77.3%	2,348	83.2%	9,252	61.1%
	投資その他の資産	125	14.2%	496	17.6%	2,654	17.6%
	小計	804	91.6%	2,843	100.8%	11,906	78.7%
運転資金増減		74	8.4%	△22	△0.8%	3,228	21.3%

出所）日本政策投資銀行設備投資研究所編，前掲『"財務データ"で見る産業の40年』より作成。ただし，1955年については三菱経済研究所調査から類似のデータを作成。

活に余裕ができた消費者の資金などが，このようにして株式や債券などの市場に動員され，設備投資を積極的に展開する企業の資金の需要を満たすようになった。敗戦直後の経済民主化政策で構想された個人投資家の進出による株式所有の分散状態がようやく実現するかにみえた。実際，産業資金供給における株式比率は，60年代前半に着実に増加した[*40]。第8-13表のように，産業資金に占める株式の比率は，1割に満たない程度であったが，1960～64年には前後の時期に比べて株式による調達比率は増大傾向にあった。

株式市場の活況のなかで主要企業の金融状態を示す第8-14表によると，株式

[*40] 設備資金投資資金に関する研究として，宮崎忠恒「設備資金調達と都市銀行」武田晴人編，前掲『高度成長期の日本経済』所収参照。

（資本金）による調達額は2割近くに達していた。

　ところが，このようなブームの状態にもかかわらず，ちょうどこの頃から株式市場はかつてのような勢いを失っていた。1960年にようやく1000円台にのった東京証券取引所の平均株価は，翌61年夏には1800円を超える水準まで急騰した後，反転して下落基調になり，64年終わりころには1200円を切り，3年半ほどで3分の2の水準に下落した。

　東京オリンピックが開催された1964年には，1月に前年の輸入急増を反映した国際収支の悪化を背景に金融引き締め政策が実施されたにもかかわらず，同年の成長率が実質13.2%と高水準で，しかも貿易収支が大幅な黒字を記録するなど前例のない現象を呈した。ところが，このようなマクロの成長のもとで，労働力不足が顕在化し，生産設備の稼働率が低下し，企業の利益率が1962年の不況期よりも低迷するというミクロの不況となった。株式市場の低迷はこのような実態経済における企業収益の悪化を反映していたのである。経済成長のあり方が変化したのではないかという「**転型期論争**」が発生したのは，このような経済状態を背景としていた。

証券恐慌

　株式市場の不安定化は，投資ブームに乗って経営拡大を遂げていた証券会社の経営を圧迫した。それでも証券会社の多くは，強気な経営方針で顧客を集め，「運用預かり」で資金を集めて営業活動を展開したが，1964年秋には大手の証券会社のうち3社までが赤字決算になるというほど業績が悪化していった。同じころ，ミクロの不況を反映して，産業界でも企業倒産が増加した。64年12月のサンウェーブと日本特殊鋼，65年3月の山陽特殊製鋼と大型倒産が生じ，「構造不況」が論じられることになった。

　こうした財界動揺のピークが1965年5月の山一證券破綻による証券恐慌であ

考えてみよう　転型期論争

　民間設備投資の急増に先導された1958〜61年の「岩戸景気」後に生じた景気後退について，1962年『経済白書』はこの不況を短期の在庫循環ではなく，中期の設備投資循環に規定されたものと説明し，これによる設備投資の性格変化が景気循環のパターンだけでなく，日本経済の成長要因を変化させ，経済成長のあり方の転換をもたらすと指摘し，日本経済は「転型期」にあると規定した。成長率の鈍化が避けがたいという見方に関連して，65年不況に至る過程で発生した過剰設備問題を背景に，産業再編成や過当競争をめぐる議論が活発に行われた。これが転型期論争と呼ばれるものであるが，65年不況後に日本経済は60年代前半を上回る経済成長を遂げたことから，成長パターンの変化が生じるのは石油危機以降のことになった。

第8-15表　証券恐慌前後の経済指標

	企業倒産		株式市場		投資信託残高（億円）	総資本利益率	
	件数（件）	負債総額（億円）	ダウ指数	利回り（％）		中小企業（％）	大企業（％）
1960年	1,172	652	1,117	3.93	6,042	6.6	6.3
1961	1,102	804	1,549	3.24	11,828	7.5	5.4
1962	1,779	1,840	1,419	3.86	12,633	5.8	4.2
1963	1,738	1,695	1,441	4.24	13,419	4.1	3.9
1964	4,212	4,631	1,263	5.69	13,706	3.9	3.5
1965	6,141	5,624	1,203	5.92	11,859	3.7	3
1966	6,187	3,988	1,479	4.44	10,328	3.8	3.8
1967	8,192	4,854	1,412	4.74	9,457	4.4	4.3
1968	10,776	7,975	1,545	4.26	8,880	4.6	4.3
1969	8,523	5,485	1,956	3.3	10,493	5.5	4.6
1970	9,765	7,292	2,193	3.37	13,678	5.1	4.2
1971	9,206	7,126	2,386	3.37	16,185	4.2	3

出所）経済企画庁『経済要覧』各年より作成。

った[41]。64年秋に赤字決算を発表したころから，有力証券会社の経営状態が悪いことは，業界関係者や監督官庁である大蔵省には，ある程度知られていた。そのため，64年10月ころから関係者間で対策が検討されはじめていた。

　個別企業対策と同時に，金融業界では日本共同証券を設立し，低迷する株式市場から株式を買い上げて，株価の回復を図った[42]。同時に，政府は証券業を登録制から免許制に改め，証券業への監督を強化するために，証券取引法の改正を準備していた。

　山一證券の救済策については，予想を上回る大幅な赤字実態が明らかになったことから，1965年1月に，関係銀行が経営再建のための政府の救済を要請し，山一證券も経営再建計画を作成して，大蔵省と日本銀行に協力を要請することになった。

　これに対して，救済資金の供給を求められた日本銀行は個別の企業の経営破綻に特別な措置をとるわけにはいかないと慎重な態度を取り，他方で大蔵省は，山一證券の経営破綻が証券恐慌から金融恐慌へと危機が拡大するのを回避することを優先した対応を模索していた。こうして再建案の検討に時間を費やしている間に山一證券の経営破綻が5月21日には新聞にスクープされ，この報道の翌日には山一證券の全国約90の支店には解約を求める投資家たちが殺到しはじめ，以後一週間で同社は177億円の解約に応じることを余儀なくされた[43]。しかも，

[41] 山一證券の破綻については，草野厚『山一証券破綻と危機管理』朝日選書，1998年参照。
[42] 経済団体連合会編，前掲『経済団体連合会三十年史』312～313頁。
[43] 草野厚，前掲『山一証券破綻と危機管理』152～154頁。

不安心理に駆られた顧客の動きは，他社にも波及し，証券恐慌が発生した。

政府は，スクープの同日には田中角栄大蔵大臣が談話を発表して，「投資家に迷惑をかけない」「場合によっては日本銀行が資金面で特別の配慮をする」など万全の対策が準備されていることを明らかにしたが，取り付け騒ぎを事前には抑止できなかった。そのため，田中大蔵大臣の主導のもとで日本銀行法の第25条（日本銀行は主務大臣の許可を受け信用制度の保持育成の為必要なる業務を行うことを得）に基づく特別融資240億円が実現し，パニックの沈静化を図ることになった*44。

不況対策と赤字国債

大型倒産と証券恐慌による景気後退に対処するため，政府は，1965年7月に新しく大蔵大臣に就任した福田赳夫が赤字国債を発行して積極的な景気対策を講じることを発表した。政府は，1949年のドッジラインの実施以来守り続けてきた均衡財政主義を景気回復のために放棄し，財政法第4条で規定されていた非募債の原則を破り，赤字公債の発行による財政面からの景気刺激策を実施した。

これをきっかけに株式市場もようやく回復に向かい，やがて日本経済は岩戸景気を上回る長期の好況，「いざなぎ景気」のなかで，再び高成長経済へと戻った。

この証券恐慌の経験は，いくつかの重要な影響をその後の日本経済のあり方に残した。

第一に，すでに証券業界に対する監督立法を視野に入れていた大蔵省の証券行政は，監督色が一層強いものになり，銀行業と同様の「護送船団方式」へと変わ

年表	1960年代後半のできごと
1965年	2月22日 米，ベトナム北爆開始
	6月22日 日韓基本条約調印
	11月19日 戦後初の赤字国債発行
1966年	2月27日 春闘共闘会議，物価メーデー開催
	7月4日 閣議，新東京国際空港の建設地を三里塚に決定
1967年	3月13日 政府，経済社会発展計画決定
	6月6日 閣議，資本取引自由化基本方針決定
	8月3日 公害対策基本法公布
1968年	1月1日 米，ドル防衛白書発表
	6月10日 大気汚染防止法公布
	この年，日本大学，東京大学などで紛争激化
1969年	2月7日 第二次資本自由化方針決定
	5月30日 政府，新全国総合開発計画決定
	7月20日 アポロ11号月面着陸に成功
1970年	3月14日 大阪千里で万国博覧会開催
	6月23日 日米安全保障条約自動延長
	8月25日 第三次資本自由化方針決定
1971年	3月11日 第一・勧業両銀行合併発表
	6月17日 沖縄返還協定調印
	7月1日 環境庁発足

---

*44 有沢広巳監修，前掲『昭和経済史（中）』333頁参照。草野厚，前掲『山一証券破綻と危機管理』163〜164頁。

ったことであった。有力金融機関も貸出先企業の救済を自力では講じえず，大蔵省の強い影響力が行使されて日本銀行特別融資が実現したことから，保護的な金融行政との共存関係を強めた。金融システムの安定性が重視された結果であった。

　第二に，財政面からの不況対策の経験は，その後の景気後退のたびに，不況対策として赤字国債の発行による景気対策を求める声が高まる前例となり，赤字国債の累積を招く遠因となった。証券恐慌は，景気回復のために発行された赤字国債という点でも，大蔵省の過保護な金融行政という点でも禍根を残すものであった。

　第三に，証券恐慌はようやく証券市場に顔を出しはじめていた個人投資家を市場から退出させることになった。資本自由化が日程に上っていたこともあって，企業は安定株主対策のために株式持合比率を高め，株式保有構造において再び法人株主の地位が上昇した。前掲第8-13表に示されているように，産業資金供給における民間金融機関のウエイトは運転資金を含めた総供給額でみてもそれほど高まったわけではなかったから，この時期の企業金融の構造は，大きく比率を拡大した自己資金への依存度を高める方向へと転換していった。

3　大型合併と資本自由化

産業構造の高度化

　高成長経済が持続するなかで，日本経済は，①産業構造の重化学工業化が進展し，②大衆消費社会が形成されるとともに，③国際的に開かれた経済体制へと移行していった。

　産業構造の変化を就業者数の変化によってみると（第8-16表），第一次産業就業者は1950年の1721万人から70年には1008万人に減少し，代わって第二次産業就業者が1000万人，第三次産業就業者が1300万人あまり増加した。

　第二次産業の中核となる製造業では，1950～70年に799万人の従業者数増加がみられるなかで，機械工業就業者の大幅な増加と繊維工業就業者の大幅な減少がみられた。

　就業構成の変化のなかで，その男女比率は1950～70年にはほとんど変化しなかったことも特徴的であった。女性の就業者数は第三次産業などでかなり増加していたとはいえ，総数では男6女4の比率に変化はなかった。専業主婦を理想的とする女性の生き方に関する規範意識が強かったことを反映していた。

　産業構造の重化学工業化では，鉄鋼業や造船業などの旧型の重工業が発展するとともに，新興の石油化学や自動車，テレビに代表される家庭電気製品などの機

第8章 高成長経済の時代

第8-16表 産業別就業者数の推移 (単位:千人)

	1950年			1970年			増減		
	計	男	女	計	男	女	計	男	女
総 数	35,626	21,870	13,756	52,235	31,745	20,490	16,609	9,875	6,734
第一次産業	17,208	8,786	8,422	10,075	4,735	5,340	△7,133	△4,051	△3,082
第二次産業	7,812	5,993	1,819	17,827	12,463	5,364	10,015	6,470	3,545
鉱 業	591	525	66	216	192	24	△375	△333	△42
建設業	1,531	1,426	105	3,929	3,498	431	2,398	2,072	326
製造業	5,690	4,042	1,648	13,682	8,773	4,909	7,992	4,731	3,261
第三次産業	10,568	7,066	3,502	24,294	14,547	9,747	13,726	7,481	6,245
卸・小売業	3,963	2,406	1,557	10,060	5,476	4,584	6,097	3,070	3,027
金融・保険・不動産	362	241	121	1,378	770	608	1,016	529	487
運輸・通信	1,586	1,409	177	3,214	2,810	404	1,628	1,401	227
電気・ガス・水道	224	201	23	287	254	33	63	53	10
サービス	3,272	1,846	1,426	7,635	3,848	3,787	4,363	2,002	2,361
公 務	1,160	963	197	1,720	1,388	332	560	425	135
その他	37	26	11	40	22	18	3	△4	7
構成比	100.0	61.4	38.6	100.0	60.8	39.2	0.0	△0.6	0.6
第一次	48.3	24.7	23.6	19.3	9.1	10.2	△29.0	△15.6	△13.4
第二次	21.9	16.8	5.1	34.1	23.9	10.3	12.2	7.1	5.2
第三次	29.7	19.8	9.8	46.5	27.8	18.7	16.8	8.0	8.8

出所) 安藤良雄編,前掲『近代日本経済史要覧 第2版』6頁。

第8-17表 主要国の自動車生産と輸出 (単位:千台)

		日本	アメリカ	西ドイツ	フランス
生産	1955年	69	9,204	909	725
	1965	1,876	11,138	2,976	1,642
	1975	6,941	8,982	3,186	3,300
	1990	13,486	9,790	4,980	3,770
輸出	1955	1	389	404	163
	1965	194	341	1,527	638
	1975	2,678	864	1,653	1,938
	1990	4,455	950	2,770	2,100

出所) 安藤良雄編,前掲『近代日本経済史要覧 第2版』168頁,三和良一・原朗編,前掲『近現代日本経済史要覧 補訂版』162頁。

械生産も急激に拡大したことが特徴であった。これらは主として外国からの技術導入に基づいて,活発な設備投資によって最新の設備が建設され(前掲第8-5表参照),先進工業国と国際市場で競争できるような産業に育った。製造業の製品出荷額に占める機械工業の比率は,1950年の13.9%から70年には32.3%に増加し,鉄鋼・金属・金属製品の19.3%,化学・石油製品等の15%とあわせると70年に産業構造の重化学工業化率は66.6%という高水準に達した[*45]。就業構造面では,第三次産業の拡大によって経済のサービス産業化が顕在化しつつあったが,

---

[*45] 安藤良雄編,前掲『近代日本経済史要覧 第2版』11頁,表12 (c)。

生産面では製造工業の拡大が依然として主役の位置を占めていた。

　産業発展を代表する自動車産業は、1955年には国際的にみてきわめて矮小な産業にすぎなかったが、1975年までに米、西独、仏などの諸国と遜色のない規模に達し、第8-17表のように、輸出国としては第1位の地位を獲得するほどになった。

　輸出拡大の主因は、第8-6図に示されるようにたゆまぬコスト削減努力の結果、自動車生産の規模の拡大とともに一台あたりコストが大幅に低下したからであった。総コストは量産効果を基盤に60年前後までに大幅に低下し、その後もゆっくりとコスト削減が続けられていた。ただし、人件費の緩やかな増加にみられるように労働生産性の上昇に伴うコスト低下には限界があり、協力企業との部品取引の組織化などによる原材料費の削減などが重要な役割を果たしたと考えられる*46。

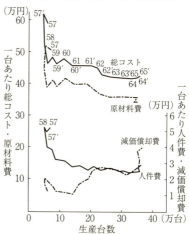

第8-6図　自動車生産コストと量産規模

注）右肩に「′」付きの数値は下期、他は上期。
出所）飯田経夫ほか編、前掲『現代日本経済史（下）』13頁。

対外収支の恒常的黒字化

　自動車に先行して造船や鉄鋼なども海外市場に着実に地歩を確保し*47、日本の輸出構造も重化学工業を中心とするものへと変化した。

　付加価値率の高い製品分野への輸出構造の変化が基盤となって、日本の対外収支は1967年ころから恒常的に黒字を示すようになった（第8-7図）。「いざなぎ景気」の長期化は、こうして国際収支不安がなくなったことが基盤であった。貿易収支の恒常的な黒字化のなかで、日本の輸出シェアも外貨準備も確実に増加し、後者は65～70年には倍増した。

　このような貿易の好調は、日本の国際的な地位の上昇に直結していた。世界の輸出貿易に占める日本の地位は、1960年の3.8％から70年には6.4％に達し、イギリスと肩を並べるようになり、先進国ではアメリカ、西ドイツに続く輸出大

---

*46　自動車工業のコスト低下の要因については、韓載香「自動車工業」武田晴人編、前掲『高度成長期の日本経済』所収を参照。

*47　高度成長期の産業発展の諸相については、祖父江利衛「造船業」、金容度「鉄鋼業」など、武田晴人編、同上書所収の各論文を参照。

第8-7図　対外収支と外貨保有額

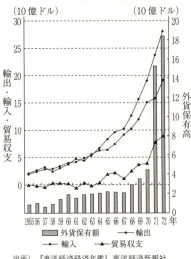

出所）『東洋経済経済年鑑』東洋経済新報社，1994年版より作成。

国となった（前掲第8-8表）。それは，相手国にとっても日本が重要な貿易相手となったことを意味していた。極東の小国が世界市場の拡大を追い風に貿易規模を拡大した50年代後半とは日本の地位が大きく変化した。

貿易における地位の向上は，西側先進工業国のなかで日本産業が占めるシェアが大きくなったこととを反映していた（第8-18表）。先進工業国に集中する産業分野のなかで，日本の生産シェアは鉄鋼や自動車，民生用電子機器などを中心に急速に伸びていた。民生用電子機器，鉄鋼，造船では1965～71年の増加に占める比率が5割を超えるほど発展を示していた。しかも，これらの産業の生産品の市場としても大きな意味をもつようになっていたことが重要であった。発展の著しい産業分野（鉄鋼，自動車，民生用電子機器，一般機械）では，消費量も大きく伸びていたから，海外の企業からみれば成長する日本市場への関心は強まった。

そうした状況を背景に，第8-19表に示されるように，対日貿易が重要な位置

第8-18表　「自由世界市場」における日本産業の位置　　　　　　　　　　　　　　（単位：％）

		生　産				消　費			
		先進国のシェア	日本のシェア		増加に占める日本のシェア	先進国シェア	日本のシェア		増加に占める日本のシェア
			1965年	1971年			1965年	1971年	
装置型産業	鉄　鋼	88	13	22	54	82	9	17	45
	石油化学	93	12	18	22	81	11	14	16
	石　油	32				84	7	10	18
	紙パルプ	94	8	11	29	90	7	11	29
	アルミ	79	6	10	17	87	6	11	21
労働集約型産業	繊　維	75	6	10	32	74	9	10	13
	うち合繊	93	20	21	22	88	14	13	19
	自動車	97	8	18	46	96	7	13	31
	電子機器	98	6	14	30	96	5	12	23
	うち民生用		13	38	90		8	24	57
	造　船	96	46	50	54	61	22	22	22
	一般機械	99	9	18	38	90	9	17	37

出所）　高橋亀吉『戦後日本経済躍進の根本要因』日本経済新聞社，1975年，362頁。

3 大型合併と資本自由化　371

を占める諸国が、アジア地域を中心に着実に増加した。1975年を基準にすると、日本にとって最大の貿易相手国はアメリカであったが、アメリカからみても日本の地位は貿易相手国として上位2位に入るまでに高まっていた。そればかりでなく、日本からみれば数パーセントにすぎない国々のなかに、対日貿易が第1位を占める国がきわめて多くなっていた。日本からの輸出についてみると、インドネシア、タイ、台湾、韓国、中国などの対日輸入が3割を超えていたし、他方で輸入でみると、オーストラリア、インドネシア、タイ、フィリピン、韓国、クウェートなどの対日輸出が当該国の輸出の4分の1を超えていた。

第8-19表　相手国から見た日本の貿易比率（1975年）

（単位：％）

	日本の輸出構成	相手国の対日輸入		日本の輸入構成	相手国の輸出構成	
アメリカ	20.2	②	11.8	20.1	②	8.9
カナダ	2.1	③	3.5	4.3	②	6.5
オーストラリア	3.1	②	17.6	7.2	①	29.2
インドネシア	3.3	①	31.0	5.9	①	44.1
シンガポール	2.7	①	16.9	0.7	③	8.7
マレーシア	1.0	①	20.1	1.2	②	14.5
タイ	1.7	①	31.5	1.3	①	25.6
フィリピン	1.8	①	28.0	1.9	②	37.9
台湾	3.3	①	30.4	1.4	②	13.2
韓国	4.0	①	33.4	2.3	①	25.4
中国	4.0	①	31.2	2.6	①	22.3
香港	2.5	①	20.9	0.4	④	6.4
インド	0.8	③	8.1	1.1	③	10.3
イラン	3.3	①	16.0	8.6	①	18.0
クウェート	0.7	①	17.1	3.5	①	25.7
サウジアラビア	2.4	①	16.0	10.6	①	14.8
リベリア	4.6		5.4	0.0		2.6
南アフリカ	1.6	④	11.1	1.6	②	12.4
ブラジル	1.7	④	9.3	1.5	③	7.8
西ドイツ	3.0	⑬	2.4	2.0	㉓	1.1
イギリス	2.6	⑬	2.8	1.4	⑱	1.6
ソビエト	2.9		4.4	2.0		3.5

注）　①は日本のシェアが第1位、②は同じく2位。
出所　安藤良雄編、前掲『近代日本経済史要覧　第2版』172頁。

資本自由化の実施

　貿易・為替の自由化の進展を受けて1960年代後半には資本の自由化が政策課題となった。こうして実現する開放経済体制への移行は、日本の産業が世界の市場のなかで十分な競争力をもつようになり、それまでの保護主義的な政策を続ける必要がなくなったことを示していた。それだけ日本の国際的な地位が向上していた。

　もちろん、高成長下の発展に誰もが自信をもっていたわけではなかった。1960年代前半に通産省を中心に国際競争力強化を狙った特定産業振興臨時措置法が立案されたのは、自由化への不安があり、「第二の黒船」といわれた資本自由化に対応するために、日本の産業・企業が外国の巨大な企業にのみ込まれることがないように、予防的な手段を用意しておこうと考える人たちがいたことを示してい

第8-20表　資本自由化の進展

	企業の新設			既存企業の株式取得		
	非自由化業種数	50%自由化業種数	100%自由化業種数	一外国投資家	外国投資家全体	
					非制限業種	制限業種
第一次前	全業種			5%以下	15%以下	10%以下
第一次（67年7月）		33	17	7%以下	20%以下	15%以下
第二次（69年3月）		160	44	7%以下	20%以下	15%以下
第三次（70年9月）		447	77	7%以下	25%以下	15%以下
自動車自由化（71年4月）		453	77	7%以下	25%以下	15%以下
第四次（71年8月）	7	原則	228	10%未満	25%以下	15%以下
第五次（73年5月）	5	原則		条件付きで100%自由化		

出所）三和良一・原朗編，前掲『近現代日本経済史要覧　補訂版』168頁。

る。しかし，その法案は制定されなかった*48。

　1967年6月に政府は資本取引の自由化基本的方針を定め，段階的に自由化を進めることを明らかにした。のちの経過からみれば，日本の国際収支は恒常的に黒字化し，外貨の不安が解消した67年は，このように対外関係の枠組みを大きく変容させる画期の年であった。

第8-8図　外資導入状況

出所）安藤良雄編，前掲『近代日本経済史要覧　第2版』166頁より作成。

　資本の自由化は，1964年にIMF8条国へ移行するとともにOECDに加盟したことによって不可避となっていた*49。それまで日本は，外国資本が日本の国内で企業を設立すること，国内企業の株式を取得することを厳格に制限していた。そのため，外国企業からの技術導入によって合弁企業を作るときでも，49%を超えて外国資本が株式を所有できないなど強い制限を課していた。67年にこの方針を放棄して，資本取引の原則自

---

*48　城山三郎『官僚たちの夏』新潮社，1980年。特振法案については，呂寅満「1960年代前半の産業政策」武田晴人編，前掲『高度成長期の日本経済』所収を参照。特振法案が資本自由化に先行して1962年から立案されていたことは，当時実施されていた産業保護政策が時限付きであることを自覚し代替的な措置が必要と認識されていたこと，したがって産業政策が歴史的性格をもつことを示唆している。

*49　浅井良夫，前掲『IMF8条国移行』参照。

由化が決定された。

　こうした開放経済体制への移行に関して「外国資本の脅威」にさらされるとの論調が国内では強かった。そうした議論を背景に，資本自由化は貿易・為替の自由化に比べれば，第8-20表のようにゆっくりとしたテンポで慎重に進められた。五次にわたる自由化措置の結果，1973年5月には企業の新設については原則自由となり，非自由化業種は，農林水産業，鉱業，石油業，皮革・皮革製品製造業，小売業の4業種に，制限業種は銀行など19業種となった。

　資本自由化がもたらす影響は広範囲に及ぶと考えられていた[*50]。同時代の認識では，その脅威の面が強調されたが，その反面で，資本導入の自由化は，外国技術の導入に対する障壁をこれまでよりも引き下げることを通して，経済発展にプラスの役割を果たすものでもあった。資本取引の制限が撤廃されたこと，直接投資への対抗のための技術革新を求める企業行動が活発化したこと，などがその理由であった。

　外国技術の導入件数は，第8-8図のように，1960年代後半から機械工業を中心に急速に増加した。産業構造の変化が重化学工業，とくに機械工業の発展によっていたことは，こうした技術導入が産業発展の中核部分で進展していたことを示していた。

株式持合の拡大と大型合併の進展

　資本自由化は「外国資本の脅威」論をてことした株式の持合の進展と大型合併推進の契機となった。この動きは，「第二の黒船」という表現にも象徴されるように日本経済の将来に対する危機意識の高まりを反映したものであった。

　有力な大企業合弁計画などは，財閥解体と過度経済力集中排除法による企業分割を通して作り上げられた戦後の産業体制の再編を意味した。独占禁止法を基本的な理念とし作り出された競争的な市場の構造を，企業合併によって開放経済体

年表	主な企業合併
1964年 4月	新三菱重工業，三菱日本重工業・三菱造船を合併
1965年 4月	神戸製鋼所，尼崎製鉄を合併
1966年 4月	東洋紡績，呉羽紡績を合併
1966年 8月	日産自動車，プリンス自動車を合併
1967年 8月	富士製鐵，東海製鐵を合併
1968年 10月	日商，岩井産業を合併
1968年 10月	東洋高圧工業，三井化学工業を合併
1969年 4月	川崎重工業，川崎航空機工業・川崎車輛を合併
1969年 6月	住友機械工業，浦賀重工業を合併
1969年 10月	ニチボー，日本レイヨンを合併
1970年 3月	八幡製鐵，富士製鐵を合併

[*50] 同時代の認識を示すものとして，OECD貿易外取引委員会（外資研究会訳）『資本自由化と日本』東洋経済新報社，1968年，および機械振興協会経済研究所『資本自由化と産業再編成』1970年がある。

年表　八幡・富士合併の経過	
1968年 3月21日	王子系3社（王子製紙，十條製紙，本州製紙），合併契約締結
4月17日	毎日新聞，「八幡・富士合併」をスクープ
5月1日	永野・稲山両社社長，69年4月の合併を正式発表
6月15日	経済学者90名の組織する独占禁止政策懇談会，合併反対表明
7-8月	産業構造審議会基本問題特別委員会，集中審議。最終的に「大型合併は必要」と結論
10月	公正取引委員会，委員会審査開始
1969年 2月24日	公正取引委員会，事前審査の結論を口頭で両者に伝え，4品目について，独占禁止法に抵触の恐れがあると内示
3月12日	両社，対応策を提出
3月24日	公正取引委員会，正式審査開始
5月7日	公正取引委員会，合併否認勧告。両社，勧告を拒否
6月19日	正式審判開始（合併計画が審判に持ち込まれた最初のケース）
10月30日	公正取引委員会，審決交付。合併正式に決定
1970年 3月31日	新日本製鐵，成立

制にあわせて再編成しようとの動きであった。

　財閥解体後に社長会などを中核に，株式持合や銀行融資，役員派遣などを紐帯として形成された「企業集団」では，1950年代には三井，三菱，住友が株式の持合比率を高めていた。これらの企業集団における社長会メンバー企業の相互持合比率は，1953年に三井5.2%，三菱10.6%，住友11.2%から64年にそれぞれ13.3%，20.2%，26.5%に上昇していた[51]。こうしたなかで資本自由化は，海外からの日本企業に対する買収などが発生する危惧を強めた。ヨーロッパでは資本自由化に伴ってアメリカ企業の支配が進展していたから，このような心配は現実性があると考えられていた。しかも，1965年の証券恐慌後に個人株主の株式への関心が低下する一方で景気拡大による日本企業の好業績もあって，株式市場は海外投資家が進出しやすい状況であった。そのため，日本企業は敵対的な買収に備えるための安定株主対策を強めた。その結果，1975年の企業集団持合比率は，三井16.0%，三菱25.7%，住友が24.6%となった[52]。これに加えて，それまで集団形成が曖昧であった三和銀行系列，富士銀行系列，第一勧業銀行系列の銀行融資を中核とする三つの企業集団も持合率を急速に高めることとなり，六大企業集団と評されることになった。この動きは，持株会社を

---

[51] 橘川武郎，前掲「戦後型企業集団の形成」264，281頁による。企業集団については，宮崎義一『戦後日本の経済機構』新評論，1966年を，高成長経済に対する積極的な役割を強調した代表的な研究として参照されたい。

[52] 三和良一・原朗編，前掲『近現代日本経済史要覧　補訂版』171頁。

本社とする戦前の財閥組織の再現ではなく,より緩やかで水平的な企業結合を実現するものにすぎなかったが,**系列融資**や**メインバンク**など日本企業の特質をより明確にするような動きとなって,のちの日本的経営論で注目を集めることになった。

産業レベルでは,企業合併による競争力強化が目指された。具体的には,三菱重工系の3社が1963年に合併契約を締結したが,この場合には,経済民主化措置の一環として集中排除措置によって分割された3社を合併することによって競争力を強められると三菱系の企業集団が判断し,三菱商事や三菱銀行が中心になって斡旋し合併が成立した。ついで,神戸製鋼と尼崎製鉄,東洋紡と呉羽紡,日産自動車とプリンス自動車,日商と岩井産業と大型合併が続いた。こうした状況のなかで,67年前後に王子製紙や八幡・富士製鐵が合併への動きをみせはじめ,68年3月に王子系3社の合併契約が調印され,その後を追うように旧日鉄系の八幡と富士の合併問題が明らかにされた。

これらの合併の背景には,資本自由化により,対外的な競争力の弱い日本企業は外国企業との競争に敗北し,買収されるという危機意識であった。王子製紙や日本製鐵は戦前を代表するトラスト的な大企業であったから,その復活につながる企業合併計画に対しては,国内で大きな論争を巻き起こすことになった。その経過については,別に掲げた年表に譲るが,消費者団体,学会などの反対が強く,それらは競争的な産業組織を維持することを強く求めていた。こうした背景からこの問題は公正取引委員会の正式審査を受けることになったが,最終的には通産省などの後押しもあって,八幡・富士両社は,合併後に市場シェアが大きくなりすぎると予想される四つの製品分野について,競争会社に設備を譲渡するなどの措置を講じることで公正取引委員会が設定した基準をクリアし,予定より1年ほど遅れて新日本製鐵が成立した[*53]。

> **解説** 系列融資とメインバンク
>
> 企業集団内で,集団の中核となる銀行から優先的に融資を受けることができるような取引慣行が成立していたことから,このような銀行取引が系列融資と呼ばれることになった。また,企業と特定の銀行との取引関係が比較的長期にわたって安定的に維持されている場合には,その金融機関をその企業のメインバンクと呼ぶことも通例となっている。系列融資を受ける企業は集団内の銀行などがメインバンクとなる。ただし,メインバンク関係は,企業集団内に固有のことではなく,一般的に企業が取引先の銀行等金融機関を頻繁に変更することは少ない。安定的な関係が維持される理由には,金融機関としては融資先企業の経営内容に関する情報が蓄積され,情報の非対称性が小さくなることで,取引コストが極小化できると説明されることが多い。
> **参考文献** 鈴木健『メインバンクと企業集団』ミネルヴァ書房,1998年。

[*53] 武田晴人『新版 日本経済の事件簿』日本経済評論社,2009年,第13章参照。

大衆消費社会の実現

高度成長期における就業構成の変化は，人口の都市への社会移動を促した。そのなかで，1960年代に入ると，労働力の不足が顕在化するとともに，製造工業部門の技術革新に基づく生産性の上昇に対応して，名目賃金の上昇率が高まり，実質的な生活水準の向上に結びついていった。

一人あたり実質個人消費支出は，1955年の11.8万円から60年に16.4万円，65年に23.9万円，70年に35.0万円と増加した。5年ごとに50％程度ずつ増加したことになる。そのため，個人消費支出に占める飲食費の比率は，55年の51.1％から60年に43.1％，65年に37.7％，70年に34.3％と劇的に減少した[*54]。

こうして国民のほとんどが自らを「中流」と認識するような所得格差の小さい社会が，大衆消費社会として生み出された。増加する可処分所得の多くは，耐久消費財の購入に向かい，耐久消費財生産の増加が雇用の拡大につながるような好循環のなかで，経済の成長パターンが「投資が投資を呼ぶ」ものから，個人消費などの内需拡大にも支えられたものへと変質した。吉川洋が指摘しているように，核家族化が進展することによって，耐久消費財の需要そのものが所得の増加や人口の移動を超えて増加するという条件も大きな意味をもった[*55]。

しかし，耐久消費財の需要拡大はその普及によって鈍化する制約を負っていることから，この分野では，中古市場の形成によって市場の入口を拡げ，買い換え需要の負担を軽減（下取り）し，絶えざるモデルチェンジによって需要を喚起する必要に迫られた[*56]。その結果としてますます差別化がすすみ，大量生産の理想とは乖離した多様な生産品目のフルラインへと生産構造を改変せざるをえなくなった。これは機械工業化を中核とする生産システムとしては，外見的な変化は小さいとはいえ，その蓄積メカニズムに重要な変化が生じ，経済構造が転換する契機（構造の遷移）を内包するものであったと評価することもできる。

物価高と福祉政策を欠いた財政運営

経済成長の持続がもたらしたひずみが1960年代半ばころから顕在化した。池田勇人内閣の所得倍増計画を批判して登場した佐藤栄作内閣は，1967年3月に

[*54] 三和良一・原朗編，前掲『近現代日本経済史要覧　補訂版』10頁，表7（b）による。
[*55] 吉川洋『高度成長：日本を変えた6000日』読売新聞社，1997年，同「マクロ経済」橘木俊詔編『戦後日本経済を検証する』東京大学出版会，2003年所収。
[*56] 自動車における中古車市場と煩雑なモデルチェンジについては，韓載香，前掲「自動車工業」参照。また，消費者行動と消費財の製品差別化，価格変動については，石井晋「アパレル産業と消費社会」『社会経済史学』70巻3号，2004年，同「転換期のアパレル産業」『経営史学』39巻3号，2004年を参照。

経済審議会の答申を受けて新たな経済計画（経済社会発展計画）を閣議決定した[*57]。その「基本的な考え方」は、①「成長過程の問題点を解決することが昭和40年代に課された責務」とし、②成長の弊害として消費者物価高、企業経営の弱体化、都市の過密化対策の立ち遅れなどを指摘するものであった。しかし、現実には佐藤内閣の施策は物価対策や過密対策などに具体性を欠いていた。

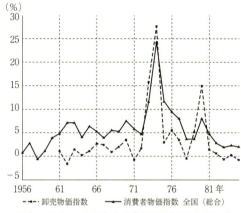

第8-9図　物価上昇率の推移

出所）三和良一・原朗編、前掲『近現代日本経済史要覧　補訂版』3～4頁より作成。

　1970年代の石油危機による狂乱物価の時期を別にして、60年代後半の佐藤内閣期における消費者物価上昇率は卸売物価に比べてかなり高く（第8-9図）、生活の基礎的条件の安定を脅かし、実質的な所得増加を小さくする要因であった。

　社会保障などの国民生活に対する施策でも積極的な取り組みは進まなかった。1961年に国民皆保険・皆年金が達成されたことから、潜在的な医療需要が掘り起こされて医療費が増加していた。60年に4400円であった国民一人あたり医療費は、65年には1.1万円、70年には2.4万円となっていた[*58]。10年間に5倍を超える増加であった。この健康保険制度の整備による医療費の国民負担率の低下が、この時期には唯一ともいうべき社会保障制度の前進であった。

　社会保障制度の整備の遅れは財政面からの制約があったためではなかった。高

考えてみよう　生産性格差インフレーション

　1961年に高須賀義博によって明らかにされた消費者物価上昇に関する説明仮説が生産性格差インフレーション論である。高須賀は、日本経済の二重構造に注目し、生産性上昇率が異なる大企業と中小・零細企業が等しく負担する賃金コストの差異に消費者物価上昇の原因を求めた。すなわち、中小・零細企業では資金面の制約から設備の改善など生産性上昇が不十分である一方、企業規模間の名目賃金は人手不足経済への移行を背景に平準化する傾向にある。高須賀は、このコスト上昇圧力が価格を押し上げる要因になると考え、大企業部門が多い中間財・卸売物価では管理価格的な価格の硬直性が見出されることもあって、中小・零細企業が多い消費財供給部門の価格は卸売物価の動向とは乖離して上昇すると説明した。この説明は、サービス産業化が進展する今日でも参照すべき論点を含むものである。

[*57]　星野進保、前掲『政治としての経済計画』第7章参照。
[*58]　三和良一・原朗編、前掲『近現代日本経済史要覧　補訂版』202頁、表8・64による。

第8-21表　所要経費別政府歳出予算の推移　　　　　　　　　　　　（単位：億円）

	1955年		1961年		1966年		1971年	
社会保障関係費	1,043	10.5%	2,462	12.6%	6,236	14.5%	13,441	14.3%
うち医療費		0.0%	848	4.3%	2,858	6.6%	6,903	7.3%
文教・科学振興費	1,308	13.2%	2,617	13.4%	5,434	12.6%	10,789	11.5%
国債費	434	4.4%	409	2.1%	489	1.1%	3,193	3.4%
恩給関係費	895	9.0%	1,339	6.9%	1,917	4.4%	3,360	3.6%
地方交付税交付金	1,374	13.9%	3,530	18.1%	7,507	17.4%	20,544	21.8%
防衛関係費	1,349	13.6%	1,803	9.2%	3,407	7.9%	6,709	7.1%
公共事業関係費	1,635	16.5%	3,571	18.3%	8,721	20.2%	16,656	17.7%
うち道路整備事業費	269	2.7%	1,483	7.6%	3,596	8.3%	6,943	7.4%
貿易振興・経済協力費	117	1.2%	384	2.0%	600	1.4%	1,011	1.1%
中小企業対策費	26	0.3%	45	0.2%	293	0.7%	579	0.6%
食糧管理費	0	0.0%	370	1.9%	1,210	2.8%	4,634	4.9%
産業投資特別会計への繰入	0	0.0%	0	0.0%	440	1.0%	803	0.9%
その他	1,654	16.7%	2,898	14.8%	6,241	14.5%	11,024	11.7%
予備費	80	0.8%	100	0.5%	650	1.5%	1,400	1.5%
合計	9,915	100.0%	19,528	100.0%	43,145	100.0%	94,143	100.0%

出所）　林健久「日本財政の経費構造」林健久・貝塚啓明編『日本の財政』東京大学出版会，1973年，56～57頁。

　成長を背景に税の自然増収が続き財源には余裕があった。それにもかかわらず社会保障政策の充実は実現しなかった。高成長期の財政構造は，第8-21表のように，皆保険制度の実施を受けて社会保障関係費比率の増加が，1960年代前半にみられたとはいえ，60年代後半期に横ばいに転じていた。中央地方の財政調整のための地方交付税交付金が一貫して増加傾向にあり，道路を中心とする公共事業投資のウエイトが高いことなどが特徴であった。それは保守政権の選挙基盤を固めるための「利益誘導型」の財政支出の姿を示していた[*59]。

　日本の財政構造の特徴を主要先進国と比べると，第8-22表の通り国民総生産に占める中央政府財政の比率が低かった。その要因の一つは歳出構成において国防費支出比率が小さいことにあった。独立・講和時に保守政権が「軽武装」を選択し，その後自衛隊の創設や防衛力の整備が追及されたとはいえ，その財政負担は小さく，その分だけ「小さな政府」になっていた。それは，国民総生産に対する国税・地方税比率，国民所得に対する租税負担率などの指標が日本ではかなり小さかったことにも現れていた。社会保障費比率は国防費を除く比率でみても，アメリカを除けば欧州主要国と同水準であった。しかし，国民所得に対する租税

[*59] 歴史的にみると，原敬内閣が「我田引鉄」と評されるような鉄道建設によって地方選挙民の歓心を買い，政友会政権の基盤を固めようとした時代から，地方への資金のばらまきは伝統的な政治手法であった。もちろん，この時期の地方への資金配分は，過疎過密問題など高成長に伴う弊害への対処策という正当な理由もあった。

第8-22表　1975年における主要国の財政構造（個人所得税／個人所得）　　　（単位：%）

		日本	アメリカ	イギリス	西ドイツ	フランス
中央政府財政／国民総生産		13.9	23.9	34.6	15.2	23.1
歳出構成比	国債利子	3.6	8.9	2.7	3.3	4.1
	社会保障費	21.7	49.9	25.4	16.6	18.5
	教育費	12.6	4.8	3.6	5.1	25.4
	国防費	6.6	25.1	14.6	20.5	17.9
	国防費を除く社会保障費比率	23.2	66.6	29.7	20.9	22.5
国税・地方税／国民総生産		17.7	27.8	37.8	30.2	29.3
租税・税外負担／国民所得		26.8	37.4	46.7	51.4	50.2
個人所得税／個人所得		13.5	19.4	23.7	24.8	19.0
法人所得税／法人所得		60.5	54.7	109.1	86.6	31.9
間接税／租税・税外負担		29.1	30.9	35.1	32.7	36.7

出所）安藤良雄編、前掲『近代日本経済史要覧　第2版』174頁。

負担率が欧州諸国の半分近い水準にあったことを考えると、これに対応して財政支出規模は小さくなるから、社会保障による国民一人あたりの給付水準は、日本では欧州の半分程度の水準にすぎなかったと推定できる。つまり、高成長期の日本は国民の税負担が軽い一方で、社会的給付の水準も低く、社会保障政策を介した財政による所得再配分の効果は限定的であった（低負担・低福祉）。経済成長に伴う賃金上昇が社会的な問題の顕在化を抑制しており、財政運営は成長の成果に便乗しているだけであった。

環境破壊と公害紛争

深刻化する環境破壊は、1950代後半にはすでに熊本県水俣地方の「奇病」の発生や、大気汚染、水質汚染、地盤沈下などの問題として認識されていた。しかし、これらが企業活動に伴って発生している人為的な加害に基づくものであるとの認識は薄かった。水俣病が工場排水に起因する有機水銀中毒であることは、熊本大学医学部などの研究によってかなり早い時期に確かめられていた。しかも、59年11月には食品衛生調査会が厚生大臣に「水俣病の原因は水俣湾にすむ魚介類の体内から検出される有機水銀化合物である」と答申していたにもかかわらず、そうした科学的な検証に対して、政府は冷淡であった。政府が有機水銀説を認め、水俣病を公害病と認定するのは68年のことであり、この遅れが、阿賀野川の第二水俣病の発生など被害の拡散と拡大をもたらした[*60]。

公害にかかわる最初の規制立法は、1958年12月の公共用水域の水質の保全に

[*60] 公害問題については、宇井純『公害原論』1～3巻、亜紀書房、1971～1974年、および川名英之『ドキュメント日本の公害』1～13巻、緑風出版、1987～1996年を参照。

第8-10図　水俣病患者

Photo by W. Eugene Smith
©Aileen M. Smith

関する法律と工場排水等の規制に関する法律であった。その後62年に煤煙規制法が制定されるなどの対応がとられたが，初期の規制立法は，産業発展を優先すべきとの財界などの意見を受けて「生活環境の保全と産業の健全な発展との調和を図る」という「**経済との調和条項**」を盛り込んだ。それは実質的に経済成長を優先するものであった[61]。

他方で，自治体レベルでは条例によって環境保全，公害対策を実施する動きが強まった。四日市や川崎におけるぜんそく患者の増加，洞海湾や田子の浦水域の工場排水による汚泥などの被害が増加したことが，深刻な生活環境破壊となったからである。1963～64年にかけて静岡県三島・沼津地域の市民運動がコンビナート建設反対の主張を貫いたことに力を得て，各地で公害反対の市民運動が活発化した[62]。この住民の異議申し立ては，地方自治体における革新首長の誕生など，地方からの政策転換を求める動きにつながった。

公害に対する対策，規制を求める声が強まるなかで，政府は1967年に公害対策基本法を制定し関係法規の体系化を図ったが，この時にも「経済との調和条項」は残された。佐藤栄作内閣の経済優先政策がこのような対応には滲み出ていた。

しかし，水俣，阿賀野川，四日市，川崎などの大規模で深刻な被害が明確化するなかで，公害対策を改めるべきだとの声が強まった。特定の産業企業（群）との関係が明確である事例だけでなく，都市部では自動車の排気ガスによる大気汚染，光化学スモッグの発生，そしてゴミ処理問題などもあって，見すごすわけには行かなくなった。

---

[61] 経済団体連合会編，前掲『経済団体連合会三十年史』179～181頁。
[62] 同上，529～531頁。

このうち大気汚染については、疾病との因果関係が明確ではないと産業界は主張していたが、公害による健康被害は、第8-11図のように因果関係を疑う余地は小さかった。そうした事情を背景にして、1970年11月に開かれた臨時国会（公害国会）において、佐藤内閣は、中央公害対策本部がまとめた公害関係法14件を提案した。それは、公害対策基本法をはじめ1970年代に向けての環

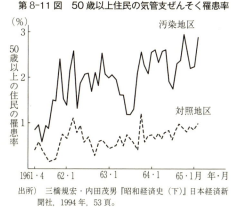

第8-11図　50歳以上住民の気管支ぜんそく罹患率

出所）三橋規宏・内田茂男『昭和経済史（下）』日本経済新聞社、1994年、53頁。

境行政の基本的な骨格を作るものとなった。この基本法は、「経済との調和条項」を削除したという意味で、公害行政史上画期的なものとなった。また71年には環境庁が設置され、本格的な環境行政の体制が整うことになった。

人手不足経済と労資関係

高成長経済の支えと考えられていた豊富な労働力供給は、1960年代に入ると大きく様変わりし、人手不足が問題となった。高成長を続ける大企業部門では、技術革新のもとで、企業内の組織的な分業と協業の体系が深化するのに伴って技能の高い労働者が求められるようになった。単純化された労働のもつ意味は時代とともに後退し、巨大な装置などの操作、蓄積される多様な情報を的確に活用する能力など、企業が求める労働の内実は、ある程度以上の水準の教育を前提とするような技能へと昇華し、分業や協業の組織に順応し、与えられた作業内容を理解したうえで遂行する能力が必要だったからであった。それは、日本企業では長期の雇用と結びつくことによって、「企業特殊的」技能という特質が付加されることになった[*63]。

それ故に、こうした人的資源を組織に順応させつつ育て上げ、これを長期に組織内にとどめることは企業活動にとって死活の問題となった[*64]。企業はある特定の財やサービスの生産に関する専門家集団としての特性を強めていた。技術革新に伴う労働内容の変化が激しかったことから、主として内部労働市場での昇任

[*63] 橋本寿朗、前掲『日本経済論』第4章参照。
[*64] 榎一江、前掲「『完全雇用』政策と労働市場の変容」参照。このほか労働経済学からの研究に参照すべき成果が数多く存在するが、とりあえず佐口和郎・橋元秀一編『人事労務管理の歴史分析』ミネルヴァ書房、2003年を参照。

や賃金評価などを伴う技能養成がOJTとして実現されることが一般的となった。

　戦後の厳しい労資対立を経て協調的な性格を強めた労使関係は，大企業部門を中心に正規従業員に関して長期雇用の「社会契約」が成立し，これが労使関係についての規範的な意味をもった。この長期雇用の代償として労働者が受け入れたのが，配置転換などを含めた仕事の内容に対する「曖昧さ」であった。労働の内容は不定形で可変的であり，経営側の都合によって変更可能となった。それは，労働の提供者にとって「何をしているか」ではなく，「どこから仕事を与えられているか」ということが雇用の基本的な関係を表象する事柄になったことを意味していた。「会社人間」の誕生であった。

　こうして協調的な労使関係によって労働者が企業内の役割分担に取り込まれていくなかで，この曖昧な雇用のあり方が破綻しなかったのは，企業が成長を続けることによって賃金の上昇や組織内での地位の上昇などが可能であったからであり，経済成長への暗黙の合意が共有されたからであった[*65]。

　こうして形成される大企業の正規労働者のあり方は，この時代の日本では「望ましい」生活者像の地位を与えられていた。それ故，新規に雇用関係に入る新卒者にとって，この条件を満たす職場こそ，目指すべき目標となった。そして，その実現のためには，それまでに教育に関する十分な投資が必要となった。これが階層間の流動性が高い社会を作り出す原動力となった[*66]。

　もちろん十分な教育の機会がえられない場合には，相対的に低い賃金と厳しい労働条件を甘受しなければならない事情は広く残っていた。すでにふれたような「二重構造」の形成が賃金格差という現象で確認されるのは，そうした問題が根強く残っていたことを反映していた。雇用の保障を正規労働者に与えた経営側も，このような社会的条件を利用して正規雇用の増加を抑制し，社外工や臨時工などを多用するなどの対応をとった[*67]。

　しかし，1960年前後から新卒者を中心に労働力の需給関係が大きく変わっていくと，集団就職などの制度化された新卒雇用システムによって，労働力市場でのミスマッチを極力減らす努力では問題を解消しえなくなった。大企業部門では，労働力不足経済への転換とともに正規雇用比率を高めることを余儀なくされたが，

　　[*65] 高橋伸夫『虚妄の成果主義』日経BP社，2004年は，新自由主義的な成果主義を批判したものであるが，その批判から日本的な雇用システムの特長が浮かび上がるものとなっている。
　　[*66] 武田晴人「企業社会：『豊かさ』を支える装置」安田常雄編『シリーズ戦後日本社会の歴史1』岩波書店，2012年。
　　[*67] 武田晴人，前掲『自動車産業』219〜221頁参照。また，鉄鋼業における社外工の利用に関しては，武田晴人「自立する協力会社と雇用の調整」河村哲二・柴田徳太郎編『現代世界経済システム』東洋経済新報社，1995年参照。

それだけでは不十分であったから，賃金以外のフリンジベネフィットをより手厚くすることによって人材確保に努めた。とくに，平均余命の増加に対応しながら，停年退職時の一時金の支給を厚くし，あるいは二次的な就職先を斡旋し，さらには企業年金制度を整備することなどが重要な要素となった。このような企業レベルの対応が普及したことは，政府の社会保障政策に基づく社会的給付の貧困を覆い隠すことにもなった。こうして大企業部門の終身雇用は「望ましい」姿としての地位を保ち続けることになった。

これに対して，周辺化する非正規労働者や二重構造の底辺に位置する人びとにとっては，その子弟に教育の機会を十分に与えることによって，社会階層の上昇を目標とすることが重要な関心事となった。家計所得の増加は，このような要求を満たすほどには十分なものであった。

しかし，階層間の流動性によって緩和されていたとはいえ，正規労働者・組合員と非正規労働者との区別，学歴による差別，ジェンダーによる差別は現に存在した。大企業体制がこれを必要としていた。この格差構造は，その時代時代の社会的に解決すべき課題として意識され続けていた。そして，それにもかかわらず，この不満が社会的な統合を揺るがすほど激しい社会問題として噴出しなかったことも事実であった。それは，高度成長期の日本の経済社会が，高成長を不可欠の条件としながら，公正さを演出できる分配の仕組みを構築していたことに依存していた。この「公正さ」は必ずしも社会のすべての成員に平等に享受されていたわけではなかった。しかし，望ましい雇用機会は手の届くところにあると考えられ，その機会をえられれば「豊かな生活」に近づくことができるという「ジャパニーズ・ドリーム」が共有されていた。こうして「一億総中流」と意識されるような，その限りで経済的な格差が先進国のなかでも際だって小さい経済社会が生み出された。つまり，経済成長が実現する限り，経済的な不満から社会的な亀裂が発生しにくい仕組みが，高成長下の社会統合の基盤となっていた。この労働と家計のあり方が個人消費の拡大を支える重要な基盤であり，社会階層間の高い流動性と世代をまたいだ上昇志向とが不満を和らげ，吸収していた。

米の過剰化と農業基本法

高成長による経済構造の変化は，国民の「食」を支える農業のあり方，農家の経営を大きく変えた。農業は，就業構造でみても，国内生産でみても，その占める地位を大きく低下させた。前掲第8-16表のように，第一次産業に従事する人員は1950年の1721万人から，70年の1008万人に4割以上も減少した。第一次産業率は，50年には男が5人に2人，女が5人に3人だったが，70年には男が

第 8-23 表　水稲労働生産性の推移

	10 a あたり収量（kg）	10 a あたり労働時間（時間）	10 a あたり動力使用時間（時間）	労働 10 時間あたり収量（kg）
1951 年	357	200.7	3.6	17.8
1960	448	172.9	7.8	26.1
1968	497	132.7	18.1	37.5
1975	525	81.6	17.9	64.4
1980	489	64.4	14.2	75.9
1980/1951	137%	32%	394%	426%

出所　猪木武徳，前掲「成長の軌跡(1)」109 頁。

7 人に 1 人，女が 4 人に 1 人となった。

　このような変化は，高成長の過程で農家労働力の農外への流出が続いた結果であった。その動きは，1965 年頃までは離村による転出が多かったが，それ以後になると地方都市などでも就業機会が増加し，農家から「通勤」する数が増え，農家の兼業化が進んだ。しかも，若年層を中心とした急速な流出の結果，農業就業人口の高齢化，女性化が進み，「三ちゃん農業」と呼ばれる状態が出現した[*68]。

　国民一人あたり米の消費量は 1962 年をピークに減少に向かい，総需要量も 63 年がピークとなった。これに代わって，畜産物，果実，野菜やそれらの加工食品に対する需要が増加した。また，人口流出に対応するように 60 年前後の 10 年間に小型トラクターなどの農業機械が普及し，農業生産の機械化が進展した。その結果，10 a あたりの労働時間は，50 年代前半の年間 200 時間から 60 年代後半には 140 時間を下回り，75 年ころには 80 時間ほどになった（第 8-23 表）。単位労働時間あたりの生産性はそれだけ上昇した。土地生産性も農薬・肥料利用の増加によって緩やかに上昇した。これらが兼業化を可能にする条件であり，同時に結果でもあった。

　このような農業のあり方の変化に対応して，政府は農林漁業基本問題調査会の検討を経て 1961 年に農業基本法を制定した。その「理念は，農産物価格はできるだけ市場での需給均衡に委ねつつ，一方では需要増に対応した『選択的拡大』（他方で選択的縮小を含む）によって農業生産の増進を図り，他方では農業の『構造改善』を図ることによって，他産業との所得均衡を実現しうる，より生産性の高い『自立経営』を育成し，それが中心的担い手となって日本農業が産業的に自立することを目指した」ものであった[*69]。

　市場の需給均衡に委ねるとされた農業基本法制のもとで，主要作物である米に

[*68] 暉峻衆三編『日本の農業 150 年』有斐閣，2003 年。
[*69] 同上，177 頁。

ついては食糧管理制度による買上げが維持された。買上げ価格は1967年まで平均9.5%の上昇を記録した[*70]。他方で消費者米価は物価対策の観点から抑制されたから、食糧管理特別会計の赤字は、60年の281億円から70年には3608億円となった。

この価格支持政策による所得の保障は、都市部に遅れるとはいえ、耐久消費財の普及による農村生活の近代化をもたらす条件の一つとなり、1970年代にはどの品目を見ても都市と農村の普及率に大きな差はなくなった。

第8-12図　大阪万博

岡本太郎デザインの太陽の塔（大阪）万国博覧会，1970年
写真提供　時事

しかし、このような変化は農業の生産性の上昇と所得増加だけによるものではなかった。時間あたりの賃金額は、1967年のピーク時でも大企業の3分の2程度の水準にすぎなかった。これ以降、米の過剰が顕在化すると米価上昇が抑制され、農業所得の上昇は制約された。したがって、農家の所得上昇は、農業所得の増加だけではなく、兼業収入の増加によるものであった。こうして兼業化が進むとともに、60年代終わりには「貧農層」は「基本的に消失」した[*71]と評価されることになったが、それは農業がもたらす豊かさではなかった。

しかも、1967年ころから米の過剰が問題化し、需給調整のために休耕田や転作が求められるようになった。また、山村などの兼業の機会の少ない地域では、若年層の転出が進み、高齢化した世帯だけがわずかに残る過疎問題も発生した。そうした地域では、十分な社会的なサービスも受けがたいなど、生活環境は悪化する一方となった。長期化した高成長経済はそうした問題も生み出し、そして置き去りにするようにして、ひたすら成長軌道を走り続けていた。

4　ニクソンショックと石油危機

ニクソンショックと過剰流動性

長く続いた高度経済成長による日本経済の繁栄ぶりは、1970年、大阪千里山丘陵で開かれた、アジア初の万国博覧会の賑わいに象徴されていたが、この「人類の進歩と調和」をテーマとする祭典の陰で、高成長の結果生み出されたさまざ

[*70]　同上，182頁。
[*71]　同上，192〜194頁。

年表　ニクソンショックと石油危機

1971年	8月15日	ニクソン米大統領，ドル防衛政策発表
	8月23日	ヨーロッパ諸国，変動相場制へ移行
	8月28日	日本，変動相場制へ移行。この間，39億ドルのドル買い支え
	12月18日	スミソニアン協定1ドル＝308円
1972年	1月13日	日米繊維協定調印
	2月21日	ニクソン米大統領，中国訪問
	5-10月	日本，ドル減らしのために景気刺激策採用。過剰流動性が問題化，インフレ拡大
	6月11日	田中通産相，「日本列島改造論」発表
	9月25日	田中首相訪中，29日日中国交回復
	この年，三次にわたり円切り上げ対策実施	
1973年	1月27日	ベトナム和平協定調印
	2月14日	米，ドル切り下げ等の対外経済政策発表
	2月15日	円，変動相制へ移行
	10月6日	第四次中東戦争勃発
	10月17日	OAPEC，石油戦略発動
	11月2日	各地でトイレットペーパー騒動発生
	11月16日	政府，石油緊急対策要綱決定
	12月10日	三木武夫特使アラブに派遣，25日友好国と認められる
	12月13日	愛知県下の信用金庫取り付け騒動
1974年	1月1日	原油価格1バーレル11.651ドル
	2月19日	石油閣僚カルテル事件摘発
	4月11日	春闘，交通ゼネスト実施
	11月26日	田中首相，金脈問題で辞意表明

まな問題点も深刻さを増していた。すでにふれたように，水俣病や四日市ぜん息をはじめとする公害問題が各地で起き，サリドマイドなどの薬害が発生していた。さらに，自動車などによる大気汚染の進行，廃棄物処理問題の深刻化，合成洗剤の普及に伴う川や湖の汚染など，都市における住環境の悪化も進展していた。

「成長志向の見直し」が問題となった1970年代に入ると，高成長の基盤を崩すショックが立て続けに日本をおそった。まず，ベトナム戦争の泥沼化などで経済基盤が動揺しはじめていたアメリカのニクソン大統領が，「ドル防衛政策」を発表した。この結果，日本は1949年から20年以上続いていた1ドル360円という為替レートの変更，円の切り上げを余儀なくされた。

通貨調整が必要となった理由は，アメリカ経済の不振にあった。ドル防衛政策は，ドル安に誘導することによって貿易収支の改善を図ろうとするものであった。このアメリカの対外収支の悪化の最大の要因として，日本製品のアメリカ市場への輸出が急増していたことが指摘されていた。第8-13図のように，日米貿易は1960年代後半から日本の輸出超過が目立ち，その増大とともにアメリカの貿易収支は大幅な赤字に転落していたからである。そのため，アメリカの政策変更は，日本を標的にし

たものと受け止められた。

ドル安への誘導は，日本では「円高」と受け取られた。アメリカ以外の通貨は1971年末にかけてスミソニアン協定などを介してドルに対して切り上げられたから，変化は**正確には「ドル安」と表現されるべき**ものであったが，スミソニアン協定の切り上げ率は，円が16.88％と最も大幅だったこともあり，対米輸出によって経済成長が牽引されていると考えられていた日本の受けた衝撃は大きかった。

長く続いた360円の固定相場が放棄され，円の切り上げと変動相場制への移行を余儀なくされたことに対して，輸出が不振となり，経済界に不況が訪れることをおそれた日本政府は，積極的な財政政策で景気の浮揚を図った。日本経済の成長を支えてきた輸出が阻害されたら経済的に立ちゆかない事態になると考えていた。第8-14図のように，

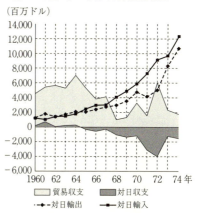

第8-13図　アメリカの対日貿易収支

出所）安藤良雄編，前掲『近代日本経済史要覧 第2版』172頁。

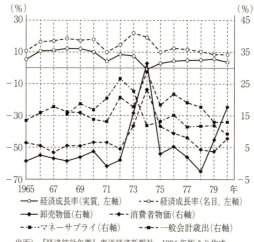

第8-14図　主要経済指標の対前年増加率

出所）『経済統計年鑑』東洋経済新報社，1994年版より作成。

1971年には，経済成長率がそれまでの10％前後の水準から，大きく落ち込んだこともあって，このような判断が支持された。

1969年まで，名目成長率の範囲内にあった一般会計歳出の伸び率は70年にはこれをやや上回るようになっていたが，71年から乖離幅が広がった。戦後，65年を除いて財政の均衡が保たれてきた要因は，高い経済成長のもとでの税の自然増収であった。しかし，成長率が下方に屈折するなかで，景気対策として財政支出の伸びが高いまま続けば，収支の均衡は失われることになる。そして景気対策

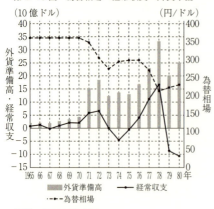

第8-15図 為替相場・経常収支・外貨準備

(出所) 第8-14図に同じ。

として期待されたこの積極政策は，結果的には過剰流動性を生み，物価の上昇に拍車をかけることに終わった。国債の累積という危険を冒してとられたこの方針は，実質経済成長率を引き上げることはできなかった。

第8-14図のように，財政支出の伸びに呼応するように通貨供給量が増加し，1年前後のラグを伴いながら，物価が上昇した。円の切り上げの影響から貿易財の価格が低下して卸売物価の上昇が抑えられた1971年を底にして，それまで，安定的に推移していた卸売物価は73年にかけて急騰し，5％強の水準にあった消費者物価も20％という急騰に転じた。

「円高不況」が懸念されながらも，第8-15図が示すように，為替相場の急落のなかで輸出は堅調で経常収支は黒字を続けた。ニクソン声明から2週間，円の切り上げを回避しようとする政府の意向を受けて日本銀行が円を売り続けたことから，激しい為替投機に巻き込まれ外貨準備は急増した。

物価上昇の要因

物価上昇は，その後の第四次中東戦争の勃発によって発生した石油危機，アラブ産油国の「石油戦略」の発動によって決定的となった。しかし，この時期の物価上昇を石油危機の発生からだけ説明するのは適切ではない。

第一に，国際的には，1970年代に世界的な食糧不足が顕在化していた。72年の秋ころからシカゴの穀物相場が急騰し，73年にはアメリカが大豆の輸出規制

考えてみよう　円高対策

ドル防衛政策が発表される前，日本政府がまったく無警戒であったわけではない。日米間の貿易不均衡に基づくアメリカの対日批判が強まっていただけでなく，アメリカの対外収支の悪化が国際金融市場でのドルへの信認を低下させ，1971年春には大規模なマルク投機が生じ，アメリカからの資本逃避が表面化していた。そのため日本政府は6月初めに，残存輸入制限撤廃の促進，関税率の引き下げ，特恵関税の早期実施，非関税障壁の除去，経済協力の推進，資本輸出の促進，秩序ある輸出の実現や財政金融政策の機動的な運営などの「総合的対外経済対策」（第一次円対策）を発表した。しかし，そうした対策の実施が本格化する前にニクソン声明が発表され，その後は西欧諸国が変動相場制に移行するなかで，360円レートに固執し続け，同年末にようやく円切り上げとなる通貨調整に合意した（第8-15図参照）。

を行うほどになり，日本にも深刻な影響を与えた。原因はソビエト連邦が国内の不作を背景に大量の穀物買い付けを行ったためだといわれている。このために，穀物価格は，72年初めから74年にかけて3倍ほどの上昇をみせた。また，石油の価格も70年の1.8ドルから71年2月に2.13ドル，72年1月に2.479ドル，73年4月に2.898ドルと，この時期じわじわと上昇した。

　第二に，国内的にみると，財政の膨張は，1972年7月に発足した田中角栄内閣が推進した「日本列島改造論」に刺激されたブームによって加速された[*72]。都市の過密に対処しながら各地域経済の振興方向を探る計画は，高成長のひずみを是正する経済政策として支持を得ていた。この影響で土地などへの投機的な投資が活発化して地価が値上がりし，物価上昇を背景に，20%，30%という大幅な賃金の引き上げが続いていた。

　列島改造論は，①工業再配置，②新25万都市の建設，③新幹線などの高速交通手段の整備を骨子とするものであった。その計画には，年率10%の経済成長が続くと想定して，各種の社会的なインフラの整備が盛り込まれていた。高速道路1万キロ，新幹線7000キロを1985年までに建設するというのがその内容であったが，こうした強気の見通しが地価暴騰とインフレ加速を招いた。地価は，73年には前年比32%の上昇を記録したが，国土庁の推計によれば，73年の法人による土地購入資金は9兆円に達し，そのうち金融機関からの貸出が6兆円を占めた。また，73年4月に通産省が明らかにしたところによると，71年8月以降，ニクソンショックの後にドルを売り逃げた商社のもとに約9500億円の円資金が流れ込み，このうち6600億円が投機資金として使われ，株式や土地などの購入に向かった[*73]。

　このような状態は，ニクソンショック後の積極的な財政政策が生んだものであり，「**過剰流動性**」と呼ばれた過大な通貨供給によって，日本経済のインフレ傾向が強まり，一種のバブルが発生した[*74]。そして，世界的な資源価格の上昇と相まって，1973年には輸入財価格が前年比34%の急騰を示し，同年の夏のころ，つまり石油危機が始まる前にはすでに，鋼材，セメントなどの建設資材に始まる物不足が顕在化し，政府は「買い占め・売り惜しみ規制法」を制定して，これに対処する必要に迫られていた。物資の需給という実物面でも，通貨供給という貨幣面でもインフレ発生が不可避の危険水域にあった。

　[*72]　田中角栄『日本列島改造論』日刊工業新聞社，1972年。
　[*73]　三橋規宏・内田茂男，前掲『昭和経済史(下)』35頁。
　[*74]　小宮隆太郎「昭和四十八，九年インフレーションの原因」『経済学論集』42巻1号，1976年。

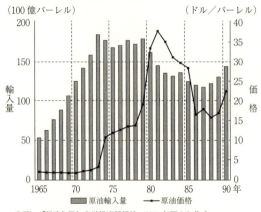

第8-16図 原油価格と原油輸入量

出所）『経済年鑑』東洋経済新報社，2001年版より作成。

第一次石油危機

1973年10月の第四次中東戦争が始まったとき，一般的な観測では，イスラエルの圧倒的な軍事力で戦争は短期に終わるだろうと思われていたが，その影響は予想外に深刻なものとなった。それは，開戦から10日ほど後に，アラブ産油国が戦争を有利にするために原油供給を制限することを一方的に宣言したからであった。イスラエルを支援するアメリカなどには原油を一切輸出しない，したがって，アメリカに近いと評価されていた日本も非友好国となり，石油輸入が途絶するという危機に直面した。

石油の価格は1973年1月に2.6ドル，10月3ドル強から，開戦後の一方的な値上げ通告によって5.1ドルとなり，このままでは供給がストップするという見通しのなかで，翌74年1月には11ドルを超えた。これが第一次石油危機であった。

この間，トイレットペーパー，合成洗剤などの生活必需品分野で消費者の買いだめに伴うパニックが発生するなど，石油危機の影響は国民生活全般に及んだ。

このような危機的な状態に対して，国内では石油の量的確保を優先し，価格の上昇を容認する対応がとられた。そのことが結果的には，物価の急騰を歯止めのないものにした。これに対して，政府は一方で，石油の消費規制に着手するとともに，1974年に入ってから厳しいインフレ対策に乗り出すことになった。価格の同調的な値上げを監視し，原油などの原材料価格の製品価格への転嫁を極力抑制させようとした。さらに，公定歩合を一挙に2％引き上げて9％とし，金融面から通貨の過大供給を是正し，財政面では「**総需要抑制政策**」を採用した。日本列島改造に関わるプロジェクトは延期され，公定歩合の引き上げと日本銀行の窓口規制による金融引き締めが実施された。その結果，急激な物価上昇は1975年末にかけて沈静化に向かった。

こうして，マクロ的には1974年の実質マイナス成長を経て，成長率が大きく低化し，財政面では国債依存度の上昇などによる硬直化が問題視されるようになった。また，73年に「福祉元年」といわれ，老人医療費の無料化など社会福祉

関係の予算の大幅な増額が実現したが，その直後から「福祉見直し論」が台頭し，「福祉とて聖域ではない」との論調のもとに，逆コースの歩みが始まった。

　ミクロ的にみると，石油危機の影響は，エネルギー原単位の削減によるコストの切り下げを促すことになり，省エネルギーが進展し，その過程で日本の企業はいち早く国際競争力を回復していった。その間，短期的には一時帰休や出向などによって雇用を調整せざるをえなくなり，社外工契約の解除や臨時工の解雇などが広がる一方で，雇用の調整と雇用の保障の両立が，大企業で改めて労使双方の課題として認識されるようになった[*75]。本格的な意味で，日本の大企業で長期の雇用保障が制度的に定着するのはこのころであるとの評価もあるほど，この時期の雇用をめぐる問題は深刻なものであり，労使関係に大きな影響を残した。

　他方で，石油危機の経験は，海外（とりわけ中東）の原油への依存度の高さを見直すべきとの意見を強めた。そのため，政府の長期エネルギー供給見通しでは，海外炭の開発輸入などが重要な要素として取り上げられるようになった。同時に，「国産」の安価なエネルギー源として，実用化のめどがついたと考えられていた原子力発電の拡充が推進されることになった。それは原子力発電の有用性と安さとを過度に強調するものであり，安全性に関する課題を残していた。1979年3月の米国のスリーマイル島原子力発電所事故，86年4月のソ連のチェルノブイリ原子力発電所事故と深刻な原子力災害が発生し，発電所建設に対する地域住民の懸念が強まるなかで，国策として原子力発電は推進された。原子力発電によるベース電源の供給が安価なエネルギー供給に不可欠の条件であるとの電力業界の主張が，2011年の福島第一原子力発電所事故によって安全性の課題が未解決であることが明白になるまで，「安全性の神話」として語られ続けるという意味で，石油危機は財政問題とともに深刻な禍根を残した。

復習課題

[1]　第一次世界大戦期，1930年代，高度成長期は，いずれも産業構造の高度化が進展した時期といわれている。この三つの時期を通して見出される産業発展の共通点と相違点とを，できるだけ具体的に論じなさい。

[*75]　佐口和郎「高度成長期以降の雇用保障：雇用調整の展開に即して」武田晴人編，前掲『日本産業発展のダイナミズム』所収。

392　第8章　高成長経済の時代

[2]　1920年代と高度成長期とは，ともに都市化の進展がみられた時期としての共通性をもっている。この都市化を促した条件を明らかにするとともに，この二つの期間に見出される人口の社会的な移動のあり方の違いについて，農業部門や労働市場のあり方との関連に留意して具体的に論じなさい。

[3]　1930年代前半期の高橋財政は，ケインズ政策の先取りといわれる有効需要創出政策であったといわれているが，財政面からの景気浮揚政策は，その後，65年不況期，70年代以降にも見出される。これらの政策が取られた背景となっている経済状況と，それに対して実施された政策の具体的な内容とその効果，さらには限界・問題点について，論じなさい。

復習課題の解説

[1]について

　三つの時期に共通する産業構造の変化は，重化学工業化であるが，第一次世界大戦期には戦争の影響によって輸出が急拡大し，輸入が途絶するなかで，国際競争力に問題のあった重化学工業部門が発展の機会を捉えた。しかし，特殊な条件のもとでの変化であったために戦後には重化学工業化の後退がみられた。1930年代には財政面からの需要創出が軍事支出を中心に行われたことから，重化学工業が発展の緒に就き，設備投資の拡大に結びつき「内部循環的」経済拡大を実現した。同様の設備投資拡大による重化学工業化は高度成長期にも見出されたが，この時には個人消費支出に結びつくような分配面の改善が進み，大衆消費社会に結実するような耐久消費財需要が産業構造の重化学工業化の重要な要因となったことに差異がある。その意味では，産業構造の変化が経済全体にどのような変化をもたらしたかまでを考えて説明することが必要となる。

[2]について

　都市化の進展は，工業化の進展に伴う都市への人口の社会移動が主要因となっている。1920年代には第一次大戦期の都市への大規模な人口移動を前提に都市部での社会資本の整備などが必要となり，文化的な都市生活が人びとのあこがれを誘うようになったといわれている。ただし，この時の人口移動は，農村人口・農家戸数を大きく減らすほどではなかったのに対して，高度成長期には工業部門の労働力需要の急増に伴って第一次産業に従事する就業者比率は大きく減少した。それだけ多数の人口が都市に働く機会を求めて移動し，家族を形成することになった。減少する農業就業者に対して，農業部門では機械化が進められ，生産性の上昇が追求されたが，それでも農業所得の改善は工業労働者には及ばず，そのために流出が続き，農村では「三ちゃん農業」と呼ばれる状況が生み出され，兼業化が進展した。

③について

　高橋財政は，世界恐慌下の景気後退に対処するための需要創出政策として特徴づけられるが，その効果は一回限りの「呼び水効果」にとどまった。ただし，軍事費による財政の拡張的性格が持続したために，多額の国債の累積を生むことになった。1965年の景気対策は，証券恐慌に伴う景気後退に対処するために戦後直後の時期以来の赤字国債を発行して財政面からの需要拡大を図るものであった。この時も景気対策は短期に終了しただけでなく，1960年代後半のいざなぎ景気と呼ばれる経済拡大によって政府債務は早期に解消した。これに対して，1970年代には，ニクソンショックと石油危機という外生的なショックのもとで，高成長の持続が難しくなったとの判断に基づいて拡張的な財政政策が採用され，それが繰り返された結果，赤字国債の累積による財政の硬直化をもたらすことになった。

第9章　安定成長への転換

1　安定成長への転換

成長率の低下

　第一次石油危機後不況感が漂っていた日本経済が，ようやく「新しい成長軌道」に乗ったと考えられるようになるまで，おおよそ5年を要した。この間，稼働率の大幅な低下，企業利潤回復の遅れから民間設備投資が盛り上がりを欠き，「投資が投資を呼ぶ」といわれた1960年代の成長パターンは影を潜め，76年から77年にかけての大幅な貿易黒字に示されるように輸出に主導された回復となった。

　しかし，この回復過程の特徴は，一方で諸外国からの対日批判を招くと同時に，円レートを急激に上昇させることで回復にブレーキをかけるものであった。海外からの批判に対処するためには内需回復が必要であった。しかし，そのための財政拡大は物価の上昇との厳しいトレードオフを考慮しなければならなかったし，すでに30％近くになっていた政府財政の公債依存度を考慮すると，財政出動には逡巡せざるをえなかった。ニクソンショック以降の拡張的な財政政策が過剰流動性を生み，狂乱物価の下地を作ったことは，まだ記憶に新しいことであった。消費者物価の上昇により国民生活に圧力がかかれば，保守政権の基盤を掘り崩す危険性があった。福田赳夫内閣は，こうした制約を考慮して財政面からの景気拡大策に慎重であったために，経済界の支持を失っていった。

　この時期の経済成長率は第9-1図が示すように5％前後であったから，そうしたマクロの指標からみれば，むしろ安定成長に移行したと評価すべき面が大きかった。しかし，高成長期との成長率の落差に経済界は順応しきれていなかったことから不況感を強めていたし，さらに，政府も新たな事態に経済政策をどのように対応させるかについて確信をもつことができてはいなかった。同時に，輸出主導の成長の構造が海外からの批判を招くために長続きしないであろうと考えられたことも問題であった。日本の輸出拡大は，かつてのような部分的な摩擦を生じ

第9-1図　経済成長と貿易収支

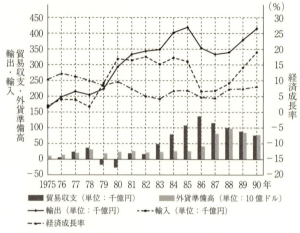

出所）『経済統計年鑑』東洋経済新報社，各年版より作成。

させるというよりは，世界経済全体に大きな困難をもたらすとみられていた。それだけ日本の世界経済に占める位置は大きく，経済大国としての役割を期待されるようになった。そして，結果的には，やや遅れた政府の財政出動は，景気回復にある程度の効果をあげたとはいえ，公債依存度を急速に高め，財政再建を1980年代の至上課題とすることになった。

減量経営の展開

政府の対策が十分な決め手を欠いているなかで，回復を支えたのは1970年代前半の大きな環境変化（変動相場制への移行とエネルギー価格の急上昇）に対応した「**減量経営**」と呼ばれる企業の自主的な経営努力であった。省エネ対策は，1979年の第二次石油危機の時期にも再度要請されたように，時代を象徴する企業経営の重点項目の一つとなったが，その結果として，産業用電力需要が民生用電力需要を下回るなど産業界の努力は着実に実を結んだ。

第9-2図に示されるように，鉄鋼や化学を代表格として，製造業におけるエネルギー原単位は1975～84年の10年間に大幅に低下した。これは戦後復興期に「高炭価」が問題になったとき以来の急激な改善であった。エネルギー革命以来，安価な輸入原油に依存し，エネルギー多消費型の生産技術によって成長していた日本産業は，石油危機を契機に技術改善の焦点に省エネルギーを据えたことによって，こうした改善を成し遂げた。

物価上昇を背景とした賃金上昇に対処して，対外競争力の回復のために雇用の

調整が行われた。経済成長が鈍化して操業率が下がったこと，円高による輸出競争力の低下が懸念されたことから，労働コストの圧縮が求められていた。そのため，生産現場では自動化などによる労働生産性の上昇によるコストの引き下げが追求された。

通産省の調査によると1975〜77年に，3社に1社の割合で雇用調整のための配置転換を，また4社に1社が系列会社への出向などを実施して減量を進めようとした*1。

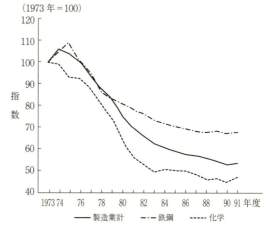

第9-2図　主要産業のエネルギー原単位の推移
（1973年=100）

注）鉱工業生産指数は，付加価値ウエイトでもって計算。
出所）三橋規宏・内田茂男，前掲『昭和経済史（下）』64頁。なお，原資料は，エネルギーバランス表（『鉱工業指数年報』）。

こうした企業努力の結果，1978年9月には戦後初めての「減収増益決算」となったが，その一方で，景気の回復が遅れるなかで77年から過剰雇用感が一段と強まった。78年10月に新日本製鐵が7割操業でも採算がとれる企業体質にすることを目標として，広範囲な設備の休止と人員削減計画を打ち出したことに象徴されるように，雇用の保障を企業経営の重要な目標としてきた日本企業にとって，雇用問題の重圧が増していた。

しかし，この雇用調整では終身雇用などの大企業の正規従業員に対する慣行は守られた。企業内での配置転換，一時帰休，出向などが短期の対策としてとられたとはいえ，正規従業員は職を失うことは少なかった。雇用調整は，もっぱら臨時工などの非正規の従業員の減員，社外工や下請などの協力企業との契約の縮小などによって実現された。労働組合員の雇用保障という戦後の労使関係の特質は，このようなかたちで非組合員の犠牲によって守られていた。

構造不況業種対策

減量経営という個別企業の努力には，業種によっては限界があった。石油危機以来顕在化した大幅な過剰設備は，造船，鉄鋼，塩化ビニル，化学肥料，繊維，アルミ精錬など高度成長を担った主要な産業部門に短期的には解消しない深刻な

---

*1　経済団体連合会編『経済団体連合会50年史』1999年，89頁。

問題を残し、構造不況業種対策が必要になった。とくに、原材料・エネルギーコストが急上昇して国際競争力を失った業種や途上国の追い上げを受けている業種などでは円高による打撃も大きかった。このことは、中期的には産業構造の転換が迫られていることを示していた。

この課題に対処するために政府は、1978年に特定不況産業安定臨時措置法を制定した。同法は過剰設備の処理に重点をおくもので、具体的には「特定不況産業」として平電炉、アルミニウム製錬、合成繊維、造船の4分野14業種について公正取引委員会の同意を得て設備処理のための共同行為が実施された。平電炉では13.7％（達成率95.4％）、アルミニウム製錬では32.3％（同96.7％）、合成繊維［ナイロン長繊維］19.5％（同96.1％）、造船34.8％（同104.7％）、化学肥料［尿素］44.9％（同93.3％）の設備が廃棄され、その達成率も高い水準を記録した[*2]。

このような構造不況業種対策は、同法が期限切れとなった1983年5月に公布・施行された特定産業構造改善臨時措置法、87年4月に公布された産業構造転換円滑化臨時措置法に継承され、独占禁止法において原則禁止となっている共同行為に関する考え方を調整しつつ続けられた。

円高の進行と第二次石油危機の発生

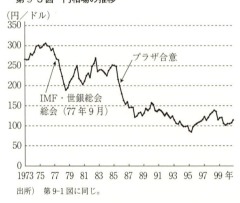

第9-3図 円相場の推移
（円／ドル）
出所） 第9-1図に同じ。

国際経済関係についてみてみると、1977年5月にロンドンで先進国首脳会議が開催され、「日米独機関車論」に基づく各国の成長目標達成など先進国間の協力促進、IMF新融資制度の発足、関税引き下げ、非関税障壁の軽減などについて合意をみた。

しかし、その後の日本経済の足どりは、1977年度に6.7％成長という目標の達成が不可能になった

解説 スタグフレーション

1970〜80年代の先進国経済の不振のなかで、不況（stagnation）とインフレーションの同時併存という現象が注目され、この状況を表す新語として生まれたもの。好況期には物価上昇が、不況期には下落が生じるというのが、それまでの経験的事実であった。

[*2] 岡崎哲二編著、通商産業政策史編纂委員会編『通商産業政策史 1980-2000 第3巻』経済産業調査会、2012年、38〜39頁。

ばかりか，貿易の黒字幅縮減にもはかばかしい進展はみられなかった。このため，9月に開催されたIMF・世銀総会を中心に日本の貿易黒字に対する批判が激化し，まず米国，次いでECから輸入促進を中心とする黒字縮減対策を強く迫られた。これを背景に，円レートは，77年初めの1ドル293円から78年3月には222円と，31％の大幅な切上げになった。

第9-4図 ジャパン・アズ・ナンバーワン（1979年）

このため，1977年9月には補正予算編成，公定歩合引き下げを含む総合経済対策，12月には8項目の対外経済対策，さらに78年に入ってからは，外国からの批判が強い為替管理の自由化，再度の公定歩合引き下げなどの措置がとられた。しかし，日本の通貨・通商政策に対する批判を払拭するには至らなかった。

翌1978年には国際収支不均衡も円高の効果によって徐々に改善されてきたことから，円の対ドルレートは次第に安定をとり戻した。しかし，78年末のイランの政変による石油供給停止，さらには中越紛争の勃発が原油価格・国際商品市況の上げ足を再び早めることとなり（第二次石油危機），79年度は一転して140億ドル近い大幅な赤字を計上する結果となった。この間，78年11月から円安へ転じていた円レートは，経常赤字の拡大とともに79年度後半から急テンポで低落し，77年末の水準に近い250円前後となった。

第二次石油危機の発生は，前掲第8-14図のように物価の上昇をもたらしたとはいえ，第一次石油危機時とは異なり，第9-1図のように経済成長率は安定し，他の先進国に比べると失業率も低く，その良好な経済状態が先進国から注目をあびた。それは，**スタグフレーション**に悩まされることになった先進工業国のなかで，日本が「優等生」とみなされる契機となった。エズラ・F.ヴォーゲルの『ジャパン・アズ・ナンバーワン』（広中和歌子，木本彰子訳，TBSブリタニカ）が刊行されたのは79年のことであった。

産業構造の機械工業化の深化

日本に対する海外からの高い評価の基盤には，物価対策を含む政策的な対応に効果が認められただけでなく，石油危機の影響を受けた構造不況産業を含みながらも，他方で持続的な成長を遂げる産業分野があったからであった。この産業の不均衡な展開が産業構造を変化させた。

産業構造の変化は，一面で予想された将来像でもあった。1971年に産業構造

審議会の答申に基づいて通商産業省が公表した「通商産業政策ビジョン」は、高成長を牽引した重化学工業から「知識集約型産業構造への転換」を提唱した。先進国型の経済構造に準じた成熟した経済社会に到達した日本は、それまでとは異なる高付加価値を実現しうるような機能性の高い化学合成品、医薬品、ソフトウェアを含めた情報処理産業などに主導産業を移すことが必要だという判断であった。

構造不況業種の典型例となった石油化学では、素材型の製品分野からファインケミカルと呼ばれる分野への転換が1980年代には模索された。また、コンピュータなどの情報処理では、通信技術との融合による、より高度で利便性の高い技術的な基盤が追求された。後のインターネットや携帯電話などに発展する端緒がこうしたかたちでスタートした。それは、1970年代にはまだ将来の夢物語にすぎなかったが、産業の効率化に資するように発展してきたコンピュータを利用した生産技術が、次第に消費者の生活の分野にまで活用されていく方向へ拡張された[*3]。

もっとも知的財産の保護などの問題についての制度的な不備、とりわけ国際的な制度の不統一のなかで、日本における知識集約型産業の発展は必ずしも順調ではなかった。また、明治以来、通信行政が国の管理下にあったために、コンピュータのネットワーク形成や情報処理産業の発展への政策調整に円滑を欠くなどの問題もあった。財政再建策の一環として赤字要因ではなかったにもかかわらず電信電話公社が民営化されたのは、そうした制約に対する一つの回答であった。

この間、産業成長を引き続き主導したのは機械工業であった。工作機械では、NC化（数値制御型機械）を世界的にリードし、貿易摩擦を生んで米国から激しい批判を浴びるほどであった。同様に自動車工業もモータリゼーションの進展とともに1980年代に一段と発展することになった。こうして日本の産業構造は、「重厚長大」と評された鉄鋼業や造船業などを主軸とするものから、機械工業化を一段と深化させる特質を帯びることになった。

2　経済大国日本の実態

行財政改革と財政再建

1980年代に入って、鈴木善幸内閣、中曾根康弘内閣と続く保守政権の最重要政策課題は、行財政改革であった。国債依存度が高まったことから、政府は財政

[*3] 武田晴人編『日本の情報通信産業史』有斐閣、2011年参照。

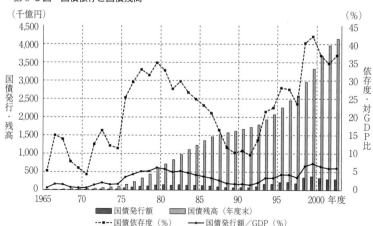

第 9-5 図　国債依存と国債残高

出所）　第 9-1 図に同じ。

収支のバランス回復のために増税などの方策を模索した。のちの消費税につながる大型間接税の導入も模索されたが，ロッキード事件などもあって厳しい批判を浴びていた自民党政権は，選挙民の離反をおそれて導入には踏み切れなかった。しかも，それまで法人税増税などで協力してきた財界が，このような政府の態度に強い反対を表明し，法人税増税は行わないという意味で「**増税なき財政再建**」を要求した。第 9-5 図に示されているように，1970 年代後半に景気回復を企図した財政出動が重ねられた結果，公債依存度は 30％ を超える高水準に達していた。景気対策の効果による景況回復に伴って税収が増加するというシナリオが崩れ，債務が累積したからであった。

「増税なき財政再建」の方策を検討するため，第二次臨時行政調査会が設置されて行政改革の検討が進むとともに，政府は 1982 年度予算の概算要求枠について前年度比伸び率を原則ゼロとする「原則ゼロ・シーリング」を閣議決定し，翌 83 年度予算では，「原則として 82 年度予算額より 5％ 削減する」史上初のマイナス・シーリングを決定した。他方，82 年 7 月 30 日に臨調は，第三次答申を提出し，国鉄，電電，専売という 3 公社の分割・民営化，省庁統廃合などの懸案事項を網羅し，「増税なき財政再建」路線で財政危機を克服することを提言した。

続く中曾根内閣は，1983 年 9 月の所信表明において「静かな改革の最重要課題は行財政改革の断行である」と，行政改革を内政の最重要課題に据えた。そのため，総理府と行政管理庁を統合した総務庁の発足（1984 年 7 月 1 日），電電，専売両公社民営化法の成立，85 年度予算一般歳出のマイナス・シーリングを実施した[*4]。さらに，中曾根首相は民間活力の導入策や公共事業投資のあり方などを

検討するため首相の私的な勉強会として「経済政策研究会」を発足させた。その報告書「これからの経済政策と民間活力の培養」は、官民合同大型プロジェクトを推進するための具体策として、開発規制の緩和、国公有地の開放、民間事業者への公有水面埋め立て免許交付、空中権利用の制限緩和、借地法の改定などのプロジェクト参加企業に対する優遇措置など、法律・制度の手直しを求めた。こうした政府の方針に対して、1985年7月22日、臨時行政改革推進審議会は、254項目に及ぶ政府規制の緩和、地方自治体への権限委譲などを民間活力を引き出す方策として答申した[*5]。この答申は、民間活力の活用を訴えるとともに、内閣機能強化を打ち出し「簡素で強力な政府」をつくることを提言した。

こうして1980年代には政府規制の見直し＝「**規制緩和**」が財政再建と対になって最重要政策課題となった。規制緩和の進展状況は、第9-1表の通り、広い範囲にわたり推進された。

市場開放と前川レポート

1985年1月、レーガン米大統領との首脳会談を終えて帰国した中曾根首相は、閣議でアメリカ向けの市場開放策をまとめるために、通信機

年表　財政再建の歩み		
1981年	3月16日	第二次臨時行政調査会発足
	6月5日	政府、82年度予算編成における「ゼロ・シーリング」決定
	7月10日	第二臨調、第一次答申
1982年	2月10日	第二臨調第二次答申。許認可の整理合理化を提案
	5月17日	臨調第4部会、国鉄、電電、専売3公社の改革案成案
	7月9日	閣議、83年度予算概算要求枠の5％削減を決定（初のマイナス・シーリング）
	9月24日	政府、行革大綱を閣議決定
	11月27日	中曾根内閣成立
1983年	1月8日	臨調第2部会、新たな間接税導入の方向を強めた報告提出
	3月14日	臨調、最終答申提出
	5月24日	政府、新行革大綱を閣議決定
	6月10日	国鉄再建監理委員会発足
	7月4日	臨時行政改革推進審議会（行革審）発足
	8月10日	国鉄再建管理委、分割・民営化の方向を明示した提言
	8月29日	中曾根首相、民活力導入策などについて研究会設置
1985年	4月1日	日本電信電話、日本たばこ産業発足
	7月22日	臨時行革審、「行政改革の推進方策に関する答申」提出
	7月26日	国鉄再建監理委、87年4月から国鉄を6分割・民営化などの最終答申
1986年	6月10日	臨時行革審、「行政改革の道はまだ半ば」との最終答申
1987年	4月21日	新行革審が発足

---

*4　民営化については、武田晴人、前掲『新版　日本経済の事件簿』第15章参照。
*5　『朝日年鑑』1986年版、70頁。

器，エレクトロニクス，木材，医療機器，医薬品などの分野で，輸入手続きの簡素化や基準認証制度の改善などを思い切って進めるよう指示した。さらに4月初めに中曾根首相はテレビ中継を通じて異例の「国民への呼びかけ」を行い，「自由貿易体制を維持するためには，日本市場を『原則自由，例外制限』で極力開放する必要がある」と訴え，輸入に対する政府の規制を極力減らし，消費者の選択と責任にゆだねることに理解を求め，輸入拡大のため「国民一人が100ドルずつ外国製品を多く買って欲しい」と呼びかけた*6。

第9-1表　産業分野別規制分野のシェア　(単位：%)

	全体に占めるウエイト		規制分野の業種内ウエイト	
	1965年	1990年	1965年	1990年
農林水産業	9.2	2.3	85.7	87.1
鉱業	1.2	0.3	100.0	100.0
建設業	7.3	9.2	100.0	100.0
製造業	31.9	25.9	23.4	14.1
卸売・小売業	12.4	12.8		
金融・保険・証券業	4.7	4.9	100.0	100.0
不動産業	6.2	9.4	2.6	7.5
運輸・通信業	7.7	6.2	98.8	97.3
電気・ガス業	2.5	2.4	100.0	100.0
サービス業	12.4	22.8	72.8	55.6
公務	3.2	3.2	0.0	0.0
その他	1.4	0.5	0.0	0.0
合計	100.0	100.0	47.8	41.8

出所）『経済白書』平成6年版，第3-1-1表による。

他方で，アメリカ政府は，9月22日ニューヨークのプラザホテルで開催された先進5カ国蔵相・中央銀行総裁会議（G5）で，それまでの為替レートへの不介入という態度を大きく変更した。これに基づいて，G5参加各国はドル高是正に向けて協調介入することを決めた。これは貿易摩擦の原因が外国の不公平な取引慣行にあると主張してきたアメリカが，貿易不均衡の解消には通貨面での調整が必要だという認識に改めたことを意味した。こうしてG5合意（プラザ合意）に基づく協調介入によって，円の対ドルレートは，2カ月後の11月25日には20%円高の200円となり，その後も上昇を続けた。そのため日本経済は急激な円高に翻弄され，その対応に追われることになった（前掲第9-3図）。

このような動きをうけて，1985年10月に日本の産業構造を輸出依存型から対外協調型へと転換する方策を検討するため，中曾根首相は，私的諮問機関「国際協調のための経済構造調整研究会」（座長・前川春雄前日本銀行総裁）を発足させた。その具体的な検討項目は，①国際経済からの要請に適切に調和させるための，中期的な経済構造の調整に関する施策，②適正な貿易収支バランス維持のための施策，③通貨価値の安定と維持のための国際協調に関する適切な施策，の三点であったが，この研究会の報告が，その後の経済政策のあり方に大きな影響を与える

---

*6　武田晴人，前掲『高度成長』233頁。原資料は『朝日年鑑』1986年版，85頁。

「前川レポート」であった。

安定成長下の輸出大国化

前川レポートがまとめられた背景には，1980年代の日本の特徴的な国際的地位があった。1980年代に日本経済は，欧米諸国に比べると第二次石油危機をうまく乗り越えたことが明白になった。石油価格高騰に端を発したインフレを抑制するため，金融引き締め策を長期にわたって継続した欧米諸国は，ゼロ成長やマイナス成長，高い失業率と物価上昇率に悩まされていた。なかでもアメリカの金利は第二次大戦後の最高水準となり，公定歩合は14％，大手銀行に対する高率適用上乗せ率を含むと18％に達した。こうした世界的な高金利は，各国経済に強いデフレ圧力を及ぼし，景気回復の足かせとなり，また，非産油発展途上国に対して金利支払負担の増大による累積債務問題をもたらすなど，世界経済に悪影響を与えた。また，日本経済に対する影響も大きく，アメリカの高金利が円安傾向をもたらし，景気浮揚のための低金利政策を難しくし，内需回復の足を引っ張る要因となった。

しかし，こうしたなかで，1980年春ごろ景気にかげりが生じていた日本経済は，81年に入ると緩やかな回復過程に転じた。経済の成長率は3％から5％強の間にあり，83

年表　貿易摩擦の推移

1957年	1月	政府，対米綿製品輸出自主規制措置実施
1966年	6月	通産省，対米鉄鋼輸出カルテル認可
1971年	3月	米，日本製テレビダンピング税賦課決定
	4月	米，日本製板ガラスダンピング税賦課決定
	12月	鉄鋼大手六社，欧州向け輸出自主規制合意
1972年	1月	日米繊維協定締結
1976年	6月	日米，特殊鋼輸出規制で合意
1977年	2月	EC，日本製ベアリングにダンピング税賦課
	4月	日米，日本製カラーテレビの対米輸出自主規制合意
1978年	3月	工作機械の対米輸出，裁定価格制実施
1981年	2月	EC，対日輸入監視制度設置
	5月	日米，自動車輸出自主規制で合意
1982年	11月	仏，輸入VTR通関手続，ポワチェ集中化
1983年	2月	日本・EC，VTR輸出自主規制で合意
	4月	米，700cc以上の日本製バイクに5年間最高45％の課徴金賦課決定
	7月	米通商代表部，日本の残存輸入制限15品目についてGATT提訴
1985年	1月	日米，市場指向型分野別協議（MOSS協議）開始
1986年	7月	日米，半導体交渉合意
	11月	日米，工作機械輸出自主規制合意
1987年	4月	米，半導体協定違反を理由にパソコン等3品目に100％報復関税実施
	8月	自動車部品のMOSS協議合意
1988年	3月	日本の建設市場開放の日米協議決着
	6月	牛肉・オレンジ輸入自由化交渉妥結
1989年	5月	米通商代表部，スーパー301条適用し，日本を不公正貿易国に指定
	9月	日米構造協議開始
1990年	3月	GATT紛争処理委員会，日本の提訴を認め，ECの部品ダンピング税をGATT違反と認定
1991年	6月	日米半導体協定改定交渉，対日制裁解除で決着
1993年	7月	日米包括経済協議開始
	12月	日本政府，コメの部分開放決定

出所：三和良一・原朗編，前掲『近現代日本経済史要覧　補訂版』169頁より作成。

年ころから輸出の拡大に牽引されて成長率が上向き，全般的には 80 年代前半を通じてマクロ的には安定的なテンポでの持続的な成長を記録した。消費者物価も 82 年以降に上昇率が低く押さえ込まれており，財政面では中曾根内閣の登場した 83 年に逆戻りがみられるものの，公債依存度は着実に低下した（前掲第 9-5 図）。問題は 83 年からの輸出の拡大のために，貿易黒字が急増して海外からの厳しい批判に遭遇したことであった。

そのため，政府は 1981 年 5 月には自由貿易体制を守るために自動車の対米輸出自主規制に踏み切ったが，同年 10 月に稲山嘉寛経団連会長を団長に派遣した訪欧経済使節団も対日批判の集中砲火を浴び，輸出自主規制を強く要求された。稲山会長は帰国後の 11 月 7 日に鈴木善幸首相を訪れ，「経済問題が政治問題化しており，自由主義諸国の連帯が損なわれかねない状態だ」と対応策をとるよう進言した[7]。そのため，関税率引き下げや緊急輸入のための外貨貸付などの輸入拡大政策がとられた。それは，景気回復の主因となっている輸出への影響を避けつつ，海外からの批判に応えようとしたものであった。欧米諸国が求める輸出自主規制は極力回避すべき手段であった。

日本企業は，内需の低迷にもかかわらず，折からの円安に加えて，第一次・第二次の石油危機を通じて実施された省エネ投資によって国際競争力が強化されて，それが外需主導の回復に結びついていた。企業業績も，構造不況業種の不振の一方で，自動車，電機，造船，金属製品など輸出型の加工産業が業績を伸ばす二極分化の動きを見せていた。

こうして，アメリカ向けを中心とした輸出が好調を持続するなかで，民間企業の設備投資がしだいに盛り上がり，1980 年代の半ばには**輸出主導型の回復から内需中心の景気拡大過程へと転換**した。しかし，この回復過程は，他面で金利の高止まりと円安，さらには財政の硬直化などの問題を際だたせ，輸出主導の拡大が大幅な貿易黒字となって貿易摩擦問題の激化を招くことになった。別掲のように，アメリカおよび EC からの対日批判は間断なく続き，日本は輸出自主規制などの措置を講じて貿易摩擦の緩和に努めなければならなかった。海外市場での日本の存在感は，それほど大きなものになっていた。

円高と平成景気

プラザ合意の翌 1986 年は「財テク」（財務テクノロジー）という言葉が「市民権を得た年」であった[8]。膨大な余剰資金を抱えた企業は，円高不況のもとで設備

---

[7] 『朝日年鑑』1982 年版，271 頁。
[8] 『朝日年鑑』1987 年版，139 頁。

第9-6図　成長率・設備投資・家計消費

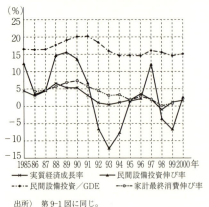

---◆--- 実質経済成長率　---■--- 民間設備投資伸び率
---◇--- 民間設備投資／GDE　---○--- 家計最終消費伸び率

出所）第9-1図に同じ。

投資に慎重で，遊資を本来の企業活動外への運用に向け，本業の業績低迷を財テクで補おうとした。一方，円高不況対策として実施された4度にわたる公定歩合の引き下げに伴う金利低下によって預貯金の目減りへの危惧を抱いた一般預金者，投資家など個人部門でも運用方法への関心が一段と高まった。これが財テクブームの背景であった。和光経済研究所が東京証券取引所第1部上場企業（銀行，保険，証券を除く）964社を対象にした調査によると，1986年度上半期の営業外収支が黒字になった企業は前年度より95社多い470社と全体の48.8％を占めた[*9]。1986年には投機的な「バブル」現象が発生したわけではなかったが，後年の下地はすでにこの時にかたちづくられていた。

1987年に入ると，世界的な低金利・金あまり環境のなかで株価が高騰し，「世界同時株高現象」ともいわれる状態を示していた。しかし，その株式市場も10月19日の月曜日にニューヨーク株式市場を襲った「ブラック・マンデー」と呼ばれる大暴落をきっかけに，世界的な連鎖暴落現象を引き起こした。

このような攪乱要因もあって，日本経済は，第9-6図のように1986～87年には4％台の成長にとどまった。成長率が上向くのは1988年以降のことであり，とくに89年にかけて輸出が伸び悩み，貿易黒字が縮小に向かうなかで，7％を超える経済成長が実現したことは，日本経済が内需主導型の経済構造への転換を果たしつつある証とみなされた。1980年代末にかけて設備投資が顕著に増大する一方で，家計消費も着実に増加を続けていたから，高成長をもたらした二つのエンジンが再始動したかの印象も与えた。しかも，財政の公債依存度も10％ほどで落ち着いており（前掲第9-5図），財政政策に過度に依存せずに景気の拡大がもたらされていた。もっとも，この時期から消費者物価上昇率が高くなり，景気の先行きに対する懸念材料もみられたが，総じて1980年代の終わりの数年間は，60年代後半以来の長期の好況となった。

＊9　『朝日年鑑』1987年版，140頁。原資料は和光経済研究所「低利資金調達で運用収益獲得を狙う」『銀行時評』21巻10号，1987年。

日本的経営への称賛とその内実

　好調な日本経済に対して，1980年代には海外から「称賛」が寄せられ，その基盤に「日本的経営」があるとの言説が強まった。確かに，この時期にスタグフレーションに悩む先進国のなかでは日本の優位性が際立っていた。それは日本の経済システムがもつ固有の制度的な特徴に支えられた面があった[*10]。

　しかし，第一に高成長は輸入の安い石油・資源をふんだんに利用した結果であっただけに，省資源，省エネを実現できる可能性が高いという性格をもっていた。第二に1949年以来固定されていた為替レートは実質的には円の過小評価をもたらしていたから，円高が与える影響は騒がれたほどには大きくなかった[*11]。第三に石油危機後に各国共通の制約条件となった「高い石油」は，1980年代半ばには石油市場の需給緩和によって制約が小さくなり，さらに円高によって国際収支面，国内価格面での影響はより一層小さくなった。第四にドル安・円高にもかかわらず，主要な輸出市場だったアメリカ市場は摩擦を伴いながらも縮小はしなかった。これらの条件が日本経済の好調を支えていた。

　このような条件のもとで，「減量」に成功した日本企業の国際競争力は，生産システムの柔軟性と高いコスト意識に支えられて維持された。その成功を支える制度的な条件が，①安定した雇用と②安定した取引関係[*12]，そして③メインバ

考えてみよう　経営者主権と現場の力

　日本的経営の特質として指摘された「経営者主権」は，第二次大戦後の戦後改革期の経営者資本主義が支配的であったアメリカをモデルに定着したものであった。また，生産現場の品質やコストに対する意識づけは，戦後復興期に産業・企業の経営合理化策として来日したアメリカのW.E.デミングなどによって提唱された品質管理に関する取り組みが起源であった。つまり，1980年代に「日本的」と評価された特質の一部は，アメリカ起源の企業制度を手本として日本に導入され独自に洗練化されたものであった。本家であるアメリカでは経営者資本主義は，経済成長の停滞のなかで配当率や株価上昇率などに不満をもつようになった「機関投資家」が株主としての主権を主張する「株主反革命」によって，否定的な評価が下されることになった。

　日本に独特とされる雇用関係については，長期雇用や手厚い企業福利制度を備える協調的な労使関係がアメリカでも存在することが，S. M. ジャコービィ『会社荘園制』（内田一秀ほか訳）北海道大学図書刊行会，1999年で紹介されている。その意味では，「日本的」という特徴づけは，何がどのような理由で行われているのかを明確にしないまま，不確かな根拠で行われていた。陥りやすい誤りであり，安直なかたちで日本の特殊性と決めつけて説明できたつもりになることは避けなければならない。

[*10]　武田晴人「日本的経済システム批判の再考」『交詢雑誌』511号，2007年。
[*11]　吉川洋，前掲「マクロ経済」52頁参照。
[*12]　取引関係の特質となる「長期相対取引」については，橋本寿朗，前掲『日本経済論』および金容度『日本IC産業の発展史：共同開発のダイナミズム』東京大学出版会，2006年を参照。

ンクだと指摘された。その議論は,日本に固有なシステムだけがクローズアップされ,日本の危機が他国に比べて実質的には軽かったという有利さを忘れ去った面があった。

　日本の経済システムの特質を取り上げた日本的経営論に基づく「称賛」は,雇用や取引関係に関して,現実の経済活動の規定的な要因を「協調」の側に一方的に偏らせて評価するものであった。たとえば,メインバンクシステムに依存する間接金融体制,経営者主権,協調的な労使関係を実現する企業別組合,年功制賃金,終身雇用,そして,長期相対取引による協調的な取引慣行などの要素が強調されていた[*13]。

　このなかで重要な意味をもったのは,**経営者主権**であった。経営者が長期的な視野で企業成長を追求し,自らの出身基盤である従業員の意見をくみ上げて経営に当たることが特長となり,生産性の向上に協力する労働組合に対して雇用の保障を実現すべく,企業成長による賃金の増額とポストの増加とを同時に達成しようと努めてきたからであった。その反面で,このような企業行動は,国際的にみて相対的に低い配当性向のもとで,利益の再投資による企業成長の追求が重視されていた。それにもかかわらず,持続的な企業成長による株価の上昇や,無償発行増資,額面での株主割当増資などによって,長期保有の株主に対しては十分な利益が与えられていた。株主軽視と後に批判されることになるとはいえ,それは株主一般の利益の軽視ではなく,株式の頻繁な売買によってキャピタルゲインを得ようとする短期保有の株主には不都合でも,日本的経営は株主利益の実現にも貢献していた。

　雇用面では,企業別組合や年功制賃金は,それまで日本固有の「遅れた」「歪んだ」制度と評価されていた。しかし,日本的経営では,これが競争力の重要な源泉とみなされることになった。そのポイントは,**コスト意識の高い生産現場**を作り出したことであった。生産性の向上を目指す労使の取り組みは,アメリカから導入された手法を洗練化したものであったが,その結果,「革新の制度化」ともいうべき下からの積み上げによるコスト削減努力が,広く企業現場の指針として受け入れられていった。「品質を作り込む」ことを目標としたトヨタ生産方式に代表される日本の生産システムは,生産現場の労働者たちを単にマニュアル通りに作業する存在としてではなく,生産現場を熟知している存在とみなし,彼らを経営に対する協力者として組織化することに成功した[*14]。高成長の主導力と

　[*13] 代表的な著作として,青木昌彦・小池和男・中谷巌『日本企業の経済学』TBSブリタニカ,1986年を参照。また,橋本寿朗,前掲『日本経済論』も参照。
　[*14] ジェームズ・P.ウォマック,ダニエル・T.ジョーンズ,ダニエル・ルース(沢田博訳)『リー

第 9-2 表　主要企業の設備投資を中心とした資金運用　　　　　（単位：10 億円）

		全　産　業				製　造　業			
		1971-80 年		1981-90 年		1971-80 年		1981-90 年	
集計社数		1,326		1,508		961		1,035	
資金源泉	内部留保	59,555	62.1%	140,968	65.1%	41,220	75.1%	93,477	71.4%
	うち減価償却	*34,335*	*35.8%*	*77,008*	*35.6%*	*22,868*	*41.7%*	*48,313*	*36.9%*
	資本金	8,073	8.4%	32,897	15.2%	4,923	9.0%	22,242	17.0%
	社債	8,067	8.4%	34,381	15.9%	1,996	3.6%	20,255	15.5%
	長期借入金	19,194	20.0%	5,329	2.5%	6,619	12.1%	△5,933	△4.5%
	その他固定負債	1,020	1.1%	2,883	1.3%	113	0.2%	883	0.7%
	小　計	95,908	100.0%	216,458	100.0%	54,872	100.0%	130,925	100.0%
使途	有形固定資産	61,046	63.7%	118,937	54.9%	32,656	59.5%	66,826	51.0%
	投資その他の資産	14,591	15.2%	38,789	17.9%	8,458	15.4%	20,799	15.9%
	小　計	75,638	78.9%	157,726	72.9%	41,114	74.9%	87,625	66.9%
運転資金増減		20,271	21.1%	58,732	27.1%	13,759	25.1%	43,300	33.1%

出所）日本政策投資銀行設備投資研究所編，前掲『"財務データ"で見る産業の 40 年』より作成．ただし，1955 年については三菱経済研究所調査から類似のデータを作成．

なった機械工業の発展は，革新的な技術の導入に伴う現場での微調整が絶えず必要であり，そのためには，工職が一体となった改善の努力が求められていた。そして，その成果の一部が従業員の賃金の上昇につながる限り，労働組合の利害にも一致し，戦後の労使関係の根幹となった「雇用の保障」という基本原則に合致していた。

しかし実際には，このような特質をもつ日本企業は例外的な存在であった。特に誤解されていたのは企業金融の側面であった。

具体的には，第 9-2 表が示すように，主要企業の資金調達に占める長期借入金など銀行貸出の役割は大きく低下し，1980 年代には若干ながら返済が進んでいた。大企業は銀行離れを起こし，自前でエクイティファイナンス（資本市場における新規調達）による資金調達に傾斜していた。そのため，業績が好調な日本企業に対してメインバンクを介した規律づけが機能する余地は大きく低下していた。実際に，トヨタや松下などの代表的な企業では「無借金経営」が注目されていた。メインバンクは，大企業を支える企業金融システムとしてはその歴史的な役割をすでに終えていた。日本的経済システム称賛論は，高度成長期に機能したそのような特徴を，1980 年代にも企業ガバナンスに重要な役割を果たし続けていたと見誤っていた。

ン生産方式が，世界の自動車産業をこう変える。』経済界，1990 年，藤本隆宏，キム・B. クラーク（日村明比古訳）『実証研究 製品開発力』ダイヤモンド社，1993 年．

また，雇用面で協調的な労使関係のもとで安定的な条件をえていたのは，大企業の正規従業員に限られていた。大企業の正規従業員は，企業内の配置転換や昇進競争などを通して，企業内の内部労働市場の流動的で競争的な関係のもとにあった。個々の従業員の処遇には昇進をめぐる競争が大きくかかわっていた。しかも，その周辺には非正規の臨時工・社外工などの不安定就業層が多数存在しており，彼らは流動的で劣悪な雇用条件のもとにおかれていた。組織された労働組合運動は，こうした人びとに力を貸すことはなかった。

こうした条件のもとで1980年代の経済拡大とともにパート労働などの不安定就業層が増大の一途をたどった。サービス産業化の動きも，不安定な就業層の相対的に低い賃金を基盤にした企業成長に依存していた。したがって，日本的経営に対する協調的な労使関係への「称賛」は，正規従業員の，それも大企業の，男子の労働者のあり方にもっぱら関心を集中するもので，その周辺に数を増しつつある不安定な非正規の従業員たちの存在を軽視していた。後者の存在が柔軟な雇用調整を可能にする一方で，正規従業員による現場の高い改善能力が生産性の上昇を支えていた。それ故，日本企業の競争力の基盤には，依然として解消しない「二重構造」があり，労働力市場は広く流動性の高い非正規労働者の海のなかで，協調的な労使関係のもとで企業内昇進競争に競争的側面を限定された大企業正規労働者の恵まれた雇用条件が維持される浮島のような関係によって編成されていた。労働力市場の流動性が低かったわけではなかった。

3 バブル経済への道

内需主導経済への転換

すでにふれた「財テク」が話題になるなかで，1987年2月の日本電信電話（NTT）株の上場が株式ブームを加速することになった。国内では同年秋の「ブラック・マンデー」の影響も軽微であった。他方，同じ2月にパリで開かれた先進7カ国蔵相・中央銀行総裁会議（G7）は，共同声明のなかで，黒字国の内需拡大と黒字縮小，赤字国の財政赤字削減と対外収支改善を求める一方，「現在の為替相場の水準はおおむね各国の基礎的な経済諸条件に合致している」との判断が示された（「ルーブル合意」）[15]。

日本からみると，このルーブル合意は，プラザ合意以後の円高が不可逆的な変化であることを受け入れることを意味したが，円為替水準は合意当時の水準でそ

---

[15] 『朝日年鑑』1988年版，135頁。

のまま安定することはなかった。同年4月下旬にクレイトン・ヤイター米国通商代表が「このままでは1ドル＝100円もありうる」と発言したことなどの影響によってドル安が加速し，4月24日に東京外国為替市場は1ドル＝130円台に突入した。

しかし，こうした為替相場の動きにもかかわらず，1987年の日本経済は，個人消費，住宅投資など国内民間需要の堅調さと，5月に決定された6兆円強の緊急経済対策などに支えられ順調な回復をたどった。86年末からの輸入原材料価格低下などの円高のプラス効果が回復に貢献していた。しかも，日本の87年の製品輸入比率（対総輸入額）は45.6%を記録した。製品輸入比率は1985年の31.0%，86年の41.7%に比べて着実に上昇した。87年にとくに輸入増が目立ったのは，ECなどからの乗用車で前年同期比90.6%増，東南アジアなどからの繊維製品64.1%増，家庭用電気機器が112.2%増と製品輸入が拡大していた*16。主要先進国の製品輸入比率がアメリカやカナダでは80%を上回り，西ドイツ，フランスでは70%程度の水準に達していたのと比べればまだ低い水準だったが，日本の貿易構造はかつての加工貿易型の垂直的な分業関係から脱し，**水平的な分業関係**をもつようになっていた。その理由は，一つには市場の開放の進展であり，もう一つは円高

年表　バブル経済への道

1985年	9月22日	G5，ドル高是正のため合意（プラザ合意）
	10月15日	経済対策閣僚会議，事業規模約3兆1000億円の内需拡大策を決定
1986年	4月7日	「国際協調のための経済構造調整研究会」（経構研）が「内需主導の経済構造転換」を求めた報告書（前川レポート）を中曾根首相に提出
	4月8日	政府が円高デフレ緩和，内需拡大のための総合経済対策決定
	9月19日	経済対策閣僚会議，8項目の総合経済対策を決定
	12月29日	整備新幹線建設問題で，自民党三役と宮沢蔵相が協議，凍結（82年閣議決定）を撤回
1987年	4月1日	分割民営化による国鉄新会社発足
	4月27日	新行革審が内需拡大のため，建設国債の増発を含む積極財政を容認する「大槻会長談話」発表
	5月29日	経済対策閣僚会議，内需拡大と輸入増加のための緊急経済対策を決定。公共事業の追加に約5兆円など
1988年	6月18日	リクルート事件発覚
	12月	第二次行革審，「公的規制の緩和等に関する答申」提出
1989年	4月1日	消費税3%実施
	11月9日	ベルリンの壁崩壊
	12月末	東証株価，3万8915円を記録

---

*16 『朝日年鑑』1988年版，147頁。データは1月～11月の統計による。

第9-7図 物価と鉱工業生産指数の推移

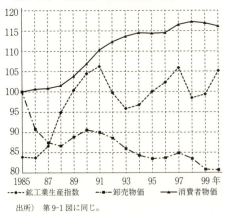

出所） 第9-1図に同じ。

による日本産業の競争力の低下と海外生産の拡大であった。

この傾向はその後も続き，1988年上半期の日本の製品輸入額は前年同期比49.4%増と大きく伸びた。これは，86年の伸び率31.4%，87年の25.0%をも上回った[*17]。こうしたなかで，88年8月に「内需型成長の持続と国際社会への貢献」という副題を付して発表された『経済白書』は，「日本経済は85年秋からの円高不況を克服した」と宣言し，内需主導型の経済成長を実現したと強調した（第9-7図）。景気回復の過程で，製品輸入が増加して経常収支黒字が縮小したほか，雇用情勢が改善し，物価が安定するなど，経済のバランスも好転したと評価し，景気は個人消費や設備投資の伸びで着実な成長に移りつつあるとの見方を明らかにした。こうして1990年6月には景気の拡大期間が43カ月となり，「岩戸景気」の持続期間を抜き，「いざなぎ景気」に次ぐ大型景気となった。

「内需主導」の大型景気のなかで，企業も業績を伸ばした。製造業は，長期不況で苦しんでいた鉄鋼業が1989年には8年ぶりに史上最高益を更新するなど構造不況業種も復調し，全体では売上高が9.4%増，経常利益が46.3%増とめざましい業績を残した[*18]。しかし，こうした順調な発展のなかで，二つの問題が浮上していた。一つは対米経済摩擦であり，いま一つは物価問題であった。

貿易摩擦の深刻化

1988年に協定期限切れを迎えた牛肉・オレンジの輸入自由化問題をきっかけに日米間で経済的な対立が一段と強まった[*19]。農産物交渉ではアメリカが数量制限撤廃を強く要求した結果，牛肉とオレンジ果汁については92年4月に数量枠を撤廃することが6月に合意された。さらに，88年8月にレーガン米大統領は，包括貿易法案に署名した。この包括貿易法は，通商および関税，輸出促進，

[*17] 『朝日年鑑』1989年版，133頁。
[*18] 『朝日年鑑』1990年版，120頁。
[*19] 通商摩擦については，阿部武司編著，通商産業政策史編纂委員会編『通商産業政策史1980-2000 第2巻』経済産業調査会，2013年を参照。

国際金融政策，農業貿易，外国腐敗慣行法（アメリカ企業が海外で外国政府高官を買収することを禁止），教育および米国の競争力，バイ・アメリカン法，中小企業の保護育成，特許制度　海外運送および航空運送の10編からなるもので，貿易についてだけでなく，国内産業保護，強化育成など非常に幅広い内容を含んでいた。

　日本は，このように保護主義への傾斜を一段と強めたアメリカを牽制しつつ，市場開放努力を続け，自由貿易体制を守るために一層の努力を必要とした。すでに交渉開始から3年が経過していたGATTウルグアイ・ラウンド（新多角的貿易交渉）閣僚会議は，農業分野におけるアメリカと欧州共同体（EC）の対立などで問題を抱えたまま決着の見通しが立たず，自由貿易体制の維持には難問が山積していた。1989年にはいり，攻勢を強めたアメリカは，4月に通商代表部（USTR）が88年包括貿易法のスーパー301条（不公正貿易国・慣行の特定と交渉，報復）適用を決める基礎資料として各国別貿易障壁報告を発表し，日本に対して半導体・スーパーコンピュータなどの貿易障壁を指摘した。さらにUSTRは5月下旬にはスーパーコンピュータ，人工衛星，木材加工品の3分野に不公正貿易慣行があると断定し，スーパー301条を適用すると発表した[20]。

　この間，日米間の貿易不均衡を解決するための日米構造問題協議が9月からスタートした。円高・ドル安にもかかわらず日米貿易不均衡が縮小しない理由は，非効率な流通機構や貯蓄と投資のアンバランスなど日本経済の構造そのものに問題があるのではないかという発想からアメリカが提案してきたものであった。それは一層の市場開放のため日本に対してさまざまな規制の緩和，制度・慣行の見直しを迫った。

資産バブルの発生

　他方，1989年には，物価上昇が顕在化したうえに，とくに騰勢が目立った地価の問題や，製品・サービス価格の内外価格差が論議を集めた。そのため，日本銀行は89年5月31日から，公定歩合を0.75％引き上げて年3.25％とした。景気への影響を懸念して見送られてきていた公定歩合の引き上げは，第二次石油危機以来の物価上昇に対応したもので，80年3月以来9年2カ月ぶりのことであった[21]。この年の『経済白書』は，GNPの拡大に伴い，日本経済のストック（資産残高）が増大し，経済全体への影響が年ごとに大きくなっていることを指摘し，これを日本経済のストック化の進展と位置づけた。

　第9-8図のように，株価や地価は1980年代末にかけて急騰した。大都市部の

[20] 『朝日年鑑』1990年版，124頁。
[21] 同上，121頁。

再開発が喧伝され、強引な土地購入（地上げ）に基づく開発利益の取得を念頭に、不動産取引が活発化した。このような現象は、大企業向けの長期資金供給が減少したことから遊資を抱え込んでいた大銀行が、最初は系列の住宅専門金融機関を介して、後には自らも直接に不動産の投機的取引を目的とする資金を供給するようになって歯止めのない拡大につながった。エクイティファイナンスで容易に低利の資金を内外市場から獲得できるようになった大企業のなかには、その資金を本業の設備投資にではなく、資本市場における資金運用などに回し投機的な利益を期待する「財テク」が拡大した。証券会社が不正な操作で利益を保証し、ブームをあおっていた。しかし、このような企業行動は、企業の財務部門にとって経験の浅い資産運用によるリスクを増大させていたし、銀行部門の不動産融資も同様のリスクを伴っていた。それでも、資産価格の上昇が期待される限り、そうした投機的な動きは簡単には抑制できなかった。

　状況を変えたのは、日本銀行が物価・地価の上昇への懸念を強めて金利の引き上げに転じたことであった。日本銀行は1989年12月25日に公定歩合を0.5％引き上げて4.25％としていたが、90年3月20日に1.0％、8月30日には0.75％引き上げ、年6.0％とした[*22]。こうして90年の日本経済はプラザ合意以降の金融緩和が完全に終わり、高金利時代に入った。

　この金融政策の転換は、金あまりの恩恵をフルに享受し「バブル」現象を呈していた株式市場や不動産市場、さらにはゴルフ・リゾート会員権市場などを直撃した。3万8712円から始まった1990年の東京証券取引所第1部の平均株価は、

考えてみよう　貿易摩擦の政治学

　日米間の問題が深刻化するなかでさらに問題を複雑化させた事件があった。それは1989年9月のソニーによるアメリカの大手映画会社コロンビア・ピクチャーズ・エンタテイメント社買収と、10月の三菱地所によるロックフェラーグループ社買収の発表であった。ソニーによる買収が発表されると、『ニューズウィーク』は「彼らは米国の魂の一部を買った」と批判記事を載せ、アメリカ議会も日本の対米投資を制限する法案の準備を始めたと報じられた（『朝日年鑑』1990年版、125頁）。対日批判が強まり、路上で日本車を焼き払うなどのデモンストレーションも発生した。これらは、貿易摩擦がアメリカでは政治的な意味合いが強いが、純粋に経済合理性からは説明できない要素を含んでいることを示唆している。それは初期に問題になった繊維製品の対米輸出規制からみられたことであった。再選を期していたニクソン大統領が南部諸州の選挙民の関心をかうために日本に一方的な要求の実現を求めたことと共通するものであった。もっともこの繊維交渉では日本側の佐藤栄作首相は、ニクソン大統領の要求に応じる代わりに沖縄の返還への同意を引き出すことに成功した。それゆえ沖縄返還は、「糸と縄」を交換したと評された。貿易問題を政治的に利用していたのは、アメリカだけではなく、日本も同じであった。

[*22]　『朝日年鑑』1991年版、128頁。

その後ずるずると下落を続け4月2日には1日で1978円という大暴落を記録し、さらに10月1日には2万円の大台を割った。また、同年夏ごろからは東京など都心部の地価も下落傾向を示し、政府の土地税制改革（土地保有税〈地価税〉などの賦課措置）も下落に拍車をかけた。金融緩和のなかで発生した資産インフレの時代は終わろうとしていた。

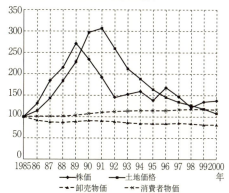

第9-8図　資産価格と物価の動向

出所）　第9-1図に同じ。

バブルの崩壊と不況の長期化

1991年12月に経済企画庁は日本経済は緩やかに減速過程に入ったとする「91年度経済の回顧と課題」を発表した[*23]。この報告書によると、1991年の日本経済は、住宅投資の減少と設備投資の伸びの鈍化によって、国内需要の拡大テンポが緩やかに減速し、これまでの高い成長からインフレのない持続的拡大が可能な成長経路に移行する過程にあると結論づけていた。金融引き締めの効果、ストック調整、株価下落などが減速の理由であったが、この報告書は、1991年後半からの金融緩和のプラス効果や物価の安定基調、世界景気の回復の見込みから、景気減速が深い落ち込みにつながる可能性は大きくないと、楽観的な見通しを表明していた。

しかし、1990年代の日本経済はこのような楽観的な見通しを裏切り、長い不況に苦しむことになった[*24]。経済成長率は1992年には1.9％に落ち、翌年からは1％を切った。実質成長率でみると、93年はマイナス、94年はゼロ成長に落ち込んだ。この間、輸出は順調に拡大し、貿易収支黒字は1000億ドルを超える水準に達していたから、問題は内需の著しい不振であり、このような貿易状態が海外からの批判を強めた。他方、税収不足から財政再建の進展が中断し再び公債依存度が上昇した。バブルの崩壊後、その後遺症ともいうべき不良債権の重圧がかかり、極度の低金利状態になったにもかかわらず、景況の転換には効果は小さかった。金融面では金融自由化の進展のなかで「護送船団方式」と呼ばれた金融行政が見直され、金融機関の経営的な動揺、破綻処理が重要な問題となったから

[*23]　経済企画庁調査局編『緩やかに減速する日本経済』1992年。
[*24]　宮崎義一『複合不況』中公新書、1992年、村松岐夫・奥野正寛編『平成バブルの研究（上・下）』東洋経済新報社、2002年。

第9-9図　経済成長率と対外収支

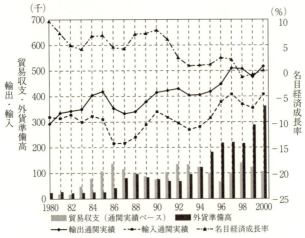

出所）　第9-1図に同じ。

であった。

　金融不安は，1990年にイトマン・住友銀行事件などの疑惑が発覚して以来，証券会社による得意顧客への損失補塡問題，有力銀行の不正融資事件が続き，厳しい批判をあび，深刻化した。1992年8月中旬には東京証券取引所第1部の平均株価が一時1万5000円を割り込み，ピーク時からの下落幅は6割強に達した。

　株価の下落は消費者の心理も冷え込ませ，乗用車，AV（音響・映像），家電をはじめ耐久消費財の販売不振を招いた。このため，バブル期に低利の資金を市場からたやすく調達し，年率2桁増という積極的な設備投資を行ってきた企業は過剰在庫に苦しみ，減価償却など固定費負担の高まりも加わって，業績が大幅に悪化した。

　景気の厳しい後退のもとで，政府は立て続けに景気対策として「総合経済対策」を打ち出した（第9-3表）。しかし，財政による需要創出の効果は期待外れで，日本経済を上昇局面に導く力は弱かった。

　これに対して，好調な輸出と不況による輸入減少の結果生じた大幅な貿易黒字は，1992年1月に訪日したブッシュ米大統領に同行したアメリカ自動車業界，自動車部品工業界首脳らの要請に応えて計画された輸入拡大計画でも緩和できるものではなかった。このため対日圧力が高まり，91年の日米半導体協定では日本はアメリカによる制裁解除の代償として，外国製半導体の日本市場におけるシェアの明記を受け入れることを余儀なくされた。

　為替レートは，1993年2月から急速な円高局面に入り，8月17日には1ドル

＝100円40銭を記録した。この円高によって輸出産業を中心に企業収益が悪化し，企業は雇用調整に乗り出すため消費者マインドが冷え込んで消費不振に拍車をかけた。工場閉鎖や人員削減といったリストラクチャリングのため，大企業は次々に1000人単位で人員を削減する計画を打ち出すなど，雇用問題が深刻化していった[*25]。そのため宮沢喜一内閣は4月に「新総合経済対策」，細川護煕内閣に代わってからの9月に「緊急経済対策」を打ち出し，公共投資の積み増し，住宅取得促進のための政策減税や融資拡大などの対策を講じた。この財政出動の政策効果は，景気の下支えになったとはいえ，規模の大きさの割には波及効果は弱かった。また，9月に公定歩合はこれまでの最低水準となる1.75％に引き下げられた。しかし，低金利は金融面からの追加的措置の可能性を極度に小さくし，景気対策の余地を狭めた。こうして出口のみえない経済状態が続くことになった。

第9-3表 総合経済対策一覧

内閣	年月日	事業規模
宮澤喜一	1992年8月28日	10.7兆円
同	1993年4月13日	13.2兆円
細川護煕	1993年9月16日	約6兆円
同	1994年2月8日	15.25兆円
村山富市	1995年4月14日	約7兆円
同	1995年9月29日	14.22兆円
橋本龍太郎	1998年4月24日	16.65兆円
小渕恵三	1998年11月16日	23.9兆円
同	1999年11月11日	18兆円
小泉純一郎	2000年10月19日	11兆円
同	2001年10月26日	1兆円
同	2001年12月14日	4.1兆円
同	2002年12月12日	4.4兆円

出所）三和良一・原朗編，前掲『近現代日本経済史要覧　補訂版』190頁。

この間，1993年には日米両国間の経済問題を包括的に取り上げる「日米包括経済協議」がスタートした。この枠組みは，①日本の経常黒字の縮小とアメリカの財政赤字の削減，②分野・構造別の交渉と協議の開始，③環境や技術での協力，という三本の柱からなるものであった。また，12月15日のGATT貿易交渉委員会で，ウルグアイ・ラウンドの最終協定案が採択され，翌1994年4月15日にモロッコのマラケシュで合意文書に125カ国・地域が調印し，GATTに代わって世界貿易機関（WTO）が95年1月1日に設立されることになった[*26]。しかし，こうした世界の自由貿易体制の維持・推進を図る動きのなかで，日米包括経済協議にみられるように二国間交渉に重きをおくアメリカの戦略は変わらず，域外の貿易差別につながりかねないブロック経済化の懸念も強まった。

1995年から96年にかけて世界経済は，アジアを中心に途上国が高成長を維持したことから拡大基調にあったが，日本経済の不振は続いていた。とくに，緩やかながらも回復過程を歩みはじめたかにみえた矢先の1995年初めに阪神淡路大

[*25]　『朝日年鑑』1994年版，180頁。
[*26]　阿部武司，前掲『通商産業政策史 1980-2000　第2巻』第1章参照。

震災が発生し、さらに同年中に80円台になった急激な円高の打撃が大きかった。海外からの製品や原材料の輸入が急増し、「価格破壊」といわれる物価下落が円高で加速し、雇用不安が続いた。

しかも、金融機関が抱える不良債権とこれを生み出した地価の下落が経済再生の重しとなっていた。金融面での不安定さは、「倒産しない」といわれてきた金融機関にも経営破綻をもたらし、1994年に表面化した東京協和、安全の両信用組合の破綻をきっかけに、95年7月には都内最大手のコスモ信用組合の経営破綻が表面化し、1カ月後の8月末には大蔵省が第二地銀最大手の兵庫銀行と最大規模の信用組合・木津信用組合の処理を発表した。

その後、1995年9月に円相場は100円台に戻り、公定歩合が0.5%と史上最低の水準に引き下げられ、最大規模の「経済対策」などの景気浮揚策が打ち出された結果、景気の底割れという事態は避けられた。しかし、同じ95年9月には邦銀海外支店での帳簿外取引による損失が明らかになるなど、日本の金融システムへの信頼は大きく揺らぎ、「ジャパンプレミアム」を発生させた。こうして96年にかけてバブル経済崩壊から続く長期の不況下の日本経済は本格的な回復へのきっかけをつかめないままに推移し、97年秋には三洋証券、北海道拓殖銀行、山一證券の事実上の破綻につながることになった。

長期化する不況の要因

刻々と変化する状況のなかで政府の経済政策は有効性を失った。度重なる財政出動は、国債の累積を生むだけであり、1980年代に積み上げられた歳出削減の努力と消費税の導入という「財政再建」の流れは絶ち切られた。その結果、政府は年金などの社会保障の削減による歳出の圧縮を追求することになったが、このような対応は、国民生活の将来に不安を高め、個人消費を落ち込ませた。

これに加えて、日本経済のあり方に対する批判的な意見が支配的となり、1980年代の「称賛論」から一転し、株主本位の経営が求められ、そのために雇用の保障などの日本的経営の根幹を支えていた労使関係に変化が求められた。企業は労働市場の流動性が望ましいとの意見に沿って、雇用調整を正規従業員にまで及ぼすことを選択した、それは企業が「解雇の自由」を公然と主張しはじめたことを意味していた。安定した雇用のもとにあった正規従業員も非正規労働力市場の海に追い落とされるリスクが拡大した。その結果、勤労者は正規・非正規にかかわらず将来の就業に安定した見通しをえられなくなったから、失業のリスクに備えて貯蓄を選好し、消費を抑制することになった。

個人消費が低迷するなかで、企業も経済成長の期待を持ちえなくなった。ゼロ

成長下で、積極的な設備投資は望むべくもなく、株主本位に利益を絞り出すために、雇用調整による人件費の削減が進められた。余裕資金は借入金の返済に充当され資金コストの低下も図られた。その結果、1990年代末までに企業部門は、資金需給に関して貯蓄超過となり、その超過分が金融機関を介して政府部門の赤字に対応した国債購入に向かうことになった。

それ以上に深刻であったのは、生産現場の生産性向上を生み出すメカニズムを毀損したことであった。雇用が保障されることを前提に協力していた労働者たちは、企業の長期の成長に対するコミットメントを失いつつあった。雇用の調整に際して希望退職を募れば、優秀な従業員が——新たな雇用機会をえやすいが故に——応募し「会社」を去る選択をすることも少なくなかった。

設備投資の低迷と生産現場の意識の変化の結果とみられるのが、第9-4表に示される労働生産性の低下であった。1980年代まで先進工業国のトップにランクされていた日本の労働生産性上昇率は90年代には大きく低下した。財界は生産性の低迷の背景にさまざまな規制による制約があると主張し、政府に規制緩和を求めた。その結果、労働法制の緩和、企業の合併などに関わる会社法制の改正などさまざま制度改革が、アメリカ型の企業モデルに沿って実現されていった。しかし、その効果は明確ではなかった。企業行動の消極性は変わらなかった。

企業部門を中心とする不況対策の目指した方向は、1980年代に日本的経営論において、称賛の要素となっていた特質をことごとく否定し、転換を迫るものであった。その中心的な概念が「企業は株主のもの」という考え方であり、この考え方に沿って、株主（投資家）に利益をもたらす企業行動が求められた。1990年前後に生じた企業の不祥事の原因が、株式市場からの監視が不在であったことに求められ、株主本位の経営が望ましい姿となった。バブル発生の要因の一つは、大企業部門が「銀行離れ」を起こし金融機関が投機的な資金供給に走ったからであり、そのような投機的な市場環境のもとで、大企業も資本市場で低利資金を獲得して本業外の運用益を追求していた。その面からみれば、金融市場も資本市場も、投機的で逸脱した企業行動の監視ができないほどに、その監視機能は未熟であった。その未熟な市場に企業のガバナンスを委ねることがどれほど適切であるかは、慎重に議論すべき問題であったが、そうした点に対する熟慮は払われることなく、掌を返したように日本的経営への批判があふれた。その結果、利益の増加につながるのであれば、雇用保障などの高成長を支えてきた「社会的合意」は企業側から一方的に放棄された。こうした選択が、需要不足経済をもたらす要因であった。誤解の多い「称賛論」をことごとく裏返し、否定するような言説に基づいて、改革が論じられた。それは間違った診断に基づいて治療計画が立てられ、

第9-4表　労働生産性上昇率　　　　　　　　　　（単位：％）

	日　本	アメリカ	イギリス	ドイツ	フランス
1971-75年	5.75	3.43	3.78	4.89	4.05
1976-80	6.60	3.65	0.98	2.39	4.99
1981-85	3.02	3.80	4.87	3.78	3.08
1986-90	3.29	1.20	1.59	1.38	2.50
1991-95	0.60	1.50	2.94	2.46	1.40
1996-99	0.46	2.17	1.87	1.64	1.39
2000-04	1.65	2.39	1.65	0.93	1.00

出所）三和良一・原朗編，前掲『近現代日本経済史要覧　補訂版』177頁。

薬が処方された結果，病状を悪化させられたようなものであった。

国民生活の実態

　規制緩和論は，市場経済的なメカニズムに基盤をおくことで経済活動の活性化が図れるとの主張であったが，そう主張する経済界は，同時に不良債権の処理や景気対策に政府の積極的な関与を求める存在でもあった。したがって，市場のメカニズムに信頼をおくことを原理とする「新自由主義」が，日本の経済政策運営の基本原則となっていたわけではなかった。「新自由主義」は経済界や政府が経済成長にプラスになると判断する範囲でのみ，欧米の主潮流にも合致するからという理由で，したがって日本経済に対する冷静で客観的分析に基づくことなく，強力に主張された。このような経済界の利害に忠実な政策選択は，労働改革のなかで，労働組合運動が影響力を落とし，政策決定におけるバランサーを失ったことによって可能になっていた。こうして一方的な政策運営が出口のない不況に人びとを押し込め，不安をあおってきた。

　勤労者の世帯収入は，1970年代には2.8倍，80年代には1.63倍の伸びを示していたが，第9-5表のように90年代には10年間で7.5％の増加にとどまった。女性の社会進出を反映して90年には世帯主収入の比率が低下しているとはいえ，「その他」の収入源の収入額はまだ2割に満たなかった。他方で支出についてみると，エンゲル係数は着実に低下し，生活の改善のあとは見出されるものの，貯蓄の増加率は収入増加を上回っており，家計は限られた収入を将来の不安に備えて消費を節約して貯蓄に回していた。

　勤労者世帯のこのような生活状況は，企業規模間の賃金格差を考慮すると，さらに深刻な面があった。

　第9-10図は，大企業（従業員1000人以上）の男子労働者の年齢別賃金をそれぞれ100として，中小企業（10～99人）の対応する年齢の男子労働者の賃金を指数化して示したものである。これによると，1980年から2000年にかけて20歳代

第 9-5 表　勤労者世帯の収支構造　　　　　　　　　　　（一月世帯平均）

		1960 年	1970 年	1980 年	1990 年	2000 年
実収入	世帯主収入（円）	34,051	94,632	293,362	430,670	460,436
	その他	6,844	18,317	56,324	91,087	100,518
	合　計	40,895	112,949	349,686	521,757	560,954
	世帯主収入比率	83.3%	83.8%	83.9%	82.5%	82.1%
実支出	消費支出	32,093	82,582	238,126	331,595	340,997
	うち食料	12,440	26,606	66,245	79,993	74,889
	非消費支出	3,187	9,315	44,137	81,218	88,132
可処分所得		37,708	103,634	305,549	440,539	472,823
家計黒字		5,615	21,052	67,724	108,944	131,846
貯蓄純増		2,120	13,480	39,714	78,526	87,763
平均消費性向（％）		85.1	79.7	77.9	75.3	72.1
エンゲル係数（％）		38.8	32.2	27.8	24.1	22.0
世帯人員（人）		4.38	3.90	3.83	3.70	3.46

出所）第 9-4 表に同じ，181 頁．

から 50〜54 歳階層まで，大企業と中小企業の賃金格差は拡大傾向にあった*27。しかも，大企業部門で年功制的な賃金制度が残っていることもあり，賃金格差は入職時の 9 割程度から中年層にかけて拡大する一方であり，50〜54 歳では，大企業の 3 分の 2 の賃金も得られていなかった。2000 年に中小企業の 60 歳以上層で賃金水準の格差が縮小したのは，中小企業部門で人手不足のなかで賃金水準が維持された反面で，大企業部

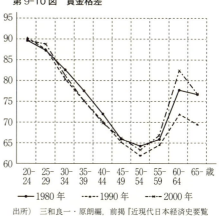

第 9-10 図　賃金格差

出所）三和良一・原朗編，前掲『近現代日本経済史要覧補訂版』177 頁より作成．

門では 60〜64 歳層の賃金額が 55〜59 歳層の賃金額の 68% に引き下げられたことによって生じたものであった。それは，年金支給年齢の引き上げなどを背景にしながら，大企業部門の従業員でも高齢層が，生活防衛のために大幅な賃金減額を受忍し再雇用制度などを利用して雇用を継続している現実を浮き彫りにしていた。

---

*27　橘木俊詔『日本の経済格差：所得と資産から考える』岩波新書，1998 年参照．

復習課題

1. 1980年代の安定成長への転換をもたらした国際的な事件について，その経済的な意味を説明しなさい。
2. 財政再建の課題が発生した理由とその成果について説明しなさい。
3. バブルが発生した理由とその結果について，説明しなさい。

復習課題の解説

1について

国際的事件とは，①ニクソンショックと②二度にわたる石油危機である。前者は，戦後の世界経済の支柱となっていたドルを基軸とした通貨体制に関して，ベトナム戦争などで疲弊し，多額の貿易赤字と財政赤字に直面したアメリカが，ドルの国際的信認を見直す必要に迫られたことから生じた。これによって日本は1949年から続いていた1ドル＝360円という固定レートの放棄を余儀なくされた。後者は，日本経済の高成長の要因の一つとなっていた安価な輸入エネルギーへの依存という条件を覆すことになり，相対価格の変動を伴う急激な物価上昇をもたらした。それらの条件は，いずれも高成長を支える国際的条件を大きく変え，日本経済の成長を制約することになった。ただし，石油価格の上昇は，円高の進行と国際的な石油市場の軟化によって1980年代にはいると制約として小さくなる一方で，変動相場制のもとでの不安定な為替市場において傾向的には円高が進行し，輸出拡大による経済発展への制約要因となった。経済大国となった日本にとって，輸出依存度を高めるような経済発展は欧米からの激しい批判を呼ぶことにもなり，内需拡大による成長のあり方が安定成長下で問われることになった。

2について

財政再建が課題になったのは，1970年代から円高不況対策などのための財政面からの景気刺激政策が，十分な効果を生まないままに繰り返された結果であった。景気回復によって税収が増大して政府債務の返済が進まない以上，代わりうる選択肢は増税であった。しかし，保守政党の選挙基盤が金権批判などで弱体化していたこともあり，のちの消費税につながる大型間接税創設案を推進できないまま，支出の削減策を追求することになったのが，1980年代の財政再建に関わる政府の基本方向であった。行政機関の統廃合などが計画され，あるいは国鉄・電電・専売の民営化などが実施され，過剰な政府規制が規制緩和によって推進されるなどの成果がみられたが，1990年代のバブル崩壊後には有効性が疑わしい財政出動が繰り返されることになった。

3について

　プラザ合意による大幅な円高への誘導は，日本国内では，「円高不況」が到来するとの危機感を強め，財界などから財政出動が強く要請された。しかし，実際には日本経済は堅調に推移し，財政面からの資金散布は「金あまり」現象を生み出すことになった。投資需要を越える過大な通貨供給のもとで，資金は株式や不動産などの市場での投機的取引に投入されるようになり，大企業の「銀行離れ」のもとで資金運用難に陥った金融機関が不動産金融などへ積極的に融資することで後押しされた。資産価格の暴騰にもかかわらず，消費者物価などの物価水準は比較的安定していたため，日本銀行が投機の拡大を抑制するような金利政策を採用しなかったことも，資産バブルの進行を助けることになり，激しい破綻に結びついた。不動産投資を中心とした金融機関の融資が回収不能となり，その処理が1990年代を通して大きな課題となるなど，バブルの崩壊は長期にわたり日本経済に傷跡を残した。

終章　最先進国日本の経験

1　経済発展のメカニズムの変化

経済成長の限界

　1990年代は「失われた10年」といわれ，2000年代にはそれが20年となった。それほどまでに，日本経済の「不況」が長期化した。たしかに，「経済成長率」を基準にすれば，日本の現在はこのように評価される面がある。そのために，バブル崩壊の後の四半世紀にわたり，「低成長」とか「停滞」というマイナスのイメージを伴う表現で危機をあおり，国民生活に対して厳しい「痛み」を受け入れることを日本の政府は国民に強制してきた。

　しかし，日本経済の現状は本当に問題がある，深刻な状況なのか。本書の最後に，経済成長という量的な拡大へのこだわりが，現状を正当に認識することを妨げ，必要な方策を考案することを難しくしているのではないのかという視点で，日本の現実を見直し，本当の問題がどこにあるかを考えてみたい。

　まず第一に注意したいのは，経済成長率の急激な低下は，第終-1図のように，韓国や台湾，シンガポールなどのアジアの工業化を日本に次いで先導してきた国でも起きている。つまり，年率10％の高成長は例外的なことがらであり，むしろ成長率が大きく低下した現状こそが正常な状態だと考えることもできる。したがって，高成長がもたらした恩恵が大きかったとしても，そのような一時的な夢のような時代の再来を願い続けるのは，現代の経済社会が直面しているさまざまな問題に対する不正確な理解と誤った対応策に繋がる危険がある。

　もちろん，経済社会が限界に直面し，これ以上の発展を望めないという暗いシナリオを主張するものではない。大事なことは**経済成長に代わって経済発展を追求する**，言い換えると量的な拡大ではなく，質的な向上を目指すことである[1]。

　このような視点からみると，日本の経済成長は経済社会の量的な拡大・物的な

---

[1]　C.P. キンドルバーガー，B. ヘリック（岩崎恵弘ほか訳）『経済発展論　改訂版』1981年，好学社．

第終-1図　各国の経済成長率（先進国左軸，後発国右軸）

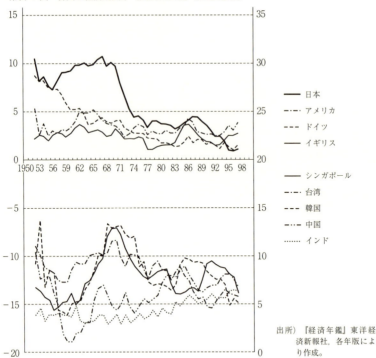

出所）『経済年鑑』東洋経済新報社，各年版により作成。

豊かさをもたらす点で大きな成果があった。第8章で明らかにしたように，企業の活発な設備投資が主たるエンジンになって，経済成長が1950年代半ばにはスパートし，雇用の拡大を通して家計の所得が増加し，耐久消費財などの普及を通して，消費拡大が第二のエンジンとして成長の推進力となった。こうして大衆消費社会が到来した，この成長のメカニズムは組立機械製造業を産業発展の基軸とするものであった。

　大衆消費社会が誕生したころには，大量生産によって供給される画一的な商品が広く消費者に受け入れられていた。消費者社会が成熟してくると，1980年代ころの日本では，消費者の多様な選択に対応する必要性が認識されるようになった。耐久消費財の普及率も高くなったために，買い換えを狙った需要拡大にメーカーは力を注ぎ，製品差別化が進展した。また一般の消費財，たとえば衣料などではより個性的な，それぞれの嗜好に合わせる消費者の選択に対応した生産活動が必要になった。それは多品種少量生産に近づくことを通して，それまでの経済成長を支えていた規模の経済性の発揮の余地を狭めた。また，対人サービス，たとえば教育，医療，介護などが重要性を増した。規模の経済性という原理がサー

ビス業では効果をもつことは望めなかった。サービス生産の特徴は、生産と消費が同時であることであり、対人サービスの場合には高成長を支えたような産業発展のメカニズム、つまり技術革新に伴う労働生産性の上昇には限界があった[*2]。

こうして産業構成の変化、その背後にある需要構造の変化は、潜在的な成長率を確実に下げるものであった。それは先進工業国では一般的に、どこでも生じうることであり、日本も1980年代にはそうした特徴を備えるようになった。それは経済成長率では測れない質的な変化が展開していることを意味した。

経済の基礎的な条件の変化は、バブルの発生と崩壊がなくとも、日本経済を低成長構造へと転換させるものであった。もともと人びとの生活が金銭的な報酬の増加だけで満足させられるものではないことは、疑う余地のないことであり[*3]、一定の生活水準に達し、飢餓の不安から解放されれば、経済的な問題を越えたさまざまな問題にも関心が払われるようになるのも自然な成り行きであった。

時代を見誤った経済政策

21世紀に入っても、政府の経済政策も企業の対応も、このような時代の変化に追いついていない。

政府は、2010年代の安倍晋三内閣が提唱した「アベノミクス」に象徴されるように、経済成長を追求することを唯一無二の選択肢、政策が採るべき方向として墨守している。そのために繰り返し、財政面からの景気対策が採用され、それが効果を生まないまま、世界に例をみないような政府債務の累積に陥った。財政は硬直化し、社会福祉などの政策課題への財源配分を削りながら、つまり国民に負担を押しつけながら、その場しのぎの財政政策を続け、財政再建の見込みが立

> **考えてみよう** **週労働時間15時間の予言**
>
> ケインズは、技術進歩によって「100年後には、われわれは週15時間程度だけ働くようになっているはずだと」考え、「経済問題が、それがそうあるべきように、重要でなくなる時期はそう遠くない。そのとき、われわれの心のうちは……真の問題、つまり人生と人間関係の問題、創造と行動および宗教の問題によって占められるであろう。そうして人間は、永遠の問題に直面するだろう。差し迫る経済的心配事からの自由をどう活かすかという問題、すなわち科学技術と複利による資本蓄積によって人間が得た自由を、賢明に、心地よく、善良に生きるために、いかに用いるかという問題に」と予言していた(「孫たちの経済的可能性」)。ケインズは、労働生産性の上昇は、労働時間の節約に使われることを期待し、それによって生じる自由な時間が人間的な生活を豊かにすると考えていたが、人類史の歩みは必ずしもこれに沿ったものではなかった。

[*2] 以下の記述については、武田晴人『脱「成長神話」』朝日新聞出版、2014年を参照。
[*3] デレック・ボック(土屋直樹ほか訳)『幸福の研究』東洋経済新報社、2011年。

たない状況に追い込まれている。

　財政面からの景気対策に効果がなく，これ以上に追加措置もできないために，政府は「規制緩和」というカネのかからない処方箋を選択している。成長軌道に戻るために，民間の活力が十全に発揮できるような制度的な環境の整備が必要であり，「過剰な」政府の介入を抑制することが，創意のあふれた企業活動を促すことにつながるとの考え方にたっている。

　しかし，規制緩和が推進されても，企業が積極的な投資活動を再開する兆しはみえず，企業経営者は目先の利益を確保するために，「選択と集中」と称する事業部門の整理・売却，あるいは雇用調整によって人件費を節減するなどの消極的な対応（縮小均衡）に終始して，自ら貴重な経営資源を捨て去っている。規制緩和によってさまざまな点で政府からの自由を獲得したはずの民間企業は，株主への配当の支払を確保する以上の社会的な責任を果たそうとはしていない。企業が本来果たすべき財やサービスの生産という役割を十分には担えないほどに「**企業の経営能力**」の劣化が進んだのが現状である。それは，株主への貢献を最優先課題としてきた結果である。

　その結果，将来の雇用継続への不安から家計部門は消費を節約し，設備投資と並んで重要な成長のエンジンだった個人消費は抑制されている。それは雇用不安を煽った結果でもある。

　企業に一方的な解雇の自由を与える政策の選択は，現在の経済システムのもっとも大事な特徴を忘れている。自らが国内で雇用し賃金を支払っている従業員は，国内市場おけるさまざまな製品の買い手，消費者になる。その消費者の所得を削り取り，購買力を奪ったことで，輸出にしか逃げ道がなくなっている。国内需要が拡大しないのは自業自得であり，目の前の消費者に自社製品の購買を期待する

考えてみよう　労働コストと賃金

　労働法制の「改革」は企業の労働コストの低下によって収益力を回復しようとの企図に基づいている。たしかに，支払賃金はコストとして企業の競争力，あるいは収益力を左右する。しかし，だからといって賃金の引き下げが競争力強化や収益力回復には望ましいと主張するのは正しくはない。賃金コストは低い方が望ましいが，それは低賃金が望ましいことと同義ではない。賃金コストは名目賃金率（時間あたりの賃金額）と労働生産性によって決まるから，二倍の賃金を払っても，二倍の生産性が実現すれば，賃金コストは変化しない。反対に賃金を引き下げても労働生産性が下がれば，これも賃金コストの削減にはつながらず，雇用者の不満だけが募ることになる。それ故，単に賃金引き下げによって収益を確保しようとすることは，企業が果たすべき生産性上昇のための努力を放棄していることを意味することになる。こうした視野の狭さが，長時間の残業を強いるような企業文化を生み，社会的な問題を深刻化させている根源にある。

のであれば，国内の雇用に対して適正な所得がえられる機会を与え続けなければならない。これはフォーディズムや20世紀システム論が提示したマクロ的な経済の姿であろう。適正な雇用機会を提供することに企業の社会的責任があり，経済社会における企業の社会的な役割である。経済主体を消費者とか労働者とか機能的な側面に即して分離して分析対象とする経済学は，生身の人間存在のあり方を見失っている。

　誤った政策の選択と株主本位という企業統治構造を追求するあまり，日本企業の経営能力が劣化し，需要構造の変化に対応した製品の革新も，生産現場の生産性の上昇も，あるいは資金の適正な管理も十分にできなくなっている。このように経営能力の劣化が日本経済の長期低迷のなかで進行しているところに，もっとも深刻な病根がある。

2　経済発展に対する制約

地球環境と資源の制約

　経済発展のメカニズムに問題が生じているだけではなく，その前提となっている諸条件にも成長の限界を画するような制約が生じている。

　先進国が経済社会の成熟化に伴う変化に直面する一方で，アフリカや中東地域などを中心に，いまだに開発から取り残され飢餓と貧困と紛争にさいなまれている地域，人びとが多数残っている。さらに，かつての発展途上国のなかでも人口が集中していた東アジアから南アジアなどの地域を中心に工業化が進み，先進国へのキャッチアップが進んでいる。この急激な変化が，それまで以上に深刻な新しい問題を提起している。それが地球環境問題である。地球という閉ざされた空間を共有する以外に生存を維持する方法が人類にないとすれば，温暖化をもたらす危険性が指摘される二酸化炭素について，その排出量の抑制に民族や宗教，国家を超えて協力する以外にはない。かけがえのない宇宙船地球号を守るためには，他の手段はないからである。

　温室効果をもつガスの排出がないという理由で日本政府がエネルギー供給の主役に期待していた原子力発電は，2011年3月11日の福島第一原子力発電所の事故によって，安全性の面からも，放射性廃棄物の処理問題からも，いずれもコストの高いエネルギー源であることは明白になった。先進国はそれぞれ排出ガス量を抑制するために再生可能なエネルギー源にシフトする必要があり，それらは現在の技術的な条件を前提とすれば，高価格のエネルギーを受け入れることを意味する。しかし，それは地球環境を保全するというためには必要なコストである。

排出量の抑制のためにエネルギーの使用を抑えなければならない地点に到達しているとすれば、経済規模の拡大、すなわち経済成長は追求しうる将来の選択肢ではなくなる。このことの自明性を私たちは認識しなければならない。

かけがえのないのは地球環境だけではなく、数多くの天然資源も過去2世紀ほどの世界的な工業化のなかで急速に枯渇しつつある。石油や石炭などのように長期の自然過程で生み出された資源は基本的には再生不可能であり、資源開発は確実に資源の枯渇に近づいている。それはアテのない旅であり、いつ枯渇するかを知りえないし、枯渇に直面したときに代替的な資源を手に入れる保証はない。

楽観的で非現実的な経済学者は、そうした事態が近づけば、問題になる資源の価格が高騰し、それによってそれまで利用できなかった他の資源の利用が可能になるし、枯渇したかにみえる資源の再発見・再開発が進んだり、あるいは代替資源の新開発などに対する投資が拡大し、かならずや代替的な資源が見出されると想像している。しかし、タイミングよくそのような資源開発技術が発見されるというのは、確率的にはありえても、実際にそうなるという保証はない。

したがって私たちが未来を語る時に、このような楽観主義に身を委ね、次の世代、その次の世代に困難を残すのは適切な判断ではない。地球上の大多数の人たちが、安全で安心できる生活を送れるようにするためには、どのようにすればよいのかが、今私たちの前に突きつけられている人類史的な課題であることをしっかりと認識する必要がある。持続可能な経済社会システムを構築するためには、高いエネルギーコストやリサイクルの費用を社会的なコストとして受け入れ負担する必要がある。財政問題において過大な政府債務が次世代の負担に転嫁されることを心配する人たちは、そのこと以上に世代間の不公平を生むことが予想される問題、つまり**地球環境の維持や資源保全のコストを現在の世代が引き受けなければ、将来世代に途方もない負担を強いる**ことに関心を払い、対応策を検討する役割を分担すべきだろう。財政問題は国内問題であるが、環境問題は人類の未来に関わる問題であり、グローバルに解決を図るべき課題である。

求められる生産性上昇とその期待すべき効果

環境と資源に強い制約があるために、私たち一人一人が利用できる分け前には厳しい上限が課せられている。そして、そこから生み出される物的な資産、具体的には生活を彩ることになるさまざまな物資の総量にも限界がある。おカネで表現される大きさがどのような変化を示したとしても、モノの豊かさを量的に追求することには低い天井があり、先進国はすでにその天井に頭が届いている。したがって量的拡大を追求することに傾斜した経済運営を改めるべきことを私たちは

迫られている。

　世界的な規模での経済格差の拡大を抑制するためにも先進国はモノの豊かさを追求することをやめ，立ち止まる以外にはない。現在の生活水準を切り下げることは難しいとしても，せめて現状で立ち止まり，その水準を維持するために必要な資源の量を削減することに全力を投入しなければならない。そうでなければ解決の糸口はみつからない。だから，先進国が経済成長を，これまでの経済規模の拡大とか，物的な豊かさの追求のようなかたちで追い続けることはできない。グローバルな視点は，このような意味で活かされるべきであり，企業の際限のない利益追求の場を用意するために使うべきではない。

　立ち止まること，つまりゼロ成長を想定した将来像の検討には，発想の転換が必要となる。経済成長を論じる人たちは，生活の質を向上させるためには「生産性の上昇」が必要だと強調する。しかし，この生産性とは何を基準にどのように測られるべきか，その成果はどのように使われるべきかを明確にしなければならない。

　一般的に生産性は単位あたり労働時間にどれだけの付加価値が生産されているのかを測定している。近代社会では，労働は希少な資源として認識され，節約されなければ資本収益を損なう存在と捉えられてきた。だからこそ労働生産性が問題にされてきた。しかし，労働だけではなく，天然資源全般にも供給制約が強まっている。したがって，モノのレベルでの生産性上昇も課題となる。つまり投入・算出の比率の改善による原材料などのロスの低下，そして社会的なシステムとしての資源のリサイクルなどが必要となる。使用が終わった後の資源の回収を差し引いた資源の実質的な使用量を極小化することが，資源制約への対処策となる。そのためには商品の設計段階からリサイクルを考慮した材料の選択などが必要となる。**資源節約的な取り組み**がなくては，資源の供給制約によって現在の生活水準を維持できず，じり貧を回避することはできない。

　このようにしてこれまでのような労働だけにフォーカスした生産性の追求，労働コストの節約を至上命題とするような企業経営のあり方とは異なる取り組みが，経済活動の主潮流になる必要がある。その取り組みには，技術進歩が不可欠となる。エネルギーの節約，鉱物資源の節約，そして地球環境の保全などは，技術的な解決策によって追求され，人類の未来の可能性が切り拓かれる必要がある。それが世界の半分で増え続ける人口に対して，今よりは豊かな生活を保証できる基盤を提供することにもなる。技術進歩を実現するための投資が継続的に行われる必要があり，その基盤となるような基礎的な技術研究にも多くの資金が投入されることになる。これらが市場メカニズムによっては実現が期待できない側面をも

つ限り，公的な資金投入などの組織的な取り組みが求められており，企業も政府もそのような方向で積極的な役割を果たすことが期待される。

本書の第Ⅰ部で強調したように，近代を築き上げた資本主義経済制度は，営利企業を創造し，効率的な生産活動を組織化することによって，目を見張るような経済成長を実現してきた。しかし，今やその企業の果たすべき役割と効率性の基準を見直す必要に迫られている。

3 経済社会の「未来予想図」

「最先進国」日本という認識

こうして「ゼロ成長」という状態が続くことを前提に，先進国はより効率的な資源利用を図り，私たちの生活を人間的な豊かさに導いていくことが必要となっている。そして，「ゼロ成長」を受け入れることができれば，1990年代から四半世紀に及ぶ日本の「経済停滞」も違った風景になる。日本の現状は，先進国がいずれも歩まなければならない「ゼロ成長」の時代の先駆けとなる経験とみることができるからである。つまり，日本は先進国経済の最先端に位置している。

日本では，「失われた10年」「失われた20年」という，これからの日本を背負うことになる若者たちが生まれ育った時代を否定的に捉える言説が，政治家から，経済学者から，マスコミから繰り返し流され続けている。まるでこの長い時間が無意味であり，成長を実現すべき時間が無為に過ぎたかのように表現されている。しかし，それは経済成長至上主義者の傲慢さを示す言葉以外の何物でもない。現在の日本において「ゼロ成長」が続いていることは，経済成長を追い求めていた時代の終わりを告げており，経済成長至上主義は時代錯誤になっている。「失われた」のは時間ではなく，経済成長の時代を支えていた基盤の方だからである。

「もはや高成長の時代ではない。われわれは異なった事態に直面している。成長を通じての豊かさ追求の余地は使い尽くされた。限られた資源のもとで，環境を保全し，節度ある生活を維持するため，分配の公正さが求められる」*4。

経済成長の呪縛から解放されて，本当の意味での経済発展を追求できるような経済社会を構築していくことが，これからの私たちの課題となる。経済発展の原点に戻る必要がある。このような視点から，「失われた」とされる10年，20年を新しい次の時代の経済社会システムを模索していく挑戦のプロセスと位置づけ直し，その試行錯誤を検証しなければならない。成長の限界に直面した日本の経験

＊4　武田晴人，前掲『高度成長』241頁。これは，1956年の『経済白書』が「もはや戦後ではない」と書いた文章を借りたものである。

はそのような意味で捉えなおされる必要がある。

そこでは，これまで論じてきたように，環境や資源の制約が厳しいことを率直に受け入れて，この制約を緩和するための技術的な進歩や制度的な工夫を重ねることが求められている。稼ぐための労働の時間を短くし，より多くの時間を自発的で創造的な活動に費やすことができるようになると，それらの時間の一部は社会的なニーズを満たすような自発的な活動にも使うこともできる。どのように使うかは，それぞれがそれぞれの選択によって自己決定できることが肝要であり，そのためにはさまざまな制度的な保障が必要になる。それを一つ一つ解決していくことが課題であり，それは私たちの選択によって方向づけられるものとなる。キンドルバーガーは「経済発展」の重要な要素として「民主化」，政治決定における諸利害の調整ができる制度的な枠組みが作られることを指摘していた。成熟した経済社会では，民主的な決定に基づく政策選択，制度設計によって，その社会に生活する一人一人がそれぞれに自らの個性を活かした生き方を追求できるようになり，それがそれぞれに尊重されるようになる。これが「定常状態」と表現されることもある経済社会の「未来予想図」と考える。

復習課題

【注意】歴史の学習にとって重要なことは，歴史の解釈には多様性があり，因果関係をどのように説明するかは，それぞれの歴史観に左右されることを学ぶことである。したがって，通常の試験では，多くの場合「諸君の考えを述べなさい」という形式の問題が出題される。この場合重要なことは，歴史の解釈が因果的な関係を対象とする限り時間の順序がひっくり返らないことである。同時に，求められている「諸君の考え」は，歴史学が基盤とする「実証性」が備わっていること，したがって，空想的な物語や事実をねじ曲げた解釈は，歴史についての正当な意見の表明とはみなされない。以上のことに注意して，以下の問題についての自分の考えをまとめなさい。

1. 箇条書きした(1)〜(18)の文章について，例題にならい，諸君の考えを簡潔に記しなさい。

　例題 固定相場制のもとで資本移動を制限することは経済発展途上に生じやすい資本不足を外資導入で補うことを制約するため，日本が資本自由化を遅らせたことは合理的な選択ではなかった。

解答例 上記の見解とは異なり，日本にとって合理的な選択という面があったと考える。なぜなら，資本移動の制限を設けることによって，日本では選択的な技術導入などを通して産業の保護育成にかなりの成果をあげたと評価できるからで，資本移動の制限が，資本不足を発生させたとしても，それ以上に成長促進的な政策展開を可能にしたと考えるからである。

(1) 日本の経済成長は，高い輸出依存によって実現されたものであり，そのため日本は成長の過程で，イギリスと綿製品をめぐる国際紛争を引き起こしたり，戦後には主としてアメリカとの間でしばしば貿易摩擦問題を発生させた。

(2) 日本の資本主義化は，幕末の開港によって生じた外圧に強制されて推進されたもので，内部での自立的な成長を欠いたまま「上から」強権的に移植されたために，さまざまな構造的なゆがみが発生した。

(3) 明治政府は，旧来の年貢の制度に変えて金納の地租を導入し，農村に寄生地主制を定着させようと意図した。

(4) 大蔵卿松方正義は，混乱する通貨金融制度を再建し，インフレーション対策として厳格な緊縮財政を採用するとともに，それまで政府が着手していた官営の事業をことごとく払い下げ，民営化する方針を打ち出した。

(5) 日本の産業革命は，イギリスと同様に綿糸紡績業における機械制大工業の展開によって推進されたもので，この類似性は，資本主義経済が各国で似たような発展段階を経由することを示すよい例である。

(6) 日本は資源小国であったため，資本主義化の過程で必然的に国外の資源を囲い込もうと，植民地侵略に乗り出した。

(7) 第一次世界大戦は，海外輸出の拡大などの発展的な側面をもつとはいえ，綿糸布・米など諸商品が投機的な価格上昇をみせたことから，典型的な「バブル経済」の様相を呈した。そのため，ブームが終わると，日本経済は深刻な不況に見舞われた。

(8) 1920年代には，都市化と電力化に牽引された高成長が実現し，日本経済の国際的な地位は高まり，軍事大国であると同時に経済大国へと大きく近づいた。

(9) 井上準之助の金解禁政策と高橋是清の財政政策は，市場経済メカニズムへの信頼という点で大きな差異があり，前者は古典的な経済学を基盤とし，後者は現代的な経済学を基盤とするということができる。

⑽　高橋財政は，日本銀行引受の国債を財源にして軍事費を中心に財政拡張を図り，それによって昭和恐慌からの脱出を可能にした。

⑾　日本の戦争経済が抱えていた最大の制約要因は，外貨の不足であり，これはブロック経済化によっても解決することはできなかった。

⑿　第二次大戦後の日本は，空襲などの戦争被害によって主要な工業部門の生産設備が壊滅状態となり，一からの出直しとなった。

⒀　戦後復興は，戦時からの統制的な経済運営によって成し遂げられた。そこでは，政府の果たす役割がきわめて大きく，そのような特質が高成長期にまで継続し，産業発展を支える産業政策は「日本株式会社」と海外から評されるほど強力なものであった。

⒁　第二次大戦後の日本では直接金融が間接金融に比べて著しく立ち遅れており，その状況は現在に至るまで改善されていない。

⒂　日本の失業率の低さの一部は，不況期に賃金低下を甘受しつつ雇用を保障しようとする労働組合の対応から説明することができる。このような調整方法は組合の交渉力が強いアメリカやイギリスではみられない現象である。

⒃　GDPに対する政府部門の長期債務比率が高くなった1980年代以降の日本は，財政の国民経済に占めるウエイトが諸外国に比べて高すぎるため，規制緩和と行財政改革による小さな政府の実現が必要となっている。

⒄　いわゆる日本的経営の特徴は一部の大企業にみられるだけであるから，日本の企業システムを分析するうえでは中小企業のあり方に重点をおくべきである。

⒅　大企業の作業現場では多能工化した熟練労働者がよどみなく作業を続けており，そうした人びとは待遇面でも非組合員として処遇されている。

2　あなたは，縁があって卒業から15年後に母校で「日本経済史」の講義を担当することになった。そのため，その講義の計画（25回から30回）の作成を依頼された。それぞれ1回ごとの講義内容が明確になるような講義タイトルを示す講義案を作成するとともに，そのうち任意の1回分の講義について1000字程度で概要を記しなさい。

復習課題の解説

　これらの問題に模範解答はなく、とくに設問の①は、いずれも研究者の間でいろいろな意見がある論点なので、命題が正しいと考えても誤りと考えてもかまわない。大事なことは、これまで学んだことを活かして、なぜそれが正しいと考えるのか、あるいは誤りがあると考えるかを論理的に自分の言葉で説明することである。

索引

人名索引

あ 行

青木昌彦　408
浅井良夫　302, 321, 354, 372
麻島昭一　236, 261
阿部武司　140, 210, 412, 417
天野正子　361
安良城盛昭　23, 152
荒畑寒村　127
有泉貞夫　89
有沢広巳　320
有元正雄　60
アーント（H. W. Arndt）　254, 297
井川克彦　119
池田信一　162
池田勇人　376
池元有一　333
石井修　249
石井寛治　31, 41～43, 45, 50, 64～66, 72, 77, 78, 86, 87, 95, 98, 101, 102, 119, 120, 122, 141, 163, 167, 213
石井晋　362, 376
石井摩耶子　44
石田雄　89, 165
石塚裕道　68, 71
石原修　164
井手英策　248
伊藤博文　79, 170
伊藤正直　209
犬養毅　245
井上馨　77～79, 161
井上準之助　236, 246, 338, 434, 241
猪木武徳　349, 351, 384

今泉飛鳥　139
林采成　290, 345
岩崎小弥太　306
宇井純　379
ウィリアムソン（O. E. Williamson）　186
植草益　308
植田浩史　259
ヴェブレン（Th. Veblen）　360
上山和雄　119
ヴォーゲル（E. F. Vogel）　399
宇沢弘文　94
禹宗杬　348
宇野弘蔵　180
梅村又次　58
海野福寿　82, 83
榎一江　122, 350, 381
遠藤公嗣　313
大石嘉一郎　51, 62, 80
大内力　94
大久保利通　68, 69, 72, 79
大隈重信　72, 79, 80
大塩武　261
大島清　100
大塚久雄　35, 37, 55
大畑貴裕　333
大豆生田稔　147, 222
岡崎哲二　27, 135, 136, 258, 285, 314
岡田与好　161
沖本ダニエル　347
奥村正二　73
尾高煌之助　351
小田義幸　312
オールコック（Sir J. Rutherford Alcock）　39, 41

か 行

籠谷直人　45, 171, 249
楫西光速　75
粕谷誠　35, 73, 77, 83, 142
加瀬和俊　217, 230, 351
片岡直温　230, 231
片山潜　162
桂芳男　232
加藤高明　229
加藤俊彦　157
金子直吉　194
金子文夫　223, 225, 269, 270
川勝平太　84
川名英之　379
ギアーツ（C. Geertz）　5
木越隆三　23
岸信介　349, 356
橘川武郎　210, 332, 334, 349, 374
吉川秀造　66
鬼頭宏　30
金洛年　170, 270
金文子　169
金容度　333, 369, 407
許世楷　171
キンドルバーガー（Ch. P. Kindleberger）　425, 433
草野厚　365, 366
久保文克　223
ケインズ（J. M. Keynes）　427
小池和男　408
小岩信竹　69
香西泰　322, 324, 325, 328

438　索　引

さ 行

幸徳秋水　128
小風秀雅　107, 132
小島仁　154
後藤靖　63
近衛文麿　283
小林延人　72
小林正彬　71
小堀聡　349
小宮隆太郎　389
小山弘健　45, 134

さ 行

斎藤修　30, 38, 96, 216
斎藤憲　261
斎藤尚文　232
坂根嘉弘　220
向坂逸郎　8
佐口和郎　215, 391
佐々木潤之介　47
佐藤栄作　376, 414
佐藤和夫　244
佐藤昌一郎　132, 134
沢井実　135, 157, 210, 261, 288, 345, 358
鎮目雅人　246
幣原喜重郎　236
篠原三代平　341, 352
信夫清三郎　189
柴垣和夫　75, 236
芝原拓自　40
渋沢栄一　112, 161
渋谷定輔　219, 221
清水洋二　217
志村嘉一　195
下谷政弘　261
ジャコービィ（S. M. Jacoby）　407
シュンペータ（J. A. Schumpeter）　8
庄司俊作　220
ジョンソン（Ch. A. Johnson）　347
白木沢旭児　249
杉原薫　111

杉山伸也　23, 24
鈴木健　375
鈴木淳　133, 134, 138
鈴木善幸　400, 405
鈴木勇一郎　208
隅谷三喜男　89, 122, 125, 128, 163, 351
祖父江利衛　333, 347, 369
宣在源　170, 290

た 行

大東英祐　40
高嶋修一　203, 208
高須賀義博　377
高槻泰郎　27
高野房太郎　162
高橋亀吉　370
高橋是清　234, 246, 267, 268, 275, 434
高橋伸夫　382
高橋誠　155
高村直助　84, 95, 99, 100, 105, 110, 112, 116, 123, 124, 172, 213, 224
侘美光彦　241
武田晴人　15, 41, 43, 74, 80, 97, 103, 106, 127, 130, 143, 181, 189～193, 196, 199, 201, 203, 205～207, 209, 211, 213, 216, 217, 232, 236, 244, 252, 257, 260, 263, 264, 266, 268, 288, 298, 308～311, 318, 329～331, 333～337, 343, 349, 350, 375, 382, 402, 407, 427, 432
竹前栄治　313
多田吉三　218
橘木俊詔　421
田中彰　46, 51
田中角栄　366, 389
田中義一　230, 234
田中正造　128, 129
田中長兵衛　135

田中傑　208
谷本雅之　29, 32, 35, 38, 43, 48, 61, 85, 140, 142, 165
田村均　84
団琢磨　259, 260
チャンドラー（A. D. Chandler, Jr.）　179, 186
靎見誠良　158
丁振聲　348
寺内正毅　193, 196
寺谷武明　194
寺西重郎　209, 235
暉峻衆三　220, 266, 267, 384, 146
涂照彦　222
東條由紀彦　121, 162
トムスン（E. P. Thompson）　97

な 行

永江雅和　312
長岡新吉　100, 188
中岡哲郎　85, 112
中川清　164, 264
中北浩爾　326
中曾根康弘　400～403, 405
中谷巌　408
中林真幸　86, 142, 119
中上川彦次郎　77, 159
中村隆英　105, 203, 210, 247, 276, 278, 281, 309, 323, 353
中村尚史　65, 107
中村政則　146, 149, 152, 231, 238, 303
中山伊知郎　324
名武なつ紀　208
ニクソン（R. M. Nixon）　386, 388, 414
西田美昭　266, 266, 312
西成田豊　259
二村一夫　162, 198, 215
丹羽邦男　56, 58, 81

人名索引　439

沼尻晃伸　208
野口悠紀雄　285

は　行

朴慶植　222
橋本寿朗　194, 213, 243, 246, 250, 251, 254〜256, 259, 261, 263, 272, 347, 353, 356, 381, 407, 408
服部之総　35, 37, 40
ハドソン（P. Hudson）　96
鳩山一郎　327
ハードレー（E. M. Hadley）　306
馬場宏二　299, 203
浜口雄幸　236, 245
林周二　361
林健久　63, 378
速水融　26, 27, 30
原朗　277, 285
原敬　199, 229, 245
速水融　28
韓載香　369, 376, 333
坂野潤治　189
ヒックス（J. R. Hicks）　8
日向祥子　236
兵藤釗　215, 350
平井聖　208
平井陽一　350
平山勉　344
福田赳夫　366, 395
藤瀬浩司　111
藤田省三　89
藤本隆宏　408
古川貞雄　32
古島敏雄　140
古田和子　45
ペリー（M. C. Perry）　39
ペンローズ（E. T. Penrose）　9
星野進保　341, 377
細井和喜蔵　116, 221
細谷千博　325
ボック（D. C. Bok）　427
本城正徳　56

ま　行

松尾尊兊　344
松方正義　72, 79, 80, 157, 434
松沢裕作　89
松本俊郎　223, 226
マディソン（A. Maddison）　10, 15
満薗勇　208
ミッチェル（B. R. Mitchell）　15
南亮進　268
三宅宏司　134
宮﨑忠恒　363
宮崎正康　308
宮崎義一　132, 374, 415
宮島英昭　263, 306
宮地英敏　144
宮本又郎　27
宮本又次　78
三和良一　106, 204, 207, 246, 268, 300, 306, 317, 345, 353
村上勝彦　169
室山義正　155
毛利健三　180
毛利敏彦　51
持田信樹　208
森川英正　236

や　行

谷ヶ城秀吉　171
矢木明夫　86
安田常雄　219
安場保吉　6, 351
安丸良夫　50
矢内原忠雄　171, 222
柳沢治　94
山崎志郎　287, 331
山崎澄江　333
山崎広明　213, 247, 257, 260, 276, 290, 291
山崎隆三　35, 45
山路愛山　75
山下直登　161
山田盛太郎　8, 56, 93, 94, 116, 152
山辺丈夫　113
山本一雄　236
山本茂実　121
山本有造　43, 269
呂寅満　372, 256
吉川洋　360, 376, 407
吉田茂　320, 325
吉富勝　241

ら　行

リスト（F. List）　37
笠信太郎　282
レーガン（R. W. Reagan）　402, 412

わ　行

若槻礼次郎　229
和田一夫　256
渡邉恵一　107
渡邊純子　289, 333
渡辺尚志　48

事項索引

数字・アルファベット
1920年恐慌　201, 202, 214
1940年体制　285
2・1ゼネスト　313
2000錘紡績　85, 112
20世紀システム　179, 295, 296〜299, 429
2・26事件　275, 277

G5合意　→プラザ合意
GATT　353, 354, 413
IMF　298, 353, 372, 398
OECD　372
OJT　350, 382
TQC　350
WTO　417

あ行
隘路問題　347
赤字国（公）債　246, 366, 367, 393
アジア開発基金構想　356
足尾（銅山）鉱毒事件　127, 128
アナウンスメント効果　343
アヘン条項　40
安定株主対策　367
安定恐慌　322, 324
井上財政　247, 248, 271, 272, 339
岩倉使節団　60, 69
インボリューション　5
失われた10年　425, 432
宇野段階論　180
ウルグアイ・ラウンド　413, 417
営業の自由　67, 74, 77, 78, 88, 185, 280
営利企業　9, 96, 97, 432

エネルギー革命　337, 349, 396
エネルギー原単位　337, 396
円高対策　388
円高不況　388, 405, 406, 412, 422, 423
円ブロック　269, 275
王子製紙　195, 263, 308, 375
大型倒産　364, 366
大きな政府　159
大阪紡績　85, 112, 159
押し付け反米　60, 61
小野組　75, 77, 78, 88
オーバーローン問題　335

か行
外貨危機　328
外貨割当　354, 355
外資（の）導入　173, 188, 433
外資排除政策　70
買い占め・売り惜しみ規制法　389
開拓使官有物払下げ事件　79
開放経済体制　371, 373
価格支持政策　385
価格破壊　418
革新官僚　283
革新の制度化　408
加工貿易型　18, 19, 354, 411
過剰資本形成　180
過剰設備の処理　398
過剰投資　347, 359
過剰富裕化　299
過剰流動性　385, 388, 389, 395

華族　64, 65, 76
過疎問題　385
過当競争　343, 359, 364
過度経済力集中排除法　308, 373
鐘淵紡績（鐘紡）　113, 159
株式担保金融　158
株式持合　332, 367, 374
株主反革命　407
株主本位　418, 419, 429
貨幣法　154
ガラ紡　83
カルテル　179, 184, 211, 262, 263, 272, 306, 309
為替支持政策　246
為替ダンピング　249
為替放任政策　254
官営製鉄所（八幡製鉄所）　134〜137, 170, 194, 256
環境破壊　379
官業払い下げ　74, 76, 159
勧告操短　332, 354
関税及び貿易に関する一般協定　→GATT
関税自主権　40, 110
間接金融（体制）　335, 408, 435
完全雇用　341〜343
関東大震災　202, 209, 231
漢冶萍　136, 172, 173
管理上のコスト　142
管理通貨制（度）　272, 297
生糸売込問屋　120
機械工業化　332, 338, 358, 376, 400
機械工業振興臨時措置法　347
器械製糸　85, 86, 101, 119, 158
機械制大工業　37, 85, 93,

事項索引　441

95, 97, 98, 101, 112, 114, 158, 174, 434
機関銀行　157, 158, 235
企業再建整備　319
企業再編成　308
企業集団　332, 374, 375
企業整備　282, 287, 288
企業特殊的（な）技能　138, 139, 381
企業の経営能力の劣化　428
企業の社会的責任　429
企業別組合　314, 408
企業民主化試案　314, 315, 339
基軸産業　103, 118, 190, 228, 256, 347
技術革新　328, 341, 355, 357, 373, 381
技術導入　73, 373
規制緩和　402, 419, 420, 428, 435
寄生地主（制）　83, 89, 146, 147, 151, 152, 164, 310, 434
規模の経済性　351, 426
救済融資　201, 209, 231, 234
休戦反動　197, 201
行財政改革　400, 401, 435
行政指導　332
協調的な労使関係　314, 350, 382, 408, 410
狂乱物価　377, 395
局地的市場圏　35, 37, 38, 55
極東の小国　110, 370
金解禁（政策）　236, 238～241, 245, 249, 339, 434
金為替本位制　154, 155
金銀比価　43, 44, 90, 153
均衡成長論　105
銀行分業体制　157
勤勉革命　28

金本位制　108, 153, 154, 170, 188, 208, 239, 240, 245, 272
──再建　203
銀本位制　108, 153
金融恐慌　209, 232, 234, 235, 238, 254, 272
金融自由化　415
金禄公債　64
繰延需要　320, 321, 339
軍工廠　70, 131, 134
軍需会社法　285, 286
軍需工業動員法の適用法　279
軍需融資指定金融機関制度　285, 286
郡是製糸　120, 122
経営者資本主義　285, 314, 353
経営者主権　407, 408
桂園内閣期　188
計画造船　347
景気調整政策　341
経済安定九原則　322
経済外的（な）強制　152, 153
経済原則　94
経済社会発展計画　377
経済自立5ヵ年計画　341～343
経済新体制確立要綱　282～284
経済同友会　314
経済との調和条項　380
経済発展段階論　37
経済民主化　305, 375
──政策　363
計算可能性　78
傾斜生産（方式）　320, 321, 323, 334
系列融資　375
ケインズ政策の先取り　246, 254, 297, 392
健康保険制度　377

原始的（な）蓄積　55, 56, 93
厳密な意味でのマニュファクチュア段階　35, 37, 38
減量経営　396, 397
公益規定　263, 272
公　害　379, 380
航海奨励法　107, 132
公害対策基本法　380, 381
江華島事件　167
鉱業自由制　122
耕作権　267
鉱山王有制　122, 123
鉱山条例　122
工場委員会制度　215
工場の規律　97, 145
工場払下概則　80
工場法　163, 164
高成長　4, 12, 13, 96, 187, 295, 298～299, 341, 343～345, 353, 357, 359, 362, 366, 367, 371, 378, 379, 381, 383, 385, 386, 389, 393, 395, 406, 407, 417, 419, 422, 425, 432, 434
構造不況　398～400, 405, 412
豪　農　34, 81, 83, 87, 91
高率小作料と低賃金の相互規定　152
国際金本位制　44, 108, 153, 184, 191, 238, 275
国際収支の天井　341, 346, 357
国際通貨基金　→IMF
石高制　23, 24
国内通行権　40
国民国家　9
国民所得倍増計画　343, 348, 359, 376
国民統合　86, 165
国立銀行条例　66, 71～73
小作争議　266
小作地率　82, 149, 219, 311

442　索　引

護送船団方式　366, 415
五大改革指令　303
国家総動員法　280, 282
固定相場制　433
米騒動　192, 193, 199
米と繭の経済構造　146, 217, 312
雇用調整　264, 397, 418, 428
雇用(の)保障　350, 382, 391, 397, 409, 419
雇用労働の質的な変化　181
コンツェルン　159, 307

さ　行

在外正貨　154, 208, 238
在華紡　172, 173, 224, 225
最恵国条項　40, 172
再建金本位制　298
財政再建　396, 400, 415, 418, 422, 427
再生産表式　94
財テク　405, 406, 410, 414
財閥　76, 77, 130, 158, 195, 236, 261, 287
　──解体　305〜309, 373, 374
　──批判　259, 260, 268, 288
在来的経済発展　38
座繰製糸　119, 85
佐藤内閣　377, 380, 381
サービス産業化　299, 410
産業革命　4, 5, 17, 55, 93〜100, 103, 107, 110, 112, 145, 159, 174, 186〜188, 434
産業構造転換円滑化臨時措置法　398
産業合理化審議会　330, 331
産業合理化政策　333
産業集積　139

産業政策　326, 346, 347, 349, 354, 355, 372
産業の組織化　201, 210, 211
産業の平和　259
三国通貨同盟　298
産地間の競争　140
産地大経営　140, 144
三ちゃん農業　384, 392
サンフランシスコ講和条約　328, 356
産米増殖計画　221, 222
時局匡救事業　267
資源制約　431
資源の貧困　137
市場の組織化　182, 185, 332
市場のメカニズムの変容（部分的修正）　182, 272
自然独占　130
持続可能な経済社会システム　430
士族授産　66, 67
士族(の)反乱　63, 90
下請け・外注関係　258, 259
失業問題　204
質地地主　35, 58
史的唯物論　3, 4, 37
地主制　267
資本＝賃労働関係　93, 97, 114
資本家的(な)経営　121, 122, 126, 174
　──の確立／成立　94, 96, 114
資本自由化　367, 371〜375
資本主義(的な)経済制度　99, 100, 101, 165, 185, 300
資本主義的恐慌　100
資本主義論争　3, 93
資本蓄積構造　212
資本と経営の分離　314
資本の労働に対する支配

174, 175
自前の資本輸出　196, 224, 227
市民革命　45, 46, 62
下関条約　153, 171, 172
社会契約　382
社外工　382, 391, 397, 410
社会政策　183, 184, 239
社会的合意　419
社会的(な)分業（関係）　49, 98, 296
社会保障　377〜379, 383, 418
借区制　74, 123
重化学工業化　17, 18, 108, 181〜183, 210, 255, 258, 260, 261, 263, 269, 272, 301, 338, 351, 367, 368, 392
十五銀行　65, 234, 235
終身雇用　314, 397, 408
集団就職　382
自由貿易　39, 184
自由貿易体制　403, 405, 413, 417
自由貿易帝国主義　180
自由民権運動　62, 81, 87, 90, 129, 161, 164, 166
重要産業5ヵ年計画　278
重要産業統制法　262, 263, 272, 308
熟練の抵抗　145
熟練労働の質　138
主導産業　103, 118, 190
春闘　350
準備金　72
省エネ　396, 407
証券恐慌　364, 366, 367, 374, 393
証券取引法　365
商事会社の解散に関する覚書　307
小農経営　25, 28, 49
条約の改正　165

事項索引

乗用車工業無用論　332
昭和恐慌　13, 207, 241, 242, 251, 259, 262〜265, 435
初期対日方針　302, 303, 305
職業選択の自由　55
殖産興業　68〜70, 72, 74, 79
食糧管理制度　385
食糧（原料）供給基地化　223, 225
食料供出制度　312
人格承認欲求　214
新興財閥　261, 262
震災手形　202, 230, 231, 233, 235
新産業都市　348
新自由主義　420
新体制運動　283, 287, 314
新日本製鐵　375, 397
人民戦線事件　289
深夜業　116, 117, 164, 225
数量経済史　6, 26
鈴木商店　194, 232, 233
スタグフレーション　3, 298, 398, 399, 407
ストップ・アンド・ゴー　328
スーパー301条　413
スーパーマーケット　361
スミソニアン協定　387
住友合資（会社）　236, 261
西欧の衝撃　37, 38
政策金融　86, 120, 157, 175, 187
生産管理闘争　313
生産性格差インフレーション　377
生産性向上運動　352
生産力拡充計画　278, 280
製糸同盟　122, 159
政　商　65, 73〜77, 79
成長の経済史　296

製品差別化　426
税負担の逆進性　156
世界恐慌　240〜242, 249, 273, 297, 339
世界農業問題　204
世界貿易機関　→ WTO
石炭鉱業合理化臨時措置法　348
石油危機　337, 377, 388, 390, 391, 393, 395〜397, 399, 404, 405, 407, 413, 422
石油業法　262
ゼロ成長　404, 431, 432
戦後改革　305, 339
全国総合開発計画　348
戦後ブーム　197, 198, 200, 201
先進国首脳会議　398
専門経営者　260
戦略爆撃調査団　291, 301
総需要抑制政策　390
増税なき財政再建　401
造船奨励法　132
租税徴収権　57, 63
租税特別措置　325
尊皇攘夷　46, 47, 51

た　行

滞貨金融　201
大気汚染　380, 381, 386
大企業体制　186, 187, 383
大合同　263
大衆消費社会　182, 187, 203, 297, 299, 321, 353, 367, 376, 426
大正デモクラシー　88, 166, 189, 245
大政翼賛会　283
大戦ブーム　190, 197, 199, 219, 227
大東亜共栄圏　275, 292
対日輸入制限　326
大日本産業報国会　285,

289
太平洋ベルト地帯　348
大量生産体制　295
台湾銀行　157, 232〜234
高橋財政　246, 248〜250, 254, 255, 264, 271, 272, 297, 392, 393, 435
多就業（構造）　37, 151
太政官札　70
田畑勝手作　56
田畑売買の禁止　24
多品種少量生産　142, 146, 426
単一為替レート　321, 339
ダンピング　206, 212
治安維持法　216, 303
治安警察法　163, 215
地域内職業分化　35
小さな政府　19, 378
治外法権　40
地球環境問題　429
知識集約型産業構造　400
地租改正　53, 56〜58, 60〜63, 67, 79, 81
地代の資本転化　152
秩禄処分　56, 57, 62〜67, 79, 87
地方名望家　164
中央集権的な国家体制　53
中間的な利害　93
中進国　194
長期相対取引　408
徴税コスト　58, 60
朝鮮銀行　157, 170, 233
朝鮮戦争　319, 324
朝鮮特需　330, 339
調停法体制　213, 217, 267
徴兵制　56, 63
直接金融　158, 435
賃金（水準）の下方硬直性　206, 214, 244
賃　機　84, 140
通商産業政策ビジョン　400

444 索引

通商摩擦 257
通俗道徳 51, 129
低金利政策 249
抵抗権 128, 129
帝国主義段階 180, 181, 183, 186
帝国主義的な経済構造 186
ディスインフレ政策 322, 323
ディスカウントショップ 361
抵当増額令 74, 77, 78
出稼ぎ労働 89
鉄工組合 162
鉄道国有 65, 107, 156
転位効果 155, 156
電気事業法 262
転型期論争 364
転 向 259, 260
天皇制 87, 167
天皇の戦争責任 304
電力国家管理 280, 283
等級賃金制度 121, 145, 175
東京オリンピック 364
東京商業会議所 160, 161
糖業帝国主義 171
投資が投資を呼ぶ 254, 376, 395
投資主導型 328
投資制約条件 197
投資調整 347
同種同量交換 43
統帥権 88, 166
——干犯（問題）240, 243
特産物生産 33, 35
独占規制 185
独占禁止法 308, 309, 325, 332, 349, 373, 398
特定産業構造改善臨時措置法 398
特定産業振興臨時措置法

371
特定不況産業安定臨時措置法 398
特別償却制度 331
独立行政委員会制度 325
都市化 202, 208, 392
土地永代売買の解禁 56
土地所有権 58, 61
土地税制改革 415
土地調査事業 171, 221
ドッジライン 318, 321～323, 339
トヨタ（自動車）329, 330, 331
トヨタ生産方式 350, 408
トラスト 262, 263, 307, 375
ドル買い 259
ドル防衛政策 386
問屋制家内工業 37, 140, 141

な 行

内国民待遇 326
内需主導（依存）19, 315, 344, 353, 406, 412
内部請負制（度）126, 138, 139, 142, 145
内部循環的（な）経済拡大 254, 272, 392
内部労働市場 381, 410
納屋制度 123, 126, 127, 128, 175
ニクソンショック 385, 389, 393, 395, 422
西原借款 196, 226
二重構造 181, 185, 216, 259, 351, 352, 377, 382, 383, 410
偽官軍事件 53
日銀法の改正 349
日米安全保障条約 325, 326
日米構造問題協議 413

日米船鉄交換 194
日米半導体協定 416
日米包括経済協議 417
日満支ブロック 275
日満ブロック 275
日貨排斥 271
日韓併合 170
日清戦後経営 118
日ソ国交回復 327
日中国交正常化 325
二部門定置説 93～95, 97, 99, 103
日本開発銀行 331
日本株式会社 435
日本銀行 91
——の設立 76, 80
日本銀行特別融資 366, 367
日本近代化論 2, 3
日本経営者団体連盟 315
日本経済連盟会 161
日本興業銀行 157, 173, 196, 335
日本工業倶楽部 161
日本坑法 122
日本国憲法 302, 303, 305
日本生産性本部 350
日本製鉄（鐵）256, 261, 263, 308, 375
日本的経営 407, 408, 410, 418, 419
日本鉄道 65, 107
日本綿花 117, 172
日本郵船 77, 107, 117, 133, 195
日本列島改造論 389
ニューディール政策 254, 297
年功（的／制）賃金 216, 258, 314, 351, 408
農業基本法 384
農地改革 305, 310, 311, 315
農民層分解 95, 97, 98

事項索引　445

農民的自足経済　26, 27, 30, 35

は　行

賠償交渉　329, 356
賠償問題　302
廃藩置県　53, 56, 63, 87
幕藩制社会　23, 25～29, 32, 33, 38
鳩山内閣　341, 343
バブル（現象）　13, 389, 406, 410, 413, 414, 416, 418, 419, 422, 425, 427, 434
――（の）崩壊　415, 422, 423
浜口内閣　236, 238～241
万国博覧会　385
半植民地化の危機　40, 52
阪神淡路大震災　417
藩政改革　50
版籍奉還　53, 56
飯場制度　123, 126～128, 175
半プロレタリアート化　49, 50
非軍事化　302
備荒貯蓄　29, 31
非市場的な調整　179
不安定就業層　410
封鎖的（資本）所有（の制約）　159, 260, 261
フォーディズム　296, 429
不換紙幣　66, 72, 80, 90
不況感　210, 212, 227
不均衡成長　210, 228
福祉国家　298, 299, 353
福島第一原子力発電所事故　391, 429
福祉見直し論　391
不公正貿易慣行　413
富国強兵　69, 70, 131, 158, 165
不胎化政策　192, 208

普通選挙　216, 229, 230
復興金融金庫（復金）　321, 331
物資動員計画　279
富農的経営　49
プラザ合意　405, 410, 414, 423
ブロック（経済化）　254, 273, 274, 277, 287, 297, 417, 435
プロト工業化　38, 95
分業と協業の利益　145
分配の公正　299
分配の不平等　268
米糖相克　222
兵農分離　23
変動相場制　387, 396, 422
貿易為替（の）自由化　346, 354, 373
貿易主義と開発主義　328
貿易摩擦　400, 403, 405, 414, 434
法人成り　195, 196
紡績連合会　117, 118, 159, 172, 211, 225
豊富で安価なエネルギー供給　349
補給金制度　322
保護関税　184
保守合同　326
北海道拓殖銀行　157, 418
北海道炭礦汽船　261, 195
ポツダム宣言　300, 302, 304, 305
本国人主義　70, 74, 88

ま　行

マイルドなインフレーション　297
前川レポート　402～404
松方デフレ　62, 79, 87
マルサスの人口法則　5
満州移民　270
満州国建設　249, 269

満州事変　268, 300
慢性不況　212, 228
三池争議　350
ミクロ（の）不況　203, 228, 230, 235
三井組　78
三井鉱山　129, 261
三井合名（会社）　236, 261
三井物産　77, 111, 117, 123, 159, 171, 172, 261, 307
三菱・川崎争議　215
三菱鉱業　261
三菱合資　236, 261
三菱重工（業）　263, 308, 375
三菱商事　307
三菱長崎造船所　133
水俣病　379, 386
南満州鉄道（満鉄）　172, 173, 224, 225, 269
ミュール紡績機　114
民営化　400, 401, 422, 434
民間活力の活用　402
民間貿易再開　319
村請制　24
明治14年政変　79, 90
明治維新　13, 44～47, 52
明治憲法体制　165
メインバンク　285, 375, 407～409
綿工業中軸説　94, 95, 97
綿米交換体制　169
持株会社化　195, 196
持株会社整理委員会　307, 310
モラトリアム（支払猶予令）　234

や　行

八幡製鐵　330
八幡製鉄所　→官営製鉄所
山一證券　359, 364, 365, 418
有効需要創出（拡大）　246,

254, 392
有楽会　161
輸出志向　329
輸出自主規制　405
輸出主導（依存）型　328, 403, 405
輸出振興政策　327
輸出入品等臨時措置法　279
養蚕農家　120, 122
預金者保護　235
横浜正金銀行　117, 157, 171, 173
吉野・賀屋三原則　278
四日市ぜん息　386
世直し一揆　47, 49, 90
世直し状況　53
呼び水（的な）効果　247, 393

ら 行

利益誘導型　230, 378
力織機化　140, 142, 144, 145, 212

リサイクル　431
リストラクチャリング　417
流通革命　361
流動性の危機　201, 209
領事裁判権　167
領主的（な）商品経済　26, 27, 30, 32, 33, 68, 98
領主的所有権　59
領有権の解体　53, 56, 65, 87
リング（紡績）機　114〜116
臨時行政改革推進審議会　402
臨時行政調査会　401
臨時軍事費　155, 156
──特別会計　277
臨時工　258, 382, 391, 410
臨時資金調達法　279
累積的（な）債務　188, 189, 404
ルーブル合意　410
歴史制度分析　6

レギュラシオン　296
労使懇談制　259
労働改革　305, 312, 315
労働関係調整法　313
労働基準法　313
労働組合運動　198, 228
労働組合期成会　162
労働組合法　217, 312, 313
労働者保護立法　163, 164
労働者予備軍　35, 67
労働分配率　259, 336, 344
労働力（の）商品化　56, 95
ロンドン海軍軍縮　240, 243

わ 行

ワシントン海軍軍縮条約　202
渡り職工　138, 139, 162, 175
ワンセット生産体制　132, 134

♣著者紹介

武田 晴人（たけだ・はるひと）

東京大学名誉教授，経済学博士（東京大学）
公益財団法人三井文庫常務理事・文庫長

1972 年　東京大学経済学部経済学科卒業
1979 年　東京大学大学院経済学研究科博士課程単位取得退学
1979 年　東京大学社会科学研究所助手
1981 年　東京大学経済学部助教授
1991 年　東京大学経済学部教授
1996 年～2015 年　同大学院経済学研究科教授

おもな著作

『日本産銅業史』東京大学出版会，1987 年。
『帝国主義と民本主義』〈集英社版 日本の歴史 19〉集英社，1992 年。
『日本人の経済観念』岩波書店，1999 年。
『高度成長』〈シリーズ日本近現代史 8〉岩波新書，2008 年。
『通商産業政策史 1980-2000　第 5 巻　立地・環境・保安政策』経済産業調査会，2011 年。
『異端の試み　日本経済史研究を読み解く』日本経済評論社，2017 年。
『日本経済の発展と財閥本社　持株会社と内部資本市場』東京大学出版会，2020 年。（日本学士院賞受賞）
『事件から読みとく日本企業史』有斐閣，2022 年。

日本経済史
The Economic History of Japan

2019 年 3 月 10 日　初版第 1 刷発行
2023 年 3 月 15 日　初版第 3 刷発行

著　者　　武　田　晴　人
発行者　　江　草　貞　治
発行所　　株式会社　有　斐　閣
　　　　　郵便番号 101-0051
　　　　　東京都千代田区神田神保町 2-17
　　　　　https://www.yuhikaku.co.jp/

印　刷　株式会社精興社
製　本　牧製本印刷株式会社

© 2019, Haruhito TAKEDA. Printed in Japan
落丁・乱丁本はお取替えいたします。
★定価はカバーに表示してあります。
ISBN 978-4-641-16528-1

JCOPY　本書の無断複写（コピー）は，著作権法上での例外を除き，禁じられています。複写される場合は，そのつど事前に（一社）出版者著作権管理機構（電話03-5244-5088, FAX03-5244-5089, e-mail:info@jcopy.or.jp）の許諾を得てください。